筠连县年鉴

2017

《筠连县年鉴》编辑部　编

方志出版社

图书在版编目（CIP）数据

筠连县年鉴. 2017 /《筠连县年鉴》编辑部编. --
北京：方志出版社, 2017.12
ISBN 978-7-5144-2690-8

Ⅰ. ①筠… Ⅱ. ①筠… Ⅲ. ①筠连县－2017－年鉴
Ⅳ. ①Z527.14

中国版本图书馆CIP数据核字(2017)第279724号

筠连县年鉴（2017）

编　　者：《筠连县年鉴》编辑部
责任编辑：顾　洁

出 版 人：冀祥德
出 版 者：方志出版社
地址　北京市朝阳区潘家园东里9号（国家方志馆4层）
邮编　100021
网址　http://www.fzph.org
发　　行：方志出版社发行中心
电话（010）67110500
经　　销：各地新华书店
印　　刷：宜宾蕴彩印务有限公司

开　　本：889×1194　1/16
印　　张：24
字　　数：929千字
版　　次：2017年12月第1版　2017年12月第1次印刷
印　　数：0001～300册

ISBN 978-7-5144-2690-8　定价：120.00元

编辑说明

一、《筠连县年鉴(2017)》编纂坚持马克思列宁主义、毛泽东思想、邓小平理论、“三个代表”重要思想、科学发展观和习近平新时代中国特色社会主义思想,坚持辩证唯物主义和历史唯物主义的立场、观点和方法,实事求是地记录2016年筠连县国民经济和社会发展内容,体现了时代特色、地方特色和实践特色。

二、《筠连县年鉴》旨在全面、系统、翔实地记载年度筠连县国民经济和社会发展的新情况、新成就和新经验,为各级党政科学决策及社会各界了解、认识、研究筠连,保存和积累地方历史文献资料,为筠连县社会经济的发展服务。

三、《筠连县年鉴(2017)》主要内容包括彩图、大事记、筠连县综述、农林牧渔水利业、制造业、商品贸易与投资、规建城管与环境保护、交通运输与信息传输、金融、科技与教育、文广?体育与旅游、卫生、社会生活、中国共产党筠连县委员会、筠连县人民代表大会常务委员会、筠连县人民政府、中国人民政治协商会议四川省筠连县委员会、中国共产党筠连县纪律检查委员会、政府综合事务管理、政府经济综合管理、军事、法治、社会团体、乡(镇)简况、先进单位和人物、特载、附录、索引共27个类目220个分目1525个条目约98万字。所收录的资料从2016年1月1日至2016年12月31日,特载和彩色图片不受此限制。

四、《筠连县年鉴(2017)》的正文结构,基本按类目、分目、条目三个层次进行梯级设置结构。条目是年鉴的主要信息载体,正文中条目统一使用黑体字加【 】表示。正文文字,采用简化汉字表述,其计量单位、名称代号、标点符号、数字用法等均按国家新闻出版署、国家技术监督局的规定执行。正文数据,多数以统计公报为准,如乡(镇)的GDP总量、工业增加值总量、农民人均可支配收入用统计公报数据;因个别单位统计口径不同,少数数据仍不尽一致;所有增加、增长、减少、下降等比较数据,非特别注明,均为与上年同期的数据比较。在引用国民经济和社会发展的数据时,以年鉴附录所载的统计资料为准。

五、《筠连县年鉴(2017)》由各乡(镇)、县级各部门、各企事业单位、县属以上有关企事业单位确定专人撰写出初稿,并经各级领导审核,加盖公章后收集,经《筠连县年鉴》编辑部编辑,反馈各撰稿单位补充,编辑成稿后再公开征求意见和请相关人员对全书审校,最后由《筠连县年鉴》编辑部修改后成书,资料翔实、准确、可靠。

六、《筠连县年鉴(2017)》在不产生歧义的前提下,对部分机构名称用简称,如四川省简称省,宜宾市简称市,筠连县简称县,中国共产党筠连县委简称县委,筠连县人大常委会简称县人大,筠连县人民政府简称县政府,中国人民政治协商会议四川省筠连县委员会简称县政协,中国共产党筠连县纪律检查委员会简称县纪委。

七、《筠连县年鉴(2017)》收录的先进集体和人物,包括2016年度县委、县政府及以上级别单位表彰的先进集体和个人,出席省市党代会、人大会、政协会人员,高校录取名单。因部分单位未提供资料,以致缺载,请予见谅。

筠连县地方志编纂委员会

筠连县年鉴编辑部

《筠连县年鉴(2017)》参编单位及责任人

(排名不分先后)

单位	责任人
中共筠连县委办公室	罗吉义
筠连县人民代表大会常务委员会办公室	任永生
筠连县人民政府办公室	郭　刚
中国人民政治协商会议筠连县委员会办公室	陈　敏
中共筠连县委组织部	李　刚
中共筠连县委员会老干部局	王　玉
中共筠连县纪律检查委员会(监察局)	肖　利
中共筠连县委宣传部	雷　敏
筠连县精神文明建设办公室	罗均伟
筠连县文学艺术界联合会	冯　勇
筠连县社会科学界联合会	霍　娟
中共筠连县委统一战线工作部	贾圣君
中共筠连县委政法委员会	詹　立
中共筠连县直属机关工作委员会	付　强
中共筠连县委党校	刘　均
中共筠连县委机构编制委员会办公室	李　烈
中共筠连县委农村工作办公室	邓　朝
中共筠连县委政策研究室	宗德瑚
中共筠连县委党史研究室	刘道强
筠连县信访和群众工作局	彭镜礼
中共筠连县委机要局	李　强
筠连县人民政府政务服务中心	申　宏
筠连县人民政府法制办公室	许银锋
中共筠连县委筠连县人民政府督查目标办公室	唐　敏
筠连县人民防空办公室	李加强
筠连县地方志办公室	张会权
筠连县人民政府应急管理办公室	彭绍华
筠连县民族宗教事务局	韩　亮
筠连县人民政府信息中心	张会权
筠连县人民政府研究室	李　彬
筠连县烟草发展领导小组办公室	彭绍华
筠连县机关事务管理办公室	胡　兵
筠连县残疾人联合会	李文忠
筠连县档案局	周德琼
筠连县投资促进局	卜薪智

筠连县公安局	唐　勇
筠连县人民法院	伍崇辉
筠连县人民检察院	张　科
筠连县司法局	谢国刚
筠连县人民武装部	李培辉
中国人民武装警察部队筠连县中队	罗升甫
中国人民武装警察部队筠连县公安消防大队	严　政
筠连县总工会	曾志钧
筠连县妇女联合会	刘谢润
筠连县工商业联合会(商会)	黄永军
筠连县科学技术协会	刘泽惠
共青团筠连县委员会	苏　丹
筠连县国家税务局	唐　智
筠连县地方税务局	郑　刚
筠连县安全生产监督管理局	陈正富
筠连县工商行政管理局	雷　霆
筠连县质量技术监督局	李再强
宜宾市住房公积金管理中心筠连县管理部	左　强
筠连县食品药品监督管理局	沈辅君
筠连县供销合作社联合社	刘　华
筠连县教育和文化广电局	王贵才
四川省筠连县大中专招生领导小组办公室	蒋自林
筠连县粮食局	廖　华
筠连县林业局	饶　永
筠连县体育局	黄　伟
筠连县气象局	韩家盛
筠连县水务局	陈　叙
筠连县审计局	熊　平
筠连县农业局	秦建军
筠连县统计局	余清羽
筠连县财政局	熊　平
筠连县发展和改革局	李泽明
筠连县扶贫和移民工作局	陈　旭
筠连县工业园区管理委员会工作委员会	罗吉义
筠连县人力资源和社会保障局	段四海
筠连县经济商务信息化和科学技术局	段利勇
筠连县卫生和计划生育局	胡天顺
筠连县住房城乡规划建设和城镇管理局	裴人强
筠连县地震台	廖利平
筠连县红十字会	胡天顺
筠连县畜牧水产局	刘后琳
筠连县环境保护局	胡殿华
筠连县民政局	曹良伟
筠连县交通运输局	喻　鸿
筠连县国土资源局	李贵聪
中国人民银行筠连县支行	钟　健
中国农业银行筠连县支行	张家宇

《筠连县年鉴(2017)》参编单位及责任人

筠连县农村商业银行股份有限公司	刘　军
中国农业发展银行筠连县支行	伍　强
宜宾市商业银行股份有限公司筠连县支行	龙树权
中国邮政储蓄银行筠连县支行	朱　琴
中国工商银行股份有限公司筠连支行	袁光荣
筠连县中成村镇银行	李启云
中国人民财产保险股份有限公司筠连支公司	母小宇
中国人寿保险股份有限公司筠连县支公司	杨朝勇
中华联合财产保险股份有限公司筠连支公司	刘　筠
中国太平洋财产股份有限公司筠连支公司	杨孝超
筠连县烟草专卖局(分公司)	龚小平
筠连县邮政分公司	韩焱能
中国移动通信集团四川有限公司筠连县分公司	成　斌
中国电信股份有限公司筠连县分公司	张春雄
中国联合网络通信有限公司筠连分公司	卢　涛
四川省盐业总公司筠连县支公司	李　权
筠连县自来水有限责任公司	江　敏
四川能投筠连电力有限公司	汪元春
四川筠连西南水泥有限公司	杨光武
筠连森泰页岩气投资发展有限公司	张　伟
筠连县城市投资有限责任公司	邹小川
筠连县筠连镇人民政府	刘　沙
筠连县巡司镇人民政府	任　杰
筠连县腾达镇人民政府	罗　勇
筠连县双腾镇人民政府	应旭洪
筠连县沐爱镇人民政府	黄　峰
筠连县维新镇人民政府	邓国金
筠连县镇舟镇人民政府	卜光洪
筠连县大雪山镇人民政府	李章勇
筠连县蒿坝镇人民政府	邹林易
筠连县塘坝乡人民政府	李华伟
筠连县孔雀乡人民政府	郑家林
筠连县龙镇乡人民政府	严维烨
筠连县武德乡人民政府	邓文松
筠连县乐义乡人民政府	江祖济
筠连县高坎乡人民政府	何　玲
筠连县联合苗族乡人民政府	杨　鸿
筠连县团林苗族乡人民政府	王永才
筠连县高坪苗族乡人民政府	王朝辉

领导调研

11月23日，省委常委、常务副省长王宁（右二）在市委书记刘中伯（右三）陪同下到筠连调研脱贫攻坚工作

4月11—12日，省政协副主席王正荣（右三）到筠连调研

8月18日，市委书记刘忠伯（左二）、副市长李敏（中）到筠连镇红江村与村组干部、贫困群众座谈.

4-5月19日，省财政厅厅长王一宏（左五）到筠连调研扶贫工作

8月9日，省政协地方联络委员会主任陈芳（左六）在市政协副主席张世炜（左五）的陪同下到筠连调研

3月15—16日，市政协主席葛燎原（左二）到筠连调研

8月30日，省财政厅副厅长朱华勇（右四）到乐义乡调研

10月23日，省民委副主任何晓平（中）到高坪苗族乡调研脱贫攻坚工作

10月21日，市委常委、常务副市长宁坚（中）到筠连镇五凤村调研精准扶贫工作

1月28日，市委常委、市委组织部部长蒋刚（左六）到筠连蓝伯特公司调研

4月28日，市委常委、市政府副市长于滨(右二)到筠连调研旅游工作

6月13日，市委常委、市纪委书记唐浪生（中）到筠连调研茶叶产业发展

12月10日，市政府副市长、县委书记王萍（中）到筠连镇五凤村调研脱贫攻坚工作

8月8日，县长刘朝平（左三）到巡司镇杨柳村贫困户家中开展脱贫攻坚蹲点调研

10月25日，县人大常委会主任何跃（中）调研宜彝高速公路筠连段建设

9月2日，县政协主席黄静（左二）在武德乡解放村贫困户家中开展脱贫调查

重 要 会 议

9月26日，中国共产党筠连县第十三次代表大会召开

1月6-7日，中共筠连县委十二届十次全体会议召开

1月20-22日，筠连县第十五届人民代表大会第六次会议召开

12月16-19日，筠连县第十五届人民代表大会第六次会议召开

1月19日，政协筠连县第十四届委员会第五次会议召开

12月16-18日，政协筠连县第十五届委员会第一次会议召开

3月4日，县委经济工作暨农业农村工作会召开

11月22日，筠连县“着眼全局谋发展、真抓实干增效能”解放思想大讨论活动动员大会召开

4月29日，筠连县“两学一做”学习教育工作座谈暨“各级党组织和党员干部看齐党中央”专题报告会召开

3月23日，筠连县2016年“三级联动”工作会召开

6月2日，筠连县党风廉政建设社会评价工作推进会召开

9月18日，中共筠连县委中心组学习会暨“两学一做”学习教育第二个专题学习讨论会召开

10月31日，中共筠连县委召开中心组(扩大)学习会召开

1月25日，筠连县2015年度乡（镇）党委书记党建工作述职评议会召开

2月19日，筠连县2016年年轻干部人才座谈会召开

5月6日，筠连县加强换届风气监督工作会议召开

8月31日，宜宾市肉牛产业发展“1+N”联动机制现场推进会在筠连召开

4月11日，全市现代林业发展暨创“国森”工作会议在筠连召开

9月9日，筠连县庆祝第32个教师节大会召开

4月24日，全国“时代楷模”王家元（筠连县腾达镇春风村党支部书记）先进事迹报告会在筠连召开

6月20日，筠连县安全生产委员会扩大会暨汛期安全生产工作紧急会议召开

8月26日，筠连县第九届栋梁工程和县“关爱基金”助学金发放仪式

4月12日，省、市科协在筠连组织精准扶贫科技培训

筠州风采

3月7日，筠连县第八届李花节暨首届“筠连好茶”品鉴会在春风村举行

7月7日，文明筠州 健康生活·2016年筠连县“永竞杯”第二届快乐篮球赛暨宜宾市第五届运动会篮球预选赛在玉壶公园池子球场举行

8月8日，宜宾市2016年“全民健身日”群众体育活动启动仪式暨筠连县千人秧歌展示大赛·创建卫生文明城市群众宣传月活动在定水广场隆重举行

8月8日，宜宾市2016年“全民健身日”群众体育活动启动仪式暨筠连县千人秧歌展示大赛·创建卫生文明城市群众宣传月活动在定水广场隆重举行

9月30日，筠连县烈士公祭活动在烈士陵园举行

4月20日，筠连县2016年全民阅读启动仪式暨农民法治故事会在玉壶公园举行

2月22日，团林苗族乡2016年花山节在团林举行

4月26日，2016年筠连县干部职工登山比赛在石佛山举行

10月21日， 2016中国·筠连“筠州杯”钓鱼邀请赛在定水河县城段举行

5月4日，筠连县纪念五四运动97周年主题团日活动暨“践行核心价值观·凝聚青春正能量”艺术朗诵比赛决赛在玉壶公园举行

6月3日，筠州青年大讲堂在县会议中心三楼会场举行

6月27日，筠连县纪念“6·26”国际禁毒日主题广场活动在玉壶公园球场展开

7月20日，筠连县2016年暑期关爱留守儿童及贫困家庭子女志愿服务活动启动仪式在巡司镇小学举行

7月30-31日，筠连县首届彝族火把节在团林苗族乡举行

11月8日，中国视协、四川省视协“影视小屋”授牌仪式在县职业技术学校举行

10月20日，筠连县纪念红军长征胜利80周年“长征颂”音乐诗会在塘坝乡举行

1月26日，筠连县文联第一届九次全委会暨第三届“筠州文艺奖”获奖作者座谈会举行

目　录

大事记

筠连县综述

农林牧渔水利业

制造业

商品贸易与投资

规建城管与环境保护

交通运输与信息传输

金　融

科技与教育

文广、体育与旅游

卫 生

社会生活

中国共产党筠连县委员会

筠连县人民代表大会常务委员会

筠连县人民政府

中国人民政治协商会议 四川筠连县委员会

中国共产党筠连县纪律检查委员会

政府综合事务管理

政府经济综合管理

军 事

法　治

社会团体

乡(镇)简况

先进单位和人物

特 载

附 录

索 引

大 事 记

2016年筠连县大事记

1月

1月5日，筠连县创建的省级出口茶叶质量安全示范区顺利通过四川检验检疫局、省商务厅、省农业厅联合考核组的验收，成为宜宾市首个出口茶叶质量安全示范区。

6–7日，中共筠连县委十二届十次全体会议在县会议中心三楼会议室召开。县委委员30人、候补县委委员6人出席会议。有关方面负责人列席会议。县委书记王萍出席会议并讲话。全会认真学习贯彻中共十八届五中全会、省委十届七次全会和市委四届十一次全会精神，审议通过《中共筠连县委关于制定国民经济和社会发展第十三个五年规划的建议》《中共筠连县委关于加快建设“绿色筠连、生态筠连、宜居筠连”的决定》，听取县委常委会工作报告。县委常委会主持会议。

8日，由县人社局牵头设立的“筠连县脱贫致富职业技能培训基地”在县职业技术学校揭牌。县委书记王萍、县长刘朝平为基地揭牌，县委副书记陈良云，副县长王见华、王永红出席，县脱贫致富职业技能培训领导小组成员单位负责人参加揭牌活动。

19–21日，政协筠连县第十四届委员会第五次会议在县会议中心三楼大会场召开。全体政协第十四届委员会委员参加大会，县委书记王萍、县长刘朝平、县人大常委会主任何跃、县政协主席黄静和县委、县人大、县政府、县政协的其他领导，县人武部、法院、检察院、县园区管委会领导，县政协十四届五次会议第一次全体会议各位执行主席，县人大、县政协的部分退休老领导出席大会。县政协主席黄静代表政协筠连县第十四届委员会常务委员会作工作报告，副主席刘乐君受县政协常委会委托作《政协筠连县第十四届委员会常务委员会关于四次会议以来提案工作情况的报告》。

20–22日，筠连县第十五届人民代表大会第六次会议在县会议中心召开。县人大代表应到195人，实到185名；邀请特邀人员3人；参加列席会议人员158人到会。大会听取和审查政府工作报告、人民法院工作报告、人民检察院工作报告，审查和批准筠连县国民经济和社会发展第十三个五年规划纲要的决议、筠连县2015年国民经济和社会发展计划执行情况及2016年国民经济和社会发展计划的决议、筠连县2015年财政预算执行情况及2016年财政预算的决议，会议选举伍崇辉为县人民法院院长。

27日，宜宾市“学习先进模范 弘扬时代风尚”巡回报告会筠连专场在县会议中心三楼会议室举行。市政研会专职秘书长、报告团副团长侯涛出席报告会；全体县领导，各乡（镇）党委书记、党政办主任，县级各部门副科级及以上领导干部，部分村（社区）干部，县级各部门、各企事业单位职工及群众代表、志愿者代表约400人参加。报告团10名成员通过讲述自身工作或生活中的感人故事，与听众分享心得体会和成功经验。县委副书记陈良云、县委宣传部部长贾圣君分别主持上午、下午的报告会。

28日，市委常委、组织部部长蒋刚一行到筠连调研。蒋刚一行实地走访调研蓝伯特生物科技公司、筠连镇五凤村、城南新区、县惩防体系数字化监管中心，与县领导进行谈心谈话，县委书记王萍、县长刘朝平等陪同调研。

2月

5日，县委书记王萍率县“四大班子”领导看望慰问春节期间坚守在城管、环卫、医疗、卫生、交通、公安、武警、消防、供水、供电等工作在一线的干部职工。

19日，县委中心组(扩大)学习会暨2016年“三级联动”工作推进会在县会议中心召开。全体县领导、各乡(镇)党委书记和乡(镇)长，县纪委常委、组织部副部长、宣传部副部长、政法委副书记，县级有关部门和企事业单位负责人、县“三级联动”领导小组办公室成员参加会议。会议传达学习中央、省纪委全会和中央、省、市经济工作会议，省“两会”及《宜宾市信访工作联席会议关于印发〈宜宾市县（区）领导干部信访工作“一岗双责”制度〉的通知》《中共宜宾市委办公室关于贯彻落实〈四川省贯彻落实党委党组意识形态工作责任制实施细则〉的通知》精神。县委书记王萍主持会议并作讲话。

22日，2016年庆新春“我们的节日”全民健身大家乐趣味运动会在玉壶公园池子球场举行，由县体育局主办、县老体协承办。县委常委、宣传部部长贾圣君发表新年致辞，县人大常委会副主任张彬，政协副主席刘乐君，政协副主席、统战部部长、老年体育协会会长韩世全出席，县内各体育协会社团健身代表队和现场自愿报名的群众参加活动。

26 日，县长刘朝平率县政府办、交通运输局、畜牧水产局、农商行等单位人员到双腾镇督察调研精准脱贫。

29 日 –3 月 1 日，省林业工作站站长李国辉一行到大雪山片区林业站验收国家标准站建设项目，市林业局副局长徐小林等参加现场检查验收。

同月，省林业厅、省发展和改革委员会、省财政厅联合以川林发〔2016〕11 号《关于认定第二轮现代林业重点县(2013–2015)的通知》，筠连县被认定为四川省现代林业重点县。

3 月

7 日，筠连县第八届李花节暨“筠连好茶”品鉴会在春风村举行，以立足服务筠连，突出宣传报道持续性，突出互联网思维用好新媒体，主动邀请各级媒体记者到筠连集中采访，中央省市各级媒体(平台)用稿 100 余篇。

8 日，筠连招商推介会暨签约仪式在海瀛蓝伯特生物科技公司举行，邀请浙江、广东、湖南、重庆、云南等地 50 余家企业嘉宾出席，县委书记王萍致欢迎辞，县委常委、常务副县长李小林代表县政府与签约代表签订 8 个协议，协议引资总额 2.73 亿元，县长刘朝平主持推介会。

11 日，筠连县乡(镇)换届工作暨组织工作会议在县会议中心召开。县委书记王萍出席会议并讲话，四大班子部分成员，各乡(镇)党委书记、党务副书记、组织干事，县级各部门、县属及县属以上企事业单位党委(党组)分管领导和政工干部，县委组织部机关全体干部共 130 人参加会议。县长刘朝平主持会议。

14–15 日，省环保厅专家组一行到筠连调研省级生态县建设，专家组一行考察塘坝、龙镇、孔雀、巡司、腾达等乡(镇)的饮用水源保护、污水处理、垃圾处理、春风村生态旅游建设，抽查川南肉牛交易中心、西南水泥等重点企业，检查筠连县创建省级生态县的资料准备情况，副县长罗吉义等陪同检查。

15–16 日，市政协主席葛燎原、副主席郑耀银率秘书长郭朝辉等相关委室负责人到海瀛工业园区、筠连镇、巡司镇、沐爱镇、腾达镇调研，并召开调研座谈会。县委书记王萍、县长刘朝平、县政协黄静主席陪同调研，县领导何跃、陈良云、李小林、师世秋、韩世全、刘乐君、叶宗勇、郑世筠及筠连镇、沐爱镇、交通运输局、畜牧水产局负责人，政协机关科级干部参加座谈会。

17–18 日，宜宾市“十二五”农村精神文明建设成就展县(区)巡展在玉壶广场举行，县领导王萍、张彬、王见华、刘乐君和广大干部群众一起参观展览。

4 月

6–7 日，全市现代林业发展暨创“国森”工作会议在筠连浙商酒店召开，市林业局全体班子成员、机关副科级以上干部及各县(区)林业(农林)局局长、产业办负责人共 110 人参加会议。县长刘朝平到会致欢迎词，市林业局副局长覃鸿杰主持会议。

11–12 日，省政协副主席王正荣率省政协办公厅、人社厅、民政厅人员及部分驻宜宾省政协委员到筠连调研完善全省贫困地区农村医疗保障和救助办法。县委书记王萍、县政协主席黄静等陪同调研。

12 日，省、市、县科协联合组织的筠连县精准扶贫科技培训会议在县会议中心三楼会场召开。省科协副巡视员陈善蜀，市科协党组书记、常务副主席任兴江，邮储银行宜宾分行工会主席、副行长王利，县委副书记陈良云出席会议并讲话；各乡(镇)分管科协领导、各畜牧水产站负责人、各林业站负责人，创业青年科技人才代表，部分县级部门主要领导及业务人员，61 个贫困村支部书记和“第一书记”，各农村专业技术协会、科普示范基地、科普带头人，畜牧水产类重点家庭农场，核桃、漆树种植类重点农民专合社等共 300 人参加。市科协党组成员、副主席杨光春和县委常委、副县长伍永富分别主持培训会议。

19 日，《筠连黄牛生产技术规范》标准审查会在县城举行，起草组汇报标准起草目的意义、编制过程等，回答评审专家提问，评审专家审核后同意按程序报上级批准发布，市质量技术监督局副局长王跃华主持审查会。

24 日，“时代楷模”王家元先进事迹首场报告会在县会议中心三楼会场举行，省委宣传部宣传处副处长陈小海，市委宣传部副部长、市文明办主任周世纯，市委讲师团团长廖礼华到会指导；县领导刘朝平、何跃、黄静、王涛、李小林、张宗才、詹立、邬文斌、贾圣君、师世秋、张彬、古有奎、王见华、郑云、韩世全、刘乐君、叶宗勇、郑世筠出席报告会；各乡(镇)党委书记、副书记、党政办主任，筠连镇各社区书记、主任，村支部书记代表，县级各部门、县属及县属以上企事业单位副科级及以上领导、职工代表，县教育文化广电系统、县卫生计划生育系统职工代表近 500 名观众聆听报告。县委书记王萍主持报告会。中共中央宣传部决定把王家元作为全国重大宣传典型，授予其“时代楷模”荣誉称号，新华社、人民日报、中央电视台等中央主要媒体已密集推出王家元先进事迹深度报道，“时代楷模”发布节目在中央电视台播出。

28 日，市委常委、副市长于滨一行到筠连调研旅游工作，市旅游外侨局、市交通运输局相关人员参加调研，县长刘朝平、副县长王见华等陪同调研。

29 日，筠连县“两学一做”学习教育工作座谈暨“各级党组织和党员干部看齐党中央”专题报告会在县会议中心召开，在筠连副县级以上党员领导，各乡（镇）党委书记、党务副书记、纪委书记，县级各部门、县属及县属以上企事业单位党组织负责人，县委“两学一做”学习教育的相关人员共170人参加会议。会议学习传达中央、省委、市委“两学一做”学习教育工作座谈会精神，县委常委、组织部部长李刚安排部署全县“两学一做”工作，县长刘朝平受县委书记王萍委托作专题党课报告。县委常委、纪委书记张宗才主持会议。

5月

6日，筠连县换届风气监督工作会议在县会议中心召开。各乡（镇）的党委书记、党委副书记、纪委书记、组织委员，县级各部门、县属及县属事业单位主要负责人、办公室主任参加会议。县委书记王萍出席会议并作讲话，县委常委、县纪委书记张宗才，县委常委、组织部部长李刚安排部署具体工作。

11日，市检察院检察长蒋世林一行到筠连检查督导县检察院贯彻落实上级重大部署及“两学一做”学习活动开展情况。县委书记王萍、县长刘朝平、县委副书记陈良云、县委政法委书记詹立等陪同检查。

19–20日，省财政厅厅长王一宏、财政厅办公室主任马忠、经济建设处副处长徐晓驰等到筠连开展扶贫建设项目、资金落实情况检查。市长杜紫平、副市长李学焦，县委书记王萍、县长刘朝平、常务副县长李小林及县级相关部门陪同检查。

25日，省公安厅监管总队总队长杨晓阳一行到筠连检查看守所新建工作，市公安局党委委员、副局长廖方伦，市监管支队长杨永春、副支队长吴玉涵，副县长、公安局局长郑云等陪同检查。

27日，筠连县第四届四川省文明城市工作攻坚会议在县会议中心召开，县委书记王萍、县长刘朝平出席会议并讲话；县人大常委会主任何跃及其他在筠连的县领导出席会议；各乡(镇)、县级各部门、县属及县属以上企事业单位主要负责人，筠连镇社区书记、主任120人参加会议。县委副书记王涛主持会议。

6月

12日，筠连县肉牛产业发展推进会在沐爱镇召开。县长刘朝平出席会议并讲话，各乡（镇）主要负责人、县级相关部门负责人、县金融机构代表、乡（镇）肉牛发展代表负责人110人参加会议。副县长王永红主持会议。

13日，市委常委、纪委书记唐浪生一行到筠连调研经济建设和党风廉政建设工作。县委书记王萍、县长刘朝平、纪委书记张宗才等陪同调研。

15日，省委政研室综合处、改革办协调处处长左志强率调研组到筠连专题调研筠连镇五凤村财政扶贫资金股权量化收益分配模式改革试点工作，市委政研室（改革办）副主任夔进，改革协调科科长李兴建，县委常委、县委办主任师世秋，副县长王永红等陪同调研。

18日，市老体协主席李发存、常务副主席周基华率翠屏区、临港开发区、长宁县、筠连县老体协负责人一行40人到蒿坝镇调研老体协工作。县政协副主席、老体协主席韩世全等陪同调研。

24日，筠连县党委（党组）意识形态工作暨宣传思想文化工作会议召开。县人大常委会副主任张彬、副县长王见华、县政协副主席刘乐君出席会议，县委副书记陈良云出席会议并作讲话。会议传达县委书记王萍重要批示，通报2015年度宣传思想文化工作先进集体和先进个人。县委常委、宣传部部长贾圣君主持会议。

同日，《筠连县春风综合体肉牛生产技术规程》通过专家组评审，由筠连县向阳生态养殖专业合作社发布，成为筠连又一地方标准。

25日，筠连县人民医院整体搬迁至城南新医院。

27日，筠连国家卫生县城创建工作推进会议在县会议中心召开，筠连镇、县级部门及企事业单位主要负责人共90人参加会议，会议对创建工作再安排、再部署。县委常委、纪委书记张宗才从强化责任担当，严肃工作纪律方面作具体安排；县委常委、宣传部部长贾圣君从提高创建知晓率、参与率、满意率方面安排氛围营造工作；副县长郑云通报创建工作中存在的突出问题。县长刘朝平提工作要求。副县长郑云主持会议。

28日，市公安局党委书记、局长孙小川一行到筠连调研指导公安工作，县长刘朝平、县委政法委书记詹立、副县长郑云等陪同调研。

30日，筠连县庆祝中国共产党成立95周年大会在会议中心召开。县委书记王萍出席会议并讲话，在筠连全体县级党员领导及各乡(镇)、县级各部门、县属及县属事业单位党组织主要负责人，退休老党员代表、先进党组织和优秀个人代表300余人参加会议。县长刘朝平主持会议。

7月

4日，国家质检总局发布《关于批准对麻江蓝莓等37个产品实施地理标志产品保护的公告》，筠连粉条、筠连黄牛两个产品获批准为国家地理标志产品。

12日，由省大学生创新创业活动中心、市人才就业促进局联合举办的“青创＋筑梦千里巡之筠连行”巡诊活动在海瀛创业孵化基地举行，省大学生创新创业活动中心常务副主任苏兵、省大学生创新创业活动中心发展部施长江，市人才服务和就业促进局局长甘华峰、副局长殷晓燕，县委常委、组织部部长李刚，县人社局局长张芳等到会指导，来自高县、筠连的50余名创业者参加活动。

14日，国家统计局四川调查总队副总队长唐建成一行到筠连调研城乡居民增收工作，国家统计局宜宾调查队队长吴开华、副队长王淑兰、谭太勤，县委常委、常务副县长李小林及相关部门负责人陪同调研。

21日，省水利厅工程处处长李洪舟一行到筠连审查乐义乡山洪沟工程立项工作。

30–31日，筠连县首届彝族火把节在团林苗族乡举行，有1.5万人参加，火把节由团林苗族乡政府主办、团林苗族文化促进会承办、筠连县义繁农业开发有限公司协办。

8月

1日，县委书记王萍、县长刘朝平、县人大常委会主任何跃、县委副书记陈良云看望慰问县人武部、武警县中队、县消防大队官兵，走访慰问现役军人亲属和退役军人。

8日，宜宾市2016年"全民健身日"群众体育活动启动仪式暨筠连县千人秧歌展示大赛·创建卫生文明城市群众宣传月活动在定水广场举行，由市教育和体育局、县委、县政府主办，县委宣传部、总工会、体育局、县教育文广局承办，县老年人体育协会、县百姓文体运动协会协办，全县18个乡（镇）及各体育社团、健身站（点）、健身队等参赛队共1000余人参加。市政协副主席严晋川、县委书记王萍、市教育和体育局副局长朱世凯等出席，县委常委、宣传部部长贾圣君主持活动。

9日，省纪委监察厅党风廉政建设研究中心副主任徐子锐一行到筠连视察县惩防体系数字化监管中心。县委书记王萍、县长刘朝平，县纪委书记张宗才等陪同。

同日，省政协地方联络委员会主任陈芳一行到孔雀乡调研政协委员参与"我为扶贫攻坚做件事"和"筠商"参与脱贫攻坚活动情况，市政协副主席张世炜、市政协联络委员会主任张建华及县政协主席黄静、县委副书记陈良云、副县长王永红、政协副主席韩世全等陪同调研。

22–24日，省委常委、常务副省长王宁率督导组到筠连蹲点调研督导脱贫攻坚工作并主持召开座谈会。市委书记刘中伯，省财政厅厅长王一宏、副厅长朱华勇，省烟草专卖局局长李恩华，省发改委副主任邓长金，建行省分行副行长汪海，四川华西集团公司董事长陈贵林参加调研督导；县领导王萍、刘朝平、何跃、黄静等参加。

23–25日，省卫计委副巡视员刘捷率考核评估组到筠连考核验收创建国家卫生县城工作。24日，召开创建国家卫生县城考核评估情况通报会，宣布顺利通过验收，考核评估组全体成员，市城管执法局局长、市爱卫办主任梁廷江，市城管执法局副局长、市爱卫办副主任喻国丹，县领导王萍、刘朝平、何跃、黄静、张彬、郑云、叶宗勇等出席会议，筠连镇、县创卫指挥部成员单位主要负责人参加会议。省爱卫办副主任李永春主持会议。

26日，筠连县第九届栋梁工程和县"关爱基金"助学金发放仪式在县会议中心举行，39名贫困大学新生获栋梁工程和县"关爱基金"助学金。县委常委、常务副县长李小林，县政协副主席叶宗勇，县关工委顾问李友钧及栋梁工程领导组成员、牵头单位领导，各乡（镇）党委副书记、关工委主任，筠中、筠二中相关负责人，受助学生及部分学生家长参加发放仪式。

30日，省财政厅副厅长朱华勇、经建处副处长徐晓驰一行到乐义乡沙地村督导脱贫攻坚工作，县委副书记陈良云等陪同。

31日，宜宾市肉牛产业发展"1+N"联动机制现场推进会在筠连县举行。会前，与会人员到双腾镇德胜村参观建卡贫困户陈光银、罗万彬和返乡创业户陈道元、陈道永4户家庭养牛场，以及吸纳无劳力建卡贫困户共同发展肉牛的筠连县尖峰山种养专业合作社规模养牛场利用"好牛贷"发展养牛情况。市委副书记吕晓莉出席会议并讲话市委副秘书长、市委农工委主任刘文华，市政府副秘书长李亚出席会议；市委农工委、市委督查室、市政府督查室、金融办、发展改革委、经济和信息化委、财政局、农业局、畜牧水产局、扶贫移民局、人行宜宾市中支、四川省联社宜宾办事处、人保财险宜宾市分公司、平安财产保险宜宾中支公司、市农业融资担保公司，全市8县2区政府分管领导、农工委(办)、财政局、畜牧(水产、农林畜牧)局、金融保险机构负责人及全市30个重点肉牛发展乡(镇)政府主要负责人142人参加会议。副市长李敏主持会议。

同月，商务部、财政部授予筠连县为国家级电子商务进农村综合示范县。

9月

9月8号，四川省环境保护对外交流合作中心副主任何建华一行到镇舟镇检查指导污水处理等相关工作。

9日，筠连县庆祝第32个教师节大会在县会议中心三楼会场召开。县委书记王萍出席大会并讲话，县委常委、常务副县长李小林，县委常委、宣传部部长贾圣君，人大常委会副主任张彬，政协副主席刘乐君，县级各部门、各乡（镇）负责人及学校优秀教师、教育工作先进工作者近300人参加大会。县委副书记陈良云主持会议。

13日，筠连县女企业家联谊座谈会在县政府会议室召开，全县14位女企业家、10家职能部门参加。县领导刘朝平、黄静、雷敏、罗吉义出席。

19日，中央宣传部、中央文明办在北京举办第十二届中国公民道德论坛。中共中央政治局委员、中央书记处书记、中宣部部长刘奇葆出席论坛并讲话；中宣部常务副部长、中央文明办主任黄坤明主持论坛。论坛上，中央电视台、北京市委等9家单位的代表分别发言，作为唯一的典型人物代表，时代楷模、春风村党支部书记王家元作《发挥

党员带头模范作用 建设文明富强新农村》发言。

26-27日，中国共产党筠连县第十三次代表大会在县会议中心三楼会议室召开。应到代表335人，实到代表324人；非代表的县级领导，非代表的十二届县委委员(候补委员)、纪委委员，非代表的县级各部门(含垂直部门)党政主要领导，非代表的部分县属及以上企事业单位主要领导、非代表的乡(镇)党政正职，在筠连曾任副县级以上实职及享受副厅级待遇的离退休干部、离岗待退干部和其他人员列席大会。县委书记王萍代表中共筠连县第十二届委员会向大会作《干在实处、走在前列，为全面建设“四区”全力打造“三个筠连”而努力奋斗》的报告，县纪委书记肖利代表中共筠连县第十二届纪律检查委员会作《保持政治定力、强化责任担当，为“全面建设‘四区’全力打造‘三个筠连’”提供坚强纪律保障》的报告。大会审议通过《中国共产党筠连县第十三次代表大会关于中共筠连县第十二届委员会工作报告的决议》《中国共产党筠连县第十三次代表大会关于中共筠连县纪律检查委员会工作报告的决议》。选举出席宜宾市第五次党代表大会代表，选举中国共产党筠连县第十三届委员会委员、候补委员，中国共产党筠连县第十三届纪律检查委员会委员。

28日，“筠连县不动产登记中心”挂牌，设在玉壶公园旁，标志全县不动产登记工作正式启动，旧证停办。

10月

8-14日，省财政厅财政监督检查局副局长胡孝媛、检查四科科长李冀川、检查一科弋茜等到筠连开展2015年农村义务教育薄弱学校改造补助专项资金、2015年城乡医疗救助资金专项检查，市财政局财政监督检查局郝崇高、罗成章、袁伟等陪同。

19日，省扶贫移民局指导处调研员蒲应军、指导处主任张建国一行到双腾镇德胜村调研金融扶贫工作，市扶贫移民局总会计师徐国强、项目科科长李香泉及县扶贫移民局、畜牧水产局等相关人员陪同。

同日，筠连县第三次全国农业普查动员大会在县会议中心召开，县长刘朝平出席会议；各乡(镇)乡(镇)长、分管领导、业务骨干，县农普领导小组成员及领导小组办公室全体人员，县农业普查领导小组成员单位主要领导共140人参加会议。

19-21日，全球环境基金(GEF)中央项目执行办项目经理宋增明博士一行到筠连调研指导GEF项目建设，省林业科技推广总站站长李映平、GEF四川项目经理黄永强及县林业局等陪同。

21-23日，2016中国·筠连“筠州杯”全国钓鱼邀请赛在定水河县城段举行，由中国钓鱼运动协会市场及产业委员会、市商务局、县政府主办，县委宣传部、体育局、教育文广局、经信科技局、中国钓鱼运动协会宜宾会员服务站承办。大赛分为国家级四类赛和“开沃将太·同城约钓赛”2个赛程。全国200多名钓鱼选手参赛。21日，在玉壶广场举行开幕式，县委书记王萍、县长刘朝平、市教育和体育局正县级调研员李晓兵、县委常委雷敏、县长王永红、中国钓鱼运动协会裁判委员会会员赛事总监郭邑、中国钓鱼运动协会宜宾会员站站长执行裁判长吴晓剑、河南清华钓具有限公司副总经理潘兴兵出席开幕式。县委常委雷敏致辞，县委书记王萍宣布开幕。

25日，筠连县被中国茶叶流通协会授予“2016年度中国茶业发展示范县”称号。

25-26日，中央党史研究室第一研究部原副主任、研究员李蓉，第三研究部原副主任助理、研究员叶晖南，中央党校研究馆员叶成林一行到筠连调研中国工农红军川滇黔边区游击纵队在筠连斗争史实。市委党史研究室副主任王卫义、副调研员钟实，县委宣传部部长贾圣君等陪同。

11月

1日，市卫计委组织消除疟疾考核评估专家到筠连进行消除疟疾工作考核评估。全县消除疟疾工作资料齐全、整理规范、镜检人员技能熟练、临床医生能熟练掌握疟疾诊治知识，综合得分98.5分，符合《疟疾控制和消除标准》(GB 26345-2010)的消除疟疾标准，筠连县达到“国家消除疟疾标准”。

3日，川南首个“影视小屋”正式落户筠连授牌仪式在县职业技术学校举行，县长刘朝平代表县四大班子致辞，中国文联副主席、中国电视艺术家协会主席、原中央电视台台长赵化勇，省电视艺术家协会常务副主席纪小茎为影视小屋授牌，市政协副主席严晋川主持授牌仪式。

4-5日，国家质检总局和国家标准委考核验收组到腾达镇考核验收春风综合体国家农业综合标准化示范区项目，考核验收组一行通过现场考察、农户走访、查阅资料、现场提问进行考核验收，听取副县长钟声远项目建设汇报。春风综合体国家农业综合标准化示范区以考核得分95.2分(总分100分)通过考核验收。

10日，财政部驻天津市财政专员办事处业务二处处长杨长松、财政部驻天津市财政专员办事处监督检查处主任科员赵文一行到筠连开展新增建设用地有偿使用、矿产资源专项收入专项检查，市财政局汪滢、市国土资源局赵世奎等，县委书记王萍、县长刘朝平、常务副县长李小林等陪同检查。

22日，筠连县“着眼全局谋发展、真抓实干增效能”解放思想大讨论活动动员大会在县会议中心召开，县委书记王萍出席会议并讲话，县委副书记陈良云、王涛出席会议；在筠连的县领导，各乡(镇)党委书记，县级各部门、县属及县属以上各企事业单位党组织主要负责人、解放思想大讨论活动领导小组成员、各工作组负责人参加会议。县长刘朝平主持会议。

23 日，省委常委、常务副省长王宁到筠连镇红江村调研脱贫攻坚工作，省政府副秘书长、办公厅主任蔡竞，省发展改革委副主任徐立，省财政厅副厅长朱华勇，市委书记刘中伯，市委常委、常务副市长宁坚，市政府党组成员、县委书记王萍陪同调研。

12 月

6 日，国家统计局宜宾调查队队长、党组书记吴开华，副队长王淑兰带领调研组调研全县城乡居民增收工作情况。县委书记王萍，县委常委、常务副县长李小林陪同。

12 日，筠连县首批入额法官宣誓就职仪式在县人民法院举行，全体入额法官面向宪法宣誓并现场签订责任承诺书。县委常委、政法委书记詹立出席宣誓就职仪式。

14 日，筠连县企业家代表座谈会在蓝伯特公司召开，县政府办、经信科技局、机关事务办、园区管委会中层以上干部、驻园区公司负责人等 18 个企业负责人参加座谈会。副县长钟声远出席会议并讲话。

16–18 日，政协筠连县第十五届委员会第一次会议在县会议中心三楼会场召开，应到委员 148 人，实到 134 人；应到特邀、列席人员 138 人，实到 121 人。大会听取并审议黄静受十四届常委会的委托《政协筠连县第十四届委员会常务委员会常委会工作报告》、张洪彬受十四届常委会的委托作《政协筠连县第十四届委员会常务委员会提案工作报告》；大会选举产生政协第十五届委员会主席 1 人、副主席 3 人、秘书长 1 人、常务委员 27 人。

17–19 日，县十六届人大第一次会议在县会议中心三楼会场举行。应到县人大代表 202 名，实到 199 名；邀请特邀、列席会议人员共 145 人到会。大会听取和审查“一府两院”工作报告和县人大常委会工作报告，审查和批准筠连县 2016 年国民经济和社会发展计划执行情况及 2017 年国民经济和社会发展计划草案的报告、筠连县 2016 年财政预算执行情况及 2017 年财政预算草案的报告。大会选举县十六届人大常委会主任 1 人、副主任 4 人、委员 20 人；选举县人民政府县长 1 人、副县长 6 人、县人民法院院长 1 人；选举县人民检察院检察长 1 人，报市级批准；选举出席宜宾市第五届人民代表大会代表 32 人。

22 日，县妇幼保健计划生育服务中心的标准化建设正式动工。

（张会权 夏启林 杨青松）

筠连县综述

筠连县概况

筠连县拥有筠商、玉壶井、苗族大唢呐、苦丁茶、五尺道五大文化名片和筠连苦丁茶、筠连红茶、筠连黄牛、筠连粉条四大国家地理标志产品保护，享有“中国苦丁茶之乡”“中国奇泉之乡”“川南煤海”“川红故里”等美誉，是全国“春风精神”发源地、省级革命老区、省级岩溶风景名胜区、省政府扩权强县改革试点县、省政府少数民族待遇比照县。

【地理位置】 筠连县位于四川盆地南缘，云贵高原北麓川滇结合部，地处北纬27° 50′ 37 ″–28° 14′ 28 ″，东经104° 17′ 45 ″–104° 47′ 20 ″之间。北界高县，东接珙县，南靠云南省威信、彝良县，西邻云南省盐津县。东西长48.5千米，南北宽43.4千米，幅员1256.35平方千米。最高海拔东南部大雪山主峰1777.2米，最低海拔东北部腾达沐滩河谷368.5米。县政府驻地筠连镇公园路98号，县城距省会成都市372千米、重庆市384千米、宜宾市89千米、云南省盐津县县城44千米。

【政区】 2016年，全县政区与上年无变化，仍辖筠连镇、腾达镇、巡司镇、蒿坝镇、双腾镇、沐爱镇、维新镇、镇舟镇、大雪山镇、塘坝乡、龙镇乡、孔雀乡、武德乡、乐义乡、高坎乡、团林苗族乡、联合苗族乡、高坪苗族乡9乡9镇；设243个村民委员会1578个村民组、14个社区108个居民组。

【人口】 2016年公安户籍统计显示，全县年末户籍总户数121411户，总人口448803人。其中城镇(居住在城区范围内)人口121095人，乡村(居住在农村片区)人口327708人；男性人口235113人，女性人口213690人，男女性别比为110.0∶100；分年龄段人口0–17岁以下110935人，18–34岁125028人，35–59岁150203人，60岁及以上62637人。全年全县出生人数4860人，人口出生率11.05‰；死亡人数2056人，死亡率4.66‰；人口自然增长率5.61‰，符合政策生育率97.2%。年末常住人口33.24万人，其中城镇常住人口12.515万人；城镇化率37.65%。

【民族】 筠连县民国时期有汉、苗、彝、回4个民族。新中国成立后，随高县四、五、七区的划入及因工作关系调入人口，民族种类增多。2016年，全县有汉族、苗族、彝族、回族、壮族、蒙古族、满族、白族、土家族、羌族、哈尼族、傣族、维吾尔族、朝鲜族、瑶族、藏族、布依族、侗族、哈萨克族、黎族、傈僳族、佤族、土族、达斡尔族、撒拉族、毛南族、仡佬族共27个民族，总人口448803人。其中汉族421875人，占总人口的94%；26个少数民族26928人，占总人口的6%。苗族共24684人，占总人口的5.5%；彝族、回族、藏族、壮族、白族、满族、土家族、仡佬族等25个民族2244人。少数民族主要分布在高坪、联合、团林3个苗族乡及蒿坝、巡司、腾达、大雪山、双腾、乐义、镇舟、筠连镇8个乡(镇)。

【历史沿革】 筠连县历史悠久，旧石器时代，县境即有人类活动。秦统一六国以前，县境属“巴蜀本南外蛮夷地”一隅。公元前221年，秦始皇统一六国，筠连归大一统的中央王朝。公元前202年，刘邦建立汉朝。汉武帝建元六年(前135)，置犍为郡(郡治今贵州省遵义县西)。元封二年(前109)，犍为郡属益州(州治今成都市)刺史部。汉武帝建元六年(前135)或元光五年(前130)置南广县(治今珙县沐滩乡傅家坝)，县境属益州犍为郡南广县地。公元9年，王莽建立新朝，改益州刺史部为庸部，改犍为郡为西顺郡，县境属庸部西顺郡南广县地。公元23年，蜀地为公孙述割据，将庸部还名益州，西顺郡复名犍为郡，县境仍属益州犍为郡南广县地。汉建安二十一年(216)，改犍为郡辖地为朱提郡，领朱提、汉阳、南昌、堂螂、南广5县，县境属益州朱提郡南广县地。公元221年四月，刘备于成都称帝，分益州为21郡，朱提郡仍置，领县亦有南广，县境隶属与前无异。蜀汉延熙年间(238–257)，于南广县立南广郡，县境归益州南广郡南广县，不久废郡存县，仍属益州朱提郡南广县。晋武帝泰始七年(271)，合南中建宁、云南、古兴、永昌4郡置宁州(州治今云南省曲靖市)，并分朱提置南广，县境即属宁州南广郡南广县。太康五年(284)撤销宁州，县境仍属益州朱提郡南广县。惠帝太安二年(303)，恢复宁州建制，县境又属宁州朱提郡南广县。晋怀帝永嘉五年(311)置南广郡属宁州，县境属宁州南广郡南广县。晋愍帝建兴四年(316)五月，废南广郡，县境属宁州朱提郡南广县。晋元帝永昌年间(322–323),南广又为宁州朱提郡属县。晋成帝咸康年间(335–342),李雄定宁州,又置南广郡,县境仍属宁州南广郡南广县。晋穆帝时(345–361)安西将军桓温平蜀,南广县地属东晋。隋文帝开皇十七年(597),隋讨平爨氏后,于南广郡旧地置协州(州治今云南省彝良县),县境属协州。隋炀帝大业初,废协州入开边县(县治今云南省盐津县滩头),至后仍又荒废。唐初,县境属戎州僰道县。武后时置筠州,领盐水、筠山、罗余、临居、澄澜、临昆、唐川、寻源8县。又置连州,领当为、都宁、逻游、罗龙、加平、清坎6县。后又置定州,领扶德、支江2县。该等州县均为羁縻。归附唐王朝,属剑南道(道治今成都市,后改剑南道西川)戎州都督府(府治今宜宾市)。唐天宝元年(742)改戎州为南溪郡。依旧都督领羁縻州36州,今县境在内。唐天宝七年(748),唐剑南节度使鲜于仲通被南诏打败,羁縻筠州、连州等地被南诏占领。唐德宗贞元四年(788),南诏归附,筠地各州县仍属戎州羁縻。宋咸平四年(1001)将蜀地分为益、利、夔、梓4路,今县境内各羁縻州属梓州路(路治潼州府,今四川省三台县)戎州。唐徽宗政和四年(1114)改戎州为叙府。唐微宗重和元年(1118)改梓州路为潼川府路。至北宋末,羁縻筠州、连州均属潼川府路(原梓州路)叙州府(原戎州)所辖。元世祖至元十五年(1278),于今县境内合原筠州、连州而置筠连州,并领腾川县(县治今筠连镇),不久省县入州。元世祖至元十六年(1279),筠连州直隶叙州府。元末顺帝至正二十年(1360)红巾军将领明玉珍据蜀称帝。在重庆建立大夏政权,历时11年,筠连州治地隶属依旧。

明洪武四年(1371)灭大夏,同年改筠连州为筠连县,县治今筠连镇,改设流官,隶叙州路。明洪武六年(1373)叙州路改为叙州府,筠连县隶叙州府。明洪武十年(1377)降高州为高县,将筠连县、珙县并入高县。明洪武十三年(1380)又恢复置筠连县、珙县,直隶叙州府。明正德十三年(1518)复置高州,仍领筠、珙2县。清顺治十六年(1659)九月,筠连纳入清朝统治,县境人口稀少。至康熙中叶战乱才平定,曾由庆符县知县兼任筠连县知县,筠连县隶属一仍明制。清雍正六年(1728)对川、滇、黔3省边界进行较大调整,将镇雄、乌蒙、东川3府划归云南省,今四川南部疆界基本确定,将县属大、小楠木2园划归云南省镇雄州。清嘉庆七年(1802),筠连县属四川省川南永宁道(道治今泸州市)叙州府(府治今宜宾市)。光绪三十四年(1908),改永宁道为下川南道,筠连县即属四川省下川南道叙州府。民国元年(1912),中华民国成立,是年裁废道制,以府、州、厅直隶省政,筠连县直属四川省叙州府。民国2年(1913),实行撤府立道,筠连县属四川省下川南道(道治今泸州市)。民国3年(1914),改下川南道为永宁道(道治地同前),筠连属四川省永宁道。民国18年(1929)撤销道,筠连县直属四川省。民国24年(1935),四川省下设十八个行政督察区,筠连县属四川省第六行政督察区(区治今宜宾市)。

1949年10月1日,中华人民共和国成立。1950年1月9日,筠连县解放。同年1月,分四川为川东、川西、川南、川北4个行政公署,直隶西南大行政区。川南行政公署设泸州市,筠连县属西南大区(驻重庆市)川南行署宜宾专区,专署设宜宾市(县级)。1952年9月1日,恢复四川省,撤销西南大行政区和川南行政公署,筠连县属四川省宜宾专区。1953年8月,经宜宾专区行政公署批准,高县第四区(区治沐爱场)、第五区(区治落木柔场)、第七区(区治蒿坝场)所辖1镇、20乡、156个村划归筠连县。1968年8月,改宜宾专区为宜宾地区,筠连县即属四川省宜宾地区。1996年10月,经国务院批准撤销宜宾地区,设地级宜宾市,筠连属宜宾市管辖。

【地貌】筠连县地形整体呈南高北低态势,系四川盆地向云贵高原过渡地带。东南部大雪山主峰海拔1777.2米;东北部腾达镇沐滩河谷海拔368.5米,极差1408.7米。区内以县城、巡司、筠连镇古楼为中心的岩溶峰丛发育奇特,面积约36.86平方千米,有大小溶洞226处,其中以凉风洞、箱子洞、鸳鸯洞、母猪洞、仙人洞等较为著名。岩溶和地质构造对筠连地貌产生深刻影响,形成奇异多姿的低中山峡谷带坝地貌。

低山岩溶槽坝,海拔420–600米,面积0.76万公顷,占全县辖区面积的6.07%。包括筠连、巡司、双腾、塘坝、沐爱、乐义、高坎、大雪山等乡(镇)沿河两岸的十几个坝子。坝的两侧山峰挺拔,谷地宽阔平坦,长达数百米至数千米不等,地表多为坡积和冲积物。

浅切低山,海拔380–900米,面积4.32万公顷,占全县辖区面积的34.39%。包括筠连、腾达、巡司、武德、双腾、塘坝、沐爱、维新、大雪山等乡(镇)的部分区域。山头状如馒头,坡度较缓,间有溶蚀小盆地。地块大而平整,地表多为残积物质发育成的山地黄壤。

中切低山,海拔500–1000米,面积2万公顷,占全县辖区面积的15.96%。包括筠连、腾达、巡司、武德、乐义等乡(镇)的部分区域。主要是飞仙关组紫色砂岩、页岩,山岭绵延,地面起伏较大,坡较陡,地表多为残积物质。

中山深谷,海拔900–1777.2米,面积5.47万公顷,占全县辖区面积的43.55%。多在县境南部,包括蒿坝、龙镇、高坪、联合、大雪山、高坎、团林等乡(镇)的全部或部分地区。谷狭涧深,山坡陡峭,地面破碎,地表多为古生界泥岩砂岩的残积物发育而成的山地黄壤。

【水文】筠连县境内水系纵横,常年有水溪河31条,属长江上游上干段南广河水系的有镇舟河、巡司河、定水河、乐义河(浑水河)等河流共29条;属长江上游上干段金沙江水系的有头道河(即热坝河)、鹿井沟2条。较大河流有镇舟河、巡司河、定水河3条河流,镇舟河发源于筠连县南端与云南省威信县交界的大雪山北麓,巡司河发源于筠连县龙镇乡池塘沟的山王坳，定水河发源于龙镇乡白果村寒婆岭北麓。全县有巡司、县城、斯栗坡、上桥头、五道河五大泄水区，并有镇舟－大鱼洞、龙碗－凉风洞、大洞湾－小鱼洞、旋窝凼－黑风洞、卜好龙－斯栗坡等地下水系，主要出水点有玉壶井、大龙潭、凉风洞、温泉井、倒流水、小鱼洞、仙人井、清溪洞、鹿井、母猪洞等。

【气候】 筠连县属四川盆地中亚热带湿润季风气候区，气候温暖、降水充沛、四季分明、冬暖春早、夏长秋短、霜雪较少。光热水资源丰富，适宜发展农、林、牧业及多种经济作物。常年日照时数1064.4小时，占可照时数的25%。常年平均气温17.6℃，年际变化小，最高年1998年和2002年18.6℃，最低年1976年16.8℃，相差1.8℃，月际变化大，最热月7月26.5℃，最冷月1月7.3℃，差值19.2℃。地处海拔1777.2米的大雪山，常年平均气温9.5℃；海拔368.5米的沐滩河谷，常年平均气温18.4℃。海拔每升高100米气温降低约0.63℃。海拔458米地区各温度段积温值为：0℃以上积温6464.9℃；10℃以上积温5580.2℃，初日在3月5日，终日在11月26日；10–20℃之间的积温4213.6℃，初日在3月28日，终日在9月23日。积温亦随海拔高度的不同而变化，海拔越高，积温越低。地温常年平均为19.6℃，比同期气温年平均值17.6℃高2.0℃，历年各月地温与气温差值，最小差值在12月为0.6℃，最大差值在7月为4.0℃。不同季节随土层深度变化而变化，冬、春两季随土层深度增加而略增，夏、秋两季随土层加深而略降，全年地温除1月份在10℃以下，其余各月均在10℃或10℃以上。县内自然降水年际变化大，季节分配不均，常年平均降水量1111.7毫米，主要集中在5–9月，占全年降水量74%。年降水最多的在1973年达1534.5毫米，比常年偏多38%，最少年是1993年为695.9毫米，为历史记录最少值。月降水量平均最多是8月为218.2毫米，其次是7月为216.2毫米，最少是12月为22.9毫米。6–9月，月平均降水量都在150毫米以上，是蓄水的主要时期。受青藏高原对下游上空中、低层气流与“盆地效应”共同作用的结果，降水多夜雨，夜间雨量占全年降水量的60%以上，降雨日数占50%以上。筠连属湿润地区，常年各月平均相对湿度在76–86%之间，年平均相对湿度为82%，相对湿度亦有随海拔升高而增加的规律，在海拔1100米的蒿坝镇，年平均相对湿度可达90%以上。常年平均风速1.0米/秒，各月静风最多，年平均静风风向频率36.4%，风向主要是西北风，其次为东北风和北风。当春季强寒潮影响或夏季强对流的雷雨天气发生时，常伴有短时风速大于等于17.7米/秒大风。常年大风出现的频率以4、5月份最多，7、8月份次之。总云量多年平均8.4成。最多年1982年8.8成，最少年1978年7.9成。筠连县0℃以上无霜期，年平均337天，最长365天，最短1990年271天。霜的初日多出现在12月17日左右，终日多在1月26日左右。县境冬暖而雪日较少，平均每年降雪日数0.9天，平均初日多在1月中旬，终日在2月中旬。县内一年四季均有轻雾出现，主要出现在雨后放晴的夜晚，因地面辐射散热，使近地层空气冷却饱和，常在后半夜到拂晓凝结致雾，清晨增浓，上午10–11时逐渐消散，有时可持续到午后方散。雾日年平均在10–15天左右，秋冬占全年的3/4，春夏占1/4。

2016年，全县年平均气温17.7℃，较人工站历年极端最高气温（下同）偏高0.1℃；年极端最高气温38.4℃，偏低1.8℃；年极端最低气温–1.6℃，偏高0.7℃。年总降水量1300.2毫米，偏多251.4毫米，偏多24%。年总日照时数1167.6小时，偏多98.5小时，偏多9%。

【土壤】 全县土壤有5个土类、6个亚类、17个土属、61个土种、114个变种。成土母质含7个系25个组群。其中水稻土面积10926.67公顷，习惯面积5870公顷，占耕地面积的16.67%，主要分布在全县各乡（镇）沿河两岸。潮土土类土壤面积295.35公顷，习惯面积85.33公顷，占耕地面积的0.45%；紫色土系反映岩性的特殊土壤类型，含酸性紫色土1个亚类，2个土属、6个土种、12个变种，土壤面积15039.43公顷，习惯面积4468.68公顷，占耕地面积的22.95%，分布于县西北部的筠连镇、塘坝乡、孔雀乡，县东南的大雪山、联合、蒿坝、维新、巡司等乡（镇）。黄壤土属地带性土壤，全县面积最大，分布最广，总面积68679.6公顷，其中农业土壤面积39277.19公顷，习惯面积12413.14公顷，占全县耕地面积的59.93%。黄棕壤土面积6693公顷，占全县辖区面积的5.33%，主要分布在蒿坝镇香台山、大雪山镇大雪山、龙镇乡老君山等海拔1500米以上的山区。

【森林植被】 2016年，全面推进全县造林绿化工作，完成营造林面积3933.33公顷，其中成片造林2533.33公顷；完成岩溶地区石漠化综合治理人工造林240公顷、封山育林800公顷；全县新增森林833.33公顷、林地保有量58133.3公顷、森林蓄积279万立方米。年末，全县森林面积65560公顷，森林覆盖率52.18%，增加3.4个百分点。

【土地资源】 经2010年全国第二次土地调查，全县土地总面积125635.07公顷。其中耕地36902.36公顷、占总面积的29.37%，园地6536.76公顷、占总面积的5.20%，林地64013.31公顷、占总面积的50.95%，草地870.50公顷、占总面积的0.69%，城镇及工矿用地4698.73公顷、占总面积的3.74%，交通运输用地1483.99公顷、占总面积的1.18%，水域及水利设施用地1648.57公顷、占总面积的1.31%，其他用地9480.85公顷、占总面积的7.55%。

【水资源】 全县水资源总量为10.57亿立方米。7月、8月产水最多，1月、12月产水最少，夏秋两季产水最多，冬春两季产水最少，形成“冬干、春旱、夏洪、秋涝”的特征。在区域分布上，西南部产水最多，东北部产水最少，高山区产水最多，坝丘区产水最少；迎风面产水最多，背风面产水最少。水能理论蕴藏量 11.7 万千瓦，可开发利用能量 42760 千瓦。

【矿产资源】 2009 年，筠连煤田探明地质储量为 35.82 亿吨，占四川省煤储量的 1/3，煤矿建设规模设计为 740 万吨 / 年。石灰石储量 163 亿吨，还有菱铁矿、褐铁矿、黄铁矿、盐、铜矿、耐火砖土、硅石、磷矿、辰砂、铸石原料、陶瓷原料等。全县土质普遍含硒元素，1988 年筠连茶叶送农业部、全国茶叶质量检验测试中心检测：茶叶含硒体积比浓度最高值 1.18ppm，最低值 0.36ppm，平均值 0.63ppm，属富硒茶。

【生物资源】 据不完全统计，全县有木本植物 116 科 333 种，其中乔木 114 种，小乔木 50 种，灌木 87 种，藤本 25 种，竹类 17 种，蕨类 40 种。按用途分：用材树 79 种，用材竹（笋材两用）9 种，经济树 46 种，观赏木花类 68 种，其他 117 种；珍稀植物 16 种。野生动物共 55 种，其中珍稀野生动物 10 种。

【景观资源】 筠连属四川盆地向云贵高原的过渡地带，地势南高北低。地貌奇异多姿，山峦层叠，槽坝平坦，田原锦绣，青山滴翠，奇峰异洞比比皆是，岩溶地貌发育奇特，人杰地灵闻名遐迩；群山中泉流飞瀑众多，地下大小溶洞数百个，属省级岩溶风景名胜区。全县旅游资源有以生物景观、地学景观、水体景观、温泉景观的自然景观资源，以古建筑、古遗址、史前文化、龙碗大堰的人文景观资源，以苗族花山节、民族服饰、大唢呐芦笙的苗族文化风情，以休闲农业、名优特产品、手工艺品的产业景观；初步形成玉壶休闲观光区、温泉岩溶度假区、大雪山生态旅游区 3 大景区；正在打造腾达镇春风村中国云上石漠·春风花海旅游度假区、塘坝乡清溪沟茶文化主题公园、双腾镇中国西部洞群风景旅游区、古楼风景旅游区、川滇黔红色旅游筠连爱国教育基地等人文和自然景区。

2007 年，经筠连县旅游及第三产业发展工作组和筠连新八景评选委员会多次到景区实地考察、踏勘、评审，评选出玉壶公园、温泉泉群、大雪山原始生态景区、古楼峰丛景区、芭茅坡森林公园、间歇潮涌泉、双腾岩溶洞群景区、仙人洞钙化梯田为筠连县“新八景”。加之腾达桫椤树群、巡司石林、高坎梯田、孔雀石刻、武德石龙湖等，构成多姿多彩的自然景观和人文景观。

（夏启林）

国民经济与社会发展

【国民经济概述】 2016 年是“十三五”开局之年，全县上下认真贯彻落实中央、省、市各项决策部署，强化创新、协调、绿色、开放、共享发展理念，全面建设“四区”，以打造绿色、生态、宜居“三个筠连”为总体取向，始终坚持“12456”发展战略不动摇，统筹推进稳增长、调结构、促改革、惠民生等各项工作，努力克服经济发展中面临的各项困难，县域经济持续稳定发展，实现“十三五”良好开局。

全县地区生产总值实现 119.85 亿元，增长 8.3%（绝对值为现价，速度为可比价，下同）。其中第一产业增加值 20.48 亿元，增长 3.8%；第二产业增加值 74.32 亿元，增长 9.3%；第三产业增加值 25.05 亿元，增长 9.0%，三次产业占 GDP 比重为 17.1 : 62.0 : 20.9；对 GDP 的贡献率分别为 7.7%、70.7%、21.6%，分别拉动 GDP 增长 0.6、5.9、1.8 个百分点。

全年，实现民营经济增加值 78.38 亿元，增长 9.0%，占 GDP 的比重为 65.4%，提高 0.1 个百分点。其中，第一产业增加值 7.62 亿元，增长 8.3%；第二产业增加值 56.78 亿元，增长 8.4%；第三产业增加值 13.98 亿元，增长 12%。

全年，工商登记个体工商户期末总户数 18108 户，增长 20.24%；工商登记私营企业期末总户数 1873 户，增长 18.24%。

【农业和农村经济】 2016 年，农业发展稳定。全年实现农林牧渔及服务业总产值 35.5 亿元，增长 3.7%；实现增加值 20.55 亿元，增长 3.8%，其中农业增加值 9.69 亿元，增长 3.7%；林业增加值 1.09 亿元，增长 6.3%；畜牧业增加值 9.53 亿元，增长 3.6%；渔业增加值 0.17 亿元，增长 1.6%；农林牧渔服务业增加值 0.07 亿元，增长 9.4%。

农业。全年农业实现产值 14.67 亿元，增长 3.6%；粮食作物总播种面积 34354 公顷，下降 0.6%，其中大春粮食作物播种 23560 公顷，下降 0.9%；小春粮食作物种植 10794 公顷，持平。粮食总产量 155003 吨，增长 0.7%，其中大春粮食产量 130122 吨，增长 0.6%；小春粮食产量 24881 吨，增长 1.1%。茶园面积 13173 公顷，生产茶叶 10602 吨；烤烟移栽 1733 公顷，收购烤烟 3358 吨。

林业。全年林业实现产值 1.47 亿元，增长 6.27%；义务植树 81.0 万株，完成营造林面积 3933.3 公顷，其中成片造林 2533.3 公顷；完成岩溶地区石漠化综合治理人工造林 240 公顷，封山育林 800 公顷。全县新增森林面积 833.3 公顷，林地保有量 58133.3 公顷，森林蓄积 279 万立方米。全县森林面积 65560 公顷，森林覆盖率 52.18%。

畜牧业。全年畜牧业实现产值 19.0 亿元，增长 3.56%；出栏肉猪 38.85 万头，下降 3.5%；出栏肉牛 4.46 万头，增长 6.6%；羊出栏 0.78 万只，增长 8.8%；家禽出栏 232.3 万只，增长 1.7%。肉类总产量 3.64 万吨，下降 1.7%，其中猪肉产量 2.73 万吨，下降 3.6%；牛肉产量 0.53 万吨，增长 6.6%；禽蛋产量 0.18 万吨，增长 1.6%。年末生猪存栏 24.99 万头，牛存栏 9.02 万头，羊存栏 1.02 万只，兔存栏 13.25 万只。

渔业。全年实现渔业产值 0.24 亿元，增长 1.56%；水产品产量 1625 吨，增长 1.6%。

农业生产条件。年末，全县有效灌溉面积 12580 公顷；综合治理水土流失面积 2130 公顷，累计治理水土流失面积 90300 公顷；解决农村安全饮水人口 0.3 万人，减少 2.4 万人，累计安全饮水人口 38.69 万人；农业机械总动力 14.44 万千瓦。全年农村用电量 12233 万千瓦时，农用化肥施用量(折纯)4246 吨。年末实有耕地 22335 公顷，其中水田 6143 公顷、旱地 16192 公顷。

【工业】 2016 年，全县全部工业实现增加值 71.16 亿元，增长 9.5%。全县规模以上工业企业 39 户，其中煤炭企业 16 户。规模以上工业增加值增长 9.9%，实现主营业务收入 67.74 亿元，增长 14.21%；实现利润总额 6.59 亿元，增长 3.94%；实现利税总额 12.2 亿元，增长 1.01%。全县过关煤炭 74.11 万吨。

【建筑业】 2016 年，全县具有资质等级独立核算的建筑企业 9 个，其中施工总承包和专业承包企业 9 个。全年，完成建筑业现价总产值 9.43 亿元，增长 17.43%；房屋建筑施工面积 132.6 万平方米，增长 1.32%；房屋建筑竣工面积 36.0 万平方米，下降 1.61%；商品房销售面积 14.34 万平方米，下降 23.3%。

【固定资产投资】 2016 年，全县全社会固定资产投资完成 95.84 亿元，增长 15.7%；其中固定资产投资 87.94 亿元，增长 18%。从产业投资结构看：第一产业完成投资 1.38 亿元，下降 79.6%，占总投资的 1.4%；第二产业完成投资 37.09 亿元，下降 1.5%，占总投资的 38.7%；第三产业完成投资 57.37 亿元，增长 49.4%，占总投资的 59.9%。在全县投资中：房地产开发投资完成 6.36 亿元，增长 2.2%；农户投资完成 1.55 亿元，下降 26.2%；工业投资完成 37 亿元，下降 1.5%，其中技改投资 20.1 亿元，下降 0.3%。

【国内贸易】 年末，全县实现全社会消费品零售总额 35.8 亿元，增长 12.8%。其中城镇市场实现零售额 24.69 亿元，增长 13.6%；乡村市场实现零售额 11.11 亿元，增长 11.0%。全年限上单位退出 6 个，新增 1 个，至年末有限额以上贸易单位(含个体户)43 个，其中限上贸易个体户 8 户。

【旅游】 至年末，全县旅游接待 163.52 万人次，增长 30.75%；实现旅游收入 10.79 亿元，增长 34.21%。

【招商引资】 至年末，全县招商引资到位资金 63.02 亿元，增长 6.54%，其中省外到位资金 42.15 亿元，下降 4.81%。全年新签亿元以上项目 13 个，履约 13 个，履约率 100%。

【交通运输】 至年末，全县境内公路总里程 1438 千米，其中等级公路 1150 千米。公路旅客周转量 33194 万人 / 千米，货运周转量 38683 万吨 / 千米；城市客运公交车 25 辆，出租汽车 30 辆。

【邮电业】 至年末，全县邮电主营业务收入 22272 万元，增长 21.02%。年末拥有固定电话用户 18030 户，移动电话用户 265330 户，互联网注册上网用户 57507 户。

【财政】 至年末，全县财政总收入 9.44 亿元，增长 14.94%。地方财政收入(含基金收入)7.71 亿元，增长 1.72%。地方公共财政预算收入 6.02 亿元，增长 0.33%。其中非税收入完成 3.27 亿元，增长 23.40%；基金收入完成 1.69 亿元，增长 6.92%。财政总支出 26.9 亿元，增长 8.29%。地方公共财政预算支出 24.49 亿元，增长 7.13%；其中一般公共服务支出 1.95 亿元，增长 12.07%；农林水事务支出 4.12 亿元，增长 16.71%；科学技术支出 0.16 亿元，增长 14.29%；教育支出 4.88 亿元，增长 3.17%；医疗卫生支出 2.87 亿元，增长 10.38%。全年基金预算支出完成 2.41 亿元，增长 33.89%。

【金融保险】 至年末，全县金融机构各项存款余额 81.04 亿元，比年初增长 17.93%；其中单位存款余额 29.68 亿元，比年初增长 28.15%；城乡居民储蓄存款余额 51.32 亿元，比年初增长 14.12%。金融机构各项贷款余额 46.07 亿元，比年初增长 3.06%；其中，短期贷款 9.94 亿元，比年初下降 32.19%，中长期贷款 35.14 亿元，比年初增长 19.51%。全县保费收入 12431 万元，增长 21.2%。

【科学技术】 2016 年，全县共申报省、市、县科技项目 99 个，其中省级项目 19 个、市级项目 26 个；申请各类专利 80 件，其中发明专利 18 件；申报各类专利资助奖励项目 19 项。

【教育事业】 至年末，全县有小学 10 所，普通中学 34 所，职业学校 1 所，特殊教育 1 所，幼儿园 65 所(其中公办幼儿园 2 所)。在校学生 60383 人，其中小学 35050 人(含特殊教育 71 人)、初中 16214 人(含特殊教育 12 人)、普通高中 5982 人、职业高中在校学生 3137 人。小学招生 6062 人，普通中学招生 5621 人，初中阶段升学率 85.45%，普通高中招生 2088 人，职业高中招生 2112 人。全年，全县 2426 人参加高考，本科上线人数 871 人，本科上线率为 35.90%，其中重点本科上线人数 231 人；高考总上线人数 2037 人，上线率 83.97%。全年，引进教师 24 人、公招教师 122 人，拥有中小学专任教师3065人。

【公共文化】2016年，县内共有幸福美丽乡村农家文化院坝22个、市级农村文化示范村5个，45个贫困村村级文化活动室；电子阅报屏12个；市级示范农家书屋19个。至年末，全县有图书馆1个，藏书8.6万册，有农家书屋243个，其中市级示范农家书屋19个。

【体育事业】2016年，全县有各级各类体育协会21个，各级社会体育指导员876人，各类健身活动站点268个。全年培训三级社会体育指导员472名，二级社会体育指导员10名。

【广电事业】至年末，全县有线广播电视用户数23118户，其中数字电视用户23118户。广播综合覆盖率99%，电视综合覆盖率99%。有线广播电视传输干线网络总长720千米。

【卫生事业】至年末，全县有医疗卫生机构376个，编制病床1496张，卫生技术人员1362人，其中执业（助理）医师429人。全县参加"新农合"人数37.41万人，参合率98.6%。

【人民生活】城镇居民。2016年年末，全县城镇居民人均可支配收入28525元，增长8.6%。其中人均工资性收入11823元，增长11.7%；人均经营净收入10836元，增长4.3%；人均财产净收入2482元，增长2.3%；人均转移净收入3384元，增长18.2%。全年全县城镇居民人均消费支出17682元，增长5.6%；其中衣着、其他用品和服务类人均支出分别下降14.2%、7%；食品烟酒、居住、生活用品及服务、交通通信、教育文化娱乐和医疗保健类人均支出分别增长1.5%、6.4%、9.5%、30.0%、26.9%和6.4%。城镇居民恩格尔系数37.2%。

农村居民。2016年年末，全县农村居民人均可支配收入12846元，增长9.5%。其中人均工资性收入3845元，增长3.4%；人均经营净收入6647元，增长9.9%；人均财产净收入359元，增长19.9%；人均转移净收入1995元，增长19.4%。全县农村居民人均消费支出9678元，增长12.4%。八大类消费中食品烟酒、衣着、居住、生活用品及服务、交通通信、教育文化娱乐、医疗保健、其他用品和服务类消费人均支出分别为4162元、627元、1890元、555元、1087元、488元、717元和151元。农村居民恩格尔系数43.0%。

【环境保护】2016年，县辖区内的环境空气质量状况均达到国家《环境空气质量标准》(GB3095–1996)二级标准。县境内出境断面水质均满足《地表水环境质量标准》(GB3838–2002)III类标准。区域环境噪声均符合《声环境质量标准》(GB3096–2008)。全年，全县二氧化硫削减1682.44吨，化学需氧量削减1307.85吨，氨氮削减15.168吨，氮氧化物削减1410.73吨；全县饮用水源水质达标率100%，城镇生活垃圾无害化处理率95%，城镇污水集中处理率60.71%。至年末，全县有省级生态村4个、市级生态村210个、县级生态村236个，命名县级生态家园48970户。

【人口】年末公安户籍统计资料显示，全县户籍总户数121411户，总人口448803人。其中城镇（指居住在城区范围）人口121095人，乡村（指居住在农村片区）人口327708人；男性人口235113人，女性人口213690人，男女性别比为110.0∶100。分年龄段人口为0–17岁以下110935人，18–34岁125028人，35–59岁150203人，60岁及以上62637人。全县出生人数4860人，人口出生率11.05‰；死亡人数2056人，死亡率4.66‰；人口自然增长率5.61‰，符合政策生育率97.2%。年末常住人口33.24万人，其中城镇常住人口125150万人，城镇化率37.65%。

【就业】2016年，全县全部单位从业人员3.98万人，其中非私营单位从业人员1.6万人、私营单位从业人员2.38万人。年末，全县城镇新增就业人员4961人，城镇登记失业人员1539人，登记失业率3.8%。

【社会保障】2016年，全县有农村敬老院14所，社会救助福利中心和光荣院各1所，床位1500张；民办非营利性养老机构1所，床位72张；民办营利性养老机构2所，床位228张；养老机构床位共1800张。五保供养1252人；城镇居民最低生活保障人数5716人，农村居民最低生活保障人数8181人。年末，全县居民基本医疗保险参保人数39.61万人（含新农合），其中城镇居民参保37.35万人，城镇职工参保2.26万人；城乡居民社会养老保险参保11.83万人；工伤保险参保职工12240人；生育保险参保职工10690人；失业保险参保人数6894人。

【公积金缴存】2016年年末，全县住房公积金缴存总额87355.90万元，增长24%，住房公积金缴存职工人数15106人，其中新增缴存单位6个（含民营企业5个），新增住房公积金缴存41人。住房贷款发放4691.70万元，下降28%；住房公积金提取8606.49万元，增长13.64%。

（周娟）

经济结构和经济效益

【产业结构】2016年，全县地区生产总值实现119.85亿元,增长 8.3%(绝对值为现价,速度为可比价,下同)。其中第一产业增加值 20.48 亿元,增长 3.8%;第二产业增加值 74.32 亿元,增长 9.3%;第三产业增加值 25.05 亿元,增长 9.0%,三次产业占 GDP 比重为 17.1∶62.0∶20.9;对 GDP 的贡献率分别 7.7%、70.7%、21.6%,分别拉动 GDP 增长 0.6、5.9、1.8 个百分点。

全年,实现民营经济增加值 78.38 亿元,增长 9.0%,增幅比 GDP 高 0.7 个百分点;对 GDP 的贡献率 70.8%,拉动 GDP 增长 5.9 个百分点;占 GDP 的比重 65.4%,提高 0.1 个百分点;其中第一产业增加值 7.62 亿元、增长 8.3%,第二产业增加值 56.78 亿元、增长 8.4%,第三产业增加值 13.98 亿元、增长 12%。

2016 年,工商登记个体工商户期末总户数 18108 户,增长 20.24%;工商登记私营企业期末总户数 1873 户,增长 18.24%。

【工业结构】 2016 年,全县继续推进地方煤矿兼并重组和战略合作;全力做好企业要素保障,有针对性地解决发展中的困难和问题;加之下半年煤炭市场行情回暖,企业生产经营形势转好,工业经济发展稳定。全年,工业实现增加值 71.16 亿元,增长 9.5%,占 GDP 的比重 59.4%。规模以上工业企业 39 户,其中煤炭企业 16 户;规模以上工业增加值增长 9.9%,增速较全市平均水平高 0.2 个百分点。从分行业看,煤炭行业依然是全县工业的主要支撑,实现产值 54.88 亿元,增长 11.8%,占整个规模以上工业产值的 77.8%。从企业效益看,全县规模以上工业企业实现主营业务收入 67.74 亿元,增长 14.2%;实现利润总额 6.59 亿元,增长 3.94%。

【农业结构】 2016 年,全县农林牧渔及服务业实现增加值 20.55 亿元,增长 3.8%,其中农业增加值 9.69 亿元、增长 3.7%,林业增加值 1.09 亿元、增长 6.3%,畜牧业增加值 9.53 亿元、增长 3.6%,渔业增加值 0.17 亿元、增长 1.6%;农林牧渔服务业增加值 0.07 亿元、增长 9.4%;占整个农业的比重分别为 47.2%、5.3%、46.4%、0.8%、0.3%。

【消费结构】 2016 年,实现全社会消费品零售总额 35.8 亿元,增长 12.8%。其中城镇市场实现零售额 24.69 亿元,增长 13.6%,占社消零的比重为 69.0%,提高 0.5 个百分点;乡村市场实现零售额 11.11 亿元,增长 11.0%,占社消零的比重 31%,下降 0.5 个百分点。

【投资结构】 2016 年,全社会固定资产投资完成 95.84 亿元,增长 15.7%;其中第一产业完成投资 1.38 亿元,下降 79.6%,占总投资的 1.4%;第二产业完成投资 37.09 亿元,下降 1.5%,占总投资的 38.7%;第三产业完成投资 57.37 亿元,增长 49.4%,占总投资的 59.9%。

在全县投资中,房地产开发投资完成 6.36 亿元,增长 2.2%;农户投资完成 1.55 亿元,下降 26.2%;工业投资完成 37 亿元,下降 1.5%,其中技改投资 20.1 亿元,下降 0.3%。

【财政金融结构】 2016 年,全县地方公共财政预算收入 6.02 亿元,增长 0.33%。其中税收收入完成 2.75 亿元,下降 18.0%;非税收入完成 3.27 亿元,增长 23.40%。地方公共财政预算支出 24.49 亿元,增长 7.13%;其中一般公共服务支出 1.95 亿元,增长 12.07%;农林水事务支出 4.12 亿元,增长 16.71%;科学技术支出 0.16 亿元,增长 14.29%;教育支出 4.88 亿元,增长 3.17%;医疗卫生支出 2.87 亿元,增长 10.38%。全年,全县基金预算支出 2.41 亿元,增长 33.89%。

2016 年,全县金融机构各项存款余额 81.04 亿元,比年初增长 17.93%;其中单位存款余额 29.68 亿元,比年初增长 28.15%;城乡居民储蓄存款余额 51.32 亿元,比年初增长 14.12%。金融机构各项贷款余额 46.07 亿元,比年初增长 3.06%;其中短期贷款 9.94 亿元,比年初下降 32.19%;中长期贷款 35.14 亿元,比年初增长 19.51%。

【城乡居民收支结构】 城镇居民。2016 年,全县城镇居民人均可支配收入 28525 元,增长 8.6%。其中人均工资性收入 11823 元,增长 11.7%;人均经营净收入 10836 元,增长 4.3%;人均财产净收入 2482 元,增长 2.3%;人均转移净收入 3384 元,增长 18.2%。全县城镇居民人均消费支出 17682 元,增长 5.6%;其中衣着、其他用品和服务类的人均支出分别下降 14.2%、7.0%,食品烟酒、居住、生活用品及服务、交通通信、教育文化娱乐和医疗保健类的人均支出分别增长 1.5%、6.4%、9.5%、30.0%、26.9%和 6.4%。城镇居民恩格尔系数 37.2%。

农村居民。2016 年,全县农村居民人均可支配收入 12846 元,同比增长 9.5%。其中人均工资性收入 3845 元,增长 3.4%;人均经营净收入 6647 元,增长 9.9%;人均财产净收入 359 元,增长 19.9%;人均转移净收入 1995 元,增长 19.4%。全县农村居民人均消费支出 9677 元,增长 12.4%。八大类消费人均支出为:食品烟酒 4162 元、衣着 627 元、居住 1890 元、生活用品及服务 555 元、交通通信 1087 元、教育文化娱乐 488 元、医疗保健 717 元、其他用品和服务类消费 151 元。农村居民恩格尔系数 43.0%。

(周娟)

精神文明建设

【公民道德实践】 2016 年,大力培育和践行社会主义核心价值观，先进典型不断涌现。一是时代楷模宣传。4月29日，中央宣传部授予腾达镇春风村支部书记王家元"时代楷模"荣誉称号，中央电视台向全社会公开发布其先进事迹。5月16日，县委印发《关于学习"时代楷模"争做"王家元式"优秀共产党员的决定》。6月，市委书记刘中伯在全国文明村春风村与王家元共话基层发展时，作出"老典型焕发新活力"的重要指示。9月19日，王家元应邀在第十二届中国公民道德论坛上作典型经验交流。二是道德模范表彰。1月17日，筠连中学原高2011级2班学生李秋应邀参加在省广播电视台举行的第四届四川省道德模范表彰典礼，被省文明委评为"四川省孝老爱亲模范"。2月4日，县委常委、县委宣传部部长贾圣君，县人大常委会副主任张彬，县政府副县长王见华，县政协副主席刘乐君一行对全县生活困难道德模范进行集中走访慰问。3月23日，向阳农业开发有限公司董事长张航银应邀参加在酒都剧场举行的"宜宾榜样——宜宾市第四届道德模范"颁奖典礼，被宜宾市文明委评为 "宜宾市诚实守信模范"。由县委宣传部、人社局、文明办、人武部、总工会、团县委、妇联牵头在全县开展"筠连县第四届道德模范"评选，经过群众和基层党委推荐、审核公示、评委投票报县委同意，县文明委于11月22日表彰李平、刘会有、张航银、陈道乾、李心芬、刘江、宾学军、刘文操、喻兴奎9人为"筠连县第四届道德模范"。三是身边好人推荐。坚持每月推荐1名身边好人。全年，筠连的李心芬、杨文全、陈道乾、肖正才分别于6月、8月、10月、11月被省文明办评为"四川好人"。四是志愿服务行动。发动志愿服务组织与贫困村困难群众进行结对帮扶，搭建爱心帮扶和邻里互助平台，开展"众筹时光·情系桑榆"志愿服务行动。12月，筠爱义工协会副会长赵云津被省委宣传部、省文明办评为2016年度"四川省优秀志愿者"。五是未成年人项目建设。在筠连中学建成县未成年人心理成长指导中心，在孔雀乡中心校实施乡村学校少年宫中央项目。9月13日，县委宣传部被省委宣传部、省文明办、省全民阅读活动指导委办表彰为青少年爱国主义读书活动组织优秀奖。10月，腾达镇中心校被省体育局、省文明办、省教育厅确定为四川省"中华武术走进乡村学校少年宫试点学校"。12月，武德乡中心校"乡村学校少年宫"专题视频节目被省文明办表彰为全省乡村学校少年宫电视专题节目三等奖。六是筠连文明网建设。5月16日，由县文明委主管、县文明办主办的筠连文明网建成并投入使用，作为四川文明网联盟网站，严格落实《筠连文明网网站管理制度》，集中宣传公民道德、文明创建、未成年人思想道德建设、志愿服务、文明旅游等的工作成果，以649条次、487条次、1078条次分获第二季度、第三季度、第四季度全省同类文明网站发稿量第一名，成为全县精神文明建设综合网络平台。巩固文明传播志愿者队伍、网络评论员、网络舆情队伍"三位一体"的网络文明传播体系，调动网络文明传播志愿者传播身边好人好事。蒋蜀均被省文明办评为2015-2016年度优秀网络文明传播志愿者，并在全省网络文明传播志愿者培训会上作经验交流。

【王家元先进事迹报告团】 4月21日起，《人民日报》《光明日报》《经济日报》《四川日报》，以及新华社、中央电视台、中国新闻网、四川电视台等中央省主流媒体集中宣传报道王家元，10天内密集推出原创文字报道50余篇、图片报道80余幅、音视频报道近60分钟，引发全国评论2000余条次。4月24日，王家元先进事迹报告会首场报告在县会议中心三楼会场举行；省委宣传部宣传处副处长陈小海，市委宣传部副部长、市文明办主任周世纯，市委讲师团团长廖礼华一行到会指导；报告会由县委书记王萍主持，县长刘朝平，县人大常委会主任何跃，县政协主席黄静，县委副书记王涛出席报告会。4月28日，中央宣传部、四川省委在人民大会堂举行先进事迹报告会，学习宣传王家元的先进事迹和崇高精神。同日，中共中央政治局委员、中央书记处书记、中宣部部长刘奇葆在北京会见王家元先进事迹报告团成员。

【省级文明城市创建】 坚持统筹城乡、以城带乡，不断加大文明城市建设力度，着力"养成好习惯、形成好风气"，不断巩固创建成果，整洁、优美、文明、有序的城市环境基本形成，绘就一幅"经济发展、村庄漂亮、农民快乐、人人有德"的美丽乡村画卷，城乡文明一体化建设扎实推进。一是领导重视。5月27日，全县第四届四川省文明城市创建工作攻坚会议召开，县人大常委会主任何跃及其他在筠连的县领导出席会议，乡(镇)、县级部门负责人参加会议。县委常委、宣传部部长贾圣君通报2015年宜宾市城市公共文明指数测评反馈意见和县创文办明察暗访相关情况，县委书记王萍、县长刘朝平分别讲话，县委副书记王涛主持会议。9月12日，全县创建第四届四川省文明城市迎检动员会召开，县委常委贾圣君通报创建工作中存在的问题，对下阶段创建和迎检工作作具体部署，县长刘朝平讲话。全年，县委召开5次书记专题会、3次常委会专题研究省级文明城市创建工作。二是氛围浓厚。8月8日，"宜宾市2016年'全民健身日'群众体育活动启动仪式暨筠连县千人秧歌展示大赛·创建卫生文明城市群众宣传月活动" 在定水广场举行，活动由市教育和体育局、县委、县政府主办，县委宣传部、总工会、体育局、教育文广局承办，县老年人体育协会、县百姓文体运动协会协办。市政协副主席严晋川、县委书记王萍、市教育和体育局副局长朱世凯及部分县领导出席活动，县委常委、宣传部部长贾圣君主持活动。进一步抓好县城区文明劝导划片包干工作，以"创建文明城市，我与文明同行”为主题，蓬勃开展“讲文明、树新风、爱家乡”“传家风、立家规、树新风”“移风易俗树新风”“四好农家创评”等系列活动。县广播电视台开设“创文曝光栏”“共创文明城市，共享幸福生活”“创文进行时”专题专栏，《绿色煤都》期刊、筠连新闻网开设“聚焦创建”专栏，筠连文明网开设“文明城市”专栏，营造浓厚的创建氛围。三是督察通报。3月17日，“宜宾市‘十二五’农村精神文明建设成就展区县巡展”在玉壶广场举行，县委书记王萍、县人大常委会副主任张彬、县政府副县长王见华、县政协副主席刘乐君和干部群众参观展览。全年，县长刘朝平先后10次率县委宣传部、文明办、县相关部门负责人，督查文明城市创建工作。6月30日，县政协副主席刘乐君率政协委员视察省级文明城市创建工作，督查政法委、公安局、教育文广局、规建城管局、交通运输局、食药监局、工商局、政务中心、交警大队、筠连镇等重点责任单位的推进情况，县政协文教体卫委全体委员和经济委、文史委、法群委部分委员及县委宣传部、文明办相关部门负责人参加视察。7月13日，县委常委、宣传部部长、县创建省级文明城市办公室（县创文办）主任贾圣君率由县纪委、县委县政府督查目标办、县委宣传部、县创文办等组成的“创文”工作督查组到县教育文广局、县农商银行、金缘宾馆督查省级文明城市创建工作。县创文办从相关单位抽调10名人员集中办公，加大省级文明城市创建工作督察通报力度，共通报4次。

【农村精神文明建设】 2016年，贯彻落实全国农村精神文明建设工作经验交流会和全国推动移风易俗树立文明乡风电视电话会会议精神，先后召开全县农村精神文明建设工作座谈会和移风易俗工作座谈会，组织开展全县农村精神文明建设工作调研，不断深化“筠连模式”内涵，全域推进农村精神文明建设“735”工程，圆满完成“全域春风”工程。在筠连镇五凤村、腾达镇春风村、塘坝乡双田村试点开展“移风易俗树新风”活动，在春风村举办第四届春节联欢晚会暨依法治村文艺会演。筠连镇五凤村建成“新家园、新生活、新风尚”示范点。烟草筠连分公司、塘坝乡川丰社区创建省级文明单位、文明村镇并通过验收，着力推动文明单位积极参与帮扶共建活动，充分履行社会责任。

（蒋蜀均）

城乡环境综合治理

【城乡环境综治概况】 2016年，全县城乡环境综合治理工作坚持以环境治理为核心，以加快基础设施建设为基础，以提高人民群众环境卫生意识为目标，继续深化城乡环境综合治理工作。县治理办每季度开展定期和不定期督查考评，确保城乡环境综合治理工作持续推进，城乡环境综合治理工作被市治理办评为一等奖。

【集贸市场环境专项治理】 2016年，筠连县城乡环境综合治理领导小组办公室（简称治理办）联合县工商局、公安局、城管执法队开展集贸市场环境整治行动。督促市场业主建立健全农贸市场相关管理制度，落实“五归”（坐商归店、行商归市、商品归区、车辆归位、垃圾归桶），加强市场基础设施配套建设，督促市场业主强化市场管理，划行归市、划线定位、图示醒目、店招规范、道路畅通、卫生整洁，落实摊前“三包”制度；规范和取缔集贸市场乱摆、乱搭、乱牵、乱贴、乱倒、乱堆、乱排、乱停等“脏乱差”现象，保障人流、物流、车流畅通有序。全年开展整治城区和乡（镇）农贸市场11个次，整治市场内乱堆乱放115处、占道摊点和冒市经营420个，清理积存垃圾12吨、市场内设置的违规小广告850处，拆除市场内违章搭建520平方米，整治修建市场垃圾收集点6个；纠正违规停放车辆170辆，纠正骑门摊点经营54户。投入资金360万元，新增市场面积2800平方米，规范市场摊位400个，划定市场停车位50个。开展食品安全专项检查4次，查处不合格食品45公斤，整治违规使用松香脱毛3起。

【城南农贸市场改造升级】 2016年3月，县政府投入资金216.64万元对城南农贸市场进行改造，由城投公司牵头实施。改造内容为城南市场大棚钢结构整体改造工程（含旧棚拆除、新做钢屋架、地面贴花岗石、摊位贴砖、新做200丝FRP板阳光屋面、屋面贴隔热膜等）和其他零星工程（含主大门过道改造工程、刘勇开发房大门过道改造工程、主大门过道进口右转角墙面改造工程、大棚南边消防通道改造工程、百汇超市通道室外鸡市改造工程等）。3月开工、4月完工，经县级验收合格。通过改造，城南农贸高地的市场形象得到改观，得到人民群众好评。

【村庄环境卫生整治】 2016年，城乡环境综合治理村庄环境卫生整治与社会主义新农村建设相结合，以创建卫生村镇为载体，重点做好改水、改厕，做好庭院及周边环境卫生，平整村内道路，疏通排水沟渠，净化坑塘，清除各类积存垃圾、粪便，规整柴堆、杂物堆，实行畜禽圈养，建立村庄保洁制度，改善农村环境质量。全年，筠连镇五陵村、瓦店村和巡司镇四方村获得省农村生活垃圾治理专项补助，每村补助8万元。

【“十佳、十差”乡（镇）、村社评比】 2016年，围绕城乡环境综合治理“十佳”、“十差”乡（镇）、社区、村、标准，积极开展“十佳十差”检查考评工作。严格按照《宜宾市“十佳、十差”考评办法》对争创“十佳”乡（镇）、村社进行补助，乡（镇）基础设施进一步完善。12月，在市治理办组织的“十佳、十差”乡(镇)、村社考评中，塘坝乡、孔雀乡被市治理办评为“十佳乡镇”，腾达镇春风村被市治理办评为“十佳村社”。

(曾君)

2016年突发事件

【“7·4”芙蓉矿务局运输炸药丢失事件】 7月4日13时30分，接到县110台通报：接珙县110转报，中午接到芙蓉矿务局新维矿井职工报告，从珙县芙蓉矿务局运输炸药到筠连新维矿井的专车丢失炸药4件，每件24公斤，共96公斤；筠连、珙县警方组成专案组，全力追查丢失的炸药。7月4日15时许在珙县沐滩乡黄泥村1社找回丢失3件炸药；7月5日8时40分在维新镇富利煤矿找回剩余的1件炸药。

【“7·12”暴雨洪涝灾害】 7月12日18时至7月13日8时，受冷空气和低涡切变影响，县境出现强降雨，双腾德胜录最大降雨126.2毫米，达到大暴雨级别，其中19–21时降雨量88.2毫米。至7月13日12时，双腾、联合、镇舟等8乡(镇)受灾，受灾人口8212人，因灾死亡3人、转移群众289人；农作物受灾602.4公顷，成灾348公顷，绝收63.9公顷；损坏房屋302间，倒塌房屋9间；公路中断100.7千米；中断供电线路2条，通信线路2条。共造成直接经济损失865.2万元，其中农业经济损失312.8万元。通过积极有效的措施，把造成的损失降到最低，妥善安置受灾群众，有力地维护受灾乡(镇)的社会稳定。

【“8·13”故意伤害致死案】 8月13日12时许，在筠连镇“80甜品店”发生一起故意伤害致死事件。经县公安局调查：13日凌晨，吴某与杨某因琐事在筠连镇锦绣华庭小区一住房内发生打架，吴某脸部被杨某用钥匙划伤。二人扭打时被旁人劝开后，吴某与杨某约定各自找人明天再打。13日12时许，在筠连镇“80甜品店”，吴某邀约陈某某、黄某某、王某某、吴某(另人)、钟某某、胡某、侯某某、沈某某与杨某等人发生斗殴，打斗过程中，杨某被陈某飞用刀刺伤，送医院治疗无效死亡。涉案的9名犯罪嫌疑人已被刑事拘留。

【“9·25”巡司镇梧桐村食物中毒事件】 9月25日9时1分，县应急办接到县110台电话称：巡司镇梧桐村八组的村民韩松(10岁，男，巡司镇梧桐村人)和韩林(8岁，男，巡司镇梧桐村人)在梧桐村小学上学时突发呕吐等症状，先后送巡司镇卫生院、县人民医院、宜宾市一医院、重庆市医科大学附属儿童医院医治，诊断为食物中毒。10时26分，县应急办接到巡司镇政府电话称：韩松和韩林在重庆市医科大学附属儿童医院医治宣布抢救无效，25日上午家属将韩松和韩林从重庆市接回巡司镇梧桐村途中2人死亡。经调查，韩松和韩林中毒是食用其奶奶在9月18日上山采摘野生菌“毛草菇”所致。

(米筠桂 夏启林 胡伟)

农林牧渔水利业

农业农村综述

【农业农村概况】 2016年，全县农业农村工作树立创新、协调、绿色、开放、共享发展理念，以建设"绿色筠连、生态筠连、宜居筠连""绿色食品加工重点县"为统揽，坚持"一个取向、三大提升"目标，按照"农业生产向车间转变，农村建设向景区转变，农产品营销向超市转变，及城乡联营发展"要求，以推进农业供给侧结构性改革、增加绿色高效农产品供给为重点，加快农业产业化发展和新农村建设步伐，推进精准扶贫，提升农村社会治理能力，增强农村可持续发展后劲，积极推进农业现代化进程，努力开创幸福美丽乡村建设新局面。筠连县被省委、省政府评为"三农工作先进县""农民增收工作先进县"。

【农村改革】 2016年，县委、县政府按照省、市等一系列农村改革工作的决策部署，认真推进全面深化农村改革工作。一是多权同确，整体完成确权任务。全年，整体完成全县农村土地经营权确权登记工作，小型水利工程应确权颁证的处数8767处，已颁发证书8250处，确权颁证完成率94.1%；全县可确权颁证农房数5853件，已颁发农房所有权证书4169件，完成率71.2%。二是盘活资产，产权流转促农增收。健全农村产权流转交易体系，促进农村产权流转交易合理规范，至年末，全县18个乡（镇）农村产权流转交易服务站投入正常运营；支持土地经营权流转，发展适度规模经营，全县流转农村土地累计完成2355.4公顷。三是金融助农，创新农村金融改革。积极开展产权抵押融资工作，全年林权抵押1578.53公顷，抵押贷款余额7412万元；累计发放农村房屋产权抵押贷款1068户金额12358万元，年末存量农房产权抵押贷款401户贷款余额7842.87万元；创新农村金融服务，推行肉牛产业发展"1+N"联动机制，向金融机构发放扶贫再贷款1.4亿元，发放扶贫小额信贷5808万元，向农村新型经营主体发放贷款13961万元；进一步推动"好牛贷""养牛贷"，发放"好牛贷"累计2.22亿元，支持7000多户发展肉牛养殖，其中带动2382户贫困户发展肉牛产业；发放"好茶贷"1575万元、"返乡创业贷"595万元，为发展农业创造条件；创新试点，印发《筠连县农村土地经营权流转收入保险试点方案》，于5月26日办理全国保险行业"土地流转收入保险"第一单。四是立足三农，深化供销社综合改革。开展基层供销社试点，发展综合服务社12个，建成农村综合服务社建设37个、建成农资连锁配送网点193个。五是改革先行，探索农村发展新路。创新集体资产改革，选择春风村为改革试点，成立农村集体资产股份合作制改革工作小组，春风村集体经济发展经历从无到有、从发展到全面壮大、从负债到盈余，实现华丽转变；创建国家级综合示范县，建设电商孵化基地，成立创建电子商务进农村示范县工作领导小组，印发相关政策，推进"企业触网"；创新资产扶贫模式，在筠连镇五凤村、高坎乡开展省级财政支农创新收益试点资金项目，构建资产扶贫机制；创新新农村建设模式，量化入股，通过"道路网络化、饮水安全化、能源燃气化、环境整洁化、风貌统一化"为一体的现代化新村集居点建设，实现投资分红；全面推进农民增收新产业新业态示范县建设，围绕产业发展，创建农民增收新产业新业态示范区，选择在塘坝乡打造提升休闲农业和乡村旅游、民宿经济、农产品产地初加工、森林康养、农村电子商务，塘坝乡获得省级表彰及试点示范项目。六是强化保障，确保改革顺利。加强组织领导，县委县政府主要领导高度重视，把任务落实到部门、落实到人头，完善工作机制，形成协调配合的良性互动，严格督查考核，全年开展检查5次。七是打造样板，创新推广改革经验。积极探索农村综合改革，创新机制模式，打造改革"样板工程"，做好农业农村改革工作。

【农民人均可支配收入快速增长】 2016年，县委、县政府坚持把农民增收摆在"三农"工作突出位置，重点围绕"突出城乡居民增收，加快推进地方惠民政策"工作思路，狠抓政策落地，推进产业化发展，提高持续增收能力。全年，农村居民人均可支配收入12846元，增加1109元，增长9.5%，增速高于全市平均水平，被省委、省政府表彰为全省农民增收工作先进县。一是领导重视，落实责任。实行乡（镇）部门党政一把手负责制，制发《筠连县乡（镇）党委书记、乡（镇）长和有关部门负责人落实2016年度农民增收工作的考核办法通知》，按照条块结合，对18个乡（镇）和部门下达增收任务，确保全年增长9.7%以上，部门根据其潜力进行目标分解。二是强化督查,提高质量,成立以县委县政府督查目标办、统计局、县委农工办、人社局为主的督查小组,每季度进行专项督查1次,形成督查通报,对存在问题的乡(镇),要求按时整改,确保农民增收工作落到实处。县委、县政府主要领导亲自安排部署,全年共召开农民增收工作会5次,专题研究分析农民增收工作。三是精准摸底,助推发展。县统计局、县委农工办、人社局等组成工作组对90户调查户开展逐一走村入户,及时掌握情况,帮助发展产业,实现调查户快速增收。

【六大特色优势产业发展加快】 2016年,结合"一区三带"党建示范区建设、盘活农村资产资源培育农民增收新产业新业态综合示范县建设,合理布局茶叶、肉牛、烤烟、生态经济林竹、生态观光区、新兴生物植化提取技术产业6大产业,大力发展适合山区特色效益农业,着力夯实现代农业发展基础,实现助农增收。在全面完成"5.20"产业的基础上,制定印发《筠连县蚕桑产业规划》《筠连县现代农业(茶叶)产业建设重点县发展规划》《筠连县高标准农田建设总体规划》《筠连县漆树产业发展规划》等规划,加快实施茶叶、生态经济林竹、生态观光区、肉牛(羊)和青蒿、烤烟、畜禽、果蔬、中药材等特色效益农业产业项目,优化农业区域布局,推进特色农业产业向优质化、集约化、品牌化、标准化方向发展,提高农业综合竞争力和增收效益,全年新增2个国家地理标志产品(筠连黄牛、筠连粉条)、2个"四川省著名商标"(醒世公司"醒世"、双星公司"圣星")。一是特色茶叶产业,重点抓好筠连红茶、苦丁茶等区域化特色茶叶产业发展,结合农村产业发展综合示范区建设和现代茶叶千亿示范工程建设资金,按景区化建设打造茶叶示范区域,带动全县建立生态茶叶绿色防控体系,稳抓茶叶加工和销售,促进茶农稳定增收。全年新发展茶园673.33公顷,累计面积13173公顷,茶叶产量10602吨,其中绿茶6291吨、红茶2293吨、苦丁茶2018吨,茶叶产值13.33亿元。二是山区肉牛发展,以标准化、集约化、适度规模化为发展方向、以生态化小区建设为抓手,不断壮大肉牛(羊)等养殖业,重点探索"山繁川育、藏牛于户"山区肉牛发展模式。至年末,全县肉牛(羊)存出栏18.4万头(只)。三是烤烟种植,全年移栽烤烟1733.33公顷,收购烟叶3358吨,以烟-蒿、烟-粮、烟-菜的烟地轮作模式,轮作面积1.33万公顷。四是高效立体农业,以四川省现代林业重点县建设为契机,依托良好自然资源,大力发展以林竹为主的生态经济林产业,发展林下种茶、种花、养鸡、中药材等高效立体农业。至年末,全县建成"万亩林亿元钱示范区"1个,生态林竹产业1.33万公顷。五是乡村旅游,围绕全县丰富旅游资源,重点在腾达、塘坝等乡(镇)发展独具特色的乡村旅游,创建以生态农业观光、农耕体验、李子采摘体验、文化体验、休闲度假和民俗风情等为主要方式,打造中国云上石漠·春风花海生态休闲旅游度假区,成功申报全国休闲农业与乡村旅游示范点,至年末,全县生态观光区1.33万公顷。全县共接待旅游163.52人次、增长30.75%,实现乡村旅游收入10.79亿元、增长34.21%。六是培育发展新兴生物植化提取技术产业,依托四川蓝伯特生物科技有限公司在全县发展的竹子、生漆、青蒿3大产业,采取"公司+专合社+农户"模式,按照"一业一社"思路,分别依托富农、常青园、农惠等专合社对应发展竹子、生漆、青蒿基地,专合社负责基地发展,提供技术服务,蓝伯特公司对接3个专合社、专合社联动广大农户,实现规模连片发展产业建设。至年末,通过蓝伯特、富农、常青园等公司带动全县农户规模种植青蒿133.33公顷、漆树4000公顷、竹子3333.33公顷。2016年,蓝伯特公司引进香皂、笋丁生产线各1条,生产的青蒿系列产品(青蒿手工皂、青蒿精油皂、青蒿驱蚊皂、青蒿内衣皂)、竹笋系列产品(风味笋丁、俏笋尖等),成功进入市场。

【新型农业经营主体培育壮大】 一是龙头企业培育,全年新增四川蓝伯特生物科技有限公司、宜宾市乌蒙韵茶业股份有限公司2家为省级农业产业化龙头企业,春风圣奇灵芝种植专合社、筠连县正兴兔业专业合作社、筠连县筠连镇五丰黄牛养殖专业合作社3家省级示范专合社,至年末,全县有省级农业产业化龙头企业4家、国家级示范专合社10家、省级示范专合社10家。培育筠连县老外婆食品有限责任公司、筠连县乌蒙韵茶业有限责任公司、筠连县红军源竹业开发有限公司、筠连清溪沟现代农业开发有限公司、筠连海纳农业开发有限公司、筠连县枫林木炭制造有限公司6家为市级农业龙头企业(含候补),培育筠连县伊甸园种养专合社、筠连县家家乐肉牛养殖专业合作社、筠连县双腾镇南田苦竹专业合作社、筠连县老鹳林养殖专业合作社、筠连县田园养牛专业合作社、筠连县尖峰山种养专业合作社6家为市级示范专合社。至年末,全县有市级农业龙头企业11家、市级示范专合社19家。新培育县级家庭农场73个,新发展培育县级种养大户96户。全年全县县级以上龙头企业销售总收入实现7.9亿元,涉农企业达143个、专合组织306户、家庭农场140个,带动农户7万余户。二是创新招商引资模式,不断探索开拓新局面,进一步优化发展软环境,健全激励政策。全年全县完成农业农村投资11.74亿元,新签约春风茶业基地示范园项目、年产万吨水粉新建项目2个,新包装武德乡万亩香桂种植及林下养殖基地建设项目等10个,增长12%。三是加快海瀛农产品加工园区建设,完善基础设施和公共服务设施建设,提升园区企业入驻承载能力和聚焦功能,建成园区综合服务中心、仓储物流中心、创新创业园项目等,全年新入驻宜宾村通网络科技有限公司、宜宾市大乌蒙网络科技有限公司2家,有双星茶业有限责任公司等6家企业进入省、市、县三级农产品质量安全可追溯平台,园区产值实现4.2亿元,增长20%;农产品加工业总产值5.8亿元,增长16%。四是加强市场体系建设，规范筠连县电子商务O2O农特产品展示大厅建设，在全县18个乡（镇）有村级服务点245个，利用“去赶场”网络平台，把地方土特产、民俗文化产品、特色生态食品销售到全国各地。组织涉农企业参加川货全国行沈阳站、广州站、青岛站、北京站、青岛站，第24届中国昆明进出口商品交易会，北京国际茶业博览会，第十三届广交会、东盟博览会、亚欧博览会，第十六届中国西部国际博览会，第四届成都国际都市现代农业博览会、四川贫困地区农特产品展销会等8次。通过参加展销活动，全县企业对其他同行业产品有更加全面了解，为占领更广阔的商贸市场奠定基础。五是强化农业科技支撑，以项目扶持促进农业企业发展。全年向阳生态种养专业合作社、青山绿水茶叶专业合作社2家被市委农工委、市财政局评为新型经营主体培育发展项目，获发展资金30万元；双星茶业有限责任公司、农业局（食用菌〈香菇〉产业示范推广）获得2个科技创新项目，获得科技创新资金30万元；富农林业科技开发有限责任公司、红军源竹业开发有限公司2家获市财政局2016年农业产业化发展贷款贴息项目，获贷款贴息资金20万元。

【幸福美丽新村建设】一是“四美”幸福美丽新村建设。坚持整村推进、全域覆盖，突出“四美”（产业生态美、新村特色美、农民幸福美、社会和谐美），实施“五大行动”（扶贫解困、产业提升、旧村改造、环境整治、文化传承），注重“建改保”相结合，推广“小规模、组团式、生态化、微田园”建设模式，推动由“物的新农村”向“人的新农村”迈进。全年，全县投资18780万元，其中中央、省、市、县财政资金总投入1856万元，农户投入2596万元，金融投入11398万元，社会资本投入2930万元，启动幸福美丽新村建设39个，建成47个。至年末，累计建成幸福美丽新村87个。二是省级财政幸福美丽新村建设。全县获得省级财政幸福美丽新村建设专项资金1150万元，按照省、市的统筹部署和《筠连县2016年省级财政幸福美丽新村建设资金项目实施方案》，涉及15个乡（镇）17个村的17个聚居点，共175个项目；项目村大力推行民办公助，坚持新村建设与生产生活、公共服务、社会管理的综合配套，连片、整体、分类、有序实施。三是市级幸福美丽新村示范县建设。按照“一年一片”建设思路，辐射带动全县幸福美丽新村建设，2016年启动以筠连镇五凤村为核心的“筠连黄牛养殖示范园”，坚持产村相融发展原则，把幸福美丽新村示范片建设与脱贫奔康有机结合，细化工作举措、加大推进力度，突出人居环境改造，产业发展、新村建设、基础设施和公共服务建设取得成效。全年，建成筠连镇五凤村、五陵村、红江村3个新村聚居点，巩固提升筠连镇五丰村、前丰村、海丰村、顶峰村、联络村5个新村聚居点，建成标准化规模养殖场3个、适度规模肉牛养殖小区16个、肉牛存出栏5000头以上，共实施项目45个，投入资金12319.13万元，已完成三年规划任务的40%。四是激活村集体经济发展。以县委办、县政府办印发《关于加快推进农村集体经济发展增加村级集体收入的意见》，探索创新8大集体经济发展模式，为全县的村集体经济创收。五是争创“四好村”。按照“四好村”创建要求，结合农村精神文明建设，在全县开展“农村妇女文明管家行动”，依托乡村两级妇联组织，引导农户争创“和谐家庭”“四好农家”“脱贫先进户”“洁美家庭”“卫生户”等，让群众过上好日子、养成好习惯、形成好风气，改善贫困群众的生产生活条件，全面推进贫困地区幸福美丽新村建设。全年，全县创建县级“四好村”70个、市级“四好村”29个、省级“四好村”17个。

（章毕琴）

农业农机

【农业概况】2016年，全县农业农机工作认真贯彻中央、省、市农村工作会议精神，围绕“促进农业稳定发展，农民持续增收”主题，大力发展现代农业，稳定发展粮食生产，强力推进特色产业，积极开展农业精准扶贫工作，狠抓农业基础建设，确保农民持续增收，全县人均占有粮食稳定400公斤以上，农业增加值比增加3.7%，农民人均可支配收入增加1109元，保持筠连农业和农村经济持续、稳健、协调发展。

【粮食生产】2016年,全县粮食播种总面积3.44万公顷，粮食总产量15.5万吨，增长0.7%。一是小春粮食作物播种10793.33公顷，小春粮食总产量2.48万吨，其中小麦1313.33公顷、产量2800吨，洋芋8933.33公顷、产量21600吨，胡豆333.33公顷、产量300吨，其他小春粮食作物133.33公顷、产量100吨。小春经济作物油菜1620公顷，产量2100吨。小春蔬菜20006.67公顷，产量7.05万吨。小春其他作物青饲料266.67公顷。二是大春粮食作物播种23560公顷，大春粮食总产量13.01万吨，其中水稻6133.33公顷、产量4.25万吨，玉米13200公顷、产量6.84万吨，薯类3846.67，产量1.79万吨；大豆380公顷，产量0.13万吨。大春经济作物花生473.33公顷，产量0.09万吨；甘蔗466.67公顷，产量600吨；烟叶1820公顷，产量3800吨；大春其他经济作物140公顷，产量100吨。大春蔬菜1800公顷，产量6.08万吨。大春其他作物青饲料46.67公顷。

【茶叶生产】2016年，全县茶园总面积13173公顷，增长1.05%，新发展茶园673.33公顷；茶园改造733.33公顷。全县生产茶叶总产量10602吨，其中绿茶6291吨、红茶2293吨、苦丁茶2018吨。全县茶叶综合总产值13.33亿元，增长6.63%，其中第一产业（农业－鲜茶叶和茶园间套作模式）

产值4.63亿元,增长5.71%;第二产业(加工业)产值5.71亿元,增长3.26%;第三产业(商贸服务业)产值3.49亿元。全县生产名优茶4083吨，占全县总产量的38.51%，增长16.72%；产值4.78亿元，占全县总产值的83.79%，增长3.56%。全县有茶农4.75万户,茶叶专业合作社18个,其中国家级示范社1个、省级示范社1个、市级示范社3个,社员1460个;茶叶加工企业69个,其中省级龙头企业3个、市级龙头企业4个、县级龙头企业9个。10月25日,筠连县被中国茶叶流通协会授予"2016年度中国茶业发展示范县"称号,筠连红茶荣获第十六届中国(北京)国际茶博会金奖。

【蚕桑生产】2016年,全县桑园总面积1333.33公顷,新栽桑133.33公顷,其中镇舟桑园、沐爱镇桑园各66.67公顷。全年发种10500张，产茧405吨，蚕桑综合产值5000万元。全县开展养蚕科技培训20期1500人次;推广纸板方格蔟3万余片;小蚕共育率95%以上,自动化上蔟率99%以上。

【水果生产】2016年,全县果树种植总面积3933.33公顷,新种植53.33公顷。全年水果总产量1.87万吨,新增1400吨;产值9724万元,增加2724万元。

【蔬菜生产】2016年,全县蔬菜种植面积3680公顷,新增80公顷;蔬菜产量12.73万吨,新增5100吨;产值3.18亿元,增加1.07亿元。

【中低产田改造】2016年，建成高标准农田200公顷;新建50或100立方米蓄水池(水窖)各5口,30立方米蓄水池(水窖)13口,25立方米蓄水池5口,沉沙池28口,引水渠12340米,宽0.8米田间生产道路5.22万米,宽1.5米田间生产路2585米,培肥地力15公顷。共测土样550个,实施测土配方施肥2.01万公顷。

【农业民生工程】2016年,全县新建沼气池1447口,新建或改建省柴节煤炉灶800台,新增太阳能热利用装置1000平方米,新建生活污水净化沼气池1500立方米。开展农村沼气安全、物管员培训等，制印农村沼气安全宣传挂图1万份、农村沼气安全手册500份,制作安全警示标志3.5万张。开展万名科技人员进万村活动,在联系村开展有针对性的培训,共培训贫困人口2600人,发放资料2000份。依农时开展农村劳动力培训2400人、实用技术培训6800人,组织远程教育培训4期,开设专业有蚕桑、果蔬、茶叶、玉米、植保。全年开展农民实用技术培训12.1万人次、新型职业农民培育140人,农技人员知识更新培训106人。建设科技试验示范推广基地2个(家庭农场"伊甸园"、专业合作社"联耘种植")。

【茶叶推介参展】2月,组织多家茶叶龙头企业参加由宜宾市政府举办的"宜宾早茶节"北京、成都、宜宾品鉴活动。3月7–8日在筠连举办第八届李花节暨首届筠连好茶品鉴会活动,进行筠连红茶品牌宣传。3月11日,县长刘朝平带队,组团参观蒙顶山茶交所,并确定筠连茶叶集中上市,打造筠连茶叶品牌。3月14–18日,参加由中国茶叶博物馆举办中国茶叶品牌建设公益讲座培训会。4月14日,组织参加上海吴觉农纪念馆落成仪式活动,推介《筠连茶人在路上》宣传册。5月5–8日,组织醒世、双星、乌蒙韵、青山绿水茶叶公司到成都参加"第五届中国四川(成都)国际茶叶博览会",双星公司的"公历310"获金奖。8月31日–9月2日,邀请全国茶叶专家到筠连召开筠连红茶品鉴会及筠连红茶产业发展研讨会。11月3–6日,组织醒世、青山绿水茶叶公司到成都参加"中国四川(成都)西部国际博览会"。11月11–14日,组织醒世、双星、乌蒙韵公司到北京参加"中国(北京)国际茶叶博览会"。通过活动,各企业签订意向合约0.5亿元,提高"筠连红茶"的知名度和知晓度。

【红茶、苦丁茶品牌价值】2016年,经浙江大学中国农业品牌研究中心评估,筠连红茶证明商标的区域公用品牌价值7.29亿元,筠连苦丁茶证明商标的区域公用品牌价值3.99亿元。

【农业惠民项目】2016年,全县实施惠民行动项目6个。一是脱毒马铃薯青薯9号技术推广项目。完成脱毒马铃薯新品种(青薯9号)技术推广项目,推广面积66.67公顷,补贴资金229649元,在高坪苗族乡、双腾镇、高坎乡、武德乡实施。二是2015年小麦"一喷三防"技术补助项目。系跨年度的省农业厅和省财政厅2015年小麦"一喷三防"技术补助项目,补助资金21万元,项目面积2800公顷,涉及筠连镇、腾达镇、巡司镇等15个乡(镇)。通过网上询价采购磷酸二氢钾81152袋(100克/袋)、氯噻啉22728袋(20克/袋),中标企业为宜宾县鑫和植保粮食专业合作社。物资于2016年1月全部发放到位,5月实施完毕。三是2016年小麦"一喷三防"技术补助项目。系省农业厅和省财政厅2016年小麦"一喷三防"技术补助项目,补助资金21万元,项目面积2800公顷,涉及双腾镇、沐爱镇、大雪山镇、武德乡、高坪乡、孔雀乡、乐义乡7个受灾较严重的乡(镇)。6月,以川农业〔2016〕39号文件同意该项目调整用于农业防灾减灾。根据要求,制订实施方案,网上进行测土配方肥和叶面肥询价采购,中标企业为宜宾鹰隼商贸有限公司,共采购美丰比利夫牌测土配方肥61.94吨、美多收牌叶面肥3000袋(6毫升/袋)。物资于10月底全部发放到项目乡(镇)。四是2016年重点粮油项目。根据川农业函〔2016〕78号,项目内容为粮食生产能力提升工程,资金100万元,实施地高坪苗族乡。5月,完成实施方案的上报及审批。项目由筠连乐农种植专业合作社组织实施。至年末,已全部实施完毕，特色粮食基地播栽糯玉米71.2公顷、产量506吨，脱毒洋芋（青薯9号）栽种40公顷、产量948吨，总产量1454吨、产值602万元；基础设施建设的围墙、场地、仓库、办公室、培训室、门卫室、保鲜室等于7月建成，8月使用。通过项目实施，全年先锋村、槐树社区村、英雄村3村的215户农户，其中63户贫困户，户均收入增加3000元；筠连乐农种植专业合作社还每年从自身收益中拿出6万元返给先锋村、槐树社区村、英雄村，每村2万元，用于各村公益事业建设，所剩净收益中的70%根据合作社成员与合作社的交易量进行分红，30%作为固定资产投资分配。该项目的实施，经济效益、社会效益显著，更好地促进农业增效，农民脱贫增收，推动新农村经济全面发展。五是2016年农业支持保护补贴项目，系由省农业厅、市农业局下达项目，补贴资金3132.76万元，实施范围为全县。6月30日，完成实施方案的上报及实施面积的统计、核算、发放，全县实际补贴面积18233.58公顷，补贴标准1710元/公顷，共发放补贴资金31179421.8元已通过"一折（卡）通"发放到群众手中；剩余的148184.24元，用于下年耕地地力保护补贴项目。六是青蒿项目。系县级"三大惠农产业"项目之一，农业局农技站负责技术指导，四川蓝伯特生物科技有限责任公司组织实施。2014年，四川蓝伯特生物科技有限责任公司成功开发出国内首创的烟蒿轮作模式。2016年，主要内容为利用烟蒿轮作模式，建成青蒿种植基地，建设青蒿素生产线，提取青蒿素；至年末，在全县建设烟蒿核心示范基地333.33公顷。

【"万亩亿元"现代农业示范项目】 2016年，共完成5个粮经复合产业示范基地建设，示范总面积471.47公顷。其中高坪苗族乡特色粮食基地采用"糯玉米+脱毒洋芋"模式，示范面积71.2公顷；沐爱镇金塘村采用"桑树+脱毒洋芋-蔬菜"模式，示范面积233.33公顷；龙镇乡龙塘村采用"核桃+脱毒洋芋-蔬菜"模式，示范80公顷；武德乡长征村二组采用"砂仁+玉米"模式，示范面积34.13公顷；高坎乡川林核桃专合社采用"核桃+玉米（脱毒洋芋）-蔬菜"模式，示范52.8公顷。

【现代农业（茶叶）千亿示范工程项目】 实施省级财政2015年现代农业（茶叶）千亿示范工程项目，总投资450万元，实施地巡司镇。至年末，一是完成茶园改植换种26.67公顷，新增100平方米蓄水池2口，并进行喷灌建设和绿色防控。二是完成标准化茶叶基地建设：配套新建1米宽生产便道30030米，其中土房村10400米、上游村4590米、银星村9550米、和平村5490米；配套新建2米宽生产道3000米，其中土房村1500米、银星村1500米；新建4立方米蓄水池332口，其中土房村110口、上游村20口、银星村123口、和平村79口。

【市级财政蚕桑发展项目】 实施市级财政蚕桑发展项目，总资金30万元，在镇舟镇新建桑园40公顷，在沐爱镇补植桑园6.67公顷并建桑园作业道1000米。

【桑枝食用菌项目】 实施市级财政桑枝食用菌项目，总资金50万元，沐爱镇实施。在金塘村建600平方米桑枝食用菌种生产基地，生产5万袋菌种，免费发放给中坪村、金鱼村、金塘村的插花贫困户种植。

【农业技术推广】 2016年，主要推广的实用技术有5项。一是良种推广。全县推广杂交水稻6000公顷，占水稻总面积的98.6%，其中国家二级以上优质稻1466.67公顷、三级以上优质稻2333.33公顷。杂交玉米推广1.3万公顷，占玉米总面积的96.5%，其中优质蛋白玉米及综合技术推广8000公顷。二是良法应用。推广水稻旱育秧及免耕栽培5133.33公顷、水稻旱育秧733.33公顷，水稻直播0.67公顷，水稻机插秧266.67公顷，水稻杂糯间栽733.33公顷，水稻抛秧1200公顷，水稻超高产强化栽培1066.67公顷，水稻规范化栽培3866.67公顷，水稻配方施肥5800公顷。玉米高产栽培技术示范4333.33公顷，地膜全覆盖栽培及育苗移栽等节水栽培技术4266.67公顷，配方施肥8533.33公顷。脱毒薯类高产栽培技术2600公顷，旱地新三熟高产栽培2653.33公顷。三是集中育秧。全县完成水稻集中育秧本田933.33公顷，其中旱育秧733.33公顷、机插秧266.67公顷，玉米集中育苗本田886.67公顷。在筠连镇荆花村二组、武德乡共和村、高坪苗族乡英雄村各建立3.33公顷以上的集中育苗示范点。示范点通过统一种子供应、统一浸种催芽、统一播种时间、统一秧田管理，有效解决分散育秧存在的品种多乱杂、种子不消毒、播种不及时、秧田管理粗放等问题，促进水稻、玉米高产稳产技术的集成、推广与应用。四是玉米地膜覆盖栽培技术。地膜覆盖具有增温、保墒、保肥、抑制杂草、减少虫害、促进玉米生长发育的作用，增产效果明显。示范点为筠连镇荆花村二组，农业局对示范户补助农膜、种子、肥料，以调动积极性，增强推广力度，共完成玉米地膜覆盖栽培面积1066.67公顷。五是新品种试验示范。在武德乡中华村、蒿坝镇合力村进行新品种试验示范，试验面积共0.67公顷，试验品种46个，为筛选粮食主推品种等提供有力的依据。

【农业协会、专合组织】 2016年，苦丁茶协会、茶叶协会加强名优茶加工技术培训和生产技术指导，共对种植户、加工户培训620人次，销售收入2.86亿元，带动会员收入2.06亿元。春风村李子协会实现销售收入297万元。培育种粮大户16户，总面积247.27公顷，新增108.33公顷，其中面积33.33公顷以上3户、面积2公顷以上13户。

【农作物病虫害防治】 2016年，全县主要粮经作物病虫害属中等发生年，发生面积3.80万公顷次，防治面积3.55万公顷次，挽回损失30059.37吨。一是水稻病虫害，发生8740万公顷次，防治8313.33万公顷次，占发生面积的95.12%，挽回损失9909.83吨。其中螟虫发生3766.67公顷次，属中等偏轻发生；稻飞虱发生2766.67公顷，属中等偏重发生；纹枯病发生1733.33公顷次，属中等发生；稻瘟病发生166.67公顷次、水稻稻曲病发生6.67公顷次、粘虫发生300公顷次，均属轻发生。二是玉米病虫害，发生1.19万公顷次，防治1.08万公顷次，占发生面积的90.92%，挽回损失5800.73吨。其中玉米螟虫发生4000公顷次、玉米地老虎发生2600公顷次，属中等发生；玉米纹枯病发生1666.67公顷次、玉米蚜虫发生3000公顷次，属中等偏轻发生；玉米锈病发生626.67公顷次，属轻发生。三是茶叶病虫害，发生8533.33公顷次，防治7900公顷次，占发生面积的92.58%，挽回损失756.24吨。其中茶叶小绿叶蝉发生2866.67公顷次，防治2600公顷次，属中等发生；茶叶黑刺粉虱发生3333.33公顷次，防治面积2966.67公顷次，属中等偏轻发生；茶蚜，发生面积2333.33公顷次，防治面积2333.33公顷次，属轻发生。四是小麦病虫害，发生1100公顷次，防治1080公顷次，占发生面积的98.2%，防治后挽回小麦损失393.8吨。其中小麦蚜虫发生566.67公顷次、小麦赤霉病发生213.33公顷次，均属中等发生；小麦白粉病发生320公顷次，属中等偏轻发生。五是油菜病虫害，发生933.33公顷次，防治面积920公顷次，占发生面积的98.5%，挽回油菜籽损失110.3吨。其中油菜蚜虫发生646.67公顷次，属中等发生；霜霉病发生286.67公顷次，属中等偏轻发生。六是柑橘病虫害，发生566.67公顷次，防治533.33公顷次，占发生面积94.1%，防治后挽回损失1979.93吨。其中柑橘叶螨发生333.33公顷次，属中等偏轻发生；柑橘虫害发生233.33公顷次，属中等发生。

【农作物病虫害绿色防控措施】 2016年，全县开展专业化统防统治11697.33公顷。3月起，重点在筠连镇燎原村、腾达镇春风村、沐爱镇尧坝村、双腾镇大山村开展茶叶病虫害绿色防控，共发放黄板、蓝板15.38万张；重点在筠连镇水源村、巡司镇小河村、镇舟镇景阳村、大雪山镇顺井村开展水稻病虫害绿色防控，发放二化螟性诱剂8000套。全县范围内积极推广黄板诱杀茶树黑刺粉虱、太阳能杀虫灯、信息素诱杀水稻二化螟、生物导弹诱杀玉米螟等绿色防控技术，实施绿色防控7640公顷，其中推广黄板诱杀蚜虫433.33公顷、诱杀茶叶黑刺粉虱666.67公顷，“生物导弹”防治玉米螟533.33公顷，应用性诱剂防治水稻二化螟400公顷，灯光诱杀水稻、玉米螟虫566.67公顷，稻鸭共育133.33公顷，果园推广灯光诱杀害虫500公顷，生物防治4226.67公顷。

【植物检疫】 一是蔬菜种子检疫，4月，对全县蔬菜种子生产繁育的单位（基地）和经营大户进行分类登记造册，摸清情况，开展宣传，实行常规化检疫管理监督。5月，检查登记单位，对检查中发现的问题及时批评教育，发出整改通知。全年开展专项检查2次，检查经营大户6个，检查种子21批次，发出整改通知3份。二是宣传培训，3月20日–11月20日，在种子经营门市集中处、农贸市场、农产品批发市场等设立宣传点3个，以张贴、悬挂植物检疫宣传标语（横幅）、开设宣传窗栏、制作宣传板报等形式宣传，电视台宣传1次、张贴（悬挂）标语（横幅）45条、开设宣传窗栏1个，制作宣传展板2块；并派出植物检疫宣传车，开展巡回宣传咨询3次，发放资料3000余份。对种子苗木经营户进行检疫法规培训1次，培训80多人次；对种子生产经营人员、农民和专业技术人员植物检疫培训1次，培训人员124名。三是产地检疫，开展产地检疫2批次，检疫柑桔苗3万株、李子苗15万株。四是调运检疫，开展调运检疫5批次，检疫李子苗90432株、桃实心苗10万株。五是疫病普查，在水稻生产区建有5个稻水象甲监测点，开展全县水稻产区的普查，严防稻水象甲的传入，未发现有稻水象甲发生；8月在全县开展柑橘黄龙病的普查，未发现黄龙病的发生。

【农业行政执法】 一是执法行动，6–8月，开展“绿剑护农”夏季农资打假专项行动，共出动执法人员220余人次，执法车辆50台次，检查15个乡（镇）。3月20日–6月1日，配合县工商、质监、公安部门、县苦丁茶协会，规范苦丁茶市场，未查出任何不合格产品。二是种子抽检，全年抽检玉米种子、水稻杂交种子共22个，其中2个不合格，合格率91%。三是规范种子经营，对进入筠连种子市场的种子经销商，所经销的水稻品种、玉米品种实行备案登记，以备案加强市场监管，杜绝假冒伪劣种子和未经审定（引种）品种进入县域种子市场，保证全县农业生产安全，农村社会稳定。四是案件查处，全年查处经营（推广）应当审定而未经审定、未经引种同意、不在适宜种植区内的种子案件2件，正在办理中；查处销售劣质种子案件2件，已结案；查处经营未注明“过期农药”字样的超过产品质量保证期的农药产品案7件，已结案。全年办理农业行政案件11件，办结9件。

【农产品质量检测】 一是农产品农药残留例行抽检，第一批抽检样品共10个，其中蔬菜8个、水果1个、食用菌1个，检测合格率100%。第二批的农产品农药残留例行抽检样品共13个，其中蔬菜12个、水果1个，检测合格率100%。第三批农产品农药残留例行抽检样品共12个，其中蔬菜10个、水果1个、食用菌1个，抽检合格率100%。二是茶叶产地环境监测和土样抽取，3月29–30日，完成全县41个茶叶产地土样的抽取工作。三是粮食安全监测，9月12–13日，配合县粮食局，完成粮食安全监测抽样64个。全年，农产品质量安全共出动执法人员280人次，检查农资经营单位225个次，查处违规农资销售案件15件，收缴违法资金3.2万余元。

【农村经营管理】一是农村土地经营权确权登记工作。2016年全面完成航飞，实际指划面积4.8万公顷，张榜公布243个村，地块实地指界启动7个乡（镇），完成18个乡（镇）纠错、打印承包合同、承包档案装订工作。1月，全县农村土地经营权确权登记工作通过省市专家验收，评为优质工程（95分）。“农村土地承包经营权证书”打印，完成联合苗族乡、龙镇乡和腾达镇的部分村，共3260本。全县农村土地承包经营权确权登记和管理系统建设监理及验收项目的招投标工作完成，“惠普应用服务器”采购的招投标文书编制完成。二是加强农民负担监管，规范农村一事一议。三是配合财政做好“一事一议”奖补资金的落实。2015年“一事一议”奖补资金共1794万元，涉及项目155个，全部落实到各乡（镇），至2016年年末，项目全部验收。2016年“一事一议”奖补资金共1832万元，涉及项目191个，已实施完成。四是农业承包合同管理。加强农业承包合同管理，引导农民土地流转按照“自愿、公平、有偿”原则开展，进一步规范流转合同。全年新增土地流转面积333.33公顷，全县累计耕地流转2355.4公顷。五是农民群众来信来访接待工作和依法仲裁土地纠纷。全年共接待来访36件，县级协调7件、政策法规解释29件，以县政府名义起草回复市行政复议委员会答复书1件、回复市行政复议委员1件和市中级人民法院整改答复函1件。对群众反映的一般性事情22件，及时转乡（镇）处理。六是农业基点调查工作。全县建立农业基点7个，按时完成农业部、省农业厅布置的农业基点调查工作，为上级主管部门及时把握农业生产发展状况的资料。七是农村专业合作社管理。全年指导规范农村专业合作社5个，累计经工商注册登记的农村专业合作社312个、家庭农场98个。完成申报省级农村示范家庭农场1个，根据县委、县政府《关于加快旅游产业发展的实施意见》，清溪沟休闲农庄被省农业厅评为2015年省级示范农庄，获奖励资金30万元；省农业厅批准春风圣奇灵芝种植专业合作社为省级农村专业示范合作社1个，龙镇乡卜好村远友家庭农场为省级农村示范家庭农场1个。重点扶持乐农种植、苗山彝岭、五环香藕、姜益种植、常丰农业、古峰养殖、川林核桃、星星核桃8个专业合作社，山外山、定永、健康、五妹子4个家庭农场。

【农机推广】2016年，共维修改造机电提灌设备326台/2181千瓦，机电提灌设备共提水760万立方米，灌田4133.33公顷，确保春耕期间用水。新建乡村机耕便民路292.65千米，共投入2568万元，其中县财政“一事一议”奖补资金390.2万元、群众筹劳折资1284万元。新增提灌机械115台/748千瓦，机耕面积1.67万作业公顷。年末，全县耕种收综合机械化水平为26%，农机总动力14.6万千瓦，增长2%。

【农机管理】一是健全保障机制，明确安全生产责任，定期召开农业（农机）安全生产研判分析会，加强部门协作，建立联动长效机制，召开农机安全生产联席会议制度4次；严格执行安全隐患抄报抄送制度，推进隐患排查治理体系建设，建立隐患排查治理长效监管机制，抓好拖拉机及驾驶、操作人员的年度检审。全年开展农机安全检查44次，出动检查人员236人次，检查农业机械和拖拉机356台次，检查农机维修企业43次，纠正违章2起；开展专项隐患排查整治4次。二是强化宣传，利用“3·15”宣传日、年度检审集中时期、6月安全生产月活动和召开农机安全生产会议等形式，宣传贯彻农机安全生产的法律法规和政策，通过电视、报纸、网络和印发宣传资料等报道农机安全生产，全年“一对一”宣传培训235人次，发放宣传资料11020份。

【特色农业】一是特色基地建设。全年建成特色基地1500公顷，其中红花米、红稗、小黑豆、山谷、藜麦等种植基地33.33公顷，脱毒马铃薯种植基地666.67公顷，油茶子、油菜籽等特色油料基地666.67公顷，糯玉米种植基地133.33公顷。二是粮油综合体建设。全年建成3个，即高坪苗族乡的苗山彝岭种植专业合作社，购买并安装使用谷物烘干机、榨油机，修建30个育苗大棚；高坪乡乐农种植专业合作社的特色粮食加工建设，修建围墙、场地、仓库、办公室、培训室、门卫室、保鲜室等，于7月下旬投入使用；高坎乡川林核桃种植专合社建成高标准的育苗大棚1个。全县累计建成红花米、红稗、小黑豆、脱毒马铃薯等特色粮食面积1466.67公顷，油茶子、油菜籽等特色油料733.33公顷。

【农业招商引资】2016年，县农业局完成招商引资1亿元，主要投资于茶叶、蚕桑等项目，促进全县现代农业的建设。

【农业脱贫行动】2016年，县农业局驻村技术人员共61名，驻村共3812天，平均每人驻村天数62.5天，走访贫困户5421户次，做到户户见面；有完整的工作台账、工作日志、考勤表等资料；协助完成61个贫困村编制种植、养殖等各类产业规划61个，还依据各贫困户的条件制订入户指导方案；引进种养殖业新品种33个、各种农业新技术21个；培养科技示范户136户。驻村技术人员配合农业综合技术服务团进村巡回服务，开展分级分类培训633次，培训22067人次，报送技术帮扶、技术培训、产业规划等信息376条。新增龙头企业5个，专业合作社38个，家庭农场61个，适度规模种养大户910个。

【农业局对口帮扶】2016年，县农业局继续对口帮扶沐爱镇兴隆村。兴隆村有贫困户 131 户 470 人、低保户 36 户，贫困发生率 17.3%。全年，在兴隆村一组实施新村建设、特种茶叶(黄金芽)建设项目，开展科技相关帮扶；为贫困户送去肥料 1.5 吨(折价 6000 元)，党建扶贫资金 10000 元；农业局职工自发组织送鸡苗、大米、油等物品(折价 2000 元)，职工捐款 15950 元。

（黄永华、熊文芹）

林　业

【造林绿化】 2016 年，林业工作狠抓生态建设、提升造林质量，以"万亩林亿元钱"示范片建设为抓手，全面推进全县造林绿化工作，完成成片新造林 2533.33 公顷，为年度任务的 253%。推进国家森林城市创建，新增城镇绿地 60 公顷，巩固城郊防护林 650 公顷，高标准完成玉壶公园、河滨道、定水广场绿化等绿化；新建生态林 1520 公顷、特色经济林 2000 公顷、现代竹产业基地 2000 公顷；县境内各级公路宜绿地段绿化率 90%以上；建成高标准示范苗圃 1 个；申报 5 个森林乡(镇)。

【林业项目争取】 2016 年，县国有林场完成国有林 908.33 公顷的有效管护；完成退耕还林 6433.33 公顷的自查验收，顺利通过国家、省级核查验收。完成天保工程造林 133.33 公顷；开展对全县 21377 公顷集体生态林县级复查，按时拨付到乡(镇)补偿金 484.12 万元。全年共争取到位中央、省、市、县级投入林业资金 3410.92 万元，为推进县域现代林业产业的全面发展，提供强有力的政策支撑和资金支持。

【林业产业建设】 2016 年，蓝伯特、大雪山家庭林场、富农、凌盾等投入开发漆树、青蒿、竹笋、木材深加工产业建设项目资金 1.5 亿元，增长 25%。巩固提升"万亩林亿元钱"高效立体林业示范区 700 公顷，在筠连镇、腾达镇、沐爱镇及国有林场新增香椿、杉木等扩建原料林基地面积 666.67 公顷，新增漆树产业基地 366.67 公顷；建成林下种植青蒿、黄精等中药材核心示范区 133.33 公顷。组织富农公司等 7 个林业经营主体的青蒿素、竹笋等 7 个林产品参加首届宜宾市名牌林产品评选，其中 3 个企业评为市级林产品品牌，分获 1 万元奖励，林业局获优秀组织单位。全年，全县实现林业产业总产值 11.21 亿元，农民人均从林业获得收入 1484 元。

【森林资源管理】 2016 年，全县新增森林 2500 公顷，实现净增森林蓄积 19100 立方米。严格采伐审核审批，按年度采伐限额，全年审批采伐办证蓄积量 43691.7 立方米。开展打击非法占用林地等涉林违林违法犯罪专项行动，办理刑事案件 1 件、行政案件 4 件，清理违法占用林地 2.07 公顷；上报省林业厅审批使用林地项目 2 宗，面积 0.67 公顷(10 亩)。完成林地变更调查工作，变更调查成果通过省林业生态环境监测中心的验收合格。

【林业改革】 2016 年 1 月，完成县国有林场等林业事业单位改革工作，县国有林场划为公益一类事业单位，纳入财政全额预算事业单位管理；5 月、7 月，县国营苗圃、县林木种子园也纳入财政全额预算事业单位管理。县政府印发林权抵押贷款改革试点工作等规范性文件 5 个，规范开展林地流转工作。全年新增林地流转 254.67 公顷，新型林权抵押贷款 4080 万元，抵押 67936 公顷；完成政策性森林保险 31000 公顷。培育壮大新型经营主体 10 户，建家庭林场(公司)带动群众发展青蒿、漆树、香桂、苦竹、核桃、园林绿化珍贵树种，生产名贵家具和加工生产重竹竹地板。

【片区林业站建设】 2016 年，全面完成全域标准化林业站建设 5 个，其中大雪山片区林业站于 3 月 1 日通过国家级标准化林业站建设项目验收组的验收，验收合格；另 4 个省级标准化林业站建设项目按时完成，待上级验收。

（金勇）

畜牧水产

【畜牧水产概况】 2016 年，畜牧水产工作围绕县委"12456"发展思路，以"肉牛产业"为抓手，以推进"现代畜牧业建设、助农增收和建设社会主义新农村"为落脚点，强化科教兴牧和依法治牧，努力推进全县畜牧产业持续健康发展。全年，全县高致病性禽流感、口蹄疫、高致病性蓝耳病、猪瘟的强制免疫密度均 100%，抗体检测合格率 70%以上；实现产地检疫 100%，屠宰检疫 100%；全面完成兽药 GSP 后续监管，兽药连锁店达标 58 户，饲料经营户 104 家培训考试合格。

【畜牧水产指标】 2016 年，全县畜牧业总产值 19.0 亿元，增长 3.56%；水产业总产值 0.24 亿元，增长 1.56%；人均畜牧水产业纯收入 2293 元。

2016 年筠连县畜牧水产主要指标一览表

表 1

指标	单位	2016 年	比上年 ± %
肉类总产量	万吨	3.64	−1.7
禽蛋产量	万吨	0.18	1.6
蜂蜜产量	吨	50	1.1
水产品产量	吨	1625	1.6
生猪出栏	万头	38.85	−3.5
生猪存栏	万头	24.99	−3.0
牛出栏	万头	4.46	6.6
牛存栏	万头	9.03	−1.9
家禽出栏	万只	232.2	1.7
山羊出栏	万只	0.81	1.4
肉兔出栏	万只	24.33	0.3

【畜牧项目争取】 2016年，多次到省、市专题对接和争取专项资金，共申报和争取到国家、省、市畜牧产业发展项目10个，争取已到位上级财政专项发展资金2137万元，其中基础母牛扩群增量500万元、2016年畜牧重点县300万元、省级财政肉牛繁育基地建设项目340万元、省级财政涉农资金整合以奖代补项目100万元、省级财政支持农民专合社项目60万元、基础畜牧推广体系建设项目44万元、省级财政农业生产发展项目450万元，省级财政专项扶贫定向转移支付资金项目278万元，市级财政扶持现代特色养殖业发展专项资金项目65万元。

【畜牧项目实施】 2016年，按照实施方案，全面启动实施8个。一是2016年畜牧重点县建设项目，实施地点为大雪山镇春景村、冬燕村，巡司镇巡司村，沐爱镇峨坪村、金坝村，镇舟镇景阳村，孔雀乡凤牌村，乐义乡保圣村，龙镇乡车坪村，武德乡民主村，筠连镇顶峰村，巡司镇杨柳村、庆高村，沐爱镇峨坪村等。总投资601.08万元，其中财政投资300万元。建设内容：1.建设标准化规模养牛场共10个，新建标准化牛圈6000平方米，新建沼气池200立方米、新建化粪池400立方米、新建干粪堆积池400立方米、新建青贮窖池500立方米、种植优质牧草20公顷。2.建设标准化养牛小区共4个44户，新建标准化牛圈2640平方米、新建沼气池440立方米、新建干粪堆积池立方米、新建青贮窖池220立方米、种植优质牧草8.6公顷。二是2016年肉牛基础母牛扩群增量项目，实施地点为筠连镇红江村、普高村、巡司镇西泉村等17个乡(镇)76个村。总投资500万元，其中财政投资500万元。建设内容：新建圈舍16080平方米，新建沼气池1190立方米、新建化粪池1320立方米、新建干粪堆积池1120立方米、新建青贮窖1250立方米，人工草地45.33公顷，2014年度、2015年度基础母牛扩群增量项目实施户48户，产仔554头(其中改良犊牛502头，本地犊牛52头)。三是2016年省级财政肉牛繁育基地建设项目，实施地点双腾镇德胜村、兴胜村，龙镇乡兴胜村、卜好村，武德乡解放村。总投资743.6万元，其中省级170万元、市县170万元。建设内容：1.新建存栏100头以上肉牛标准化规模养殖场2个(兴胜村、卜好村各1个)，建设标准化牛舍1200平方米，防疫消毒设施80平方米，病畜隔离室40平方米，兽医室30平方米，饲料加工储藏间40平方米，青贮窖池100立方米，粪污无害化处理设施200立方米，市外购牛130头，配套完善运动场、养殖场供水供电、地面硬化、场内绿化等附属设施；2.新建母牛标准化养殖小区4个(其中德胜村2个，兴胜村、卜好村各1个，解放村1个)，养殖小区采取5户联建的模式自愿组建或相对集中连片分户建设，以户为单元，每个单元养殖规模为10头，建设标准化牛舍1200平方米、防疫消设施200平方米、青贮窖池100立方米及沼气池、干粪堆积场等粪污处理设施200立方米，市外购牛160头，配套完善养殖小区供电及给排水等附属设施；3.新建母牛标准化养殖家庭牧场14个(其中德胜村4个、兴胜村4个、卜好村3个，解放村3个)，单个家庭牧场养殖规模50头，建设标准化牛舍4200平方米，防疫消毒设施280平方米，青贮窖池350立方米，粪污处理设施700立方米，市外购牛560头，配套完善牧场供水供电、地面硬化、场内绿化等附属设施。四是2016省级财政涉农资金整合以奖代补项目，沐爱镇金溪村、武德乡解放村。总投资226万元，其中财政资金100万元。建设内容：新建标准化圈舍3960平方米、新建粪污处理设施1350立方米(沼气池660立方米、化粪池360立方米、干粪堆积池330立方米)、新建饲草青贮窖池330立方米、种植优质牧草6.67公顷。五是2016年省级财政支持农民专合社项目，实施地点筠连县尖峰山种养专业合作社。总投资105.28万元、其中财政资金60万元。建设内容：新建标准化圈舍1500平方米、新建防疫消毒及培训中心等管理用房290平方米，新建粪污处理设施340立方米、新建青贮窖池140立方米、新建无害化处理化尸池30立方米、新建人畜饮水蓄水池80立方米，新建标准化限位栏280个，购置安装喷雾消毒设备1台(套)、购置安装自动饮水碗280个、购置安装铡草机1台(套)。六是2016年省级财政农业生产发展项目，实施地点沐爱镇金溪村、金坪村、金坝村、金塘村，镇舟镇马家村，团林苗族乡香樟村、大埂村、新阳村。总投资1085.35万元，其中上级资金250万元、县级200万元。建设内容为新建标准化牛圈21615平方米，配套建设沼气池2300立方米、干粪堆积池2050平方米，新购置安装铡草机177台(套)。七是2016年市级财政扶持现代特色养殖业发展专项资金项目，实施地点筠连镇五陵村，腾达镇新民村、向阳村，维新镇落箭村，团林苗族乡杉新村。总投资131.7万元，其中财政资金65万元。建设内容：1.新建标准化圈舍1080平方米(新民村720平方米、五陵村360平方米)，新建沼气池180立方米(新民村120立方米、五陵村60立方米)，新建干粪堆积池90立方米(新民村60立方米、五陵村30立方米)，新建青贮窖池90立方米(新民村60立方米、五陵村30立方米)；2.团林苗族乡杉新村特色渔业养殖基地，新建养鱼塘1.33公顷，新购置安装鱼饲料生产加工机械设备全套；3.维新镇蒲谭沟水产品养殖专业合作社特色渔业养殖基地，新建养鱼塘1.33公顷。八是2016年省级财政专项扶贫定向转移支付资金项目，实施地点全县所有贫困村(扶贫移民局组织实施)，总投资361.4万元，其中财政资金278万元。建设内容：建设标准化牛圈共313户13900平方米，其中新建面积60平方米的标准化牛圈150户、新建面积30平方米的标准化牛圈163户，建设沼气池313户3130立方米。

【"川南山地黄牛(筠连黄牛)健康养殖成套技术示范"合作协议】 7月23日，筠连县田园养牛专业合作社理事长田元均与四川农业大学动物医学院副教授贺常亮博士签订"川南山地黄牛(筠连黄牛)健康养殖成套技术示范”合作协议,协议主要有川南山地黄牛(筠连黄牛)种质特性研究、中医治未病技术在肉牛生产上的应用、中草药饲料添加剂促进肉牛生产的应用研究、川南山地黄牛(筠连黄牛)健康养殖技术规程制订等的立项和研发。

【“筠连黄牛” 国家地理标志保护产品申报成功】 4月19日,市质量技术监督局《筠连黄牛生产技术规范》标准审查会在筠连召开,专家对起草组进行提问。标准(初稿)遵循“科学性、实用性、统一性、规范性”原则,参照无公害食品、绿色食品、有机产品等国家行业标准,规定筠连黄牛的品种特征特性、母牛饲养管理、高效繁殖、育肥、牛场防疫卫生保健、牛舍建设、秸秆青贮氨化等技术要求,重点突出养殖环节的技术要求,注重标准的可操作性。7月4日,国家质量监督检验检疫总局正式公布确认(2016年第63号公告)。筠连黄牛国家地理标志保护产品的申报,于2015年6月23日县人民政府确定申报,历经3次专家评审、2次现场勘查。

【“筠连县春风综合体肉牛生产技术规程”对外发布】 6月24日,“筠连县春风综合体肉牛生产技术规程”审查会召开,原则通过专家评审,由筠连县向阳生态种养专业合作社对外发布。

【央视七台到筠连拍摄“筠连黄牛”】 10月8–13日,中央电视台七台《农广天地》栏目组到双腾镇酸草村,在大洞坪、柿子坝(小地名)分别拍摄筠洲信诚商贸有限公司苗家黄牛干巴制作技艺、宜宾犇垚黄牛养殖有限公司筠连黄牛繁育场利用废弃茶树茶叶饲喂筠连黄牛的全过程。筠连是川南山地牛主产区,五万年前就有牛的踪迹,国家地理标志保护产品“筠连黄牛”一直由当地苗族同胞传统养殖,于2005年1月获全国无公害农产品认证。

【聘请肉牛产业科技顾问】 1月21日,县人民政府肉牛产业科技顾问聘请仪式在县会议中心举行,中国农业科学院北京畜牧兽医研究所研究员孙宝忠(国家肉牛牦牛产业技术体系岗位科学家),市畜牧水产局局长罗才源、副局长程培光,副县长王永红,省畜牧科学研究院副研究员白国勇,市畜牧科技推广中心副主任陈震宇见证聘请仪式;县政府办、农工办、财政局、经科局、环保局、发改局、质监局、国土局、人民银行、农商行、平安保险及筠连镇、双腾镇、沐爱镇、高坎乡、龙镇乡等负责人参加聘请仪式。县人民政府聘请王之盛教授为筠连县肉牛产业科技顾问,负责全县肉牛产业发展和重大项目决策咨询;县长刘朝平为王之盛教授颁发聘书;仪式上,聆听孙宝忠研究员、王之盛教授有关国内外牛肉产销及加工、“藏牛于户、藏粮于季”养牛技术介绍,赞同筠连县利用杂交牛生产优质牛肉,但不主张全部采用良种,建议做好黄牛地理标志登记、申报和筠连黄牛(地方品种)保护。

【畜禽养殖污染防控工作会】 12月26日,县畜牧水产局、环境保护局组织的“筠连县畜禽养殖污染防控工作会”召开,县域所有挂牌限期整治的畜禽养殖场、屠宰场业主和乡(镇)畜牧水产站负责人参会,会议梳理总结2013–2016年全县规模化畜禽养殖污染源限期综合整治工作存在的问题,安排2017–2020年全县畜禽养殖污染防控工作任务,签订“落实党政‘一把手’环境保护工作切实加强畜禽养殖污染专项整治目标责任书”。会议讨论《筠连县畜禽养殖污染防控规划(征求意见稿)》,学习《畜禽养殖产地环境评价规范》(HJ 568)、《屠宰与肉类加工废水治理工程技术规范》(HJ 2004)、《畜禽养殖业污染治理工程技术规范》(HJ 497)、《畜禽养殖业污染防治技术规范》(HJ/T 81)等规范,要求畜禽污水经治理后应符合《畜禽养殖业污染物排放标准》(GB 18596),畜禽污水必须采取有效措施进行净化处理并须符合《农田灌溉水质标准》(GB 5084),沼气发酵产物应符合《粪便无害化卫生标准》(GB 7959);乡(镇)畜牧水产站在审核畜禽养殖场、屠宰场申报选址时,县环境保护局生态建管股、污控法宣股派人给予配合;筠连县田园养牛专业合作社交流利用牛粪种植蘑菇经验。

【水产工作】 2016年,全县实现渔业产值0.24亿元,增长1.56%;水产品产量1625吨,增长1.6%。

【培育畜牧经营主体】 2016年,全县新增建成10头以上规模的养牛大户474户、50头以上养牛场(小区)44个,300头以上的养猪场(小区)17个、新建家庭牧场50个;新增筠连镇五丰黄牛养殖专业合作社、正兴兔业专业合作社2家为省级示范专合社,新增老鹳林养殖专业合作社、田园养牛专业合作社、尖峰山种养专业合作社、家家乐肉牛养殖专业合作社4家为市级示范专合社。年末,全县有工商登记注册的专合社336个、家庭农场155个,其中省级示范农民专合社4个、市级16个。

【高级农技师资格评审】 12月24日,筠连县畜牧兽医中级专业技术职务任职资格评审委员会组织的筠连县畜牧兽医师暨高级农技师评审答辩会召开,维新镇顺阳黄牛养殖专业合作社理事长陈波、筠连镇五丰黄牛养殖专业合作社理事长赵阳均、正兴兔业专业合作社监事长郭正申报高级农技师资格接受与会19名评委现场评审答辩。按照《四川省畜牧兽医专业中、高级职务任职资格评审条件(试行)》《四川省农业实用技术职称评定暂行办法》规定,经现场答辩并结合申报人业绩,一致同意陈波、赵阳均、郭正获高级农技师资格。

【四川电大关注“一村一名大学生计划”畜牧兽医专业】“一村一名大学生计划”是教育部2004年2月启动的专门培养适应农村社会发展需要的高等技能人才和基层管理人才的教育项目，由教育部直属的国家开放大学(中央广播电视大学)组织实施，筠连从2015年2月起零星招生。至年末，已有13人取得畜牧兽医专业学籍。

【畜牧水产脱贫攻坚】2016年，按照县委脱贫攻坚工作方案，调整24名驻村农技员开展“五个一”技术扶贫，安排全县乡(镇)37名技术人员协助县农业局驻村农技员工作，组织所有畜牧科技人员面向243个村开展进村入户畜牧科技培训，共举办81期4260余人次，印制发放《黄牛养殖技术手册》12000册、畜禽养殖技术明白纸168100张。委托宜宾职业技术学院、筠连县职业技术学校，11月27日至12月11日举办新型(养殖专业)职业农民培训80人。

【畜牧水产对口帮扶】2016年，畜牧水产局继续对口帮扶沐爱镇峨坪村。一是项目争取和实施，共争取到财政扶贫资金126.108万元，其中2015年石漠化综合治理项目资金33.864万元，建成标准化肉牛养殖小区1个(20户)；2016年畜牧业重点县项目资金21万元，建成标准化肉牛养殖小区1个（14户）；2016年畜牧业重点县项目资金10万元，建立肉牛发展扶持周转基金；2014年生猪调出大县奖励资金建设项目资金20万元，建成标准化生猪养殖小区1个（10户）；2014年县级财政肉牛产业专项资金建设项目资金11.935万元，建成肉牛标准化养殖场1个；2014年县级财政肉牛产业专项资金建设项目资金6090元，用于肉牛养殖贷款贴息；2015和2016年基础母牛扩群增量项目资金13.2万元；2014年能繁母牛示范带建设项目资金5.5万元；补助10万元，购买优质仔猪500头。二是干部职工行动，组织畜牧机关职工结对帮扶，协助制定脱贫规划、户脱贫计划，按要求完成相关资料表册填报；职工捐款8400元、捐赠衣物180余件。

（王成 杨勇 曾均 樊平 尹利娟）

水　　利

【机构增设】龙碗大堰原属省管重点工程，其管理所属副科级单位；龙碗大堰管理所由原副科级单位降格为股所级单位。2016年11月18日，县机构编制委员会以筠机编〔2016〕51号文件把龙碗大堰管理所并入王家沟水库管理所，实行两块牌子、一套机构的体制，属财政全额拨款的公益一类事业单位，设所长1名，副所长2名。

【农田水利基本建设】2016年，建立健全农田水利基本建设领导机构，构建政府扶持、群众参与、以奖代补、先建后补、民办公助等形式的农田水利基本建设机制。全年累计投入资金26264.7万元，其中中央10514.7万元、省级760万元、市级500万元、县级12540万元、群众100万元、社会200万元、其他1650万元，新建整治河道堤防371米，修复水毁水利工程230处，综合治理水土流失面积11平方千米，新增和恢复蓄引提水能力100万立方米，新增有效灌溉面积400公顷，发展节水灌面166.67公顷。

【巡司场镇供排水】一是巡司镇供水，巡司镇供水及基础设施项目，总投资1818万元，资金为中央资金和地方配套资金；建设内容：新建日供水能力6000吨净水厂1座，配套取水设施及输配水管网10.35千米，水处理和水质检测设施设备采购及安装。于2013年12月动工，至年末已完成厂区主体工程和水处理及电气设备安装，正待备用水源管线工程变更。二是巡司镇污水处理，巡司镇污水处理设施配套管网工程聚乙烯双壁波纹管采购及安装(含土建)，投资181.8万元为中央资金，建设内容：安装铺设DN600聚乙烯双壁波纹管4.1千米、钢筋砼支墩浇筑，DN600架空钢管铺设460米，污水检查井砌筑，DN800检查三通及法兰盲板安装等；经公开招投标，由成都三环金属制品有限公司中标承建。2015年3月开工，2016年11月3日通过县级验收合格。

【县城供排水】一是县城供水，全年县城供水总水量438万吨，销售水342万吨，增长3.6%，管网漏损率21.9%；总收入715万元，增长23%。共查处违章用水14起、处罚水方8940吨，为挽回损失12518元；实现净利润11万元，增长120%；上缴税金27万元，增长17%；固定资产总投入78万元，减少39%；上缴上年代收污水处理费146万元，全年无1例安全责任事故发生。二是水质检测，县城水质的监测委托县疾控中心检测出厂水2次/年，水质=合格率100%；按月检测管网水，委托检测机构检测，全年14次，合格率100%。三是污水处理，筠连县生活污水处理厂完成污水处理量200.4万吨，自测COD减排量178.7吨、氨氮减排量19.16吨；污水处理运行负荷109.8%、设备完好率95%。

【农村饮水安全巩固提升工程】2016年，争取到农村饮水安全巩固提升工程资金528万元，其中中央197万元、省级86万元、县级配套245万元；用于解决全县2016年度纳入计划“摘帽”的16个贫困村，其中省定11个、县定5个，涉及建档立卡贫困人口3295人、插花贫困人口240人的饮水不安全问题；建设内容：改造水厂3座，新建小型集中供水41处、分散供水39处，管道安装33.23万米。全县2016年农村饮水安全巩固提升工程分一标段和二标段，其中一标段中标企业为添宝建设有限公司，中标标的165.248万元；二标段中标企业为四川巴山建设有限公司，中标标的 271.296 万元；监理单位为四川省兴旺建设工程项目管理有限公司。项目严格按照“四制”（招投标制、项目法人制、监理制、合同制）要求，以筠连县乡镇供水管理总站为项目业主，项目村所在片区流域站为现场施工代表，对工程质量、工程进度等进行管理，由县水利工程质量监督站对工程质量全程监督。至年末，涉及的年度计划“摘帽”16 个贫困村水窖及管网建设和 3 个场镇供水站提质增效，于 12 月完成工程建设，县乡镇供水总站汇同施工单位、监理单位、设计单位、质量监督单位和项目所在乡（镇）政府进行项目合同工程完工验收。通过实施农村饮水安全巩固提升工程，全年全县脱贫人口 6422 人的饮水全面达标。

【抗旱应急水源工程】2016 年，县域抗旱应急水源工程经市水务局以宜水许可〔2016〕6 号批准，批复投资 872.87 万元，其中机井工程 654.72 万元、引调水工程 218.15 万元。主要建设内容：新建机井 14 口，引调水工程 1 处、管道安装 15.12 千米，以及新建工程附属配套设施；新增项目实施乡（镇）抗旱应急水量 20.78 万立方米，确保 3.7 万人、10.4 公顷基本口粮田的应急供水，工期 100 日历天。工程于 5 月经公开招标，确定四川富兴建筑工程有限公司为引调水工程标段施工单位、四川正扬建设工程有限公司为机井工程标段施工单位。6 月完成施工合同、监理合同签订，12 月完工通过验收。

【王家沟水库建设】王家沟水库是 2011 年 8 月 8 日开工的宜宾市中型水利工程，至 2016 年年末，累计完成投资 29452.95 万元，占投资计划的 56%；堆石料填筑 127 万立方米，全面完成大坝心墙基座帷幕灌浆及新增固结灌浆，完成沥青混凝土心墙浇筑及过渡料填筑、断层处理工程、坝后干砌块石护坡 1.1 万立方米，完成溢洪道土石方开挖以及进水渠、控制段、泄槽段、消力池、出水渠混凝土浇筑的 80%；完成前坝坡混凝土预制块制作及安装的 60%。全部完成总干渠、放空洞、后溪取水隧洞以及放空导流、总干渠后溪取水隧洞金属结构安装。总干渠完成断颈山隧洞进口边坡开挖 800 立方米及出口边坡开挖 1000 立方米；总干渠明渠土石方开挖 2000 立方米，全部完成新田榜隧洞进口边坡开挖；龙碗干渠渠道修复 2 千米。

建设进程：一是一标段建设，施工任务为放空（导流）隧洞、总干渠和后溪支渠取水隧洞建设，至年末，基本完成建设，正组织相关验收工作。二是二标段建设，施工任务为大坝工程及溢洪道工程建设，至年末，完成施工任务的 99.5%。大坝完成全部基础开挖、全部齿槽砼浇筑、99%帷幕灌浆、沙榜沟断层处理工程、溢洪道 99%的土石方开挖，主体大坝已基本完成填筑；正在进行溢洪道尾水渠边墙混凝土浇筑、消力池边墙混凝土浇筑、进水渠八字墙混凝土浇筑及土石方开挖、防浪墙混凝土浇筑、坝顶路面工程路基回填、前坝坡混凝土预制块安装、左坝肩延长段帷幕灌浆。第三方检测机构已对沥青心墙、坝体填筑、过渡料、常态混凝土质量进行检测，符合设计要求。三是金属结构标段，施工任务为放空导流、总干渠、后溪取水隧洞及溢洪道的闸门安装，已完成放空导流隧洞总干渠取水隧洞、后溪取水隧洞的门轨、闸门、启闭机安装以及溢洪道控制段门轨安装。至年末，正在进行溢洪道闸门及启闭机安装，进度满足施工需要。四是大坝安全检测及水雨情监测标段，施工任务为大坝坝体安全检测及水雨情监测，已完成大坝沥青混凝土心墙应力应变器 9 组的安装及监测。至年末，正在进行渗流观测孔钻孔及外部观测点埋设，进度满足施工需要。五是库周交通复建工程标段，施工任务为新建 4 级公路 5.60 千米（其中桥梁 2 座），1 号桥 2 号桥梁和幺姑坝桥已完工，已完成塌陷段 9 根抗滑桩浇筑，上边坡喷浆，路基回填，已完成路面混凝土浇筑，完成工程量的 99.5%。六是总干渠及龙碗干渠标段，总干渠及龙碗干渠施工、监理于 2016 年 2 月在四川省政府政务和公共资源交易服务中心开标，确定中国水利水电第九工程局有限公司为王家沟水库总干渠及龙碗干渠施工标段施工单位，四川腾升建设工程项目管理有限公司为监理单位。至年末，完成总干渠断颈山隧洞进出口土石方开 70000 立方米、断颈山隧洞掘进 20 米、总干渠明渠土石方开挖 65000 立方米、新田榜隧洞进口土石方开挖 500 立方米，隧洞掘进 275 米、老干田隧洞进口边坡土石方开挖 1000 立方米，隧洞掘进 40 米；龙碗干渠修复 7 千米。七是云胜干渠及支渠招标，云胜干渠工程招投标正在进行。

督察督办：2 月 24 日，县王家沟水库指挥部指挥长李小林到现场检查工作。4 月 26 日，县委常委、县委办主任师世秋带领各部门到现场检查；4 月 27 日，市水务局总工廖建强及县王家沟水库指挥部指挥长李小林到现场检查汛前安全。5 月 18 日，市防洪办到现场进行防洪度汛检查；5 月 25 日，省防办、市防办、县防办到现场进行防洪度汛检查。6 月 20 日，省发改委稽查办到现场稽查。7 月 12 日，市县人大代表到现场检查。8 月 15 日，县王家沟水库指挥部副指挥长李家明到现场检查；8 月 25 日，市质量监督站到现场进行质量检查。9 月 13 日，县政协到现场视察。12 月 7 日，县王家沟水库指挥部副指挥长李家明带队到现场检查；12 月 19 日，省水利厅副厅长李勇蔺到现场检查。

【后沟水库建设】后沟水库于 2013 年 6 月 15 日开工，是中国烟草总公司 2012 年前投资最大的烟草水源工程，至 2016 年末，累计完成投资 21238 万元，占投资计划的 67%，枢纽大坝全面建成，于 2016 年 11 月 16 日通过下闸蓄水验收，总干渠工程基本完成建设，武德干渠工程完成工程量的 70%。

建设进程：一是水库建设，枢纽工程主体完工，顺利通过下闸蓄水验收。总干渠：暗渠变更后总长 1888.87 米，已浇筑 1559 米；绮子房隧洞全长 105.82 米，已全线贯通并完成衬砌；林家屋隧洞全长 266 米，洞挖完成，已全线贯通并完成衬砌；桂花树隧洞全长 1177.03 米，已洞挖 917.03 米。武德干渠：狗颈子 1#、2# 隧洞裸洞贯穿并喷锚完成，总长 402 米；冷杉湾隧道全长 476.15 米，裸洞全部贯穿；荒坡隧洞全长 257 米，洞室已贯穿并完成喷锚；兔儿包隧洞全长 273 米，完成洞室裸洞贯穿。二是库周公路建设，库周公路完成路基开挖，2 号桥基本完成主体工程建设，1 号桥正进行基蹲建设。

督促检查：4 月 27 日，市政府督察组市水务局廖建强、市水勘院任永邦查看枢纽工程施工进度。5 月 31 日，市水务局副局长左利勇率市水务局基建站检查后沟水库工程水保工程及库区清理情况，并召开专题会议。7 月 1 日，县人大、发改局、林业局、水务局、国土局、市水勘院、疾控中心等单位验收后沟水库库区清理，在库区召开现场验收大会。7 月 12 日，市、县人大视察后沟水库工程；同日，省、市烟草公司专家视察后沟水库和省、市、县新闻媒体进行现场采访。11 月 15 日，市水务局廖建强一行到后沟水库检查枢纽工程建设情况。11 月 16 日，后沟水库枢纽大坝下闸蓄水验收工作会议在县水务局召开。

【龙碗大堰整治】龙碗大堰是二十世纪七十年代筠连建设的唯一一处中型枢纽水利工程，主干渠总长 43.25 千米，配套支渠 31 千米，渠道已运行 40 余年。为保证渠道的正常运行，利用王家沟水库配套建设工程进行维修整治，2016 年 2 月 6 日经公开招投标，确定中国水利水电第九工程局有限公司为施工队伍，中标标的 2992.92 万元；确定四川腾升建设工程项目管理有限公司为监理单位。于 8 月 22 日动工，至年末渠道清淤完成 80%，渠道维修整治完成 3 千米，其他各项工程正有序推进。龙碗大堰渠道维修整治后可提高水利用系数 15%，新增灌面 200 公顷、保证灌面 826.67 公顷，保障灌区沿途 4.5 万人及牲畜的饮用水。

【鹅池水库除险加固】鹅池水库修建于 1957 年，以灌溉为主的小Ⅱ型水库。市水务局以宜水许可〔2015〕7 号批复同意鹅池水库除险加固，主要建设内容：整治上下游坝坡，对坝肩和坝基进行防渗处理；在副坝靠右坝肩处新修溢洪道，封堵原泄洪涵管；新修放水竖井；建 50 平方米管理房，增设观测设施。概算投资 134.76 万元，其中中央 100 万元、县配套资金 34.76 万元。2015 年 8 月 25 日经公开比选，确定四川省江安县交通建筑工程有限责任公司为施工单位。2015 年 11 月 1 日进场施工，2016 年 10 月通过法人验收。

【定水河城区段保洁】2016 年，继续落实河道长效保洁机制，出动保洁人员 4500 余人次，清理水面漂浮物、河中垃圾、杂草等 1220 余吨，保持河道卫生清洁。

【山洪灾害防治】2016 年，投资 258 万元，补充完善筠连县山洪灾害防治县级非工程措施项目，在前两期的基础上补充完善（更换）原建设站点的设备，同时投入 13 万元对 2012 年实施项目进行维护。

【全县防汛工作会】4 月 18 日，全县防汛抗旱工作会在县会议中心召开，会议总结 2015 年防汛工作，安排部署 2016 年工作，通报汛期天气、雨情预测情况，县政府与各乡（镇）签订防汛安全责任书。

【水法规宣传】2016 年，结合“科技下乡”“水法宣传周”等活动，发放《中华人民共和国水法》《中华人民共和国水土保持法》《中华人民共和国防洪法》《中华人民共和国城市供水条例》《城镇排水与污水处理条例》《最严格水资源管理制度》等资料。全年出动宣传车 30 次，发放宣传资料 16 种 8000 余份，书写岩标、坎标 60 条，接受群众咨询 1200 人次。

【水政执法】2016 年，共办理（变更、注销）取水许可 10 件，累计有效取水许可证 96 件；出动执法人员 200 人次，检查涉水事务管理对象 50 处次，制发整改通知书 6 份，口头提出整改意见 20 次；审批水土保持方案 1 件；征收水资源费 42 万元。

【农村水电】2013 年起，响应国家节能环保发展政策，积极为县境符合条件的农村小水电争取国家资金投入改造，减少安全风险，提升企业效益。2016 年，全面完成白帆滩电站、门坎滩联营电站的改造工程，已竣工验收投入运行；争取到洞口水电站、毛家店水电站、红岩子水电站增效扩容改造工程的国家补助资金 476 万元。

【水利脱贫攻坚】2016 年，全县实施水利扶贫项目 5 个，总投资 6215.93 万元，至年末，全面完成工程计划和投资计划。一是农村饮水巩固提升工程，全面完成全县年度省定 11 个脱贫“摘帽”村、5 个县定脱贫“摘帽”村的农村安全饮水工程建设任务，改造水厂 3 座，新建小型集中供水 41 处、分散供水 39 处，管道安装 33.23 万米，共解决 12233 人的饮水不安全问题，超额完成省水利厅 6500 人的任务；实际解决贫困人口饮水安全 3535 人，超额完成省水利厅解决贫困人口 2870 人的任务。通过实施农村饮水安全工程，全县 2016 年度脱贫人口 6442 人的饮水安全全面达标。二是大中型水利工程建设 1 个，即王家沟水库，全年完成投资计划 5000 万元，县级配套资金到位 5000 万元；工程内容为大坝工程，已全面完工，至年末枢纽工程部分已全面完成。三是防洪抗旱减灾工程，共 3 个项目，即筠连县 2016 年抗旱应急水源项目（机井工程）、筠连县腾达镇新民引调水工程、筠连县五凤村太阳能提灌站，全年投资计划

767.93 万元；至年末，3 个项目工程均已全面完成投资计划和工程量并投入保用。

【水务对口帮扶】2016 年，县水务局继续对帮扶龙镇乡兴胜村，发动群众，依靠科学技术，主动开展农业生产，努力提高群众收入，争取早日脱贫。结合村情和贫困户实际，制订实施方案，把兴胜村 24 户贫困户分别按"一对二"落实给本单位 48 位职工。全年县水务局出资 91980 元、职工捐资 9550 元，用兴胜村集体经济发展、环境卫生整治、贫困户生产生活、年终慰问等。

（毛美余）

烤烟生产

【烤烟种植】2016 年，市政府下达筠连烤烟种植面积 1733.33 公顷。全县共签订烤烟种植电子合同 729 份，共落实并移栽烤烟 1733.33 公顷，分布在 14 个种烟（乡）镇 60 个村 159 个组，涉及烟农 729 户。

【烤烟收购】2016 年，市政府下达筠连收购烤烟目标计划 3250 吨，因受恶劣天气影响市公司调减为收购 2750 吨。至 11 月 11 日，全县共收购烟叶 2831774.5 公斤，其中上等烟 697517 公斤，占比 24.63%；中等烟 2061016.5 公斤，占比 72.78%。支付收购资金 6262.93 万元，补贴烟农农特税 1377.84 万元，产前投入 1060.7 万元，烟农直接每公顷受益 6119.4 元。

【烤烟种植措施】一是强化组织领导。根据市下达的烤烟生产任务，制发《关于切实抓好筠连县二〇一六年烤烟生产工作意见》，对全县烟叶生产工作提出具体要求，明确各种烟乡（镇）的任务。二是加强政策宣传和技术培训。2016 年烤烟收购价格再次上调，为宣传落实烤烟种植优惠政策，切实调动烟农生产积极性，县政府烤烟生产办公室（县烟办）多次到各种烟乡（镇）、种烟重点村，召集各种烟乡（镇）相关人员、烟站（点）职工和烟农，通过召开院坝会、座谈会、播放种植技术 PPT 等方式，对烟农进行政策宣传和"两段式移栽"技术培训，并通过驻村干部、烟技员等发放宣传资料、召开院坝会、"烟技通"微信公众号等方式，加大烤烟种植各项优惠政策的宣传力度，提高烟农种烟积极性。三是确保种烟面积的真实性。通过电话随机抽查签订电子合同的烟农，确保烟农真实、准确，避免出现"空合同"现象。会同县烟司组成检查组，采用"GPS"测面仪，对全县所有覆盖地膜的烟田进行面积测量，对未覆盖地膜的烟田按照 30%的比例抽查，有效保证烟农种烟面积的真实性。四是提高适用技术和新技术推广率。1.为鼓励新技术推广，全面推行"两段式"小苗深栽，在海拔 800 米以上区域实现 100%地膜覆盖，经验收符合井窖式新技术移栽的每亩补贴 60 元，海拔 800 米以下区域符合井窖式新技术移栽的每亩补贴 20 元，覆盖地膜井窖式移栽的仍享受每亩补贴 60 元。2.落实壮苗培育、小苗移栽等新技术，全面开展浅放池水、池底铺垫保温材料和湿润育苗等措施，提高烟苗壮苗率，确保新技术到位率。3.强化大田管理技术和不适用烟叶处理，由县烟草公司邀请植保专家、烘烤专家对全县烟农进行病虫害统防统治、成熟采收和科学烘烤，提高烟农整体技术水平，保障烟叶生产顺利进行。

（张惠）

扶贫移民

【扶贫概况】2016 年，全县扶贫移民工作深入学习贯彻习近平总书记扶贫开发战略思想，把脱贫攻坚作为头等大事，瞄准如期脱贫、经济转型两大任务，紧扣"两不愁、三保障"（贫困户年收入纯收入稳定超过当年国家扶贫标准且吃穿不愁，教育、医疗、住房有保障）"四个好"（住上好房子、过上好日子、养成好习惯、形成好风气）脱贫目标，有效推进"六个精准"（扶贫对象精准、项目安排精准、资金使用精准、措施到户精准、因村派人精准、脱贫成效精准）"五个一批"（扶持生产和就业发展一批，移民搬迁安置一批人，低保政策兜底一批人，医疗救助扶持一批 8790 人，灾后重建一批）等中央、省委、市委、县委脱贫攻坚重大决策部署做实落地。2016 年，经省市审定，实现 1594 户 6422 人的脱贫、有 11 个贫困村的退出（"摘帽"）目标。

【扶贫移民局成立】2016 年 1 月 4 日，根据筠机编〔2016〕5 号文件成立筠连县扶贫和移民工作局（县扶贫移民局），为县政府管理的正科级单位，内设机构有办公室、扶贫项目管理股、行业和社会扶贫股、资金监审股共 4 个股（室），并明确职能职责、定员定岗。

【贫困村贫困户家底】一是贫困村识别，按照省政府"一高一低一无"（"一高"：省级扶贫标准以下贫困人口村级贫困发生率高于全省平均水平的两倍；"一低"：村级农民人均可支配收入低于全省农民平均可支配收入的 60%；"一无"：行政村无集体经济收入）的标准，采取"村委会自愿申请、乡（镇）政府公示申报、县扶贫局审核、县扶贫开发领导小组审定公告、报省和市备案"的流程。至 2014 年年末，省政府确定全县有贫困村 61 个。二是贫困户识别，根据市政府以 35932 人作为全县农村贫困人口识别基本规模，以 2013 年农民人均纯收入 2736 元（按 2010 年 2300 元不变价计）的省农村扶贫标准为识别标准，开展贫困户识别工作。贫困户识别流程为以户为单元，整户识别，实行规模控制。以农户收入为基本依据，综合考虑健康、教育、住房等情况，通过村民自治、群众参与、民主评议、逐级审核和公示公告等方式，按照“农户申请、村民代表大会民主评议、村委会审查公示、乡(镇)政府审核公示、县政府审定公告”工作流程。通过精准识别，2014年年末，全县有建档立卡贫困户10449户41581人（含插花贫困户6616户25933人)。

【贫困村贫困户退出标准】 2016年，根据省委办公厅、省政府办公厅《关于印发〈四川省贫困县贫困村贫困户退出实施方案〉的通知》标准和程序，筠连力争在2018年实现贫困人口全部脱贫、贫困村全部退出、贫困县摘帽，与全市同步建成小康社会。贫困村退出标准以贫困发生率为主要衡量标准，贫困村贫困发生降至3%以下，统筹考虑村内基础设施、基本公共服务、产业发展、集体经济收入等综合因素；在此基础上做到村村有集体经济收入、有硬化路、有卫生室、有文化室、有通信网络。贫困人口退出标准以户为单位，主要衡量标准是贫困户年均纯收入稳定超过当年国家扶贫标准且吃穿不愁，义务教育、基本医疗、住房安全有保障(即“两不愁、三保障”)；在此基础上做到户户有安全饮用水、有生活用电、有广播电视。

【贫困村退出】 2016年，全县有11个贫困村的贫困发生率均低于3%，实现脱贫“摘帽”。一是基础设施建设，每个“摘帽”贫困村均实现集体经济收入达到人均6元，通村公路全硬化，农村安全饮水、生活用电、广播电视、移动通信网络全覆盖；村卫生室均建成60平方米并投入使用，均有全科村医生开展诊疗服务；村文化室均达到50平方米和“一低五有”(贫困村退出“一低五有”：贫困发生率低于3%，有公路硬化、有文化室、有卫生室、有活动室、有集体经济)目标。二是乡风文明建设。按照“四好村”要求，在所有贫困村广泛开展“文明村社”“脱贫先进户”“卫生户”“四好农家”“和谐家庭”“巾帼建功”等评比表彰活动。同时教育引导贫困家庭女主人发挥“半边天”作用，帮助贫困群众过上好日子、养成好习惯、形成好风气。如双腾镇两河村村民每户每年自发缴纳50元城乡环境维护费，聘请专人进行组级公路、公共便民路保洁维护。三是加强“造血”扶贫。根据县委县政府“一区三带”[集中3年时间，按照“群体示范带动、全域规范标准”工作思路，根据全县18个乡(镇)地理位置分布，以村、社区、“两新”组织党组织为重点，以区域特色主导产业为依托，按“50%、30%、20%”进度，全力建设“一区三带”党建示范群，即：1.北部打造以县城为中心、涵盖筠连、巡司、腾达3个乡(镇)，以茶叶、肉牛、农产品加工、商贸物流为主导产业的“三产融合党建核心示范区”；2.东部建设涵盖维新、乐义、高坎、镇舟、大雪山5个乡(镇)，以肉牛、漆树、青蒿为主导产业的“农牧循环党建示范带”；3.中部建设涵盖武德、沐爱、团林、联合、高坪、蒿坝6个乡(镇)，以高山烤烟、立体林竹为主导产业的“立体种植党建示范带”；4.西部建设涵盖双腾、塘坝龙镇和孔雀4个乡(镇)，以乡村旅游、茶叶、中药材为主导产业的“休闲康养党建示范带”]产业布局，引导贫困群众发展肉牛、茶叶、中药材、漆树等特色产业。创新推行肉牛产业发展“1+N”联动机制，系统推进“1+4”产业扶贫工程。年末，全县肉牛存出栏15.6万头，带动3000余户贫困户户均增收3000元以上。

【贫困户脱贫】 2016年，全县有1594户6422人实现脱贫。一是住房安全保障。全县有561户2078人实施易地扶贫搬迁，至年末易地扶贫搬迁户561户的房屋建成并搬迁入住。有1018户农村贫困户实施危房改造，至年末已全面完成。二是医疗救助。全县有5318个贫困人口患病，全部纳入重特大疾病救助范围，贫困人口新农合参保率100%。县政府印发《筠连县脱贫攻坚医疗救助兜底保障方案》，贫困患者个人承担医疗费用不超过10%。三是教育扶贫。县政府印发《筠连县2016年教育扶贫专项行动工作计划》，全县义务教育入学率100%，新增资金213.4万元，全面实施减免(资助)就读费用计划和免除建档立卡贫困户子女上学相关费用。四是社会保障兜底。全县有贫困人口低保对象5061名，至年末已实现农村低保全覆盖；实施“二线合一”(农村最低生活保障标准与贫困标准统一)，农村低保标准每人每月由220元提高到270元。

【扶贫资金投入】 2016年，县级投入11个“摘帽村”整村推进项目专项扶贫资金925万元；按每村15万元投入集体经济发展资金共165万元；注入61个贫困村产业扶持周转金2440万元；投入438.075万元县级财政扶贫资金扶持插花贫困户发展产业和改善条件；参照贫困村产业扶持周转金标准，投入非贫困村贫困户产业扶持周转金540万元。

【金融扶贫机制创新】 2016年，探索产业扶持资金周转利用模式的叠加金融扶贫机制，破解扶贫资金瓶颈。至年末，全县金融机构累计发放“好牛贷”2.8亿元、“好茶贷”1851万元、“返乡创业贷”1890万元，向新型经营主体发放贷款19730万元、发放贫困户小额信贷6404.14万元。11月4日，全省金融精准扶贫政策培训电视电话会议上，筠连《系统创新金融扶贫机制、多方合力加速脱贫奔康》经验交流发言；《四川筠连县系统推进“1+4”产业扶贫工程》在国务院扶贫办《扶贫信息》第188期刊发，并获省委书记王东明的肯定性批示。

【开展“扶智”工程】 一是发挥设在县职业中学的脱贫致富职业技能培训基地作用，开展茶叶、肉牛、中药材、乡村旅游等技术和技能培训，全年共培训人员2320人次。二是发挥设在海瀛工业园区的综合性创业园和创业孵化园，为适宜贫困人员提供就业和创业平台，开办电商孵化、养牛技术、农家乐等培训班25期,共培训6.25万余人次。三是促进贫困人口就业,全年先后邀请全国知名肉牛、茶叶、漆树、电商专家到县域开展各类专题培训,促进2000多贫困人口就业。

【脱贫责任压实】 2016年,按照省市脱贫攻坚工作要求,调整充实县脱贫攻坚领导小组,县委办、县政府办印发《关于进一步加强脱贫攻坚工作举措的通知》,强化乡(镇)党委、政府班子成员责任,落实1名专职扶贫副职领导,并实行单独考核。对所有贫困村的第一书记实行专题述职和考评,对履职差的及时予以调整。试点推行村(社区)"两推两诺、两票直选"(党员推荐组织推荐,履职承诺辞职承诺)工作,提早选优配强贫困村党支部班子,对6名贫困村党支部书记进行组织调整。

【脱贫工作举措】 一是帮助制定实施脱贫规划。在全面摸清影响村级发展的困难、问题、症结和贫困村、贫困户帮扶需求基础上,与村支"两委"分析致贫原因,理清贫困村"摘帽"、贫困户脱贫发展思路;与县级相关部门共同编制贫困村发展规划,帮助贫困户制订脱贫计划。二是落实扶贫项目。联系领导、帮扶单位、驻村工作组统合力量,联系协调17个重点扶贫项目部门,为加快贫困户易地扶贫搬迁、村阵地建设、信息网络覆盖、电网改造、村道硬化、便民路修建及安全饮水设施、卫生室、文化室的建设进程起到推动作用。三是利用帮扶单位资源优势,积极争取本单位本行业样板示范项目到所驻村的落实和实施,对贫困村加快发展、群众脱贫致富增加推动力。至年末,各贫困村公共基础设施建设项目基本完成;肉牛育肥、能繁母牛、茶叶、漆树等种养殖业全面落实到户,正按要求有计划推进。四是动员组织县级机关企事业单位干部及乡(镇)干部结对帮扶,做好"五个一"帮扶工作。

【"扶贫日"活动】 2015年,国务院设立每年的10月17日为扶贫日,"扶贫日"活动以"扶贫济困,奉献爱心"为主题,弘扬中华民族扶贫济困的传统美德,培育和践行社会主义核心价值观,充分调动社会各界参与精准扶贫、精准脱贫的积极性,广泛开展宣传动员、募捐、特色扶贫等系列活动,精准帮扶贫困村、贫困户,助推贫困群众脱贫奔康的步伐。

【脱贫市级验收】 11月27–29日,市贫困村退出验收组第5组到筠连验收贫困村退出工作,验收组由市委农工委、人社保局、教育体育局、交通运输局、脱贫攻坚办抽调人员组成,市委农工委主任刘文华带队。验收内容:以《四川省脱贫攻坚领导小组办公室关于印发〈四川省贫困县贫困村贫困户退出验收工作指导意见〉的通知》为依据。验收方式:验收组实地到贫困村,对照贫困村退出指标检查验收,随机抽查贫困村内不低于10%的贫困户作为核查对象,重点核查贫困户退出验收程序和2016年脱贫人口。12月9日,市政府发文批准全县11个贫困村"摘帽"退出。

【脱贫省级验收】 12月17日,按照省脱贫办工作部署要求,由省司法厅、机关事务管理局、中信银行成都分行派员组成检查组到筠连对2016年度脱贫攻坚工作验收核查。检查组严格执行核查标准和工作要求,随机抽取5个村,采取进村入户、集中访谈、分户填表的方式,对236户(其中2016年脱贫的187户,已脱贫的39户,纳入2017、2018年脱贫计划的10户)脱贫户进行核查,开展"五个一"满意度调查,按照"脱贫攻坚公证资料归档核验清单"对比查阅县脱贫办档案资料。因家中无人,电话问询18户。省级验收考核组给予筠连"政策宣传整体到位,深入民心,三卡记载明晰;脱贫措施针对性强,稳定性高,有立体感;帮扶组织推进有力,抽查的3个贫困村能够退出,187户贫困户能够脱贫,已脱贫的39户得到巩固"的充分肯定。

【库区移民】 王家沟水库是以灌溉、城镇供水为主、兼有灌区农村人畜供水综合利用功能的中型水利工程。水库建设征地移民安置总投资为9447.34万元,其中静态投资9187.36万元,含水库淹没区静态投资6735.44万元、枢纽工程建设区静态投资2451.92万元,价差预备费259.98万元。王家沟水库工程于2011年8月正式开工建设。至2016年年底,枢纽工程已完成总工程量的96%。

库区移民工作,至2016年年末,完成工程建设征地和补助补偿工作,完成移民安置点基础设施工程,库周交通复建工程完成98.5%,完成电力设施的复建,库底清理工作基本完成。完成移民生产安置和搬迁安置,王家沟水库农村生产安置移民采取自谋职业安置,规划内生产安置协议已全面完成,加上变更项目,已签订生产安置协议195户394人。规划水平年搬迁安置总人口为356人,加上变更项目,房屋搬迁130户(含分户17户)523人。

(杨光照)

制 造 业

制造业综述

【制造概况】 2016年是筠连工业经济结构调整关键一年，县域工业支柱产业发展受挫、各种矛盾困难集聚，传统产业经营困难，各项新兴产业未形成产业支撑，经济增速进一步趋缓，经济下行压力加大的情况下，全年全县规上工业仍保持9.9%的增长速度。

【规上经济】 2016年，全县规模以上工业增加值增长9.9%，主营业务收入增长14.2%。其中综合能源基地下降7.9%，绿色食品精深加工基地完成下降14%。技改投资完成20.1亿元，与上年持平。工业税收增长1.01%。全年，全县退出规上企业3户。

【运行调节】 一是经济发展稳定向前。坚持调结构、去产能，县域经济平稳健康发展。全年关闭地方煤矿12对、国有大矿2个；建成2亿立方米页岩气产能，日产37万立方米页岩气LNG液化项目投入使用，青蒿素提取等农特产品深加工业发展迅速。二是产业结构调整成效显著。至11月底，全县在库规上工业企业45户，实有37户，其中煤炭企业17户、非煤企业20户。煤炭企业占比46%，非煤企业占比54%，改变全县长期以煤炭企业为主的局面，产业结构调整成效显著。三是“双千活动”顺利开展。结合“双千活动”，深入推进《工业企业问题清单制度》，全年共走访企业40户，形成会议纪要20份，收集企业存在困难和问题76个。至年末，企业困难问题办结73个(涉及土地、融资、两证办理、政策兑现等)，办结率96%。四是农产品加工行业。新培育宜宾市乌蒙韵茶业有限责任公司、筠连县凤鸣茶业有限责任公司等5家茶叶企业进入规模以上工业企业，全年茶叶产量超过10000吨，新增“筠连粉条”“筠连黄牛”2个国家地理标志保护产品，筠连县被中国茶叶流通协会评为“2016年度中国茶业发展示范县”。五是实施“项目年”活动。大力发展战新产业，结合县域资源引进四川蓝伯特生物科技有限公司青蒿素提取项目、市弘博贸易有限责任公司石材美术工艺加工项目、森泰页岩气就地液化项目；深挖地理标志保护产品潜力，培育筠连县冬青御品生态科技有限公司苦丁茶精深加工项目、筠连县富丹食品筠连粉条加工项目等10个项目。以项目推动个体户向企业转变，扶持筠连理想玻璃厂(玻璃门加工项目)、金瑞祥茶叶厂(精深茶加工项目)实现“个转企”。争取上级项目资金1600万元，增长30%。六是重点项目建设。中石油页岩气勘探项目取得阶段性成果，部分区域储量初步探明；森泰公司100万立方米页岩气就地液化项目正开展前期准备工作；巡司至沐爱页岩气市政管网工程投入试运行；新维煤业130万吨/年试生产按计划推进；开工四川能投筠连电力公司电网改造项目；四川蓝伯特生物科技有限责任公司青蒿素生产项目初步竣工；筠连县红军源竹业开发有限公司年产1000吨竹笋深度精加工项目、和恒博包装生产性服务技改项目、森泰技术创新项目、西南水泥公司节能节水环保项目、双星清洁生产绿色发展项目、瑞鑫茶叶、圣奇灵芝绿色农产品加工项目等在推进建设中；正在培育玄武岩拉丝纤维新材料项目、弘博工业美术加工战兴项目、森泰LNG战兴项目申报，枫林技改项目、泓硒泉扩能5万吨/年项目、天河农产品加工展销平台项目、地标产品项目等。

(林茂 谢加彬)

工业园区建设

【园区概况】 筠连县工业园按照“一区三园”(“一区”指筠连县工业园区，“三园”指巡司循环经济工业园、海瀛产城融合工业园、镇舟现代煤化工产业园)的发展思路进行规划设计，规划面积38.88平方千米。

2016年，工业园区管理工作按照“项目年”主题和“去产能、去库存、去杠杆、降成本、补短板”机遇，以项目建设为中心、以园区建设为载体、以优化环境强化服务为保障，推进园区产业转型发展。全年园区企业完成投资129800万元，基础设施投入16500万元，完成工业总产值250985万元，工业增加值107923万元。新增入驻企业2户，累计53户，其中规模以上企业17户。

【巡司循环经济工业园】 巡司循环经济工业园位于巡司镇，北起芦丰村，南至德面坝，是金筠铁路和筠巡快速通道终点站所在地，是市政府批准的宜宾13个“百亿”产值工业集中区之一，规划面积23.38平方千米；园区战略定位为"以煤为基、综合利用、多元发展"，具有"煤—电—化—材"循环经济核心产业链。至2016年年底，园区入驻企业34户，规模以上企业9户，包括干法水泥厂、鲁班山南矿、六五茶业、玉壶茶业等。

【海瀛产城融合工业园】海瀛产城融合工业园位于筠连镇，规划面积6.3平方千米，距县城3千米，距在建宜彝高速公路出口1千米。海瀛产城融合工业园围绕农产品精深加工贸易产业链、产城融合发展，建设山区特色农产品加工产业基地、川滇中小企业创新发展中心、四川宜宾南向开放开发产业新城，主要产业有茶叶深加工、果蔬加工、粮食加工、肉类加工、白酒酿造等。至2016年年底，园区入驻企业19户，新入住企业2户，规模以上企业8户，包括醒世茶业、蓝柏特生物科技等。

【镇舟现代煤化工产业园】镇舟现代煤化工产业园位于镇舟镇，规划面积9.2平方千米。2016年，镇舟现代煤化工产业园处于前期阶段。

【重点项目建设】一是宜宾醒世茶业有限责任公司，前身为筠连茶厂，原筠连茶厂系1956年国家投资建设的全国茶叶5个示范厂之一，所产工夫红茶作为川红工夫的代表全部出口苏联和欧洲各国，1959年国庆前夕，筠连茶人精心创制的"黄金白露"红茶寄往北京，向国庆十周年献礼。2000年8月成立后，一直从事茶园基地建设、特色茶品研发生产和品牌宣传推广，形成"醒世苦丁""醒世·黄金白露"等知名茶叶品牌。"醒世·黄金白露"系列红茶产品，五度获得中国国际茶业博览会金奖，成为川红工夫顶级珍品。2016年，生产红茶、绿茶及苦丁茶约35吨，产值约2500万元。至年底，其固定资产2300万余元，总体营业收入4000万余元，利润120万元，处于稳步发展中。二是四川蓝伯特生物科技有限责任公司，位于海瀛工业园区，2013年9月由煤炭行业转型成立，主要从事生漆、中药及天然产物的研发和生产，项目总投资3.2亿元，拥有职工80人。在海瀛工业园占地4.67公顷，其科技园一期工程全面投产，建成有年产天然植化提取物100吨的多元化植化提取生产线和日化产品生产线各1条，青蒿素产量在全国市场占有率30%以上，产品主要销往江苏、广东、广西等地医药企业。已建成优质漆树基地5333公顷、标准化育苗示范基地2个，年育苗1000万株，通过免费提供秧苗、肥料、农药和技术指导等惠农措施，带动18个乡(镇)10个贫困村2万余农户共同发展；建成青蒿基地2000公顷；建成竹基地3333公顷。2016年，主营业务产值8253万元，实现利润1287万元，实现税收346万元。三是宜宾村通网络科技有限公司，于2015年12月3日入驻海瀛电商孵化园，总投资5000万元，完成投资1200万元，拥有员工78人。全面建成17个乡(镇、未含筠连镇)服务站，243个村级服务点完成218个，开业180个服务站(点)，服务站(点)以在农村植入、普及、推广电子商务应用为核心，实现"工业品下乡，农产品进城"的双向供需流通功能；孵化电商企业47家。2016年，实现交易额6593万元，平台工业品下乡销售额突破4000万元，农产品上行交易全年突破200万元。四是宜宾市大乌蒙网络科技有限公司，2016年2月入驻，总投资3000万元，完成投资600万元，有员工52人。2015年10月开始构建运作电子商务的商城平台搭建和具体合作业务，所建设的大乌蒙商城平台集合电脑PC端电商平台、手机移动商城平台、手机微电商商城平台"三位一体"的系统，方便消费者随时随地购物。已开展平台全网营销推广工作，与18家企业签订全面战略合作业务协议，完成O2O线上线下产品策划销售合作推广。至年末，实现交易额1320万元。

(曲潇)

电力工业

【电力生产经营】2016年，四川能投筠连电力公司完成供电量43877万千瓦时，完成年计划的97.43%，增加9%。综合线损率7.83%，比年度计划7.87%的降低0.04个百分点，下降0.54个百分点。实现营业总收入2.61亿元，完成年计划的106.36%，增加11.71%。实现利润总额4056.36万元，完成年计划的119.34%，增加13.12%。实现净资产收益率10.99%。

【电力设施建设】2016年第一批农网改造升级工程下达投资计划10177万元，其中10千伏及以下工程总投资5730万元，完成投资3151.5万元，占投资计划55%，完成实物工程量35%；35千伏及以上EPC项目下达投资计划4447万元，完成施工、监理单位项目部的组建工作，初设资料收口版和设备技术协议已通过内部审查。

【电力安全管理】2016年，通过安全生产标准化建设二级达标验收。一是强化安全生产目标管理，加强组织领导，完善保障体系。落实安全生产责任制和安全生产"党政同责、一岗双责"责任制度，制订"安全生产目标责任书"，把安全生产工作目标、责任层层分解落实到站(所)、班组和个人。二是整治威胁电力设施安全"三违"(违法建筑物、构筑物、施工作业)现象，制订消缺计划和整改措施，推进隐患整改。砍伐竹木11.6万余棵，隐患整改130处，全年零事故。

(裴学东)

煤炭开采业

【煤炭概况】全县煤炭已探明储量35.82亿吨，全可采和局部可采煤层为2号、3号、7号、8号、9号煤层,矿区属国家规划的13个大型煤炭基地中的云贵基地的一部分,为四川省尚未规模化开发的两大矿区之一。

【煤矿分布及产能】2016年,全县有中、小型煤矿企业38家,其中地方煤矿34家,国有煤矿4家(即鲁班山南矿北矿、新维、船景矿井)。地方煤矿主要分布在12个乡(镇)。至年末,全县关闭地方煤矿14家,设计产能210万吨/年。

【生产技改矿井】2016年年底,全县地方煤矿34家,其中技改矿井9家。由于煤矿企业资金投入不足问题,按照省安监局2016年《关于进一步加强停产缓建煤矿安全监管工作的通知》要求,全县技改煤矿企业主动申请暂时停止技改建设。

【煤矿生产管理】2016年,全县煤炭行业安全生产形势基本平稳。加大安全隐患排查与治理追究制,继续完善煤炭行业相关管理规定,推行技改矿井目标考核制度,签订煤矿企业安全生产目标责任书;加强对全县煤矿企业的安全检查,督促煤矿企业完成矿井瓦斯等级鉴定、通风能力和生产能力的核定工作,扎实开展煤矿安全生产督查,排查和整治煤矿安全隐患,开展煤矿企业安全检查共360矿次,有效预防重特大事故发生,促进煤炭工业持续、稳定、健康发展。

(赵代金)

非煤矿山开采业

【非煤矿山概况】2016年,全县非煤矿山企业总量为48户,分布15个乡(镇),非煤矿山结构有较大改善,涉及矿种有石灰石、石英砂岩、玄武岩、页岩、萤石矿。全年非煤矿山开采较为平稳,未发生任何重特大安全事故。

【石灰石开采】石灰石开采主要满足当地生产、建设的需要。2016年,全县石灰石非煤矿山共48户,其中筠连镇11户、巡司镇7户、武德乡3户、蒿坝镇3户、高坪苗族乡1户、大雪山镇3户、高坎乡1户、镇舟镇3户、沐爱镇2户、乐义乡3户、维新镇3户、腾达镇4户、塘坝乡1户、双腾镇2户、联合苗族乡1户。开采量较大的有筠连县诚实建材公司、筠连县长江建筑公司采石场、巡司镇盛世建材采石场、巡司镇何家湾采石场,年产量可达7万吨左右。

【页岩开采】页岩开采主要满足筠连砖厂需要,双腾镇砂岩销往巡司水泥厂、夹江瓷砖厂。

【非煤矿山建设】2016年,部分非煤矿山实行标准化建设,大部分采石场实行中深孔爆破作业,机械化开采率加大,安全及生产条件改善。

(谢加彬)

建材制造业

【水泥生产】县域建材以水泥为主。2016年,主要水泥生产企业为位于巡司镇的四川筠连西南水泥有限公司,该企业为干法(旋窑式)水泥厂、日产4000吨熟料,生产成本较低,水泥质量稳定,价格稳定在235元/吨左右,产品占据川南市场,主要销售筠连、昭通等地。全年赢利8000万元左右,同比有所上升。

【机砖生产】2016年,受高县金溪红砖厂技改运行后对市场的冲击,筠连镇的6户红砖生产企业全部停止生产。年末,全县有机砖厂25户,即巡司镇12户、武德乡1户、镇舟镇2户、大雪山镇1户、蒿坝镇5户、维新镇2户、塘坝乡1户、双腾镇1户,均为小型企业,主要利用煤矸石和页岩制砖。全年机砖产量30000万匹以上,价格在0.21–0.25元/匹,产值5000万元以上。水泥砖制品等免烧砖市场增长较快,利于节能减排。

【矿山机械】筠连巡司汉林矿山机械厂是筠连唯一矿山机械生产企业,主要生产煤矿液压支柱、摩擦支柱、矿车等煤矿用器材。企业债务较多,已全面停产。

(胡栋)

食品工业

【食品概况】2016年,全县食品工业逐渐向外扩展,走规模化、品牌化生产的道路,力争打造一批省、市级农产品加工龙头企业。倡导安全生产,鼓励安全认证。新世纪食品有限公司生产的糟黄瓜、筠连县老外婆腌腊食品厂生产的腌条牛肉、筠连县筠州信诚商贸有限公司生产的苗家黄牛干巴均被评为宜宾市名优特产,销售额增幅均有10%以上。全县食品加工主要涉及生猪屠宰、腌腊食品、茶叶加工、糟黄瓜、粉条制造、黄牛干巴、酒类生产等。

【制茶】2016年,茶业产业进一步发展壮大,农户承包土地的茶叶基地构成筠连茶叶加工工业的原料来源。全县茶叶加工企业69个,其中省级龙头企业3个、市级龙头企业4个、县级龙头企业9个。从事茶品生产的茶叶加工企业有巡司镇65茶厂、凤鸣茶业、嘉木茶业、双腾镇冬青御品公司、醒世公司茶叶基地、双星公司茶叶基地、乌蒙韵茶业公司等。茶业规模企业生产稳定,双星茶业海瀛工业园区加工基地一期建成运行,乌蒙韵茶业海瀛工业园区加工基地按照计划推进建设，古道筠红茶业塘坝加工车间完成厂房建设。全年，全县茶叶产量10602吨，综合总产值13.33亿元，增长6.63%。茶企业参加成都茶博会、宜宾早茶节、西部博览会、糖酒会等重要会展，均获好评；双星茶业外贸出口500多万美元。

【传统食品】 传统的筠连糟黄瓜主要有筠连新世纪绿色食品公司的“村夫”牌，四川省筠连好而优商贸有限公司的“好而优”牌，筠连县大自然公司的“阿婆”斋菜等。2016年，双星茶业“圣星”品牌以及醒世茶业“黄金白露”获得四川省知名商标。

【腌腊食品】 腌腊食品主要为筠连县老外婆腌腊食品厂生产的“老外婆”腌腊食品，种类有腌腊猪肉、牛肉、腌条牛肉等，体现筠连传统腌腊风味的特色产品。以牛肉休闲食品为特色的“好牛旺”由于企业股权变动，未能正常生产。筠连县信诚商贸公司生产的“苗家黄牛干巴”因产品生产成本较高，市场份额有限，销售较困难。

【粉条面条生产】 筠连粉条和面条制造主要集中在筠连镇红权村、莲花村，均处于作坊式生产，在宜宾市场有一定的份额。由于整体经营规模较小，缺乏品牌。近年，不断受到高县羊田等地同行的竞争，市场发展艰难。

【酒类生产】 2016年，全县共有龙镇天子酒业、龙泉酒业、四川宜宾口神酒业有限责任公司3个企业获得酒类生产许可证。四川省宜宾龙镇天子酒业有限公司前期投入较大，企业债务较多，市场萎缩，处于半停产状态，在海瀛产城融合工业园区工程烂尾；龙泉酒业技改因债务较多，资金链断裂，企业完全停产。孔雀乡、乐义乡苞谷酒的酿造正常，但属于小作坊生产，效益较低。

【筠连名小吃】 2016年，筠连各类特色小吃筠连水粉、筠连椒麻鸡、混蛋君、麻辣牛肉、筠连月饼、富油黄粑等小吃，借助微商、淘宝等电商逐渐走出筠连，形成一定的影响力。

（胡栋 谢加彬）

四川能投筠连电力有限公司

【电力概况】 2016年，四川能投筠连电力有限公司（以下简称筠连电力公司）围绕省能投股份公司“十三五”战略部署，以年度目标任务为指引，以上市工作、基本建设和经营效益为核心，狠抓内部管理，强化措施，建章立制，积极应对和努力化解各种不利因素对生产经营的影响，经济运行良好，圆满完成既定的目标任务。

【电力生产经营】 2016年，筠连电力公司供电量43877万千瓦时，占年度计划的97.43%，增加9.0%；综合线损7.83%，比年度计划7.87%降低0.04个百分点，降低0.54个百分点。实现营业收入26099.87万元，占年度计的106.36%，增长11.71%；实现利润总额3830万元，占年度计划的112.68%，增长12.68%；实现净资产收益率10.99%。

【电力设施建设】 2010–2016年农网升级改造，省发改委共下达投资计划67894.14万元（含地理信息系统），除2016年的农网升级改造工程（投资计划10177万元）外，其他项目全部完成投资计划。至2016年年末，全部审计完成2010年工程；2011–2015年项目正在审计中；2015年新增工程正编制竣工资料；2016年农网35千伏及以上项目完成投资计划的9.32%，10千伏及以下项目完成投资计划的58.85%。

【电力安全管理】 一是健全组织、落实责任、强化安全生产目标管理。加强安全生产工作的组织领导，完善安全生产组织保障体系。严格落实安全生产责任制和安全生产“党政同责、一岗双责”责任制度，把安全生产任务指标具体细化、量化，制订“安全生产目标责任书”，把安全生产工作目标、责任层层分解落实到站所、班组和个人，从制度上和组织措施上强化安全生产管理。二是加大农网工程建设项目的管控力度，安监、生技、规建等业务部门深入在建工程现场对安全、进度、质量、停送电管理等综合性大检查。把日常的监管责任落实到供电所、管理的专职人员，以“可控、在控、能控”为原则，严防建设工程出现安全责任事故。全年开展安全检查31次，参加检查人员90多人次，签发安全隐患整改通知书15份，处罚施工单位4万余元。三是开展对站、所在“今冬明春”“双节、两会”“隐患排查治理”“汛期”的专项安全检查和每月的日常安全检查，制订专项检查方案，查找突出问题与各类隐患，强化落实各站、所安全责任，制订整改计划并限期整改，确保彻底消除各类安全隐患。四是开展清理整治威胁电力设施安全的“三违”现象，制订消缺计划、整改措施，强力推进安全隐患整改。全年，砍伐竹木11.6万余棵，查出一般安全隐患130处，整改130处，投入整改资金60万余元。通过隐患整改治理，筠连电力公司供电可靠性明显提高，实现全年事故零的目标。

【电力内部管控】 一是规范员工的考勤与薪酬。加强考勤管理，确保工作正常有序开展，形成制度化、常态化管理机制。做到考勤公正公平，不徇私情，为发放员工薪酬福利提供可靠依据。二是完善基础管理体系，建全薪酬考核制度，规范员工信息档案管理，完善资料建档。三是加大基层员工的培训，提升员工的综合素质和操作技能。围绕“四个一”（一个培训基地，一套培训积分体系，一支内训师队伍，一个后备人才库）体系建设，开展各项职业教育培训工作，并制订年度培训工作计划，督促业务部门按计划开展各项培训，并对培训过程进行跟踪管理，各项培训有序开展。

（彭刚）

筠连县城市投资有限责任公司

【城投概况】筠连县城市投资有限责任公司（以下简称县城投公司）于成立2006年9月，注册资本1亿元，为县属全资国有公司。主要经营城市、交通、旅游基础设施建设项目的投资、筹资、融资工作和经营性建设项目的投资开发业务，履行政府投资建设项目业主的职责，管理和经营政府赋予的资产。

【返安房安置】一是继续推进城北A、B区段安置工作，完成剩下15户拆迁户的安置、交房面积3553.90平方米，其中门面15间面积499.92平方米、住房30套面积3053.98平方米。二是抽调人员配合县国资公司对市政房屋进行清理，及时梳理各区段的拆迁安置遗留问题。三是积极对各区段市政返安房安置户的相关办证资料进行梳理和办理证件，积极联系国土办证人员办理完成河西B区段和城北A.B区段的国土大证。

【城投工程建设】一是城南市场改建工程，2016年3月招标，由四川利德建筑工程有限公司、四川总竞建设工程有限公司中标修建，总投资180万元。工程于4月开工建设，7月竣工验收投入使用。二是筠连县消防站迁建工程，由四川鑫普建筑安装有限公司中标修建，工程占地0.8公顷，建筑面积6000平方米，总投资802.9万元，建设期1年。工程于2015年初动工，2016年1月主体工程竣工验收，附属工程建设完工。三是巡司镇中心小学校迁建工程，2016年6月招标，由四川鸿腾建设集团有限公司中标修建。建筑面积18000平方米，总投资3111万元，施工队伍已进场施工。四是筠连县妇幼保健院迁建工程，总投资4731万元，建筑面积16609平方米。该工程已完成招投标、签订施工合同，施工队伍已进场。五是筠连县看守所建设，总投资4320万元，建筑面积14896平方米。该工程已完成施工、监理招标，施工队伍已进场。六是筠连县基层就业和社会保障服务设施建设，总投资940万元。该工程已完成施工招标，施工队伍已进场。七是县城投公司以业主名义的工程有筠巡快速通道工程、巡司污水处理厂二期工程，积极协助具体实施工程的配合相关单位做好各项工作。

【城投融资】一是鲁班山采煤区沉陷综合治理工程向农发行申请中央专项基金8455万元。二是保障性安居房工程向中信银行贷款642万元无息贷款。三是中华街棚户区改造工程向农发行申请中央专项基金1.3亿元、并申请贷款4.8亿元。

【城投信访维稳】2016年，在城北A、B区段安置工作上，制订针对该区段重点人员的稳控方案和帮扶措施，帮助解决实际困难，没有出现群发性的上访情况发生。

【城投对口扶贫】县城投公司对口扶贫沐爱镇骑龙村，该村有贫困户82户350人，派出优秀中干担任第一书记长期驻村，协助村支两委和贫困户共同制订村规划和户计划。积极找准发展项目，解决村上的矛盾纠纷，帮助贫困户解决生产生活困难。联系县残联为贫困户的11位有残疾证人员补助每人1000元。

（韦凌）

筠连县自来水有限责任公司

【自来水营业指标】2016年，县自来水有限责任公司（以下简称自来水公司），共售水342万吨，增长3.6%。总收入715万元，增长23%，其中主营业务收入512万元、增长19.6%，其他业务收入182万元、增长84%，营业外收入21万元、减少62%。实现净利润11万元，增长120%。上缴税金27万元，增长17%。固定资产总投入78万元，减少39%。全年查处违章用水14起，处罚8940吨，挽回损失12518元；无一例安全责任事故发生。

【自来水内部管理】2016年，自来水公司坚持勤俭办公，严禁讲排场、比阔气等现象发生。规范财务管理、严格审批，大额开支坚持集体研究。热情接待来信来访群众，增强干部职工责任意识、服务意识和效率意识。严格遵守上下班纪律，没有出现无故迟到、早退或缺席等不良现象。修订完善《筠连县城市供水突发事件应急预案》，妥善回复处理各类信访件27件，发送停水、节水等便民服务短信8.5万条。

【自来水营销服务】一是加大对抄表人员管理和考核力度，抄表人员每月到各自区域发放水费催缴单，协助水费回收，全年水费回收率95%以上，因抄表不准确造成的水费征收纠纷大幅下降。二是年初开通预存水费系统，12月启动远程抄表，合理划分区域，明确抄表户数，全年新增用户2506户。三是全面检查对用户的用水性质、水表运转状况，及时更换损坏或运转不正常的水表。四是维修服务热线实行24小时接听，专人负责管网报漏信息的登记，记录报漏的时间、地点、联系电话等，做好回访。五是凡管道改造或主管维修需停水，采用纸质、LED显示屏或短信方式发布停水信息，让用户提前做好准备。

【管道安装与户表改造】2016年，完成晨晖雅居、筠州国际12-13号楼、定水华庭、江景苑B区、筠州尚品、国税局安置小区及零星用户新安装1355户，其中江景苑B区、筠州尚品采用智能远传水表，减少人工超表的负担。为配合城南新区生活广场建设，敷设DN400、DN300管道共600余米。响应国家卫生城市创建，对县城急需改造扩建的管网改造，共改造管网3000余米。户表改造上，对交通运输局、公路养护段、计划生育局、林业局及个别单位进行改造，改造用户152户。

【管道维修、查漏、改造】2016年，完成直径100-800铸铁球墨管PP-R PE管道维修35处、直径15-110镀锌钢管PP-R PE管道维修538处。改造步行街1段2段3段、灯光报至新华大桥段政府4号5号楼等地段250PE管33米、63PP-R管PE管675米、50PP-R管PE管102米、32PP-R管PE管1554米、25PP-R管PE管509米的管道老化问题，改善城区部分用户用水紧张。及时处理水表问题，更换15型号水表225只、20型号水表17只。对城区直径100-500主要供水管道开展查漏工作，发现4处漏点，进行及时抢修，减少损失。

【水厂管理】严格执行安全生产规章制度和操作规程，加强加氯车间安全、高低压配用电安全、设备运行安全等重点部位监管，狠抓落实，责任到人，全面提高水厂安全管理水平。一是保养维修，更换2台损坏发电机，降低电能消耗；定期对水厂机器设备保养、检修、维护，及时发现和消除安全隐患。二是保证水质安全性，新建化验室，并配备化验员，加强对出厂水的检验，确保水厂出厂水检测的准确性，保证了水质的安全性。三是消防演习，为提高员工的消防知识和消防意识，进行两次消防演习，全年未发生一起火灾事故。四是技术保障，为保证厂区安全和清水池的防投毒安全，自来水公司在厂区安装视频监控10只，为厂区治安和设备的安全运行提供技术保障。

【自来水安全工作】自来水公司坚持"安全第一"及时调整安全生产领导小组成员。加强职工安全思想教育，对室外管道抢修和楼房高空作业，要求职工严格遵守操作规程，设置安全防护标志和采取相应的安全措施，佩戴安全帽，着工作服；对常用安全防范工具，经常检查，爱惜保管，发现问题及时更换，决不允许带不安全因素作业，全面防范安全事故发生。

【自来水对口扶贫】2016年，自来水公司对口帮扶镇舟镇村云岭村，一是参与干部职工40人，帮扶人与贫困户见面，帮助贫困户理清发展思路，制订脱贫计划。二是开展扶贫日募捐活动，其中自来水公司捐款2000元、职工捐款1720元；物资支持(为村上打水窖，捐赠PE管)折1320元；为贫困户送去衣服、棉被、面条、食用油等折15000多元。全年云岭村脱贫89户318人。三是农村安全用水，在云岭村援建安装农村安全用水管道，已安装管道9000余米，水表180余套。

(李林)

四川筠连西南水泥有限公司

【西南水泥概况】四川筠连西南水泥有限公司（以下简称"筠连西南水泥"）位于巡司镇盐井村二组，是四川省优化产业布局、发展新型产能的重点项目之一。筠连西南水泥于2008年兴建，2010年10月建成投产，2011年1月正式销售产品。2011年12月，中国建材集团推进大水泥区域化战略，在西南地区成立西南水泥有限公司，筠连西南水泥正式加入中国建材集团，现隶属西南水泥旗下四川西南水泥有限公司。厂区占地32公顷、矿山占地37.3公顷，拥有一条日产5000吨熟料的新型干法水泥生产线，年产水泥200万吨。主导产品有"公牛"牌PC32.5R、PC42.5、PO42.5、PO42.5R、PO52.5等，在成贵高铁等大型工程和民用建筑上广泛应用。

【西南水泥生产经营】2016年，筠连西南水泥生产熟料142.66万吨，增长2.05万吨；生产水泥198.04万吨，减少3.43万吨；余热发电4830.77万千瓦时，减少22.13万度；销售产品200.93万吨，减少4.36万吨，实现利税12243.31万元。

【西南水泥企业管理】2016年，筠连西南水泥进一步加强基础管理，以"业绩良好、管理精细、环保一流、品牌知名、先进简约、安全稳定"为目标，全面落实"N+2"风险评估、作业流程固化、项目管理、6S管理等先进管理理念，积极争创"六星"企业，企业核心竞争力进一步增强，在行业的知名度和影响力进一步提升。

【西南水泥要事】2016年，经四川省名牌办公室评审，筠连西南水泥产品被评为四川省第十二届四川省名牌。经四川省工商局评定，筠连西南水泥"公牛"牌水泥被评为四川省著名商标。

(杨启英)

筠连森泰页岩气有限公司

【森泰概况】筠连森泰页岩气有限公司(以下简称森泰公司)成立于2012年，是从事天然气项目投资的专业化公司，由四川森泰能源投资有限公司控股投资组建，隶属四川森泰能源投资有限公司，注册资金3800.09万元，总资产2.5亿元，员工67人；主要经营城市燃气供气项目、城市CNG站项目、LNG液化天然气厂、船舶改造项目的投资经营。

【页岩气销售】2016年，森泰公司完成LNG产量46331.36吨，销售LNG47133.865吨，销售额14662.67万元，回款15145.42万元；管网气销售量701341立方米，销售97.84万元，回款3379万元。全年30万立方米LNG装置有效运行355.71天，平均日产130.25吨，LNG耗电907度/吨；LNG耗气1506立方米/吨，水耗1.67立方米/吨。

【页岩气生产】一是手续完善，完成安全生产许可证的换证，环保通过验收，住建验收、充装、消防验收、危化品登记证等手续。二是价格谈判，西南采气厂供气每天23.5万立方米左右，与西南采气厂谈判，18.5–26 万立方米 / 天的增量气价格按 0.95 元 / 方结算，全年降低气费 112.6 多万元，用电补贴共 563 万元。三是节能降耗，对变压器容量报停或减容；对 30 万立方米装置冷剂和原料气压缩机试机润滑油过滤后回收备用；获取县质量技术监督局弹性压力表建标授权；职工食堂采用自产 LNG 作燃料等 4 项节能降耗措施，全年节约开支 20 万元。四是富余人员管理，与 10 名富余人员解除劳动合同。五是用地规范，规划用地指标提交国土资源部门，进入挂牌出让程序。六是申报政府奖补，3 月，向宜宾工业强市办公室申报“企升规”，获补助 5 万元；3 月，获县优秀企业奖励，得 8 万元；8 月，向宜宾市申报 2016 年的 30 万立方米 LNG 液化产业化技改项目，获 100 万元补助；9 月，向宜宾市申报 2016 年用电补贴，获市财政局 563 万元补贴。七是企业发展，全年开发新客户 19 家，均通过用气单位组织招投标，成为中标企业，新客户用气投入运行。

【页岩气安全】 2016 年，森泰公司的重伤、工亡事故为零，千人轻伤率月均在 1‰内；火灾、爆炸事故为零；重大、特大环境污染事故为零；重大消防、厂区交通、食品安全事故为零；事故隐患整改合格率 100%，特种设备及安全附件依法检测合格率 100%。无职业病。全员安全教育率 100%，特殊工种持证上岗率 100%。

【森泰对口帮扶】 森泰公司秉承“诚信、合作、创新、发展”的企业经营理念，坚持“发展企业、回报股东、成就员工、利及千秋”的企业宗旨，在清洁能源事业的发展道路上，真正做到“国家有益、社会有益、企业有益、员工有益”，按承诺向社会提供相应的支持和帮助。全年向沐爱镇扶贫捐款 1 万元，发动职工向捐款 0.6 万元。

（潘跃聪）

四川蓝伯特生物科技股份有限公司

【蓝伯特概况】 四川蓝伯特生物科技股份有限公司（以下简称“蓝伯特公司”）位于海瀛工业园区，2013 年 9 月 2 日在县工商局注册成立，注册资金 4000 万元。2013 年 10 月 11 日，与县政府正式签约，在海瀛工业园区投资建设“青蒿素基地及系列产品研发加工项目”。蓝伯特公司原名为四川蓝伯特生物科技有限责任公司，2016 年 11 月变更为股份公司。蓝伯特公司从煤业公司转型发展现代科技农业产业，是区域实施产业转型升级战略的重点招商引资企业。

【蓝伯特定位】 蓝伯特公司依托筠连丰富的中药材及天然产物资源，致力于天然植物提取物、日化产品、消毒产品生产销售以及林下中药材种植，实行多元化产品开发，综合发展绿色循环经济产业链。主要产品有青蒿素、青蒿油、二十八烷醇等植物提取物，衍生开发青蒿皂、青蒿沐浴露、青蒿洗发露、青蒿洗手液、青蒿牙膏、青蒿喷剂等日化产品及中药饮片、绿色有机生物饲料等。蓝伯特公司坚持“科技惠农、产业富农”宗旨和“绿色发展”理念，采取立体高效林业开发模式，发展“筠连县三大惠农产业”，以科技创新为重要手段，大力推进“互联网 + 现代农业”“互联网 + 现代生物科技产业”，完善绿色循环经济产业链，全面实现企业成功转型和稳步发展。

【合作校企】 蓝伯特公司通过建立完善的原料基地、工厂、科研、市场体系，形成“一、二、三产业互动、全产业链运行”的发展机制。蓝伯特公司分别与中国中医科学院中药研究所、四川大学、重庆理工大学药学与生物工程学院、宜宾学院化学与化工学院等科研院所确立产学研合作关系；并与广东新南方药业集团、广东罗浮山国药股份有限公司、江苏斯威森生物医药公司、上海迪赛诺药业有限公司等多家企业建立全面的战略及市场合作关系。

【蓝伯特商标注册】 蓝伯特公司成立日起，立即启动商标注册行动，已成功注册“蓝伯特”及公司“logo”“泰草堂”“TUYOUYOU”等商标共 20 件，新申请“青蒿因子”“青蒿力子”等商标共 33 件。以多元化系列商标的战略布局，为未来产业发展打下扎实的品牌基础。

【蓝伯特科研】 蓝伯特公司注重保持研发实力、拓展市场销售网络的基础上，坚持创新为先的理念，大力开创多项战略性新兴产业项目，在国内行业中成为新生力量。以青蒿素及衍生产品、天然产物植化提取物、中药材等为研发对象，已研发出自有专利 14 项、合作开发专利 20 项，初步形成完整的青蒿素、中药材及其它天然产物提取工艺产业链知识产权体系。研发中心被认定为“宜宾市企业技术中心”，自主研发的“青蒿素高效提取技术及综合利用的研究与应用”通过省级科技成果鉴定，并获得四川省科学技术进步奖、宜宾市科学技术进步一等奖。

【蓝伯特产品】 2015 年 5 月 4 日，蓝伯特公司工厂正式点火生产。蓝伯特公司作为四川省唯一一家生产青蒿素企业，抓住青蒿素产业及中药材产业发展新机遇，全力推进“青蒿素产业升级战略”，创新开发“青蒿素、二十八烷醇、青蒿精油、青蒿茶、青蒿蜡”五大核心产品，努力建成全国最大的青蒿素衍生产品生产企业。蓝伯特公司研发试推广的青蒿喷剂、青蒿牙膏、青蒿手工皂、青蒿手工精油皂、青蒿驱蚊皂、青蒿内衣皂、青蒿沐浴露、青蒿洗发露、青蒿洗手液等创新型特色产品，丰富国内青蒿素系列产品，形成以研究开发为核心竞争力的企业竞争优势。

【蓝伯特助农增收】 蓝伯特公司采取流转土地和“公司 + 合作社 + 基地 + 大户 + 小户”的发展模式，坚持“四化”（即产业链条化、运转高效化、科技现代化、产品品牌化）互动的发展思路，大力推进“互联网+现代农业”“互联网+现代生物科技产业”，全面实现一、二、三产业的“三产融合发展”，实现企业成功转型和健康发展。牵头创新实施企业联合运作机制，整合人财物资源、共享产供销渠道，抱团发展、合作共赢，带领筠连的合作社及相关企业30户、农民10万共同发展；还为农民提供劳动岗位和技术服务，还免费提供化肥农药等支持，切实解决农民销售难、务工难、技术难等问题。同时，也通过产业带动的模式，带动贫困户3000余户，为筠连精准扶贫工作起到积极的作用。蓝伯特公司计划投资10亿元，每年实现产值15.6亿元、利税1.5亿元，增加农民收入2亿多元，提供1万人就业岗位，带动10万农民共同增收致富。

【股改上市】 蓝伯特公司加快产品创新、股改步伐，科技创新、产品独特、产业超前布局的战略性优势，蓝伯特公司成为业界关注的焦点，被资本市场广泛看好。2016年1月，蓝伯特公司完成新三板上市尽职调查。自种的青蒿、提取青蒿素以及生产青蒿素可应用的周边产品，基本符合新三板上市条件。蓝伯特公司加快在新三板上市进度，稳健开拓国际化发展和专业化领域的多元化发展之路，早日实现股票上市，力争在近几年内发展成为国际知名的生物科技产业创新企业，全力打造民族企业知名品牌，实现国内领先、走向世界的产业发展战略目标。

【蓝伯特投资】 蓝伯特公司累计投资2.2亿元，在海瀛工业园修建的占地4.67公顷蓝伯特生物科技园一期工程全面投产，建成国内设备一流的年产天然植化提取物100吨的多元化植化提取生产线一条，青蒿素产量占有率30%以上。2016年，新建青蒿喷剂、青蒿手工皂等9大类日化产品生产线，并利用植化提取废料生产生物饲料约10万吨。预计产值2017年6000万元、产值2018年上亿元，随后在全国全面铺开，实现产销量快速裂变，在达产年形成年销售额达20亿元以上的青蒿日化产品市场。

【蓝伯特基地建设】 2016年年末，蓝伯特公司已建成林下中药材基地3333.3公顷，建成标准化青蒿种植基地2000公顷，每年采收青蒿干叶3100余吨，加工青蒿素37200公斤，产值6696万元。新增加的青蒿牙膏等9个品种青蒿素系列日化产品生产线投产。

【蓝伯特要事】 2013年9月2日，经筠连县工商局批准蓝伯特公司成立。2013年12月17日，筠连县青蒿、中药材育苗基地正式播种。2014年2月27日，蓝伯特公司建设正式在海瀛工业园厂区开工。2014年8月31日，蓝伯特公司与四川省林科院签约。2014年11月20日，蓝伯特公司与广东罗浮山国药股份有限公司签约建立战略合作关系。2015年1月30日，蓝伯特公司青蒿素创新成果并通过省级科技成果鉴定。2015年5月4日，蓝伯特公司科技园生产点火。2015年12月11日，人民银行宜宾市中心支行到蓝伯特公司指导银企对接工作，支持发展生物科技产业。2016年3月14日，蓝伯特公司与浙商证券公司签约公司上市事宜。2016年8月9日，青蒿皂车间设备调试完成。2016年8月31日，蓝伯特公司被评定为“省级林业产业化龙头企业”。2016年11月9日，蓝伯特公司被评定为“省级农业产业化龙头企业”。2016年11月15日，蓝伯特完成股改，更名为“四川蓝伯特生物科技股份有限公司”。

【蓝伯特荣誉】 蓝伯特公司先后获“省级农业产业化重点龙头企业”“省级林业产业化重点龙头企业”“市农业产业化重点龙头企业”“市十佳最具实力林业产业化龙头企业”“质量诚信典范企业”“优秀成长型企业”“特殊贡献企业”等荣誉称号。

（杨启英）

宜宾醒世茶业有限责任公司

【醒世概况】 宜宾醒世茶业有限责任公司（以下简称醒世公司）是四川省农业产业化龙头企业。醒世公司成立于2000年8月，并于同年10月并购筠连茶厂。醒世公司采取“公司+科研院所+基地+农户”经营模式，专业生产红茶、苦丁茶，并围绕“打造四川红茶第一品牌、打造中国小叶苦丁第一品牌”的发展目标，致力于基地建设、产品研发、品牌建设和市场营销。至2016年年末，醒世公司自建及带动基地共667公顷，带动茶农1万余户。

【醒世品牌】 醒世公司以“生产天然、健康、原味茶品、帮助茶农持续稳定增收、生产筠连茶叶推向全国”为使命，从事筠连茶园基地建设、特色茶品研发生产、品牌宣传推广。有“醒世”“醒世红茶·黄金白露”“花语苦丁”“筠连红”“醒世苦丁”等品牌，产品主要销往华东、华北、江浙地区，“醒世红茶·黄金白露”在2016年获四川第十二届名牌产品称号。

【醒世经营】 2016年，醒世公司实现工业总产值7197万元，完成销售额8038万元，销售利润总额实现239万元，缴纳税费62万元。

【醒世建设】 2016年，投资150万元在海瀛工业园区醒世茶业精加工厂内改建集茶叶初加工与加工体验结合的体验馆1座，使用面积600平方米；6月，投资100万元，对成品仓库、半成品仓库进行离墙离地改造。

（杨启英）

商品贸易与投资

贸易市场管理

【集市概况】2016年，县城集市主要集中在经过改造后的旧城区，供应产品种类较为齐全，满足各层次的消费需求，取得较好的经济效益和社会效益。

【县城农贸市场】县城最大的市场是筠连城南农贸市场，有200个摊位，是日常集市贸易最为繁忙的市场；中城农贸市场、定水路农贸市场，是县城居民日常农副产品交易购物的场所；城北农贸市场于2015年7月投入使用，主要满足城北居民和莲花乡居民的购买需求；筠山都市农贸市场主体装修完成，已经投入使用。

【专业市场】一是筠连苦丁茶市场贸易，由筠连县青山绿水茶叶专业合作社投资建设，位于筠连廉溪定水河河畔，在春夏秋苦丁茶收获季节，早晚市场贸易繁荣。二是肉牛交易市场，筠连“乌蒙黄牛”地理标识品牌逐渐发展，肉牛市场购销两旺，位于腾达镇水茨村的“川南肉牛交易市场”已建成，已全县肉牛产业链逐步形成。

（刘熙）

商贸工作

【商务项目建设】一是电子商务孵化基地建设，设在海瀛工业园区，投资2700万元，完善相关配套设施建设，配有电商物流仓库，包括电子商务运营中心、培训中心、孵化中心以及农特产品展示中心。二是春芦冷链仓储物流项目建设，春芦公司完成投资665万元，在腾达镇水茨建立冷链物流配送点，建成1个冷冻库及2个保鲜库，占地面积2700平方米，其中保鲜C库试运行。三是川南肉牛交易市场建设，设在腾达镇水茨，向阳农业公司完成投资850万元，建筑占地面积3.3公顷，建有活牛交易区、电子交易区、停车区、市场服务区、交易代养区等功能区。交易日日均交易40余头，交易额55万余元，有筠连、珙县、兴文、高县等县养殖户，以及云南水富、昭通、盐津、鲁甸等及贵州毕节等地区客户到市场交易，肉牛远销上海、广州、贵州等地。年交易额实现3000万余元，将辐射整个川南养殖区，直接惠及全县包括61个贫困村养牛脱贫户在内的肉牛养殖户。

【电子商务运行】一是海瀛电子商务孵化园正式运行，入驻企业15户，成功打造筠连特色农产品网上交易平台。二是开展专业的电商培训，提升全县电商从业人员的业务素质，提高电子商务应用能力，累计培训电商从业人员500余人。三是开展省级电商产业集聚区、市级电子商务示范县申报工作，将海瀛电商孵化园作为电商产业集聚区建设，县委、县政府在政策上、资金上不断投入，未来全县电子商务作为产业转型的重要一环，形成新的经济增长点。

【商务项目争取】2006年，积极争取商务项目资金。一是获得年度省级内贸流通服务业发展促进资金35.5万元，其中龙镇农贸市场10.5万元，川南茶叶交易市场、筠连县第二届美食文化节、川货全国行、春风茶叶滕州店、春风茶叶嵊州店、圣奇灵芝宜宾店、清溪沟茶文化主题餐厅、蜀亨酒店特色餐饮8个项目共25万元。二是获得年度促进现代物流发展专项资金150万元，用于双星茶业2000吨出口茶仓储基地建设项目。三是获得“2016四川宜宾迎春购物月活动”补助资金5万元，由筠连县信诚商贸有限责任公司、筠连县富农林业科技开发有限责任公司、筠连县民生油茶种植专业合作社等22户参加展销活动企业取得。

【商贸产业扶贫规划】2016年，继续实施商贸产业扶贫规划。筠山都市农贸市场、茶叶交易市场建成，均已开业运营。启动城北农贸市场、龙镇乡农贸市场改造，改造工作有序进行中；晨晖商厦、筠州尚品、筠州国际社区等商业网点正打造中。

【商贸展销】2016年，积极开展商贸展销活动。一是开展“2016年四川·宜宾·筠连迎春购物月活动”“产销对接惠城乡”“腊月风情节”“苗族花山节”“优质服务便利百姓”“让利促销聚人气”“特色美食庆佳节”“安全消费促和谐”等系列活动，为乡（镇）农特产品销售提供良好的平台，实现社会消费品零售总额2.3亿元，促进农村经济发展。二是举办“第八届李花节暨首届‘筠连好茶’品鉴”活动，组织多户农特产品企业参加，树立良好的市场形象，为企业品牌建设奠定良好基础。三是举办"团林首届彝族火把节",共设40个展位展销,开展筠连茶·月饼品鉴会,现场成交37.5万元,意向订单逾150万元。四是举办"2016中国·筠连钓鱼比赛及农产品展销会",现场成交8万余元。

【外出参展】2016年,县信息科技局组织县域企业参加川货全国行沈阳站、广州站、青岛站、北京站、青岛站、南昌站,第24届中国昆明进出口商品交易会,北京国际茶业博览会,第十三届广交会,东盟博览会,亚欧博览会,第十六届中国西部国际博览会,贫困地区农特产品展销会等展会。县域苗家黄牛干巴、茶叶等农副产品得到参展地消费者的好评,现场销售373万元,与参展地经销商达成意向性订单3170万元。

【经济运行监测体系建设】2016年,县信息科技局完善经济运行监测体系,进一步提升经济运行质量。一是科学分解落实经济发展的各项目标任务,明确职责。二是准确及时分析经济运行过程中存在的问题和困难,找出解决问题的办法和途径,提高经济运行的质量。三是在财政资金困难的形势下,充分考虑企业的实际困难,对企业统计人员实行工作补助,加稳定统计人员队伍。

(林茂)

商贸流通

【日用品批发】2016年,全县日用品交易主要集中在金鑫步行街、城南农贸市场,从事日用品零售的店铺70多家,尚未形成专业的批发市场,以街为市经营日用化妆品、小家电等,品种齐全,绿源超市、世纪华联超市、家乐超市主要承担县城日用品零售。原老公安局地址经旧城改造后成为停车场,自动发展成为物流转运基地,主要服务于乡(镇)的物品配送。

【日用品农家店建设】2016年,加快全县标准化农家店建设步伐,完善农村商业网点建设,改善农村消费环境,满足广大农村市场需求。年末,全县建成日用品农家店151个,农家店综合配送率85%,农家店食品、化肥农药配送率100%。

【零售业】2016年,全县零售业受工业经济下滑影响,全年完成社会消费品零售总额35.8亿元。一是超市销售,筠连绿源超市、世纪华联超市、筠连加乐超市和部分小型日用品社区超市销售额增幅总体不高在12.5%左右,超市零售价格全年稳定,年底有小幅上涨。二是专业零售。中低档服装鞋类销售增幅微小,中高档服装鞋类销售增幅较往年有所下降。随着旧城改造和城市建设的推进,建材零售业有较快发展,形成专业建材市场,包括瓷砖、涂料、家具等。家电、摩托车和汽车销售快速发展,家电销售行业发展较快,特别是数码产品的销量增幅在35%左右,全县手机专卖店数量80多家,销售品牌和销售种类齐全。餐饮业同比下降,住宿业稳步增长,蜀亨、浙商、华都等大型酒店经营状况良好,浙商大酒店规模和服务水平不断提高,入住率和餐饮消费逐月递增。

【电商零售业】2016年,大力推进电商发展,在海瀛工业园区内建成电商孵化基地,培育壮大电商企业2家,分别是筠连县大乌蒙电商公司、宜宾市村通网络科技有限公司,并由该2家电商公司带动,实现全县企业全企触网工作。全年电商交易额突破8000万元,其中茶叶销售占80%,主要销售产品为苦丁茶、红茶,醒世茶业和青山绿水茶业的品牌茶在电商领域发展迅速。

【图书报刊发行】2016年,图书及报刊主要以新华文轩书店为主,其余为县城小型书店和报刊零售亭。报刊发行主要由邮政分公司进行,全年订阅量增幅10%左右。

【餐饮住宿服务】2016年,全县餐饮业竞争激烈,新开牛羊肉特色餐馆5家,中餐仍以浙商大酒店、更生园酒店、蜀亨大酒店、金缘大酒店等为主,河滨道、府后街等街道的小型餐馆生意火爆,经营种类繁多,包括中餐、火锅、烧烤、海鲜、西餐厅等。连锁经营店有必来客快餐店、麦加乐面包房、华莱士快餐等,形成筠连快餐连锁竞争。全年酒店消费以大众宴席、中餐、火锅为主,餐饮业的消费主要是大众化消费。

【特色饮食】2016年,全县饮食呈现多样化,筠连水粉、筠连椒麻鸡仍是消费者最喜欢的食品,县城的白老幺椒麻鸡、雷七点椒麻鸡、魏四芗水粉较为出名。

【餐饮网络销售】2016年,全县餐饮网络销售发展迅速,以年轻消费者为主。全县餐饮微商12家,筠连私房菜、鑫荣家宴、徐二娘小吃店、筠连土特产店等特色店突出。

【宾馆住宿】2016年,浙商大酒店入住率70%,其建设标准和服务水平接近四星级酒店标准,全年经营状况良好。由陕西翰阳集团建设的清溪沟商务酒店全面投入经营,承办茶文化博览会、年货采购节等展会。金缘大酒店已重新装修,有150个客房,全年入住率超过50%,经营状况良好;筠连木易蜀亨大酒店有100余间客房,全年入住率超过75%。明珠茶楼、洪川茶楼、大桥宾馆、广场宾馆、华容宾馆、定泉宾馆、一品红茶楼等20余户私人家庭式旅馆因方便快捷、价格便宜,占据一定市场份额。

(肖波)

物流工作

【物流概况】2016年,全县物流业以公路运输为主,物流企业多为第三方物流,主要以零担为主,承担经营水泥、煤炭、石材等大型物资以及蔬菜、茶叶、水果运输,物流业对全县经济社会发展的贡献日益凸显。有国道(G246)54千米,省道(S444、S312)85千米,县道29千米,乡村道路共2000千米以上,铁路18.626千米。全年,全县货运周转量2万吨千米以上,货运量呈上升趋势。

【国家级电子商务进农村综合示范县申报】2016年5月,由县经信科技局牵头,组织有关专家,从项目概述、背景分析、筠连县电子商务发展优势、项目可行性分析、项目工作规划、项目建设内容、保障措施、项目实施步骤、重点项目、政策支持10个方面进行论证,形成《筠连县电子商务进农村综合示范项目申报书》,以筠连县人民政府名义逐级向市财政局、商务局、扶贫移民局,向省商务厅、省财政厅,向商务部、财政部申报,于8月申报成功,筠连县成为“国家级电子商务进农村综合示范县”,并获2000万元国家财政资金,将有力带动全县农特产品企业创品牌、强化质量、提高销量,促进企业扩大再生产、构建平台、搞活市场、促进商贸流通,解决企业销售难的问题。

【国家级电子商务进农村综合示范县建设】一是国家级电子商务进农村物流项目建设,已完成招投标,将有效推进全县物流分拨中心、乡(镇)二级分拨中心、村级配送点及冷链物流体系建设,各项建设正有序推进中。二是入驻标准建设,制订统一的入驻标准和要求,鼓励城区内企业搬迁至物流分拨中心,物流企业实现快递同地点办公,形成物流集聚效应,建立物流资源共享机制,不同公司之间可以形成协作关系,相互公用共享资源,降低物流配送成本。

【邮政物流】一是筠连县邮政分公司网点设置。全县有8个自办邮政局所、23个邮政代办所、6个邮亭,邮政便民服务站84个便民服务站。二是邮路设置,主邮路1条,单程162千米,转接邮路23条,单程384千米。县城投递人员5人,农村投递人员23人。详情为:主邮路1条(逐日班):筠连－巡司－沐爱－镇舟－落木柔－维新－腾达－六号信箱－双腾－塘坝－筠连,每日8时出发把进口邮件送到各支局,14时30分把全县出口邮件运到县城。支线邮路24条(周二班):筠连－海瀛、筠连－廉溪、筠连－古楼、筠连－大地、筠连－景阳、筠连－筠中、巡司－红星、巡司－礼义、巡司－武德、巡司－大乐、巡司－蒿坝、沐爱－沐义、沐爱－金銮、沐爱－中心、镇舟－高坎、大雪山－高坪、大雪山－团林、大雪山－自由、大雪山－东红、大雪山－解放、大雪山－联合、维新－乐义、双腾－龙镇、塘坝－孔雀、城区设置有3个段道,负责全城区的投递。

【快递物流】至年末,入驻筠连县有寄递物流、普通货物运输等企业共28家,其中寄递类15家、运输类13家,有运输车辆375台,从业人员达千人以上,此外还有各类小型物流企业近百家。物流企业均可收发全国各地货物,部分乡(镇)具备物流配送能力。寄递物流企业在大部分乡(镇)有加盟店或服务点近70个。全年收件22.5万件、派件96.08万件,平均成本9.83元。

【快递物流检验】全县寄递物流企业已做到100%先验视后封箱、100%实名收寄、100%通过X光机安全检查,全面推广和运用“四川省寄递e通”,强化寄递物流企业实施先现场验视后封箱并加盖验视章、比对核实寄件人有效身份信息加盖验证章、通过X光机安检等关键环节监管,并拍照上传“寄递e通监管”平台备查,实现有轨迹可查,有源头可溯,确保寄递物流企业操作规范,杜绝寄递物流业违法违规事件发生,实现安全生产。

【普通货物运输企业】筠连县鑫宇物流运输公司,从事筠连至宜宾货运业务15年,为筠连最大的普通货物运输公司,有13辆车,每天3辆车往返宜宾筠连3次以上。随着电子商务发展,该公司运输业务剧增,2016年营业额超500万元,年均增长37%。筠连县世纪物流有限公司,从事货运业务9年,有12辆车,每天6辆车发往宜宾、云南昭通、彝良,为筠连重点货运公司。其他小型货运公司有5家,从事乡(镇)货运的车辆每天至少13辆。专门电商货运公司1家,即宜宾市村通网络科技有限公司。

【大型物资运输企业】2016年,全县大型物资运输公司有宜宾市铁龙运业有限公司、筠连县顺安物流服务有限公司、宜宾市度信贸易有限公司、筠连县和泰物流有限公司、筠连县大豪运业有限公司、宜宾市鑫马汽车贸易有限公司、筠连县兴达运业有限公司、筠连县四友运输有限公司、筠连县鸿运汽车运输有限公司、筠连县存科各类汽车修理厂、筠连县顺祥物流服务有限公司等13家,主要运输煤炭、水泥、石材等大型物资,总车辆375辆,货运总吨位4000余吨。

【现代物流管理】现代物流业是一个跨行业、跨部门、渗透性极强的综合产业。成立县物流工作领导小组,由县政府牵头,县商务、国土、规划、工商、税务、交通、银行等相关部门参加,主要负责现代物流业发展战略研究、重大物流基础设施项目的组织协调和相关政策的研制,明晰管理职责,精简管理流程。协调政府各部门合理分工、通力协作,共同促进和推动筠连物流业发展,进一步建立和完善“县－乡－村三级”现代物流体系。

【发展中的不足】 一是物流企业规模偏小。全县物流企业规模小、档次低、实力弱、专业化水平低,家庭夫妻店的现象较普遍。行业缺乏功能齐全、竞争力强的物流骨干企业,专业化、规模化和信息化的第三方物流未出现,县域交通优势未得到发挥。二是行业内部恶性竞争。县内各物流企业大都单打独斗,采取各种手段吸引客户,有时甚至以牺牲自身利益为代价,造成行业内部竞相压价,形成恶性竞争。三是抵御风险能力脆弱。因缺乏专业化的第三方物流服务企业,在外的物流企业多以货运站、货运点等个体工商户形式存在,不具备企业法人资格,不能提供定制化的物流增值服务,市场风险抵御能力脆弱,随时可被激烈残酷的市场竞争所淘汰。四是行业发展氛围不浓。各物流企业普遍存在"重生产轻流通"落后观念,致使对国家鼓励发展现代物流业政策的重视不够,优惠政策也难落实,缺乏现代物流业发展的强力保障。

（林茂）

粮油贸易

【粮食安全宣传教育】 一是集中宣传。5月,开展粮食流通行政执法宣传月活动,贯彻落实《粮食流通管理条例》和相关配套政策,深化粮食流通改革,确保全县粮食安全。以发放宣传单、有奖知识问答等形式宣传。二是日常宣传。围绕"规范粮食流通管理、确保粮食流通安全"宣传主题,行业内部宣传方面,重温《粮食流通管理条例》《粮食流通监督检查暂行办法》等相关政策,提高业务素质,对粮食经营户、重点户进行入户入店面对面座谈宣传,提高依法经营的意识;社会面宣传方面,组织人员到集贸市场、大米市场开展宣传,采取悬挂标语横幅、播放宣传光碟、设立咨询台、现场问答等宣传,发放宣传材料2000余份、"条例"小册子300余份,制印粮食法规、粮食局职能的邮政编码牌80多张。

【海瀛粮油工业园区建设】 海瀛粮油工业园区全面建成,占地面积3.47公顷,建设内容有2.5万吨粮食储备库、标准化加工车间5栋、粮油配送中心、粮油质检化验中心及附属配套设施等,年末通过验收并投入使用。全年调入稻谷16500多吨。

【海瀛粮油工业园区招商引资】 2016年,依托园区,推动招商引资,实现综合利用效益。至年末,已引进企业5家,厂房和储备库利用率均超过80%。培育粮食类龙头企业2个,其中以生产传统筠连红薯粉条为主的"竹竿粉条"厂投产、以竹笋加工和筠连方便水粉生产为主的企业正进行设备安装。引进电商企业2家,茶叶企业1家。以推销筠连特色产品为主的电商孵化园签约,大米加工厂、油茶生产等项目有入驻意向。

【粮食项目争取】 2016年,共争取到位资金644.5万元,其中建成低温粮库改造项目1个,资金450万元;建成放心粮油标准化配送中心1个、放心粮油旗舰店1个、放心粮油连锁店7个,资金94.5万元;建成产后服务中心1个,资金100万元。

【低温储备库建设】 2016年,四川省粮食低温库建设项目完成,设备设施已通过政府采购程序逐步配备、调试使用,粮食在该储存条件下不易生虫、霉变,还可保鲜长期保存。推广低温绿色储粮新技术,推进新仓型、新设备、新工艺的储粮应用,实现绿色储粮、生态储粮、环保储粮、节能储粮,加快粮食仓储基础设施升级、提高粮食收储能力和提升粮食品质。

【粮油市场监管】 2016年,继续全面梳理粮油市场的供销网点,加强全县粮油市场的监督检查,采取例行检查、联合执法、重点抽查、举报突查等形式,累计检查30次。主动公开粮食法规、政策规定,公开粮食行政许可审批办理程序,自觉接受社会监督,各项相关规范性文件及时报送备案;依法、公正、及时办理粮食行政许可审批事项。全年,无一例因粮食部门过错责任受到投诉、曝光、媒体批评或行政复议、诉讼。

【粮油仓储管理】 一是规范操作程序。修订完善储备粮合同管理、资格认定、轮换审批、质量检验、库存检查、出入库手续等制度,建立完善财务管理、人事管理及粮食购销公司内部岗位标准、仓储管理技术标准办法,细化、量化岗位职责和技术操作规范,形成系列规章制度,汇编成册、悬挂上墙。储备粮管理分解落实到每个时段、每个岗位,使每位员工都熟知应该"做什么、怎么做",实现仓储保管"一口清"。二是推行标准化管理。统一印制仓库标志牌、保管专账、专卡。三是督查考核。粮食局机关从制度建设、标准化管理、队伍建设、仓储设施、库容库貌等方面,对储备库的规范化管理工作进行全面考核,实现工作监控日常化。

【科学储粮】 一是推广储粮新技术,全面推广电子测温、环流熏蒸和机械通风。二是推进信息化管理设施建设,拟定建设规划,积极筹措资金,尽早实施。三是严格质量监管,实行粮食质量三级把关,确保入库质量达标。同时加强地方储备粮日常管理和监督检查,提高科学储粮水平。四是搞好储备粮轮换,结合国家托市收购政策,创新收购方式,多形式组织收购,最大限度地掌握粮源。

【军粮供应】 2016年,军供工作围绕"高质量保供应"中心,坚持"质量第一、服务第一、信誉第一""军供工作无小事"理念,着力打造全天候军粮供应保障体系。加快建设全天候军粮供应保障体系和平战结合的主副食保障平台,为驻筠连部队官兵出色地完成军事训练、战备执勤等重大军事行动提供更加可靠的军粮供应保障。

（秦奋）

烟草专卖

【烤烟生产】 2016年，全县烟叶计划种植1733公顷，计划收购烟叶325万公斤。实际种植1733.33公顷，签订电子合同729份，覆盖14个乡（镇）60村160组；育苗供应1850公顷，其中可供移栽1733公顷；完成移栽1733公顷，其中小苗移栽1483公顷，覆盖地膜1199.5公顷；建立生产示范片38片共1233公顷。开展专业化机耕、起垄服务211公顷。发放各类肥料2489.81吨，到位率100%，其中复合肥818.14吨、专用追肥181.35吨、硫酸钾372.02吨、硝酸钾143.30吨、有机肥975吨。

【烟叶收购】 2016年，全县共收购烟叶2831774.55公斤，其中上等烟697516.8公斤、占比24.63%，中等烟2061016.65公斤、占比72.78%，低次等烟73241.1公斤、占比2.59%，另收购散叶1922717.5公斤。支付收购资金6262.93万元，支付农特税补贴818.18万元，支付散叶收购补贴74.84万元；烤烟种植亩均收入2721.96元，户均收入9.71万元。

【稳定烟农队伍】 一是加大政策宣传力度，县烟草分公司多次会同县烟办，在各重点种烟村召开烤烟种植大会，向烟农讲解年度的优惠政策，解答烟农的疑问。同时制发“给烟农的一封信”，各烟站（点）通过院坝会、技术培训会、走村串户等方式，发放到烟农手中，宣传烤烟种植优惠政策，提高烟农积极性，累计培训2615人次，开院坝会58次，张贴标语、发放资料2500份；二是职业化烟农队伍建设，实行差异化补贴。全年，市烟草专卖局（公司）评定县域三年连续种烟面积20亩以上和两年连续种烟面积40亩以上的230户烟农为职业烟农，对职业烟农购肥进行差异化补贴，降低职业烟农购买肥料投入，职业烟农小苗移栽购肥79.675元/亩，普通烟农移栽购肥146.825元/亩，在肥料投入上减少67.15元/亩，对稳定烟农队伍起到重要作用。

【提高适度规模种植】 一是提高土地流转。继续推行“中山模式”土地流转机制，把烤烟种植向最适宜区转移，土地流转比例71.1%。全县100亩以上示范片1233.33公顷、500亩以上示范片533.33公顷。二是严格合同签订制度。严格执行省烟草公司《电子合同管理办法》，对全县种烟农户进行摸底，收集并核对烟农身份证号码、电话号码等基本信息，确保烟农基本信息的准确性。三是核查种植面积。采用“GPS”测量技术等手段，对移栽面积全面核查，并会同县烟办对所有覆盖地膜的烟田测量，对未覆盖地膜的烟田按照30%抽查。通过核查，调整电子合同151份，比例20.8%，其中面积调增92份，调减42份，新增烟农1份，取消电子合同16份。调整后全县签订电子合同共729份，其中蒿坝烟站379份、高坪烟站350份；户均面积2.36公顷，增加0.13公顷。种100亩以上烟农59户，种40–100亩烟农138户，种20–40亩烟农280户，全县20亩以上烟农占比65.4%。

【提升整体技术】 一是提高壮苗率。针对育苗阶段长期低温的不利气候，推行湿润育苗技术，共育烟苗1733.33公顷，其中湿润育苗1260.26公顷、漂浮育苗473.07公顷，湿润育苗比例72.7%。二是地膜覆盖。全县地膜覆盖面积1000余公顷，蒿坝、高坪、联合等高海拔烟区地膜覆盖比例100%；肥料供应及时跟上；4月初按照测土配方施肥标准供应各类肥料1514吨、地膜52.43吨。三是“两段式移栽”技术落实到位。全县移栽完成时间由原5月中下旬提前到4月底，小苗井窖式移栽比例85.6%。四是加强大田管理。严格按照技术方案对小苗井窖式移栽涉及追肥、覆土、封口等技术操作和常规移栽大田管理、病虫害防治等落到实处，提高化学抑芽剂的使用，降低人工抹芽劳动强度。五是强化后期采烤。邀请烘烤专家，对烟叶成熟采收、三段式烘烤等工艺进行理论和实操培训，降低由烘烤不当的损失，全年烤青烟、烤坏烟情况大幅度下降。六是新技术新产品试验。重点推广使用黄板、烟蚜茧蜂、性诱捕器等物理生物防治技术，降低烟叶农残，提高烟叶安全性。共发放黄板8万张、黑白地膜4吨，含腐殖酸水溶性肥0.5吨，光合菌肥1吨，诱捕器100套。七是新能源烤房试验。改造新能源烤房9座，其中精准烘烤远程监控5座、新型烟夹Ⅱ2座、电煤混合2座，探索降低化石燃料使用和减少空气污染，提升烟叶烘烤质量。

【营造“比学赶超”氛围】 2016年，县烟草专卖局制发“烤烟生产各阶段目标考核指标”，分阶段对各烟草站（点）政策宣传、面积落实、合同签订和技术落实等考核，改变传统“人管人”模式。一是“比”工作效率。县烟草分公司严格落实考核制度，把烤烟生产分阶段目标任务层层分解，具体落实到各烟草站（点）网格、落实到人，做到人人有指标、事事有落实。二是“学”先进技术。各烟草站（点）通过开厢起埂、基肥条施、地膜覆盖、两段式移栽、成熟采收、科学烘烤等现场培训，提高技术落实到位率。三是“赶”时间节点。根据气候，对各烟草站（点）设置时间节点，强化目标考核。四是“超”考核指标。对各烟草站（点）合理加压，以踏实、勤奋、务实的工作态度，提升工作水平，实现考核指标的超越。

【提供无偿种植物资】 2016年，县烟草专卖局向烟农无偿提供烤烟生产物资折8284343.68元，其中烟种118398.13元、育苗盘781252.63元、基质605158.15元、地膜984978.47元、棚膜200233.32元、黑膜39301.38元、育苗肥 42514.39 元、防虫网 17692.04 元、干湿温度计 185.32 元、烟草专用复合肥 1645159.48 元、微生物肥料 1969500 元、硝酸钾 533833.55 元、硫酸钾 475780.86 元、硫酸铜 3900 元、二氧化氯消毒剂 14417.91 元、毒消 49356 元、农用链霉素 124800 元、菌核净 35097.49 元、东旺黑达 114420.32 元、宁南霉素 82116.41 元、病毒沙星 18207 元、3%啶虫脒微乳剂 27700.2 元、仲丁宁 106912.5 元、2.5%高效氯氟氰菊 8455 元、甲霜灵可湿 61795.68 元、绿肥种子 82380.96 元、微生物菌剂 140000 元、烟草追肥 796.49 元。

【烟草专业合作社】 为有效解决烟农流失、老龄化及烟区基础设施后续利用与管护等，成立筠连县高坪苗岭现代烟草专业合作社。一是规范组织结构，运用各个专业生产技术队开展劳动生产；二是规范政策扶持，规范编制市县政府、各级部门及行业的支持政策和经济扶持方案；三是规范人员管理，对入合作社的 729 户烟农，按基地单元内烟农基本情况、烤烟种植面积调配管理人员。

【烟基建设】 2016 年，新建密集型烤房 55 座，补贴部分设备资金 64.19 万元；维修更换密集型烤房设备 178 座，更换资金 31.14 万元；购置补贴小农机 145 台，补贴 106.13 万元。新建机耕道整治 5 条，总里程 9.13 千米，合同标的 201.46 万元；项目完工，待县级验收。完成筠连镇五凤村精准扶贫烟基工程设计，正在财评，建设内容为新建水池 6 口、配套管网 714 米，硬化生产路 10 条 2845 米、硬化机耕道 11 条 6894 米。

【烟叶收购服务】 一是收购服务，继续开展“四个一”(一个微笑、一声问候、一杯茶水、一顿便餐)服务烟农活动，为烟农营造良好的交售环境。针对严控烟叶质量要求，及时做好烟农宣传、解释以及后勤服务，避免因收购质量造成群体性事件，共向烟农提供 1120 件方便。二是强化管理。收购前，县烟草专卖局制发预检预验实施方案、收购质量管理办法、仓储及调运管理办法、收购纪律，与各烟草站签订“烟叶等级目标责任书”“廉洁承诺书”，强化对预检预验、收购质量、烟叶调运及收购人员管理，确保证收购工作顺利。三是强化预检。实行入户预检 100%，严把入户预检关、严防预检走过场，预检员进一步加强对烟农分级技术指导，减少混青、混色、混部、混级现象，确保预检后的烟叶达到部位清、颜色清、组别清。开展预检电话抽查，确保预检人员出勤率和工作效果。四是强化巡检。全年各收购点 100%做到挂样对样收购，做到每日收购前平衡眼光，关仓后总结纠偏，统一收购眼光，平衡收购标准。成立质量巡检小组，不定期对各收购点每月 4 次以上巡查，对存在问题现场纠正，对问题较突出的开具“整改通知书”，停称整改并处罚。

【卷烟销售】 2016 年，全县销售卷烟销售 11670.22 箱，占全年销售计划的 98.9%，下降 2.9%，其中一类烟销售 2096.9 箱，上升 9.93%；二类烟销售 334.324 箱，上升 18.31%；三类烟销售 5648.612 箱，下降 23.54%；四类烟销售 1728.24 箱，上升 16.78%；五类烟销售 1848.784 箱，上升 93.99%；无价类销售 13.3655 箱，上升 29.67%。完成销售收入 28187.9983 万元，下降 1.91%。实现毛利 6967.13 万元，占全年计划的 92.3%，上升 5.23%；单箱收入 24154 元，增长率 1.02%。

【烟草执法】 2016 年，召开全县“振兴川烟”工作会，成立由县领导任组长、多部门负责人为成员的烟草市场经济秩序整顿工作组，办公室设在县综治办(简称县烟整办)，负责全县“打防控”一体化专卖管理新体系建设。烟草专干 4 名、烟草市场义务监督员 21 名通过招聘、体检、培训走上岗位，形成烟草专卖稽查员、烟草专干、烟草市场义务监督员“三员一体”的网格化监管模式，义务监督员开展市场走访和法律法规宣传，发现、收集违法违规线索，烟草专干负责义务监督员的指导管理和信息报送，烟草专卖稽查员负责违法线索情报的核实、查处，实现市场的精细化管理。全年查处涉烟违法案件 230 起，上升 36.91%；查获各类违规卷烟 204.495 万支，上升 75.53%；案值 107.279 万元，上升 107.99%；上缴罚没款 25.354 万元，上升 58.70%。成功破获“12·5”销售非法卷烟网络案，共捣毁假烟销售存储窝点 6 个，现场查获品牌假烟 73.824 万支，实物案值 51 万余元，抓获涉案嫌疑人 10 人，刑事拘留 8 人，逮捕 3 人，起诉 3 人。

【烟草对口帮扶】 2016 年，县烟草专卖局继续对口帮扶蒿坝镇高坪村和中山村，共组织帮扶活动 8 次，捐款 2073066 元、捐物折 37589 元。1 月，干部职工将新购的“三件套爱心棉衣”送到 52 名农民工子女手中，折 6894 元；2 月，开展一对一帮扶贫困户 55 户，捐款 11700 元；3 月，栋梁工程捐款 2800 元；5 月，修建烟区机耕道 5 条，出资 2045966 元；6 月，把价值 13495 元的 “爱心包裹”163 个送到高桥小学贫困学生手中；8 月，捐赠价值 2200 元的爱心助学包裹；8 月，再开展一对一帮扶 55 户贫困户，捐款11400 元、捐衣物折 15000 元；9 月，为高石村贫困户捐款1200 元。

(喻杰)

食盐专卖

【盐业概况】 2016 年，四川省盐业总公司筠连支公司(以下简称筠连盐业公司)有编制 14 人，其中在岗职工 9 人、离退休 4 人、病退 1 人。筠连盐业公司下设财务股、业务股、办公室，管理筠连县盐政稽查所。筠连盐业公司和筠连县盐政稽查所实行两块招牌一套人员。

【食盐专卖】2016年，全县销售加碘食盐任务为1400吨、工业加工用盐40吨，下达调运计划1800吨。在经营各类盐产品中，提供优质服务自觉遵守法律法规，规章制度，严格把关配合盐政稽查所管理好市场供销。全年，确保全县供销稳定，无脱销，安全保障人民生活用盐。

【盐政执法】食盐专营利国利民，管好食用碘盐消除碘缺乏病是盐业员工的责任，盐政稽查所负责管理和监督盐业公司的市场管理工作。

【盐业发展】2016年，筠连盐业公司不断深化改革，拓展市场经济多种经营方面的发展。在全县建立川盐连锁店20个、川盐连锁专柜50个，并增加对中粮荆楚花菜籽油、德花牌食用油、新桥大米等的多种经营。

（李权）

石油制品贸易

【加油站点】2016年，全县成品油零售经营企业共22家，其中中石油6家、中石化1家、民营加油站15家，分布于县域各乡(镇)。

【加油站建设】强化成品油零售经营企业设备设施的安全运行管理，设备设施符合相关技术规范，全年稳定运行，未出现安全事故。重点时段组织联合安全检查，整改安全隐患；落实技术改造，22家成品油零售经营企业全部完成油气回收治理改造；严格执行散装汽油管理规定，完成车用燃油的专项治理。

【成品油管理】2016年，各加油站严格执行物价政策，按照发改委成品油油价调整方案及时调整油价，无哄抬油价、降价倾销等扰乱成品油市场的行为，各企业在油品质量、计量、消防、安全、环保等方面执行良好。加大成品油市场监管，依法取缔超范围经营、无照经营等非法网点；严厉惩治非法炼制、销售无合法来源、假冒伪劣成品油和掺杂使假等违法行为；加大加油站的计量监管力度，惩治计量违法行为，确保全县成品油市场秩序稳定；加强成品油市场的监测预警，继续加强成品油监测分析工作，把握成品油市场运行动态，健全成品油市场应急预警机制，完善对重点地区、重点加油站(点)的成品油供应保障工作，避免成品油断档脱销。

【汽柴油销售】2016年，全县22家成品油经营企业共销售成品油25434吨，其中柴油16610吨、汽油8824吨，销售收入18728万元，成品油销售量有所上升。

（罗付祥）

供销合作

【供销改革】2016年，供销合作社工作围绕为“三农”综合服务，抓好“全域推进社会主义新农村建设”“农村社会化服务体系建设”“农村再生资源回收”等，积极创新供销社体制和机制，提升供销合作社形象。贯彻《中共中央国务院关于深化供销合作社综合改革的决定》《中共四川省委四川省人民政府关于深化供销合作社综合改革的意见》，积极参与宜宾市供销系统综合改革实施意见讨论；成立领导小组撰写“筠连县供销社综合改革实施意见”，努力营造供销社改革发展环境，帮助农民增产增收。

【农村专业合作经济组织】2016年，供销合作社发展农产品生产基地，引进和改良农产品品种，开展农产品深加工，形成规模化产业和统一购销渠道，增加农民收益。完善农村专业合作经济组织的章程、财务管理制度、红利分配制度。指导、协调、服务已建的农村专业合作经济组织，促进全县农村专业合作经济组织的健康发展。

【农村社区综合服务社、庄稼医院、再生资源网络体系建设】一是整合供销合作社已有经营网点，通过改造提升、统一标识、规范发展社区综合服务社、庄稼医院、再生资源回收网点。二是吸收成熟的农资、农药、日用消费品经营门店加盟，统一标识、整体包装，打造社区综合服务社、庄稼医院、再生资源回收网点形象。三是发展社区综合服务社、庄稼医院和再生资源网络体系。全年，恢复或新建基层社2个、社区综合服务社12个、再生资源回收网点5个、农资连锁配送网点37个。

【供销信访及遗留问题解决】一是热情接待群众来信来访，做好下岗职工安抚，协调核实机关退休人员退休费统一由社保局发放事宜，解除下岗分流人员后顾之忧。二是解决供销社企业改制遗留问题，由于各种原因，原115名下岗职工因养老保险6年未缴纳断档，但部分职工临近领取社保年龄而无法领取，要求下岗职工先自行垫钱缴纳1986–1991年的社保金，积极向县政府汇报，争取早日解决此历史遗留问题。经过工作，下岗职工同意垫交。至年末，有19人垫缴养老保险共75721.32元，没有一人就此事到省、市、县上访。

【供销对口帮扶】2016年，县供销合作社对口帮扶蒿坝镇平安村，多次深入平安村实地走访帮扶对象，摸清帮扶对象家庭人口、住房、就业、上学、就医、家庭收入及日常生活中存在的困难，量身定制帮扶措施和脱贫计划；积极宣传国家脱贫帮扶政策，为贫困户脱贫树立信心；组织干部职工积极捐款捐物，2次捐款7000余元为帮扶户购买大米、菜油并送到家中，单位出资2000余元为平安村活动室购买打印机1台，支持村阵地建设；选派一名副主任到平安村任第一书记，采取帮扶措施，开展脱贫工作。

（胡倩霞）

投资促进

【到位资金】 2016年，招商引资工作贯彻落实县委、县政府的决策部署，坚持“12456”发展思路，突出“项目年”主题，全力打造绿色筠连、生态筠连、宜居筠连，走出一条资源型地区可持续发展的新路子。全年，招商引资到位市外资金63.02亿元，其中到位省外资金42.15亿元，到位工业资金30.89亿元。新包装推出招商引资项目完成19个；新开工亿元以上产业项目13个。

【重点督办项目】 2016年，县境市重点招商引资督办项目共12个，协议总投资43.04亿元。至年末，实际累计到位资金30.05亿元，完成年度目标的164.93%。

筠连县重点招商引资项目2016年进展情况一览表

表2　　单位：亿元、%

项目名称	计划资金	完成投资	完成率	备注
筠连日液化页岩气30万方项目	2.5	4.8	192	竣工投产
宜宾中村煤矿技改项目	2.1	2.5	119	完成主体工程
筠连金峰驾驶培训有限责任公司建设、运营项目	0.8	1.6	200	完成主体工程
筠连城南新区商业广场、人行桥及下穿隧道工程项目	2	2	100	完成主体工程
筠连县“在水一方”生态农场建设项目	0.3	0.3	100	竣工投产
幸福花卉农场建设项目	0.5	0.5	100	竣工投产
筠连5500亩青脆李套种茶业加工项目	0.6	1.5	250	竣工投产
筠连县现代医院项目	0.5	0.5	100	竣工投产
佳乐富生猪养殖项目	0.8	0.8	100	竣工投产
筠连县海瀛粮油工业园区项目	3.0	3.3	110	竣工投产
老年公寓项目	0.6	0.6	100	开工建设
重庆蕃焯(筠连县)筠州国际社区商业综合体项目	4.5	11.7	260	完成主体工程

【招商引资举措】 一是借力重大活动，签约落实在谈项目。全年，参加“宜宾市推进返乡创业发展座谈会”、知名企业四川行活动，组织企业和嘉宾参加第十六届中国西部国际博览会等各大招商活动，成功举办“李花节”筠连县招商引资推介会等，共签约项目34个，签约70.43亿元，涉及农业、工业、饮料食品、基础设施、商业综合体、电子商务、饮料食品、能源电力、旅游业、其他服务业等行业类别。二是抓好已签约项目推进，确保项目落地快、见效好。根据项目推进情况，县委、县政府不定期召开项目专题会议，召集相关部门会同投资业主研究分析项目推进中存在的难点和重点问题，“面对面、点对点”，强力推进项目落实进度；按照县委、县政府《关于贯彻落实〈在全市开展千名领导干部联系千户企业“进企业、结对子、解难题、促发展”活动〉的通知》，领导入户企业，了解企业“疑难杂症”“对症下药”，全县项目有序推进。三是加强意向性项目对接，确保项目不流失。坚持“走出去，请进来”的招商理念，县委、县政府领导多次亲自带队外出考察项目；坚持“多重招商”并存理念，继续通过招商会、分组不定期洽谈、驻点招商、文化招商等多重招商方式，大力开展招商引资。全年，与深圳市金慧谷咨询有限公司签订为期10年的《筠连县代理招商合作协议书》，聘请县政府招商顾问，打造全方位招商引资平台，着力招大引强，让更多企业在县境投资兴业。

【出台招商引资政策】 2016年，招商引资政策有：一是县委办、县政府办《关于印发〈县级领导牵头联系2016年投资促进重点督办项目责任分工〉的通知》，根据项目推进，牵头项目的县领导不定期召开项目专题会议，召集相关责任部门会同投资业主研究分析项目推进中存在的难点和重点问题，通过面对面、点对点方式，强力推进项目落实进度。二是县委办、县政府办《关于调整〈深入贯彻落实县委县政府2016年重要部署责任分工方案〉工作组的通知》，把全县七大重点工作组调增为八大重点工作组，专门组建招商引资工作组，把全县年度重点招商引资项目落地见效进行细化分解，明确牵头县领导和具体的责任部门，进一步强化对招商引资工作的领导。

【主动引资入筠连】 一是坚持“重商、亲商”服务理念，合法合规优化企业办证审批流程，开展“一站式”服务，公开办事程序、标准和办理时限，合理压缩办证审批等时间，提升工作办事效率，优化投资服务环境。二是坚持“走出去、请进来”招商理念，大力宣传筠连茶叶、黄牛、粉条等特色农产品及奇泉、溶洞等旅游资源和招商项目，组织县内企业参加西博会、“四川行”等经贸洽谈会、展品展示会等经贸交流活动。以真诚、友好的态度对待客商，主动与投资者交朋友，以真挚的感情吸引客商，争取招商项目潜在投资人或合作伙伴入筠连投资兴业。三是挖掘“十万筠商闯天下”的人脉资源，引导筠商成功人士联络所在地筠商组建北京、上海、重庆、成都等商会，县政府办印发《关于印发〈“筠商”返乡企业在筠设立总部奖励补助的暂行办法〉的通知》，鼓励筠商回乡创业发展。

【经费保障】 一是足额落实配套资金，由财政按一般预算支出列入年度预算，保证招商引资经费的必要开支。二是足额拨付重大招商项目活动经费及工作经费，及时足额发放企业奖励资金，对符合条件的招商引资项目采取补、贴息等多种方式给予政策优惠，保障使用效益。三是监管资金使用，实行专项管理，坚持勤俭节约，杜绝铺张浪费，提高资金的使用效益。

（刘旭霞）

规建城管与环境保护

住房和城乡规划建设

【住建概况】 2016年，住房和城乡规划建设按照县委、县政府"一轴、两核、四组团"("一轴"：沿快速通道展开的城市南北向发展轴，串联4个城市组团。"两核"：集中打造两个服务川南滇东北结合部的区域性相对服务核，分别为城市中央的古楼绿色生态核和城南新区的城市综合服务核。"四组团"：筠连、古楼－林家湾、巡司、海瀛4个城市功能组团)战略部署，发挥规划在城市建设中的"龙头"作用，完善规划体系，抓好民生保障、城市设施建设、强化行业服务、严守建筑施工质量安全、确保重大项目支撑，打造筠连山水园林县城。全年建成区面积新增1.1平方千米，城镇化率37.65%，增加1.38个百分点；城乡建设投资26.1亿元，建筑业产值9.43亿元，房地产开发投资6.36亿元。

【房产管理局改制】 9月28日，筠连县不动产登记中心正式成立，县房产管理局按照"登、管"分离的职责将房屋登记职能移交到不动产登记中心，继续履行房屋交易管理职能。

【棚户区改造规划】 4月，由宜宾市城市规划勘察设计院完成《筠连县城中华街片区棚户区改造修建性详细规划》，中华街片区棚户区改造项目东起景阳山、南至县医院、西邻和平街、北毗长春苑小区，总规划约9公顷，涉及住户近1000户。规划定位集居住、商务、绿色生态空间为一体的，开放式邻里和谐生活街区，打造成为基础设施完善、环境优美、具有特色的片区。目的为全面提升该棚户区居民生活条件，完善城市设施，改善居民生存环境，提高生活质量；优化土地资源配置，提高土地资源利用率；化解社会矛盾、促进社会经济统筹发展。年末，编制完成中华街片区棚户区的改造控制性详细规划和修建性详细规划，按程序上报审批。

【岩溶风景名胜区总体规划】 6月，由宜宾市城市规划勘察设计院完成《筠连县岩溶风景名胜区总体规划（范围调整）》，规划把风景区分为5个片区，即岩溶湖－羊子洞片区、仙人洞片区、玉壶泉片区和海瀛潮涌泉片区、马家石林片区，总面积约138.18平方千米；以岩溶湖、岩溶峰丛为中心，以玉壶泉、羊子洞等为组成部分形成主景区范围，以仙人洞、潮涌泉、马家石林及独立景区为补充形成整个风景区范围。规划期限2016–2020年。筠连岩溶风景区是综合泉类岩溶峰丛的地质自然景观和历史人文景观，以岩溶峰丛、溶洞、温泉疗养为标志，以"奇、险、秀"为特征，供游览观光、奇洞探险、温泉度假、民风民情赏析的省级风景名胜区。规划目标为以风景名胜资源的保护为核心，把风景名胜区建成为生态环境优良，展示内容丰富，服务设施完善，基础设施配套，保护和利用协调，管理和经营有效的可持续发展的省级风景名胜区。该规划于10月8日，经省政府同意，由省建设厅以川建景园发〔2016〕778号批准同意实施。

【城市规划成果】 10月，由北京通程泛华建筑工程顾问有限公司完成《筠州·印象建筑设计方案》，位于县城腾川路以西、煤都大道以南，占地面积15964.6平方米，建筑面积58534.73平方米。由地上4栋10层商住楼、3栋14层商住楼、地下1层车库组成，容积率2.99，建筑密度54.4%，打造成为进入城南新区的高端、宜居的商住小区。同月，由四川宏图都市建筑设计有限公司完成《阳光府邸建筑设计方案》，位于县城，西临南郊路，整个场地为坡地建筑，用地净面积21550平方米，总建筑面为81236.67平方米，规划指标容积率3.19，建筑密度18.67%，绿地率37%，由商住楼、纯住宅、地下车库、设备用房、老年建筑公寓和幼儿园等组成。

【沐爱国家级城镇建设】 沐爱镇于2013年和2014年被评为省级试点镇和国家级建设重点镇。于2014年起进行城镇建设工作。2016年完成沐爱镇荷花池公园改建工程项目，既提高城镇形象，又方便群众的生产生活。

【幸福美丽新村建设】 2015年起，在全县开展幸福美丽新村建设。2016年，按省市相关要求，对筠连镇燎原村等39个村进行幸福美丽新村建设，可改善1012户农户的居住环境，至年末已全面完工。

【征收拆迁安置】一是城南新区涉及征收拆迁房屋279户,完成241户,征收房屋6.26万平方米,支付补偿款1.3亿元;完成城南新区燎原统建区、自建区方案的公示、意见收集及方案优化,对星星村统建方案研讨。二是保健院区段涉及征收拆迁房屋33户已完成27户约5400平方米,支付补偿款约249万元,由保健院拆除;还完成该区段房屋安置31套约5800平方米,收调换补差款89万元。三是完成城北C区段被征收户门面40间、住房102套的安置结算,收调换补差款约380万元。四是完成煤二期、城北C区段土地证的划拨手续及办理,全年办理300本产权证,对府后街、煤二期、城北C区段、煤三期等各区段安置结算200余户。五是清理市政返安房约30000平方米移交县国资公司,协助国资公司拍卖。

【危旧房棚户区改造】一是开工危旧房棚户区改造。全年新开工改造危旧房棚户区640套,完成投资11670万元,其中中华街片区棚户区改造实施货币安置,共安置276套;沐爱镇荷花社区棚户区改造274套,地点沐爱镇荷花社区,改造危旧房屋44058.50平方米(其中住房34981.00平方米、配套用房9077.50平方米),配套道路及给水、雨水、污水、电力、通信管网等;燎原城中村棚户区改造项目90套,地点筠连镇燎原社区,建筑面积9000平方米。二是续建危旧房棚户区共660套,其中小西街老丝厂改造80户,面积7100平方米,投资估算1800万元,已竣工验收;筠连龙庭.城市广场项目,地点筠连镇滨河西路,改造300户25000平方米,投资9000万元,于2015年2月动工,至年末基本建成;镇舟镇危旧房改造123户,改造面积11000平方米,总投资1650万元,已竣工验收;巡司镇危旧房改造80户,改造面积7000平方米,总投资1080万元,已竣工验收;双腾镇危旧房改造45户,改造面积4000平方米,总投资450万元,已竣工验收;维新镇危旧房改造32户,改造面积2800平方米,总投资320万元,已竣工验收。乡(镇)居民均采取自拆自建方式,政府对配套基础设施给予补助。

【保障性住房建设与分配】一是公租房建设。全年续建公租房300套,其中筠连镇100套、维新镇65套、乐义乡45套、高坪苗族乡45套、龙镇乡45套,建筑面积15000平方米,完成投资3920万元,均于2015年9月动工,至2016年11月,均竣工验收并投入使用。二是廉租房租赁补贴。市下达筠连廉租房租赁补贴1151户,完成租赁补贴1151户,其中新增10户,共发放租赁补贴345.3万元。三是公租房分配和入住。2016年,全县公共租赁住房保障新就业无房职工147户,其中新维煤矿13户、沐爱38户(含定向20套分配农民工)、公租房筠中工程96户。全年,规建城管局管理的筠连镇范围内的公房、廉租住房等没有发生垮塌、人员伤亡情况。

【农村危房改造】2016年,县规建城管局牵头实施全县农村危房改造,共投入政府资金1698万元,涉及18个乡(镇)1299户,至年末已全面完成,消除了贫困户的住房安全隐患,改善贫困户的居住环境。

【城南新区市政道路工程】城南新区市政道路工程(一号路、二号路、三号路工程)于2015年12月公开招标,由四川华远建设工程有限公司中标承建。位于县城南新区,2016年1月动工,12月竣工验收合格。建设内容为一号路的道路宽度22–29米,总长427米,道路总面积10750平方米;二号路的总长330米,宽31米,道路面积10230平方米;三号路的长约437米,宽22米,道路面积9614平方米。

【市政配套排水管网工程】2016年,全县新建市政配套排水管网(含新建市政配套排水管网)3919米,为混凝土预制管件,其中雨水管网2124米(D300雨水管582米、D500雨水管429米、D600雨水管468米、D700雨水管291米、D800雨水管292米、D900雨水管62米);污水管网1795米(D400污水管1634米、D500污水管161米)。新建电力管沟1604米,通信管网1717米。

【燃气管网建设和用户发展】2016年,新增燃气P110管线(中和栈–水源荆花)8.6千米,途经旗隆、荆花、星星、水塘等村。全年,新增天然气用户4126户,全县累计天然气用户30000户。

【建筑企业】2016年,县境建筑业企业完成专业承包由三级资质升格为二级资质1家,企业新增资质32项。至年末,全县拥有建筑业企业9家,其中施工总承包二级资质有4家,即筠连县鸿基建筑有限公司、四川总进建设工程有限公司、四川鑫普建筑安装工程有限责任公司、四川川沛建筑工程有限公司;施工总承包三级资质有5家,即宜宾清和环保科技有限公司、四川宝添建设工程有限公司、筠连县筠正建筑工程有限公司、筠连县华人建筑有限公司、筠连县宏高建筑工程有限公司。

【招投标监督管理】2016年,县规建城管局参加政府投资工程的招投标监管29次,其中比选19次、公开招投标10次,招标价19058.58万元,中标价16432.42万元,节约财政资金2635.16万元,节约率13.83%。

【物业管理】根据《物业管理条例》,强化行业监督指导职能,县规划建城管局牵头组建物业企业。至2016年年末,共组建华鑫名都物业管理公司、锦绣华庭物业管理公司、金塔物业管理公司、金田物业管理公司、腾川物业管理公司、宜宾华鑫物业管理公司、鑫鑫物业管理公司和巨洁物业管理公司8家物业管理企业，其中5家小区成立业主委员会。通过规范业主大会、业主委员会的决策和自律，依法维护自身的合法权益。

【建筑工程质量安全监管】2016年，县建筑工程质量安全监督站开展建筑行业安全生产检查6次，覆盖对县城内所有工地，共发现隐患48处，下发整改通知单21份，均要求施工单位扩时回复，验收合格后才进入下一步施工，整改率100%。对全县报监建设工程项目监督到位率100%，竣工验收合格率100%，没有安全事故的发生，实现零死亡的目标。一是工程监督，全年新增建筑工程报监项目25个，房建5.6万平方米；在建工程报监项目45个，其中市政场地项目3个、房建约48.94万平方米，竣工验收建筑工程项目24个、房建约16.96万平方米。二是申报市优质工程，将“筠连县人民医院工程”项目申报为“宜宾市优质结构工程”，待审核评定。

【建筑执法】2016年，全县共查处各类违法违章建设126户，违法建筑18065平方米，实施强制拆除4102平方米，对私搭滥建、抢建行为起到良好的震慑和教育作用，确保城乡规划顺利实施。

【建设行政审批】2016年，全县共受理各类建设项目行政审批196件，其中建设项目选址意见书34件、建设工程用地规划许可证9件、建设工程规划许可证130件120602.37平方米、建设工程施工许可证23件132449.96平方米。开展行政权力清单清理3次，完成行政审批制度改革，于10月18日向县政务中心报送清理结果前置条件目录，全年取消县本级行政审批项目前置目录48项、调整由申请人自行编制前置条件目录16项、保留行政审批前置条件目录90项。

【防震减灾】一是改善监测设备，9月，“省、市、县防震减灾综合能力项目”通过省、市地震部门的验收。建成地震实时监控与速报共享系统，地震监测能力得到提高；建成地震应急指挥和灾情速报、评估技术系统和数据库，提升地震应急响应与救援能力。二是防震减灾科普宣传，5月12日是第8个全国防灾减灾日，县地震台以“减少灾害风险 建设安全城市”为主题，结合“平安中国 千城行动”开展防震减灾宣传活动，发放《地震知识》《地震应急自救知识手册》防震减灾资料1000余册、防灾科普宣传贴画2000余张，有利于广大群众在处置各种灾害时防范意识和应对技能的提高。

（曾君）

城镇管理

【市政园林管理】一是城区下水管道、水篦子的维护和化粪池的清淤。全年共清理排污管道4400余米，更换水篦子326套、更换井盖208套，化粪池清淤196口。二是城区市政照明的日常管理维护。全年共维修路灯560余盏，更换路灯配件时控开关、横电流、空开、交流接触器等1583件，更换线缆4000余米，维修景点亮化351次。电工每晚巡查城区路灯，发现问题及时维修，确保城市亮灯率96%以上。三是市政设施的巡查和养护，全年维修人行道地砖2540余平方米，维修九龙叶水至大桥、烈士陵园、气象局门口、筠山都市等花台300米。四是制作安装县城迎春灯饰，通过采用不同灯串颜色创新、不同小品装饰，以新华大桥为主要干区，以定水河两岸、大桥、新华大桥、百兴大桥、新华大道路段为重点，把茶文化、牛文化融入灯饰元素中，展示筠连的文化产业发展，增添节日的喜庆氛围。五是城市园林绿化。对城区所有绿化景观喷洒农药、粉刷石灰等病虫害防治，清除绿化树寄生藤3500余平方米，清理景观带内枯枝、杂草、白色垃圾等。

【环境卫生管理】2016年，坚持每日完成市政道路环卫作业48万平方米，共清运垃圾3.1万余吨，维护更换破旧环卫设施，确保城市道路干净和生活垃圾日产日清。坚持对城区道路晴天每日冲洗2–3次洒水降尘作业，城区主干道每日采用机械化作业清扫，每日轮流对人行道冲洗，及时冲洗各类突发性污染。

【数字城管中心】2016年，筠连县数字化城市管理指挥中心协助各部门成功创建国家级卫生县城，创建人居范例奖，实现视频案件的上报处理；与市级平台完成数据以及视频对接，与公安天网实现互联互通，实现巡查人员、案件的量与质上升，全年巡查上报案件线索13708条，结案12916条，结案率94.24%。

【城管综合执法】一是集中整治城区夜市。安排执法人员对城区夜市摸底登记，坚持每天到夜市督查1次，对违规经营业主下达限期责令整改通知书，夜市无序经营污染环境得到改善。二是治理城市“五乱”。加大“五乱”治理执法力度，严查垃圾乱丢、摊点乱摆、工地乱象、广告乱贴、车辆乱停“五乱”，加大对筠州中路、河西一路、河滨道、民主街、城北路口、四桥、大桥头、各农贸市场进出口、学校周边等整治力度，遏制“五乱”现象的反弹。三是整治城区广告牌匾。全年出动执法人员300多人次，拆除各类广告牌匾120多处。四是整治占道经营，规范门面经营。全年共规范占道摊点2300多处次，清除流动经营摊点70多个。加强占道经营和门面装修的行政审批，共受理审批 80 余起。

（曾君）

环境保护

【环保概况】 2016 年，环境保护工作以加强生态文明建设为主线，以服务县域经济发展，持续改善环境质量为落脚点，突出“三个确保”（确保生态县建设全面完成、确保“十二五”减排任务全面完成、确保辖区饮用水源安全），强化“四个整治”（强化水环境综合整治、强化大气环境综合整治、强化声环境综合整治、强化重点流域综合整治）；强力推进“六项工作”（认真开展排污许可证、建设项目环保竣工验收，积极申报项目争取资金，推进环境保护日常监管工作，强力推进环境保护基础能力建设，积极推进政务公开工作，强力推进了环境保护宣传教育），维护好筠连天蓝、地绿、水净的生态环境，环境质量指数在全省排名由 96 位上升到 55 位，促进“绿色筠连、生态筠连、宜居筠连”建设。

【环保指标完成】 2016 年，全县化学需氧量削减 1307.85 吨，总量削减比例 22.28%，完成任务的 801.44%；氨氮削减 15.168 吨，总量削减比例 3.58%，完成任务的 303.39%；氮氧化物削减 1410.73 吨，总量削减比例 56.46%，完成任务的 653.47%。

【环境保护机构设立】 2016 年 11 月，根据筠机编〔2016〕49 号文件，成立 18 个乡（镇）环境保护管理办公室。在经济发展办增挂环境保护管理办公室牌子，主任由经济发展办主任兼任，各乡（镇）在已有编制内调剂 1-2 名人员从事环境保护管理。

【环境管理】 一是严格执行建设项目“环评”“三同时”制度，对符合国家产业政策和环保准入的建设项目，主动搞好协调服务，把好“三关”。“选址关”，新建项目的选址须符合城市规划、环境保护规划；“审批关”，申报项目须按编制环境影响报告书、环境影响报告表或填报环境影响登记表；“验收关”，杜绝新污染源的产生。严格执行环境影响评价和“三同时”制度，推进工程减排、结构减排、管理减排。全年审批新建项目 48 个，其中环境影响报告表 14 个、环境影响登记表 24 个、备案登记表 10 个；验收建设项目 24 个。完善建设项目环评专家审查和公众参与机制，及时在门户网站上公开项目审批和“三同时”验收信息。二是严格水源保护区管理，抓好县城区饮用水源保护和管理，加强各乡（镇）饮用水源保护区监督和管理。全面取缔饮用水源地一、二级保护区内工业和生活排污口，禁止从事旅游、游泳和其他可能污染水体的活动，禁止在保护区内新建、扩建与供水设施和保护水源无关的项目。强化监测，坚持对 31 处集中式饮用水源例行监测，监测结果各项指标均符合《地下水质量标准》（GB14848-93）Ⅲ类标准。开展饮用水源保护专项检查，坚决查处污染和破坏水源的环境违法行为，完善饮用水源保护区的长效管理，确保全县饮用水源安全。三是网络安全管理，信息统计中心制订完善网络安全防范措施，防止网络安全攻击，增加手机短信报警功能，解决平台 24 小时在线值守问题。加强对 3 家国控企业及 5 家省控企业的监管，执行污染源在线监测、监督性监测、比对监测及企业自行监测，确保企业污染防治设施及在线监控设施的正常运行，实现污染物稳定达标排放。全年重点企业自行监测结果公布率 98.8%，传输有效率 99.85%，居全市第二位。

【环境治理】 2016 年，强力推进项目资金争取工作，共争取上级环保专项资金 1804 万元。分别为省级环保专项资金 1700 万元，其中南广河流域治理资金 1500 万元、五凤村农村连片整治项目 200 万元；市级自然生态专项资金 104 万元，其中花山村生态村建设项目、新民村生态村建设项目、旭松养殖场畜禽养殖污染防治治理项目，3 个项目资金共 59 万元。

【水环境综合整治】 一是推进乡（镇）生活污水集中处理建设，镇舟镇场镇污水处理设施通过验收、双腾镇污水处理设施开工建设。二是加强乡（镇）生活污水集中处理设施监管，实施乡（镇）污水处理设施流量计安装工程，投资 15 万余元，在沐爱镇、大雪山镇、孔雀乡、塘坝乡、腾达镇、维新镇、蒿坝镇、龙镇乡、镇舟镇分别安装超声波明渠流量 9 台，在武德乡一期、二期、乐义乡安装电磁流量计 3 台，监管实现建制城区生活污水处理率 85%以上。三是开展重点流域（腾达河、定水河）水污染防治、重点行业企业水污染防治、畜禽养殖污染和农村面源污染防治，保持“水净”筠州形象。

【大气污染防治】 2016 年，贯彻落实新的《中华人民共和国大气污染防治法》，开展大气污染防治工作，加大对工业企业监管，实现污染物达标排放。一是开展大气面源污染防治，开展秸秆禁烧工作，划定高污染燃料禁燃区，烟尘控制区覆盖率 > 90%。二是消耗臭氧层物质淘汰的监督和执法检查，对移动公司机房灭火器淘汰情况和县城绿源超市、浙商大酒店中央空调制冷剂的使用纳入监管。三是开展城市扬尘污染防治，全面推进机动车尾气污染防治，淘汰“黄标车”，全年发放 3230 个环保标志，实现新上户车辆贴标率 100%。全年环境空气质量达到《环境空气质量标准》（GB3095-2012）二级标准，县城空气达标率 81.97%，大气环境质量得到改善，并通过筠连电视台对外发布环境空气质量日报，保护“天蓝”筠州形象。

【噪声污染防治】 县环保局联合各相关单位开展社会生活噪声整治和建筑施工噪声整治，对城市噪音扰民反映强烈问题，制发《筠连县城区环境噪声污染整治工作方案》，由环保部门出具监测报告，公安部门依据《中华人民共和国环境噪音防治法》第四十四条、第六十条进行行政处罚，畅通环保"12369"、市民热线"12345"、公安"110"、城建"12319"等噪声污染投诉渠道，形成多部门噪声污染投诉信息共享、联合执法的机制，遏制噪声扰民"顽疾"。全年，噪声监测显示全县环境噪声达标率100%，区域环境噪声平均值小于55.00dB(A)，维护"安静"筠州形象。

【重点流域环境综合治理】 一是污水处理设施建设，县城污水处理厂二期及配套管网工程，通过验收，厂外提升泵房通过招标；巡司污水处理厂建设已通过地岩土工程勘验、设计开标。镇舟镇场镇、沐爱镇椦坪村集居点、团林苗族乡沙新村集居点污水处理设施建设，通过验收；武德乡污水处理设施建设完成，待验收；双腾镇、团林苗族乡场镇污水处理设施开工。二是农村环境整治，沐爱镇椦坪村、团结村、石林村3村连片整治完成，待验收。筠连镇五凤村连片整治项目"民办公助"项目在建中，饮用水源保护、垃圾处理等进入招投标。双腾尖峰山种养专业合作社筠连(川南)黄牛养殖场治理完成，通过验收。

【环境监测能力】 2016年，县环境监测站新增技术员1名，在岗人员17人。全年申请考核77项178项次；具备的持证项目覆盖水质、降水、空气、生物类、噪声及振动及土壤6类共102项，其中环境空气和废气21项、噪声和震动7项、水和废水53项、大气降水5项、生物类5项、土壤类5项、空气自动监测6项，已具备开展地下水质23项、地表水质监测28项的硬件条件。投资40万余元为监测站更新原有大型仪器原子荧光分光光度计、红外测油仪及常规监测设备10台套；投资5万余元用于环境空气质量"六参数"自动监测仪器的维护及标气更换，保障自动站监测数据的准确性和科学性。

【环境监测】 一是例行监测，空气质量监测方面开展6个项目(二氧化硫、二氧化氮、PM10、PM2.5、臭氧、一氧化碳)监测，至年末，发布城区空气环境报告12份，取得成果数据2081个，辖区内实际监测天数360天，达到《环境空气质量标准》(GB3095-1996)Ⅱ级标准的天数297天，达标率81.15%；通过县电视台与县政府网络平台对公众发布环境空气质量日报。二是出入境断面水质监测，县境地表水为市控监测网，共设2个监测断面(宋江河黄泥嘴断面及南广河腾达镇断面)，姆得监测数据672个，其中9月、10月出境断面总氮均超《地表水环境质量标准》(GB3838-2002)中Ⅲ类标准，其他月份监测值均达到Ⅲ类水质标准。三是噪声环境质量监测，完成功能区噪声(50个点位)、交通干道噪声(2个点位)监测，并按时上报数据，其中功能区噪声平均分贝小于55 dB(A)，同比下降。四是酸雨降尘监测，完成控制点(城区)和清洁对照点(郊区)点位的酸雨降尘采集与分析，按时完成月报，结果显示无酸雨区。五是饮用水源监测，完成县城集中饮用水源及县城备用水源每月的常规监测，取得成果数据576个，其中9月县城备用水源因生活污水管网渗漏导致亚硝酸盐氮、总大肠菌群、高锰酸盐指数超《地下水质量标准》(GB14848-93)Ⅲ类标准，其他月份指标均符合《地下水质量标准》(GB14848-93)Ⅲ类标准。完成全县乡(镇)饮用水源监测(半年1次)，其中地表水饮用水1个、地下水饮用水18个，取得乡(镇)地表水监测数据56个，其中沐爱镇下半年地表水饮用水总氮超出《地表水环境质量标准》(GB3838-2002)中Ⅲ类标准；取得地下水监测数据828个，符合《地下水质量标准》(GB14848-93)Ⅲ类标准。六是监督性监测，对国控和省控重点工业污染源的监督性监测和在线比对监测。七是委托监测，完成委托监测44个，编制监测任务通知单103份。八是建设项目监测，完成建设项目本底监测项目9个，建设项目竣工验收环境监测11个。

【环保执法】 一是加强执法大队移动执法和环境应急能力建设，投资22万元采购执法系统终端电子设备和应急设备并使用。二是履行环境监察职责。结合"双随机"(指污染源日常监管随机抽查。随机抽取污染源企业和环境监察执法人员，在现场检查实施前，随机抽查名单将保密)任务，进行重点污染源巡查、全面推进网格化环境监管，开展危险废物监管、洁水专项行动、环境保护大检查、《四川省辐射污染防治条例》宣传教育和放射源专项检查、环境执法百日大练兵活动，建立环境行政执法与刑事司法联动机制。全年下达监察意见书22份、限期整改通知3份，依法关停4家石粉厂，依法立案查处采水泥制造业、汽车修理等违法案件22起，处罚金共404270元，收到和办结信访投诉98件，办结率100%。三是强化环境风险防范管理。编制《筠连县突发环境事件应急预案(修订稿)》，县域企事业单位编制环境风险防范责任书、风险评估报告及应急预案，报送县环保局归档备查，督促指导县人民医院、污水处理厂、垃圾处理厂、鲁班山北矿、县二水厂、西南水泥厂等修订应急预案，及时开展应急演练，应急物资储备能满足应急所需。对重点企业开展环境风险隐患排查，消除环境安全隐患，维护环境安全。四是排污费征收，全面使用B/S版排污费征收管理系统，至年末，累计征收排污费入库266.41万元。

【生态环境保护】 一是省级生态县创建，2016年，根据省级生态县的考核要求，完成7个基本条件的创建、36项技术指标的资料整理以及针对全县开展60项重点项目的资料筹备工作。9月，通过省环保厅专家的技术核查。二是开展生态细胞创建，全年成功创建省级生态小区1个（双腾镇酸草自然生态小区），市级生态村18个（武德乡冒鼓村、关津村、金门村、小寨村，筠连镇联络村、普高村、五凤村、五丰村，巡司镇黄坪村、西泉村、银星村，镇舟镇景阳村，联合苗族乡光明村，腾达镇新合村，维新镇东云村、平等村、西林村、周坪村），县级生态村13个（巡司镇黄坪村、西泉村、银星村，维新镇东云村，筠连镇五凤村、五丰村、桂花村、柏杨村、白花村、旗隆村、前丰村、西牛村、水源村），县级生态家园1695户。

【生态脱贫攻坚】 一是规划编制。完成《筠连县生态建设扶贫专项方案》《"十三五"脱贫攻坚规划》生态建设扶贫专项的编制。二是生态建设扶贫项目争取，推进实施21个工程项目，其中天然林保护工程4个、退耕还林工程2个、生态脆弱地区治理工程7个、石漠化综合治理工程1个、水污染环境治理工程4个、地质灾害避险搬迁工程1个、地质灾害工程治理2个，21个项目总投资5369.35万元，全年共争取到生态建设扶贫方面的上级资金2899.12万元，工程项目实施中。

【环保对口帮扶】 2016年，县环保局落实牵头单位责任和精准扶贫对口帮扶高坎乡，组织开展蹲点驻村、第一书记到村、全员帮扶工作。一是节前扶贫。春节前夕，组织职工并邀请筠连县天和医院到高坎乡开展"献爱心、送健康"为主题的精准扶贫帮扶、义诊活动，为红旗村21户贫困户送去大米、食用油、洗衣粉等，折价3230元；开展健康体检和就诊213户296人，并免费发放药品，折价9686元。端午节前夕，联系筠连电商孵化基地为高坎乡红旗村、花山村贫困户送去粽子、咸鸭蛋、大米。二是"爱心助学"活动。为高坎乡中心校、官田村小学生捐献"爱心助学包裹"，折价2000元。三是依托"1+N"联动机制，为红旗村、花山村54户贫困户评级授信，授信金额160万余元。四是争取项目。为高坎乡花山村争取到生态村建设项目资金29万元，把高坎乡红旗村生态村建设项目、高坎乡污水处理工程纳入争取项目计划。五是"扶贫日"活动。募捐到现金4300元，衣服4箱、手机2部，折价3000余元；对口扶贫成员单位共捐款7.6万元，组织民营企业"应国强骨伤医院"到高坎乡现场开展健康体检和就诊300余人次，发放药品和医用物品，折价9500余元；协调农商行捐献电脑、打印机等，折价11000元。

【环保宣传教育】 2016年，围绕新《中华人民共和国大气污染防治法》的贯彻实施，在电视台播放环保知识影片、在街头设立宣传点等形式向广大人民群众宣传普及新环保法和环保相关知识。全年购置6套微电影在电视台滚动播放，编制环保信息41期，设置展板3块、悬挂大型宣传标语6条，发放环境保护宣传册1000余册、宣传资料8000余份，为环保营造良好舆论氛围。一是抓重点时段多方式宣传。把握"3月"综治宣传月、"6·5"世界环境日、"12?4"法制宣传日重点时段，在县城中心位置、乡（镇）集市向广大群众发放宣传资料，开通咨询热线电话，举办讲座、专题活动等，宣传党和国家在环保方面的法律法规以及环保知识，让广大人民群众积极参与环境保护工作。二是抓重点层面全方位宣传。面向决策层宣传，利用向领导汇报工作或参加各种会议过程，向县级领导和部门领导进行宣传，争取领导层、决策层对环保法实施的关注、学习，得到县"四大班子"领导的支持和县级部门的配合。面向企业宣传，争取企业的支持配合。通过举办企业业主和负责人培训班，环保执法人员和管理人员在对企业日常监督管理和环境执法的过程中，向企业宣传讲解环保法律、法规，提高企业对执行国家环保法律、法规的认知程度，绝大多数企业变被动服从为主动执行。面向青少年宣传，在县教育文广局配合下，进行"绿色学校创建"，开展环保法律、法规及环保知识的宣传讲座，开设环保科普园地，帮助青少年树立保护环境，从小事做起的理念。面向社会宣传，利用报刊、网络媒体、开展活动等，开展"绿色小区"创评活动以点带面向广大群众宣传。

（刘毅）

爱国卫生

【爱卫指导性政策】 11月10日，县政府印发《关于进一步加强新时期爱国卫生工作意见的通知》，以建设"健康筠连"为目标，广泛深入持久开展爱国卫生运动，巩固国家卫生县城创建成果，有效治理危害健康因素，创造促进健康的良好环境。坚持党和政府的坚强领导、坚持人民群众的主体地位、坚持预防为主的工作方针、坚持广泛的社会宣传教育、坚持不断改革创新，扎实推进新时期爱国卫生运动各项工作，到2020年，全县创建成国家卫生县城，国家卫生乡（镇）2个，省级卫生乡（镇）9个，市级卫生乡（镇）9个；省级卫生村125个，市级卫生村125个，省、市卫生村覆盖率60%以上。

【国家卫生县城创建】 2016年，严格把握国家卫生县城创建标准，围绕9大项（爱国卫生组织管理，健康教育，环境卫生，环境保护，病媒生物，食品安全、生活饮用水和公共场所卫生，传染病防制，社区卫生，镇辖村卫生）创建工作，纳入部门、乡（镇）年度绩效目标考核体系，与精准扶贫同等对待，明确单位主要领导为第一责任人，分管领导为具体责任人，形成目标明确、职责清晰、机制畅通的工作网络。调整创建工作指挥部，由县委书记任指挥长，县长、县爱卫会主任任常务副指挥长，下设11个工作组，每个工作组确定1名专职联络员，全面负责国家卫生县城创建。采取日常督查与专项督查相结合、领导督查与社会督查相结合、条块督查与部门督查相结合的方式,对照创建国家卫生县城9大项52小项的标准内容,逐条逐项开展督查,确保创建工作得到落实。年内,全县国家卫生县城创建的各项工作顺利通过初检、暗访、技术评估和命名公示等环节,等待命名。

【爱国卫生组织管理】 调整由县委副书记、县长任主任,规建城管、卫计、工商等部门主要领导为成员的县爱国卫生运动委员会。制发县领导联系社区和城乡接合部创卫"五包"责任制,由县长、县爱卫会主任带头联系社区和城郊接合部的村社,就卫生整治、市容秩序、宣传教育、绿化管护、亮化美化5个方面进行包保联系。修订完善县级部门划片包干制度,把县城区53条街道划分到89个县级部门,负责街道的市容环境卫生检查和文明劝导工作。县长、县爱卫会主任刘朝平多次在夜间带领规建城管、公安、工商等部门领导和工作人员暗访,开展为期1个月的联合执法,取缔占道经营268家、以街为市6条,收缴棚伞98把、桌椅板凳352张。为方便群众监督,开通创卫投诉电话,建立环境卫生投诉平台。通过对县城居民及过往旅客开展随机调查,县城居民卫生状况满意率92.7%。

【健康教育】 2016年,以《中国公民健康素养66条》为主要内容,按照《亿万农民健康促进行动规划》开展形式多样的健康教育活动,制发《筠连县创建国家卫生县城健康教育宣传手册》10000余份,定期更换《健康教育宣传栏》80张。各乡(镇)、部门均成立健康教育领导小组,配备专(兼)职人员,形成完善的健康教育网络。中小学生健康知识知晓率93%,学生健康行为形成率91%,14岁以下儿童蛔虫感染率3.11%;住院病人相关卫生知识知晓率89.86%,职工卫生知识知晓率84%。居民健康知识知晓率85.7%、行为形成率74.3%、基本技能掌握率73.9%。公共场所设置醒目的禁烟标志,公布监督投诉电话,有专人负责禁烟劝导工作。团林苗族乡成功创建为"宜宾市亿万农民健康教育试点乡",县规划建设城管局、县数字城管指挥中心、巡司镇政府、团林苗族乡政府、高坎乡政府创建为"宜宾市无烟单位"。

【环境卫生】 结合城市总体规划修编,编制市政设施、公共服务、道路交通等专项规划。一是加强城区清扫保洁,对主要街道每天保洁15小时以上,对一般街道保洁12小时以上,机械化清扫率50%;城区垃圾日产日清,密闭清运率100%,容器化覆盖率90%,县城生活垃圾无害化处理率93%。定水河及周边河道,公园水体落实专人保洁管理,定期清理河道淤泥,随时保持河道、水体、水面清洁。

【改厕工作】 2016年,改厕工作以推广无害化卫生厕所为主。全年用于卫生厕所建设资金1050万元,增加卫生厕所2889户。全县累计卫生厕所户数69730户,卫生厕所普及率74.82%,无害化卫生厕所普及率46.78%。

【病媒生物防制】 坚持以环境治理为主,化学杀灭为辅的方针,切实抓好病媒生物防制。开展春秋季灭鼠和夏秋季灭蚊、蝇、蟑螂活动,招标专业公司对公共区域开展"四害"消杀,控制"四害"密度。2016年,全县投入110万元开展病媒生物消杀和防制设施建设,在居民小区、屠宰场、农贸市场、垃圾处理场、广场和公园安置2000个灭鼠毒饵站,在玉壶广场、定水广场各安装1台室外灭蚊器。

【卫生乡(镇)、村社创建】 2016年,全县以国家卫生县城创建为载体,切实加强卫生乡(镇)、村社创建。明确卫生创建任务,进一步巩固和深化创卫成果,县爱卫办多次到创建乡(镇)、村社开展指导,创建乡(镇)、村社党政班子重视,加强创建基础设施建设投入,下大力气整治环境卫生,武德乡、孔雀乡成功创建为省级卫生乡(镇),团林苗族乡、高坎乡创建为市级卫生乡(镇)。全县还创建省级卫生村30个,市级卫生村8个。

(曾君)

交通运输与信息传输

交通概述

【交通概况】 2010年9月，县政府机构改革，组建筠连县交通运输局，将县交通局的职责、原县规划和建设局承担的指导城市公共客运管理职责（含出租车行业管理）划入，不再保留县交通局。至时年末，交通运输局置一室二股（办公室、工程建设股、运输安全股），中共筠连县交通运输局委员会和中共筠连县交通运输局纪委为局党委和纪检机构，筠连县交通战备办公室和筠连县保护通信线路安全办公室挂靠县交通运输局。下属管理的事业单位有公路运输管理所、公路路政管理大队、公路养护管理段、农村公路项目管理处、筠连县城市交通运输管理所；下属管理的企业单位有宇顺汽车运输有限责任公司（含运输公司、汽车有限责任公司、客运公司3家独立公司）、顺欣运业有限责任公司、百兴公司筠连汽车客运站、筠连县筠州公交公司、筠连县兴达公司、筠连县筠都公交有限公司、四川宜宾戎通运输有限公司筠连鼎顺分公司、宜宾市戎辰运业有限责任公司筠连分公司。2016年年末，全系统职工251人，其中各类专业技术人员75人。

2016年，交通运输工作围绕构建外联内畅、覆盖城乡的交通网络总体要求，扎实开展交通运输系统各项工作，县域境内有国道1条（G246）全长61.15千米、省道2条（S312、S444）全长87千米、县道145千米、乡道268千米、通村水泥路1012千米，各类桥梁139座、总长3417延米（桥梁减少原因：因县乡道路XQ312升格为G246国道后，该条公路线的管理属市公路局统管，故县域桥梁减少），全县243个行政村全部实现水泥路畅通。全年度，交通运输工作被市政府办评为“高速公路项目建设完成单位”“干线公路项目建设先进单位”，被市交通局评为“市交通运输行业新闻宣传工作优秀单位”等。

（尹丽鸿）

交通建设

【县道升格为国道】 2016年12月，四川省公路局把县道XQ31（水茨口至陈家沟桥13912米）和XQ25（陈家沟桥至鱼箭沟32668米）两条县道升格为国道G246，共46.58千米。

【宜彝高速公路建设】 宜彝高速在筠连境长度48千米，总投资56亿元。筠连主要负责征地拆迁等协调工作。2016年县境内征地16.2千米，其中主线13.2千米、辅线3千米，征地约113公顷，支付征地资金1.45亿元，共完成投资2亿元。

【筠连至巡司快速通道建设】 筠连至巡司快速通道一期工程，全长9.5千米，总投资95000万元。2013年9月17日开工建设，至2016年完成投资26000万元，形象进度完成41%。投资方资金短缺，工程暂停施工。

筠连至巡司快速通道二期工程，全长3.5千米，总投资15000万元。2014年4月开工建设，至2016年年末完成路基3.5千米，桥梁已全部完工，形象进度完成90%。

【公路项目争取】 2016年，共争取农村公路建设资金8126.9万元，争取高速公路地方国债资金4.96亿元。争取快速通道工期地方债券资金6500万元。至年末，筠巡快速通道一期得到上级补助3325万元，二期得到地方债券9500万元。

【国省干线公路】 筠连县境内的国省干线公路有筠巡快速通道一期和二期工程、G246县城绕城段、G246蒿坝至云南牛街提档升级工程，总长28.4千米。

【通村水泥路建设】 2016年，省交通运输厅于6月、10月共下达筠连农村公路水泥路建设计划112.1千米，计划总投资9757万元，其中转下达中央车购税省级3859万元、市级配套568.5万元、县级配套5329.5万元，涉及11乡(镇)的28个村。至年末，完成125千米，完成投资12500万元，其中转下达车购税省级3859万元、市级568.5万元、县级配套8072.5万元。

【农村公路桥梁建设】2016年3月，省交通运输厅下达筠连“精准扶贫”农村公路桥梁建设计划4座，计划投资1230万元，其中省级307.5万元、市级0万元、县级配套922.5万元。至年末，武德乡龙碗溪桥完成招标，中标单位进场施工；乐义乡宝胜桥完成设计、送财政评审；乐义乡顺河桥、花园桥、乐义至高坎公路待财政评审，待财评后和线路一并实施。

【农村公路改善工程】2016年6月，省交通运输厅下达筠连农村公路改善工程计划39.8千米，涉及4个项目，计划总投资4776万元，其中省级1990万元、市级0万元、县级配套2786万元。至年末，完成骑龙路沐爱镇至龙塘段6.9千米、顺武路顺景山至武德段7.6千米，完成投资1740万元。

【公路养护管理】2016年，加大公路、桥梁、隧道的隐患排查治理，全面完成公路养护，保持路面整洁、公路附属设施完好。投入资金共213万元，重点完成筠民路、横双路、水腾路、巡牛路、巡双路、龙蒿路及村道水毁的修复整治。其中县道路安全护栏修复整治，投入资金58万元；筠民路破损路沥青修补，投入资金20万元；修复巡双路、双龙路水毁堡坎，投入资金55万元；修复乡(镇)汛期水毁公路，投入资金80万元。

(尹丽鸿)

运输管理

【公路货运】2016年，新增货运车辆50台，货运运输量共554.41万吨、货物周转量38683.8万吨千米。

【公路客运】2016年，新增客运线路1条，完成客运量共737.74万人次、客运周转量37506.62万人千米。

【打击非法营运】2016年，采取教育和处罚相结合，开展惩治非法营运活动。共发放宣传资料8000余份，出动执法人员1900人次，检查营运车辆5000台次，查获“黑车”40台次，其他各类违法、违章行为100余台次。

【调整运输结构】2016年，加快运输结构调整，转变运输增长方式，深化行业改革，强化安全监管，规范汽车维修行业管理，加强汽车客运站管理，规范驾校培训行为。全年检查维修企业80余次，纠正处理不规范经营行为20家；培训驾驶学员C1类2776人、C2类163人。

【城市公交管理】全县有筠都公交公司、筠州公交公司2家，公交车辆25台。其中筠州公交公司14台，在县城区域内运行，从2010年起为乘客免费，累计行驶61万千米，客运量342万人次；筠都公交公司11台，在乡(镇)运行，累计行驶58万千米，客运量60万人次。全县出租车30台，全年安全行驶150万千米，客运量65万人次。全年全县无重大伤亡事故、重大灾害事故发生。

【交通安全】2016年，开展“安全生产月”“双百安”活动，完成“百安活动”“安全生产月”、十一、汛期及各阶段重点行业和领域安全生产专项整治任务。全县安全生产百万车安全考核频率(肇事经济损失、死亡率、致伤率、责任事故率)4项指标均低于省控指标，指标频率分别为责任事故率0次、死亡率0人、致伤率0人、肇事经济损失0万元，无道路运输源头管理责任事故，实现全年无道路交通安全责任事故。

(尹丽鸿)

交通法制

【交通执法】2016年，共参加专项宣传6次(综合集中宣传、防震减灾集中宣传、路政宣传月活动、法制集中宣传、安全生产月集中宣传、国家安全集中宣传)，发放宣传资料9200余份，悬挂横幅宣传累计12幅，LED不间断宣传300余天。巡查入户宣传1120人次，深入重点货运源头企业集中宣传6次；全年累计发表宣传简讯56篇。组织实施路政管理专项宣传活动3次共77天(即“路政宣传月”活动，5月1–30日；巡查行业管理落实源头责任专项宣传，7月1–15日；“双超治理”落实新规专项宣传，8月18日–9月20日)，发出通知、通告、公示等相关政策性资料612份。一是违法违章建筑清理。全年累计清理公路违法违章行为28起，下发责改通知书28份，其中责令改正建控区内违章建筑并要求及时恢复原状12起共12户、责令改正占用公路边沟违法行为12起、责令改正占用公路涵洞违法行为1起；责令涉路施工手续不全的业主或施工单位并要求完善手续3起，现已全部整改到位。全年未办理强制拆除案件。二是清理公路障碍。全年清理占道摆设宴席25户、清理非交通标志标牌8块、清理路面堆积物294处600余立方米、清理乱设广告标语94幅、清理摆摊设点10处。三是路产补偿，全年共办理赔补偿案件1件，行政处罚案件7件。四是车辆检查。全年共检查货运车辆34061辆，查处超限运输车辆54辆，强制卸载320吨，超限率控制在2%内。

【乡(镇)交管站管理】 一是执法培训考试，组织各乡(镇)交管站的36人参加市交通局的行政执法换证考试培训，考试合格36人。二是加强乡(镇)交管站工作指导力度，实行交通执法"五统一"(统一执法标志标识、统一执法证件、统一执法服饰、统一执法车辆、统一执法场所外观)，严把乡(镇)、村道建空区的管理，督促乡(镇)交管站把好村道公路建设质量关。交管站负责辖区内道路运输市场的管理，维护运输秩序，纠正违章运输行为，监督检查运价执行，调解当地公路运输业经济纠纷，开展经常性的政策、法规和职业道德的宣传教育。

【公路"三乱"治理】 2016年，继续坚持"标本兼治、综合治理"方针和"谁主管谁负责""管行业必须管行风"原则，把治理公路"三乱"(乱设站卡、乱罚款、乱收费的非法行为)作为纠风工作的重点，县交通系统的2个执法单位(路政大队、运管所)具有行政执法主体资格，在法定权限范围内履行职责，开展执法工作，严格规范执法行为，加强执法队伍建设。执法人员在执法中严格执行执法风纪规范，实行人性执法、文明执法，有效预防违规和"三乱"现象。无1起执法过错、错案和行政诉讼，无"三乱"现象。

(尹丽鸿)

筠连县邮政分公司

【邮政概况】 筠连县邮政分公司主要从事国家的普遍服务中的基础邮政业务，主要有邮政储蓄、函件广告、报刊发行零售、速递、集邮、分销物流、电子商务、中邮物流、代理保险等业务。投递总长度210千米，邮路2条，服务人口48万人，服务面积全县范围。筠连县邮政分公司内设综合办公室、市场部、报刊网运投递中心、经警队，下设营业部1个、支局2个、邮政所5个；市场部下设寄递业务中心、集邮报刊业务中心、电商分销业务中心、代理金融业务中心。2016年年末，共有员工122人，其中退休职工28人、合同工64人、劳务派遣人员20人、劳务承揽人员10人。

【邮政经营业绩】 2016年，筠连县邮政分公司以市场为导向、效益为中心的企业理念，全年实现业务收入2049.68万元，其中邮务类业务收入完成467.35万元、代理金融类业务收入完成1430.24万元、包裹快递业务收入完成39.53万元、分销销售额收入完成97.53万元、其他业务完成收入15.03万元。

【邮政经营举措】 2016年，筠连县邮政分公司理清思路，创新发展，大力发展邮政的代理金融业务，以储蓄规模为根本，以保险理财为手段，抢抓业务旺季，打好"开门红"；抓好代发项目开发、保险满期给付二次开发，以及金融客户营销系统、理财POS系统运用，留住客户和资金。加强网点建设，优化网点布局，抓好标准流程导入，全年已改造网点5个，已全部导入转型。

【邮政企业管理】 一是抓好员工各类业务培训，通过培训活动，使员工整体素质得到明显提高，为企业经营发展提供有力支撑。通过召开"退休人员春节座谈会"，开展三八妇女节登山活动等系列活动，丰富员工的业余文化生活，创造健康向上的文化氛围。二是收支管理，在收入上，做到颗粒归仓，无跑、冒、漏；在支出上，做到该开支的才开支，不该开支绝不开支；在分配上，做到公开、公平、透明，该落实到每个职工的分文不少、做到奖惩分明。压缩不必要的非生产性开支，继续开展好"降本增效"活动，进一步加强成本费用控制力度；加强固定成本费用的管理，着力压缩各项可变成本费用和管理费用，严格控制通信费、差旅费、办公费、会议费、业务招待费的支出，各部门实行费用成本制度，应付款进行审批单制度，采购实行购物审批单制度，全面做好预算工作，超费用不给予支付。加强邮件运输和车辆相关费用的管理和控制，坚持压缩非生产用车，全面实现集中采购。加强对分销库存、欠费的检查和规范管理，一定程度上降低欠费和库存压力的经营风险。三是安全生产，执行"安全第一、预防为主"方针，通过开展"全县代理金融网点风险等级评价活动""全县邮政金融网点不规范经营专项整治活动""邮政金融营业网点服务质量专项检查""安全生产月"，押运钞人员防抢防盗实弹演练等活动，强化安全生产意识。四是党风廉政建设。在企业发展氛围更加和谐方面，注重加强党员干部思想学习，组织完善并带头执行党风廉政建设的有关制度和规定，严格执行局务公开制度，自觉接受全体员工监督，并广泛听取员工意见，贯彻民主集中制原则，发挥班子集体作用，严格做到集体领导，科学决策；开展党的群众路线教育实践活动，使邮政的各项工作健康有序地发展。

(吴艳秋)

中国电信股份有限公司筠连分公司

【电信概况】2016年，中国电信股份有限公司筠连分公司（以下简称电信筠连分公司）以推进企业转型升级（转型3.0）和“012+”战略为企业中心工作，推进网络智能化、业务生态化、运营智慧化，引领数字生态，做领先的综合智能信息服务运营商，筑力网络强县，服务社会民生，积极履行社会责任；响应国家和省委省政府信息化建设要求，全力推进筠连县城市光纤高速网络建设进度，提升筠连城市信息化品牌形象，以“宽带乡村”助推新农村建设。至年末，全县243个行政村通信实现光纤网络化传输232个，覆盖率95.5%，4G网络覆盖全县乡（镇）所在地，光纤入户网速100兆；电信筠连分公司继续保持省级文明单位等荣誉称号。

【电信经营管理】一是坚持科学发展，全力抢夺增量市场，做实存量经营，激发内在活力，强化“三个文明”建设，务实开展市场经营工作，立足于企业转型基础，转换经营模式和经营观念，深入推进企业改革和创新，强化营销服务渠道建设、内控管理、全面预算管理和精细化管理，提升服务质量和服务水平。二是加速网络建设和维护，构建常态化的网络运营保障能力和客户服务能力；深入落实提速降费，助力国家信息化水平提升；全面承接电信市公司开展的各项营销活动和任务，开展“春季营销”“全光网建设”“暑促营销”“宽带乡村建设”“维护、营销技能比武”等劳动竞赛，促进企业健康、稳步发展。

【电信企业文化】一是深化企业文化建设，营造优良的创建氛围。以社会主义核心价值观为导向，把服务社会、服务大众和人民群众是否满意作为服务工作的出发点和立足点，进一步彰显国企使命和责任；诚信经营、维护用户合法权益，让广大人民群众享受到优质、高效、便捷的通信服务。二是持续强化服务文化宣传贯彻，真正树立始于客户需求，终于客户满意的服务理念，不断改进和提升客户对业务、产品的满意度，让服务领先成为企业文化核心内涵，形成人人参与、前后端协调的全员服务文化。三是始终牢记国企社会责任，立足行业实际，把回报国家、社会和客户，坚持企业发展与构建和谐社会紧密结合在一起，积极参与社会公益事业，开展信息化扶贫推进，缩短城乡数字鸿沟，打造负责任的企业形象。

（葛德均）

中国移动通信集团四川有限公司宜宾分公司筠连分公司

【移动概况】2016年，中国移动通信集团四川有限公司宜宾分公司筠连分公司（以下简称移动筠连分公司）坚持以项目为核心，以规划引领、企业服务、基础配套、要素保障为工作重点，围绕县委、县政府的各项工作安排，发挥移动通信主力军作用，在农村4G建设、农村光纤宽带建设、村小通宽带工程等项目中，克服行业竞争加剧、成本短缺、人员紧张等系列不利因素，积极参与各项社会责任工作，圆满完成各项任务。

【移动企业发展】2016年，移动筠连分公司坚持市场转型、做移动通信市场的主导者、综合信息服务的领先者、信息社会的中坚力量，响应国家号召，大力发展移动4G+，推动民族自有产业的发展，全年销售4G终端5万余台、4G客户达12万余户。开展手机卡实名制入网及补登记，完成16万移动客户的实名制。迅速响应政府号召开展“提速降费”，做好流量不清零计费模式的宣传，让流量套餐用户明显受益。对智能手机用户提供免费软件使用体验，体验用户6万余户。持续推进家庭客户的宽带建设领域，通过重点区域[城区、乡（镇）、重点行政村]自建乡（镇）有线宽带为主、农村区域三方投资商协作完善覆盖、建设难度特别大的农村区域无线覆盖等多种方式，实现全县乡（镇）的100%有线宽带覆盖，拓展到全县69%的行政村。推出“用移动4G，送宽带、电视”等多种优惠政策，显著降低用户宽带使用成本，移动客户可免费体验宽带服务，全年发展家庭宽带1万余户。

【移动网络建设】2016年，移动筠连分公司加快网络建设步伐，重点推进4G网络建设，确保畅通。全年建成68个4G基站、G网站点12个、扶贫村基站7个、室内覆盖点13个。累计建成2G基站262个、3G基站56个、4G基站365个，解决17个村组的弱覆盖、22个县城内小区的弱覆盖。至年末，18个乡（镇）场镇4G已全部覆盖，县城室外4G网络覆盖率100%，深度覆盖率超过94%；2G信号覆盖243个行政村，覆盖率100%。民生工程方面，继续新建村通基站解决8个弱覆盖的自然村。

【移动企业管理】一是坚持弘扬“正德厚生，臻于至善”的企业文化，把树立行业新风，创建文明企业，结合社会各界的支持和全体员工的团结协作，使企业走上高效发展的路线，业务、服务质量得到进一步的提升。二是抓好全员学习能力建设，移动筠连分公司搭建多个学习平台，通过企业内训师授课、中国移动网上大学平台学习、手机 M-learning 平台等多种方式，实现员工参与率 100%，全年，组织集中培训 100 余人次。三是面对环境变化与转型要求建设新一代营业厅建设，打破传统销售模式，实现销售人员与客户的零距离接触；开展移动宽带业务体验活动，建成中国移动宽带服务中心 3 个。四是开展行风建设，提高客户满意度，中国移动率先推出服务监督测评。

【移动对口帮扶】 2016 年，移动筠连分公司继续对口帮扶武德乡民主村，组织员工参与扶贫工作。5 月，组织员工捐款 1300 多元帮扶贫困学生；9 月，组织员工向民主村困难户捐款 1500 多元；开展“冬日送温暖”活动，向民主村百姓捐送食用油、大米，折价 1500 元。

（成斌）

中国联合网络通信有限公司筠连县分公司

【联通概况】 2016 年，是中国联合网络通信有限公司筠连县分公司（以下简称联通筠连分公司）落实聚焦重点产品的关键年，是众筹社会渠道突破创新、攻坚转型的关键时间节点；坚定聚焦 4G 经营，积极稳固既有市场，抢滩移动互联网新兴市场，努力提升数固宽带、移动业务两大市场和优化集团业务收入结构；坚持“以人为本”的企业理念，强化内部管理，力争为广大用户提供更为优质的多元化、个性化的全业务服务环境。

【联通业绩】 全年，联通筠连分公司整体收入较上年增长 7%，实现“持续 3 年收入呈 20%以上增长”的目标，全市排名第一。

【联通网络建设】 2016 年，总投资 3000 万元，新增敷设光缆约 300 千米，新增基站设备 36 套，其中 2G 基站 13 个、3G 基站 10 个、4G 基站 13 个，数固机房 14 个，4G 网络全县覆盖率 85%。乡（镇）宽带建设新增覆盖 13 个乡（镇）（双腾、龙镇、孔雀、塘坝、维新、沐爱、镇舟、高坎、联合、团林、高坪、蒿坝、武德）的 48 个村社，新增端口 8000 余个。

【联通社会责任履行】 2016 年，联通筠连县分公司积极参与到全县社会管理和服务工作当中。一是作为中央企业驻地机构，积极参与筠连扶贫攻坚工作，为当地贫困村捐建饮用水池和捐助必要扶贫项目资金。二是利用良好的网络服务，积极参与到家庭养老的通信服务。三是作为县综治成员单位，结合自有资源和平台，依托大数据等技术，为筠连社会安全建设和防控提供有力支撑。

（刘丹）

金　融

中国人民银行筠连县支行

【金融业运行】2016年，中国人民银行筠连支行(以下简称人行筠连支行)以宜宾中心支行的工作思路、措施和目标为指引，坚持一切从有利于工作出发、有利于效能出发，确保支行年度目标任务全面完成，稳健发展再上台阶。年末，全县各项存款余额81.04亿元，比年初增加12.32亿元，增长17.93%；各项贷款余额46.07亿元，比年初增加1.37亿元，增长3.06%；剥离、核销处置不良贷款6.5亿元，实际增长4.85亿元。

【金融扶贫】2016年，人行筠连支行采取“1234”(“1”用好一个工具；“2”创新两款产品：县农商行“好牛贷”、县中成村镇银行“养牛贷”；“3”建立三种机制：肉牛产业发展“1+N”联动机制、扶贫项目分类扶持工作机制、扶贫贷款风险补偿机制；“4”开展四大行动：深化农村支付环境建设、打造金融助推脱贫攻坚的典型示范点、开展农村土地经营权流转收入保险试点、加强农村信用体系建设)金融扶贫工作思路。一是发劳扶贫再贷款货币政策工具的导向作用，引导涉农金融机构扩大“三农”信贷投放，推动产业转型发展。全年，四川筠连农村商业银行股份有限公司(县农商银行)和县中成村镇银行分别发放扶贫再贷款1.2亿元、0.2亿元。二是创新扶贫金融产品两款。指导县农商行依托扶贫再贷款设立“好牛贷”、县中成村镇银行设立“养牛贷”，全年，县农商行发放“好牛贷”2.59亿元，惠及农户7757户；中成村镇银行发放“养牛贷”2034万元，惠及农户126户；协调平安产险筠连支公司开发平安产险肉牛(能繁母牛)养殖保险，赔付肉牛362头、赔付金额210.3万元。三是扶贫工作三种机制。肉牛产业发展“1+N”联动机制，政府、银行、保险签订三方合作框架协议，建立肉牛产业发展“1+N”联动机制，带动整合涉农项目31个资金9433.74万元。建立扶贫项目分类扶持工作机制，对重点项目引导金融机构积极介入，实现扶贫重点项目金融服务全覆盖；对贫困户生产发展项目，加大以扶贫小额信贷为主的支持力度；对产业化扶贫项目，加大对新型农业经营主体的信贷支持力度。扶贫贷款风险补偿机制，设立精准扶贫风险补偿基金1200万元，“好牛贷”风险补偿基金100万元。四是金融扶贫四大行动。深化农村支付环境建设，进一步优化贫困地区助农取款点布局，全县61个贫困村实现助农取款点全覆盖。打造金融助推脱贫攻坚的典型示范点，在对口帮扶的双腾镇德胜村，人行筠连支行打造其为“金融助推脱贫攻坚的典型示范点”。农村土地经营权流转收入保险试点，5月26日，全国保险行业“土地流转收入保险”第一单在筠连成功出单。农村信用体系建设，组织全县金融机构根据建档立卡贫困户的融资需求，实行“一户一档”，建立贫困户金融服务档案，至年末，全县扶贫小额信用贷款发放6404万元，建卡贫困户获得贷款2488户，覆盖率39.15%。

【金融管理】一是开展法人金融机构合格审慎评估，指导县域法人金融机构定价能力建设，推动法人金融机构加入市场利率定价自律机制；做好评估后续监测管理，对评估监测中发现的问题，及时反馈，有针对性地指导，评估结果作为金融机构综合管理的重要依据。二是加强金融风险防控，继续加强对诉讼标的超过500万元、法人代表和高管人员被协助司法诉讼、各单位前十名不良贷款的企业实行风险监测管理，并按照监测制度及时准确上报资料。三是存款保险风险评级，组织人员参加存款保险远程培训及在线测试，完成存款保险的报表报送和投保机构的保费清收，做好地方法人金融机构的流动性监测，开展存款保险风险评级。四是强化金融机构综合管理，加强对重大事项报告制度执行情况的监督约束，把金融机构日常经营监管融入综合评价，通过综合评价体现奖优罚劣。

【反洗钱监管】一是加强宣传，2016年是《中华人民共和国反洗钱法》颁布10周年，组织全县金融机构利用微信、微博、电视、报纸、互联网等媒介，开展反洗钱宣传和反洗钱知识竞赛。二是健全重点可疑交易报告管理制度，完善重点可疑交易管理流程，把银行业、保险业报告重点可疑交易报告情况纳入反洗钱综合评价督促银行业、保险业做好大额和可疑交易报告，尤其是重点可疑交易的报告。三是反洗钱走访和备案，走访县内金融机构和保险公司，督促各保险公司到人行筠连支行登记报备，完成6家保险公司登记备案。

【代理发行库运行】 5月25日，筠连首批发行基金安全运抵代理发行库，标志着筠连县人民币代理发行库可正式对外营业。全年完成发行基金调运、入库、出库核算，商业银行取款21次4103.3万元，存款70次19112.4万元。

【征信管理】 一是加强征信管理条例宣传，开展"征信知识到万家""金融知识进校园"等，宣传征信、反假币和助学贷款等金融知识，发放宣传资料、图片等5000多份。二是强化管理，杜绝违规查询。全年，县域查询网点无违规查询现象，人行筠连支行开展个人信用报告查询3897次、企业信用报告查询164次、个人信用报告收费查询267次，收取超次查询费2670元，按时上划宜宾中心支行征信管理中心。

【国库管理】 2016年，人行筠连支行及时组织预算收入核算，审核库款支拨和各类退税更正业务、上划及时，完成预算收入44288笔73243.8万元，退税业务108笔422.6万元，更正业务118笔56803.7万元；清算商业银行代理集中支付直接支出业务3550笔、授权支付业务5910笔，金额289708.2万元。严格库款支拨和退税业务审核，做到拨款退税依据齐全合规、清算往账清单与纸质凭证要素一致。全年办理ACS业务552笔，审核各类凭证1262笔。

【"普惠金融"】 一是创新"支付惠农示范工程"。邮政储蓄银行筠连县支行海瀛助农取款金融服务站开业，引进第三方支付机构参与，投放1台全民付助农金融终端，替代原EPOS机。二是支付惠农与精准扶贫对接，筠连农商行对80名助农取款商户各授信10万元，贫困村覆盖率90%，贷款707.60万元；发放扶贫小额信用贷款贫困户559户1547.84万元，其中扶贫再贷款支持金额259.3万元。三是探索助农取款服务点与电商平台相结合，引导金融机构叠加助农取款服务点功能，形成服务点、电商服务点、物流配送点"三点合一"，分6个批次落实金融电子商务服务平台建设。至年末，培训532人次，成功搭建首批10个平台，投放助农取款POS机10台。

【相关工作】 一是开展农村"两权"抵押贷款，出台《四川筠连农村商业银行农村房屋抵押贷款管理办法（试行）》，解决"三农"发展贷款需求，全年办理农村房屋抵押贷款426笔7077万元。二是ACS生产系统应急演练，积极配合人行成都分行、宜宾中心支行组织的ACS应急演练，完成凭证制作、账务记载及系统录入等。

（郭爱筠）

中国农业银行股份有限公司筠连县支行

【农行概况】 中国农业银行股份有限公司筠连县支行（以下简称农行筠连县支行）以党建为抓手，以客户为中心市场为导向效益为目标创新为动力，开拓市场，深化内部改革。坚持服务"三农"和实体经济，突出抓好"提质、增效、创新、控险"关键，向经营强行、服务强行转型迈进，工作中加大资产业务发展，提升网点营销服务能力为工作重心，加强内控管理，提升风控能力，传导"价值创造"理念，强化党建以及队伍建设等工作。年末，农行筠连县支行有员工66人，其中大专以上学历30人

【农行业务】 一是存款稳步增长，年末各项存款余额15.16亿元，较年初增加1.57亿元，增幅11.6%。其中对公存款余额5.76亿元，增加1.08亿元；储蓄存款余额9.4亿元，增加4907万元。二是贷款大幅增加。年末各项贷款余额8.27亿元，、增加3.85亿元，增幅87.1%，贷存比54.55%，提高25个百分点。其中法人贷款余额5.3亿元，增加3.47亿元；个人贷款余额2亿元(含卡透支)，增加4200万元。三是做实"三农"业务。年末发放惠农卡发卡3921张；规模农户26户，贷款余额294万元，涉农贷款余额1.9亿元；惠农通服务点339个，其中银讯通服务点60个，行政村覆盖率75%。四是中收增幅明显。实现中收971万元，增加236万元，增幅32%。实现拨备前利润1972万元，拨备后利润-1.16亿元。

【农行不良信贷管控】 一是信贷基础管理。1.严格落实国家宏观调控和总行信贷政策，前移关口、严格准入，增强信用风险防控的前瞻性和主动性，做好贷前真实性调查；按季召开贷后管理例会，对各类贷款进行审议和分析，提出下一步措施。2.强化存量管理，加强客户评级、分类管理，真实反映客户风险，全年下调客户信用等级7户。3.强化贷后管理，班子成员牵头管理重点客户，前后台部门密切配合，提高风险信号预警和处置能力。严格贷款用途，监控资金流向，确保信贷资金投入实体经济。加强押品、关联担保和担保链管理，不高估抵押物，防止担保虚置，提高风险信号预警和处置能力。二是"批转"化解。按上级行安排，全年对符合条件的2户企业金额1.42亿元批转。至年末，不良贷款余额占比17.41%，下降23个百分点。三是起诉催收。全年立案起诉法人2户，涉案金额3886万元；立案起诉个人4户，涉案金额221万元，已判决2户个人诉讼案件，未进入执行阶段。

【农行财会运营管理】 2016年，按季采取多种形式分析运

营业务风险，分析会计业务运行中系统、制度、操作的薄弱环节和风险点，利用集中版会计监控系统，强化非现场监管。继续加大监控系统重要预警信息管理，认真分析预警信息，防范柜面操作风险。加强金库安全管理，加大查库频率，强化突击检查。全年组织金库、柜员现金箱检查3次，查库面100%。加强对员工的案例教育和预案演练，提高应对突发事件联动处置能力，行长坚持做好“七个亲自”，网点主任坚持做好“八个必须”。

【农行内部管理】 一是评先选优、树典型，传播正能量。7月1日建党75周年，开展全体员工大会，党员重温入党誓词，按季评选员工之星，并通过微信群转发先进人物、先进事迹和正能量文章，营造“比学赶超”的氛围。二是强化案件防控，合规教育。全行员工在运营业务操作、财务管理、贷款业务等严格按照农行的各项规章制度和流程操作，不违规，不越权；加强员工警示教育，组织员工分二批到汉王山监狱接受警示教育，让员工思想上受到洗礼，自觉珍惜工作，合规操作。三是按季召开案防分析会。防范信用风险、市场风险、操作风险、道德风险，加强反洗钱和反假币；加大自律监管检查发现问题的整改力度，杜绝有章不循、违规操作的行为；开展员工经商办企业、非法集资专项排查，加强对员工思想和行为的动态监测，重点关注员工的异常苗头和倾向；坚持员工轮岗制度，对7名员工按程序进行轮岗。

（姚菲）

中国农业发展银行筠连县支行

【农发行概况】 2016年，中国农业发展银行筠连县支行（以下简称农发行筠连县支行）围绕县委、县政府发展目标，加大贷款投放，提高经营管理水平，为地方经济发展做出贡献。农发行筠连县支行位于筠连镇真武路132号，内设办公室、客户业务部、会计结算部，至年末有员工15人。

【农发行信贷支农】 2016年，农发行筠连县支行累计投放支农资金17821.5万元，其中投放储备粮贷款421.5万元、投放农发重点建设项目基金17400万元（鲁班山煤矿片区采煤沉陷综合治理二期工程4400万元、中华街棚户区改造项目13000万元）。由省分行直贷的易地扶贫贷款15625万元，农发行筠连县支行已划拨到相应的账户投入使用。

【农发行业务经营】 2016年年末，农发行筠连县支行存款余额23814万元，较年初增长10799万元，日均存款余额20698万元，增长5233万元。年末贷款余额11739万元，较年初下降2778万元。年末重点建设基金余额21455万元。实现利润504万元，减少4万元。全年未发生重大安全事故和经济刑事案件。

【农发行内部管理】 2016年，农发行筠连县支行根据支行《部室及员工考核办法》，实行按月考核，按季实施绩效挂钩，鼓励员工做出成绩。同时农发行筠连县支行党支部进一步落实党风廉政建设的主体责任和纪检监察的监察责任。

（胡立新）

中国工商银行股份有限公司筠连支行

【工行经营业绩】 2016年，中国工商银行股份有限公司筠连支行（以下简称筠连工行）重点支持筠连经济支柱产业、中小企业和城乡居民住房，重点培养客户经理的贷后管理意识和水平，严防出现不良贷款。一是存款，年末各项存款余额52135万元，增加2182万元，其中储蓄存款32272万元，增加4356万元；公司存款3188万元，减少2307万元；机构存款15969万元，减少168万元。二是贷款，年末各项贷款余额77281万元，净增5033万元，其中法人贷款55193万元，减少510万元；个人贷款22088万元，增加5543万元。三是实现拨备前利润（净利润与风险准备金和）2293万元。

【工行案防及内控】 2016年，筠连工行重视案件防范和内部控制，定期召开内控案防分析会，查找问题，落实整改，组织员工参加警示教育，不增强员工合规操作意识。按月通报检查情况，对违规行为进行责任追究，开展高危、重点领域进行专项检查，有效防止操作风险和信贷风险的发生。全年无案件和重大差错的发生。

【工行措施】 一是主动了解群众金融服务需求，工行员工走出办公室对客户主动宣传，让更多客户了解工行。二是方便群众办理金融业务，加强渠道建设，推行自助机具，方便客户，明显降低客户在柜面办理业务的等候时间。三是宣传并免费为广大客户办理工银社保卡、ETC业务，方便客户的日常使用。四是合理进行劳动组合，在柜员变动频繁的情况下，最大限度对外开设窗口，确保柜面业务的顺利办理。五是强化考核，每日汇报工作，进行压力传导，杜绝消极怠工。六是参与扶贫工作，全行员工积极捐款捐物，利用休息时间走访贫困户进行帮扶。

（苏思齐）

四川筠连农村商业银行股份有限公司

【农商行概况】 四川筠连农村商业银行股份有限公司（以

下简称筠连农商行）由筠连县农村信用合作联社改制而成，内设综合管理部、计划财务部、运营管理部、风险与合规部、审计部、零售业务部 6 个职能部门，直辖营业部 1 个（含中小微客户金融中心、业务部），下设支行 11 个和分理处 10 个[其中设在金融服务空白乡（镇）分理处 5 个]。2016 年年末，在编员工 174 人。

【农商行业务经营】 2016 年年末，筠连农商行各项存款余额 335363 万元，增加 51597 万元。各项贷款余额 217576 万元，增加 20105 万元。存贷款存量和增量均居全县金融机构之首。

【农商行信贷服务】 筠连农商行作为服务县域经济发展的金融主力军，始终坚持服务实体经济的市场定位，大力支持县域肉牛产业、茶叶产业、旅游产业等，助力县域经济转型发展。全年累计发放各项贷款 129935 万元，增加 19550 万元，其中发放扶贫小额信用贷款累计 6356 万元、增加 4799 万元。

【农商行普惠金融】 2016 年，筠连农商行加强城乡绿色惠农渠道建设，加大对电子设备布放力度，专项安排网点建设、自助机设备和终端投入计划。至年末，筠连农商行共有 ATM 机 51 台、POS 机 223 台、EPOS 机 290 台、特约商户 235 户，在全县设置金融便民服务站 272 个，新一代电子银行平台用户数 39841 户。

【“好牛贷”信贷】 2016 年，筠连农商行围绕县委县政府“1+N”发展肉牛产业思路，优化升级“好牛贷”信贷产品，养殖户无须担保抵押就能得到信贷支持，实现“你养牛，我出钱，你致富，我助推”创新发展。至年末，累计为 7757 户养殖户提供购牛资金 25869 万元，其中向 1463 户建档贫困户提供养牛资金 4190 万元，为众多贫困户创业提供强有力金融支撑。“好牛贷”受到国务院行政人事司、省委书记王东明、各级党委、政府的高度肯定，“好牛贷”信贷产品被四川银监局评为“银行业金融机构小微企业金融服务”三大特色产品之一。

【代理人民银行发行库运行】 2015 年 12 月 2 日，经人民银行成都分行批准同意设立“人民银行宜宾筠连农村商业银行代理发行库”，筠连农商行成为全国第一家代理发行库的商业银行。根据《中国人民银行代理人民币发行库管理办法》，制定“四川筠连农商银行代理人名币发行库组织架构”及职责、内控基本制度，开业至 2016 年年底，代理发行库正常运行，共办理商业银行存取款 118 笔，业务过程中未出现任何差错。

（曹植）

中国邮政储蓄银行股份有限公司筠连县支行

【邮储概况】 2016 年，中国邮政储蓄银行股份有限公司筠连县支行（以下简称邮储筠连支行）围绕加快转型、加速发展、安全合规、提质增效的工作部署，加强自身内部制度建设和党风廉政建设，抓好内控、案防、反洗钱管理，促进各项工作健康有序发展。年末有职工 38 人。

【邮储业务发展】 2016 年年末，邮储筠连支行各项存款余额 194452 万元、增加 39984.13 万元，其中储蓄存款余额 139748 万元、增加 21343.65 万元，公司存款余额 54704 万元、增加 18640.48 万元。信贷存量贷款规模 30909 万元，增加 9360.17 万元，其中小贷结余 842 笔、增加 90 笔，金额 7102 万元、增加 1168 万元；个人商务贷款结余 311 笔、增加 36 笔，金额 11755 万元、增加 1716.41 万元；消费贷款结余 488 笔、增加 241 笔，金额 7352 万元、增加 3625.76 万元；小企业贷款结余 9 笔、净增加 4 笔，金额 4700 万元、增加 2850 万元。

【邮储服务三农】 2016 年，邮储筠连支行继续把改善农村支付结算环境作为重点，加大对三农信贷投放力度。全年发放涉农贷款 922 笔 7399 万元，其中烟农贷款 259 笔 158 万元。开办返乡创业贷款 222 笔，金额 1860 万元；开办扶贫小额贷款 101 笔，金额 155 万元。

【邮储网点建设】 2016 年，继续扩大服务范围，提升自助服务质量，加强网点客户分流，新增银行卡助农取款服务点 2 个、CRS 机 1 台、存折取款机 2 台。

【邮储内部管理】 一是严格落实员工考勤制度，定期或不定期对全体员工抽查考勤，考核落实到人。二是强化管理部门履职能力，对网点日常检查，督促对查出问题的整改落实。三是严格成本费用支出，加大对易耗品的管控审批力度。四是加强各部门业务知识培训，组织各种业务知识培训 50 余次；加强员工服务培训，强化网点服务转型，提高员工业务技能、风险防控能力。五是坚持办公会议制度，切实将各项工作督促到位。六是落实问责制度。

【邮储安全防范】 一是每月召开邮政邮储双方联席会，解决邮政金融资金安全、内控管理、业务制度执行中遇到的问题。二是严格执行“协助有权机关查询、冻结、扣划工作实施细则”等要求，及时配合法院、公安、检察院等单位的司法查询、冻结、扣划工作，配合银监部门做好反洗钱、反假币工作，确保资金票款安全。三是加强重点岗位人员轮岗，通过派出参加培训、不定期对前台人员轮岗、强制休假等形式落实轮岗制度，全年共轮岗员工24人次。四是严格员工行为排查相关要求，采取集中排查为主、日常排查为辅，以领导面谈、家属座谈等方式，每季度排查1次，有效预防案件发生。五是每月对辖内网点进行人防、物防、技防等安全检查1次，对检查出的问题下达整改通知书，督促及时整改。六是每月组织员工开展安全知识培训，制订处置突发事件应急预案，组织防火、防抢演练，提高员工安全防范意识。

（付静）

宜宾市商业银行股份有限公司筠连支行

【商行概况】2016年，宜宾市商业银行筠连支行（以下简称商行筠连支行）坚持“稳中求进、稳中求变”工作总基调，围绕“变革、创新、发展”工作主题，加大经营转型和管理创新力度，加速向“内涵式”发展方式转变，加快培育新的发展动能，提升普惠金融服务水平。被团市委、市人社局授予“青年文明号”称号。

【商行业务指标】2016年年末，商行筠连支行各项存款余额33255万元，各项贷款余额21781万元，存贷比65%。全年新增营销银行卡5702张、新增POS机135户、新增企业网银47户、新增个人网银3066户、新增手机银行3590户、新增法人类基本账户55户。

【转型发展】一是负债业务转型，推进存款业务增长，实现从纯粹依赖财政、社保大户到多类型客户单位的转型，从集中单位存款向个人零售业务的转型。二是资产业务转型，面对煤炭的行业产能调整，实现从地下向地面的转型，集中大户向个体小微的转型。三是中间业务转型，突破单一存贷业务传统，发展代收代付、代理保险、委托贷款等中间业务，实现从纯结算服务到营销服务转型。

【商行内控管理】一是层层签订“案件风险防控安全保卫工作目标管理责任书”“党风廉政建设责任书”，落实内控案防及风险管理责任。二是规范员工行为，从业人员违反职业操守、重点风险隐患、参与民间融资情况等专项排查。三是坚持内控先行，完善管理规定，及时修订制度漏洞和盲点。四是实施信贷、财务、柜面业务等专项审计和现场检查，强化问题整改和风险防控措施的落实。

【安装自助存取款机】2016年，商行筠连支行加大自助机具的投入，针对只有1个营业网点，客户排队办理业务突出的矛盾，积极向上级行争取，对开业时安装取款机存在老旧、速度慢的问题进行更换，新增加2台在行式存取款一体机，方便客户存款、取款的需要，对缓解柜面压力、减少客户等待发挥较大的作用。

【商行普惠金融】2016年，继续以“立足改善民生，聚焦薄弱领域，深化金融创新，推进普惠建设”指导思想，扎实做好农村金融服务。面对农村市场，积极探索农村金融服务模式，建成开业农村金融服务点10个，把商行金融服务延伸到农村，及时了解与生活息息相关的金融知识，让普惠金融走到农家。

【商行对口帮扶】2016年，商行筠连支行继续对口帮扶塘坝乡双田村8户贫困户，确定8名员工为帮扶责任人，对困难群众展开一对一的帮扶。全年走访慰问6次，捐款3000元；春节期间，特意上门为8户贫困户送米、油、棉被等过节物资。一方面提供部分物资和人文关怀，另一方面了解贫困户的生活、身体、家庭情况，提供致富的政策、市场信息。

（周丹）

筠连中成村镇银行股份有限公司

【村镇银行概况】2016年，筠连中成村镇银行股份有限公司（以下简称村镇银行）牢记“立足区域、面向三农”的服务宗旨，提供灵活、方便、快捷的金融服务，彰显“诚信立足、高效安全、追求卓越、止于至善”的企业文化精神，大力推进观念转型、组织转型和业务转型，进一步提升发展效果，业务发展和风险防控成效明显。

【业务经营指标】2016年年末，村镇银行开立账户1432户，支付密码器推广率100%；各项存款余额19386万元，增长17252万元；各项贷款余额12370万元，其中农户贷款187户8159万元，“三农”贷款占贷款总额的82.91%。“三农”贷款主要投向特色产业、农房改造及基础设施建设，扶持专业合作社18个，惠及上百户农户。

【授信业务管理】2016年，重新梳理前期的制度，修订有新规的制度，规范存在风险的流程，不断提高风险管理水平。认真落实授信业务的审查，严格落实审贷分离制度，坚持审查中的独立性，包括审查业务资料的完整性、真实性、准确性，客户的主体资格、经营情况、信用状况、财务情况、贷款用途、担保方式等的合规合法性，提出明确、独立的审查意见及风险防范措施，做好授信业务审批委员会的会议工作。全年新增、变更的制度近20个。

【信贷管理】 一是放款审查。对审批的授信业务，严格审查授信业务的审批有效性，审查是否超过村镇银行权限、是否是附加条件同意；对有附加条件的授信业务，逐笔审查授信业务的附加条件是否落实，授信业务所使用协议、合同等法律文书的合法有效性；对已办妥授信业务的核保、批准、登记、交付及其他法定手续，落实审批条件且在审批至放款期间未发生违约的客户进行贷款发放。二是强化贷后管理。改善信贷管理，完成授信业务风险审查后，按季实地贷后检查。贷后检查的基础上，准确分类授信业务，通过分类操作，客户经理及风险管理部员工的风险预测、风险分析和风险防范能力普遍有所提高，树立第一还款来源作为偿还债务最有保障来源的信贷管理理念，形成"识别风险－发现问题－及时举措－改进信贷管理"的良性循环，提高风险防范水平，提高信贷资产质量。

【风险防范管理】 一是规范信用业务流程，防范信用风险。健全信贷管理特别是贷后管理相关办法，严把审核审批关，执行母行贷款指导意见，从严审查、把控风险。二是"三道防线"协作共同发力，多维度强化操作风险管控。严格印章管理，完善"筠连中成村镇银行印章管理办法"，实行监控下管理经有权审批人同意后使用。开展"票据及同业业务全面风险排查""非法集资及员工异常行为专项排查"等16项风险排查。重点加强账户、现金、重空、印章、抵质押物管理及检查，定期开展110测试，定期安全检查。三是声誉风险管理。建立舆情监测制度，确定兼职舆情监测人员。完善消费者权益保护工作机制，规范投诉处理流程。全年，没有发生任何案件和风险事件。

【内部管理】 一是建章立制。建立涵盖办公、会计、信贷、风控等各项制度、办法、流程。坚持各类会议制度，无论是行长办公会、行务会、审贷会，还是案防会议、客户经理周会等，均严格按照程序召开。规范物品采购和财务报账，物品采购全部实现双人经办，出入库登记完整，严格执行费用管理办法和财务制度。加强档案管理，确定专门的部门、人员负责信贷档案管理。二是全员培训。定期组织合规培训、业务培训、客户经理、柜员培训等12次，突出实战性、针对性、合规性，有计划、有重点、有针对性地推进员工岗位规范和业务流程教育，明晰违规操作应承担的责任，教育员工熟知各项内控制度和案防安保要求。加强培训教育，多次开展消费者权益保护知识进社区活动，提升员工声誉风险防控能力。三是加大对员工异常行为监督力度，及时发现不良苗头防患于未然。建立重要岗位人员轮岗和员工强制休假台账，员工轻微违规行为积分台账，将违规积分纳入到各级各类检查范围之中，将积分结果运用到违规处理、薪酬发放、评先晋级等工作中去。四是安全保卫。开展消防安全培训，进行安全自查，完善各类应急预案。

（吕秘）

住房公积金

【住房公积金归集】 2016年，宜宾市住房公积金管理中心筠连县管理部严格执行国务院《住房公积金管理条例》、宜宾市住房公积金"一法三则"（"一法"：《宜宾市住房公积金管理办法》，"三则"：《宜宾市住房公积金归集管理实施细则》《宜宾市住房公积金提取管理实施细则》《宜宾市住房公积金贷款管理实施细则》），按照宜宾市住房公积金管理中心的统一部署，组织实施全县职工住房公积金的归集、贷款等管理工作。积极参与全县城市改造与开发建设，努力解决工薪阶层职工住有所居的实际问题，增加融资渠道。至年末，全县累计301个单位（其中民营企业71个）建立住房公积金制度，缴存住房公积金职工15106人。全年归集住房公积金1.71亿元，累计归集住房公积金总额8.74亿元，住房公积金余额4.68亿元，住房公积金覆盖率88%。

【住房公积金提取】 2016年，宜宾市住房公积金管理中心筠连县管理部为全县5061名职工办理各种提取住房公积金8606.49万元，其中职工离、退休提取1040.77万元，职工购建自住房提取837.00万元，职工偿还住房贷款本息提取4376.92万元，职工装修自住住房提取231.31万元，职工调出市外提取37.92万元，大病提取19.92万元，职工与单位解除劳动关系提取700.05万元，职工死亡提取39.41万元，市辖范围内转移提取262.77万元，子女购房提取父母公积金192.11万元，租房提取756.01万元，其他提取112.30万元。累计提取住房公积金总额4亿元。

【住房公积金贷款】 2016年，全县共支持145户工薪阶层职工购买自住住房，全年发放住房公积金个人住房贷款4691.70万元，累计为3365户职工办理住房公积金贷款4亿元，贷款余额为2.18亿元。

（张莉　江祖玲）

中国人民财产保险股份有限公司筠连支公司

【人保财险概况】中国人民财产保险股份有限公司筠连支公司(以下简称人保财险筠连支公司)共设有机构2个、乡(镇)工作站18个、村级协办点243个,保险代理销售人员84人,网点覆盖全县。内设机构为经理室、综合部、理赔分部、农村保险事业部/普惠金融事业部、个人业务部、车商部、大病保险部,下设巡司镇营销服务部。2016年年末,人保财险筠连支公司员工共17人。

【人保财险经营险种】人保财险筠连支公司经营险种有农业保险、机动车辆保险、短期人身意外伤害保险、短期健康保险、企事业单位财产保险、家庭财产保险、建筑和安装工程保险、货物运输保险、各项责任保险、信用保证保险、城镇职工补充医疗保险、居民大病保险、扶贫保险等。

【人保财险管理经营】人保财险筠连支公司在长期的管理经营中,依靠自身力量,吸收借鉴先进经验,不断加强信息化建设,先后应用第三代核心业务应用系统、车险理赔系统、远程系统、业务流程标准化系统、作业矩阵决策系统、CRM系统和销售管理系统、供应链管理系统、移动查勘定损系统、掌上人保、强化生控中心建设。加强应用管控,不断深化数据管理和应用,持续加强信息技术能力建设,提升信息化整体水平,赢得良好的市场声誉。

【人保财险经营宗旨】人保财险筠连支公司以“行稳致远、有容乃大”“做人民满意的保险公司”共同愿景,传承创新、与时俱进,切实履行保险保障功能在县域经济发展中的社会责任。不断深化改革转型,着力打造人保财险升级版,努力建设成为战略领先、文化先进、机制科学的一流队伍,充分发挥保险企业的主渠道作用。

【人保财险服务】人保财险筠连支公司秉持“人民保险,服务人民”的使命,“求实、诚信、拼搏、创新”的精神,“以人为本、诚信服务、价值置上、永续经营”经营理念,以多样化的营销渠道,形成强有力的销售和服务网络,可与任何客户实现“点对点”快速对接,足以支撑全国范围内的“通保通赔”“异地出险、就地理赔和微信极速理赔”等保险服务,开通24小时全国服务热线“95518”,www.epicc.com.cn官网直销平台、“4001234567”电话销售专线,随时随地为客户提供投保咨询、理赔查询等保险服务,打造“人保之友”客户俱乐部,为客户提供车服务和生活相关增值服务,积极履行保障经济、稳定社会、服务人民职责,发挥保险企业的主渠道作用。

【人保财险业务发展】2016年,人保财险筠连支公司围绕“保持稳健增长,聚力改革创新,强化价值创造、切实履行社会责任”工作重心,持续推进以客户为中心的经营理念,提升发展能力、增强价值创造、突出改革创新、激发基层动力、强化队伍建设、加强党的建设,确保发展超越市场和系统,盈利优于市场系统,服务好于行业。全年,保费收入实现4183.23万元,增长9.06%;实现利润406.39万元,缴纳营业税及附加48.52万元,缴纳印花税2.67万元;缴纳土地使用税2.33万元;缴纳房产税1.57万元;代扣代缴纳车船税125.56万元;代扣代缴个人所得税53.65万元。

【人保财险理赔服务】2016年,人保财险筠连支公司共理赔各类保险4078.94万元,其中车险赔款1015.11元、货物运输险0.06万元、家财险0.74万元、健康险62.96万元、商业养殖险0.6万元、意外险8.36万元、责任险109.86万元、政策性林险0.02万元、政策性养殖险240.86万元、政策性种植险529.07万元,以及城乡居民大病保险赔款1964.18万元、城镇职工补充医疗保险赔款147.94万元。

【人保财险对口帮扶】2016年,人保财险筠连支公司继续对口帮扶乐义乡河坝村,派驻副经理任第一书记,员工16人分别帮扶2–3户贫困户。深入了解村情民情,开展调查研究,严格每月不低于一次入村走访,以真情打动群众、以人脉帮助脱贫,制订扶贫工作规划和年度计划。坚持扶贫又扶智,做好政策宣传和群众思想,针对贫困户情况,出点子、想办法,从银行贷款和技术方面给予大力支持,开展各种走基层、送温暖活动,共捐资捐物42000元。11月,邀请农业、畜牧专家到河坝村针对农业生产上存在的饲养、种植及防治等进行专题培训,为43户贫困户发放鸡苗共860只,提出产业发展新思路,改善群众的生活条件,提高群众的生活质量。

(卿小燕)

中国人寿保险股份有限公司筠连县支公司

【人保寿险概况】中国人寿由成立于1949年的中国人民保险公司、1996年分设的中保人寿保险有限公司和1999年成立的中国人寿保险公司组成。2003年,中国人寿保险公司进行重组改制变更为中国人寿保险(集团)公司。

1997年7月28日,经中国人民银行宜宾地区分行批准成立中保人寿保险有限公司宜宾市分公司筠连兼职代办站，成为筠连第一家专业化寿险机构；1999 年，更名为中国人寿保险公司宜宾市分公司筠连兼职代办站；2000 年，更名为中国人寿保险公司宜宾市分公司筠连营销服务部；2007 年，更名为中国人寿保险股份有限公司筠连县支公司（以下简称人寿保险筠连县支公司）。

【人保寿险规范经营】 人寿保险筠连县支公司围绕“依法诚信合规”经营主题，以开展“创先争优”活动为载体，在全体员工中开展“为客户做得更好，为客户想得更多”服务活动，并贯彻落实工作中，保证客户到人寿保险筠连县支公司后，能听见问候声、能喝到茶水、遇到问题有人解答。为进一步深化全体员工诚信合规经营意识，提高客户服务质量，切实防范经营风险，人寿保险筠连县支公司举办“寿险服务与诚信合规经营”专题培训，进一步夯实持续健康发展的思想基础。

【人保寿险稳健经营】 2016 年，人寿保险筠连县支公司继续贯彻落实国务院、中国保监会提出的“把保险送到农村去”的战略方针扎实推进保险村和农村小额保险建设。全年，巩固已建保险村的基础上，在筠连、镇舟、沐爱、巡司、大雪山、腾达、维新、乐义、双腾、武德 10 个乡（镇）开展入户调查等工作，入户调查率 90%，群众投保率 20%。召开农村小额保险启动会，各项工作在 18 个乡（镇）全面展开。全年，保费收入实现 5500 万元。

【人保寿险理赔】 2016 年，人寿保险筠连县支公司加大理赔查勘力度，坚决做到不惜赔、不滥赔、不漏赔，为客户在危难之时送去温暖。全年意外伤害保险赔付 504 万元，赢得群众的高度评价，体现出中国人寿一言九鼎的服务宗旨。

【人保寿险对口帮扶】 2016 年人寿保险筠连县支公司继续联合苗族乡花树村，先后派出 76 人次，到花树村帮扶，投入扶贫资金 25000 元。

（杨燕妮）

中国太平洋财产股份有限公司筠连支公司

【太平洋概况】 2016 年，中国太平洋财产股份有限公司筠连支公司（以下简称太平洋筠连支公司）坚持“推动和实现可持续发展的价值增长”经营理念，秉承“诚信天下、稳健一生、追求卓越”核心价值观，实施以客户需求为导向的战略转型，锐意创新，积极为客户提供风险保障服务，实现产险业务和寿险业务协调发展。8 月，中国太平洋保险在“2016 中国企业 500 强”中排名 52 位。

【太平洋业务发展】 2016 年，太平洋筠连支公司面对外部市场迅速发展的新趋势，在分析总结制度体系建设成果的基础上，及时调整经营策略，一方面加强业务管控的各项措施，另一方面加大市场开拓力度，使业务发展跟上市场的步伐。全年，太平洋筠连支公司保费收入实现 1033 万元，赔付金额 960 万元。

【太平洋理赔服务】 2016 年，太平洋筠连支公司以“平时注入一滴水、难时拥有太平洋”理念，以满足客户最迫切的需要为目的，以快速理赔服务为切入点，全面营造车险客户服务体系，提出“快速理赔”的方案。实行小额车损、人伤速赔，5000 元以内的、责任明确的轻微伤人案件 24 小时内到账；5 万元以内车损案件 1 日内赔付；5 万 –20 万元的车损案件 3 日内赔付。建立限时理赔违诺补偿承诺，城区内 30 分钟到达现场，违诺赔偿 100 元。

（李孝超）

中华联合财产保险股份有限公司筠连支公司

【中华财险概况】 中华联合财产保险股份有限公司（简称中华财险）经中国保监会批准，于 2006 年 12 月由中华联合保险控股股份有限公司发起设立的全国性财产保险公司。前身为 1986 年 7 月 15 日成立的新疆生产建设兵团农牧业生产保险公司，属全国第二家具有独立法人资格的国有独资保险公司；2002 年 9 月 20 日，经国务院同意，公司更名为中华联合财产保险公司，成为全国唯一一家以“中华”冠名的保险公司。业务经营范围涵盖非寿险业务的各个领域，经营的险种达 3700 多个（含附加险），包括机动车辆保险、企业财产保险、家庭财产保险、工程保险、船舶保险、货物运输保险、责任保险、信用保证保险、农业保险及短期健康保险、意外伤害保险等，涉及社会生产生活的各个方面。注册资本金 146.4 亿元人民币，偿付能力充足率 177%，达到偿付能力充足 II 类公司标准。2014 年保费收入近 350 亿元，市场规模位居国内财险市场第五、承保利润额位居行业第三、农险业务规模位居全国第二。曾连续多年入选“亚洲品牌 500 强”“中国企业 500 强”“中国最具价值品牌”“中国服务业企业 500 强”；先后多次被授予“中国保险行业最具影响力品牌”“中国最受信赖的财险公司”“最具竞争力保险公司”等称号。

【中华财险设置】 中华财险在全国的机构共2235家,设总公司1家、分公司28家、分公司营业总部2家、中心支公司222家、支公司1346家、营销服务部650家,有员工36740人,形成比较完整的营销服务网络,建有一支高素质的保险经营与营销专业队伍。

【中华财险宗旨】 中华财险公司始终践行“服务至上、信守承诺、回报社会”的服务宗旨,通过提供全方位的保险保障服务社会经济发展大局,得到社会各界广泛认可。中华财险在中华控股的战略指引下,继续发挥中华保险在承保理赔、农业保险等方面的特色和优势,形成可持续的盈利能力,并保持充足的偿付能力,在集团内部充分发挥“三轮驱动”战略的主轮作用,成为中华控股打造“一个客户、一个中华、多个产品、综合服务”的综合保险金融服务集团的旗舰,在市场上成为一家具有较强综合竞争力与鲜明经营特色的优秀财险公司。

【中华财险服务】 利用中华财险庞大的机构网络和专业人才优势,开通24小时的全天候“95585”专线服务电话,专线总线数超过2000条,服务人员数千人,服务范围覆盖全国广大的城市、乡村地区。该专线融合先进的呼叫中心技术和规范的国际质量管理经验,无论何时何地,只要拨打“95585”,即可与当地中华财险的分支机构取得联系,并得到热情周到、优质高效的保险服务。“95585”主要向客户提供6项基本服务:即受理报案、客户咨询、预约投保、投诉举报、救援、客户回访。结合地方优势和产品特色,一些分公司还推出手机短信服务;客户赔案处理查询、车辆保养优惠、大客户俱乐部、人员伤亡紧急救援等创新服务内容。

【中华财险筠连支公司成立】 中华财险筠连支公司开业于2004年,中华财险筠连支公司依法合规经营,加强诚信体系建设,不断完善内控机制,始终践行“服务至上、信守承诺、回报社会”的服务宗旨,业务得到快速健康发展,诚信服务赢得市场,树立品牌形象赢得客户,得到社会各界的广泛认可,充分发挥保险实施经济补偿的保障职能,为筠连经济发展和社会稳定做出自己的贡献。

【中华财险筠连支公司业务】 2016年,受“商车费改”政策影响,中华财险筠连支公司保费收入呈下降趋势,保费收入900万元,赔付近700万元,成为中华财险筠连支公司保费收入和利润的最低点。

（刘筠）

科技与教育

科　　技

【科技科普宣传服务】2016年，科技宣传及科技培训工作由县经信科技局牵头，各部门、各乡(镇)结合自身实际，全年开展“科技之春”“科技活动周”“科普宣传日”科技“四下乡”等宣传，利用“3·15”消费者权益日、“4·26”世界知识产权日、“5·15”碘缺乏病宣传日、“5·31”世界无烟日、“6·16”安全生产咨询日、“8·8”全民健身日、“9·3”抗战胜利纪念日、“12·9”抗日救亡运动等，开展“创新驱动发展 科技富农惠民”“创新引领 共享发展”“加强知识产权保护运用 加快知识产权强国建设”等活动，把贴近百姓生活科技技术、科技政策、科技创新等最新知识送到千家万户，使科技知识进企业、入乡(镇)、到基层，营造的良好科技氛围。全年，上报市级科技信息51条，其中被省科技厅网站采用1条、被市科技网站采用24条；出动科技人员295人次，开展科技宣传16次，举办科技培训22期，受训1.5万人次；发放各类宣传挂画、宣传图册、宣传单等4万余份，技术咨询指导1.5万人次，免费议诊和健康咨询1万余人次。

【科技项目申报】2016年，县经信科技局抓好各级科技项目的申报、审查、立项、实施和管理。通过各级部门配合，全年共受理省、市、县级科技项目99个，涉及工业、农业、服务业。按照“认真筛选、严格把关、择优申报”原则，推荐技术创新强、科技含量高、产品附加值高、市场前景广阔，上报对县域经济发展能起到推动和促进作用的省级项目19个，被立项3个，获项目资金150万元；申报市级项目26个，被立项3个，获项目资金249万元；申报县级科技项目54个，经过筛选，确定县重点科技项目18个，获项目资金80万元。

筠连县2016年省级科技项目一览表

表3　　单位：万元

编号	项目名称	项目承担单位	安排经费	备注
2016NZYZF0147	筠连县科技扶贫综合服务平台建设	宜宾村通网络科技有限公司	30	川科计〔2016〕9号
2016NZYZF0118	出口茶滋味醇化技术研究	宜宾双星茶业有限责任公司	60	川财教〔2016〕47号
2016KZ0043	大学生初创企业科技人才培训	筠连县向阳农业开发有限公司	20	
2016NFP0080	竹笋及竹叶深加工产业技术集成与示范	筠连县富农林业科技开发有限责任公司	40	川财教〔2016〕190号
合计		150		

筠连县2016年市级科技项目一览表

表4　　单位：万元

编号	项目名称	项目承担单位	安排经费	备注
2016ZYY007	规模化肉牛养殖疫病防治技术推广	筠连县众兴生态头牛养殖专业合作社	10	宜财企〔2016〕26号
2016NY017	西门塔尔牛集中繁殖及分散饲养技术研究	筠连县农旺养殖专业合作社	10	宜财教〔2016〕5号
2016SF033	数字化档案管理应用	筠连县档案局	5	
2016YZY005	筠连县花椒基地建设及产业化开发	筠连县强生农副产品综合开发有限公司	100	宜财企〔2016〕64号
2016ZNY003	速溶茶拼配技术研究与应用	筠连清溪沟现代农业开发有限公司	20	
2016NY035	灵芝种植培育实用技术	筠连县腾达圣奇农业有限公司	8	宜财教〔2016〕31号
2016NY045	网络直播技术在苗家兔生产管理中的应用示范	筠连县正兴兔业专合社	8	
2016NY046	农业生态园建设	筠连林禾苑艺种植专合社	8	
合计		169		

筠连县 2016 年县级重点科技项目一览表

表 5　　　　单位：万元

乡镇	项目名称	申报单位	项目负责人	专项资金
筠连镇	林禾园艺塘坝幸福农业生态园建设	林禾园艺种植专业合作社	林少虎	6
筠连镇	电导热油炉在热拼机上的应用	筠连镇白鹤林产品加工厂	贾复生	4
筠连镇	食用菌的四季栽培应用技术	川芝南食用菌专业合作社	詹国其	3
巡司镇	西门塔尔牛集中繁殖及分散饲养技术研究	南地湾养殖专业合作社	邹贤元	4
巡司镇	茶叶单叶片加工技术示范与推广	嘉木茶叶有限责任公司	罗欣	4
巡司镇	筠连红茶清洁化生产关键技术研究与集成示范	六五茶叶有限责任公司	任永刚	4
腾达镇	灵芝种植培育实用技术	腾达圣奇农业有限公司	陈希斌	6
腾达镇	黄金芽茶叶新品研发与推广	方兴茶业专业合作社	方元兴	6
塘坝乡	速溶茶拼配技术示范与推广	清溪沟现代农业开发有限公司	任玉洪	10
沐爱镇	牛粪－蚯蚓－鸡应用与推广	沐爱镇金塘养殖专业合作社	彭绍均	3
沐爱镇	山茶油压榨提取技术研究	民生油茶种植专业合作社	陈义仁	5
沐爱镇	蜀宣花牛在筠连的适应性观察研究	老鹳林养殖专业合作社	邓文秋	4
双腾镇	秸秆养殖肉牛示范项目	云台寺川南山地黄牛养殖场	陈道乾	7
镇舟镇	园林景观树种繁育现代技术应用	筠连县综发竹业专业合作社	范祖琴	2
大雪山	特色山地土猪养殖集成技术应用	弯刀养殖专业合作社	万光钊	3
蒿坝镇	酒糟养牛技术研究与应用推广	顺福养殖专业合作社	黄德麒	2
龙镇乡	能繁母牛生态养殖新模式示范	添鑫黄牛养殖专业合作社	江先全	4
武德乡	筠连黄牛与西杂牛生产性能比较研究	石笼黄牛养殖专业合作社	李长钢	3
合计			80	

【科技项目管理】2016 年，按照科技项目资金的管理要求，组织开展对 2010–2015 年实施市级科技项目验收，向市科技局申请验收；抽查 2015 年立项的省、市、县科技项目，填写绩效自评估报告，发挥科技资金最大效应。

【农业科技】2016 年，通过建立企业技术中心、科技示范园、科技型企业、科技信息化服务站、科技示范协会等措施，探索现代企业、现代农业科技服务体系建设示范，推进新型科技服务体系建设。一是推进农业科技创新产业链示范，抓好优质肉牛、肉兔、乌骨鸡、中药材、茶叶、青蒿、漆树、大棚蔬菜等市、县农业项目。全年共争取市级农业项目 5 个，落实项目资金 54 万元；实施县级农业项目 17 个，落实项目资金 76 万元。二是加强农业科技园区建设，打造以高坪苗族乡、蒿坝镇、联合苗族乡、团林苗族乡为代表的烤烟、笋竹生产示范基地，以巡司、塘坝为主的茶叶生产基地，以腾达为主的水果、花卉基地，以沐爱为主的蚕桑基地建设。三是协调配合农口部门做好科技兴农示范项目的评审和验收，对 2010–2015 年实施完成的市级科技项目进行验收；对优质肉牛育肥、疫病防控、细管冻精冷配等肉牛养殖技术在全县推广，促进农民增收，实现财政增收。

【工业科技】2016 年，深入企业、车间、班组，在企业建立科技科室，协助搞好科技攻关，指导企业抓好项目的论证、包装和申报工作，为企业、为科技人员服务。还协助企业包装各级项目 10 个，申报市、县工业项目 4 个，批准立项 1 个（县级）；逐步把蓝伯特培育为高新技术企业。

【科技成果】2016 年，坚持实施《国家科学技术奖励条例》《宜宾市科学技术奖励办法实施细则》《筠连县科学技术进步奖励实施细则》，认真组织企业申报各级科技奖励及成果鉴定；开展成果对接和技术转移活动，签订技术服务合同登记 5 项，交易金额达 50 万元。

【知识产权保护】2016 年，以宜宾市创建"国家知识产权试点城市"为结合点，开展知识宣传工作，抓好专利申报，把"质与量"有机结合。一是开展知识产权街头咨询服务。4 月 26 日，牵头开展以"加强知识产权保护运用 加快知识产权强国建设"为主题的大型知识产权街头宣传咨询服务，有县食药监局、质监局、工商局、农业局、林业局等 10 余部门参加。二是专利申请服务。指导协助申请专利，帮助解决专利申请所需经费，协调配合有关执法部门，严厉打击各类假、冒、伪、劣等侵权和损害知识产权的违法行为。全年完成专利申请 80 件，其中发明专利 18 件，上报知识产权信息 10 条，并被采用 7 条。

【校企合作】2016 年，加强校企合作，助推区域产业发展。学校为企业提供人才，企业为学校提供场地进行实地学习。筠连县田园养牛专业合作社理事长田元均与四川农业大学动物医学院副教授贺常亮博士在筠连县经信科学技术局会议室，签订“川南山地黄牛（筠连黄牛）健康养殖成套技术示范”合作协议。协议主要内容为川南山地黄牛（筠连黄牛）种质特性研究、中医治未病技术在肉牛生产上的应用、中草药饲料添加剂促进肉牛生产的应用研究、川南山地黄牛（筠连黄牛）健康养殖技术规程制订等的立项和研发。

（李萍）

气象服务

【气象职能转换】 根据川办发〔2016〕114 号文件，于 12 月 31 日，县气象局不再受理房屋建筑工程和市政基础设施工程的防雷装置设计审核及其相应的竣工验收许可申请等职能，统一由县住房城乡规划建设和城镇管理局负责其防雷装置竣工验收备案管理。

【气候统计】 2016 年，全县年平均气温 17.7℃，较人工站历年极端最高气温（下同）偏高 0.1℃；年极端最高气温 38.4℃，偏低 1.8℃；年极端最低气温 -1.6℃，偏高 0.7℃。年总降水量 1300.2 毫米，偏多 251.4 毫米，偏多 24%。年总日照时数 1167.6 小时，偏多 98.5 小时，偏多 9%。

【灾害气象】 2016 年，全县遭受 6 次不同程度的灾害气象，分别为 7 月 23 日遭受冰雹大风灾害，6 月 6–7 日、6 月 23–24 日、7 月 12–13 日，7 月 26–27 日，8 月 2–4 日遭受暴雨、大暴雨袭击。全县 18 个乡（镇）不同程度受灾，累计受灾 20787 人次，转移安置 907 人次；农作物受灾 4469.9 公顷，成灾 1441.6 公顷，绝收 325.9 公顷；房屋损坏 1411 间，倒塌 34 间；损毁公路 465.7 千米、电路 22 条；中断通信线路 8 条；造成直接经济损失 2846.52 万元，其中农业损失 1197.2 万元。

转折性天气：1 月，一次强降温天气过程，出现在 18–23 日，过程降温 9.0℃，其中 72 小时最大降温 7.4℃；一次降雪天气过程，出现在 23–24 日。2 月，一次寒潮天气过程，出现在 12–14 日，过程降温 8.1℃。3 月，一次强降温天气过程，出现在 7–10 日，过程降温 11.7℃，其中 72 小时最大降温 8.9℃。7–8 月，一次绵秋雨天气过程，出现在 7 月 28 日 –8 月 6 日。10 月，一次绵秋雨天气过程，出现在 6–17 日。11 月，一次强降温天气过程，出现在 21–24 日，过程降温 11.5℃，其中 72 小时最大降温 10.8℃。

【地面测报】 2016 年，县气象局上报国家站资料传输及时率 99.9%、测报错情率 0.0‰、报表预审错情率 0.0‰，按时上报各类报表。全年地面测报工作无重大责任性事故，未使用超检仪器，上行气象信息传输及时、无缺报。

【气象预报服务】 2016 年，开展长、中、短期气象预报服务和提供各级领导参考的决策气象预报服务，共发布旬月预报 35 期，天气趋势预报 12 期，重要灾害性天气预报、转折性天气预报和气象实况 50 余次，发布大雾、高温、寒潮、暴雨、干旱等重要灾害天气预警 85 次，农业气象专题服务报告 36 次，发送手机短信 60 万余条，分别向县委、县政府、应急办等单位发送天气预报 300 余次。重要气象信息均通过电视台、电话、传真、手机短信、党政网等形式适时向全县发布，最大限度地减少气象灾害造成的损失。向农业、林业、烟草、建筑施工、航测、大型文体、庆典、旅游等提供专业气象服务。上报各种农业气象情报、农业气象灾情，汛期坚持上报雨量、雨情，完成上级业务主管部门安排的各项任务。

【人工增雨防雹】 2016 年，加强雹云监测，严格执行职守班和空域申请制度，及时指挥作业。全年，共作业 115 炮次，发射人工降雨防雹炮弹 3572 发，没有发生冰雹灾害，确保烤烟生产收官。一是高炮年检。年初请专家完成高炮年检，3 月 18 日，所有合格炮点正式出炮。5 月 17–19 日，协助市人工影响天气中心承办全市高炮作业培训会。9 月 27 日，举办县第二批气象信息员暨炮员培训班。10 月上旬，全县收炮完成。二是人影指挥平台改进。3 月，升级换代县人影指挥平台，引进“一机四屏”显示系统，并在各炮点安装实时传输监控设备，加强各炮点的监管，增强人影的准确性、及时性。对所有高炮安装防护盾，安装新型火箭架。三是人影安全管理。3 月，制定新炮点人影安全管理制度并上墙张贴，划定所有炮点禁射区图；4 月，完成所有炮点的防雷安全检测，为每个炮点配备消防器材。5 月，为炮点人员添置雨衣、热水壶等生活用品。

【防雷服务】 2016 年，按照国务院和中国气象局安排，开展防雷行政审批改革，取消雷电装置施工设计审核、竣工验收收费项目。至年末，完成防雷设计评价 28 件，竣工检测 27 件，定期检测 55 件，没有发生防雷安全事故。

【气象科普服务】 一是组织建设，成立以分管副县长为组长的气象灾害防治领导小组，指导全县气象灾害防治工作，《筠连县气象灾害应急预案》经政府审议印发，在各乡（镇）、部分村社区设立气象信息服务站，明确气象信息服务站和气象信息员的职能职责。二是科普宣传，利用“3·23”世界气象日、“5·12”防灾减灾日、“6 月安全生产月”等时机，开展气象科普宣传。3 月 23 日，到蒿坝镇中心校开展气象科普咨询活动，围绕气象防灾减灾专题讲座，发送科普资料 2000 份。“5·12”防灾减灾日、“6 月安全生产月”分别进行气象减灾和防雷安全宣传活动。

【农经网建设】2016年,共上传供求信息120条、新闻120条、下载技术服务信息200条。乡(镇)、村农经网信息示范站建设:一是各乡(镇)配有专职气象防灾减灾信息员兼职农经网信息服务工作人员;二是专门设置农经网信息发布专栏,每周更新,及时、准确发布各类信息,并将新信息按"市场信息、供求动态、掌上引资、农业科技"分类发布,供广大群众及乡(镇)企业采集,分析和利用;三是做好气象信息传递工作,做到上传下达,在接到有关重要天气信息时,第一时间通知领导、村干部及气象信息员。让广大群众第一时间知晓天气变化情况,做好应急准备,不误农时和做好防灾减灾工作。为做好气象防灾减灾管理工作,把农经网工作纳入对乡(镇)工作的目标考核,在气象防灾减灾中起到一定的积极作用。

(周勤)

防震减灾服务

【地震监测】2016年9月23日,四川理塘5.1级地震打破了乐山金口河5.0级地震后,四川境内617天的5.0级地震平静期,预示川滇区域地震危险性将增强,特别是华蓥山断裂带附近地震持续活跃。全年,宜宾及川滇交界东部区域,共发生M1.0级以上地震407次,其中1.0–1.9级363次,2.0–2.9级34次,3.0–3.9级10次。1月3日乐山犍为县4.2级,9月10日宜宾珙县3.7级,12月27日重庆荣昌县4.8级,12月28日宜宾筠连县连续发生的3.1、3.0、3.3级地震。

2016年,筠连县(含与珙县结合部相邻区域)发生M≥2.9级地震8次,筠连均有明显震感:1月18日11时24分,珙县(北纬28.4度,东经104.9度)发生3.2级地震,震源深度6千米。5月6日00时05分,珙县(北纬28.4度,东经104.8度)发生2.9级地震,震源深度9千米。8月8日19时17分,筠连(北纬28.18度,东经104.64度)发生3.0级地震,震源深度10千米。9月10日10时44分,珙县(北纬28.1度,东经104.8度)发生3.7级地震,震源深度13千米。12月9日02时25分,珙县(北纬28.1度,东经104.8度)发生2.9级地震,震源深度15千米。12月28日10时40分,筠连(北纬28.1度,东经104.7度)发生3.1级地震,震源深度11千米。12月28日20时03分,筠连(北纬28.1度,东经104.7度)发生3.3级地震,震源深度10千米。12月29日04时05分,珙县(北纬28.1度,东经104.8度)发生3.0级地震,震源深度5千米。该8次有感地震属浅源地震,均发生在珙县与筠连交界处(上罗、下罗、维新、乐义附近)。

【防震减灾综合能力项目建设】该项目于2015年6月启动,12月中旬建成,2016年9月初,通过省、市地震部门的验收,总投资120万元,其中省财政80万元,县配套40万元。建设内容:一是办公条件改善,加固翻新原办公楼,新建80平方米的仪器房和应急指挥大厅;二是建立县级信息节点及局域网与地震信息网相连,实现灾情速报以及防震减灾信息共享。三是建设地震实时监控与速报共享系统,实现5分钟内获得本区3级以上地震实时数据,15分钟内获得省地震局参数。四是建设地震应急指挥系统,实现快速震害评估、提供辅助决策信息的功能。五是建设抗震设防信息管理与服务系统,实现在线联网审批管理,借助综合统计分析辅助领导科学决策。六是地震应急救援保障系统,建立地震集交通、通信、指挥功能为一体的移动指挥场所。

【北斗站建设】2016年4月,县相关部门联合在地震台建成国家级北斗站,北斗卫星导航系统能在地面中转基站及震区光缆通信网络受毁灭性破坏后,其特有的双向报文通信功能,能够准确判明受灾位置,快速通报灾情,指令传达,实现远程指挥调度和抗灾救援。

【防震减灾科普宣传】一是"防灾减灾日"宣传,5月12日是第8个全国防灾减灾日,各乡(镇)、县级相关部门开展"减少灾害风险 建设安全城市"为主题的大型宣传活动,采用现场演示、发放资料、免费义诊等方式,提高人民群众处置各种灾害的防范意识和应对技能。二是于2月底至10月底启动"平安中国 千城行动"宣传,1.发放《地震知识》《地震应急自救知识手册》等防震减灾法律法规资料1000册、平安中国梦想起航乐乐熊防灾科普宣传贴画2000余张,向20所中小学校和5个社区发放《撑起一片天》《震撼人心》社区版光碟60张,在县城2所中学、玉壶广场播放《地震应急与避险》《地震灾害预防》纪录片和《"5·12"不相眼泪》防灾文化电影。2.以建设"平安校园""平安社区""平安乡村"为主题,结合防震减灾六进活动、地震应急演练、科普讲座、广场宣传等形式,打响"今天的努力是为了明天生命的延续"口号,被平安中国防灾宣导系列公益活动组委会评为"2016年第五届平安中国防灾宣导系列公益活动优秀组织奖"。

【群测群防体系建设】一是建立动物宏观地震观测点,全年新建2处动物宏观地震观测点。二是防震减灾助理员建设及培训,在每个社区和乡(镇)设有1–2名防震减灾助理员,适时开展检查"三网一员"人员落实、更新变更人员情况。10月,对"三网一员"和防震减灾助理员开展业务培训。三是检查地震预警系统,9月,对全县17套地震预警系统的运行开展检查。四是防震减灾示范建设,通过创建,成功申报筠连县景阳小学、希望小学、廉溪小学为防震减灾科普示范学校和河西社区、城南社区为防震减灾示范社区。

【城镇抗震设防及农村防震安保】2016年，全县范围内严格按照国家第五代区划图的抗震设防要求，对新建学校、医院等人员密集场所建设工程的设计和施工，按国家第五代区划图给出的加速度提高0.05g基础上，确定抗震设防参数，确保新建、改建、扩建工程全部达到抗震设防要求。为确保建设工程地震安全、重大建设工程和可能发生严重次生灾害的建筑工程以及60、80米以上高层建筑的场地，依法开展地震安全性评价，进入政务中心行政审批程序，进行抗震设防程序审批、抗震设防。

（廖利平）

教育工作

【幼儿教育】2016年，县域有省级示范性幼儿园1所（筠连县幼儿园）、乡（镇）中心幼儿园9所（县幼、巡司、双腾、沐爱、维新、大雪山、武德、镇舟、塘坝）。其余各乡（镇）中心校及大部分村小均附设有学前班。至年末，全县有幼儿园232所，其中公办165所、民办67所；在园幼儿13157人，幼儿学前三年入园率80.5%。

【九年义务教育】 2016年，县委县政府加快推进解决农村义务教育若干问题项目建设，至年末，全县“四大工程”项目共389个，其中开工384个、开工率98.72%，竣工376个、竣工率96.66%；完成双腾小学整体搬迁7000平方米，开工巡司中心小学等12个项目约3万平方米。

2016年，全县有公办初级中学8所、县城小学2所、乡（镇）中心校17所、基点校13所、村小146所，其中乡中心校9所、基点校13所、蒿坝镇中心校、筠连镇白花村小为九年一贯制学校。筠连县第二中学校以普通高中教育为主，承担沐爱镇的九年义务教育。双泉职中未再开设职业高中，承担双腾镇义务教育中初中阶段教育。全县民办小学1所，学生169人，无民办初中。年末，全县义务教育在校生51181人，其中初中16202人、小学34979人；小学入学率100%、辍学率0.01%、完成率99.95%，初中入学率99.56%、辍学率0.62%、完成率94.01%。

【普通高中教育】2016年，全县有普通高中2所，即筠连中学、筠连县第二中学校。年末，普通高中在校生共6170人，其中筠中4513人、筠连二中1657人。参加高考2254人（含回筠连考生），本科上线1021人（含艺术类），上线率45.29%，其中重点本科上线231人。

【职业高中教育】2016年，县委、县政府加大职业教育发展力度，加强职业教育工作的领导和统筹，县职业技术学校第二期项目工程建成投入使用。新购实训设备和办公设备624万元，建成校园电视台，实现宽带网络、电子监控、音响系统全覆盖。年末，在校生1832人。

2016年，开展社会成人技能培训，助力脱贫攻坚。开展社会成人技能培训29期，培训2586人次。实施本地少数民族“9+3”（九年义务教育，三年职业教育）免费教育，落实中职资助政策，解决困难学生上学问题。中央和地方继续共同出资设立中职学校国家助学金，主要资助具有中等职业学校全日制学籍的在校一年级、二年级所有农村户籍学生、城乡非农村户口学生及城市家庭困难学生，标准为每生每年2000元，按每年10个月、每月200元逐月发放。全年有11169人次中职学生受助，总金额223.38万余元。落实中职学生免学杂费政策，标准每生每年为2000元，全年有1730人次享受，减免346万元。

【特殊教育】2016年，继续实行“三残”（聋哑、盲童、智残）儿童随班就读措施，抓好特殊教育，建立健全残疾儿童少年随班就读保障制度，提高义务教育普及程度，全县“三残”儿童少年免费接受义务教育，所需经费全部由县财政专款解决。县聋哑校加强内部管理，落实聋哑儿童的培养目标，既努力提高教学质量，又培训学生劳动技术，使学生有一技之长，为学生的自理自立奠定基础。在县聋哑学校住读的残疾学生每人每月享受县政府120元生活费补助，按10个月逐月发放。年末，全县“三残”儿童少年在校学生296人，其中县聋哑校在校学生83人；综合入学率90.79%，聋哑童入学率98.91%，盲童入学率97.96%，智残童入学率84.86%。

【成人教育】一是在初中毕业生中继续实施为期一周的实用技术培训，毕业证书、绿色证书双证齐发。二是实施阳光工程培训、建卡贫困户培训、酒都系列培训等农村劳动力转移培训。

【民族教育】县委、县政府高度重视民族教育事业发展，继续予以在改善办学条件资金投入、教师安置、“三免一补”（免教科书费、免学杂费、免作业本费，义务教育阶段农村困难住校生生活补助）方面政策支持。全县少数民族地区中小学已消除危房，教学用房满足教育需要。少数民族义务教育贫困学生优先享受住校生活补助政策。少数民族子弟接受义务教育程度达到全县义务教育普及程度平均水平。全县除3个苗族乡，还有蒿坝镇合力民族校、腾达镇新民民族校。年末，少数民族在校生3429人，其中小学2272人、初中873人、普通高中284人；少数民族在校女生1604人，其中小学1052人、初中397人、普通高中155人。

【农村义务教育经费保障改革】一是继续落实“三免一补”政策，全县义务教育阶段学生51181人全部免除学杂费4227.6万元、作业本费167.1万元，免费使用教科书（音乐、美术等教科书循环使用）；按每生每年小学1000元、初中

1250元标准，向3944名农村义务教育阶段贫困寄宿生补助生活费，共补助492.1万元。二是继续实施农村义务教育学生营养改善计划，全县食堂供餐学校14所，受益学生8000人，覆盖率100%。继续实施义务教育阶段建档立卡家庭上学子女春期3961人、秋期4351人，全部免除教辅资料费，补助早晚餐费共340万元。继续实施农村义务教育学生营养改善计划，享受营养改善计划的学校189所(其中城区扩面5所)，受益学生51265人，其中初中16233人、小学35032人，营养改善计划覆盖率100%，其中营养改善食堂供餐学校4所，受益学生1330人。全年，全县义务教育投入总经费44377万元，其中改善办学条件经费5205万元；全县义务教育学校硬件建设，新增校舍54683平方米、改造危房696平方米，新增微机295台，改建网络教室16间，多媒体教室155间。

【学校建设】2016年，全县投入资金13183万元进行学校建设，新建校舍面积54683平方米，涉及项目15个，其中学前教育3个、迁建2个、扩建1个、村小建设7个、其他2个。投入资金2638.6万元进行现代教育信息化工程建设，其中教育设备设施投入2509.6万元（含教育融资租赁2040.7万元）、教育资源投入129万元。配置班班通155套，村级小学准标准化器材27套。

【教育行政管理】县教育文广局负责教师资格认定、民办教育学校、网络教育学校等行政审批工作。一是校长任命，筠连中学、筠连县职业技术学校、筠连县第二中学、筠连县第三中学、筠连县教师进修校等8所学校校长的任命，由县教育文广局提名，县委组织部牵头，县教育文广局等部门参与考察，报县委审批后，由县委组织部提交县政府发文任命；其余中小学校长的考察任免权归属教育文广部门，村级学校负责人由乡(镇)中心校或基点校任命。二是校长考察，校长的考察、选拔、任命、日常管理、交流、考核等根据干部管理条例和工作需要均由县教育文广局负责组织。县教育文广局管理中学、乡(镇)中心校、基点校一级。村级学校由乡(镇)中心校或基点校负责管理。民办学校校长由董事会提名，报县教育行政主管部门审批。三是推行"各级人民政府分项目按比例分担、经费省级统筹、责任市(州)落实、管理以县为主"的农村义务教育经费投入保障机制，全县教育经费实现"三个增长"(公共财政预算内教育经费增长高于财政经常性收入增长，生均公共财政预算教育事业费支出实现逐年增长，生均公共财政预算内公用经费支出实现逐年增长)。依法征收城市教育附加并用于教育，中小学生均预算内公用经费列入财政预算，并保证按标准足额划拨到学校。生均公用经费拨款达到省定标准，小学每人每年620元，初中每人每年840元。转移支付经费和上级拨付的学杂费、公用经费全额划拨到教育文广部门，教育文广部门及时划拨到学校，保证学校正常运转。教职工工资由县财政承担，按月足额发放。四是教育主管部门在全县学校推行教职工工作"四测评一常规"("四测评"：班级学生家长对该班任课教师的"家长满意度测评"，每班学生对该班任课教师的"学生喜欢度测评"，教职工之间的"同事认可度测评"含管辖村小学校的村小教师，学校考核机构对每位教职工的"工作表现综合测评"。"一常规"：学校每个月对每位教职工常规工作的检查考核)考核制度、轮岗交流制度、规范教职工上下班制度、规范学校财务管理制度等规章制度。学校管理更加规范化、精细化，教职工的工作积极性明显提高。

【师资队伍建设】2016年，进一步加大师资补充力度，拓宽补充渠道，健全教师补充机制。采取公开考核招聘紧缺学科教师、向社会公开考试招聘教师、引进县外优秀教师、特岗教师、安置省属免费师范生等办法补充教师，解决全县师资不足的问题。全面落实义务教育教师绩效工资政策，义务教育教师工资与公务员工资平均水平持平。全年，面向社会公开招聘教师127人、引进优秀大学毕业生23人、招聘特岗教师10人，安置省属免费师范生3人。至年末，全县有正式教师3780人，补充教师168人，其中招聘大专以上毕业生153人、引进外地教师15人；全县有教师职称3780人，其中初级2187人、中级1358人、高级235人。

【教师继续教育】一是继续鼓励教师学历进修，全年有652名教师参加本科学历进修。二是大力实施中小学教师继续教育工程，建立健全教师继续教育全员培训和校本培训制度，全年送培中小学教师562人、自培中小学教师8000余人次。三是在中小学开展师德师风提升活动，促进全县中小学教师师德水平的提高。四是坚持开展暑期全县教职工集中政治学习，加强教职工的政策法规学习，促进教职工的依法执教水平，教育行风发生较大转变。

【教师人事改革】2016年，继续推行事业单位人事制度改革，学校工作定编定岗，实行聘用制。推行教师全员聘任制，制订教师聘任方案，明确岗位职责，采取一级聘任和二级聘任相结合的办法，坚持公开、公正、公平、择优、双向选择原则，打破岗位界限，教职工自愿选择岗位，体现自己的特长和价值。全面实施教师资格制度，面向社会开展教师资格认证，全年共认定教师资格311人，其中幼儿园108人、小学80人、初级中学123人。

【民办教育管理】2016年，依法加大民办教育管理力度，规范民办学校办学行为，对符合办学标准要求的民办幼儿园或学前班颁发"办园(班)许可证"；对民办幼儿园教育进行清理整顿，依法对办学条件达不到要求的民办学校予以取缔，民办教育管理得到规范。全年，共民办园办理许可证

8所，即沐爱爱上幼儿园、塘坝天才金贝幼儿园、筠连镇未来之星幼儿园、筠连镇超越幼儿园、乐义乡未来星幼儿园、巡司镇乖娃娃幼儿园、镇舟镇云岭幼儿园、大雪山海湾红革果幼儿园。

【县内考试、招生】 2016年，继续执行所有小学毕业生免试就近入读初中学习。初中毕业生会考、升学考试一并进行，由县教育文局统一组织、统一实施、统一阅卷。普通高中招生由市统一组织考试、录取。职业招生由县政府根据市政府计划分解，具体落实到乡（镇）、学校。招生学校同时实行常年招生政策，应（往）届初中、高中毕业学生均可“免试直升入学”。全年，招收小学生6062人、初中5621人、普通高中2010人、职业高中2112人。

【教育要事】 1月26日，青苗助学爱心人士樊铭喻到乐义乡沙地小学举行春苗助学、上海联劝“山区孩子盼用新文具”项目捐赠仪式。2月29日，市教育和体育局纪委书记李卫一行到筠连检查开学工作。4月13日，筠连县义务教育均衡发展满意度测评会在县会议中心召开，部分县人大代表、政协委员共85人参会测评。4月15–17日，筠连县首届小学生乒乓球比赛在希望小学顺利举行。4月29日，筠连县2016年春期营养管理员工作会在县教育文广局召开，会议强调营养改善的计划工作、食品安全、资金安全重要性，对营养管理员业务培训。5月30日，市教体局局长伍小兵一行到蒿坝中心校检查指导义务教育均衡发展工作，副县长王见华陪同。9月9日，筠连县庆祝第32个教师节大会在县会议中心三楼会场召开，县委书记王萍作重要讲话，县委副书记陈良云主持会议。11月18日，市教体局副局长李书会带队到筠连督查教育扶贫工作，并到筠连镇五凤村入户座谈、实地查看等，详细了解该村教育扶贫政策的落实情况。

（黄万里）

主要学校简介

【筠连县中学】 简称筠连中学，建于1940年，位于筠连县城，属全日制完全中学。2009年，校区从玉壶公园南迁到定水河畔，占地面积13.33公顷。校园的教学区、运动区、生活区分区明确，功能齐全，设施齐备，整洁优美。实行奖（助）学金制度，受奖面宽；除政府官方助学，还有社会各界和特有的教育助学。2016年年末，有教职工296人（其中特级教师1人、特级教师后备人选2人、高级教师70人），国家级、省级、市级、县级优秀教师或骨干教师100余人，教学班82个，在校学生5500余人。

建校70余年，筠连中学得到社会各界的大力支持，全校师生员工的共同努力，教育教学成果丰硕，先后获“四川省文明单位”“四川省卫生先进单位”“四川省德育工作先进单位”“四川省中小学实验教学示范学校”“四川省阳光体育示范学校”“四川省体育传统项目示范学校”“四川省家长示范学校”等称号。

2011年起，筠连中学与成都七中共同联手打造远程直播教学班，实行小班化教学，使筠连学子就地享受全省最先进的教学资源，享受教师更多的教育和关怀。

【筠连县第二中学】 建于1941年，位于沐爱镇场镇，由A、B区构成，占地7.34公顷，建筑面积2.8万多平方米，属全日制完全中学。校名创建时为“高县县立简易乡村师范学校”，由民众教育馆、荷花池及池前体育运动场、观音寺庙宇群和关帝庙3部分构成。1944年4月，沐爱从高县分出成立沐爱设治局，学校关帝庙校区划归设治局，改划木鱼山作教学区，更名“沐爱设治局局立初级中学”，开始由师范教育向普通中学教育转轨。1948年，更名“沐爱县立初级中学”。1950年9月，校名先后更改为“高县初级中学”“高县第一初级中学”“高县第二初级中学”。1953年8月，沐爱划归筠连后，并入“筠连县中学”。1958年复校，更名“筠连县沐爱初级中学”。1985年，经省教育厅批准，升格为全日制高级完全中学，更名“筠连县沐爱中学”。2004年8月，并入“沐爱镇初级中学”，更名“筠连县第二中学校”。2016年年末，有教职工230人，中高级教师130人，其中高级教师45人、中级教师85人；省级优秀骨干教师3人、市级骨干教师38人、县级骨干教师98人；在校学生3400多人。

学校先后被授予“国家级足球特色学校”“省级阳光体育示范校”“省级园林式学校”“省级卫生单位”“省级无吸烟单位”“市级文明单位”“市级法制教育示范校”“市级绿色学校”“市级校风示范学校”“市思想政治工作先进集体”等称号。

【筠连县第三中学】 位于巡司镇场镇，2004年8月经县政府批准，由巡司中学和巡司镇光明中学合并而成，时占地2.86公顷，实现电脑班班通，教师办公室配置电脑，新配置2间微机室、1间电子备课室。2013年，启动A区学生公寓修建，已竣工投入使用；同年县委、县政府又投资3000余万元，征地约4公顷进行学校扩容建设，扩容建设进展顺利，已完成总工程的13%。2016年年末，有教职工160人，其中高级教师24人、中级教师61人；有省级、市级骨干教师和学科带头人30余人；在校学生2200余人。

先后被授予“四川省阳光体育示范学校”“四川省卫生单位”“宜宾市文明单位”“宜宾市加强和改进未成年人思想道德建设先进集体”“宜宾市校风示范学校”“宜宾市依法治校先进单位”“宜宾市应急管理示范单位”“宜宾市体育先进单位”“宜宾市后勤标准化建设先进单位”“宜宾市园林学校”“宜宾市教育体育系统环境友好节约型学校”“宜宾市先进基层党组织”“宜宾市文明校园”等称号。

学校校训为“重德、博学、务实、尚美”;办学宗旨为“德育为先、质量第一”;办学理念为“和谐治校、质量立校、科研兴校、特色强校”;办学目标为“立德树人”。

【筠连县职业技术学校】 原名筠连县城南职业中学,1986年9月经宜宾地区行政公署批准成立,学校原址城南环城路旁,1999年迁入玉壶公园原筠连中学校址。2013年秋期迁入筠连镇莲花村六组和犀牛村五组,学校占地6.67公顷,建筑面积40687平方米。2016年年末,有教职工90人,其中中学高级教师16人、中学一级教师29人,教学班30个,在校学生1832人。

筠连县职业技术学校坚持以市场需求为导向、服务地方经济为宗旨,重视专业技能教学,设有电子技术应用、数控技术、计算机应用、服装设计与工艺、酒店服务与管理、学前教育及汽车维修等专业。坚持“按需办学,多向培养”的办学思想和“技能+特长”的培养目标,与上海尼西电子科技有限公司、香港舜宇光电集团、重庆英达电子有限公司、筠连县清溪沟旅游开发有限公司、筠连县五凤村牛肉养殖专业合作社等签订合作协议,开展广泛合作,培养学生能吃苦、肯实干、会创业、敢创业的精神,取得良好效果。

学校的校训为“素质决定命运,文明成就未来”;校风为“自然纯洁、乐观向上、勤奋好学、锐意创新、健康成长”;办学思路为“以人为本、科学管理、自主创新、跨越发展”;办学理念“增知识、强技能、全素质、愉身心、培养文明创新人才”。

【筠连县定水中学】 位于县城城南新区,建于1995年9月,初名“筠连镇镇中学”,为解决筠连镇普及九年义务教育初中阶段学生入学难而创建。1996年政府划拨2公顷土地建校,有教学楼、综合楼、学生食堂、学生住宿楼、教师宿舍楼,有理化生实验室、图书室(藏书近万册)、计算机房、多功能白板教室,有250米的标准环形塑胶跑道、4个篮球场、8个移动乒乓球台和其他体育设施。2016年年末,有教师70人,中学高级教师8人、省级骨干教师2人、市级骨干教师6人、县级骨干教师教13人,教学班级21个,在校学生1300多人。

学校先后荣获“宜宾市阳光体育示范学校”“宜宾市绿色学校”“宜宾市园林单位”“宜宾市依法治校示范学校”“宜宾市环境友好节约型学校”“县文明单位”“县双拥模范单位”等荣誉称号。

学校校训为“定志达远,水容慧心”;办学目标为“让孩子获得成功,让教师得到发展”;办学精神为“博爱、谦逊、担当、坚守”;育人目标为“孝、悌、忠、信、礼、义、廉、耻”。

【筠连县景阳初级中学】 1978年8月,经宜宾地区行政公署批准成立,位于县城东北景阳山。其前身为清朝乾隆五十一年(1786)创建的腾川书院,1906年,改书院为官立高等小学堂;1913年,改学堂为筠连县立高级小学校,1928年改为县立第一高级小学校;1941年,改为县立公办中心小学校;1950年,改为筠连县中城镇第二完全小学校;1952年,改为筠连县人民街小学校;1978年8月,更名为筠连县景阳初级中学校。1986年7月,撤销小东街小学,将其校址、校舍全部划入景阳初级中学,并设立民族初中班。1993年2月,经县政府批准,把人民街原进修校的校地、校产划归景阳初级中学。学校占地面积8000平方米,建筑面积8323平方米。2016年年末,有教职工52人,教学班7个,在校学生251人。

学校办学宗旨为“内强素质,外树形象”;办学理念为“依法治校、以理育人,以人为本、和谐发展”;办学目标为“和谐奋进、基础扎实、质量优良”;校训为“文明、有序、和谐、上进”。

【双泉职业中学】 1972年创办,学校占地面积1.33公顷,建筑面积6700余平方米,有教学楼1幢、学生食宿楼3幢、教师宿舍楼1幢共2400平方米。2016年,有教职工54人,其中省市县级骨干14人、市级学科带头人2人,教学班12个,在校学生600余人。

学校先后荣获“宜宾市绿色学校”“宜宾市平安学校”“宜宾市廉政文化示范校”“宜宾市环境优美示范校”“筠连县语言规范文字培训基地和书法教育实验基地”等荣誉称号。

学校逐步形成以民主自治为根基,以感恩教育为主体的教育特色,致力于将学生培养成厚德正品、本真乐观、高度自治的人。学校以“科学管理、民主自治”的工作思路,让每一位教师融入到德育管理之中,做到“事事德育,人人德育”。

【筠连县胜利街小学】 坐落于县城北隅玉壶井畔与景阳山之间,建于1914年9月,原名筠连县初等女子小学校,筠连县唯一一所省级示范小学。2016年年末,有教职工110名,教学班49个,在校学生近3000名。

学校先后被评为“四川省教师职业技能示范校”“四川省青少年科技示范校”“四川省科技活动先进学校”“宜宾市艺术特色学校”“宜宾市校风示范校”“宜宾市文明单位”等称号。

学校办学理念为“润育潜质、培养习惯、发展个性、奠基未来”;办学核心“文明校风、务实教风、活泼学风”;发展愿景为“书香校园、人文课堂、涵养教师、儒雅学生”;校训“树德、启智、博雅、笃行”;校风“求真、至善、尚美、明礼”。

学校大力开展第二课堂活动教学,让电脑绘画、手工制作、篮球、乒乓球、美术、书法、舞蹈、跆拳道等兴趣小组成为学生课余生活的主体,获得优异的成绩。素质教育为学校显著的办学特色,成为学生喜欢、家长满意、教师幸福、社会向往的学校。

【筠连县希望小学】 1996年9月6日创建，占地1.13公顷,2003年9月更名筠连镇中心校,属全国“中华古诗文经典诵读试点学校”。学校具有浓厚的传统文化氛围,“读千古美文,做少年君子”是学生学习和生活的目标,积极开展“中华古诗文经典诵读工程”。2016年年末,有教职工102人,小学班级32个,在校学生1879人。

学校先后获得“市级校风示范校”“市教师技能示范学校”“市教育科研示范学校”“市文明单位”“市卫生先进单位”“县文明单位”“县卫生先进单位”“县平安学校”等荣誉称号。

学校办学目标是建设优美的育人环境，培养德、智、体、美、劳全面发展的建设者和接班人。

【筠连县幼儿园】 1950年始建,位于县城新华巷7号,原名筠连县新华街幼儿园,占地面积4480平方米。初建时只有两个班,在“文化大革命”中被毁,后办成小学。1987恢复为幼儿园,实行半日制。1996年秋期起办成全日制。2010年10月更名为筠连县幼儿园。2016年年末,有教职工28人,幼儿教育学历达标率100%,大专及以上学历占86%,小学教高级教师占42%.

2010年,县政府投资近300万元按省级标准实施的改造工程竣工投入使用,并通过省级验收,属全县唯一省级示范幼儿园。

办园宗旨为“一切为了孩子”，重点培养幼儿音乐舞蹈、英语口语及动手操作、创新思维等方面的能力。

（黄万里）

招生考试

【普通高校招生】 2016年，全县报考普通高校人数2426人,其中文科1112人、理科1285人、职教29人,增加158人。上省控线人数2371人(不含艺体、职教),其中文科重点本科72人、一般本科245人、专科790人,理科重点本科159人、一般本科395人、专科710人。实录人数2120人(含艺体、职教:艺体本科154人、专科117人,职教24人),占总报名人数的87.39%。

【成人高校招生考试】 2016年的成人高校招生于9月报名,10月考试。全县报名人数812人,增加45人,位居全市第二,其中高中起点专科395人、专升本417人。上线635人,高起专文科57人、理科240人、专升本338人,上线率78.20%。

【高等教育自学考试】 2016年，全县共进行高等教育自学考试2次，报名总人数209人，报名科次405科，其中“16.1”次报考科次为156科、“16.2”次报考科次为249科。单科合格的科次为56科。全年毕业生3人。

【高中阶段学校(中职)招生】 2016年,根据市教育和体育局、县教育文广局和市招办要求,全县高中学校及中职招生工作由县招生办负责考生报名信息、志愿信息的采集、录取、收费等工作。按照全市统一规定的报名时间（3月2–9日),全县高中阶段及中职招生报名工作于3月9日结束。考生志愿填报采取网上填报和现场确认的方式。一是初中升高中,全县参加升学考试的报名总人数5011人,录取2010人,其中筠连中学高中1450人、筠二中(沐爱中学)高中560人。二是中职招生五年制大专,录取26人。三是报考三年制中专和职业高中的考生自行与招生学校联系,人数未统计。

【考务考籍管理】 2016年,每次文考前根据考生实际,严格按考务细则规定,精心安排考场教室。认真贯彻执行“统、严、细、准、早”要求,做好报名、信息采集、文件制发等准备。

【信息管理】 按照信息准确化、规范化的要求,加强信息管理。继续实行网上信息采集、网上缴费(除中考外)和网上志愿填报。对各报名点的微机人员,加强信息采集和网上如何填报志愿的培训工作。在高考、自考和成考期间,教育、文广、公安、保密、工商、规建城管、环保等部门联合发布禁噪、整顿交通秩序的通告,确保考场安静有序。严格选聘考场领导和监考教师,考前对监考员进行培训,做到准时上岗、尽职尽责,圆满完成考试任务。

【考风考纪】 一是加强学习,提高认识。考试前,安排部署全体人员学习国家教育考试的相关文件,明确报考工作的目的、意义和任务,强化思想素质。二是严格考试制度,严肃执法。对违纪舞弊者依“条例”处理决不手软。三是挑选政治素质好、业务水平高的教师担任监考。四是加强对监考教师的考风考纪教育、职业道德教育和法纪观念教育。五是继续实行每科考试前随机轮换监考教师的监考管理制度,制定对考务人员的考核办法。六是对考生实行严格“安检”和身份验证,在每间考场均安装电子屏蔽仪。七是使用国家教育考试标准化考点,对考试全程监控,促进考试公平、公正、阳光。通过以上措施,杜绝严重违纪舞弊事件和“雷同卷”的发生,树立国家教育考试的良好形象。

（石勤）

文广、体育与旅游

文广新旅综述

【文广新旅概况】 2016年，全县文化广播影视新闻出版和旅游工作按照县委"转型调结构、创新求实效"的工作基调，文化、广播电视、新闻出版、旅游等工作突出"三个结合"(与"十三五"工作相结合、与脱贫攻坚工作相结合、与人民群众现实要求相结合)，取得明显实效。按照"六个一"标准完成11个贫困村"有文化室""有广播电视"建设任务，免费为贫困户安装广播电视近5000户。举办4场"槐花飘香·文化惠民"及第三届家装文化节等大型活动；开展送文化下乡52场，公益电影放映完成3043场。创新开展文化馆、图书馆总分馆建设，在蒿坝镇建立首个农民理事会。全年全县共接待游客163.52万人次，实现旅游收入10.79亿元，增长34.21%。广播电视台全年在国家级媒体刊播3条、省级媒体10条、市级媒体240条；广播电视全年完成1928个自村然3790户农村电视建设、维护25000余户农村电视户户通运行，继续保持"零插播、零中断"记录。

【文广新旅要事】 1月下旬，完成筠连县文化发展"十三五"规划；2月，完成筠连县文化惠民脱贫攻坚"十三五"规划；6月，禹王宫后殿修缮工程全面竣工；8月，全县首个农民文化理事会在蒿坝镇成立；9月，清溪沟启动帅游通平台；11月，文化惠民脱贫攻坚通过省、市检查验收。

(罗啸驰)

文艺创作与表演

【创作与表演】 2016年，开展文化扶贫扶志主题文艺创作活动，作品有快板《勤俭节约树新风》、群口三句半《扶贫致富就是好》、情景歌舞《苗彩彝红》、对口词《医疗救助》、快板《政府保障把书读》、戏剧小品《懒汉脱贫》，其中情景歌舞《苗彩彝红》在宜宾市酒都风情中获二等奖。创演宣传全市20名先进模范人物的小品剧本《守望梦想花开》《传宗接代》《差一票》等；参加宜宾市酒都风情展览赛中摄影类作品《晒幸福》获一等奖、《新家园》获三等奖，美术类作品《铁骨生春》获三等奖，书法类作品《姜夔词》获三等奖。与四川红船传媒文化有限公司联合打造的青少年励志院线电影《初生牛犊》于11月8日在筠连举行开机仪式，12月13日完成电影杀青。

【文艺演出】 2016年，县文化部门牵头组织，举办春风村猴年春节联欢晚会、"文化惠民·槐花飘香"系列广场文艺演出、春风村李花节、青少年才艺大赛、"我们的节日·乡镇文艺展演"，联合县广播电视台结合中华人民共和国成立67周年和中国工农红军长征胜利80周年成功举办第三届家装旅游文化节，获得观众广泛好评。

【文艺下乡】 一是参与"三下乡"活动，开展送演出、送春联活动。二是组织各类专题文化下基层活动，开展文化系统新春慰问演出、送文化进校园(社区)、送文化到贫困村等，内容有送文艺演出、文化遗产保护知识培训、群众文化辅导等，全年完成90余场次，其中送文化到贫困村61场次，演出各类文艺节目600多个，观众人数20余万人次，丰富基层文化生活。

【文艺创作】 一是以节庆活动为平台，开展书法、绘画、摄影创作，如春风村李花节、广场系列文化活动等，让作者亲临现场，即兴创作。二是组织采风活动，邀请县内书法、绘画作家进行现场创作。三是利用优秀的文化资源，加大电影、舞蹈、小品作品创作力度，院线电影《初生牛犊》、快板《勤俭节约树新风》、群口三句半《扶贫致富就是好》、情景歌舞《苗彩彝红》、对口词《医疗救助》、快板《政府保障把书读》、戏剧小品《懒汉脱贫》，其中情景歌舞《苗彩彝红》获"宜宾市酒都风情二等奖"。四是成功出版《文化筠连》系列丛书第四部——《山川溢彩》。

(罗啸驰)

新闻出版

【新闻出版概况】 2016年，新闻出版工作重点是新闻出版、扫黄打非、农家书屋、社区书屋建设4个方面，把上级具体要求和自身工作实际相结合，取得净化市场、规范出版、建好书屋等突出成效。

【新闻出版监管】 一是加强对印刷企业、出版物经营单位的监管。全年,完成县域印刷复制企业和出版物经营单位年度核验,完成打印复印企业7家、印刷企业3家、包装装潢企业1家、民营书店5家、邮亭7家的年检。二是委托市新闻出版局完成县城5个电子阅报屏建设。三是完成200件作品著作权登记。

【文化产业】 2016年,筠连县恒博包装有限公司已成功进入海瀛工业园区,县政府规划建设用地1.67公顷(25亩),年末已进入厂房建设。

【书屋建设和管理】 2016年,完成更新补充农家(社区)书屋出版物工作,每个农家(社区)书屋更新补充出版物121册,共31460册;为每个农家(社区)书屋配送书架共260个。开展2次农家书屋管理员培训。指导农家书屋每周开放20小时以上、社区书屋每周开放25小时以上。完成68个(含61个贫困村)阅报栏建设;完成蒿坝镇数字化出版物发行网点建设,腾达镇和双腾镇综合文化站中心书屋建设,县城5个惠民书吧建设。

【全民阅读活动】 1月7日,县团委、县教育文广局联合筠连农商行举办"筠连农村商业银行杯 感悟亲情·致书父母"主题有奖征文比赛;1月13日起,县教育文广局会同县图书馆、"三下乡"文艺队到各乡(镇)开展送文化下乡活动;在双腾镇,开展送图书及指导农民读书活动;在县"两会"期间,县图书馆人员把办公桌搬到现场,为参加"两会"的人员提供借书办卡服务。4月20日,在玉壶公园池子球场举办全民阅读活动启动仪式暨"农民法治故事会"活动。5月4日,县教育文广局主办纪念五四运动97周年为主题的诗歌朗诵比赛。6月16日,县图书馆开展主题为"图书馆就在我身边"随手拍活动。7月29日,县图书馆人员带着70册图书及书架,再次把流动书吧开到县武警中队。9月28日,由县委宣传部、县教育文广局主办,电视台、图书馆承办,文化馆、筠州艺术团协办的全民阅读成果展演在玉壶广场举办,对"优秀读书家庭"、优秀书屋管理员、优秀书屋、"我的书屋·我的梦"征文比赛优秀作品进行颁奖。

【文化市场扫黄打非】 5月,由县委宣传部牵头,召开全县"扫黄打非"工作会,突出重点,明确工作。县"扫黄打非"办制订全县"扫黄打非"工作安排。"扫黄打非"办联合相关部门开展"扫黄打非·秋风2016""扫黄打非·净网2016""扫黄打非·清源2016""扫黄打非·固边2016""扫黄打非·护苗2016"专项行动,深化非法印制、发行邪教宣传品、深化少儿出版物市场整治等,对县域内印刷复制业、出版物市场、互联网和新闻媒体行业进行检查。共出动执法车辆18次,执法人员380次,检查商家200余家次、检查网络论坛16家次、书店和邮亭45家次、电子音像制品店25家次、印刷复制企业35家次。经检查,未发现有出售、传播淫秽色情信息的违法犯罪行为。开展网吧、演绎、娱乐、广电等领域综合整治行动,特别加大对娱乐场所和网吧整治,严打违规接纳未成年人等违规经营行为。采取日常检查、集中行动与群众监督举报相结合,全年出动执法人员1600余人次,检查商家800余家次,至年末,立案查处网吧4家,结案4家,处罚款共1.3万元。

(罗啸驰)

县文化馆、县图书馆

【"两馆"配设】 筠连县文化馆、图书馆均为隶属县教育文广局管理的公益性文化事业单位。文化馆下设综合办公室、文化艺术部、调查研究部(非遗中心)、文物保护部。新馆设施、设备功能齐全,建有钢琴室、音乐室、美术室、书法室、文化理论培训室、"非遗"展厅及传习室、书画展厅及创作室、音乐制作室、录音棚、舞蹈房、健美操房、小剧场等。年末有职工19人。图书馆内设有外借室、报刊阅览室、电子阅览室、少儿阅览室、采编室、地方文献室、古籍室、自习室、书库以及多功能厅等,年末有职工6人。新馆面积2000平方米,馆藏图书80000余册,电子图书30000余册、报刊100余种。

【"两馆"服务】 2016年,文化馆继续树立服务意识,提高服务质量,除做好馆内服务外,还深入学校、村(社区)、社会团体,指导基层文艺创作和开展文化活动。图书馆新安装空调、风扇、座椅,配置饮水机,尽量为读者创造舒适的阅读环境。在召开县"两会"、残疾人日、九九重阳节等节日,对相关群体开展上门服务,提供办证服务,扩大阅读群体。实行错时上班制度,保证节假日有人值班、白天全天候上班。制定读者投诉管理制度,做到图书馆阅览借书环境整洁。遵循图书分类排架规则,对外借室和少儿图书室及报刊室进行全面倒架、整架,实现规范排架。深入农家书屋、社区书屋开展业务辅导10次,带队参加市馆的农家书屋培训。

【"两馆"拓展功能】 2016年,县文化馆利用儿童节、青年节等,走进校园,指导学校文艺表演,提供音响、音乐等技术、设备;宣传文化遗产等知识;到留守儿童聚居地开展慰问3000余人次。文化馆免费开办群众文化艺术夜校,开设舞蹈、音乐、软笔书法、普通话、摄影类别培训班,招收学员230余名,年末结业时举办教学成果汇报演出,得到广大群众好评。组织举办1场青少年才艺大赛美术类专场,参加人数200余人。

【"两馆"送文化下乡】 2016年,文化馆会同文化股、筠州艺术团联合开展文化下基层活动，全年送文化下基层文艺演出 90 余场；开展文化遗产保护知识培训、群众文化辅导、“我们的中国梦”文化进万家、“文化走基层·真情五为民”等活动，下乡演员达 6000 余人次，惠及群众 80 万人次左右。县文化馆与电影公司开展公益电影免费放映，播放公益电影 3043 场。

【公益电影放映】 2016 年，完成公益电影放映 3043 场次。投入财政 10 万元，建成孔雀乡黄泥村、中心村和镇舟云岭村 3 个固定电影放映点，全部验收合格使用。

（罗啸驰）

文物管理

【文物管理概况】 2016 年，县文物管理所以积极宣传、加强申报、加大巡查、安全防护为重点，对“南华宫”“大梁子兵营遗址”“平寨王爷庙”的历史文化内涵进行深度挖掘，完成市级文物保护单位的申报，全年未发生一起文物安全责任事故。

【文物保护】 2016 年，县文管所加强对级别文物、文物保护单位的保护管理力度，对全县重点文物尤其是古建筑的消防安全进行隐患排查，有针对性地召开古建消防安全现场会，宣传《中华人民共和国文物保护法》，与各乡（镇）签订文物安全责任协议书，重点挖掘不可移动文物点的历史文化、建筑艺术、科学价值等文物内涵。文管所加大文物安全巡查力度，全年共巡查文物点 70 次 400 余处，及时发现问题、解决问题，确保文物点安全。

【馆藏文物安全】 依据《中华人民共和国文物保护法》及相关条例规定，系统清理、规范、建档馆藏文物，对馆藏文物实施防火、防盗、防潮等保护工作。文物库房配有防盗门、防盗监控、防火灭火器、防潮防湿柜等安防设施。每天检查文物库房，每周对馆藏文物安全检查 2 次以上。

【“非遗”工作】 一是开展筠连月饼制作工艺、筠连应氏正骨技艺、苗家九大碗制作工艺、蛋圆子制作工艺 4 个非遗项目的普查申报，已完成申报材料上报县政府，待批复。二是联合市电视台、市博物院对苗族刺绣、苗族花山节、苗族大唢呐 3 个“非遗”项目实地调研，协助开展《宜宾非遗》系列纪录片之《苗族刺绣》《苗族大唢呐》《苗族花山节》的拍摄录制。三是联合市博物院、市非遗保护中心开展“非遗”田野调研，对苗族刺绣、苗族大唢呐、苗族花山节、高台竹竿狮子 4 个县域重点“非遗”项目进行实地走访调研，重点采访代表性传承人。6 月，在蒿坝镇组织开展筠连县苗族大唢呐音频信息采集暨传习展示活动，全程记录下高质量的唢呐音乐和珍贵的传习视频，并图文采集大唢呐曲目的详细信息。四是联合省非遗中心开展非物质文化遗产声音档案“天籁之音”采录工作，对苗族大唢呐和筠连山歌做现场传习音频采集。11 月，在高坪苗族乡中心校开展文化遗产知识培训会暨苗族刺绣传习活动，把非遗知识普及带进校园，建立完整的非遗档案和数据库。五是开展全县非遗代表性传承人精准扶贫慰访工作，为传承人送去慰问物资，及时掌握全县各非遗项目的传习情况。

（罗啸驰）

广播影视

【广播电视概况】 2016 年，对照县“十三五”规划实施目标，通过争取省、市支持、自筹资金等方式加快广播电视事业建设，全年完成 1980 个自然村 3790 户农村电视户户通建设，完成 23 个行政村的广播村村响安装工作，完成公益电影放映 3043 场次；广播电视网络公司全年实现收入 980 万余元，完成省广播电视网络公司下达的各项任务。

【地面波数字电视建设】 2016 年，新建地波数字电视发射台 2 座，完成 1980 个自然村地面波数字电视设备的发放、安装及调试，维护用户设备端维护 3200 余台次。完成全县地面波数字电视基站 MMDS 基站日常维修 108 次，卫星直播用户机顶盒维修 60 台次，仙人岩中央农村无线覆盖工程日常管理和维修 112 台次。

【农村广播村村响】 2016 年，完成 23 个行政村的“广播村村响”安装，占任务的 100%。应急广播平台建设稳步推进，完成 1 个县级应急广播平台搭建和 18 个乡（镇）平台搭建。

【数字电视整体转换】 2016 年，继续深化有线电视数字整体转移工程，大力发展有线数字电视，至年末，全县有线数字电视用户 23118 户，各项创收任务均按进度完成。

【安全播出】 2016 年，以提高安全播出水平、促进事业发展为抓手，严格制度管理，强化人员培训，开展应急演练，狠抓广告规范，严格管理、认真监测、及时总结，做到安全播出年初有计划、每月有巡检，发现隐患限时整改，及时验收。保障广播电视安全播出，继续保持“零插播、零中断”的纪录。

（罗啸驰）

新闻宣传

【新闻宣传工作】 2016 年，筠连县广播电视台牢固确立新闻立台、宣传强台的思想，围绕县委、县政府的中心工作，唱响主旋律,打好主动仗。加强新闻节目的可听性、可看性,提高新闻的时效性、信息量;在全面提高时政新闻的权威性和导向性的同时,更加关注民生、服务大众,做好行进筠连-精彩故事、文化惠民、槐花飘香-第三届家装文化旅游节、精准化扶贫、创文创卫进行时、致敬抗战老兵、当月传统节日的氛围营造、第十三届党代会等新闻主题报道类节目;认真做好"扶贫攻坚在行动""践行社会主义核心价值观-美在身边""践行两学一做、树立党员模范""纪念抗战老兵""生活服务台" 等群众喜闻乐见的专题节目;做好宜宾视协走进筠连采风活动,中国视协、四川省视协、宜宾市视协"影视小屋"到筠连授牌仪式的各项工作,协助宜宾广播电视台到筠连进行旅游形象宣传片的拍摄工作。

【电视专栏】2016年,县广播电视台围绕县委、县政府中心工作扎实开展工作,在保证稿件数量的同时,广播电视台更注重节目质量的提高,规范《筠连新闻》播出内容和形式,使新闻更接地气。专题栏目共开设"荧屏透视""财富道""筠州色香味""筠州神侃""筠州新闻坊""身边的故事""文化长廊""非常音乐""快乐之家""曲艺大观园"等。

【新闻播出】2016,县广播电视台紧扣县委、县政府各个时期中心工作,全力做好全年宣传报道工作。一是《筠连新闻》采编播出,共组稿电视新闻1589条,广播新闻1589条;编写《采编简报》12期、《宣传月报》12期、《月宣传计划和总结》12期。二是电视栏目制作播出,播出"财富道""身边的故事""荧屏透视""筠州色香味"共96期,录制实况录像并播出20场。三是广播栏目制作播出,播出"快乐之家""非常音乐""文化长廊""曲艺大观园""筠州神侃帮"共144期。四是新闻外宣,完成中央级媒体9条、省级媒体9条、市级媒体310条、电视栏目在市级媒体播出5个,广播较好地完成外宣任务。五是参加评选活动,县广播电视台创作的新闻专题报道《筠连:以花为媒,唤醒山水间沉睡的旅游资源》被市电视艺术家协会评为"走进筠连采风活动"一等奖,新闻专题报道《共筑伟大中国梦,扶贫我们一直在路上》被市电视艺术家协会评为"精准扶贫"微视频作品大赛三等奖,广播长消息《易地扶贫搬迁政策:喜迁新居过上好日子》、广播新闻专题《第一书记陶峰:精准扶贫贫困村 重启村官之路》、电视新闻专题《最美姑娘杨家珊:无偿捐献遗体 让爱心传递下去》、电视原创歌曲《春风四季吹》、微视频《筠连粉条》在全市创优节目评选中获提名奖。全年,由市委宣传部、市文广新局组织的"宣传宜宾好新闻奖""宜宾新闻奖"评选中,参选节目《四川建新村、百万人口将告别贫困》《办实事、惠民生、建设周转房,让农村教师安居乐教》分获"宣传宜宾好新闻"二等奖、三等奖,《山乡小伙当红娘:山货变网货,穷家"丑女"成"香饽饽"》《2015四川国际文化旅游节筠连分会场活动开幕》分获"宜宾新闻"二等奖、三等奖。

【采编人员管理】一是继续加强采编人员的政治和业务学习,开展全方位多层次的培训,着力提升新闻从业人员的综合素质,共派出30人次参加省、市业务培训,一批业务骨干脱颖而出,其中技术播出部吴楚被宜宾市电视艺术家协会评为宜宾市第二届"十佳广播电视工作者"。二是继续加大稿件质量要求,由分管领导和总编室、新闻部、专题部负责人组成评审会,每天对播出的新闻、栏目进行打分,按照A、B、C、D4个档次进行打分,按质计价,奖优罚劣,促进节目质量大提升。

(罗啸驰)

体　育

【群众体育】 2016年,全县有各类体育协会21个,各级社会体育指导员876人,全民健身活动站点268处。组织开展各种群众体育活动人才培训2次,培训472人次;组织参加市级以上培训3次,培训乒乓球、健身气功、体育舞蹈、门球、广场健身操等社会指导员、裁判员、运动员共10人次。编印《全民健身知识手册》2000册,分发到干部、群众手中,提高全民健身意识,普及科学健身知识。坚持县、乡(镇)、村(社区)整体联动、分级组织和全面推进的原则,达到天天有健身人群、月月有赛事活动和重大节假日有全民健身大型集会的要求,共组织开展全民健身赛事活动30多次,参与人数2万余人次。

【竞技体育】2016年,全县进一步完善县业余体校机构和制度,积极开展运动竞技体育,加强竞技体育后备人才的培养和输送工作,省、市业余体校到筠连选材2次,输送体育后备人才4人。

【学校体育】 2016年,积极配合县教育文广局,抓好"两课三操一活动",广泛开展阳光体育活动,推行《国家学生体质健康标准》实施工作计划,促进学校、家长、学生对健康身体素质的重视,协助学校举办校运会、推进体育教师专业职称评定、开展体育苗子选拔。

【体育场地设施建设】2016年,继续扎实推进全民健身工程建设,逐步完善县乡村三级全民健身网络。全年投入495万元用于体育健身设施建设,完成农民体育健身工程建设2个,改造全民健身路径2条,开工全县公共体育场田径跑道和足球场。

【体育彩票销售】2016年,全县共开设体育彩票销售网点14个,全年实现体彩销售近350万元。

【体育民生工程】2016年,全县完成免费开放体育场馆体育锻炼5.2万人次。

【举办体育赛事】2016年,成功举办县内大型体育活动10次,推进全县体育活动的开展。2015年12月31日,举办元旦迎春健身跑活动;2016年2月22日,举办庆新春"我们的节日"全民健身大家乐趣味运动会、门球比赛;3月7日,举办庆三八妇女节乒乓球比赛;4月26日,举办全县干部职工登山比赛;6–7月,举办"向阳杯"业余足球比赛;6月14日,举办"重走长征路"全民健身健步走活动;8月8日,在筠连举办宜宾市2016年"全民健身日"群众体育活动启动仪式暨筠连县千人秧歌展示大赛·创建卫生文明城市群众宣传月活动;8月12日和22日,举办"永竞杯"快乐篮球赛和"永竞杯"健身欢乐荧光跑步活动;10月21日,举办2016中国·筠连"筠州杯"钓鱼邀请赛;11月12日,成功举办第十届"健康杯"全国业余乒乓球邀请赛。通过各大型活动,有力地发挥体育的多元功能,推进群众性体育组织服务网络的建设,实现群众体育社会化。

【参加体育赛事】9月下旬至10月中旬,组建体育代表团共229人(由代表团团长、教练员、运动员、工作人员)参加在宜宾举办的宜宾市第五届运动会。代表团参加13个大项38个小项,共收获3金、3银、4铜和团体总分第七名,并获优秀组织奖和体育道德风尚奖。同时,精心组织,圆满在筠连成功承办宜宾市第五届运动会的围棋项目比赛工作。

(罗明)

旅　游

【旅游概况】2016年,旅游工作围绕县委县政府创建"川南滇东北(乌蒙山)生态休闲度假旅游目的地"目标,紧扣省市旅游工作重点和县委、政府工作思路,结合筠连旅游实际,立足完善旅游"吃、住、行、游、购、娱"六要素,积极开展各项工作。同时大力发展乡村旅游,全面提高旅游产业整体素质和旅游业综合效益,不断促进筠连旅游经济的全面、健康发展。全年,全县共接待游客163.52万人次,增长30.75%;实现旅游收入10.79亿元,增长34.21%。

【旅游发展政策】2016年,根据国家、省、市关于旅游发展相关政策的变化,结合全县旅游实际,修订完善《关于加快旅游产业发展的实施意见》,制定相关事实细则,增强旅游企业到筠连投资开发旅游的信心。为加强旅游市场和景区管理,制定《筠连县农家乐管理暂行办法》《筠连县景区(点)管理暂行办法》《筠连县景区保护和开发管理暂行条例》等文件,全县旅游产业发展政策正逐步走向完善。草拟并以县政府名义《关于进一步加强"旅游+"工作的通知》,提出到2020年,通过推进十项重点工作,努力实现"三大发展目标"——基础设施不断升级、一、二、三产业集聚发展、应用示范取得成效。

【旅游管理】2016年,县委、县政府把旅游产业摆在重要位置,作为主打产业抓紧抓好抓落实。市政府副市长、县委书记王萍经常关心、过问旅游工作;县长刘朝平亲任县旅游产业发展领导小组组长,决定旅游发展重大事项,统筹解决旅游产业发展中的困难和问题,县旅游和外事侨务局负责旅游日常工作。市旅游外侨局、县委县政府加强旅游项目建设监督管理,实行10天一次的报告制,全面、准确了解旅游项目的进度,及时研究解决影响工程进展的困难和问题。

【旅游品牌创建】一是推进旅游标准化建设,开展星级农家乐评定摸底,指导辖区内酒店、饭店开展星级饭店、绿色饭店、主题饭店创建工作,按照标准化要求完善景区配套基础设施。二是抓乡村旅游发展。围绕乡村旅游发展,培育精品村寨、特色乡村旅游经营业态,开展精品村寨、特色乡村旅游经营业态申报评定准备工作。全年评定星级农家乐10家,其中五星1家、四星3家、三星1家、二星5家,申报特色业态经营点5个,其中精品特色业态经营点4个、非精品特色业态经营点1个。

【筠连旅游云平台创建】2016年8月,县旅游外侨局委托成都云途智旅公司开展筠连"旅游+电视台"微信公众平台的创建工作。该公司对全县各旅游景点、各类旅游企业开展全面采集、规范编辑,并针对筠连年度营销的总体规划和各个景区、各季节、各旅游节庆、促销活动等内容,策划社交化、互动性在线旅游营销活动,联合筠连电视台信息共同发布,为筠连乡村旅游摄影网、"筠连天下"官方微信公众号提供完整的信息支撑。11月,筠连旅游微信公众平台"筠连天下"投入运行,至年末,共发布筠连旅游信息30条。

【川南旅游"一卡通"推进】2016年,由陕西翰阳实业集团旗下帅游电子商务有限公司推进旨在整合川南旅游资源,实现整体营销、互利共赢的旅游宣传营销推广平台建设,致力提升宜宾乃至川南整体旅游市场的竞争力。筠连县就该项目开展大量前期工作,4月25日,县旅游外侨局专题向市旅游和外事侨务局汇报;4月28日,市委常委、副市长于滨到筠连调研时,县旅游外侨局向于滨进行专题汇报;9月15日起,在县旅游外侨局的联系和指导下,帅游电子商务有限公司与县域内45家企业完成帅游通业务合作的签约;11月16起,县旅游外侨局率帅游电子商务有限公司,会同县经信科技局,与高县、珙县、盐津县旅游局及涉旅企业开展帅游通业务合作座谈。至年末,帅游电子商务有限公司已完成第一批“一卡通”的发放工作，共放川南旅游“一卡通”卡5000张。

【旅游品牌打造】2016年，组织开展“春节旅游黄金周”、李花节、五一小长假、十一黄金周等节庆旅游活动，成功打造李花节、“川南首届Cosplay大赛暨山歌会筠连活动月”“夏之悸动·五月天温泉音乐节”、岩溶洞穴科普展、天坑风筝节、溶洞帐篷节等旅游品牌活动，吸引省内外大量游客到筠连观光旅游，展现筠连旅游特色，进一步提升筠连旅游影响力和知名度。

【旅游宣传推介】2016年，借力“李花节”及宣传春风村支部书记“时代楷模”王家元先进事迹机会，举办首届旅游扶贫论坛、景区推介会系列活动，邀请省市旅游协会、市旅游和外事侨务局及云南省相邻市县旅游局、省内外60余家旅行社负责人到会指导，中央、省、市30余家媒体对筠连旅游进行宣传报道，有力提升筠连旅游知名度。在县内媒体平台大力宣传旅游政策措施、旅游资源、旅游景区等，极大提升县内群众特别是回乡筠连人群对全县旅游资源及旅游开发的知晓度和认同感。

【客源组织】2016年，按照旅游发展相关政策和旅游开发协议约定，及时兑现上年度旅行社接待游客达标奖励资金，提高县内外旅行社组织到筠连游客的主动性和积极性，保障县外游客客源组织，促进旅游业持续发展。

【旅游开发建设】2016年，全县共有3个加快进度的旅游项目。一是清溪沟茶文化主题公园项目。该项目二期工程中的商务酒店全面竣工并投入运营，正按照五星级乡村酒店标准对住宿、餐饮、旅游厕所、安全设施等改造升级，景区内及周边环境美化工作加快推进。二是中国西部洞群生态景区项目。该景区的次入口大门、售票中心、大穿洞服务区、鱼井村游客集散中心、旅游公厕、景区指示牌、洞内灯饰照明工程等建设完成，于10月1日对外试运营。三是中国云上石漠·春风花海生态旅游度假区项目。该景区启动国家AAAA级旅游景区创建工作，加快景区大门、游客接待中心、导览图、售票中心、景区标识牌、旅游公厕、停车场等硬件基础设施的建设和改造。

【旅游公厕建设】2016年，完成清溪沟停车场AAA级厕所建设、神羊洞次入口AA级旅游厕所建设，通过市旅游主管部门验收合格。

【旅游扶贫】一是加强领导。建立全县旅游产业扶贫工作联席会议制度，县旅游产业发展领导小组负责统筹指导、协调推进旅游扶贫工作，协调解决重大问题，督促落实实施方案的各项工作任务。领导小组办公室设在县旅游外侨局，负责做好旅游扶贫日常工作及协调。二是调查摸底。对18个乡（镇）的61个贫困村的旅游资源进行调研摸底，共筛选筠连镇五凤村、镇舟镇马家村、双腾镇双田村3个符合开发条件的扶贫村，经过竞争比选，这3个村成功入选宜宾市市级以上（含市级）乡村旅游扶贫示范村名单。三是编制方案。完成《筠连县旅游产业扶贫专项方案》《筠连县乡村旅游精准扶贫实施方案》《筠连县旅游扶贫2016年工作计划》《筠连县贫困村旅游扶贫专项工作方案》《筠连县“十三五”旅游扶贫专项规划》等的编制工作，明确“十三五”期间全县的旅游扶贫工作目标（力争“十三五”期间建成3个旅游扶贫示范村、125户民宿旅游达标户）以及2016年的旅游扶贫工作任务。四是分步实施。1.乡村旅游扶贫示范村创建工作，筠连镇五凤村贫困村旅游基础设施“六小工程”（一个停车场、一个旅游厕所、一个垃圾集中收集站、一个医疗急救点、一个农副产品商店和一批旅游标识标牌）已按要求完成新改建并投入使用。2.民宿创建，对8家民宿达标户进行集中打造，外观设计、内部墙面的粉刷及内部物品的摆设等完成并具备接待能力。五凤村市级乡村旅游扶贫示范村及民宿达标户均通过省旅游发展委员会的验收。

【旅游安全】一是按照省、市关于抓好节假日期间旅游市场安全工作的相关要求，召开全县会议对抓好旅游安全工作进行安排部署。二是应急培训2次、应急演练2次、开展旅游安全检查10次，其中联合执法检查4次、专项执法检查6次，确保全县旅游市场的稳定有序。三是落实提升游客满意度整改工作，制订整改方案并组织实施，不断提升全县旅游接待能力和服务水平。

【旅游培训】4月26日，举办革命老区农村妇女脱贫致富乡村旅游与农家乐经营管理培训班，培训革命老区农村妇女及农家乐业主400人次。10月24日起，在清溪沟茶文化主题公园举办筠连县乡村旅游扶贫培训开班，共分5期，对18个乡（镇）分管旅游领导、14个社区支书、243个行政村及相关专业技能人员进行培训，共培训1100人次。

（罗啸驰）

卫　　生

卫生综述

【卫生概况】2016年，全县有医疗卫生单位429个、卫生计生监督执法大队1个，其中县级医疗机构3个(县医院、县中医院、县妇幼保健计划生育服务中心)、县疾病预防和控制中心、乡(镇)卫生院17个、筠连镇公共卫生管理中心、乡(镇)社区卫生服务中心(站)3个、村卫生站255个、村卫生室92个、个体诊所46个、民营医院11个。公立医疗卫生单位在编人员总数618人，其中卫生技术人员512人。公立医疗卫生技术人员中，有主任(技)医师4人、副主任中西医师27人、副主任护师16人、主治中西医师(药、护、技)113人、初级中西医师(士)352人。全县医疗卫生技术人员中，有注册执业医师419人、助理医师218人、注册护士734人、全科医生27人。编制病床1281张，其中县级420张、乡(镇)341张、民营520张，实有病床1573张。全年，通过公开招考卫生人才42名、引进卫生人才5名；签订农村定向培养医学生4人；开展医学新业务、新技术4项、发表学术论文17篇。

【卫生计生要事】3月16日，筠连卫生计生信息化建设被列入全省30个试点县之一(川卫办发〔2016〕52号)。4月7日，市第一人民医院与县政府签订战略合作协议。5月4日，省卫计委副巡视员彭杰、基层卫生处副处长雷激、信息统计处副处长刘锋涛、信息中心技术研发组副组长严华及省电信公司领导到筠连调研“村医通”系统开发建设和应用试点。6月25日，筠连县人民医院整体搬迁至城南新区新建医院。7月29日，县委书记王萍到县人民医院调研门诊大楼建设。10月26–28日，市卫计委副主任周秀仁、周开河分率督察组到筠连对两家县级公立医院和11家卫生站进行健康扶贫专项督查。11月1日，市卫计委到筠连考核评估消除疟疾工作、改革完善计划生育服务管理、优化整合妇幼保健机构和计划生育服务资源。11月4日，省“全科讲堂进基层”公益培训在筠连举行，全县基层医疗机构中从事全科医学及相关工作的200余名医务人员参加。12月22日，妇幼保健计划生育服务中心的标准化建设正式动工新建。12月30日，省卫计委确定筠连县为医疗信息化应用示范县(全省44个)。全年，引进民间资金，新发展民营医院(为民医院和筠连县应国强骨伤医院)，共引进资金5000万元；印发县域医疗卫生服务体系规划。根据“三定方案”(定编、定员、定岗)，县妇幼保健院更名为县妇幼保健计划生育服务中心。

【消除疟疾工作考核评估】11月1日，市卫计委组织消除疟疾考核评估专家对筠连进行消除疟疾工作考核评估。全县消除疟疾工作资料齐全、整理规范、镜检人员技能熟练、临床医生能熟练掌握疟疾诊治知识，综合得分98.5分，符合《疟疾控制和消除标准》(GB 26345–2010)的消除疟疾标准，筠连县达到“国家消除疟疾标准”。

【医疗救助脱贫攻坚】2016年，对建卡贫困人口实施城乡居民基本医疗保险，全年全县有建卡贫困人口27830人参保，参保率100%。把贫困人口全部纳入疾病应急救助基金补助范围、重特大疾病医疗救助范围，对患重特大疾病需要长期门诊治疗，导致自付费用较高的，给予门诊救助。严格执行贫困人口医疗费用季度公示制度，广泛接受患者和社会各界监督，公示覆盖率达到100%。一是绿色通道常态化，各级医疗机构在大厅醒目处摆放统一蓝底白字的“建卡贫困患者就诊流程图”，设置建卡贫困患者免费挂号窗口和办理入院专用窗口、建卡贫困患者就医诊断室、建卡贫困患者一站式结算窗口。县级医疗机构均落实建卡贫困患者就医咨询台。二是进一步落实“先诊疗后结算”制度，医疗机构与每个建卡贫困患者签订“建卡贫困患者先诊疗后结算协议书”，免收预付款和押金。三是落实贫困人口“十免四补助”医疗扶持政策。即“十免”：免收一般诊疗费、免收院内会诊费、免费开展白内障复明手术项目、免费艾滋病抗病毒药物和抗结核一线药物治疗、免费提供基本公共卫生服务、免费提供妇幼健康服务、免费提供巡回医疗服务、免费药物治疗包虫病患者、免费提供基本医保个人缴费、免费实施贫困孕产妇住院分娩服务；“四补助”：对手术治疗包虫病患者给予补助，标准2.5万元／人；对0–6岁贫困残疾儿童进行手术、康复训练和辅具适配给予补助，标准3万元／人；对符合治疗救助条件的晚期血吸虫病人给予补助，标准5000元／人；对重症大骨节病贫困患者给予对症治疗补助,标准 700 元 / 人。四是为每户建卡贫困户发放"建康扶贫专用袋",专门用于建卡贫困户存放与健康扶贫有关的资料票据等。五是严格实施分级诊疗,对贫困地区"因病致贫、因病返贫"的困难群众进行医疗救助,确保贫困患者在县域内就诊 95%以上;确保贫困患者县域内住院医疗费用、慢性病门诊维持诊疗、重大疾病县外住院个人医疗费用个人支付占比控制在 10%以内,基本实现"小病不出乡(镇),常见病不出县,大病和疑难病症不出市、预防在基层"。六是全面落实贫困人口的"两保、三救助、三基金"医保扶持政策,贫困人口医疗费用按照基本医保、大病保险、政策范围内住院费用全报销、民政医疗救助、疾病应急救助的顺序予以保障,统筹使用医药爱心扶贫基金、卫生扶贫救助基金、重大疾病慈善救助基金。

【卫计对口帮扶】 2016 年,县卫计局对口帮扶团林苗族乡大埂村,明确各驻村帮扶人的任务、责任、要求,确保各项决策部署落到实处、见到实效。至年末,大埂村有建卡贫困户 38 户 167 人验收脱贫。基础设施上,新建硬化漆树组至大田组公路 3.5 千米、大拐子至花山广场两段公路 1.6 千米、新田组公路 1.5 千米,新建茶林组到香樟村石屏组公路 3 千米、花山广场环线公路 0.3 千米;新修便民路 12 千米;新建村党群服务中心 236 平方米,主体工程完工;安装 30 盏路灯投入使用,新建 8 个垃圾池。种植业上,银星、银厂、茶林组的贫困户自筹资金种植核桃 13.33 公顷,基本实现连片种植;种植茶叶 26.67 公顷。养殖业上,为贫困户采购黑山猪 200 头、乌鸡 4000 只、能繁母牛 20 头,每户贫困户养猪 2–4 头,鸡 40–80 只。争取省红十字协会"博爱家园"精准扶贫项目,以借款方式给贫困户发展,投入 20 万元,扶持贫困户养殖乌鸡 5000 只。资金支持上,卫计局为大埂村捐款 6 万多元,帮助贫困户采购黑山猪,平均每户 1 头;购买黑山猪种猪 2 头。卫计局出资 7000 元成立大埂村畜牧养殖合作社,培育集体经济;全体干部职工为贫困户送去慰问金、慰问品及捐赠衣物折价 2.5 万元。

(蒙文波)

医政工作

【医院管理提升】 2016 年,继续开展以病人为中心,以提高医疗质量为主题的"医疗质量万里行""三好一满意"(服务好、质量好、医德好、群众满意)活动。开展医院评审、复查、综合质量检查及相关卫生法律法规落实情况的督查,不断完善措施,强化医院管理,保障医疗安全,提升医疗服务质量。加强医疗机构日常监管,强化医疗机构感染管理、抗菌药物临床应用、麻醉药品管理等的专项检查,进一步规范医疗机构执业行为,提高医疗护理质量。

【医疗质量和医疗技术管理】 一是健全医疗质量控制体系,调整和增加筠连县麻醉科等 11 个医疗质量控制组,明确医疗质量控制考核管理办法,开展督导检查,全面开展医疗质量控制工作。落实医疗质量持续改进三年行动计划,加强单病种质量控制,提升医疗质量管理水平。二是开展重点技术规范化培训,建立医疗质量控制与医疗技术临床应用管理衔接机制,加强医疗技术临床应用动态管理,规范诊疗行为,保障医疗安全。县人民医院、中医医院 2 个二级医疗机构通过狠抓临床路径基础理论、管理方法和相关制度、临床路径主要内容、实施方法和评价制度培训,2 个二级医疗机构 100%开展临床路径、临床路径平均完成率 100%、临床路径管理病种为 17 种。

【医院评审达标】 2016 年,按照《四川省医院评审实施细则》《宜宾市一级医院(专科医院、卫生院)评审标准》规定,召开民营医院等级评审工作会,组织专家组对大众医院、天和医院、博康医院、筠州医院、应氏骨科医院、钊阳骨科医院、118 骨科医院、现代医院、雪山医院 9 家民营医院开展医院等级评审与复评。通过专家组评审,大众医院、天和医院达到"一级甲等"综合医院标准,均复评合格;博康医院、筠州医院、应氏骨科医院、钊阳骨科医院、118 骨科医院、现代医院达到"一级乙等"综合医院标准。

【卫生优质护理服务】 2016 年,加强护理资源配置,持续实施优质护理服务,县人民医院、县中医医院 2 个二级医院的优质护理服务覆盖所有病房,覆盖率 100%;中心级以上的二级以下医院优质护理服务覆盖病房 60%。扩大护理岗位管理覆盖范围,建立护士分层级管理制度,县人民医院、县中医医院 2 个二级医院实施护士岗位管理,调动护士工作积极性。

【规范医务人员管理】 2016 年,优化退休医师执业注册,引导医务人员有序流动,完善医师执业注册管理,加强基层和老少边穷地区医师队伍建设。强化专业知识培训,于 4 月、5 月分别举办全科医生知识、抗生素合理使用、临床输液的相关知识培训,提高医务人员综合素质和专业技术水平,为基层提供优质的医疗服务。

【医院感染管理】 4 月,在全县开展医院感染管理专项检查督导,对部分医疗机构存在人员配备、制度不健全,修订、更新不及时,院感培训指针掌握、院内监督考核机制不到位等医疗安全隐患问题,提出整改意见并下发通报要求立即整改。5–6 月,县卫生监督执法大队再次开展医院感染管理检查,通过督查规范医院感染管理,提高全县医疗机构、基层医疗机构医院感染管理能力和水平。

【临床实验室管理】 2016 年,开展全县核查、规范临床基因扩增检验实验室管理,临床实验室室内质控和室间质评,落实危急值管理，提高临床检测诊断水平。对县人民医院建立的临床基因扩增检验实验室，按照《医疗机构临床基因扩增管理办法》登记备案，统一向社会公告。

【控制医疗费用不合理增长】 2016年，全县各级医疗机构落实《医疗机构药师管理办法》。7月13日，召开筠连县癌痛规范化治疗启动暨基层医疗机构癌痛规范化治疗培训会，培训特殊药品的管理。进一步规范对肿瘤性疾病、心血管系统疾病、糖尿病、重大传染病等重大疾病药物合理应用管理，促进合理用药、合理治疗。于8月、9月召开全县药品集中分类采购网上报量工作培训会、基药网络培训系统及体外诊断试剂阳光采购系统操作培训工作会，规范采购渠道，促进合理用药。巩固抗菌药物专项整治成果和临床应用管理成效，完善处方医嘱和检查检验单动态监测、分析点评、公示通报、约谈整改4项制度。加强药品和医疗器械临床安全使用管理，采取综合措施切断医院、医务人员与药品间的利益链，完善医药费用管控制度，严格控制医药费用不合理增长，确保患者医疗安全。

【白内障患者免费复明】 2016年，为逐步消除县内因白内障导致的可避免盲，大力开展复明手术项目，经筛查、体检，共完成10例白内障患者的免费复明手术。

【城乡医院对口支援】 按照省、市、县扶贫工作要求，制发《筠连县城乡医疗卫生对口支援工作方案(2016–2020)》，明确县人民医院对口支援巡司、大雪山、沐爱、双腾4个中心卫生院，县中医医院对口支援蒿坝镇民族卫生院，县妇幼保健计划生育服务中心对口支援团林苗族乡卫生院，每个支援单位均派驻1名医务人员到受援单位开展工作。全县民营医院结合本单位实际，自愿结对签订支持帮扶协议。

【卫生对口援藏】 2016年，从县卫生监督执法大队选派1名业务骨干到对口支援的甘孜藏族自治州九龙县，驻点九龙县卫生监督执法大队开展工作。

【护士定期考核】 2016年，县卫计局制发《2016年筠连县护士定期考核工作实施方案》，明确任务分工，成立执业护士定期考核组织评审领导小组，批准或指定定期考核机构，坚持“以人为本、能级对应、科学合理、客观公正”原则，定期考核工作有序推进。年末，经技能和水平测试，合格人员739人，结合本人述评和各单位的考评申报材料，经审核有12人年度学分未达标；年度执业护士定期考核，共有739人参加2轮培训并经测评合格，但对考评申报材料审核有727人考核合格。协助市护理学会组织的考核对象集中培训共734人参加，有2人未达标、1人未参加测评；再次通知参加市护理学会在宜宾市举办的培训，有6人参加培训并经测评合格。

【医疗纠纷预防与处置】 2016年，建立健全医疗纠纷预防与处置联席会议制度、医疗纠纷第三方调解制度，由既懂医又懂法的人员进入第三方调解组织，同时在各级医疗机构抽调主治医师以上职称的医务人员进入医疗事故鉴定的专家库，对处理医疗纠纷提供技术支持，为县域医疗纠纷进行快速初评，确保医疗纠纷能够得到及时有效公平公正的处理，强化医疗纠纷预防与处置工作。开展“平安医院”创建，维护医院正常秩序，继续保持依法惩治涉医违法犯罪行为的高压态势，严厉惩治医闹、伤医、杀医事件。全年共调解医疗纠纷15起、调解成功13起。

【民营医院审批】 2016年，新建为民医院和筠连县应国强骨伤医院。516医院、博建医院、博仁医院由于多种原因，审批未通过停建。

【筠连县人民医院搬迁】 6月25日，筠连县人民医院整体搬迁至新医院，新医院地址为煤都大道筠连镇燎原村4组。

【为民医院】 为民医院位于沐爱镇荷花路129号、131号，占地约4000平方米。为营利性、综合性医院，诊疗科目设有预防保健科、急诊科、内科、外科、儿科、中医科、中西医结合科、肛肠(痔瘘)、全科医疗科、康复医疗科、皮肤科、耳鼻科、口腔科、麻醉科、医学影像科、医学检验科等科室，核定床位50张，投资总额2000万元，于2016年6月3日营业。

【筠连县应国强骨伤医院】 筠连县应国强骨伤医院位于县城筠州中路128号，占地约1670.53平方米。为营利性、综合性医院，以百年传统中医治疗技术为主的骨伤专科医院，同时开展手术治疗、康复理疗、中医治疗、内科等项目，核定床位50张。2016年11月23日营业。

（蒙文波）

中医中药

【中医药人才引进】 2016年，制订促进中医药高层次人才队伍建设措施，支持高层次中医药人才选拔，做好传、帮、带，拔尖中青年中医师等省级专家的推荐工作。全年，县中医医疗机构新进专业技术人员3人，其中中医类专业的专业技术人员2人；引进执业医师3名、本科毕业生2名。新进医疗岗位的本科以上学历医学生按要求接受住院医师规范化培训。

【中医药人员本地培养】 一是继续医学教育，采取自修、函授、自考分段集中学习和脱产学习、远程医学教育等多种形式，不断提高中医药人员自身业务水平和中医药队伍的整体素质。全年，全县中医药人员参加继续医学教育87人；县中医医院组织院内培训12次，培训考核合格率达98%。二是进修学习，全年选派9名医生、8名护士到宜宾市第一人民医院进修学习；组织4名乡(镇)卫生院中医执业(助理)医师参加省举办的中医院全科医生培训，结束后在县中医医院接受中医临床实践培训。派送6名乡(镇)卫生院医务人员到县中医医院进修学习。三是基层中医药培训，采取理论培训和临床实践相结合、师资下乡手把手传授等形式对基层中医药人员的培训，逐步提高农村基层医务人员中医药服务能力。同时发挥中医药适宜技术在农村防治常见病多发病中的优势和作用，为广大人民群众提供优质、价廉、安全、有效的中医医疗服务。

【中医药服务能力提升】 一是制发《筠连县卫生和计划生育局2016年中医工作要点》，组织全县中医药人员学习学习《中华人民共和国中医药法》等法律法规政策；通过“三下乡”“科技之春”等活动，广泛宣传中医药及相关法律法规，推进中医工作向纵深发展，提高中医药人员的法律法规意识。全年开展中医药宣传义诊活动16次，出动医务人员52人次，接待义诊人员2386人次；发放卫生宣传资料4000份，创办中医健康教育宣传专栏253期，以提高人民群众的中医药保健意识。二是中医科普巡讲，组织县中医药专家到农村、社区、学校、厂矿、机关开展中医养生保健科普宣传巡讲，6月，依托“中医中药中国行”平台，开展“中医中药中国行－中医药健康文化推行行动”，组织县中医医院到中城社区开展巡讲，引导社会制作传播中医药文化精品。三是广泛开展中医药宣传，县卫计局编辑制作中医养生宣传册，开办中医药专栏2期，做好推广宣传。四是推进中医药服务基层利民工程、中医药“治未病”健康工程、中医药民族医药惠民工程等，让广大人民群众更加了解中医、认识中医、感受中医，让中医药惠及千家万户，为广大人民群众健康服务。县中医医院新筹建“治未病”科，逐步完善服务流程，为公众提供中医特色健康保障服务模式，包括体质辨识、健康评估、健康信息库建设、中医健康指导和干预等中医特色健康保健服务。

【中医药适宜技术推广】 一是基层中医药服务能力提升工程有序推进。强化“基层中医药服务能力提升工程”督导，11月初，全面评估，基层中医药服务能力提升工程各项任务取得阶段性成效，确保全县基层中医药服务能力提升工程各项目标的按期完成。二是开展农村中医药适宜技术推广应用人员的培训、技术指导、疗效评价。由卫计局分管领导亲自抓，县中医医院具体负责。全年开展农村中医药人员中医药适宜技术培训1期，培训34人；组织中医药师资人员定期或不定期到乡(镇)卫生院、村卫生站(室)开展中医药适宜技术推广的疗效评价和技术指导；帮助基层解决中医药适宜技术推广中存在的问题；全县推广应用中医药适宜技术10项以上。三是各乡(镇)卫生院基本能应用10项以上的中医药适宜技术为当地群众提供服务；同时负责对辖区村卫生站(室)中医药人员进行培训和技术指导，全县各农村医生基本能够应用5项以上的中医药适宜技术为当地村民服务。四是县中医医院制订中医药特色优势的推广措施，合理配备中医药技术人员，大力推广针灸、小针刀、拔罐、推拿、按摩、药熏、艾灸、水疗、理疗、贴敷等中医疗法，发挥中医药“简、便、验、廉”作用，突出中医特色，辨证论治优良率85%、门诊中医药治疗率82%，住院中医药治疗率84%，开展中医诊疗技术项目54种，采用非药物中医技术治疗人次占医院门诊总人次的20%，开展临床路径10个。

【中医科中药房规范化建设】 2016年，按照省中医科规范化建设标准，完成2015、2016年全县的省乡(镇)卫生院、社区卫生服务中心标准化中医(民族医)科室项目建设，达到要求。大雪山和巡司中心卫生院、筠连镇社区卫生服务中心成功申报为市级中医药适宜技术服务能力建设项目；高坪苗族乡和乐义乡卫生院成功申报为省级基层医疗卫生机构中医馆建设项目。乡(镇)卫生院全部设置中医科(室)、社区卫生服务中心，均能运用6种以上中医药技术方法提供服务；其他医疗机构进一步规范和完善中医科中药房建设。基层医疗卫生机构提供中医药技术6种以上，基层中医药服务量达到55%。县人民医院设置中医科并配置中药房、中药煎药室等，开放床位40张；社区卫生服务中心和乡(镇)卫生院均设置中医科、中药房。县中医医院设置有中医科、中药房、中医药室、中药饮片库房、中药煎药室等，设置和开放床位100张。

【中医药社区卫生服务中心建设】 2016年，筠连镇社区卫生服务中心按照《四川省中医药社区卫生服务机构评价细则》，查找差距，创造条件，加强中医科(室)建设、配置中医药人员，配置中成药和中药饮片，积极推广中医适宜技术，强化社区卫生服务中心中医药服务能力，提高社区卫生服务中心中医药服务能力和服务水平，让中医药更好地服务于社区居民。全县65岁以上老年人和0–36个月儿童中医药健康管理目标人群覆盖率为56%，达到国家中医工作要求。

【中医药产业培育】 2016年，编制完成《筠连县中医药健康服务业发展规划(2016–2020)》，在全县推荐开展半夏、黄精、青蒿、淡竹叶、天麻、重楼、射干、石斛、玄参、金荞麦、厚朴10个品种的中药材种植，打造中药材种植基地，种植2万公顷，在腾达镇春风村打造以中医为特色的康养旅游精品。通过培育发展新兴服务业，推动医养融合，依托民营与公立医疗、健康和养老等各类服务机构，以健康管理统领疾病的预防、治疗和康复，积极探索构建涵盖老年医疗保健、特需医疗、健康体检及咨询、美容健身的多元化、多层次健康服务产业链，推动全县中医药健康服务业发展。

【县中医医院管理】 一是院内制度建设，完善并落实各项规章制度，开展管理创新活动，寻求医院发展的新思路、新途径，以“三基”（基本理论、基本知识、基本技能）“三严”（严格要求、严密组织、严谨作风）培训为突破口，强化医院职工队伍整体素质建设，通过培训、学习、考核等方法，提高员工队伍的综合素质。二是医院中医药文化建设，根据《国家中医药管理局中医医院中医药文化建设指南》，落实中医药文化建设的各项措施，营造出中医药文化氛围。三是医疗质量管理，坚持依法执业行为，组织医务人员认真学习卫生法律法规，增强医务人员法制观念；强化医疗质量管理，加强对医疗文书（病历）的书写管理；加大对病历书写的督查力度，病历书写合格率95%以上。四是护理质量管理，开展优质护理服务活动，开设优质护理示范工程，创建2个优质护理示范病房。五是落实医疗不良事件预警机制和防范措施，建立落实医疗缺陷管理制度，加强医院感染管理，完善医疗安全防范机制。六是狠抓能力建设，不断拓展中医医疗业务范围。随着县城医疗机构布局的变化，及时制订应对策略，引进新技术，开展新项目，加大医疗设备投入力度，找准切入点和突破口，促进医疗业务持续增长。全年，县中医医院业务总收入867.21万元（其中药品收入302.68万元），门诊44646人次，入院3439人次、出院3418人次。

（蒙文波）

基层卫生服务体系建设

【卫生人才建设】 2016年，全面推进乡村卫生计生人员一体化改革工作，“村医乡聘”率30%。全年，通过公开招考卫生人才42名，引进卫生人才5名，签订农村定向培养医学生4人。

【卫生信息化建设】 2016年，筠连卫生计生信息化建设被列入全省44个试点县之一，省卫计委投入资金约600万元，主要开展远程诊疗、基层医疗系统医保接口、人口健康信息化平台等项目。一是远程诊疗建设，该项目含区域PACS（医学影像信息系统）诊疗、区域LIS（实验室信息系统）诊疗、区域心电图诊疗，确定筠连县人民医院为县级会诊中心，覆盖乡（镇）卫生院（中心卫生院），对医疗影像、医疗检验、医疗心电图实施远程诊断，方便广大群众就诊治疗需求。3个项目分别于5–7月开始组织实施，至年末基本完成部署。二是基层医疗系统医保接口建设，根据市卫计委、市人社局《关于加快推进基层医疗机构医保联网及接口改造工作的通知》，涉及15个乡（镇）卫生院（中心卫生院）。项目3月启动实施，至年末，完成与医保网络互连互通，实现医疗费用即时报销。三是人口健康信息化平台建设，把医疗机构HIS系统相关业务模块，通过改造接口的方式，将业务汇总上传的上级平台。平台于10月与全省48县同步启动，12月完成。平台建设和机器设备由省卫计委统一开发、配备，涉及县域二级及以上的医疗机构为县人民医院、县中医医院。

【卫生“村医通”建设】 “村医通”（人口健康网底服务助理）是基层三级医疗卫生体系底层工作助手系统，依托电子政务外网和移动互联网络，建立基层人口健康服务信息化长效机制，连通全员人口、电子病历、健康档案3大数据库和区域卫生信息平台，形成标准统一、更新及时、真实准确的基层人口健康服务库。主要围绕村医开展的常规业务，实现慢病随访、基本医疗等功能，基本实现随访定时提醒，绩效考核透明量化，数据实时更新等功能，打通信息化建设最后“一千米”。“村医通”项目由北京世纪捷诚公司和联想集团专业团队提供软件开发和硬件支持，建成体系完善、服务到位的网络平台。年初，在筠连镇33个村开展试点，试点面积131.44平方千米，辐射人口11万人。6月1日，“村医通”进入使用阶段。至年末，“村医通”完成个人基本信息填写51386人次，完成健康体检1163人次、糖尿病随访873人次、高血压随访990人次、重症精神病随访10人次、新生儿随访2人次、产前随访1人次。

【基层卫生服务项目建设】 2016年，继续实施省政府的免费婚前医学检查，提高自身服务质量，对广大群众进行大力的宣传。全年接待婚检人数5125人，婚检率58.88%，较上年有下降；补服叶酸领取5294人，发放叶酸片27938瓶，发放率96.69%、依从率95.96%、增补叶酸知识知晓率98.16%。

【基层卫生服务项目效果】 2016年，全县共建立规范化电子健康档案376164人份，建档率96%，健康档案动态使用率90.3%；共检出重性精神疾病患者1242人，检出率3.76‰，在管重精病人1137人，规范化管理1087人，规范化管理率95%。累计管理65岁以上老年人41344人，管理率86%，开展免费体检129268人次。

（蒙文波）

基本公共卫生服务

【卫生广泛宣传】 2016年，县级医疗卫生机构共开展预防接种、传染病防治、各种地方病和慢性病防治、重大传染病防治等主题宣传活动10次，接待群众咨询2万多人，发放宣传资料10万余份、宣传物品(购物袋、中性笔等)4万余件。以健康素养基本知识和技能、优生优育及辖区重点健康问题等为内容，重点对老年人、儿童、孕产妇、慢性病病人等重点人群、重点疾病高危人群开展健康教育、健康促进的宣传。全年，更新宣传专栏1758个，发放健康教育资料30.26万份，举办健康讲座228次，开展健康教育咨询192次，累计参加健康教育及接受健康咨询152802人次。

【卫生均等化推进】 2016年，调整县基本公共卫生服务领导小组和专家组，制发《筠连县2016年基本公共卫生服务项目实施方案》，召开全县"基本公共卫生服务项目、健康档案清理、工作进度分析"等专题会议和培训，提高基层医务人员的医疗卫生服务能力。5月，召开基本公共卫生服务项目工作培训会，各医疗机构负责人和防保科长参会。7月中旬，召开基本公共卫生服务项目工作暨重型精神病筛查工作培训会，各项目实施单位负责人及防保科长参会；组织县基本公共卫生服务专家到乡(镇)开展基卫项目培训。全年组织召开公卫知识培训会议6次，参加培训210余人次。强化各项目单位的综合管理、业务工作、重大疾病防治等，保障全县基本公共卫生服务工作责任落实到人。通过培训，帮扶指导工作滞后的乡(镇)卫生院，缩小城乡差别，提升公卫人员服务能力和服务质量、促进基本公共卫生服务逐步均等化。

【卫生督导考评】 2016年，制发《筠连县基本公共卫生服务绩效考核办法》，定期或不定期对各项目单位督导考核，确保全县基本公共卫生服务工作的有序开展和稳步推进。7月，组织县公卫指导中心相关专家对全县基本公共卫生服务工作情况督导检查和半年考核；11月，对全县基本公共卫生服务项目工作督导和年终绩效考核。考评组按照《国家基本公共卫生服务规范(2012版)》，考核基本公卫项目实施单位的组织管理、12个服务包、资料收集报送等，并到乡(镇)、村就儿童、孕产妇、65岁以上老年人、慢病、重型精神病人等重点人群的服务情况督导考核。

【卫生经费管理】 2016年，县财政局、卫计局联合制发《筠连县基本公共卫生服务项目专项资金管理办法》《筠连县卫计局关于加强乡(镇)卫生院财务管理的通知》，加强对基本公共卫生服务经费的管理，通过会管中心建立专户、确定专人、建立专账对经费集中管理，严格要求项目实施单位对村卫生站的工作督促和年终考核，确保村级基本公卫经费按时兑现。年末，各项目实施单位没有出现截留、挤占和挪用现象。

【基本公共卫生中医药管理】 2016年，大力开展中医药服务，为65岁及以上常住居民、0–36个月儿童、孕产妇、慢病患者提供中医药健康指导和管理。全年，县级督导检查基层卫生院(卫生站)104次、基层中医药服务2次，促进中医药服务体系的完善和能力的提升。

【效果评价】 2016年，以孕产妇、0–6岁儿童、老年人、慢性病人等人群为重点，为常住人口建立统一、规范的居民健康档案，并实现电子化建档管理，全县共建立电子健康档案376164人份，其中农村居民电子健康档案345338人份，建档率96%。高血压30474人，规范管理25844人，规范管理率86%；Ⅱ型糖尿病14720人，规范管理10879人，规范管理率75%。检出在册重型精神疾病患者1242人，检出率3.76‰；在管重型精神病病人1137人，规范化管理1087人，规范化管理率95%；死因监测2056例，死亡率4.66‰，肿瘤随访登记170例。培训全民健康生活方式管理员32人、全民健康生活方式指导员培训323人；健康主题日宣传14次，受众万余人次。

【创建国家卫生城市参与】 2016年，参与筠连县第四批国家卫生县城创建工作，制作、收集、装档健康教育资料32卷，开通筠连疾控微信公众平台，发布健康知识信息19期；收集装档创国卫健康教育资料32卷；监测相关舆情429条，编制舆情监测简报12期。

(蒙文波)

县级公立医院改革

【公立医院改革】 2016年，继续做好县级公立医院综合改革，完善医院管理体制、补偿机制、价格机制、药品采购等政策措施，巩固取消药品加成工作成效，落实财政投入和医疗服务价格调整补偿。采取日常监测与阶段性评价相结合、横向比较与纵向比较相结合形式，全面启动从工作推进、制度建设、改革成效3个方面实施的县级公立医院综合改革。

【巩固国家基本药物制度】 2016年，继续巩固基本药物制度，坚持集中支付，基层医疗卫生机构继续保持上网采购率、基本药物使用率、零差率销售均100%；非基层医疗机构按一定比例配备使用基本药物。全年各级医疗卫生单位集中统一采购药品总额1320.13万元。

【推进完善分级诊疗制度】 一是坚持"以人为本、因病施治、分级诊疗"原则，落实分级诊疗政策，强化不同层级医疗机构功能定位，加强县级医院临床重点专科建设，通过组建医联体、对口支援等形式，提升县级医院和基层医疗卫生机构服务能力。二是进一步规范分级诊疗服务，县人民医院与各乡（镇）卫生院和社区卫生服务中心签订分级诊疗协议，确保分级诊疗工作全面落实。通过医保和新农合报账比例调整，引导病人合理就诊；通过强化监督考评，开展重点监测评估，把病人就医流向、医院收治病种构成、双向转诊率等与医院等级评审复查有机结合，统一纳入各类专项考核，确保县域内就诊率90%。

【乡村医生双签约服务】 乡村医生双签约服务是转变乡村医生服务模式，推动农村卫生普惠政策落实的关键环节。一是村医生与当地乡（镇）卫生院签订明确的服务对象、服务内容、考核办法及完成服务后享受待遇的服务约定；二是村医生与服务辖区内村民签订明确的服务居民数量、村民应享受的服务项目、如何服务等服务约定，全年，为城乡居民提供相应的基本医疗、中医中药、基本公共卫生服务，组织卫生政策宣传、咨询培训，提供健康咨询和建立健康档案，不断完善签约工作。至年末，全县乡村医生双签约服务率100%。

【医疗卫生战略合作】 2016年，为进一步加强市县医疗机构合作，提高全县医疗卫生机构的技术、管理和服务能力，促进筠连医疗卫生事业可持续发展。4月7日，《宜宾市第一人民医院与筠连县人民政府医疗卫生战略合作》在县会议中心正式签订，战略合作项目共14项，各项合作正按时限有序推进。

（蒙文波）

疾病预防控制

【消除疟疾工作通过考核评估】 11月1日，市卫计委组织消除疟疾考核评估专家到筠连对消除疟疾工作进行考核评估，对全县消除疟疾工作资料齐全、整理规范、镜检人员技能熟练、临床医生能熟练掌握疟疾诊治知识，经考核评估各项指标综合得分98.5分，符合《中华人民共和国国家疟疾控制和消除标准》（GB 26345-2010）中的消除疟疾标准，达到“国家消除疟疾标准”。

【传染病防治】 2016年，全县疫情报告单位26个共报告乙丙类传染病14种604例，报告发病数比上年同期（以下简称“同比”）略微上升，报告发病率184.66/十万，低于全市平均发病率（247.22/十万），无甲类传染病发生，无麻疹、风疹、流脑、乙脑等疫苗针对性传染病病例，百日咳、流行性腮腺炎发病率同比有小幅下降。主动开展AFP、麻疹、新生儿破伤风监测，监测3家县级医疗机构108次，查阅门诊病例、住院病例13.61万例，无相关疾病的漏报、迟报病例，国家扩大免疫各类疫苗接种率均99%以上，二类疫苗接种15165剂次，减少10%。加强预防接种异常反应（AEFI）的监测、报告、处理，共报告疑似预防接种异常反应15例，其中一般反应10例、异常反应5例。

2016年筠连县免疫规划传染病发病情况一览表

表6

疾病名称		2015年	2016年	同比
百日咳	报告发病数（例）	4	3	-1
	报告发病率（/十万）	0.92	0.69	-0.23
流行性腮腺炎	报告发病数（例）	21	14	-7
	报告发病率（/十万）	4.81	3.21	-1.6

【免疫规划接种】 2016年，完成冷链运转12次，疫苗由专人管理。根据“中国免疫规划监测信息管理系统”统计，全县0岁组儿童应建卡4699人，已建4691人，建卡率99.83%；儿童已建证4699人，建证率100.00%；卡证符合率100%。各类疫苗接种情况如下。

2016年筠连县国家免疫规划疫苗基础预防接种情况一览表

表7

疫苗		应种数（人次）	实种数（人次）	接种率%
乙肝疫苗	1(出生时第一针)	4699	4629	98.51
	1(第一剂次)	4699	4699	100
	2(第二剂次)	4649	4648	99.98
	3(第三剂次)	4686	4685	99.98
卡介苗		4705	4705	100
脊灰疫苗	1(第一剂次)	4660	4657	99.94
	2(第二剂次)	4780	4776	99.92
	3(第三剂次)	4778	4774	99.92
	4(第四剂次)	4673	4670	99.94
百白破疫苗	1(第一剂次)	4765	4761	99.92
	2(第二剂次)	4772	4768	99.92
	3(第三剂次)	4758	4756	99.96
	4(第四剂次)	4723	4717	99.87
白破疫苗		4707	4702	99.89
含麻类疫苗	1(第一剂次)	4824	4822	99.96
	2(第二剂次)	4769	4766	99.94
A群流脑疫苗	1(第一剂次)	4746	4742	99.92
	2(第二剂次)	4782	4780	99.96
A+C群流脑疫苗	1(第一剂次)	4684	4680	99.91
	2(第二剂次)	4735	4732	99.94
乙脑疫苗(减毒)	1(第一剂次)	4659	4655	99.91
	2(第二剂次)	4770	4767	99.94
甲肝疫苗	1(第一剂次)	4696	4692	99.91

【甲肝疫苗查漏补种】 2016年，为保护儿童和青少年身体健康，提高人群免疫力，防止甲肝的暴发和流行，9月1–20日，在全县开展甲肝疫苗查漏补种活动，1.5–3岁甲肝疫苗应种1601人，实种人1521人，接种率95.00%；后续常规接种中，甲肝疫苗作为查漏补种的重点。

【疫苗针对性疾病监测】 一是AFP（甲胎蛋白）监测。AFP报告：全年监测AFP病例发现2例，经采集标本送检均排除，及时报告率100.00%、48小时内调查率100.00%、合格粪便采集率100.00%。疾控中心监测：主动到3家县级医疗机构监测108次，查阅门诊病例、住院病例136055例，无AFP漏报、迟报病例。医疗机构监测：3家县级医疗机构及乡（镇）医疗机构均能及时主动监测720次、及时上报旬报表。二是麻疹监测。麻疹报告：根据"麻疹监测信息报告管理系统"显示，全县报告麻疹疑似病例8例，均采集标本送检排除。疾控中心监测：主动到3家县级医疗机构监测108次，查阅门诊病例、住院病例136055例，无麻疹漏报、迟报病例。医疗机构监测：3家县级医疗机构及乡（镇）医疗机构均能及时主动监测720次、及时上报旬报表。三是新生儿破伤风监测。新生儿破伤风报告：全县无生儿破伤风病例报告。疾控中心监测：主动到3家县级医疗机构监测108次，查阅门诊病例、住院病例136055例，无新生儿破伤风漏报、迟报病例。

【免疫规划接种率抽样调查】 4–6月，县疾控中心组织专业人员，按照"五、六、七"（"五"：加强免疫接种情况在抽中的5个乡或镇。"六"：指抽中的每个乡或镇按单纯随机抽样法抽取6个村，入户调查的村原则上相同。"七"：指在接种单位从接种卡上随机抽查每个抽中村中1、2、3、4、5、6岁组儿童各7名，调查相应疫苗加强免疫接种情况）抽样方法，抽取筠连镇、巡司镇、镇舟镇、沐爱镇、维新镇的30个村进行免疫规划接种率调查。调查结果：建卡率100.00%、建证率100.00%、卡证符合率100.00%；卡介苗接种210人，接种率100%，其中合格接种205人，合格接种率97%；脊灰接种210人，接种率100%，其中合格接种210人，合格接种率100%；百白破接种210人，接种率100%，其中合格接种203人，合格接种率96.66%；麻疹/麻风疫苗接种210人，接种率100%，其中合格接种207人，合格接种率98.57%。乙肝疫苗第一针接种210人，接种率100%，及时接种202人，及时接种率96.19%；乙脑接种207人，接种率98.57%，其中合格接种149人，合格接种率70.95%；群流脑疫苗接种210人，接种率为100%，其中合格接种210人，合格接种率100.00%；A+C流脑疫苗第二剂应种210人，接种207人，接种率98.57%，其中合格接种191人，合格接种率90.95%；甲肝减毒活疫苗接种202人，接种率96.19%，其中合格接种181人，合格接种率86.19%。

【防接种异常反应（AEFI）的监测、报告、处理】 2016年，各乡（镇）卫生院进一步加强疑似预防接种异常反应监测工作，及时上报个案，县疾控中心及时组织专家组对预防接种异常反应报告病例进行调查处理和确诊鉴定。全年，全县共报告疑似预防接种异常反应15例，其中一般反应10例、异常反应5例。

【接种门诊规范化建设】 按照省、市要求，县域各接种门诊从2014年起开展软件和硬件资料建设，县疾病预防控制中心对各接种门诊建设进行不定时指导和督导，进一步全县规范化预防接种门诊建设，提高儿童预防接种工作质量。10月，完成"AAA"预防接种门诊申报，并通过市上验收。至年末，全县有"AAA"门诊（数字化）1个、"AA"预防接种门诊12个、"A"预防接种门诊8个。

【狂犬病防制】 2016年，全县发生犬伤人数1994人，正确处理伤口1994人，正确处理伤口率100%。全程注射狂苗1994人，全程注射狂苗100%；注射狂犬病免疫球蛋白年度累计550人；无狂犬病例发生。

【结核病防治规范】 一是接诊可疑肺结核病人，全年共接诊可疑肺结核病人452人，共发现登记活动性肺结核病人304例，同期病人系统管理率98.73%；收到医疗机构病人转诊134例，病人转诊率99.26%，转诊到位96例，转诊到位率71.26%。应追踪29人，追踪到位病人数28人，追踪到位率96.55%，应接受筛查的病人家庭成员数195人，接受筛查的病人家庭成员数190人，病人家属筛查率97.44%。二是健康教育宣传，执行上级关于结核病防治知识进"千村万户"宣传活动，广泛宣传政府对传染性肺结核"双免"（免费检查和免费治疗）政策，让广大群众了解结核病防治知识，全年进行电视宣传7次，"3·24"世界结核病防治日和进学校现场宣传2次，派发宣传单13040余份、宣传横幅4条，提高全县群众对结核病防治知识的知晓度。三是专业培训，召开结核病防治专业培训会，培训乡（镇）卫生院院长、防保科科长67人次和县级医疗机构医生、防保人员8人次。

【艾滋病防治】 一是明确责任。年初，县卫计局分别与各级医疗卫生机构签订"责任书"，明确各单位防治工作目标，初步建立"三位一体"（疾控中心、乡或镇卫生院、定点医院）艾滋病防治体系；在每个乡（镇）卫生院配有1–2名专兼职艾滋病防治人员，明确其职责，全县有艾滋病防治专兼职人员22名。至年末，按现地址共报告艾滋病毒感染者和病人（HIV/AIDS）501例，其中死亡101例、现存活400例。二是防治宣传。6月，开展艾滋病防治宣传进农村、进学校活动，发放艾滋病宣传手册10300册、宣传折页纸60000张、免费安全套12000个，接受咨询1万余人次。12月1

日，县疾控中心在县城开展以“携手抗艾，重在预防”“法治融入12·1世界艾滋病日”为主题的宣传活动，接受群众咨询500余人次，发放宣传购物袋1500多份、艾滋病宣传手册1500份、免费安全套3500只。同时在18个乡（镇）有序开展艾滋病防治宣传日的各项活动。三是工作督导。6月，县疾控中心督导18个乡（镇）卫生院艾滋病防治工作，各医疗单位按照责任书开展病人随访管理、健康教育宣传、院内实验室管理工作。至11月30日，全年新增抗病毒治疗人数74人，在治252人，累计治疗278人。四是规范治疗。筠连县人民医院作为定点医院，设立艾滋病专科门诊，按照“筠连县艾滋病抗病毒治疗工作实施方案（2015年版）”，规范开展对艾滋病病人的抗病毒治疗工作。五是政策落实。继续加强落实“四免一关怀”[“四免”：即农村居民和城镇未参加基本医疗保险等医疗保障制度的经济困难人员中的艾滋病病人，可到当地卫生部门指定的传染病医院或设有传染病区（科）的综合医院服用免费的抗病毒药物，接受抗病毒治疗；所有自愿接受艾滋病咨询和病毒检测的人员，都可在各级疾病预防控制中心和各级卫生行政部门指定的医疗等机构，得到免费咨询和艾滋病病毒抗体初筛检测；对已感染艾滋病病毒的孕妇，由当地承担艾滋病抗病毒治疗任务的医院提供健康咨询、产前指导和分娩服务，及时免费提供母婴阻断药物和婴儿检测试剂；地方各级人民政府要通过多种途径筹集经费，开展艾滋病遗孤的心理康复，为其提供免费义务教育。“一关怀”：即国家对艾滋病病毒感染者和患者提供救治关怀，各级政府将经济困难的艾滋病患者及其家属，纳入政府补助范围，按有关社会救济政策的规定给予生活补助；扶助有生产能力的艾滋病病毒感染者和患者从事力所能及的生产活动，增加其收入]政策，县疾控中心为艾滋病病人及感染者提供免费艾滋病抗体筛查检测和咨询、免费CD4+细胞和病毒载量检测、免费转介进行抗病毒治疗。全年，累计提供600多人次检查和74人次转介。

【卫生监测】 2016年，共采集检验水样212个，样品合格数189个，合格率89%；处置食物中毒事件8起。对县城公共场所经营单位和个体45家进行卫生知识培训。对煤矿企业、非煤矿山、工矿企业65家的职工1187人进行体检，未见异常633人、占检查总人数的52.3%，结果异常554人、占检查总人数的46.7%。对托幼机构20所、小学56所、中学9所卫生情况进行摸底调查，对存在问题的下达监督意见书，责令限期整改，规范学校传染病的防治，使学校的传染病防治工作落到实处。对全县4家消毒餐具生产销售企业的餐饮具消毒效果开展监测，共采样58份，合格58份，合格率100%。对沐爱、腾达、镇舟、团林、塘坝5个乡（镇）的20个行政村开展农村环境卫生监测，监测项目有铅、镉、铬、蛔虫卵计数，共采土壤样品40份，出动人员10人，车辆10次，完成率100%。完成县城苍蝇、蚊子密度监测8次，蟑螂、老鼠密度监测12次，结果符合创建国家卫生县城的密度要求。

（蒙文波）

妇幼保健

【妇幼保健计划生育服务中心标准化建设】 2016年，加快推进妇幼保健计划生育服务中心的标准化项目建设，争取到上级划拨资金662万元，拟贷国债2500万元、贷款3000万元，异地新建县妇幼保健计划生育服务中心，地址城北，建筑面积16175.15平方米，于12月完成招标，施工队伍已进场施工。

【妇幼保健宣传培训】 一是开展《中华人民共和国母婴保健法》和母乳喂养周（8月1–7日）宣传活动，妇幼卫生义诊宣传10次、出动医务人员110余人次、接待对象2000余人、发放资料25000余张。二是继续开设“孕妇学校”“新婚学校”培训，向孕妇及其家属讲授孕产期保健知识、母乳喂养的优点及方法，举办培训班12期，培训孕妇及家属220人次，发放资料3000余份。三是培训督导，全年出动人员170人次，对18个乡（镇）卫生院及257个村（社区）的项目开展全程指导40次，其中县级单位3次、乡（镇）25次、村（社区）12次，针对各单位的情况，提出督导意见，督促改正，全县各级妇幼人员的妇幼知识和业务能力得到提升。

【产前筛查】 一是参加市举办的产前筛查技术培训，县域有10所产科机构参加，进一步掌握产前筛查技术。二是产前筛查，县妇幼保健计划生育服务中心、县人民医院、筠洲医院3家开展该项工作，共筛查送检孕妇1057人，筛查率为23.64%；筛查出高风险126人，按要求通知到市二院复查、确诊。

【新生儿筛查】 2016年，全县有医疗机构8所（含民营机构3家）开展新生儿筛查，新生儿筛查儿童1841人，初筛率41.17%，尚无确诊患儿。各采血单位出生儿童共4440人，采集血片4361张，筛查率98.22%，其中县级98.11%、中心级100%。具体为县妇幼保健计划生育服务中心96.68%、县人民医院96.96%、大众医院100%、筠洲医院99.71%、天和医院99.31%、巡司镇中心卫生院100%、大雪山镇中心卫生院100%、沐爱镇中心卫生院100%。全年无感染和血肿情况发生，不合格血片24张，已收回24张；全年可疑阳性甲低（甲状腺功能低下）39例、苯丙酮尿症18例，已收回复采血片38张和18张，召回复采率98.24%，经复查确诊有先天性甲低3例。

【妇女病筛查】 2016年，开展妇女病筛查工作。全县妇女病普查普治应查人数64329人，实查人数52674人，妇女病普查率80.74%；查出患病人数23265人，查出疾病率44.79%，其中女性性病患病39例。

【妇幼"两纲""三网"监测】 2016年，开展新生儿城区产科医疗机构出生缺陷监测和全县"两纲监测""三网监测"工作，全年，小儿"两病"（苯丙酮尿症、先天性甲状腺功能低下）管理6800人次，孕产妇系统管理4033人次，出生缺陷住院分娩发生数为22例，发生率0.52%。严格控制剖宫产指征，全年剖宫产率39.93%。

【住院分娩补助】 2016年，继续实施农村孕产妇住院分娩中央补助项目，全年全县农村户籍产妇3705人，共补助产妇3609人，补助率97.41%，补助180.45万元。

【母婴阻断】 2016年，严格按《预防艾滋病、梅毒、乙肝母婴传播项目工作实施方案》要求，各产科机构继续开展预防艾滋病、梅毒、乙肝母婴传播阻断项目工作，开展检测、咨询。全年共接待检测对象艾滋病检测6637人次、梅毒检测6637人次、乙肝检测6637人次；确诊病例有艾滋病4例、梅毒9例、乙肝阳性孕产妇230人、乙肝阳性所生儿童230人，乙肝阳性产妇所生儿童注射乙肝免疫球蛋白230人。

【妇幼工作成效】 2016年，全县发放叶酸片27938瓶，占计划发放人数的96.69%；孕产妇保健管理率96.18%，住院分娩率99.83%，新法接生率99.98%，产前检查率97.35%，产后访视率97.88%，母乳喂养率95.50%，孕产妇死亡率47.69/十万。新生儿死亡率3.34‰，婴儿死亡率6.92‰，新生儿破伤风发生率0，低体重儿出生率2.27%。5岁以下儿童死亡率9.30‰，5岁以下中（重）度营养不良发生率1.27%。3岁以下儿童管理率96.41%，7岁以下儿童管理率96.26%，健康教育覆盖率100%；出生缺陷住院分娩发生数22例，发生率0.52%。婚前医学检查5125人，婚检率58.88%。依法加强"出生医学证明"管理，做好领用、签发、登记、管理、使用等，做到专人保管、证章分开、专册登记，全年共办理"出生医学证明"7000份，其中院外出生签发2350份、产科机构住院签发4650份，及时签发率97.32%。

（蒙文波）

项目建设与继续教育

【医疗机构项目建设】 2016年，县医院门诊大楼及地下停车场19950平方米，总投资3500万元，年末已完成主体工程，正室内装修。完成县医院简易门诊建设，总投资200万元，县医院搬迁投入使用。筠连卫生计生信息化主要建设项目有远程诊疗项目、基层医疗系统医保接口、人口健康信息化工程等项目。省卫计委投入资金600万元，已开通县人民医院远程诊疗，实现县、乡并网。完成妇幼保健计生服务中心16175.15平方米迁建招标，中标单位已进场施工。

【血库规范化建设】 2016年，严格按照《中华人民共和国献血法》，对县域取得医疗机构临床用血准入资格的9家医疗机构开展多次检查，对检查中发现的问题及时提出整改措施。建立完善无偿献血工作制度，推进全县血液管理运用，开展合理用血评价工作，实现血液的科学化、规范化管理。全年无偿献血指标2400人次、完成2737人次，献血量2373毫升、占招募计划的92%，全年未发生1例因供血不及时导致的医疗纠纷，未发生无用血安全事故；临床用血量1595毫升，占用血计划的91%。

【卫生院（站）达标建设】 一是完成高坪、大雪山、蒿坝、沐爱、乐义、双腾、武德7家卫生院中医馆改扩建的设计、预算、财政评审，总投资150万元。二是启动2012年15个村卫生站用房900平方米的质保维护，年末已完成15个村站900平方米的维修加固、防水整改。三是消化完善2014–2015年村卫生站114个建设，建筑面积6840平方米，总投资912万元；已完工80个，其余进入扫尾阶段。四是卫生院污水处理设施建设，涉及双腾、蒿坝、塘坝、孔雀、团林、高坎、高坪、武德、乐义、龙镇10家卫生院，总投资118.11万元，已全面完成。五是启动2013年维新、联合卫生院2个业务用房建设，建筑面积1300平方米，总投资150万元；年末完成900平方米主体工程，进入室内装修，完成投资80万元。六是启动2014–2015年乡（镇）卫生院周转房23套建设，建筑面积665平方米，总投资138万元；年末完工19套，剩下4套进入扫尾，完成投资114万元。

【卫生科技创新】 2016年，新办理好医生IC卡95张、好医生卡902张、组织开展临床专业知识继教培训2期，共有556人参训。全县开展医学新业务、新技术4项、发表学术论文17篇。

【医学送培教育】 2016年，接受学历教育212人；送到藏区援藏锻炼1人、农村医学定单定向生（规范化培训）2人，农村到省、市医疗机构进修半年以上15人；参加省、市各类短期培训学习78人次；选派9名医生（县医院8名、中医院1名）、4名护士（县医院）、1名药剂人员（县医院）下乡开展对口技术支援。与江安妇幼保健院合作，邀请江安妇幼保院1名妇产科医生、1名儿科医生对口帮扶县妇幼保健院业务工作；与郫县人民医院合作，邀请8名医生、3名护士对口帮扶县医院。

（蒙文波）

地方病防治

【疟疾防治】 2016年，完成疟疾防治血检5000人次，完成率100%，全县血检未发现阳性病例。完成疟疾媒介监测10次。消除疟疾工作通过市级考核验收。

【居民家庭食用盐检测】 2016年，全县检测居民家庭食用盐300份、检测儿童200份、检测孕妇尿碘含量100份；B超检查8–10岁儿童甲状腺200名；县妇幼保健院对954名新生儿甲低筛查TSH，无阳性病人。

【慢性丝虫病随访】 2016年，随访慢性丝虫病人125人次，发放毛巾、肥皂、防足癣药物448人份。

【其他地方病】 2016年，对8名存活麻风病人随访1次，治疗肺吸虫患者5人。

（蒙文波）

卫生执法与监督

【医疗机构监管】 一是监管体系建设，完善"考核、评审、质控、巡查、评价"为主要手段的筠连县医疗服务机构监管体系建设，对医疗机构实行属地化全行业监管。加大对医疗机构设置、审批、校验等的监管力度，加强对社会资本举办医疗机构的监管，建立健全评价机制，推进依法执业和诚信服务。制发《筠连县卫生和计划生育局关于开展2016年医疗机构依法执业专项监督检查的通知》，成立2个专项检查组，对40家公立医疗机构开展依法执业专项监督检查。对检查中发现的问题，及时提出整改措施，现场下达监督整改意见书，并把专项监督检查结果作为年度医疗机构校验、评审、不良执业行为记分管理的依据。全年，发放监督整改意见书40份，立案查处涉嫌使用非卫生专业技术人员案件1件。二是监督检查，至10月底，对全县429家医疗机构进行监督检查，监督检查884户次，发放监督意见书195份，监督覆盖率100%，其中县级医疗机构及民营医疗机构（12家）督频次平均3次以上、疾病预防控制中心（1家）监督频次1次，17家乡（镇）卫生院监督频次多3次以上，村卫生站（室）、个体诊所和社区卫生服务中心共392家，监督频次至少1次。全年，共查处一般程序案件21起（结案11起），其中无证行医11起、医疗机构违法行医10起；对查处的11家无证行医予以取缔。处罚没款5.68万元，已执行3.47万元，没收药品和器械约300公斤。

【个体诊所及乡村医生培训考核】 4月，由县卫计局举办对全县个体诊所及乡村医生培训考核，培训对象为全县所有个体诊所及乡村医生517人，参培率100%。

【卫生监督宣传】 4月25–30日，开展《中华人民共和国职业病防治法》宣传周活动，共发放《中华人民共和国职业病防治法》等宣传材料3450余份，接待咨询服务群众682人，职业健康检查人数85人。

【卫生监管档案化管理】 2016年，全县公共场所均建立卫生管理档案和公共场所卫生监督网被监督单位信息档案，保障公共场所经营单位资料完善性、安全性。做好档案日常更新，及时增减。

【公共卫生监管及培训】 2016年，县卫生计生执法监督大队对全县公共场所单位进行拉网式的监督检查，共监督户数335户（其中住宿业63家，美容美发业、公共浴室220家，其余52家），监督覆盖率99%，从业人员的健康证持有率97%，下达卫生监督意见书204份。春、秋两学期，分别对所有学校开展监督检查，共检查中、小学校及幼儿园210所，监督覆盖率100%。对公共场所经营人员及管理人员进行集中培训，培训实行第一责任人签到制，培训结束测试，测试合格从业人员发放培训合格证。

【创国卫监督检查】 2016年，县卫计局作为创国家卫生县城领导小组成员单位，由县卫生计生执法监督大队牵头负责。根据《公共场所打造示范街区工作方案》，制订详细工作计划，落实专人负责，借助创建国家卫生县城的机会大力宣传打造示范街区的重要意义。9月，从各岗位抽调10多人连续奋战10天，对"示范街区"考评细则，查漏补缺，蹲点细心指导，顺利完成"示范街区"检查工作，在全市评比获第二名。

【公共卫生监测】 一是生活饮用水监测。抽取全县19个供水单位水样154个，检测154个，检测率100%。每月对清溪沟管网水消毒效果定期检测，每半年出厂水水质监测，共采样60个，检测60个，检测率100%。二是公共场所监测。监测县城公共场所38家，其中文化娱乐场所9家、旅店22家、医院候诊室2家、游泳池4家、超市1家，合格38家，合格率100%。三是消毒效果监测。在4家医疗机构进行消毒效果监测，采样133份，合格133份，合格率100%；对2家餐饮具集中消毒服务机构采样10份，合格10份，合格率100%。四是食品卫生监测。在农贸市场、超市，抽样45份（其中蔬菜20份，肉类、肉制品20份，自制饮料、食用冰5份），并送市上监测，监测结果显示，全部合格。

【卫生行政审批】 2016年，共受理行政审批许可事项616件，其中办理公共场所卫生许可111件、医疗机构许可4件、供水许可0件、放射许可1件、医师执业注册160件、护士执业注册253件、母婴保健技术服务执业许可有效期延续3件、母婴保健技术服务执业许可变更执业地点1件、母婴保健技术考核合格证81件、乡村医生变更执业地点2件，均全部办结，办结率100%。

【打击医疗"两非"】 2016年，把惩治"两非"（利用超声技术或者其他技术手段进行非医学需要的胎儿性别鉴定、非医学需要的选择性别的人工终止妊娠）和代孕作为监督检查重点，共检查医疗机构36家，发放监督意见书3份，未发现有"两非"违法行为；检查开设有妇产科或妇科的医疗机构26家，无"开展人类辅助生殖技术和人类精子库"，无"开展生殖健康与不孕症专业"的医疗机构，无机构和人员为代孕提供辅助生殖等技术服务。

【整治号贩子行动】 2016年，集中开展整治"号贩子""网络医托"专项行动。摸排筠连百姓网、筠连热线等网络是否存在"网络医托"，县域医疗机构周边、客车站和农贸市场是否存在"号贩子"等，集中开展宣传1次，发放宣传资料288份，出动车辆17台次、执法人员114人次，未发现"号贩子""网络医托""医托"诈骗违法犯罪行为。

（蒙文波）

人口和计划生育

【计生概况】 2016年，全县落实"三结合"帮扶753户，孕前优生免费健康检查正常开展，共免费健康检查5125人。全县符合奖扶政策2070人，其中奖励扶助1954人、特别扶助116人，兑现254.06万元；独生子女父母奖励2334人，补助27.54万元。全县计生统计出生人口4860人，符合政策生育率97.2%，人口自然增长率5.61‰。开展孕期保健服务5次、产后访视2次，进行一般体格检查及孕期营养、心理等健康指导，发现社区高危孕产妇并及时转诊，提供产后家庭访视服务，开展产后恢复情况了解和产后常见问题指导，为孕产妇建立保健手册。全年产妇总数4169人，活产数4193人，孕产妇保健管理率97.35%；孕产妇死亡2人（均为县外发生），死亡率47.69/十万。

【计生依法行政】 2016年，强化计生依法行政，违法生育建档率98%；独生子女父母奖励金打卡发放率100%，发放到位率100%；推进社会抚养费征收管理体制改革，落实社会抚养费"三公开、两分离"["三公开"：乡（镇）人民政府、城市街道办事处和村（居）委会要通过政务、村（居）务公开等多种形式，定期将社会抚养费的征收程序、年度社会抚养费征收标准向社会公布，县级财政部门每年以适当形式向社会公布社会抚养费征收总额。"两分离"：征缴分离，对依法应当缴纳社会抚养费的，由县级卫生计生部门或受委托的乡（镇）人民政府、城市街道办事处作出社会抚养费征收决定，当事人在规定期限内，到县级财政部门确定的金融机构，将社会抚养费缴入指定账户]规定。

【全面二孩政策宣传】 1月1日，筠连县正式实施全面两孩政策，县卫计局牵头组织政策宣传、培训，发放全面二孩相关政策宣传册1万余份，以微电影的形势宣讲全面二孩政策；各乡（镇）以制作宣传栏、发放宣传册、乡村干部计生专题培训会进行广泛宣传，使生育政策走进千家万户，引导群众自觉遵守国家的计划生育政策。

【计划生育特殊家庭扶助】 2009年起，由和泰矿业有限责任公司独立出资50万元，设立"筠连县生育关怀企业扶助资金"，对合法持有"独生子女父母光荣证"的独生子女"低保"户、计划生育困难户、在职计生干部、计划生育"低保户"女孩、计划生育"低保户"育龄妇女五种类型家庭实行扶助，最高扶助3000元、最低扶助200元。2016年，继续推进"筠连县生育关怀企业扶助资金"，引导企业和社会成功人士继续扶助资金，确保该民生工程健康持续发展。加大计划生育特殊家庭扶助力度，建立计划生育特殊困难家庭一对一帮扶制度、免费体检制度、走访慰问制度、就医优惠政策，妥善解决计划生育特殊家庭生活、医疗、养老金额精神慰藉等问题。对计划生育特殊困难家庭，联系领导及联系人分别走访了解其生活现状、生活中存在难题，予以帮扶解决。计生奖、特扶工作实现常年申报制，资格确认较准确，规范确认程序，审核结果在乡（镇）和村进行及时公示。资金发放是由农商银行直接转到对象账户，资金发放率100%。

【流动人口计生管理】 2016年，继续实行流动人口计划生育"一盘棋"管理服务，流动人口育龄妇女电子婚育证明办证率90%以上；开展流动人口卫生计生均等化服务工作，在镇舟镇、维新镇建立流动人口卫生计生基本公共服务均等化示范点。全年流动人口个案信息入库数较上年增加10%以上；流动人口重点信息反馈率、接收率、及时率达95%以上；流动人口动态监测完成率达100%。

【药具管理】 2016年，在乡（镇）举办药具培训2期，考试合格率100%。组织宣传咨询活动8次，参与人数约1.5万人次免费发放避孕套约2万只、隐形避孕套300瓶。免费药具自取箱运行良好，自取箱发放避孕药具6500余只。

【心理、生理咨询】 2016年，开展心理咨询服务165人次，完成目标的117.85%。

（蒙文波）

社会生活

城乡人民生活

【城镇居民可支配收入】2016年，筠连县城镇住户调查资料显示，全县城镇居民人均可支配收入28525元，增长8.6%(人均可支配收入=工资性收入+经营净收入+财产净收入+转移净收入)。一是工资性收入。国家工资政策调整,居民就业工资标准提高。全年城镇居民人均工资性收入11823元,占可支配收入比重的41.4%,其中人均工资收入11198元,人均实物福利69元。二是经营净收入。县委、县政府积极引导和鼓励城镇居民自主创业,为城镇居民自主创业提供较好的经济环境,促进城镇居民在个体经营上的收入继续提高。全年城镇居民人均经营净收入10836元,占可支配收入比重的38%。三是财产净收入。城镇居民收入增加,促进投资行业的快速增加,全年城镇居民人均财产净收入2482元,占可支配收入比重的8.7%。四是转移净收入。2016年,国家加大对低保户、困难户家庭的社会救济力度,促进居民社会保障收入的提高。全年城镇居民人均转移净收入3384元,增长18.2%,占可支配收入比重的11.9%。

【城镇居民消费结构】2016年，全县城镇居民八大类消费支出呈“四升四降”态势,全年城镇居民人均生活消费支出16682元,增长5.6%。一是食品烟酒类。食品烟酒类支出仍是消费支出的大头,占城镇居民消费支出的37.2%。全县城镇居民人均食品烟酒类支出6586元,增长1.5%。二是衣着类。全县城镇居民人均衣着类支出1610元,下降14.2%。三是居住类。全县城镇居民人均住类支出3765元，增长6.4%。其中人均租赁房房租支出217元,增长49.9%;人均住房维修及管理支出214元,下降13.7%;人均水电燃料及其他支出882元,增长8.4%;人均自有住房折算租金2452元,增长5.1%。四是生活用品及服务类。全县城镇居民人均生活用品及服务类支出1067元,增长9.5%。五是交通通信类。随着生活水平的不断提高,居民对代步工具需求有一定攀升。全县人均交通通信类支出2427元,增长30%。其中人均交通类支出1484元,增长48.1%;人均通信类支出943元,增长9%。六是教育文化娱乐类。随着中小学教育的全面免费,彩电、电脑等文娱耐用消费品的基本普及,居民用于此类支出明显下降。全县人均教育文化娱乐类支出1042元,增长30.0%。七是医疗保健类。全县人均医疗保健类支出665元,增长6.4%。八是其他用品和服务类。全县人均其他用品和服务类支出520元,下降7%。

【农村居民人均可支配收入】2016年，筠连县农村住户调查资料显示：全县农村居民人均可支配收入12846元,增加1109元,增长9.4%,财产净收入增长最快,但占可支配收入的比重仍很小。一是工资性收入。全县农民人均工资性收入3845元，增长3.4%，占农民可支配收入比重的29.9%。二是经营净收入。全县农民人均经营净收入6647元,增长9.9%,其中来自第一产业经营净收入4155元,增长3.5%;来自第二产业经营净收入668元,增长9.8%;来自第三产业经营净收入1824元,增长27.7%。三是财产净收入。全县农民人均财产净收入359元,增长19.9%,土地流转和出租财产是财产净收入增长的主因。四是转移净收入。全县农民人均转移净收入1995元,增长19.4%,政策性收入增加促进转移净收入增长。

【农村居民消费结构】2016年，全县农村居民人均消费支出9678元,增加1064元,增长12.4%。其中人均食品烟酒类支出4162元,增长12.3%;人均衣着类支出627元,下降2.3%;人均居住类支出1890元,增长3.3%;人均生活用品及服务类支出555元，增长20.7%；人均交通通信类支出1087元,增长8.5%;人均教育文化娱乐类支出488元,增长8.5%;人均医疗保健类支出717元,增长64.1%;人均其他用品和服务类支出151元,增长11.2%。农村居民恩格尔系数43.0%。

(徐容)

就业服务

【就业概况】2016年，全县就业工作贯彻落实各项就业创业政策,动态消除零就业家庭。全年,城镇新增就业4961人,占市任务的118.1%;失业人员实现再就业843人,占市任务的120%;就业困难对象实现再就业392人,占市任务的 121.7%。年末，全县城镇登记失业率 3.8%，控制在 4.2% 以内。

【高校毕业生就业创业】 一是高校毕业生就业创业：1.加强资金保证，落实创业补贴资金 17 万元；2.把筠连县海瀛农副产品加工产业园命名为筠连县大学生创业孵化园；3.建立县创业指导服务中心，及时更新创业项目库，在巡司镇、沐爱镇、镇舟镇、大雪山镇、双腾镇设立创业服务机构；4.认定见习基地 15 个，见习人员 25 人，发放见习补贴 13.8 万元；5.发放大学生毕业一次性创业补贴 17 人共 17 万元。二是开展离校未就业高校毕业生的调查登记，及时将相关人员信息录入信息，全年共录入 295 名未就业高校毕业生的相关信息。

【就业失业登记】 2011 年起，全县实行全国统一的就业失业登记制度，对符合条件的人员办理"就业失业登记证"。2016 年，共办理"就业失业登记证"1293 本，其中认定就业困难对象 519 人。

【就业困难人员社会保险补贴】 2016 年，全面落实各项促进就业的优惠政策，促进下岗失业人员再就业工作，鼓励失业人员自谋职业和自主创业、鼓励用人单位吸纳就业，对灵活就业的就业困难人员实行"社保补贴"，对大龄就业困难对象实施就业援助。全年，经人社部门审核有 1574 名灵活就业的就业困难人员享受社保补贴，共补贴 682 万元；兴达运业有限公司吸纳就业困难人员 7 名，给予岗位补贴和社会保险补贴 9.9 万元。

【民营企业招聘周活动】 4 月 21 日，"2016 年民营企业招聘周的现场招聘活动"在汇鑫广场举行，永竞房地产、醒世茶业、宜宾村通网络、浙商酒店等 27 家用工企业提供岗位 230 个。采用现场招聘、线上招聘方式，现场招聘会结束后，企业招聘信息在筠连热线、筠连创业微信号上保留一段时间，让没有到现场的人员也能看到企业招聘信息。现场发放宣传围腰等物品及政策宣传资料 2500 多份。现场参与求职者 1500 多人，达成就业意向的 452 人次，其中高校毕业生 7 人次、进城和返乡农民工 228 人次，登记培训意向 86 人，维权及法律援助 12 人。

【春风行动】 1 月 30 日，"筠连县 2016 年春风行动现场招聘会"在玉壶公园池子球场举行，县人社局、工商联、园区管委会、总工会、妇联、团县委主办。招聘会现场设置有政策咨询宣传服务台，为求职人员发放《中华人民共和国劳动合同法》《积极就业政策宣传资料》《致宜宾市外出务工人员的慰问信》《农民工维权手册》《农民工返乡创业政策宣传手册》、政策宣传年画、手提袋、劳动维权扑克牌、围裙等 3000 余份；到招聘会的县内外企业有 32 家，提供管理、服务员、销售总监、操作工、演职人员、文员等 300 多个工作岗位，达成就业意向 110 人。

【劳务开发】 2016 年，全县农村劳动力转移输出共 13 万人，劳务收入 17 亿元。

【劳动技能培训】 2016 年，全县开展失业人员技能培训 173 人，创业培训 117 人；开展青年劳动者技能培训 1083 人，开展高技能人才高级工培训 75 人、技师(含高级技师)培训 7 人。一是筠连县永祥职业安全技术培训中心、川大科技园职业培训学院等 6 家定点培训机构共开展实用技术培训、技能培训共 2203 人，就业培训补贴 230 万元。二是与淘金集团合作，开展电商培训和创业培训，共培训 4 期、培训 117 人。三是品牌培训，依托宜宾市工业技术学校、川大科技园职业技能培训学院开展品牌培训 6 期，培训专业有厨师，电商、焊工，共培训 292 人。

【就业"双创"工作】 一是全面推进"大众创业，万众创新"，促进筠连创新创业，7 月 12 日，四川省大学生创新创业活动中心、宜宾市人才就业促进局在海瀛工业园区的创业孵化基地举办"青创＋筑梦千里巡之筠连行"巡诊活动，来自高县、筠连的创业者 50 余人参加。邀请省大学生创新创业活动中心副主任苏兵就产品拓展、企业内部管理、缩短创业历程和周期进行讲解；电子科技大学物理电子学院社会服务办主任、工程师导师张宏凯给出"企业首先考虑活下来，不要心太大，要根据自己能力务实的规划企业"的实在、诚恳的指导意见，并就创业者就创业中遇到的困难、问题等进行详细的探讨，专家为创业者理清思路、指明道路、答疑解惑。

【返乡创业贷款分险基金】 2016 年，全县设立返乡农民工创业贷款分险基金 240 万元，用于金融机构向返乡创业群体包括贫困农民工发放创业贷款的风险分担补偿。全年共发放 53 笔 468 万元。

【失业保险工作】 一是认真落实失业保险援企稳岗工作，全年补贴企业 16 户，涉及职工 875 人，发放补贴金额 46.8 万元。二是失业保险稽核。全县有失业保险参保人数 6896 人，征收失业保险金 482 万元。共稽核失业保险单位 45 户，稽核失业保险人数 2003 人，失业保险金每月按时足额发放。全年为 235 名城镇职工发放失业保险金 285 万元，代缴医疗保险费 44 万元。三是失地农民参保，失地农民参加失业保险 769 人，征收失地农民失业保险 134 万元，发放失地农民失业保险 769 人 181 万元。

【公益性岗位】 一是县城公益性岗位设置。4 月，《筠连县公益性岗位管理办法》实施，根据单位申报和就业专项资金的承受能力，由县政府常务会决定全县设置公益性岗位200个，主要为机关事业单位的后勤服务和社区的保洁保绿、养老服务及城市管理、治安巡逻等岗位。全年公益性岗位吸纳安置就业困难人员281人,其中非全日制的居家养老服务中心服务员14人、单位和乡(镇)、社区的劳动保障协理员、门卫等全日制公益性岗位267人,拨付岗位补贴和社保补贴491万元。二是农村公益性岗位开发,制发《筠连县定向开发非全日制公益性岗位定向促进农村建卡贫困劳动者就业实施方案》,以2016年脱贫村和脱贫户为重点,每个2016年脱贫村至少开发5个农村公益性岗位,其他贫困村和插花贫困户的每个贫困村开发2个农村公益性岗位,每月每人给予400元的岗位补贴。至年末,共开发农村公益性岗位397个，兜底安置建卡贫困劳动力就业397人。

【公共就业管理及服务体系建设】一是队伍建设,8月,开展基层平台工作人员培训,参加人员60多人,进行就业、社保、劳动仲裁、劳动监察、工伤等相关政策培训。二是岗位提供,全年就业人才服务机构公共服务进场3371人次,占年计划的112.4%；提供岗位数1815个，占年计划的113.4%;促进就业738人,占年计划的115.3%。三是农村劳动实名制动态更新率,完成30%,超任务的25%。四是用工信息发布,开展有春风行动、就业援助月、高校毕业生就业服务月、高校毕业生就业服务周、民营企业招聘周等活动。各项活动期间,人力资源市场和玉壶广场电子屏滚动播放用工信息135条次。五是乡(镇)基层平台建设,每个乡(镇)基层平台均已配备专兼职工作人员共54人,并把金保信息网延伸到乡(镇)基层平台。

【农村劳动力实名制登记】2016年，贯彻落实市人才服务和就业促进局《关于开展农村贫困家庭劳动者实名制动态管理工作的通知》,制发县人社局《关于开展筠连县农村贫困家庭劳动者实名制动态管理工作的通知》,对乡(镇)劳动保障所工作人员进行培训。全年，录入农村贫困家庭9423户,动态管理22393人。

【去产能企业职工实名制登记】2016年,根据省市要求,在全县开展去产能企业职工的实名制登记工作，至年末,共对13家企业的职工8481人进行实名制登记和分流安置,其中转岗安置730人、退养243人、终止劳动合同7508人。

(梁开勇)

人才交流

【人才档案保管】2016年，县人才交流中心共办理档案保管900份，其中事业单位新聘人员档案170份（含教育系统新聘用人员109份、其他事业单位新聘用人员48份、调进人员13份）;新增各类暂未就业人员人事档案730份。

【人才档案管理】一是完善中心的制度建设，注重档案管理的安全性、规范化。二是完善“人事档案查询管理系统”“档案转递花名册”“档案接收登记花名册”“人事档案转递目录”等表册。三是加大中心档案、资料的整理力度,做到档案、资料科学分类、规范有序、存取方便,为查询档案的单位和个人提供准确、全面的档案材料。四是及时、准确地把1700多名事业单位人员的录用、转正定级、职称评定、工资晋级、学历晋升、变更或续签聘用合同等档案材料收集、整理、归档。

【人才服务】一是做好就业信息管理系统的数据录入和人员就业回访工作,对报到的730名高校毕业生和教育部门交换的106名实名制高校毕业生情况全部录入就业管理服务系统。二是通过网络发布招聘信息、现场张贴招考简章,为730名高校毕业生中有就业意向的人员提供事业单位招聘、公务员(参公人员)录用、企业招工等就业信息,提供就业岗位320个。三是指导帮助25名大学生创业,其中17名大学生成功创业,获创业补贴17万元。全年为各类档案代理人员出具档案代理、未就业、研究生招考等证明200余份，为300余高校及中专毕业生办理户口迁移证明,出具调档函200余份,为190余名调动、进修、解除聘用合同、公务员录用、县外事业单位聘用、外出务工等人员转递个人档案材料。

(陈润)

社会保险

【养老保险扩面】2016年，市社保局下达筠连养老保险参保任务数23268人，至年末全县实际参保人数23268人。一是主动向各级政府汇报,争取政府和相关部门的大力支持;二是把破产改制企业、下岗职工的续保,私营企业、个体工商户的“应参尽参、应保尽保”作为切入点;三是对重大户的稽核、审计,促使其为漏保的职工(特别是农民工)应保尽保;四是加大宣传力度,为断保的失业、下岗人员及时续保。五是积极做好城镇集体企业和返城老知青未参保人员参加基本养老保险的工作。

【养老基金征缴清欠】2016年，市社保局下达筠连养老保险征缴额14607万元，至年末实际征收养老保险金12723万元,占市任务的87%(其中清欠527万元,占市级任务的64.9%)。一是加大基金稽核力度,重点对缴费单位和个人的缴费工资是否与实发工资总额、个人收入相等，参保人数与实际用工人数是否一致。二是按月通过新闻媒体和在企业公示栏，向社会和参保职工公布社会保险费的应收、实收、欠费情况，利用舆论监督促进征缴。

【机关事业养老保险征缴和职业年金征收】从9月起，在全县开始征缴收费机关事业养老保险和职业年金征收。至年末，全县机关事业养老保险参保6765人，占市任务的117%；征缴机关事业养老保险金8407.80万元，占市任务的92%。全年征收职业年金3393.07万元。

【城乡居民养老保险】2016年，全县参加城乡居民养老保险参保人数11.83万人，占市任务的98%；参保缴费人数4.14人，占市任务的84%；向城乡居民养老保险60岁以上老人发放养老金4644.67万元。开展城乡居民养老保险参保人员生存调查，通过城镇职工养老保险系统与新型农村社会养老保险系统进行系统间信息和数据的比对、核查，针对疑似重复领取待遇人员，采取电话回访、下村上门了解、走访核实等方式，确保信息核实准确，有效地杜绝重复参保、虚报冒领养老金待遇等，在保障参保人员合法利益的同时，有力地维护社保基金的安全。

【工伤、生育保险】2016年年末，全县工伤保险参保人数12240人；收缴工伤保险费485万元，占市任务的80.83%。全县生育保险参保人数10690人，占市任务的100%；征收生育保险费211万元，占市任务的132%。

【离退休人员的社会化管理】2016年，按照人社部对离退休人员社会化管理服务试点城市的要求和市的目标，继续扩大养老保险覆盖面。一是认真执行“两个确保”的规定，退休费社会化发放率和按时足额发放率100%，未发生当期拖欠；继续开展退休人员领取养老金资格认证，占退休人数的92%。按时足额发放企业8976名退休人员养老金，全年支出养老金17724万元；为8345名符合条件的退休人员增发养老金109万元，月人均增资130.90元。二是开展退休人员移交社区管理，对家居筠连镇的退休人员，全部移交社区管理；对家居乡（镇）退休人员，由所在乡（镇）劳动保障所管理，社区、乡（镇）管理率100%。三是加强退休人员管理服务。组织开展退休人员养老金领取资格调查，确保养老金不流失、防冒领。对未及时办理的人员，采取暂时停发养老金，待办理完认证手续后补发，有效地杜绝养老金的冒领。四是养老金发放，全部通过银行、邮政局向全县企业、个体工商户的退休人员发放养老金，社会化发放率100%。

【社保对口帮扶】2016年，县社保局继续对口帮扶筠连镇红江村，加大精准扶贫工作力度，开展座谈、义诊等交心换心活动，了解贫困户的真实需求，为其脱困出谋划策，用实际行动将党和政府的温暖、关爱传递给贫困户，落实在工作中。经过两年多的努力，至年末，通过省、市、县的脱贫验收、检查、复查，红江村实现贫困“摘帽”，完成脱贫攻坚阶段工作。

（冯杰）

医疗保险

【县医保局挂牌办公】2015年5月28日，根据筠机编〔2015〕12号文件成立筠连县医疗保险局（以下简称县医保局），为县人社局管理的副科级事业单位，承担县新型农村合作医疗管理中心（新农合）和县社会保险局原医保股的城镇职工基本医疗保险、城镇居民医疗保险的职责。县医疗保险局于2015年10月16日在筠连镇定水路168号挂牌办公，设有办公室、基金征缴股、待遇审核支付股、监督管理股、审计稽核股、财务股以及计算机信息管理股等1室6股，同年10月28日正式运行。

【医疗保险基金征缴】2016年，全县居民基本医疗保险参保人数373547人，其中特殊人群51090人（即建档立卡贫困人口27291人、“五保”等民政救助人员21426人、超龄失地农民2373人），城乡居民基本医疗保险参保率97%以上，完成市任务的106.5%。个人缴费120元/人/年或280元/人/年，占比22.2%；国家、省、市、县各级财政共补助420元/人/年，占比77.8%。全年，全县共筹集居民基本医疗保险基金20487.63万元。

【医疗保险基金支付】2016年，全县居民医疗保险基金支付共14510.99万元。其中普通门诊统筹支付926.53万元，门诊特殊疾病支付147.72万元，住院报销支付11492.24万元（其中市内住院支付10386.5万元，市外住院支付1105.74万元），精准扶贫医疗医保基金支付28.57万元，大病保险支出1106.93万元，上解支出809万元，政策范围内住院费用支付比例75.5%。

【医疗保险制度改革】2016年1月1日起，实施《宜宾市居民基本医疗保险暂行办法》。5月4日，启动基本医疗保险、居民大病保险、职工补充医疗保险“一站式”及时结算服务。6月，启动居民医保普通门诊报账工作。8月23日，实现建档立卡贫困患者县域政策范围内住院费用100%报销“一站式”及时结算服务。

【医疗保险政策】2016年1月1日起，统一执行全市医院保险政策。一是缴费标准，2016年居民医疗保险个人缴费标准设两档：第一档每人每年120元。第二档为每人每年

280 元。二是居民医保待遇，包括住院医疗费用、普通门诊医疗费用、特殊疾病门诊费用报销，并按规定参加城乡居民大病保险和享受相应赔付待遇。每个参保居民在一个保险年度内，除大病保险赔付外，其余报销费用的总和最高限额标准 13 万元。三是参保居民住院医疗费用报销比例，参保居民住院，符合居民医保政策报销范围内的住院费用，其起付线、报销比例按下表（筠连县 2016 年度参保居民住院医疗费用报销比例）执行。四是普通门诊，参保居民在参保地定点医疗机构发生的普通门诊费，一个保险年度内限额为 70 元，家庭成员可共用，结余可跨年度结转使用（规定不能报销门诊的情况除外）。五是门诊特殊疾病，1.参保居民符合特殊门诊疾病种类（第一类 18 种，第二类 15 种），经认定后，符合报销范围的费用按 70%报销，第一类当年限额报销 1000 元；第二类当年限额报销 3000 元。2.有 5 种特殊门诊费经审批后视同住院报销。六是住院分娩，住院分娩医疗费用限额补助标准为顺产 500 元、剖宫产 1000 元。多胞胎生育的，每增加一个婴儿，增加 200 元。病理剖宫产符合居民医保报销范围内费用按参保居民住院报销，不再享受限额补助。农村孕产妇住院分娩的，先执行农村孕产妇住院分娩专项补助，剩余部分的医疗费用再按前述款项规定核发限额补助，两项合并不超出住院总费用。七是参保居民转诊（院）的规定，1.在市内转诊转院的，应在办结转诊转院手续之日起 3 日内到转入医院办理入院手续。2.首诊在一级及以下定点医疗机构越级转诊到三级定点医疗机构（除急危重症外）的、首诊直接到三级定点医疗机构（除急危重症外）的，起付线不享受补差，符合居民医保政策报销范围内的住院费用，报销比例下降 10 个百分点。八是大病商业保险制度，被保险人人在参保年度内单次或累计的住院医疗费用在按居民基本医疗保险规定报销后，个人负担超过 5000 元的，由居民大病保险分段按比例赔付。赔付比例 5000-30000（含）元的 52%、30000-60000（含）元 62%、60000 元以上的 82%。

筠连县 2016 年度参保居民住院医疗费用报销比例一览表

表 8

		市内定点医疗机构级别			市外定点医疗机构级别	
		一级及以下	二级	三级	省内三级	其他
起付线（元）		200	400	900	1000	按住院总费用先由个人自费 30%，剩余部分按 40%报销
报销比例（%）	一档	85	75	50	40	
	二档	90	80	60	50	

【医保基金监管】 2016 年，通过网络实时监管、现场巡查、不定期抽查等形式，进一步规范医疗服务行为，确保基金安全。县医保局对全县 17 个乡（镇）卫生院、筠连镇社区卫生服务中心、3 个县级医疗机构、9 个民营医院及村卫生室（站）129 个进行现场监管，对违规医疗机构给予停业整顿、限期整改、扣除保证金等处罚。

【医疗保险政策宣传】 2016 年，为让医药机构和广大参保群众进一步理解新制度，通过专题工作会、专题培训、调研座谈、发放宣传折页、年画等方式向相关机构、群众宣传基本医疗保险政策。全年，开展政策和业务培训 580 人次，制作政策宣传栏 120 份，发放资料 20 万余份。

【"两定机构"管理】 2016 年，全县共有定点医疗机构 30 家、定点零售药房 42 家（简称"两定机构"），定点村卫生站 129 家。一是加强医药机构的协议管理，规范管理服务工作和定点医药机构医疗保险服务行为。二是强化日常监督管理，坚持日常检查为主、定期与不定期、经常性检查与重点检查、电话回访与实地回访相结合等方式加强医药机构的监管，不定期稽核医药机构、参保人员的住院医疗费和门诊费使用的合理性、规范性。全年，共审核扣除定点医疗机构违规费用 45 万余元，约谈相关定点医疗机构 11 家次，扣除保证金 4 家次，责令其整改，对情节严重的 1 家定点医疗机构予以暂停基本医疗保险服务协议、责令整改的处罚。

【医疗救助兜底保障】 一是建档立卡贫困人口 100%参加居民基本医疗保险。为确保未参加居民医疗保险的建档立卡贫困人口应保尽保，在 8 月底完成全县 27839 条贫困人口信息的比对，共为应参未参的 4362 名贫困人口及时办理参保登记，确保建档立卡贫困人口 100%参保。以 2016 年初建档立卡贫困人口为基数，办理 2017 年居民医保参保。二是及时兑现建档立卡贫困人口参保补助。按照宜办〔2016〕29 号文件，对建档立卡贫困户购买居民基本医疗保险的，以 2015 年缴费标准为基数，第一档增加部分实行全额补助，全县共补助建档立卡贫困人口参保费 708390 元。三是落实宜人社发〔2016〕78 号、宜人社发〔2016〕205 号文件。6 月 3 日起，对建档立卡贫困患者在县域内住院发生的政策范围内医疗费用，全部纳入居民基本医疗保险和大病保险报销范围，报销比例 100%，至 8 月底，全县补报建档立卡贫困患者住院医疗费用 448 人次，兑现金额 20.89 万元。8 月 23 日起，在全县定点医疗机构出院结算的建档立卡贫困人口实现"政策范围内住院费用 100%报销"一站式即时结算服务，至年末共报销 763 人次，扶贫医保政策支付 26.51 万元。9 月 12 日起，建卡贫困患者在县域内定点医疗机构住院治疗的，不设起付线；提高贫困人口门诊特殊疾病报销标准；至年末，建档立卡贫困患者产生的门诊特殊疾病政策范围内医疗费用，报销比例由 70%提高到 90%。

（宋书均）

社会事务服务

【婚姻和收养登记】2016年，县民政局加强婚姻文化宣传，促进和谐婚姻家庭建设，积极配合相关部门，做好婚前免费检查宣传。全县全年共办理结婚登记5230对，离婚登记1110对，补发结婚证650例，补发离婚证70例，收养登记2例。婚姻和收养登记合格率100%，档案入档率100%。

【防灾减灾救灾】一是开展灾民救助。年初，县民政局下拨冬令春荒资金281.3万元、下拨乡(镇)发放棉被22112床、划拨资金8.358万元落实农村低保户(含量五保户)住房政策性农房保险，及时把党和政府的温暖送到灾民和困难群众的手中。二是应急准备，执行《筠连县自然灾害救助应急预案》，严肃救灾工作纪律，救灾款物管理安全有序，配合相关部门开展防灾减灾综合应急演练，加强防灾减灾综合应急指挥体系的管理，实现与省、市互联互通。加大救灾物资储备力度，全年采购棉被3000床、棉大衣500件、绒衣裤500套的救灾物资储备。三是开展“防灾减灾日”“国际减灾日”主题宣传活动，发放宣传资料2000余份，提升全民防灾避险整体水平。

【城乡低保】一是加强低保动态管理。从2月起，开展低保对象精准识别，共清退不符合城乡低保政策人员7760人，其中清退城市低保1382人、清退农村低保6378人。二是提高保障标准。从7月1日起，城市最低生活保障标准由每人每月390元提高到460元、农村最低生活保障标准由每人每月220元提高到270元。三是提高人均补助。全年，全县城市低保对象共4368户5716人，累计保障76043人次，累计发放低保金2737.74万元，累计月人均补助水平360.02元，占任务的138.46%；农村低保对象共4038户8181人，累计保障105264人次，累计发放低保金2494.75万元，累计月人均补助水平236.99元，占任务的157.99%，超额完成任务。

【城乡医疗救助】2016年，民政直接救助累计1970人次，支出599.2万元；资助参保21426人次，支出257.11万元。符合医疗救助条件的城乡贫困患者政策内住院自付费用救助比例71%，占任务的101.43%。

【特困帮扶和临时救助】一是特殊困难群众救助帮扶，执行县政府《关于印发筠连县特殊困难群众专项帮扶制度(试行)的通知》，开展以医疗帮扶、生活帮扶、残疾人帮扶、教育帮扶、住房帮扶、死亡抚慰帮扶、护理补贴帮扶、就业帮扶为主要内容的特殊困难群众救助帮扶工作。全年，县政府落实帮扶资金600万元，累计帮扶7740人次，支出95.58万元。二是临时救助，加强对“五保”、低保对象、城市“三无”人员的救助力度，全年，全县临时救助共3537户次，发放救助金442.06万元。

【孤儿福利】2016年，全面落实孤儿基本生活保障、医疗康复保障、教育保障、成年孤儿就业扶持、住房保障和服务政策。散居孤儿基本生活费标准由每人每月678元提高到748元。全年，新增孤儿8名，累计孤儿61名；发放孤儿基本生活费共555628元。

【留守儿童】2016年，加强留守儿童的统计上报工作。至年末，共有留守儿童8425人。

【流浪乞讨人员救助站成立】2016年，县民政局对县辖区内的出现的流浪乞讨人员均给予及时有效救助，全年共救助112人，支出救助金3220元。7月12日，以筠机编〔2016〕33号文件，批准成立筠连县流浪乞讨人员救助站(行政级别为正股级)，为民政局下属事业单位，核定事业编制2名。

【慈善事业】2016年，县民政局贯彻《中华人民共和国慈善法》《国务院关于促进慈善事业健康发展的指导意见》，积极培育公益慈善组织，大力推进社会志愿服务，引导公民、企业和社会组织广泛参与慈善事业。加强慈善法制建设，规范慈善机构依法活动，不断推进慈善事业健康发展。做好慈善助学工作，全年资助大学新生20名、高中新生5名。

【民间组织管理】2016年，县民政局深化社会组织管理体制改革。一是实施行业协会(商会)与行政机关脱钩，加强社会组织评估体系建设。二是构建统一领导、分级登记、各司其职、协调配合、依法监管的社会组织管理格局，形成政社分开、权责明确、依法自治的社会组织运行体制。三是建立科学培育体系，完善扶持发展机制，探索直接登记试点，加快行业协会商会类、科技类、公益慈善类和城乡社区服务类社会组织的发展，探索“一业多会”模式。四是指导社会组织完善法人治理、加强内部建设、提高服务能力，依法查处社会组织违法违规行为和取缔非法社会组织。年末全县共有社团78个，其中新登记7个、变更登记6个、换证34个；有民办非企业社团72个，其中新登记9个、变更登记6个、换证35个。

【殡葬改革】2016年，贯彻落实中央、省、市、县关于党员干部带头推动殡葬改革的意见，发挥党员干部在殡葬改革工作中的带头作用，营造殡葬改革良好氛围。与相关部门协调配合，有效遏制城区居民在街道、院坝等公共场所停放遗体、搭设灵棚(堂)、摆放花圈、摆设丧宴的行为,有力提升城市管理水平。实施殡葬惠民政策,免除城乡特殊困难对象的基本殡葬服务费用。全年,全县火化遗体126具,处罚土葬86例,销售公墓52个。

(雷国翠 张鑫 熊金平)

老龄事业

【养老服务】 2016年,全面落实《宜宾市人民政府关于加快发展养老业的实施意见》《宜宾市贯彻〈四川省养老服务业发展工作推进方案〉的意见》《筠连县加快发展养老服务业的实施意见》。一是调整福利中心工作人员,改进管理制度,提升社会救助福利中心管理水平。二是推进社会救助福利中心扩建工程,年末主体工程已完工,正进行围墙建设、院坝整理、电梯安装等附属工程建设。三是开展城乡社区日间照料中心建设,全年建成海瀛、廉溪、黄桷树3个城市社区日间照料中心,以及腾达镇春风、塘坝乡幸福2个农村社区日间照料中心。三是健全以五保供养、互助养老为主的农村养老服务网络,以筠连镇、高坪苗族乡敬老院为依托,建成2个区域性养老服务中心,维修改造公办养老机构床位180张。四是做好社区居家养老服务工作,为困难家庭失能老人和80周岁以上老人共12800人提供居家养老服务。

【"精准扶贫+互助养老+专项资金"试点】 2016年,为进一步发挥基层老年人协会在基层治理中的积极作用,探索开展互助养老,帮助贫困老年人家庭脱贫致富的有效方法。制订《"精准扶贫+互助养老+专项资金"农村老年人协会助老工程试点工作方案》,在白鹤村试点,专项资金5万元。通过白鹤村老年人协会实施,10户贫困户老年人在专项资金的支持下,产业得到发展,生产生活面貌有改善,脱贫信心明显增强,专项资金在贫困老年人家庭中滚动发展,发挥"四两拨千斤"的作用。

【老年大学】 2016年,老年大学工作稳步推进。筠连大学成立于2012年5月,是国家B级老年大学。有"银龄助教"老师10名,开设有茶文化与健康养生班、太极拳健身气功班等10个科类15个班级,有老年学员528名。茶文化与健康养生班共开设6期,培训学员200多人。县老龄办每学期都举行1次老年教育研讨,及时调整教学方案;每学期举办1次老年大学文体展演,充分调动参学参展积极性,广泛的吸纳群众团体老年人参加老年大学,逐步引导老年人发挥老年人优势。至年末,全县有老年大学3所,老年学校15所,学员2600多人。

【基层老协会建设】 2016年,抓好基层老年人协会建设,促进老年活动健康发展。全县已成立264个老年人协会并挂牌开展工作,建会率95%,其中白鹤村老年人协会被批准为省级基层示范老年人协会。

【爱老敬老助老创建推荐】 一是开展筠连第二届"敬老文明号"创建活动,根据全国、省、市老龄委文件精神,按照《中共筠连县委办公室、筠连县人民政府办公室关于转发筠连县老龄工作委员会关于第二届"敬老文明号"创建和管理办法》,经全县各涉老部门、为老服务组织、公共服务窗口逐级申报,各创建单位对照创建条件、标准组织自查。经县政府常务会、县委常委会研究,授予27个单位为筠连县第二届"敬老文明号"荣誉称号。筠连镇白鹤村老年人协会作为四川省第二届"敬老文明号"候选单位,筠连县老年大学、筠连镇白鹤村老年人协会被市政府表彰为市级"敬老文明号";筠连镇白鹤村老年人协会被省老龄委表彰为四川省第二届"敬老文明号"。二是"爱老敬老助老模范"的推荐活动。白鹤村老年人协会会长肖正才评为全国"敬老爱老助老模范人物"。

【高龄老人补贴】 2016年,开展高龄人员统计并发放高龄补贴。全县18乡(镇)共有高龄人员7515人,其中80–89周岁6685人、90–99周岁807人、100周岁及以上23人。高龄补贴标准为80–89周岁老人补贴金为每人每年200元,90–99周岁老人补贴金为每人每月100元,百岁老人补贴金为每人每月500元,全年共发放高龄补助金2115612元。

【关怀百岁老人】 2016年,积极组织参与全市健康百岁老人评选活动、慰问百岁老人和高龄贫困老人活动。武德乡民主村百岁老人朱发珍入选全市十大健康百岁老人,巡司镇梧桐村百岁老人郝术青入选全市十大寿星。

【老年人意外伤害保险】 2016年,积极开展老年人意外伤害保险,采取多项措施,使意外保险最大限度惠及老年人,逐步建立和完善"政府支持、社会捐助、个人自费"投保相结合的老年人意外伤害保险制度。5月5日,全国老龄工作委员会办公室、民政部、财政部、中国保险监督管理委员会联合《关于开展老年人意外伤害保险工作的指导意见》和省、市相应出台实施意见,全县开展老年人意外伤害保险工作,全县老年人总数近8万人,其中建卡贫困老年人6830人。一是在筠连镇、巡司镇试点,用财政资金为贫困老年人、优抚老人、残疾老人、"三无"老人购买老年人意外伤害保险。二是组织各单位、各老年人协会捐款为贫困老年人、优抚老年人、残疾老年人、"三无"老年人购买老年人意外伤害保险,筠连县老年大学在"敬老月"期间捐款10600元为212名贫困老年人购买保险。三是动员年轻人为老年人购买意外伤害保险。四是老年人自费购买保险。通过逐步建立和完善“政府支持、社会捐助、个人自费”投保相结合的老年人意外伤害保险制度，形成政府、社会、家庭和个人应对风险的合力。

【敬老院建设】 一是加强乡(镇)敬老院的安全工作检查，对全县敬老院在防火、防水、防盗、防漏电、防食物、煤气中毒等方面进行深入细致、彻底的排查，对有隐患的敬老院限期整改。二是进一步强化责任意识、服务意识和安全意识教育，提高敬老院的管理水平。

【五保供养】 2016年，提高五保供养标准，保障标准提高到集中供养每人每月450元、散居供养每人每月370元。全年新批五保户62人，累计有五保1296人，共发放五保金674.95万元。

(万李)

消费者权益保护

【消费维权】 2016年，加强消费维权宣传，引导消费教育，组织普法活动7场、会议2场、大型咨询活动1场，组织重要新闻发布1次，播放公益广告5条，组织12315活动7场，印发各类宣传资料2000份。发布“购物‘狂潮’来临更需小心谨慎”“消费者警惕18种销售欺诈和6大类违法促销行为”“春耕时节购种应谨慎”“筠连县消委会发布端午节消费警示”“夏季消费提示”“手机类消费维权注意四大问题”“警惕通信服务行业的捆绑式消费”“旅游服务消费警示”“购买黄金首饰要‘五留心’”“谨防购车‘猫腻’”等消费警示简报10期。

【消费投诉举报】 一是认真处理消费投诉、举报。全年“12345”热线共接办投诉案件131件、咨询65件、举报6件，结案202件，结案率100%，为消费者挽回经济损失6.7万余元。二是加大对侵害消费者权益案件的查处，全年查处侵害消费者权益案件6件，案值20.06万元，罚款17.05万元。

【商品质量抽检】 2016年，在全县开展流通领域商品质量抽查检验，抽取商品14个批次，其中合格5批次，不合格9批次。开展商品质量监测专项行动，加强商品质量监测，检测商品质量皆为合格。

【电商平台消费维权服务站建立】 2016年4月，全县首家电商平台消费维权服务站在海瀛工业园区电商孵化园建立，目的是促使电商平台的经营户对消费纠纷进行主动和解，实现“投诉不出消费场所、将纠纷消化在经营环节”，切实履行经营者首问责任，积极落实赔偿先付制度，有效避免销售者、服务者与生产者以及销售者、服务者与经营场所提供者(经营平台举办者)之间相互推诿，促进消费纠纷的快速解决，降低消费者维权成本，建成规范化消费维权工作联系站(点)14个，选定2个点开展“经营者首问责任和先行赔付制度”试点；成功解决消费纠纷3件，涉及消费6000元。

(陈梅)

中国共产党筠连县委员会

县委综述

2016年，县委团结带领广大党员干部和全县各族人民，克服经济下行、煤炭行情持续下滑等困难，不断开拓创新、认真履职尽责，全县经济社会发展稳中向好。全年全县地区生产总值完成119.85亿元，增长8.3%；全社会固定资产投资完成95.84亿元，增长15.7%；财政一般公共预算收入完成6.02亿元，增长0.33%；规模以上工业增加值增长9.9%；社会消费品零售总额完成35.8亿元，增长12.8%；服务业增加值完成25.05亿元，增长9%；城镇居民人均可支配收入完成28525元，增长8.6%；农村居民人均可支配收入完成12846元，增长9.5%。

【经济结构进一步优化】 农业上，提升现代农业品质，突出打造绿色食品加工重点县，新增"筠连粉条""筠连黄牛"2个国家地理标志保护产品，获全省"三农"工作先进县、全省农民增收工作先进县、省级乡村旅游示范县称号。工业上，突出抓好煤炭、页岩气等综合能源深度开发和青蒿素提取等农特产品精深加工，建成液化页岩气LNG项目，实现页岩气余气发电并上市，关闭煤矿14对、非煤矿山2对。三产上，大力推进乡村旅游和旅游扶贫，实现旅游接待163.25万人次，增长30.75%；收入实现10.79亿元，增长34.21%；加快推进国家级电子商务进农村综合示范县建设，农产品网上销售额突破8700万元。

【城乡形象进一步提升】 编制《筠连县城市总体规划》，完成城区人行道改造和城南新区市政道路等建设。不断深化"四城同创"，国家级卫生县城顺利通过验收。成功打造一批园区型复合镇、商贸物流中心镇、旅游景区特色镇。累计建成幸福美丽新村87个、省级"四好村"17个，17个有序推进省级财政新村建设。渝昆高铁选线筠连并设站，宜彝高速公路、筠巡快速通道有序推进，国道G246线筠连县城绕城段(S206线县城绕城段)开工建设，王家沟水库主体工程完成，后沟水库下闸蓄水。扎实推进生态创建工作，环境指数在全省排名上升41位。

【发展动力进一步增强】 认真贯彻《筠连县重要改革举措实施规划(2015-2020)》，进一步推进机构改革和扩权强镇试点工作，全面完成农村小型水利确权颁证和农村土地经营权确权登记工作，"五证合一""一照一码"工商登记制度改革与全国同步。深入开展"双千活动"，全面实行"工业企业问题清单制度"，办结企业困难问题73个。教育、医疗卫生体制改革有序推进。招商引资签约项目34个，新包装推出招商引资项目19个，招商引资市外到位资金63.02亿元。

【民生事业进一步发展】 印发《筠连县脱贫攻坚医疗救助兜底保障方案》《筠连县2016年教育扶贫专项行动工作计划》，农村居民最低生活保障标准与农村困难群众扶贫标准"两线合一"，城乡低保应保尽保。长短结合发展肉牛、茶叶、青蒿、生漆等农特产业，圆满完成2016年贫困村退出11个、贫困人口脱贫6422人的年度任务。就业促进、教育助学、社会保障、住房保障等民生工程扎实推进。

【安定和谐局面进一步巩固】 深入推进法治政府建设，大力开展"法律十二进""以案说法"等活动，干部群众法律素质明显提升；继续深化"人民调解规范化乡(镇)"创建，坚持县级领导干部定期接访和包案化解责任制，成功化解一大批信访案件，没有发生大规模群体性上访事件；深化平安创建"八大行动"，深入实施"雪亮"工程省级试点，全年没有发生重大治安和暴力恐怖事件、大规模群体性事件；强化安全生产红线意识，统筹抓好非煤矿山、食品药品、道路交通、烟花爆竹、消防等重点领域安全工作，全年未发生安全生产责任事故。

【政治生态进一步优化】 坚持思想建党与制度治党相结合，认真贯彻落实《中国共产党廉洁自律准则》和《中国共产党纪律处分条例》，扎实推进"两学一做"学习教育，大力加强领导班子和干部队伍建设，中共十八大代表王家元被授予全国"时代楷模"荣誉称号。创新推进"一区三带"党建示范群建设，并以县乡村三级换届为契机，认真落实《进一步加强干部队伍作风建设培育风清气正政治生态环境的意见》等要求，出台《从严管党治吏全面深化党风廉政建设

20条措施》等配套制度，认真解决发生在群众身边的“四风”和腐败问题，全年初核各类问题线索103件，立案86件，结案86件87人，给予党纪轻处分和组织处理73人，收缴违纪款50万余元，全县风清气正的良好政治生态总体形成。

（吴德强）

县委重要决策

【关于加快建设“绿色筠连、生态筠连、宜居筠连”的决定】 2016年1月7日，中国共产党筠连县第十二届委员会第十次全体会议通过《关于加快建设“绿色筠连、生态筠连、宜居筠连”的决定》。1.建设“绿色筠连、生态筠连、宜居筠连”的总体要求。深刻认识建设“绿色筠连、生态筠连、宜居筠连”的重要意义；建设“绿色筠连、生态筠连、宜居筠连”的指导思想；建设“绿色筠连、生态筠连、宜居筠连”目标任务。2.建设“绿色筠连、生态筠连、宜居筠连”的重要任务。推动产业转型升级，建设绿色经济系统；开展环境综合整治，建设生态自然系统；优化基础配套设施，建设宜居社会系统。3.加快建设“绿色筠连、生态筠连、宜居筠连”的工作机制。构建领导决策机制；构建统筹协调机制；构建要素保障机制；构建监督考核机制。

【关于制定国民经济和社会发展第十三个五年规划的建议】 2016年1月7日，中国共产党筠连县第十二届委员会第十次全体会议通过《关于制定国民经济和社会发展第十三个五年规划的建议》。1.“建成强县、率先小康”决胜阶段面临的形势和任务。“十二五”时期全县发展成效明显；“十三五”时期全县发展面临的机遇和挑战；“十三五”时期全县发展的指导思想；“十三五”时期全县发展的主要目标。2.坚持创新发展，加快培育经济增长新动力。深入实施创新驱动战略；加快推进新型工业化；加快推进农业现代化；加快推进文旅产业化；加快发展现代服务业；推动信息化建设；建设现代基础设施体系；不断创新发展新机制。3.坚持协调发展，不断提高可持续发展水平。推动区域协调发展；推动三次产业协调发展；推动城乡统筹发展；推动物质文明和精神文明协调发展。4.坚持绿色发展，建设绿色生态宜居筠连。推动产业转型升级，建设绿色经济系统；开展环境综合整治，建设生态自然体系；优化基础配套设施，建设宜居社会系统。5.坚持开放发展，开创合作共赢新局面。进一步扩大对外开放合作；积极主动包装争取招引项目；创新对外开放合作机制。6.坚持共享发展，顺应人民生活新期待。增加公共服务供给；坚持打赢精准脱贫攻坚战；促进教育事业发展；促进就业创业；增加居民收入；完善社会保障制度；推进健康筠连建设；促进人口均衡发展。7.加强和改善党的领导，凝聚实现“十三五”规划的强大合力。完善领导经济社会发展工作体制机制；加快法治筠连建设；加强和创新社会治理；动员全县各族人民团结奋斗；确保“十三五”规划建设的目标任务落实。

【关于批转《政协筠连县委员会2016年工作意见》的通知】 2016年3月18日，县委发〔2016〕5《政协筠连县委员会2016年工作意见》。1.坚持学习，主动有为夯实思想基础。抓住学习重点；精心组织实施；提高学习实效。2.忠实履职，主动有为服务转型发展。政治协商更有新作为；民主监督更有新成效；参政议政更有新突破；服务项目更新实效。3.服务大局，主动有为促进社会和谐。4.凸显优势，主动有为助力脱贫攻坚。5.宣传联谊，主动有为优化履职环境。6.继承创新，主动有为强化自身建设。加强委员队伍、委组和界别建设；精心做好政协换届的各项工作；加强政协机关队伍建设。

【关于实施精准党建行动全面提升基层党组织整体功能的意见】 2016年3月21日，县委印发《关于实施精准党建行动全面提升基层党组织整体功能的意见》。1.坚持精准理念，凝聚思想共识。2.坚持精准方法，把握总体要求。3.坚持精准发力，突出重点工作。紧扣强化政治引领能力；紧扣创新转型绿色发展；紧扣精准扶贫精准脱贫，实现基础党建与脱贫攻坚“双推进”；紧扣乡村治理机制创新，推动基层治理体系和治理能力现代化；紧扣基层组织功能定位，建强“四有”“四铁”队伍；紧扣深化环境兴县战略，引导基层干部主动适应和引领作风新常态。4.坚持精准求效，健全推进机制。构建目标责任机制；构建要素保障机制；构建整体推进机制；构建监督检查机制；构建互动促进机制。

【关于印发《2016年工作要点》的通知】 2016年4月4号，县委以筠委发〔2016〕7号印发《2016年工作要点》。1.狠抓产业转型升级，推动经济持续健康发展。坚持绿色发展，突出建设绿色筠连；坚持把稳增长摆在首要位置，加快培育新的经济增量；坚持把调结构作为主线，夯实产业转型基；坚持把改革创新作为推动转型发展的关键，加大经济增长动能。2.着力统筹城乡发展，加快幸福美丽新村建设。县城建设突出抓提质、促融合；乡（镇）建设突出抓特色、促带动；农村建设突出抓改造、促提升；设施建设突出抓完善、促连接。3.紧扣脱贫攻坚目标，扎实推进精准扶贫工作。4.切实抓好民生改善，筑牢社会保障坚固基础。5.加强民主政治建设，深入推进法治筠连建设。加强民主政治建设；加快依法治县进程；加强和创新社会治理。6.不断提高党建水平，大力强化组织保障措施。加强思想建设和精神文明建设；统筹推进班子队伍建设；扎实做好换届工作；全面提升基层党组织整体功能；持续深化作风建设；从严加强党风廉政建设。

【关于批转《筠连县人大常委会2016年工作要点》的通知】 2016年4月6日，县委发《筠连县人大常委会2016年工作要点》。1.坚定政治方向，推动县委重大决策部署落实。加强县乡人大工作和建设；做好县人大代表换届工作。2.强化监督工作，推进经济社会改革发展。助推经济社会事业发展；加大对财政预决算的监督力度；深入推进依法治县。3.规范工作程序，不断完善重大事项决定和人事任免工作。科学作出决议决定；依法行使人事任免权。4.紧扣脱贫目标，扎实推进精准扶贫。5.发挥主体作用，积极深化和拓展代表工作。发挥代表主体作用；拓宽代表履职渠道；提高议案建议办理实效。6.增强履职能力，加强和改进人大自身建设。加强人大自身建设；促进基层建设；完成县委交办的其他工作；配合市人大开展调研、集中视察和执法检查等工作。

【关于落实发展新理念大力发展现代绿色农业确保率先全面建成小康社会的意见】 2016年5月9日，县委、县政府印发《关于落实发展新理念大力发展现代绿色农业确保率先全面建成小康社会的意见》。1.夯实现代农业基础，加快推进绿色筠连和绿色食品加工重点县建设。大力培育绿色食品加工产业集群；加快发展特色优势产业；全面实施品牌化战略；推进高标准农田水利建设；实施科技创新驱动战略；加快质量安全体系建设。2.创新农业发展经营模式，加快产业转型升级促农民增产增收。优化区域布局推动产业结构调整；培育壮大主体发展适度规模生产；培育农业新兴产业新型业态。3.全面实施脱贫攻坚工程，加速脱贫奔康步伐。抓实“五个一批”提升脱贫攻坚水平；着力“三个保障”夯实脱贫攻坚基础；突出“三个机制”扩大脱贫攻坚效应。4.加快幸福美丽新村建设，推进城乡联营协调发展。全力打造乌蒙新村试点村；扎实推进农村人居环境治理；大力培育乡风文明；推动公共服务向农村延伸；推进农业转移人口市民化；推进农业转移人口市民化；着力加强农村基础设施建设。5.深入推进农村改革创新，增强农村发展内生动力。深化农村改革提升农民发展动力；创新农村金融联动机制优化经营服务体系；开展农村集体产权股份合作制改革试点工作。6.强化党对农村工作的领导，为“三农”工作提供坚强保障。提高党领导农村工作水平；加强农村基层党组织建设；强化涉农资金投入和整合；继续开展乡(镇)村财政涉农资金项目审计监督检查。

【关于解决当前基层卫生服务能力若干问题的实施意见】 2016年5月6日，县委、县政府印发《关于解决当前基层卫生服务能力若干问题的实施意见》。1.增强责任意识，充分认识加强基层卫生服务能力建设的重要性。2.明确工作重点，逐步解决制约基层医疗卫生事业发展的突出问题。加强信息化建设，逐步解决基层“就诊难”问题；创新体制机制，逐步解决“看病难”问题；建立长效激励措施，逐步解决“留人难”问题；科学统筹规划，逐步解决“诊疗难”问题。3.强化组织保障，建立提高基层医疗卫生服务能力的长效机制。加强领导，落实责任；落实政策，加大投入；营造氛围，优化环境；强化督导，严格考核。

【关于学习“时代楷模”争做“王家元式”优秀共产党员的决定】 2016年5月16日，县委印发《关于学习“时代楷模”争做“王家元式”优秀共产党员的决定》。1.向王家元学习，就要学习其笃定信念、敬业奉献的政治品格。2.向王家元学习，就要学习其躬行宗旨、顽强拼搏的价值追求。3.向王家元学习，就要学习其顺应时势、务实进取的创新精神。4.向王家元学习，就要学习其共同奔康、舍我其谁的责任担当。

【2016年党建工作意见】 2016年5月21日，县委印发《2016年党建工作意见》。1.突出凝心聚力，加强党员干部思想政治建设。2.着力选优配强，抓好乡村领导班子换届工作。3.着眼助推发展，锻造高素质干部人才队伍。4.坚持全域统筹，实施精准党建行动。5.严明纪律规矩，深化党风廉政建设和反腐败工作。

【关于2016年党风廉政建设和反腐败工作的意见】 2016年7月1日，县委、县政府印发《关于2016年党风廉政建设和反腐败工作的意见》。1.坚持依规治党，深入推进纪律建设。2.坚持立行立改，继续深化纪律检查体制改革。3.坚持常抓不懈，持续用力推进正风肃纪。4.坚持纪在法前，保持惩治腐败高压态势。5.坚持标本兼治，不断强化权力制约监督。6.坚持舆论引导，营造干事创业良好氛围。7.坚持齐抓共管，上下联动落实工作责任。

【关于批转《中共筠连县人大常委会党组关于近期召开各乡(镇)人民代表大会的意见》的通知】 2016年7月1日，县委批转《中共筠连县人大常委会党组关于近期召开各乡(镇)人民代表大会的意见》。1.指导思想：以马克思列宁主义、毛泽东思想、邓小平理论、“三个代表”重要思想、科学发展观为指导。2.时间安排：2016年7月下旬至8月上旬。3.议程任务。听取和审议乡(镇)人民政府2016年上半年工作报告；听取和审议乡(镇)人大主席团2016年上半年工作报告；选举；其他事项。4.组织领导。5.相关要求。做好人代会召开的准备；认真组织宪法宣誓工作；严肃会议纪律。

【关于印发《全面加强改革落实工作若干措施》的通知】 2016年10月9日，县委印发《全面加强改革落实工作若干措施》。1.压实改革主体责任。各级党委及党委书记要承担推进本区域全面深化改革的主体责任；各专项小组及其组长要承担推进相关领域改革的主体责任；各部门及其主要负责人要承担落实改革部署具体任务的主体责任；县委深改办要承担统筹、协调、督促、评估的主体责任。2.完善改革推进机制。建立专项改革方案对接落实制度；建立年度重大改革任务清单制度；建立改革试点示范制度；建立改革创新激励制度；建立改革典型经验总结推广制度；建立改革宣传培训制度；用制度规范形式固化改革成果。3.强化改革督察制度。构建分级担责督察体系；建立专项改革方案督察销账制度；建立挂账整改制度；创新督察方式方法。4.健全改革考核机制。构建完善的改革成效评价体系；树立鼓励改革、支持改革的用人导向；建立以责促行、以责问效的追责问责制度；建立鼓励创新、宽容失败的容错机制。5.配强改革推动力量。加强专项小组工作力量；加强县委深改办工作力量；加强改革督察工作力量；强化改革工作经费保障。

【关于在全县开展以“着眼全局谋发展、真抓实干增效能”为主题的解放思想大讨论活动的实施意见】2016年11月21日，县委、县政府印发《关于在全县开展以“着眼全局谋发展、真抓实干增效能”为主题的解放思想大讨论活动的实施意见》。1.指导思想和重要意义。要以邓小平理论、“三个代表”重要思想、科学发展观为指导思想；要顺应发展大势的内在要求，是实现提速增效的迫切需要，是加强作风建设的重要途径。2.基本目标和主要任务。思想大解放、作风大转变、环境大优化、社会大和谐；围绕思想僵化不僵化、干事创业实不实、作风建设好不好开展讨论，形成大讨论、大解放、大发展的生动局面。3.方法步骤。思想动员、工作准备阶段；学习讨论、查摆问题阶段；整改提高、总结成果阶段。4.组织领导。健全组织机构；加强督导检查；营造浓厚氛围。

（徐田）

县委重要活动

【徐进参加筠连县代表团审议】2016年1月14日，市委副书记、市长徐进参加宜宾市第四届人民代表大会第六次会议筠连县代表团审议，徐进希望筠连县提前谋划，发挥优势，用改革理念破解难题。一要谋划好未来发展的新篇章，抢抓渝昆高铁、宜昭高速机遇，把“十三五”规划纲要编制好，把自身发展项目与省市规划衔接好。二要把资源优势转化为经济社会发展的优势，支持优势产业龙头企业发展，出台更多的鼓励和支持政策，帮助更多企业做大做强。三要理顺管理体制和机制，产业发展需要理顺体制、机制，要用改革的理念破解工业、农业、第三产业等发展中存在的难题。四要找准支柱产业，找准发展定位和发展目标，在国家、省、市规划中找到适合自身发展和符合自身优势的产业。要在绿色食品精深加工、新能源、茶叶、肉牛等方面做大做强产业。市委常委、常务副市长杜紫平，市人大常委会副主任刘虹参加审议。

【王正荣到筠连调研】2016年4月11–12日，省政协副主席王正荣率省政协办公厅、省人社厅、省民政厅相关人员及部分驻宜省政协委员到筠连开展“完善我省贫困地区农村医疗保障和救助办法”调研。调研组一行在县委书记王萍、县政协主席黄静的陪同下，深入乡（镇）、村实地调研。王正荣对筠连医疗救助工作提出要求：一是加强政策宣传。县级相关部门要进一步重视加强对困难群众重特大疾病医疗救助制度、政策的宣传，让符合条件的困难户了解政策、知晓制度，患重病时能够受惠、获益。二是精准识别困难群众重特大疾病医疗救助对象。要坚持公开、公平、公正，防止遗漏救助。三是认真落实好惠民政策。要按照中央《打赢脱贫攻坚战的决定》部署，围绕扶贫开发“五个一批”工作思路，在对象范围、报销和救助比例、费用结算等方面实现医疗救助与基本医疗保险、大病保险的衔接，落实大病救助和大病保险对贫困人口的倾斜政策。通过社会救助制度与社会福利、慈善力量的衔接，切实减轻困难群众的医疗费用负担，最大限度解决困难群众“因病致贫”“因病返贫”问题。

【市四套班子领导到筠连调研项目建设】2016年4月18日，市委书记王铭晖、市长杜紫平、市人大常委会主任陆振华、市政协主席葛燎原率各县（区）县委书记、县长、分管项目建设副县长及市级部门相关负责人到筠连调研项目建设工作。在城南新区广场，观看介绍项目情况展板、听取相关负责人就工程建设进展的汇报后，王铭晖对筠连城南综合体建设给予肯定；在海瀛工业园区电商创业孵化基地，察看基地的商品展示区、创业培训中心、企业办公区、创业孵化中心、创业指导室和大乌蒙电商运营平台，全面详细了解基地情况，王铭晖亲切地和参加电商孵化创业基地实习的青年创业者们交谈，对筠连电子商务平台建设给予高度评价。王铭晖指出，筠连发展电子商务是观念的创新、模式的创新、发展方向的创新，为筠连产业转型发展奠定坚实基础，就是改革模式。王铭晖要求，要进一步深化电子商务发展中的产品质量管理，不仅追溯到原产地，还要追溯到标准化生产的各个环节，追溯的内容要不断完善、不断增加，要真正打造绿色宜宾；在蓝伯特公司，参观其生产流水线和生产的青蒿素和生漆系列产品，对其今后的发展寄予厚望。市领导游开余、余滨、王珂、唐浪生，县领导王萍、刘朝平、陈良云、伍永富、师世秋、郑云、郑世筠陪同调研。

【于滨到筠连调研旅游】2016年4月28日，市委常委、副市长于滨带队到筠连调研旅游工作，市旅游外侨局、市交通运输局参加调研，于滨一行先后调研大雪山原始(红色)生态旅游区、古楼旅游新城综合建设区、清溪沟茶文化主题公园,详细了解筠连各景区(点)规划和重点项目建设。座谈会上,于滨对筠连旅游资源给予高度评价,充分肯定筠连旅游工作取得的成绩以及县委、县政府对筠连旅游发展的高度重视和正确定位。于滨指出,筠连正处于转型升级的关键时期,以第三产业带动一、二产业是筠连发展的精准定位,要进一步结合“拜水长江,养心宜宾”主题,深入发展筠连旅游。于滨提出要求:一是认清优势,在新的领域再出发;二是系统规划,以经济手段力促发展;三是融合发展,盘活各方资源支撑;四是清晰定位,做好有序开发计划;五是调动企业,以市场化手段推动三大产业发展。县长刘朝平、副县长王见华陪同调研。

【唐浪生到筠连调研】2016年6月13日,市委常委、市纪委书记唐浪生率市纪委副书记熊鸣、市纪委监察局相关室负责人到筠连县调研经济建设和党风廉政建设工作。县领导王萍、刘朝平、张宗才陪同调研。唐浪生一行先后到醒世茶业有限公司、西南采气厂、腾达镇春风村、县惩防体系数字化监管中心、县廉政教育基地进行实地调研并了解相关情况。唐浪生在县惩防体系数字化监管中心调研,通过听取情况介绍、观看专题片以及与工作人员交流等形式,对筠连县惩防体系信息网“1网3方阵6平台”的功能、使用情况和取得的成效给以充分肯定。座谈会上,唐浪生一行听取王萍汇报筠连的县情、经济发展状况、落实党风廉政建设主体责任情况,刘朝平汇报对筠连发展规划,张宗才汇报纪委监察局履行监督、执纪、问责方面的工作情况。唐浪生对筠连县委、县政府、县纪委工作给予充分肯定:一是在经济发展新常态下,筠连保持良好的发展势头,实现“十三五”规划的良好开局,局面来之不易;二是县委、县政府高度重视党风廉政建设和反腐败工作,保持高度清醒,体现政治担当;三是筠连县纪委监察局工作亮点纷呈,特色突出,创新工作很多走在全市前面,很多工作做出特色,监管中心工作做成全市的名片和品牌,希望进一步深化和扩展。唐浪生就下一步党风廉政建设和反腐败工作提出要求:一要认清当前党风廉政建设和反腐败工作形势,认清中央的要求,要增强政治清醒;二要明确当前党风廉政建设和反腐败工作的职责任务,有看齐意识,向中央看齐;三要解决当前面临的党风廉政建设群众满意度的问题,解决老百姓诉求,提高群众满意度;四要正确把握运用“四种形态”,整体把握,不可偏废;五要共同营造干事创业的良好氛围,为改革者负责,为干事者撑腰,为担当者担当。县委、县政府、县人大常委会、县政协主要领导和县委班子成员、县纪委(监察局)中层以上干部参加座谈会。

【省委改革办调研组到筠连调研改革工作】2016年6月15日,省委政研室综合处、改革办协调处处长左志强率调研组一行到筠连对筠连镇五凤村财政扶贫资金股权量化收益分配模式改革试点开展专题调研。市委政研室副主任、改革办副主任矍进,市委政研室(改革办)改革协调科科长李兴建,县委常委、县委办主任、改革办主任师世秋,副县长王永红陪同调研。左志强一行深入五凤村贫困户家中、专业合作社肉牛养殖场查看牛养殖情况,向村组干部和贫困户了解财政扶贫资金股权量化收益分配模式运行规则、牛养殖过程中遇到的困难和问题等。左志强充分肯定五凤村股权量化收益分配模式给群众带来的实惠,筠连在抓改革落实工作中,勇于创新,大胆实践,成效明显。要求筠连要把这种财政支农资金变成群众的资本金,使群众能够享受到改革的红利,不断增加群众财产性收入的模式,深入研究,进一步总结、提炼,形成经验在全省、全市推广。

【刘中伯到筠连调研】2016年6月19日,市委书记刘中伯到筠连调研县域经济社会发展情况,市委副书记吕晓莉参加调研。一是到田间地头和园区车间考察后,刘中伯强调,要坚定信心,加快发展,坚决打赢脱贫攻坚战,奋力推进全面小康建设。刘中伯表示,农村要发展,最终还是靠支柱产业和龙头企业,落润乡产业发展到现在的规模,不是一朝一夕,是乡党委一班人坚持不懈带领群众抓产业的结果。广大贫困地区要学习该乡持之以恒抓产业的发展定力,结合实际解决紧迫问题,提高农民素质、生产技能,养成良好生活习惯,加快带领群众实现全面小康。二是在筠连电子商务孵化园,刘中伯看到筠连县有200多种特色产品,通过大乌蒙网上商城,实现线上全面推广销售,依托互联网拓展发展新平台的做法表示赞许,要求要进一步总结经验,努力探索出一条互联网发展新路子。刘中伯表示,一个地方要发展,带头人至关重要,要特别重视基层班子建设,建设一支稳定的敢打硬仗、善打硬仗的党员队伍,充分发挥党员干部的模范带头作用,以干事创业的实绩考核选拔优秀干部。三是调研期间,刘中伯反复强调,各地一定要高度重视安全生产,2016年汛期来得很早,安全生产形势严峻。各级各部门要高度重视当前安全生产工作,加强安全隐患排查,认真整改到位,落实责任到人,严格责任追究。

【刘中伯到筠连暗访督查精准脱贫】2016年8月18日,市委书记刘中伯一行到筠连暗访督查精准脱贫工作。刘中伯强调,要进一步把政策宣传到位、推动工作落实到位、帮扶工作到位、技术培训到位,不断巩固精准脱贫成果,确保按期完成精准脱贫任务。在刚参加肉牛养殖培训的贫困户朱本华家中,刘中伯详细了解家庭收入、致贫原因、产业发展及帮扶措施落实情况,了解到县乡相关部门正在为群众开展肉牛养殖培训,刘中伯到培训会现场与正在参加培训的农户进行座谈,询问建卡贫困户的家庭基本情况及住房建设、医疗保障、产业发展、增收措施、干部帮扶等情况。刘中伯与村民们进行深入交流，勉励其坚定信心、克服困难，通过勤劳的双手把日子越过越红火，乡亲们报以热烈的掌声。刘中伯表示，宜宾正在贯彻落实习近平总书记重要指示、省委书记王东明蹲点藏区的指示要求，全力推进脱贫攻坚工作。大家也要共同努力，用好党委政府政策，把房子建好，把下一代教育好，因地制宜发展产业，养成良好生活习惯，把产业发展壮大，在党委政府的帮助下，在自己的勤劳努力下，齐心协力过上好日子。同时，大家在脱贫致富后，还要树立感恩思想，感谢党和政府，做到"吃水不忘挖井人，幸福不忘共产党"。

【邓正权到筠连调研】 2016年12月13日，市委副书记邓正权轻车简从到筠连调研产业转型及脱贫攻坚工作。邓正权一行先后到海瀛电商产业园、蓝伯特生物科技有限公司调研产业转型方面的发展情况，到筠连镇五凤村、双腾镇德胜村调研黄牛养殖产业情况。邓正权强调，一是加快转变农业发展方式，大力发展高校农业、生态农业，充分发挥筠连畜牧养殖优势，做强做大"筠连黄牛"品牌。二是牛肉制品市场需求很大，筠连要认真分析市场，明确目标定位，将牧草基地、牛源繁育、技术团体以及品质品牌等建设列入生产经营的重点，实现筠连黄牛养殖产业稳步推进、效益逐步提升。邓正权指出，筠连县党委、政府要立足补短板，结合自身特色调整种养结构，做好养牛业发展规划；要加强技术引进和改良，完善饲养技术、配种技术，把养牛业做大做强，同时既兼顾区域内做强做大黄牛养殖与环境保护有机统一，又保护生态环境，做到经济效益、生态效益的统一，实现养殖产业的可持续发展。县委、县政府主要负责人陪同调研。

（罗小林 杨洁）

县委重要会议

【中共筠连县委十二届十次全体会议】 2016年1月6-7日，中共筠连县委十二届十次全体会议在县会议中心三楼会场召开。县委委员30人、候补县委委员6人参加会议；有关方面负责人列席会议。县委书记王萍出席会议并作重要讲话。会议由县委常委会主持。

全会学习贯彻中共十八届五中全会、省委十届七次全会和市委四届十一次全会精神，审议通过《中共筠连县委关于制定国民经济和社会发展第十三个五年规划的建议》《中共筠连县委关于加快建设"绿色筠连、生态筠连、宜居筠连"的决定》；全会听取县委常委会工作报告。

全会一致认为，县委十二届八次全会以来，县委常委会全面落实中共十八大、十八届三中、四中、五中全会和省委市委决策部署，深入学习贯彻习近平总书记系列重要讲话精神，认真落实"四个全面"战略布局，紧紧围绕"12456"发展思路，主动适应、把握、引领新常态，突出创新驱动、转型升级，突出民生保障、均衡发展，突出夯实基础、统筹城乡，突出改革破题、项目支撑，突出民主政治、依法治理，突出从严管党、从严治吏，全县总体呈现出经济持续健康发展、民生不断改善、社会和谐稳定、干部群众奋发有为的良好局面。

全会高度评价"十二五"时期全县发展取得的重大成就。面对经济下行压力和艰巨繁重的改革发展稳定任务，在中央和省委、市委的坚强领导下，县委团结带领全县各族人民，认真贯彻中央和省委、市委决策部署，立足县情实际和发展阶段，确立"坚持'一个取向'、实现'两大目标'、突出打造'四区'、实施'五大战略'、推进'六化联动'"的"12456"发展思路，形成全县工作总的格局。五年中，全县经济综合实力持续增强、产业转型基础不断夯实、城镇建设提档升级、基础设施更加完善、改革开放纵深推进、民生福祉有效改善、法治筠连建设有序推进、党的建设切实加强，"十二五"时期的发展，为"十三五"奠定坚实的思想基础和实践基础。

全会深入分析全县发展面临的宏观形势，提出"十三五"时期发展的指导思想是高举中国特色社会主义伟大旗帜，全面贯彻中共十八大、十八届三中、四中、五中全会和省委十届七次全会、市委四届十一次全会精神，坚持以马克思列宁主义、毛泽东思想、邓小平理论、"三个代表"重要思想、科学发展观为指导，深入学习贯彻习近平总书记系列重要讲话精神，紧紧围绕"五位一体"总体布局和"四个全面"战略布局，坚持发展是第一要务，牢固树立并切实贯彻创新、协调、绿色、开发、共享的发展理念，以结构调整、产业转型、创新发展为主线，以提高发展质量和效益为中心，坚持"12456"发展思路不动摇，推动新型工业化、信息化、城镇化、农业现代化同步发展，加快形成引领经济发展新常态的体制机制和发展方式，统筹推进经济、政治、文化、社会、生态文明和党的建设，确保"建成强县、率先小康"。

全会提出，"十三五"时期全县发展新的目标要求是经济增速高于全市平均水平，到2019年地区生产总值和城乡居民人均收入比2010年翻一番，到2020年地区生产总值突破170亿元、人均地区生产总值接近全市平均水平并与全省差距进一步缩小；人民生活水平和质量明显提高，农村贫困人口全部脱贫，贫困村全部摘帽，消除绝对贫困；公民素质和社会文明程度普遍提升，人民群众精神文化生活更加丰富；绿色筠连、生态筠连、宜居筠连建设成效显著，形成人与自然和谐发展的现代化建设新格局；新型城镇化步伐不断加快，发展空间格局更加优化；改革开放纵深推进，重要领域和关键环节的改革取得实质性突破，开放型经济新体制基本形成；社会治理能力进一步提升，治理体系和治理能力现代化取得重大进展，党的建设制度化水平显著提高。

全会指出,创新是引领发展的第一动力。要坚持创新发展,加快培育经济增长新动力,深入实施创新驱动战略,紧扣“四区”打造,加快产业转型、创新发展,形成促进创新的体制架构,推动新技术、新产业、新商业模式蓬勃发展,加快形成促进经济增长和就业创业的新引擎。协调是持续健康发展的内在要求,要坚持协调发展,不断提高可持续发展水平,根据“五位一体”总布局,坚持区域协调、产业协同、城乡一体、物质文明精神文明并重,促进“四化”同步发展,增强发展协调性和整体性。绿色是永续发展的必要条件和人民对美好生活追求的重要体现,要坚持绿色发展,突出工业发展循环化、农业发展生态化、服务业发展特色化,构建绿色经济系统;开展环境综合整治,突出绿化、实施“青山工程”,突出治水、实施“碧水工程”,突出治污、实施“净土工程”,突出减排、实施“蓝天工程”,构建生态自然体系;优化基础配套设施,建设绿色交通、建设绿色城镇、全面优化公共服务,构建宜居社会系统。开放是实现繁荣发展的必由之路,要坚持开放发展,开创合作共赢新局面,紧紧抓住国家和省、市开放战略新机遇,创新对外开放合作机制,积极主动包装争取招引项目,进一步扩大对外开放合作,努力形成区域内外深度融合的互利合作格局。共享是增进人民福祉的基本要求,要坚持共享发展,顺应人民生活新期待,发挥政府主体作用,创新公共服务提供方式,增加公共服务供给;创新扶贫开发机制,强化脱贫开发工作领导责任制,实施“五个一批”精准扶贫攻坚行动,加快推动特殊困难地区的发展,坚决打赢精准脱贫攻坚战;深入推进人才培养体制、资源配置方式、办学体制、教学管理体制等改革,推动各类教育协调发展,促进教育事业发展。

全会强调,建设“绿色筠连、生态筠连、宜居筠连”,是融入国际国内发展共识、对接“12456”总体发展思路的战略选择,是践行绿色发展理念、推动生态文明建设的根本要求,是转变经济发展方式、提高发展质量和效益的内在需要,是坚持以人为本、促进社会和谐的必然选择,是全县产业转型、创新发展的重要途径。要以科学发展观为指导、以绿色生态资源为基础、以转方式调结构促升级为核心,以安全、健康、和谐、美丽、幸福为目标,走出一条符合筠连实际的绿色、低碳、可持续发展新路子。

全会号召,筠连已经站在新的历史起点,面对新的形势、新的任务、新的使命,决不能有丝毫懈怠,全县上下要更加紧密地团结在以习近平为总书记的党中央周围,以改革的精神、法治的理念、创新的举措和持之以恒、久久为功的踏实作风,为实现建成强县、率先小康的宏伟目标而努力奋斗。

【乡(镇)党委书记党建工作述职评议会】2016 年 1 月 25 日,筠连县委常委会议专题听取 18 个乡(镇)党委书记 2015 年抓基层党建工作述职,进一步强化基层党组织书记抓基层党建“第一责任人”的责任。县委常委陈良云、张宗才、伍永富、李小林、詹立、邬文斌、贾圣君、师世秋、李刚出席会议,县党建领导小组成员、各乡(镇)党委书记、县直部门党(工)委负责人、部分省市县党代表和基层党员代表参加会议。县委书记王萍讲话,县长刘朝平主持会议,市委组织部组织二科副科长文吉平到会指导。会上,全县 15 个乡(镇)党委书记依次就基层党建工作进行大会脱稿述职、3 个乡(镇)党委书记书面述职,重点汇报上年履行党建第一责任人职责情况。文吉平点评讲话,对各乡(镇)抓党建工作的做法和成效予以肯定,就进一步加强党的建设特别是基层党建提出建议:一是基层党建工作问题约谈问责、督促整改力度需进一步加强;二是后进组织整顿、基层基础保障等工作落实需进一步抓紧抓好;三是党员干部监督管理工作还需进一步加强;四是全域推进基层党建工作需进一步下功夫。

王萍逐一点评各乡(镇)党委书记抓基层党建履职情况,既肯定各位乡(镇)党委书记的基层党建工作述职,认为大家抓党建的意识比较强、党建工作抓得比较实、存在问题找得比较准、原因分析剖得比较深、下步工作思路比较清,都把党建工作紧紧抓在手上,有的地方还抓出特色,又针对性地指出存在的问题和不足,指明努力方向。

王萍强调,一是立足全县大局抓党建,要牢固树立“把抓好党建作为最大政绩”的理念,把党建工作与经济发展一同研究、一同部署、一同推进、一同考核,一心一意谋发展、聚精会神抓党建。二是毫不放松抓思想政治教育,要深入学习习近平总书记系列重要讲话精神,扎实推进领导班子思想政治建设,认真抓好中共十八届五中全会、省委十届七次全会、市委四届十一次全会和县委十二届十次全会精神学习,扎实开展“学讲话、学党章、学党规,做合格共产党员”为主要内容的“三学一做”学习教育活动。三是紧扣改革发展抓班子带队伍,要紧密结合县乡村三级换届工作,紧扣创新发展、转型发展、绿色发展需要排兵布阵、调兵遣将,全方位加强领导班子建设,加大优秀干部人才培养力度,提高干部队伍专业化水平。四是一以贯之抓基层打基础,要扎实抓好基层党组织“带头人”队伍建设,全面推进基层依法治理,扎实开展干部“走基层”活动,夯实基层基础。五是持续用力正风肃纪惩治腐败,要坚持有腐必反、有贪必肃、有案必查,重点查处不收敛不收手和发生在群众身边的腐败行为,减少存量、遏制增量,持续抓好警示教育、建章立制,构建“不敢腐、不能腐、不想腐”的制度机制。

王萍要求,各乡(镇)党委书记要带头遵守廉洁自律规定,切实履行党风廉政建设主体责任。一要带头严守政治纪律和政治规矩,自觉做政治上的“明白人”。二要带头履行党风廉政建设主体责任,着力营造风清气正的政治生态。三要带头落实管党治党的根本政治责任,从严从实抓班子带队伍。四要带头坚守“高线”守住“底线”,始终做到干净干事、勤政廉洁。五要带头履职尽责担当担责，推进创新发展、转型发展、绿色发展。

【“三级联动”工作推进会】 2016年2月19日，县委中心组(扩大)学习会暨2016年“三级联动”工作推进会在县会议中心召开，全体县领导、各乡(镇)党委书记和乡(镇)长、县纪委常委、县委组织部副部长、县委宣传部副部长、县委政法委副书记、县级有关部门和企事业单位负责人、县“三级联动”领导小组办成员参加会议。县委书记王萍主持会议并讲话。

县委副书记陈良云安排部署2016年“三级联动”工作，针对“三级联动”工作中的不足，提出要进一步理顺关系、进一步细化职责、进一步调整充实、进一步强化措施、进一步规范程序五个“进一步”要求。

县长刘朝平指出，在宏观经济形势下，各级部门要坚持绿色发展、协调发展、和谐发展，增强煤炭经济下行产业转型的紧迫性和严重性，思考财政资金如何保障，积极献言献策，找准问题弄清思路，明确2016年工作任务；要摸清现有企业培育状况，落实帮助困难企业的具体措施和产业优惠政策，切实帮扶企业招商引资，破解企业资金链断裂难题，帮助企业渡过难关，增强企业家投资信心；要继续深入推进脱贫奔小康产业致富工作，严格落实精准扶贫任务，科学制定可行的扶贫措施。

县委书记王萍提出：一是思想认识的问题，要增强加快发展经济的紧迫性和责任感，努力保持稳增长和调结构的平衡，明确只能搞增量的调整不能搞减量的调整，客观研判发展形势；要清醒正确看待县乡村干部换届，“进”者谦虚努力，“退”者心情愉悦，“留”者意志不衰，“转”者迎接挑战；要狠抓治理三种不正之气，坚决“治庸气”“治暮气”“治浮躁之气”，提振精神状态促进积极进取。二是工作导向的问题，要聚焦项目招商添后劲，2016年的经济工作重心要放在招商引资和项目争取上，要立足县情转变观念，不断创新招商方式；要聚焦脱贫攻坚保民生，坚持问题导向、产业导向、要素导向、创新导向、责任导向，把脱贫攻坚当作目前最大的民生工程来抓；要聚焦转型发展促三产，不断加强组织领导、突出重点行业、不断加快项目建设；要聚焦班子换届激活力，鲜明导向选干部，注重统筹配班子，强化教育提能力。三是推进机制的问题，要分线牵头，压实责任。2016年“三级联动”工作还要再强化责任、再细化内容、再硬化机制，每名领导、每个干部找准位置、找准坐标。要规范程序，流程高效。努力解决好项目投产“最后一公里”问题，排除障碍、优化服务，搞好生产要素供应衔接，促使项目早见效、快见效、多见效。要跟踪督促，提升效果。坚决纠正“门易进、脸好看、事难办”的“新衙门作风”问题以及慢作为、乱作为等不正之风。四是环境保障的问题，要巩固风清气正的政治环境，营造干事创业的舆论环境，保持和谐稳定的社会环境。

【县委经济工作暨农业农村工作会】 2016年3月4日，县委经济工作暨农业农村工作会在县会议中心三楼会场召开。县委常委、县人大常委会主任、县政协主席、县政府副县长、县人大常委会、县政协联系分管领导出席会议；各乡(镇)党委书记、乡(镇)长、分管经济和农业农村工作领导，重点村党支部书记，县级有关部门、企事业单位主要负责人，农业经营主体法人代表，规上企业和招商引资重点企业代表参加会议。会前，与会人员参观正兴兔业专业合作社养兔场、佳乐富农副产品加工专业合作社养猪场、泰森页岩气液化项目、巡司镇电子商务服务站、银星村茶叶基地和茶叶加工厂、川南肉牛交易市场、五丰村肉牛养殖、蓝伯特生物科技有限责任公司、四川通服网络科技有限公司。会议传达中央、省委、市委经济工作会和农村工作会精神，总结“十二五”全县经济工作和农业农村工作，安排部署“十三五”及2016年经济工作和农业农村工作；蓝伯特生物科技有限责任公司、四川通服网络科技有限公司、佳乐富农副产品加工专业合作社、双腾镇德胜村、高坎乡大地村负责人作交流发言，县电力公司、县农商银行、镇舟镇尖峰村负责人作表态发言。会议通报表扬上年度经济工作和农业农村工作先进集体、先进个人。县委书记王萍主持会议。

县长刘朝平指出，要坚持目标导向，全面完成目标，严格按照考核要求落实考核内容;要坚持项目导向，更多更快上项目，抢抓机遇应对经济形势;要坚持产业导向，强化招商引资，促进产业转型发展；要坚持问题导向，环环压实责任，注重民生权益优化“12345”热线、信访等服务;要坚持纪律导向，增强纪律意识精准把握相关规定，规范财经工作。

县委书记王萍对“十三五”及2016年经济工作和农业农村工作提出四点意见。一是坚持“五大导向”，引领经济发展和农业农村工作，要坚持问题导向，客观估价形势；要坚持产业导向，加快推进转型；要坚持民生导向，更加注重协调；要坚持要素导向，科学统筹资源；要坚持创新导向，充分激发活力。二是打好“五大战役”，推进经济发展和农业农村工作，打好农业转型攻坚战，推进农业向园区化、组织化、产业化、科技化、标准化、资本化发展；打好三产突破攻坚战，商贸物流要崛起，电子商务要加速，旅游产业要起航，金融支持要给力；打好项目建设攻坚战，力争解放思想争项目、立足县情引项目、不胜不休建项目；打好精准脱贫攻坚战，确保脱贫责任全压实、项目资金全整合、帮扶措施全落实、督办考核全过程；打好城乡统筹攻坚战，县城突出抓提质促融合，乡(镇)突出抓特色促带动，农村突出抓改造促提升，设施突出抓完善促连接。三是整合“五大要素”，服务经济发展和农业农村工作，整合资源要素，辩证看待资源保护与产业发展的关系，促进优势资源向优秀企业和优秀人才倾斜，跳出资源约束善于“无中生有”培育新产业；整合土地要素，拓展服务空间做好发展保障，创新优化利用方式抓好集约节约；整合资本要素，创造性贯彻适度宽松的货币政策，加快金融产品和服务创新，进一步拓宽融资渠道；整合人口要素，提升义务教育质量和均衡化水平，发展职业教育和技能教育，引导激励农民工返乡创业；整合制度要素，引导工商资本到农村带动创业就业，发挥城镇化对要素资源的集聚作用和农村现代化带动作用。四是建立“五大机制”，保障经济发展和农业农村工作，建立“三级联动”责任机制、“流程高效”管理机制、“一线落实”服务机制、“定期交账”督促机制、“奖优罚劣”问责机制，完善健全制度体系全面保障发展。

【2016年机关党的建设工作和干部驻村帮扶工作会】 2016年3月29日，筠连县2016年机关党的建设工作和干部驻村帮扶工作会在县会议中心召开。县直机关党委、总支、支部书记，县级部门党委机关支部书记，各单位分管党务工作和干部驻村帮扶工作的领导以及受表彰的先进集体、个人共100余人参加会议。县直机关工委副书记李文勋宣读2015年先进基层党组织和优秀党务工作者表彰文件，县直机关工委常务副书记江剑波对2015年机关党的建设工作和干部驻村帮扶工作进行总结并对2016年工作做安排部署。县委常委、县委办公室主任、县直机关工委书记师世秋提出四点要求：一是进一步研判形势，统一思想，增强抓好机关党建和干部驻村帮扶工作的责任感和使命感；二是进一步明确目标，从严从实，抓实做好新形势下机关党建工作；三是进一步精准施策，精准聚力，全面提升干部驻村帮扶工作水平；四是进一步健全机制，强化保障，努力创造机关党建和驻村帮扶工作新业绩。

【县委中心组(扩大)学习会】 2016年4月1日，县委中心组(扩大)学习会在县会议中心召开，县委中心组全体成员，各乡(镇)党委书记、乡(镇)长，县级有关部门负责人参加会议。县委常委、纪委书记张宗才领学《狠刹歪风邪气，坚决查处诬告陷害行为——批转〈中共达州市纪委关于市委群众工作局原副调研员罗胜月在省“两会”期间严重违纪违法问题的通报〉》，就严肃换届纪律作发言；县委常委、组织部部长李刚领学《中共宜宾市委办公室关于印发〈宜宾市“三江一路”党建示范群建设实施方案〉的通知》，传达市委常委、组织部部长蒋刚的讲话精神；县长刘朝平，县委副书记陈良云，县委常委、县委办主任师世秋，县委常委、组织部长李刚分别就如何推进“一区三带”党建示范群建设作发言。

县委书记王萍对“一区三带”党建示范群建设工作提出意见。一是认识上要到位，始终向市委看齐、向县委看齐。市委把“三江一路”党建示范群建设作为实施精准党建的重要载体和提升基层党组织整体功能的突破口，这是服务发展大局的“新思维”，是破解基层治理的“方法论”，是推进党建示范的“路线图”。各乡(镇)、各部门要坚决向市委、县委看齐，坚持以铁的担当主动作为，切实增强思想自党和行动自觉。二是行动上要到位，坚持服从指挥、步调一致。坚持多规相融、多业并重、多策叠加、多元投入、多模运行、多力协同，全县上下全面统筹，深度融合，整体联动，推动“一区三带”党建示范群产生整体性效应。要加强项目资金整合。积极向上争取、整合投放、协调使用项目资金和闲置国有资产，建立项目资金管理台账，确保项目资金向规划实施村精准投放。要加强组织资源整合。统筹县乡村三级换届，提前谋划并选优配强示范乡(镇)组织力量，整合县域各类组织资源，助推“一区三带”党建示范群建设。要加强政策要素整合。用好用活农村产权制度改革等各种政策，构建基层党组织与各类社会组织、市场主体、党员群众互惠互利的利益联结机制。三是责任上要到位，切实主动担当、有所作为。牢固树立“把抓好党建作为最大政绩”的理念，把创建工作职责任务量化到岗、落实到人，推动创建工作落地见效。要“签字背书”明任务。把党建示范群建设纳入对乡(镇)、部门、村(社区)党建考核和党组织书记抓党建工作述职评议的重要内容，逐级签订“党建示范群”建设目标责任书。要“三级联动”抓落实。对联系乡(镇)的县级领导干部、乡(镇)党政班子成员、村(社区)“两委”负责人实行捆绑考核，确保“三级干部”各司其职、履职尽责、同频共振。要“周报月评”保效果。实行“一周一报告、一月一评估、一年一考评”制度，县委建立党建示范群建设巡回督查组，定期不定期开展督查指导，确保示范群建设落地见效。

【王家元先进事迹报告会】 全县广大干部群众紧紧围绕“12456”发展思路，积极培育和践行社会主义核心价值观，大力推进“大众创业、万众创新”，打好脱贫攻坚战，有力地促进全县经济社会发展，涌现出以王家元为代表的先进典型。中共中央宣传部决定把王家元作为全国重大宣传典型，授予其“时代楷模”荣誉称号，新华社、《人民日报》、中央电视台等中央主要媒体已密集推出王家元先进事迹深度报道，“时代楷模”节目在中央电视台播出。

根据安排，2016年4月24日，王家元先进事迹报告会在县会议中心三楼会场举行。省委宣传部宣传处副处长陈小海，市委宣传部副部长、市文明办主任周世纯，市委讲师团团长廖礼华一行到会指导；县长刘朝平、县人大常委会主任何跃、县政协主席黄静、县委副书记王涛及县领导李小林、张宗才、詹立、郛文斌、贾圣君、师世秋、张彬、古有奎、王见华、郑云、韩世全、刘乐君、叶宗勇、郑世筠出席报告会；各乡(镇)党委书记、副书记、党政办主任、村支部书记代表，筠连镇各社区书记、主任，县级各部门、县属及县属以上企事业单位副科级以上领导、职工代表，县教育文广系统、县卫计系统干部职工代表近500名观众聆听报告。县委书记王萍主持报告会。

王家元先进事迹报告团成员腾达镇党委书记石均、新华社四川分社记者吴晓颖、筠连县佛来仙居园林有限公司董事长周波、春风村村民胡怀彬以及王家元本人，分别从不同角度、不同侧面深情讲述一名普通的基层干部12年里凭着对群众的深厚感情和一腔热忱，全身心投入工作，带领全村干部群众发扬“科学实干、顽强苦干、创新巧干、共同致富”的“春风精神”，在石缝中开山凿路、栽果种树，把一个乱石嶙峋、荒坡荒山的石漠化穷山村变成花果满山、新房满村的富裕村，走上一条“特色产业、生态农业、旅游观光”一体化发展的山区农村发展的感人事迹。

王萍指出，王家元作为“脱贫致富带头人”的典型，充分体现对党忠诚、信念坚定的政治本色，牢记宗旨、心系群众的为民情怀，苦干实干、拼搏进取的责任担当，艰苦奋斗、无私奉献的高尚情操，不愧为学习的“时代楷模”。

王萍强调，全县广大党员干部要以王家元为榜样，深入学习贯彻习近平总书记系列重要讲话精神，进一步坚定理想信念，增强政治意识、大局意识、核心意识、看齐意识，学习其对党忠诚、倾情农业农村发展的坚定信念；学习其胸怀忧虑、敢于担当的精神品格；学习其无私奉献、不计个人得失的高尚情怀，攻坚克难、创新突破，众志成城为加快建设“绿色筠连、生态筠连、宜居筠连”，实现“建成强县、率先小康”宏伟目标而努力奋斗。

【“两学一做”学习教育座谈暨“各级党组织和党员干部看齐党中央”专题报告会】2016年4月29日，筠连县“两学一做”学习教育工作座谈暨“各级党组织和党员干部看齐党中央”专题报告会召开，学习传达中央、省委、市委“两学一做”学习教育工作座谈会精神。在家副县级以上党员领导，各乡（镇）党委书记、党务副书记、纪委书记，县级各部门、县属及县属以上企事业单位党组织负责人和分管领导，县委负责“两学一做”学习教育的相关人员共170人参加会议。县农业局农技站站长张芹、蒿坝镇中心校教师范钦刚、市商务局派驻腾达镇丝栗村“第一书记”谢岷作发言；县委常委、组织部部长李刚对全县“两学一做”学习教育进行安排部署。县长刘朝平受县委书记王萍委托作专题党课报告。县委常委、纪委书记张宗才主持会议。

刘朝平指出，“两学一做”学习教育是群众路线教育实践活动和“三严三实”专题教育成果的延伸和拓展，是保持党的先进性和纯洁性的重要要求，是推动全面从严治党要求向基层延伸的重要部署，是以好的党风带动政风、行风、社会风气好转的重要途径，是实现“建成强县、率先小康”宏伟目标的重要保证。

刘朝平强调，全县各级党组织和广大党员要真正增强看齐意识，深入理解、深刻领悟“两学一做”学习教育的特殊政治意义和时代意义；要深刻把握中央的鲜明主题和部署要求，打牢“学”这个基础、突出“做”这个关键、扭住“改”这个根本，把“两学一做”的要求自觉内化于心、外化于行，以实际行动树标杆作表率；要着力坚持领导表率、突出抓好经常教育、注重强化分类指导、切实坚持整体联动、始终抓牢统筹结合，把学习教育的任务要求具体化、精准化，为党在思想上政治上行动上的团结统一夯实基础，为协调推进“四个全面”战略布局、贯彻落实五大发展理念、推进“三个筠连”建设提供坚强组织保证。

【换届风气监督工作会议】2016年5月6日，筠连县换届风气监督工作会议召开，对换届风气监督工作进行再动员、再部署。各乡（镇）党委书记、党委副书记、纪委书记、组织委员，县级各部门、县属及县属事业单位主要负责人、办公室主任参加会议。县纪委书记张宗才、县委组织部部长李刚就进一步加强换届风气监督的具体工作作安排部署。县委书记王萍强调，一要强化责任落实，换届工作事关筠连发展大局，要切实强化责任担当，认真落实好“五个责任主体”的责任，严格政策和程序要求，抓好抓实各环节工作。二要注重工作统筹，要把换届工作同全县经济社会发展，特别是重点项目工程、“一区三带”党建示范群建设等结合起来，统筹谋划、协调推进，切实做到两手抓两不误。三要匡正换届风气，要切实把纪律规矩挺在前面，适度加强“九个严禁、九个一律”“六个坚决查处”等换届纪律的宣传，让各级党组织和党员干部铭记于心，抓好落实，确保换届工作安静清静干净。

【“两学一做”学习教育第一个专题学习讨论会】2016年6月1日，中共筠连县委中心组(扩大)学习会暨“两学一做”学习教育第一个专题学习讨论会在会议中心召开，邀请市委党校常务副校长兰亚宾作习近平总书记系列重要讲话精神专题讲座。兰亚宾就习近平总书记系列重要讲话精神的重大理论价值和实践指导意义、科学内涵和精神实质及习近平总书记系列重要讲话精神指导推动实际工作3个方面，作深入浅出的精彩解读。县委副书记陈良云主持会议并强调，一要及时传达贯彻会议精神。要及时召开党委(党组)会议，组织党员干部传达学习本次会议精神，将习近平总书记系列重要讲话精神贯彻到基层、落实到具体工作中去。各党委党组要把传达贯彻和学习讨论的情况，及时报县委“两学一做”学习教育办公室。二要抓牢学习教育。“两学一做”学习教育，基础在学。各级党组织要按照“全覆盖”学习教育的要求，认真研究对策措施，创新教育形式、丰富教育内容、强化学习效果。党员领导干部要带头示范，做好表率，以普通党员身份参加到党支部的学习中去。三要抓实当前工作。省、市将对“两学一做”学习教育进行专项督查。县委“两学一做”办专门制发到县委中心组成员、各成员单位学习秘书，各乡(镇)党委书记、乡(镇)长，县级有关部门，县委“两学一做”学习教育协调小组相关人员共100余人参知，明确要求。各级党组织要认真按照通知要求，抓好组织动员、领导讲党课、主题党日、专题讨论、集中学习等各环节的工作。

【“两学一做”学习教育第二个专题学习讨论会】2016年9

月18日，中共筠连县委中心组学习会召开，开展“两学一做”学习教育第二个专题学习讨论。县委中心组成员、各成员单位学习秘书参加会议。县委书记王萍主持会议并讲话。会上，县委常委、纪委书记肖利领学《中共中央关于辽宁拉票贿选案查处情况及其教训警示的通报》；书面通报全县三项整改“回头看”工作推进情况；县领导何跃、黄静、陈良云、肖利、李小林等领导围绕“坚持根本宗旨，勇于担当作为”专题，结合工作实际作讨论发言。王萍要求，一是准确把握政治方向，进一步坚定理想信念永葆为民初心，要深刻认识到马克思主义为党和人民事业发展提供思想基础，要深刻认识到共产主义共同理想是党和人民事业发展壮大的根本所在，要深刻认识到中国特色社会主义道路是创造人民美好生活的必由之路。二是牢固树立群众观点，进一步把全心全意为人民服务落到实处。要在思想上尊重群众，做群众的贴心人；要在行动上深入群众，做群众的勤务员；要在工作上为了群众，做群众的带头人。三是着力加快经济建设，进一步推进绿色发展、科学发展、加快发展。要在不断深化改革中提升人民的获得感，要在全面建成小康中提升人民的幸福感，要在推进绿色发展中提升人民的满意度。

【中国共产党筠连县第十三次代表大会】 2016年9月26日，中国共产党筠连县第十三次代表大会在县会议中心三楼会场召开。应到代表335人，实到代表324人；不是代表的县级领导干部，非代表的十二届县委委员(候补委员)、纪委委员，非代表的县级各部门(含垂直部门)党政主要领导，非代表的部分县属及以上企事业单位主要领导、非代表的乡(镇)党政正职，在筠连曾任副县级以上实职及享受副厅级待遇的离退休干部、离岗待退干部和其他人员列席大会。大会听取县委常委、纪委书记肖利代表中共筠连县第十二届纪律检查委员会所题为《保持政治定力、强化责任担当，为“全面建设‘四区’全力打造‘三个筠连’”提供坚强纪律保障》的工作报告。县长刘朝平主持大会。

大会主要任务是高举中国特色社会主义伟大旗帜，深入贯彻中央和省委、市委的决策部署，总结县第十二次党代会期间的工作，科学确定未来五年的奋斗目标和重要任务，选举产生新一届县委和县纪委，动员全县各级党组织和广大党员干部群众，干在实处、走在前列，坚定不移为全面建设“四区”、全力打造“三个筠连”而努力奋斗。

县委书记王萍代表中共筠连县第十二届委员会作题为《干在实处、走在前列，为全面建设“四区”全力打造“三个筠连”而努力奋斗》的报告。报告分为“攻坚克难、砥砺奋进，转型发展成效明显；审时度势、高点起步，谱写‘四区’和‘三个筠连’建设的宏伟新篇；精准施策、真抓实干，落实‘四区’和‘三个筠连’建设的战略举措；党要管党、从严治党，筑牢‘四区’和‘三个筠连’建设的保障基础”4个部分。王萍指出，县第十二次党代会的五年，县委团结带领广大党员干部和各族人民，认真贯彻中央和省委、市委决策部署，立足县情实际，围绕“12456”发展思路，在困境中奋进、在挑战中发展、在开拓中提升，胜利完成县第十二次党代会确定的主要目标任务，综合实力持续增强、经济结构不断优化、城乡面貌日新月异、民生福祉持续改善、社会治理不断加强、党的建设成效显著，全县呈现出经济繁荣发展、社会和谐稳定的良好局面。这些新成绩的取得，得益于市委的坚强领导，得益于全县各级党组织、广大党员干部和各族人民的团结奋斗，得益于历届县委打下的良好基础。王萍强调，五年的实践，推进转型跨越、实现富民强县，必须始终坚持党的领导，必须始终坚持解放思想，必须始终坚持发展要务，必须始终坚持民生为先，必须始终和谐稳定。

王萍指出，未来五年是筠连加快转型发展的关键时期，也是全面建成小康社会的决胜阶段，发展既面临着严峻挑战，又步入机遇叠加的发展关键期。要全面践行“五大发展理念”，突出脱贫攻坚、产业转型、美丽乡村、深化改革、投资引才五个重点，全力推进“四区”和“三个筠连”建设。各级党组织要把抓好党建作为最大政绩，以严的精神、实的作风，深入推进全面从严治党，切实把党的政治优势和组织优势转化为加快发展的强大力量。要突出“统揽全局”，加强民主政治建设；要突出“思想引领”，加强思想理论武装；要突出“选贤任能”，加强干部队伍建设；要突出“强基固本”，加强基层组织建设；要突出“从严从实”，持续改进工作作风；要突出“挺纪在前”，深入推进反腐倡廉。全县各级党组织、广大党员干部和各族人民要紧密团结在以习近平为总书记的党中央周围，在省委、市委的坚强领导下，开拓进取、顽强拼搏，创造无愧于时代、无愧于人民、无愧于历史的新业绩，为全面建设“四区”，全力打造“三个筠连”而努力奋斗。

【县委中心组专题学习会】 2016年10月31日，中共筠连县委中心组(扩大)学习会召开，专题传达学习中共十八届六中全会和市第五次党代会精神，安排部署全县学习贯彻工作。县委中心组成员、各成员单位学习秘书，县级有关部门党政主要负责人、纪检组组长，相关企事业单位主要负责人，各乡(镇)党委书记、乡(镇)长、纪委书记、组织委员共200余人参加会议。县长刘朝平主持会议，并领学《中国共产党十八届六中全会公报》和中共宜宾市第五次代表大会精神。县委书记王萍讲话，中共十八大六中全会，在新时期新环境下，就开展全面从严治党提出新目标、新要求、新指示；市委第五次党代会，完成市委领导集体、全市各项工作的承上启下，对过去五年工作进行全面总结、对未来五年工作进行精心部署。学习宣传贯彻党的十八届六中全会和市第五次党代会精神，是和今后一个时期的重要政治任务，一定要以高度的政治责任感和使命感，认真组织党的十八届六中全会和市第五次党代会精神的学习宣传。

王萍强调，要迅速把思想和行动统一到中共十八届六中全会和市第五次党代会精神上来，全面抓好两个“会议”精神在筠连的贯彻落实。一要深入学习领会，全面理解把握两个“会议”精神实质。全县各级党组织要迅速行动、精心组织、周密安排，立即组织集中学习，深入开展讨论交流，层层发动，逐级传达，切实把干部群众的思想和行动统一到中共十八届六中全会和市第五次党代会精神上来，形成推动科学发展、转型发展、加快发展的强大合力。二要注重形式创新，全面掀起学习宣传两个“会议”精神热潮。全县各级党组织要创新形式、创新载体，开展立体式、全覆盖的宣传活动，迅速掀起学习宣传中共十八届六中全会和市第五次党代会精神的热潮，努力把各级党员干部群众的思想和行动统一到中共十八届六中全会、市第五次党代会精神上来，把智慧和力量凝聚到实现中共十八届六中全会、市第五次党代会确定的各项任务上来，把学习成果体现到提高思想认识、解决实际问题上来。三要突出实践创新，全面贯彻落实两个“会议”精神。贯彻落实市中共十八届六中全会和市第五次党代会精神，最重要的是紧密结合筠连脱贫攻坚、转型发展实际，动员全县广大党员干部和各族人民继续解放思想、创新突破，加快推进新型工业化、新型城镇化、农业现代化、文旅产业化、社会和谐化、党建科学化，为全面建设“四区”全力打造“三个筠连”而不懈奋斗。四要结合当前工作，以两个“会议”精神引领全县经济社会发展。把学习宣传贯彻落实两个“会议”精神与县乡换届工作、脱贫攻坚工作、党风廉政建设社会评价工作、振兴川烟工作、信访维稳和安全生产工作、执行力建设和年度目标管理工作等当前各项重点工作紧密结合，确保全面完成“十三五”开局之年各项年度目标任务，以更加优异的成绩迎接中共十九大召开。

【解放思想大讨论活动动员会】 2016 年 11 月 22 日，筠连县“着眼全局谋发展、真抓实干增效能”解放思想大讨论活动动员大会在县会议中心召开，县领导何跃、黄静、陈良云、王涛、肖利、李刚、罗吉义，各乡(镇)党委书记，县级各部门、县属及县属以上各企事业单位党组织主要负责人、解放思想大讨论活动领导小组成员、各工作组负责人参加会议。县委常委雷敏宣读全县解放思想大讨论活动实施意见及活动领导小组名单，对开展解放思想大讨论活动工作进行安排部署。县长刘朝平主持会议。

县委书记王萍强调，一要充分认识解放思想的重要性、紧迫性和必要性。解放思想的必要性和紧迫性比以往任何时候都更为突出，这是新的发展目标对思想解放的要求，是新的发展方式对思想解放的要求，是新的发展机遇对思想解放的要求。只有以更广的角度，更大的热情，更大的勇气和更务实的态度来解放思想，才能够抓住机遇，抢占未来发展的制高点。二要通过开展大讨论活动，切实解决存在的突出问题。各乡(镇)、各部门和单位要结合实际，按照大讨论活动提出的“思想大解放、作风大转变、环境大优化、社会大和谐”“四大目标”“三项任务”要求，切实搞好“三项学习”，抓好“三大结合”，认真总结经验成果，建立健全长效机制。三要对照要求，打造符合转型发展的干部队伍。要解放思想，创新方法，强化责任，按照建成“形象好、效率高、人民满意”的机关和争当“党性最强、工作最好、作风最正的好干部”要求，努力打造务实奋进的领导班子和风清气正的干部队伍。四要高度重视，确保思想大讨论活动取得实效。开展“着眼全局谋发展、真抓实干增效能”解放思想大讨论，事关筠连形象、事关筠连发展，意义重大，影响深远。全县上下要认真按照县委、县政府的统一部署和要求，强化领导，科学指导，正确引导，确保活动组织有力、行动有序、不出偏差、不走过场、取得实效。刘朝平就如何贯彻落实好会议精神要求，各乡(镇)、各部门、各企事业单位要迅速动员，立即部署；要精心组织，确保本次大讨论活动取得实效；要开展督导检查，营造氛围，做好宣传报道，把解放思想大讨论活动抓实抓好。

【“阳光问廉”专题学习会】 2016 年 12 月 19 日，县委中心组扩大学习会在县会议中心召开，专题学习“阳光问廉”内容。市政府党组成员、县委书记王萍，县人大常委会主任何跃，县政协主席黄静出席会议；在筠连的四大班子领导、各乡(镇)及县级各部门(单位)主要负责人、县级部门(单位)部分中层干部参加学习会。会议邀请专家就“阳光问廉”相关内容作专题讲座，观看全市《阳光问廉》全媒体转播节目，该节目围绕“紧盯作风效能，促进勤政廉政”主题，通过现场直播互动的方式进行，就《南溪区：通不过的小农水项目》《蜀南竹海：管不住的违建》等问题，通过大量暗访视频披露个别部门办事不力、办事不迅速等方面的尖锐问题。暗访视频直击要害，主持人问责犀利，媒体观察团点评一针见血，使人震撼、令人警醒。县长刘朝平主持会议并要求，各乡(镇)、县级各部门要以该次“阳光问廉”为契机，对照节目中出现的“不作为、慢作为、乱作为”等问题及时开展自查自纠；要完善整改，加强干部教育，要认真履职，查找客观原因，做到就事论事；要建立长效机制，切实加强监督，严格依法行政；要勇于直面矛盾，善于解决问题，用实实在在的工作业绩赢得群众的信任；要牢固树立政治意识、大局意识、核心意识、公仆意识，贯彻群众路线，保持优良作风，做好本职工作，依法履职，切实做到为人民群众办实事、办好事。

（王兰　胡世刚）

县委综合保障

【县委办概况】 2016 年，县委办公室贯彻落实习近平总书记“五个坚持”和省委王东明书记“三个更好、一个加强”要求，围绕县委中心工作，突出参谋助手、综合协调、督促检查、后勤保障四大职能，全面抓实政策研究、信访、机要保密、目标督查、党政网建设、防邪、党史研究、全面深化改革各板块工作，进一步发挥“坚强前哨”“巩固后院”作用，全力抓好“三个服务”工作，努力在“建成强县、率先小康”的征程中充分发挥先锋作用、提供高效服务、争创一流业绩。

（刘刚）

【县委政策研究】2016年，县委政策研究室圆满完成政策研究工作。一是抓制度强氛围。始终坚持县委对政策研究工作的领导，落实调研工作责任制，继续推行县委办系统全员调研制度、县委政策研究室“十个一”工作制度和县级部门联合调研制度，着力构建大调研工作格局。全年完成县级领导重点调研课题6个，副县级以上领导调研文章35篇，其中有32篇在国家、省、市级刊物上发表。二是抓本职重实效。充分发挥县委政策研究室的固有优势和职能中枢作用，先后指导或撰写《产业转型创新发展建设“绿色筠连、生态筠连、宜居筠连”》《系统推进“1+4”肉牛产业扶贫工程助力脱贫攻坚奔小康》《筠连构筑四大机制破解产业发展瓶颈》《关于加快打造绿色食品加工重点县的思考》《创新联动工作机制助推产业转型升级》《构建三大体系建设美丽筠连》《关于旅游扶贫的探索与思考》等47篇经验文章或调研报告在国家级、省级、市级刊物上发表，其中3篇获省级领导批示或肯定、9篇获县委主要领导批示。三是抓全局优服务。结合中央、省、市工作规划，围绕全县改革发展实际，制发《筠连县2016年调查研究工作要点》和26个改革发展专题，为各部门调研明确方向和范围，要求相关乡（镇）、部门和领导选准符合实际的课题开展调查研究，积极挖掘提炼新经验、新做法、新成果形成调研文章。主动加强与乡（镇）、部门的联系，指导乡（镇）、部门抓好调查研究工作和调研文章的撰写。全年，收到各乡（镇）、部门和各级领导调研文章240余篇，连续5年获全市政研考核第1名。

（张先涛）

【办文办会】一是公文办理认真负责。坚持讲政治、讲规矩、讲原则、讲纪律，从严维护县委及其办公室公文的权威性和严肃性。严格按照“精文简会”规定、文件“七不发”要求，扎实推进“文山会海”专项整治工作。进一步规范发文、报文层级，认真抓好收文、发文、报文管理和代拟稿办理。从严审核部门代拟稿及需要提请县委常委会审议的文稿，坚持高标准、严要求撰写县委及办公室文件。全面实施文件预审批制度，注重从源头精简发文数量。严格遵守《中华人民共和国保守国家秘密法》和中央、省委、市委关于密件管理相关规定，安全妥善办理中央、省、市密件，做到收文有记录、办文按程序、分发有登记，全年共收办政务内网来文1491份，其中省级办件223份、市级办件570份、县级办件558份以及各类传真、送达件阅件140份。全面完成上年涉及中央、省级密件清退工作，共签收2016年度中央、省级、市级密件90余次，办理涉密文件1600余份。办理各类会议通知140余次。清理县委办公室1989–2003年文书档案，完成2003年前未移交的文书档案全宗介绍、大事记撰写。全年，以县委、县政府及县委办、县政府办名义联合发文33个，减少13%；退回县级部门重新办理的文稿5件；向市委报备党内规范性文件29件，报备及时率100%。二是会议服务精细周密。严格遵照中央、省委、市委有关办会规定，承办县委全委会、县委常委会等会议。严格执行会议（活动）预审批制度，有效控制全县性会议数量和规模，积极倡导开短会、套会、务实会、电视电话会。全年服务县委常委会40次、县委书记专题会12次，承办或协助全县性重要会议35次。

（安君）

【信息工作】2016年，县委信息工作围绕县委和县委领导中心工作，本着“服务大局、及时高效、全面准确”原则，认真抓好信息的撰写、采编和报送等工作，为市委及市委领导、县委及县委领导提供快捷、准确、优质的信息服务。一是紧扣目标，扎实工作，主要指标全面完成。全年向市委办报送信息调研文章10篇，被采用8篇；报送党委信息320余条，被采用71条，完成市级下达任务。二是探索规律，把握关键，参谋作用有效发挥。着重吃透上情、摸清下情，全面搜集领导关注重点和群众反映热点相关内容，及时采编报送县域经济社会发展的典型经验和创新举措，为领导提供优质高效的决策参考。三是强化学习，苦练内功，服务水平不断提高。坚持把学习作为提高政治理论水平和业务能力的重要手段，积累新形势下重大理论、重大原则、重大改革措施等，重点学习信息选题重点、写作技巧、总结提升等内容，提升信息服务水平。

（杨洁）

【保密工作】2016年，保密工作认真贯彻落实《中华人民共和国保守国家秘密法》《中华人民共和国保守国家秘密法实施条例》，以法治建设为基础，以解决问题为导向，圆满完成各项任务，全县未发生失泄密事件。一是坚持以法律法规为基础，全面推进保密工作法治化。进一步健全保密工作主体责任机制和监督管理机制，加强与纪检监察、组织、政法、公安等的协调配合，形成保密工作合力，发挥窃密、泄密案件情报共享、案情互通的作用，提高协作工作、协调查处、协同监管能力。强化宣传教育，把中央关于保密工作的方针、政策，党的保密纪律和保密法律法规列入党委（党组）中心组学习内容，重点抓好领导干部、保密要害部门涉密人员、党政机关专（兼）职保密干部、国家公务员及计算机信息系统管理人员保密法治宣传教育；与党校主体班培训相结合，开展保密形势任务、红色保密传统、保密法律法规、保密技术防范等的教育培训；完成《保密工作》《保密科学技术》等保密专业刊物145份的订阅。加大监督检查力度，对保密工作的管理对象、管理领域、管理范围进行全方位监督检查，组织开展定密管理、涉密网络、涉密测绘成果、国家统一考试等专项检查，健全窃密泄密案件责任倒查机制，依法严肃查处失泄密事件，加大对泄密案件、严重违规行为的查处力度和对典型案件的通报力度、责任追究力度，进一步增强保密工作的刚性约束。二是强化保密管理，筑牢新形势下保密防线。及时调整和充实县委保密委员会成员和“六五”普法保密宣传教育领导小组人员，乡(镇)和县级部门进一步配齐配强保密委(保密工作领导小组)成员，做到明确分管领导、明确重点涉密部门部位、明确专(兼)职保密干部“三个明确”，确保保密工作有人抓、有人管、有人干。制发《筠连县涉密人员保密管理工作制度(试行)》，分别从涉密岗位的确定和分类、涉密人员分类和确定、涉密人员的日常管理、涉密人员的重大事项报告等方面进行详细规定，制发《筠连县涉密载体销毁工作制度(试行)》，进一步加强保密管理，确保国家秘密安全。强化重点管理，深入开展涉密人员清理审查，分动员宣传、核岗定员、保密审查3个阶段，对153名涉密人员进行保密审查。拟定“保密自查自评”“涉密工程保密管理”“互联网门户网站保密管理”“中省涉密文件资料保密管理”“密码电报保密管理”5项工作检查及督查实施方案，对全县互联网门户网站情况开展摸底调查，会同密码管理局对全县计算机网络安全情况进行检查，重点对计算机网络管理、登记备案制度、计算机保密管理、涉密文件管理等开展检查，抽查涉密电脑16台、连接互联网计算机46台、连接党政网计算机16台、移动存储介质42个，上网信息12条，保密室3个，及时发现并限时整改U盘交叉使用、涉密移动存储介质与非涉密移动存储介质管理混乱等问题。

（罗小林）

【目标督察】 一是夯基求实、创新求效，着力构建“立体”督查体。在全县建立“层层量化、实化、具体化，人人求实、务实、抓落实”的多级督察体系，进一步明确县委县政府督查目标办各股室职责，细化分工、精干力量，明确职责，建立完善挂牌督办制、定期会商制、定期交帐制、定期通报制等，形成全县统一管理、集中办公、联合行动、密切合作、综合联动的督察目标工作力量。二是围绕目标，强化目标管理。认真分解市委、市政府下达的保证目标、绩效目标、民生工程，分为5个类别(经济发展、社会发展和管理、民主工程、资源环境、社会安全)目标。在下达任务时，结合各乡(镇)特点、各部门职能、产业基础等实际，在指标设置上体现差异化。定期或不定期地对各单位目标任务进展情况进行督促检查，做到“用目标引导行动，用督查推进落实”。三是强化机制，确保督察高效运转。为促进全县各项工作的落实，成立工业生产、维稳、新农村建设、督查督办中心等6个工作组，每个工作组确立1名县级实职领导担任组长，分组作战、统一协调、整体推进，进一步建立健全“各项工作具体化、具体工作目标化，任务目标责任化”的工作机制。办好《筠连县目标管理工作简报》《重点工作组每月执行情况通报》“重点工作组10天进展情况和10天计划进度一览表”，及时发布督察通报。四是围绕热点，强化批交办事项的专项督察。对市委、县委领导重要批交办事项、人大议案、政协提案的办理落实开展专项督查，对县委领导的批交办事项整理编发《领导批示》12期，对《领导批示》逐条逐项办理，并把办理情况编发《领导批示办理情况通报》。对县人大代表和政协委员提出的需办理的县人民代表建议208件，政协委员提案、意见83件进行督察督办；对市委市政府督查目标办交办的全市重点项目挂牌督办工作、全市重点项目“倒排工期”工作，按照市上的要求及县领导的指示，专项督办。

（王明刚）

【后勤接待】 一是加强后勤保障。坚持对基础设施建设、物资采购、公务车辆、安全保卫、环境卫生等实行专人专责，分级管理；坚持固定资产及耗能统计，提高基础保障能力；坚持办公用品采购审批制度，做到严格把关，杜绝浪费；加强机关大院安全防控，规范车辆秩序，严格安保绩效考核，提高安保应急处置能力；加强机关食堂日常管理，保障就餐职工饮食安全。二是规范做好公务、政务接待。坚决执行中央八项规定，省、市、县十项规定，在公务、政务接待中厉行勤俭节约，不上高档菜肴和烟酒，以“一对一”对口接待为突破口，坚持“精细化”“特色化”的原则，做好接待服务工作，全年共完成省、市领导到筠连调研、考察等接待65次，完成全市项目推进流动现场会等大型政务会议2次。三是开展会务微笑服务。规范会务服务人员的基本素质、仪容仪表和服务态度，提升会务服务能力，县会议中心共承接各类会议420场次。

（王明刚）

【党政网建设】 一是有序推进涉密电子政务内网建设。根据省、市网管中心对涉密电子政务内网建设的统一安排部署，成立项目建设工作领导小组，提出建设初步方案，确定新机房地址，落实建设经费，严格按照上级网管部门的要求推进建设各项工作。二是狠抓网络和信息安全。严格执行网络巡查制度、中心机房常规检查制度，确保全年网络设备安全无故障运行，防范信息安全事件，做好党政高清电视电话会议系统的管理维护，确保会议正常召开。县保密局联合县网管中心，对全县重点涉密单位开展涉密文件(资料)和网络安全检查，重点检查电子政务内网移动存储介质使用管理和信息管理制度。三是强化信息报送管理。全年上载党政动态326条、发布公告68条，采用乡(镇)、部门报送的乡(镇)动态452条、部门动态364条，内部刊物53

期，更新县外新闻约2.4万条，上载视频新闻1038条，定期更新各类软件和杀毒软件病毒库。全年，被市网管中心采用党政信息243条、图片新闻18条、网建信息10条。至年末，筠连县电子政务内网累计访问量超过95万次。四是推广网络应用。针对部门和乡(镇)用户的需求，在充分调研的基础上，推出电子邮件应用系统，各用户可通过公文交换个人账户登录，利用该系统在电子政务内网个人用户间收发邮件，使全县注册用户传递资料更加方便快捷。同时做好公文交换、新版文件查阅系统和短信平台等应用的管理维护工作。五是开展业务培训。积极选派技术人员参加市网管中心举办的各种业务培训，增强处理设备问题的能力，提高工作效率。9月起，用2个月时间，对全县各部门和乡(镇)电子政务内网操作人员分别进行跟班培训，通过培训，各单位电子政务内网操作人员的技术水平得到提高。

（郑捷）

【信访工作】 2016年，县信访工作认真贯彻落实中央、省、市、县信访工作会议精神，全面落实信访工作“一岗双责”制度，狠抓业务工作，信访秩序进一步规范，各项工作有序推进。高坪苗族乡等9个乡（镇）被评为“三无”乡（镇），县委群众工作局（县信访局）先后获“领导接访、下访工作先进单位”“办信工作先进单位”“进京非访治理工作先进单位”“网上信访办理先进单位”“信访信息化建设和应用先进单位”“信访积案难案化解工作先进单位”“办公室工作先进单位”“信息工作先进单位”表彰。一是抓实领导干部接访工作。制发《筠连县领导干部接访方案》《2016年县级领导接访下访时间安排表》，协调信访重点领域涉事主体单位轮流入驻县群众工作中心参与信访工作，着力构建联合接访机制。全年，县级领导62人次到县群众工作中心接待群众406批734人次。二是狠抓初信初访办理。认真办理初信初访，强化源头治理。全年，共收到市委群众工作局转办初信初访75件，办结75件，办结率100%。三是强化信访事项督察督办。采取集中交办、跟踪督办、审核办结工作模式对省交办信访突出疑难案件13件全程督办，全部按期化解，化解率100%，其中息诉信访13件，息诉息访率100%。办理市交办“三暗访、三明查”2件，化解2件，化解率100%。运用专项资金协调解决无责任主体疑难信访案件16件。四是全力推进信访信息化建设。1月，开通筠连县网上信访投诉受理平台，按市要求完成视频接访系统建设。认真做好省信访信息平台录入工作，受理168件；筠连县网上信访投诉受理平台受理7件，办结7件，办结率100%；收到人民网网民留言23条、收到省信访局转办的信访群众给省委书记信件5件、信访群众给省长信件14件，均按时办结。五是着力规范信访秩序。进一步规范信访秩序，积极引导信访群众依法按政策维护自身合法权益，采取果断措施加大对违法信访行为的处置力度。全年，吴某某进京非访、徐某某“G20”杭州峰会期间非访，均依法进行训诫教育。六是加大信访目标考核。制发《筠连县2016年度信访工作考核办法》《筠连县信访工作目标考核办法》，把信访和群众工作纳入县委、县政府对乡（镇）、县级部门年度目标考核，严格逗硬奖惩。七是强化信访干部队伍整体建设。强化信访规范化建设，组织开展信访业务专题培训2次，抽调乡（镇）部门工作人员到县信访局跟班轮训40余人次，遴选1名公务员、1名教师到县信访局跟班学习，充实信访工作力量。

（邓康）

【防邪工作】 2016年，全县防范和处理邪教工作贯彻落实中共十八大和十八届六中全会精神，坚持“严密监控、把握政策、妥善处理、常抓不懈”工作方针，继续保持反邪教工作高压态势，依法履职、改革创新，努力在深入推进依法治理邪教中开创新局面。一是县委、县政府领导对邪教工作高度重视，形成“一把手亲自抓、分管领导具体抓、各部门各司其职”工作格局。县委书记、县长和县委防邪领导小组正副组长在年度个人述职报告中，对开展反邪教工作进行陈述。二是坚持用法治思维和方式推进防范处理邪教工作，把依法治理邪教纳入2016年依法治县工作要点、2016年度“法治宣传教育深化法律十二进”中，使用反邪教工作于法有据，做到程序合法、内容合法、目的合法。各乡（镇）党委、政府把依法治理邪教工作作为主体责任，借助县综治办网格化管理平台，把反邪教工作纳入网格化管理，全县18个乡（镇）涉邪教人员全录入网格化管理系统中，进一步加大反邪教警示教育工作力度，取得良好的成效。三是在全国“两会”及省、市、县“两会”期间和“4·25”“5·11”“5·12”“6·4成都”“G20峰会”等敏感时期，加强对原“法轮功”邪教组织修炼人员的和其他邪教重点人员的防控，确保全县无邪教人员聚集滋事和上访事件的发生，全年辖区内反邪教斗争态势总体平衡，未发生重大邪教案件。四是制作反邪教警示教育宣传挂历3万余份，发放市防范办制作的《拒绝邪教》（反邪教漫画）800本、印制反邪教宣传资料1.5万份，分发到团林和相关乡（镇）。在县中医医院、百新车站、筠连三桥等人群集中的地方，通过LED电子平台，连续一周滚动式播放反邪教警示教育宣传标语，滚动播放标语80条次。在中央凯风网、四川蜀风网上专业原创稿件和筠连绿色煤都刊登反邪教宣传文章8篇，县级电视台播放邪教片30次，在互联网门户网站（含微信、微博、筠连热线、筠连百姓网等新媒体）、党政网平台刊发反邪教宣传文章72篇次。在县党政网、筠连门户网开辟反邪教专栏，建立反邪教政务微博和反邪教微信公众号，刊载反邪教宣传文章。五是常态化开展“无邪教创建”，积极开展“无邪教乡（镇）、村（社区）”创建指导，验收武德乡中华、童家、石泉、新顺4村和筠连镇河西社区“创无”工作，狠抓基层反邪教工作，落实人员、责任、任务、措施，全面推动反邪教各项工作落实，启动腾达镇春风村和塘坝乡幸福村反邪教警示教育基地相关工作。

（陶光辉）

【党史研究】一是高质量完成党史编纂，基本完成《中国共产党筠连县历史第三卷（1978–2002）》送审稿；编纂出版《中国共产党筠连县执政实录（2015卷）》《筑梦筠州——筠连县龙碗大埝建设纪实》；编校《筠州领路人——筠连县历届县委书记、县长史料汇编》《中国工农红军川滇黔边区游击纵队文献资料汇编》。二是多形式开展党史宣讲，以中国共产党成立95周年和红军长征胜利80周年为载体，认真策划，精心组织，密切配合相关部门，为宣传中国共产党的光辉历史发挥党史部门应有的作用。制发筠委党研〔2016〕1号，动员观看党史宣传片《没有共产党，就没有新中国》；参与全县青少年夏令营活动并作题为《发扬长征精神，坚定理想信念，为实现中国梦而奋力拼搏》的专题演讲；参与在筠连县烈士陵园召开烈士公祭大会并向与会人员讲述烈士们的动人事迹；参加在塘坝乡举行的“纪念红军长征胜利80周年‘长征颂’音乐诗会”；配合全市“红军长征与宜宾”巡展活动，通过图片展讲解历史事件。三是高质量完成交办任务，完成6月23–24日市委党史研究室李勇主任和10月25–26日中央党史研究室调研组到筠连的调研活动；参加全市史志系统“史志人·史志情”演讲比赛活动。

（何泽强）

【全面深化改革工作】2016年，全县改革工作按照突出重点、统筹兼顾、攻坚克难、科学谋划的原则有序推进。一是健全机制，强化改革保障。1.改革主体责任进一步压实，相关单位完善全面深化改革领导小组，党委（组）书记负总责，明确任务牵头领导及分管股室。各专项小组主动与上级专项小组及业务部门保持联系、沟通，并结合实际及时推进任务落实。2.改革宣传动员扎实开展，编发《筠连改革动态》19期，在党政网发布改革动态信息41条，被《宜宾改革动态》《宜宾改革专报》采用6条，国家级、省级媒体采用7条。3.改革督察贯穿改革全过程，建立改革督察工作机制，开展“三单”（制定责任清单、发出提示督办单、处罚督办单）督察。全年共发出提示督办单2份，对责任单位指出问题7条，明确责任和整改时限，督察经验在全市改革工作现场会上交流。4.改革考核扎实斗硬，进一步健全考核机制，实行差异化考核，把考核结果纳入县委、县政府年终目标考核内容。二是突出重点，有序推进改革。1.坚持问题导向，积极推进经济体制改革。创新开展政务服务“一窗一章”试点改革，探索政务服务新举措。深化工商登记制度改革，推行“先照后证”。2.立足脱贫奔康，不断深化农业农村体制改革。大力推进幸福美丽新村建设，以“春风村”为典范，全面实施“百村春风工程”。春风村在全省脱贫奔康中的典型示范作用得到省委常委、常务副省长王宁批示。探索实行“1+3+X”资金整合模式，整合捆绑使用全县涉农资金，累计整合涉农资金2.24亿元投入“三农”建设。积极推进农村产权抵押贷款，农房抵押贷款7485万元，林权抵押贷款7100万元。创新“1+N”肉牛联动发展机制，推出“好牛贷”金融产品，涉牛贷款发放2.59亿元。筠连县金融创新经验在全省金融精准扶贫政策培训电视电话会议上作经验交流发言。8月31日，宜宾市肉牛产业发展“1+N”联动机制推进现场会在筠连召开。《四川筠连县系统推进“1+4”产业扶贫工程发展肉牛脱贫奔康》在国务院扶贫办《扶贫信息》第188期刊发，并得到省委王东明书记的肯定性批示。3.突出文化创新，不断深化文化体制改革。实施“义务教育薄弱学校改造计划”，农村薄弱学校改造16393平方米,投入资金2758万元。开展县乡联动医疗卫生一体化改革试点，以县医院为龙头，与4个乡（镇）卫生院共同组建“县人民医院医疗联合体”，破解农村医疗要素限制瓶颈。4.立足社会和谐，协调推进民主法治领域和社会体制改革。建立“1114”工作机制，建立网格化四级服务管理体系，拓展群众参与村务服务管理渠道，村民自治得到充分保障，该举措获得省委常委、常务副省长王宁和省委常委、省委农工委主任曲木史哈的高度评价和充分肯定。5.全面从严治党，不断深化党的建设制度改革。完善《筠连县非定向推荐科级领导干部拟拔使用人选办法（试行）》，制发《从严管党治吏全面深化党风廉政建设20条措施》等制度办法。在全县开展干部“周记月考年评”，切实解决机关干部庸、懒、散、浮、拖现象。6.聚焦主责主业，全面推进纪律检查体制改革。制发《筠连县同级领导班子约谈提醒制度》《筠连县党政“一把手”“五个不直接分管”制度》等制度；制定县级领导“两个责任”清单，定期对全县29名县级领导干部履行“一岗双责”情况进行提醒。率先在全市建成“1网3方阵6平台”惩防体系数字化监管中心，以惩防体系信息网为载体，重点突出6个平台，全力实施科技防腐。三是试点先行，引领创新发展。全县承担的中、省、市改革试点6项，试点明确了抓落实的责任单位、责任人员、时间进度和成果体现形式，做到一项改革试点有“1名牵头领导、1个推进方案、1套工作班子”。国家级改革试点——电子商务进农村示范获国家财政2000万元的资金支持，通过建设电商孵化基地，依托线上网销平台，在全县建设18个乡镇服务站，243个村级服务点，延伸电商物流“一百米”渠道末端。国家级县级公立医院综合改革，在3家县级公立医院巩固“取消药品加成”政策，破除“以药补医”机制，实行药品集中采购，实行零差价销售以来，累计减轻患者负担581.55万余元。省级“村医通”试点，依托电子政务外网和移动互联网络，建立基层人口健康服务信息化长效机制，在筠连镇33个村开展试点，试点面积约133平方千米，辐射人口11万人。省级加快推进医疗信息化应用示范县建设试点，与省市专网整合改造工作有序推进，各基层单位网络整合升级已基本完成。省级盘活农村资产资源培育农民增收新产业新业态示范县创建试点工作有序推进，相关工作已通过省上考核。市级脱贫攻坚医疗救助兜底试点，建档立卡贫困人口100%参加居民基本医疗保险，及时兑现建档立卡贫困人口参保补助708390元，认真落实脱贫攻坚医疗保险政策，不设起伏线提高贫困患者报销待遇。全县全市推开的改革试点13项，均已进入全面实施阶段。

（陶凯）

组织管理

【“两学一做”学习教育工作】2016年，组织工作坚持把“两学一做”（学党章党规、学习近平总书记系列重要讲话，做合格党员学习教育）学习教育作为党建工作的龙头，精心组织、周密谋划，着力增强全县党员的看齐意识，明确提出在思想上、在标准上、在行动上看齐党中央；制发开展学习教育总方案，为党政机关、农村等8个行业分类制订指导意见，鲜明党政领导机关“争做五个表率”（争做对党忠诚的表率、争做担当实干的表率、争做亲民为民的表率、争做遵规守纪的表率、争做崇廉尚德的表率）作用，县四大班子分别制订具体方案；创新“四对照四提升”（对照党章党规，提升党员意识；对照系列重要讲话，提升看齐意识；对照民本民生，提升服务意识；对照目标职责，提升担当意识）工作载体，组织开展“四大行动”（党员关爱激励行动、党员管理规范行动、党员示范先锋行动和党员建功行动），引导全县党员建功环境兴县战略、建功“三个筠连”建设、建功脱贫攻坚任务，完成规定动作要求，“以小见大”形象化学习教育经验做法各到省委组织部充分肯定。一是着力凝聚思想共识，切实扎牢“学”基础。把“两学一做”学习教育纳入党委（党组）中心组、党支部“三会一课”（定期召开支部党员大会、支部委员会、党小组会议，按时上好党课）、各类教育培训班学习内容，以县委书记讲党课为开局，创新“四讲”（领导带头讲、专家集中讲、党员互动讲、模范巡回讲）模式开展宣讲，在19个县级培训班开设相关专题课程，抽调12名理论专家和优秀教师组建专题讲师团。全年县领导带头讲党课130余次、学习研讨24次，科级党员干部作辅导、讲党课1500余次，各级党组织集中学习研讨230余次。开展“我是党员，向我看齐”主题党课，组织党员谈认识、找差距，看齐合格党员；组织身边典型作报告。开展主题党日活动，严格党员领导双重组织生活制度，组织普通党员重温入党誓词。二是着力增强发展动力，切实把准“做”关键。突出党员县领导带头作用，在“开展学习、落实政策、服务群众、推动发展”四个层面走在前列、做好表率，全年党员县领导深入基层讲授党课130次、宣讲政策647次。围绕“三个专题”（坚定理想信念，强化宗旨意识；保持对党忠诚，勇于担当作为；严守纪律规矩，树立清风正气），集中开展专题讨论，党员全参与、讨论全覆盖，形成30项具体讨论成果；开展党员建功行动，引导党员在重点工程、脱贫攻坚、抢险救灾等急难险重中冲锋在前，在日常工作中敬业奉献，解决群众困难1.3万余件；开展全域化示范先锋行动，抓实“六个创建”（创建共产党员示范标兵、创建共产党员示范岗、创建共产党员示范团队、创建共产党员示范单位、创建共产党员示范行业、创建共产党员示范城）活动，设置党员示范岗376个，评选出先进党员172名，形成先进带后进、党员带群众，以点带面、全域示范的共产党员示范体系。三是着力推动持续长效，切实把准“改”核心。全县分8个行业领域，建立“学习情况、实践情况、整顿情况、党员情况”4本台账，每月逐级上报，定期开展分析研判。制订“三制度一清单”（督导工作制度、成效评估制度、督导组会议制度、重点内容督导清单），对重点环节、突出问题，采取逐项对照、逐条勾核方式，开展专项督导、常态督导。聚焦领导干部、企业业主等重点人员，在行业领域设率带、敬业、服务等6类先锋示范岗，常态化党员服务、宣讲教育、帮扶救助等行动，引导发挥党员敬业奉献、冲锋在前作用。

【县乡换届工作】2016年，组织工作坚持把党的领导贯穿换届工作全过程，把纪律规矩挺在前面，换届工作圆满完成。一是强化领导，压紧压实主体责任。从严“五个责任主体”责任落实，县委常委会召开16次、座谈会5次研究部署换届工作，成立换届工作领导小组以切实加强领导，县委书记多次听取乡（镇）领导班子运行情况和换届工作推动情况报告；县委组织部反复多次深入摸排、酝酿分析，从严考察考核，提出乡（镇）领导班子人事安排建议方案，指导乡（镇）党委做好党代表推选、党代会召开等工作；县纪委对换届全程纪律监督、查核处理问题，并派出工作组巡回督察；县人大、县政府、县政协党组及县委统战部结合职责分工，全面开展少数民族干部、女干部和非党干部调研工作，向县委提出具体意见和建议。二是鲜明导向，选优配强班子。结合乡（镇）领导班子年度考核，县委对乡（镇）班子的功能结构、干部思想状况、换届风险点等开展3轮全覆盖综合分析研判，全面掌握班子运行、工作实绩和干部履职、现实表现情况。严格按照上级规定，坚持“德才兼备、注重实绩、群众公认”原则，围绕功能搭配领导班子结构，结合掌握的情况，突出在基层一线、项目一线等选拔干部，反复酝酿，择优配备乡（镇）领导班子成员151名，党政正职均具有两年以上乡（镇）领导或三年以上乡（镇）工作经历，班子成员具有两年乡（镇）工作经历的141人，占乡（镇）领导班子总人数的93.38%；从“四类人员”中遴选干部18名，占乡（镇）领导班子总人数的12%。三是挺纪在前，换届工作风清气正。坚持教育在先、预防在先、警示在先，通过发放“一卡一表”（换届纪律明白卡，征求班子意见表）、编发“一手册一短信”（换届纪律学习手册，发送换届纪律宣传短信）、观看“一片一书”（中央组织部摄制的警示教育片《镜鉴》和编辑的《严肃换届纪律文件选编》),开展“九严禁九一律”(即1.严禁拉帮结派,对搞团团伙伙、结党营私的,一律给予纪律处分。2.严禁拉票贿选,对在民主推荐和选举中搞拉票、助选等非组织活动的,一律排除出人选名单或者取消候选人资格,并视情节给予纪律处分,贿选的依法处理。3.严禁买官卖官,对以谋取职务调整、晋升等为目的贿赂他人或者收受贿赂的,一律先停职或者免职,并依纪依法处理。4.严禁跑官要官,对采取拉关系或者要挟等手段谋取职务或者职级待遇的,一律不得提拔使用。5.严禁造假骗官,对篡改、伪造干部档案材料的,一律对相关人员给予组织处理或者纪律处分。6.严禁说情打招呼,对搞封官许愿或者为他人提拔重用说情打招呼的,对私自干预下级干部选拔任用的,一律记录在案,情节严重的严肃追究责任。7.严禁违规用人,对突击提拔调整干部、超职数配备干部和违反规定程序选拔任用干部的,一律宣布无效,并视情节对相关人员给予纪律处分。8.严禁跑风漏气,对泄露、扩散涉及换届人事安排等保密内容的,一律追究相关人员责任。9.严禁干扰换届,对造谣、诬告他人或者妨害他人自由行使选举权的,一律严厉查处,涉嫌违法犯罪的移送司法机关处理)、省委“六个坚决查处”(即“六个坚决查处”:坚决查处拉帮结派、拉票贿选、说情打招呼等行为,坚决查处买官卖官、跑官要官、造假骗官等行为,坚决查处违规用人、跑风漏气、隐瞒实情等行为,坚决查处瞒案不报、压案不查、查案不力等行为,坚决查处造谣诬告、干扰换届、破坏选举等行为,坚决查处领导干部因履责不力,导致本地区换届风气不正、换届纪律松弛、换届选举出现非组织活动等问题)等换届纪律的宣传教育。建立“三级联动”[突出班子队伍建设、党风廉政、安全生产、信访维稳、脱贫攻坚、重点项目六项重点,实行县、乡(镇)、村(社区)三级干部捆绑联动和责任连带管理考核,实现县级决策督导、部门服务管理、乡(镇)统筹规划、村级承接提升的叠加效应]责任机制,县乡村三级层层签订责任书和承诺书,严格换届风气责任落实;建立换届舆情“日报告”机制,在乡(镇)设立民情直报员,每日报告换届舆情;建立“两个24小时”快查快处机制,对违反换届纪律的苗头性问题或者信访举报,乡(镇)在24小时内查核处理,重要问题或乡(镇)在24小时内未能处理的信访举报,县委组织部会同县纪委等在24小时内查核处理;建立定期巡查制度,将督查内容细化成督查清单,组建9个巡回督查组,先后开展5轮次集中监督检查。整个换届工作风清气正,没有发生一起违反换届经律的行为。

【基层党建工作】 2016年,组织工作紧扣市委“三江一路”总体部署,着眼深度融合、强化统筹协同,创新推进县“一区三带”[即北部打造以县城为中心、涵盖筠连、巡司、腾达3个乡(镇),以茶叶、肉牛、农产品加工、商贸物流为主导产业的“三产融合党建核心示范区”;东部建设涵盖维新、乐义、高坎、镇舟和大雪山5个乡(镇),以肉牛、漆树、青蒿为主导产业的“农牧循环党建示范带”;中部建设涵盖武德、沐爱、团林、联合、高坪、蒿坝6个乡(镇),以高山烤烟、立体林竹为主导产业的“立体种植党建示范带”;西部建设涵盖双腾、塘坝、龙镇和孔雀4个乡(镇),以乡村旅游、茶叶、中药材为主导产业的“休闲康养党建示范带”]党建示范建设,取得突出成效。一是着眼凝心聚力,选优训强班子。实施千名后备干部培养计划,在每个村(社区)储备后备干部3名以上;动态管理“第一书记”(从机关、企事业单位选派到贫困村、软弱涣散村的党组织担任第一书记;主要有建强基层组织、推动精准扶贫、为民办事服务、提升治理水平、发展集体经济等五项主要职责),及时调整5名工作精力不够的干部。周密谋划村(社区)换届,挑选4个乡(镇)的18个村(社区),采取“两推两诺,两票直选”(党员群众推荐,组织推荐;年度及任期履职目标承诺,未完成工作目标辞职承诺)提前试点,全县村级党组织换届试点工作在全市村(社区)“两委”换届工作动员会上作交流发言。标准制定上,采取“共性+个性”相结合,分贫困村、落后村、信访村等5类村制定不同人选;选任方式上,采取“从现任干部中挑、从后备干部中推、从外出人员中引、从机关干部中派、从返乡大学生中聘”等办法,实现候选人推荐最优化;换届风气上,健全电话、网络、信访“三位一体”举报平台,派出换届风气巡回督导组。二是着眼利益联结,抓实统筹部署。统筹资金10.9亿元,新建或改造村级活动阵地159个,推进茶叶、肉牛、旅游等特色产业,探索“支部+协会+公司+基地”等模式,出台发展壮大集体经济的意见,探索盘活资源、经营资产、管理服务等7种模式,建立股权造血增收联结模式,将财政资金量化为股权,入股龙头企业和农民专业合作社,优先保障群众保底收入、二次返利;建立生产要素入股联结模式,农户以资金、土地、技术等入股龙头企业,形成“资金共筹、利益均沾、积累共有、风险共担”的共同体;建立市场主体带动联结模式,基地农户、专业合作社与市场主动对接,通过签订产销合同、“保底价回购”实现利益联结。全县有集体经济的村增加到148个、总量超500万元,年收入5万元以上的65个。该经验做法被省市委组织部充分肯定。三是着眼有效运行,提升服务功能。在公共卫生、社区服务等领域推行政府购买公共服务,在筠连镇红权村等20个村成立“红白喜事服务队”,为村民提供质优价廉服务,群众欢迎。以基层党组织建设为抓手,强化基层服务型党组织建设,建立10类村(社区)班子功能结构模型,对257个村(社区)进行阵地服务优化,提升村干部服务能力,切实打通联系服务群众“最后一公里”。

【干部人才工作】2016年,组织工作把干部人才作用发挥在平时、管理在日常,激发干部人才队伍活力。探索实施"本地发展+异地生活+多地置业"的待遇留人机制,得到省委组织部充分肯定。一是强化"日常管理",从严纪律要求。在全县全面推行"周记月考年评"制度,坚持"三统一"(日常考核与年终考核相统一、日常管理与目标管理相统一、痕迹纪实与重点突破相统一)原则,紧扣德、能、勤、绩、廉五个方面,把每方面的考核内容分解细化为个性指标、共性指标等4类,突出勤政务实、工作实绩,明确方向、突出重点。乡(镇)党委把"周记月考年评"与脱贫攻坚任务结合,实行工作反向倒查、严格日常管理、强化任务完成、严防考核走形式做变通,考出组织和群众双满意的效果;县级机关单位把"周记月考年评"与重点任务结合,杜绝"四风"问题复发反弹,实现目标任务完成。二是强化"差异考核",激发内生动力。针对"干好干坏一个样""干的干、看的看,看的给干的提意见"等干部激励评价机制缺乏突出问题,县委在大雪山镇、龙镇乡试点,探索干部差异化绩效考核机制。采取"因岗定人、因人选岗、按岗计分、综合评分"办法,把干部年终绩效奖励分基础绩效(60%)和差异绩效(40%),完成基本任务得基础绩效,差异绩效由乡(镇)党委统筹评定,破解"大锅饭"问题,有效调动乡(镇)干部工作积极性。三是强化"平台建设",激活人才队伍。深化校县合作,采取直接到高校引、引智与引人相结合等措施,先后从高校引进毕业生56人,引进人才"智囊"30人。依托腾达镇春风村李子基地、花卉苗木基地、优质茶叶基地等6个基地,设立春风村政学院;依托筠连镇五凤村特色种植、养殖产业,打造干部实践培训点,建成"宜宾市干部教育培训五凤村现场教学基地"。开展大规模教育培训,邀请全国著名生漆专家、陕西省岚皋县农林科技局副局长廖正平等省内外专家,紧扣生漆发展、肉牛养殖、茶叶种植等主导产业,到筠连开展针对性培训教育;采取"党校+高校+实践锻炼"方式,对遴选优秀青年人才60名开展全方位培训,提升青年人才素质。全年,举办专题培训班5期、主体班3期、领导干部读书班1期766人次,统筹各单位干部培训22期1252人次,"搭车" 市级培训班5期25人、完成市级调训任务。加大优秀人才使用,组织农业、畜牧、水利等农口部门人才,组织"人才工作团"8个,采取定点"一对一"驻村帮扶、不定期巡回指导等方式,帮扶300余户贫困户发展产业80余公顷,指导全县茶叶、肉牛等产业发展160余次。撬动各部门资金,建成336套人才公寓,解决引进人才安居问题。在乡(镇)领导班子换届中,提拔35名优秀人才为副科级领导干部。

(肖开友)

机构编制管理

【党政群行政机关和乡(镇)编制】2016年,全县党政群机关行政编制505个,与上年持平;党政群在职的行政编制人数470人,减少10人,系调动原因,未超编。乡(镇)机关行政编制459个,与上年持平;乡(镇)机关在职人数377人,增加22人,系新增招考录用人员和乡(镇)充实配齐领导干部,退休及调出的较少。政法专项编制373人,与上年持平;政法在职人员334人,减少15人,系调动、退休等原因。

【事业单位基本情况】2016年,全县事业机构总数491个(含村小等教学点)。事业编制总人数6622个,与上年持平。

【政府职能转变和机构改革创新试点】一是落实政府职能转变实施方案。按照县委办、县政府办2014年《关于落实<筠连县人民政府职能转变和机构改革方案>及任务分工的通知》,编办会同县级有关部门完成2016年工作任务。二是机构改革创新试点。完善不动产统一登记制度改革,扶贫移民工作局的"三定规定",设立县委巡察工作机构,与规建城镇管局制发《筠连县房产管理中介机构脱钩改制方案》。

【巩固深化扩权强镇试点】2016年,根据县委、县政府2015年《关于实施扩权强镇试点工作的实施意见》,在上年基础上继续进一步深化大雪山镇、塘坝乡的试点工作。多次到试点单位调研指导,分析总结试点成果,继续组织试点乡(镇)主要领导和分管领导探讨、外出考察学习扩权强镇工作,深化扩权强镇试点工作。

【责任清单清理和审核】2016年,按照"权责一致、有权必有责"要求,在已公布政府权力清单基础上,县编办牵头,与县监察局、政务中心、法制办等制发《关于做好县级部门责任清单编制工作的通知》明确职责分工,经半年,9月底完成31个县级部门(单位)共6101项责任清单的清理、编制、审核,并全面向社会公示。

【事业单位分类和年度报告的改革】一是深化拓展事业单位分类成效,认真落实事业单位改革配套政策,对不同类型事业单位实施相应的精准改革,制发《关于转发〈关于做好分类推进事业单位改革中人事管理和社会保障工作的实施意见〉的通知》《关于转发〈关于印发分类推进事业单位改革中财政配套文件的通知〉的通知》。积极推进承担行政职能事业单位改革,加强事业单位改革过渡期管理。二是有序开展事业单位机构编制资源整合规范,按"精简、效能"原则,继续开展县属事业单位机构编制资源整合,分行业、分系统促进布局调整和规范管理。三是积极推进事业单位法人结构治理试点,组织相关单位人员到成都、遂宁等地考察学习,借鉴其经验和做法,选定巡司中心卫生院作为试点单位,拟草《筠连县公立医院法人治理结构试点工作实施意见(讨论稿)》。四是进一步规范事业单位登记并加强监督管理,做好机关、事业单位和机构编制部门管理的群众团体统一社会信用代码赋码工作,优化事业单位登记管理服务。五是全面完成事业单位年度报告公示。全县事业单位法人年报公示单位共267个,网上年报公示单位267个,完成年度报告公示267个。年报公示过程中,无单位新登记设立,有3个单位申请变更登记、7个单位注销申请、27个单位完成域名注册。至年末,全县党政群机关及事业单位域名注册共289个,实现全覆盖。六是全面开展新版"事业单位法人证书"换发工作。编办结合上年度的事业单位年度报告工作,集中开展事业单位更换新版法人证书,赋予事业单位存续期间唯一不变的统一社会信用代码。

【机构编制规范管理】 2016年,认真贯彻落实中央、省委、市委精神,按照"本届政府任期内财政供养人员只减不增"要求,采取系列控制机构编制的措施。一是严格遵守"2012年底行政编制(含政法专项编制)、事业编制总数不变"的原则,做到全县总数不突破,单位不随意调整。二是规范机构编制管理。制发系列制度措施,从适用范围、职责分工、管理内容、管理程序、监督检查5方面对如何管理、监督机关事业单位机构编制及人员作具体规定,进一步规范机构编制的管理。严格执行县委2009年《筠连县机关事业单位财政供养人员管理实施办法》,对职能减少的单位,按规定核减、精简和收回编制;对职能增加的单位,适量增加编制数。三是用好、用活机构编制资源。严格执行机构编制部门核定的编制限额,明确控制增量、盘活存量;坚持"围绕中心、服务大局",保障重点工作。脱贫攻坚方面,根据上级精神,想方设法从县域其他部门划转8个行政编制和12个事业编制,充实力量,组建扶贫移民工作局,专抓脱贫攻坚;从职能弱化的部门收回52个事业编制充实到医保局等民生部门。四是完善机构编制实名制管理;加强日常数据维护,实时更新台帐,实现机构清、编制清、领导职数清、实有人员清。

【机构编制违纪违规行为查处】 一是建立健全考核和问责机制、监督检查工作制度以及违法犯规问题查处措施,组织相关部门对财政供养人员进行清理和检查,有效控制"吃空饷"及机关事业单位乱借用人员现象。二是强化计划外用工管理,全面清理各单位计划外用工,符合使用规定的,重新规范,确保计划外用工的有序管理。县委、县政府加强对机构编制工作的领导,严格控制机构编制,及时研究解决重大问题,确保机构编制纪律的落实。日常工作中县纪检监察、组织、机构编制、财政、人力资源社会保障、审计等部门,坚持原则、各负其责,加强沟通协调,形成促进机构编制纪律执行的合力,共同维护机构编制纪律的严肃性和权威性。全年,市审计局对全县机构编制审计中未出现机构编制违法违纪行为。

(肖曾)

意识形态管理

【宣传概况】 2016年,宣传思想文化工作围绕中央"四个全面"战略布局和县委"12456"发展战略,坚持"五大发展理念"(创新、协调、绿色、开放、共享),实施"七大工程"(意识形态责任制、科学理论引领、新闻宣传主题、新媒体建设管理、精神文明提升、文化扶贫惠民、素质提升),立足"五个着力"(着力用当代中国马克思主义凝聚思想共识,着力营造决胜全面小康的舆论氛围,着力深化社会主义核心价值观建设,着力推进文化改革发展,着力加强宣传文化阵地建设和管理),为打造"四区"建设"三个筠连"提供强大的思想保证、精神动力、舆论支持、道德滋养和文化条件。

【意识形态】 一是贯彻落实。县委高度重视,第一时间传达学习中央、省委和市委关于意识形态责任制的相关文件精神。2月19日和2月26日,县委中心组和县委常委会分别进行专题学习。6月24日,县委专门召开全县党委(党组)意识形态工作暨宣传思想文化工作会议,传达贯彻全省党委(党组)意识形态工作责任制座谈会和全省宣传部长会议精神、全市党委(党组)意识形态工作暨宣传思想文化工作会议精神。二是组织措施。坚持把意识形态工作作为县委常委会向全委会报告工作的重要内容,作为各党委班子成员民主生活会、述职报告、履行党建责任制的重要内容。坚持有错必纠、有责必问,强化问责刚性和"硬约束",既查失职、渎职,也查"为官不为""为官慢为",真正把意识形态工作的规矩立起来、挺起来,确保铁规发力、制度发威。按照省委和市委要求,县委专题研究意识形态工作责任制贯彻落实的具体举措,县委办印发《关于贯彻落实〈四川省党委(党组)意识形态工作责任制实施细则〉的通知》,县委宣传部制发《筠连县意识形态领域工作研判通报制度》,要求严格落实意识形态工作责任制,把意识形态工作作为党的建设和政权建设的重要内容,纳入各党委(党组)的重要议事日程、纳入党建工作责任制、纳入领导班子和领导干部目标管理、纳入党的纪律监督检查范围。按照县委《关于开展以"着眼全局谋发展、真抓实干增效能"为主题的解放思想大讨论活动实施意见》要求,县委宣传部牵头开展解放思想大讨论活动,不断提升意识形态工作水平,切实维护本地区本部门意识形态领域的安全稳定,紧紧把意识形态领域各项工作抓在手上,做到不放手、不松手、不缩手,切实推动主体责任细化、深化、实化。三是责任明确。县委书记王萍带头认真履行"第一责任人"责任,带头抓意识形态工作,真正把意识形态责任放在心上。全县各党委(党组)对意识形态工作负总责,党组织书记是第一责任人,分管领导是直接责任人，其他班子成员认真履行“一岗双责”。四是督促考核，县委县政府目标绩效领导组制发《2016年度筠连县贯彻落实党委（党组）意识形态工作责任制督查考核办法》，明确检查考核的内容、方法、程序，推动考核工作规范化、常态化。

【理论武装】 一是开展“两学一做”学习教育活动，深入学习习近平总书记系列重要讲话精神和中央、省委、市委、县委全会精神，学习党章党规，坚定党员干部理想信念，向全县1万余名党员赠阅《习近平总书记系列重要讲话读本（2016年版）》，向全县各级党组织下发《全县小康热点面对面》等学习书目2000余册，县委中心组集中学习21次，超过全年目标9次，各党委（党组）中心组集中学习400余次。二是扎实开展“讲话精神六进”（进机关、进社区、进学校、进农村、进企业、进新社会组织）活动。组建县委宣讲团和市委“坝坝宣讲团”筠连成员开展向基层、向群众的理论宣讲60场次，开展向各党委（党组）组织宣讲人员各类宣讲300场次。在《绿色煤都》、筠连新闻网上开辟“理论学习”专栏，共推出深度评论、理论文章30篇。向全县党委（党组）中心组编发《理论热点导读》12期，其中有7期被刊发在省党委（党组）中心组网络学习平台上。三是学理论与促发展相结合，围绕县委“12456”战略、“十三五”规划和加快建设“绿色筠连、生态筠连、宜居筠连”等重点课题，加强前瞻性、战略性、应用性研究，形成一批有价值的研究成果，并促进成果利用和转换。四是征文活动，在全县开展征文活动，共征集到各类优秀理论文章30篇，向市上推荐3篇，其中县委书记王萍撰写的《“转型、创新、和谐”发展 建设“绿色、生态、宜居”筠连》获得三等奖。开展“法治宜宾·与我同行”征文，共收到征文100余篇，向市推荐10篇；申报2016年度市级社科规划立项课题10个，其中《叠加农村金融 创新举措破解产业扶贫资金瓶颈》等3项获规划立项。

【文化惠民行动】 一是文化惠民扶贫攻坚，以文化惠民扶贫攻坚工作为主线，加快推进乡（镇）、村综合性文化服务中心和“七个一”（1个文化活动广场、1套多功能文化活动室、1个简易戏台、1个宣传栏、1套文化器材、1套广播器材、1套体育设施器材）幸福美丽新村文化院坝建设。全年，完成乡（镇）图书馆分馆1个、文化馆分馆1个、基层综合文化服务中心14个、贫困村文化室61个、电子阅报屏5个、村阅报栏68个的建设，解决3790户贫困户收看本地电视难问题。完成市级文物保护单位禹王宫后殿修缮工程，通过省市专家组验收。建立公共文化服务购买机制试点，引导社会力量参与公共文化服务体系建设。二是广泛开展“送文化下乡”“送欢乐下基层”“结对子种文化”等主题群众文化活动。组织上百名演员参加“三江放歌”专题广场文艺演出。开展“书香天府”全民阅读、“流动书吧”下乡、故事会、“随手拍”“书香之家”评选等读书活动。组织开展专题文化下基层活动，文化系统新春慰问演出、送文化进校园、社区、送文化到贫困村等活动80场次，内容有送文艺演出、文化遗产保护知识培训、群众文化辅导等，丰富基层文化生活。三是大力开展文化扶贫扶志主题文艺创作活动，全年共创作文学作品25篇，书法作品50幅，绘画作品15幅，摄影作品60幅。组织开展一系列文化旅游节事品牌活动，引导培育一批特色文化旅游商品。四是做大做强一批骨干文化企业，抓好文化产业增加值的汇集和统计工作，提升文化产业增加值对全县GDP的贡献率。与四川红船传媒文化有限公司联合打造的青少年励志院线电影《初生牛犊》在筠连完成拍摄；由中国视协、省视协、市视协联合打造的“影视小屋”在筠连落成，成为川南首个。

【对内宣传】 2016年，全县新闻宣传工作大力宣传中共十八届五中、六中全会，省委十届七次、八次、九次全会，市委四届十一次、十二次全会和第五次党代会，县委十二届十次全会和十三次党代会精神，深入解读重大意义、丰富内涵、目标任务和实践要求。在县电视台、广播电台、新闻网站和《绿色煤都》上开辟围绕“决战扶贫攻坚 筑梦同步小康”、“四城同创”“平安筠连”、践行社会主义核心价值观、全域建设新农村、“两学一做”等栏目，进行广泛深入的宣传报道。全年新闻外宣稿件被中央级主流媒体刊载采用160余条（其中“焦点访谈”1期），省级主流媒体发稿170余条，市级媒体400余条（其中《宜宾日报》头版头条12条），实现新突破。

【对外宣传】 2016年，加强外宣工作的提前策划、统筹协调、宏观指导和归口管理。坚持定期研判媒体用稿走向，组织新闻外宣人员深入基层一线、深入普通劳动者中采访，集中在《农民日报》《四川日报》《四川农村日报》《四川经济日报》《宜宾日报》等中央、省、市媒体推出一批新农村建设、农旅结合、特色产业发展等的报道。以中央、省、市媒体集中宣传“时代楷模”王家元契机，主动出击，超前谋划，夯实前期采访基础的同时，巧借载体，实现外宣工作创新高，有力提升筠连的知名度、美誉度。3月中旬起，央视焦点访谈、新闻联播等媒体先后入驻春风村，分别开展为期一周的采访。4月初，中央、省、市20余家主流媒体集中采访王家元先进事迹。4月20日起，新华社、中央电视台、中新社、《人民日报》《光明日报》《经济日报》《四川日报》《宜宾日报》等主流媒体以系列报道、长篇综述、言论评论、动态消息、图片视频等形式，大篇幅、全方位、浓墨重彩地报道王家元的先进事迹，实现在中央、省、市主流媒体上稿共200余条，其中人民日报、新华社、央视新闻等中央主流媒体上稿30条。

【网络舆情监管】 一是加强网络舆情信息的监测、上报、处置，落实7×24小时值班制度，完善每日舆情监看、处置、登记，按照《网络舆情引导处置与管理暂行办法》《互联网管理出现重大问题考核办法》等，落实舆情主体责任。制订《筠连县互联网舆情应急管理工作预案》《筠连县换届选举舆情应急预案》，提高舆情应对能力。严密监控微博、博客、微信、论坛以及各类新闻报刊等平台，至年末，共监督处理对全县发展大局有负面影响的网络舆情260余条，报送社会舆情1330余条，被市委宣传部采用340余条、被中宣部采用26条。二是建立微信公众平台，主动应对互联网对思想舆论工作的挑战，积极拓展发声渠道，重视与网民互动，抢占舆论阵地，扩大舆论影响力。引导社区、论坛、贴吧言论，营造良好的网络舆论环境，完成评论转发96次，撰写相关网评文章12篇；5月召开"2016年全县'扫黄打非'工作会"；官方微博在"丙申春节话家风""两会微表情""成都天府国际机场"等话题下积极跟帖转发，引导网络舆论，推进政务信息公开透明化。三是加强网络法治化建设，全县有县域自媒体5家、官方微博18个、微信公众号11个，严格落实属地网站、自媒体信息审核制度，提高网信队伍新媒体管理、舆情应对能力。组织专人通过中国互联网违法和不良信息举报中心以及四川省不良与违法信息举报中心，加强对网络不良与违法信息举报力度，全年共举报不良信息1960条次，县网信办获中央网信办互联网举报中心奖励2次、获四川省不良与违法举报中心奖励2次。

【邀请专家到筠连专题讲座】 7月14日，邀请四川农业大学教授、博士生导师、四川农业大学科技管理处副处长王之盛到筠连作《肉牛高效健康养殖及产业链建设》专题讲座。7月21日，邀请全国茶叶标准化技术委员会副主任委员、中国国际茶文化研究会副会长、《中国茶叶加工》主编张士康到筠连作《中国茶产业发展路径思考》专题讲座，邀请市委党校常务副校长兰亚宾到筠连作《习近平总书记"七一"讲话精神解读》专题报告。9月6日，邀请双博士后、中国电子商务基地联盟秘书长、复旦大学电子商务研究中心副主任、研究生导师邵明，淘金信息科技江苏有限公司创始人、淘金集团董事长兼首席执行官、中国电子商务协会青年电商创业委员会会长王金合，四川小提兜电子商务有限公司总经理王永贵到筠连分别作电子商务专题讲座。10月24日，邀请江苏省第三批产业教授、南京审计大学和南京财经大学硕士研究生导师丁泉福到筠连作"平台经济"专题讲座。11月14日，邀请全国著名生漆专家、陕西省岚皋县农林科技局副局长、岚皋县国营林业总场场长、岚皋县旅游集团有限责任公司总经理廖正平到筠连作漆树产业知识专题讲座。

【宣传队伍建设】 一是在全县宣传系统按照"铁一般信仰、铁一般信念、铁一般纪律、铁一般担当"要求，增强看齐意识，严明政治纪律和政治规矩，深化"三严三实"专题教育成果。全面落实党风廉政建设主体责任，加强廉政风险防控，以严的纪律和实的作风保障，推动各项工作的落实。二是进一步完善配套政策措施，健全基层文化阵地设施"建管用"长效机制，改善基层工作条件。按编制配齐配强乡（镇）宣传文化队伍，确保每个乡（镇）有1名专（兼）职宣传干部和1名文化专干，落实每个村（社区）至少有1个政府购买服务的公益文化岗位、1名干部负责宣传文化工作。三是加强基层宣传文化干部人才引进和培养，全年县委宣传部、县教育文广局通过公开招考，引进宣传文化干部共12名。开展乡（镇）文化专干培训、农家书屋管理员培训、基层文化干部培训及文艺群团业务骨干培训；组织基层宣传文化干部参加省市的相关培训，宣传文化队伍素质得到极大提升。

【宣传要事】 6月29日，县委宣传部、县文联、筠连镇党委政府与云南省盐津县委宣传部、县文联在筠连举办"'两学一做'展风采，川滇翰墨颂党恩"筠连·盐津书画家交流笔会。6月30日，县委宣传部、教育文广局、文联主办，县文化馆、县广播电视台协办的筠连县第三届民族民间广场舞蹈大赛暨创建省级文明城市群众宣传月活动在玉壶公园池子球场举行。全县各乡（镇）文化站（社区）16支队近500名广场舞爱好者参赛。6月30日–7月4日，县委宣传部、教育文广局、文联主办，县文化馆、书法家协会、摄影家协会、诗词楹联协会、诗书画研究院承办的"庆七一·抒豪情"书画摄影展设禹王宫后殿，展出书画摄影作品130件，吸引数千市民参观。10月20日，县委宣传部、教育文广局、文联、塘坝乡党委政府主办，县电视台、作家协会承办的筠连县纪念红军长征胜利80周年"长征颂"音乐诗会在川丰村举行。

（罗强）

统一战线

【统战机制】 2016年，成立中共筠连县委统一战线工作领导小组，由县委书记任组长，办公室设在县委统战部，全面落实由县委常委担任统战部部长的规定；县委常委会多次研究部署全县统一战线工作；坚持统战系统联席会议制度，每季度召开统战工作联席会议；起草并县委名义印发《中共筠连县委贯彻〈中国共产党统一战线工作条例（试行）〉和〈四川省统一战线工作实施细则〉的实施意见》，加强对县民宗局、工商联、非公经济党工委、台办、台联工作的指导，形成县委统一领导，统战部门牵头抓总，各部门协调配合的统一战线工作大格局。

【统战合作】 2016年，进一步健全民主协商机制，继续实行全县重大决定、重要人事任免等事项征求党外人士意见、建议和全程监督的制度，拓宽无党派人士知情渠道，引导无党派人士正确行使、履行参政议政、民主监督的权利和义务，加强无党派人士与政府部门的联系与合作，协商民主机制取得新成果，对照《中共宜宾市委关于贯彻〈中国共产党统一战线工作条例(试行)〉和四川省贯彻〈中国共产党统一战线工作条例(试行)实施细则若干问题的意见〉》，制订中共筠连县委与无党派人士和工商联的年度政治协商计划，规范双月协商会、专题协商会、情况通报会等会议机制和“党委出题、无党派人士调研、政府采纳、部门落实”的无党派人士考察调研机制；制订《政协筠连县第十五届委员会换届工作方案》，在县人大代表和县政协委员人事安排中，多形式就人大代表和政协委员人选同各人民团体、各界人士、工商联进行反复协商，产生县第十五届人大党外人大代表71名、县第十五届党外政协委员89名。

【统战活动】 2016年，开展“两学一做”学习教育活动，认真学习《中国共产党党章》和习近平总书记系列重要讲话精神、争取合格党员，开展3个专题讨论，认真撰写讨论发言材料，召开“两学一做”学习教育专题民主生活会，认真疏理存在的问题和建议，限期整改。统战部机关深入开展“着眼全局谋发展、真抓实干增效能”解放思想大讨论活动，建章立制，完善统战工作机制，加强干部职工教育培训，选派干部参加各级培训和调训，整治“吃空饷”、开展“周记月考年评”，加强公务用车改革，规范公务用车管理。

【非中共干部培养】 一是继续贯彻中发〔2005〕5号、〔2006〕5号、〔2006〕15号、〔2012〕4号，川委发〔2005〕11号、〔2012〕16号，宜委发〔2005〕13号和筠委发〔2005〕36号文件精神，加强党外代表人士工作，明确目标任务和具体分工，认真做好党外干部的教育、培养、选拔、推荐和管理，纳入整个后备干部队伍建设总体规划。加大推荐使用力度，对乡(镇)及县级有关部门落实情况进行全面督查。协同县委组织部加强党外干部的教育培训和党外后备干部培养，及时向县委推荐条件成熟的党外干部充实到领导岗位，选派田勇、余清羽(女)参加市委统战部组织的调训。乡(镇)换届和县级部门领导干部调整中，新提拔实职非中共干部18名，其中新提拔副县级实职非中共干部2名、正科级实职非中共领导干部2名、副科级实职非中共干部14名。至年末，全县共有副科及以上实职非中共领导干部34名,其中县人大常委会副主任1名、县政府副县长1名、政协副主席2名，正科级4名、副科级26名。二是加强非中共后备干部队伍建设，按照“一职二备”的要求，继续分层次完整、规范健全非中共县人大、县政府、县政协“三副”和科级、副科级后备干部动态管理名单。

【非公经济统战】 一是完善县级领导干部联系非公经济代表人士制度，加强非公有制经济代表人士思想政治教育，开展“两学一做”学习教育活动和“守法诚信坚定信心”理想信念实践活动，引导非公经济人士学习习近平总书记“关于非公经济方面的重要讲话”和中央、省委经济工作会议精神及县“十三五”规划。6月21日，组织第十届工商联(商会)会员代表集中学习“非公36条”和习近平总书记“关于非公经济方面的重要讲话”，引领企业转型升级，坚定信心，引导非公企业和非公经济人士积极投身精准扶贫、光彩事业，开展“百企帮百村”行动，累计捐款捐物70多万元。二是综合评价，根据川统发〔2016〕46号文件精神和市委统战部非公有制经济代表人士综合评价动员培训会要求，建立非公有制经济代表人士综合评价工作联席会议制度，由县委统战部牵头、14家部门共同参加。10月30日，召集14个参评部门召开全县非公有制经济代表人士综合评价动员会，全面动员部署和系统操作培训；人大、政协换届中，综合评价了49名非公经济代表人士。三是注重经济统战的广泛性和代表性，在新一届政协委员配备中，经济界政协委员中涵盖有县域非公企业代表人士、外地在筠连非公企业代表人士和外出“筠商”代表人士。

【非公经济组织党建】 2016年，围绕县委全力打造“四区”和建设“三个筠连”发展目标，突出抓实基础工作，制发《筠连县非公企业党建工作意见》。3–5月，集中开展党组织关系排查，为高石村支部陈知能、陈昌荣找到党组织。积极开展“两学一做”活动，到对口联系企业督查指导，蓝伯特公司、顺欣公司在积极学习讨论和规范组织生活上成为行业领先者，蓝伯特公司投入10万元建阵地，受到县委组织部肯定。7月，建党95周年，蓝伯特公司支部、百兴公司支部被市委表彰为“先进基层党组织”，顺欣公司孙从英被市委表彰为“优秀党员”；顺欣公司党支部被县委表彰为“先进基层党组织”，百兴公司杨国军、蓝伯特公司朱万新被县委表彰为“优秀党组织书记”，鱼箭沟电厂余明聪被县委表彰为“优秀党务工作者”。9月，蓝伯特公司何英明当选为出席市第五次党代会代表，顺欣公司孙从英、蓝伯特公司田永江推选为县第十三次党代会代表。

【非中共知识分子培养】 一是健全完善县级党员领导干部联系非中共知识分子代表人士制度，完善副高以上职称非中共知识分子个人档案，全县有非中共副高职称以上知识分子共141人。二是加强特约人员的调研和指导，不断拓宽非中共人士参政议政渠道和监督面，做好新的社会阶层人士思想政治工作，建立由县委负责，县委统战部牵头，县委宣传部、网信等组成的新的社会阶层人士统战工作联席会议制度；成立县委统战部新社会阶层人士筹备工作组，率先在瑞龙律师事务所、玉壶律师事务所落实统战委员、联络员制度。7月，对县域新的社会阶层人士现状开展调查，向组织推荐2名优秀人士，做好有代表性优秀人士的政治安排，为新社会阶层人士提供服务。

【对台工作】 一是调整充实台办领导干部，充分发挥台办组织、协调、管理和联谊联情职能，充分利用 QQ、微信等交流手段，加大对台宣传和交流交往。二是继续实行对台联席会议制度和联系海外人士制度，组织政协台侨界委员和台联理事会成员深入学习中共十八届四中、五中全会、习近平总书记“七一”涉台讲话和县委十二届五次全会精神。三是加强对台联工作指导，帮助台联完善工作机制，多形式开展联谊联情活动，结合“两学一做”学习活动，于1月、4月、9月、10月组织台属代表开展学习活动，9月23日，组织召开筠连县台胞台属中秋座谈会，邀请60位台胞台属代表，为“发挥桥梁纽带作用，为筠连经济社会发展做贡献”建言献策。“扶贫日”活动中，利用台联会第四季度学习活动宣传中央、省、市、县精准扶贫政策，发动台胞台属为贫困户捐款献爱心，捐款3000元。四是热情为台胞台属服好务，协调处理市台办转交的《关于台属余为卓给王铭晖书记写信反映筠连县出售南郊公园土地违反国务院颁发的〈台胞捐赠工作的规定〉》的信访事项，依法维护台胞台企合法权益；联系县人社局，积极协调解决台属李传盛退休工龄认定问题；联系政府办、规建城管局等单位，协调解决台属胡平房屋修建问题。对经济困难或热心对台工作的台属代表慰问，春节前夕共走访慰问台属代表19户。

【民族宗教】 一是学习贯彻全国、省、市民族宗教工作会议精神，开展民族团结进步宣传教育，指导协助民族纠纷调解，依法妥善处理涉民族宗教领域敏感问题，派专人对少数民族脱贫攻坚政策宣传，做好政策解释。二是加大对少数民族干部的教育、培养、选拔使用力度，6月，调查全县少数民族干部、优秀知识分子及代表人士现状，形成《筠连县少数民族干部、优秀知识分子工作相关情况》报告供市、县参考。县乡（镇）换届中，积极向组织推荐优秀少数民族干部，新提拔副科级及以上少数民族干部3名，壮大全县少数民族干部队伍。三是执行党的宗教方针、政策，加强对《四川省宗教事务条例》的宣传，着力抓好宗教“两乱”（乱建寺庙、乱塑神像）整治和防邪工作，继续开展“和谐宗教活动场所”“法治示范寺庙”创建活动，坚决抵御国外反华势力利用宗教进行渗透。6月，选派寺庙僧人释通静到省社会主义学院参加市宗教界代表人士培训班学习，提高宗教法治化水平和僧侣法律意识。

【指导工商联工作】 一是加强对工商联（商会）的管理，重视商会会员及经济界政协委员素质的培养，提高其参政议政和履职能力。二是加强对工商联工作的指导，代县委拟草并印发《筠连县工商业联合会（商会）换届方案》。三是考察新一届工商联（商会）执委人选，3月底至4月初，由县委组织部、县委统战部、县工商联党组组成考察组对新一届工商联（商会）执委人选全面考察，完成对工商联（商会）考察换届工作。6月21日，成功召开第十届工商联（商会）会员代表大会，大会选举产生新一届执委55名，召开新一届执委会和常委会，选举产生工商联第十届领导班子，即工商联主席1名、副主席15名、常务委员21名。

【统战对口帮扶】 8月前，县委统战部对口帮扶乐义乡贫困村沙地村，统战部原副部长熊洪书任驻村工作组组长。加强对联系村的帮扶指导，及时调整担任沙地村“第一书记”，具体负责沙地村精准扶贫工作；部机关职工“一对一”对口帮扶，为沙地村协调资金92万元，用于组道公路硬化，统战成员为脱贫攻坚捐款捐物40多万元，年末完成沙地村脱贫“摘帽”工作。9月起，对口帮扶调整为塘坝乡双田村，明确县委统战部为精准帮扶牵头部门。

（杨如翠）

机关党建

【思想理论建设】 2016年，县机关工委大力开展中共十八大和十八届三中、四中、五中、六中全会及习近平总书记系列重要讲话精神的教育培训，抓好思想理论、法规警示、先进典型的学习，增强党员干部党性意识、党纪党规意识，形成机关良好的政治生态。一是发挥县级干部的率带作用。结合“两学一做”“五个一”帮扶工作，副县级以上领导坚持双重组织生活，认真讲党课，做好联系贫困村等工作，起好示范作用。二是牵头组织县级机关科级干部分设4个学习小组，加强警示教育，坚持规范化、制度化和实效化，学习不走过场，以干事创业、争创一流为检验标准，形成良好的机关学习风气和干事氛围。坚持每月集中学习1次，每个成员每年上交调研文章1篇，并上交学习笔记，邀请县委党校讲师为机关党员干部作形势报告2次。全年共收到撰写调研报告、信息100余篇。三是开展党员教育培训，举办入党积极分子和预备党员培训班1期，对新入党人员进行党史党章系统学习。

【先锋服务行动建设】 一是工作部署，制发《筠连县2016年干部驻村帮扶工作要点》，深化结对帮扶工作，全面落实机关党支部的帮带责任和村党支部的主体责任，协力创建服务型党组织，压实驻村干部精准扶贫责任，全面督察驻村干部驻村工作情况。二是强化督导，深化“先锋服务行动”，强化督导推动干部驻村帮扶工作，多形式组织引导机关党组织和党员干部紧扣扶贫攻坚行动计划，全面履行本职岗位和服务精准扶贫两个职责。三是跟踪问效，协助党委（党组）抓好驻村帮扶干部跟踪问效，协助干部驻村帮扶协调小组进一步履行职能职责。

【党员信息库建设】2016年，及时维护更新全县党员信息库，做到党员信息库真实、准确、完整，让每一个党组织、每位党员存在信息库中。至年末，全县有党的基层组织86个，其中党委2个、党总支4个、党支部80个，党员总数1129名。党支部换届59个次，新任职党支部书记21名。

【“双岗双责”活动】2016年，继续深入把“双岗双责”活动与群众路线教育实践活动紧密结合，有序衔接、有效配合，以党支部为单位，遵循就近就便原则，实行机关党组织到单位所在地社区报到、机关在职党员到居住地社区报到，实现机关党组织和在职党员到社区报到全面覆盖，引导党员积极参与党员义工服务队、志愿行动等活动，引导党员在推动基层民主、收集社情民意、处置突发事件等的骨干作用，提高“双岗双责”活动的影响力和感召力。

【党风廉政建设】2016年，组织党员学习贯彻《中国共产党党员领导干部廉洁从政若干准则》《中国共产党纪律处分条例》和习近平总书记在中纪委十八届六次全会上的讲话精神，深入推进党务公开，畅通党内监督、社会监督渠道。全面落实《机关党员干部践行“三严三实”行为规范》，配合县级干部完成“三严三实”（严以修身、严以用权、严以律己，谋事要实、创业要实、做人要实）专题教育实践活动，协助党委（党组）抓好专题民主生活会各项整改措施的落实。加强监督检查，积极配合抓好机关行政效能建设。坚持“一案双查”，推动“两个责任”全面落实，依规从严查处“不作为、慢作为、乱作为”现象和违纪违规党员。

【基层党组织规范性建设】一是阵地建设，采取“财政出一点、部门（单位）出一点、党费出一点”方式，全面清理机关党组织活动阵地，按“六有”标准（有固定场所、有设施设备、有标识标牌、有党旗党徽、有党建资料、有管理制度）检查党员活动阵地建设，并重点打造国税、环保2个示范阵地，其中县国税局机关党委创建了“123”机关党建模式（“一项中心、二项制度、三型机关”）。二是严格党员“双预审”制度和工作程序，加强跟踪培养考察，经常性发展新党员，及时研究讨论预备党员转正，继续坚持发展党员时请支部负责人介绍本人情况的做法。三是落实党支部“三会一课”（定期召开支部党员大会、支部委员会、党小组会，按时上好党课）制度；一年一次专题组织生活会等制度；每季度定期组织在职党员到单位驻地社区开展“党员义工日”活动。

【“两学一做”工作】2016年，按照中央、省委、市委、县委部署，把学习贯彻党章作为“合格党员”的基本功。进一步抓好党员组织关系集中排查，为“两学一做”学习教育打好基础；以党支部为单位全面开展一次主题党日活动，组织党员重温入党志愿和入党誓词；召开全县机关“两学一做”工作推进会，推动党建工作全面进步、全面过硬；组织全体机关党员开展“手抄党章暨书法比赛”“学习教育知识竞赛”，引导党员遵守党章、践行党章，全面理解党的纲领，牢记党的宗旨，坚定理想信念；扎实开展“树清廉家风，创最美家庭”主题活动。在县级机关开展“两学一做好”“帮扶工作好”“廉洁自律好”“服务基层好”“主动作为好”五好机关创建，引导机关干部以帮助脱贫为目标，自加压力，打好攻坚战、持久战，克服压战情绪。成立机关工委督查“两学一做”工作组，对全县机关各单位进行督察。

【“五个一”扶贫】一是帮助制订实施脱贫规划。在全面摸清影响村级发展的困难、问题、症结，摸清贫困村、贫困户帮扶需求基础上，与村“两委”分析致贫原因，理清贫困村“摘帽”、贫困户的脱贫发展思路；与扶贫移民局共同编制贫困村发展规划，帮助贫困户制订脱贫计划。二是落实扶贫项目。联系领导、帮扶单位、驻村工作组统合力量，联系协调17个重点扶贫项目部门，推动加快贫困户易地扶贫搬迁、村阵地建设、信息网络覆盖、电网改造、村道硬化、便民路修建及安全饮水设施、卫生室、文化室的建设进程。三是利用帮扶单位资源，积极争取本单位本行业样板示范项目到所驻村的落地和实施，推动贫困村加快发展、群众脱贫致富增力。至年末，基本完成各贫困村公共基础设施建设；肉牛育肥、能繁母牛、茶叶、漆树等产业全面落实到户，有计划推进。四是全面动员组织县级机关企事业单位干部及乡（镇）干部结对帮扶共10545户贫困家庭。全年，共有11个贫困村“摘帽”、1594户6422贫困人口脱贫，“五个一”扶贫工作得到省委省政府考核组的高度评价。

【精神文明建设】一是开展“扶贫日”活动。10月“扶贫日”集中募捐活动期间，组织机关干部全参与，个个有行动、人人献爱心，共募集现金917446.30元。二是举办文化娱乐活动。贯彻落实国家《全民健身条例》，会同县委宣传部、总工会、妇联、团委、体育局举办“筠连县2016年全县干部职工登山比赛”活动；为纪念五四运动97周年，组织职工参加“践行核心价值观，凝聚青春正能量”艺术朗诵比赛；选出选手参加市直机关工委举办“青春闪耀扶贫路——我的驻村故事”主题演讲比赛。

（张丽）

老干部服务

【老干部概况】2016年，全县有副县级以上离退休干部37人，其中离休干部8人（享受正县级待遇3人、副县级待遇5人）、副县级及以上退休干部29人（副厅级4人、正县级10人、副县级15人）。代管离休干部1人、代管副县级退休干部2人。在8位离休干部中属机关6人、企业2人。

【尊重关怀老干部政治待遇】 一是继续坚持老干部阅文、学习等制度，深化离退休干部党支部和党员创先争优活动。二是坚持《筠连县老干部工作领导负责制》《筠连县老干部病情慰问、情况反映、节日走访慰问制度》《筠连县县级领导联系离退休干部制度》等政策待遇的落实。三是开展座谈会和培训会，依托老干部活动中心、老干部党校的阵地优势，坚持每月学习制度，先后邀请县发改局、县委宣传部等领导或专家作"全县精准脱贫工作推进情况""社会主义核心价值观""全国两会精神""习近平总书记系列重要讲话精神""反腐倡廉""两学一做"等专题汇报、辅导、讲座10场次。3月29日，组织全体副县级及以上离退休干部，前往革命烈士陵园扫墓，瞻仰为党和人民的事业壮烈牺牲的革命先烈。四是及时通报有关情况，组织老干部参观视察。5月15日，组织全体副县级及以上离退休干部观看《太空，未来的战场》视频。8月15日，组织全县副县级及以上离退干部观看反腐警示教育片《信仰》视频资料。五是坚持离退休干部代表参加县委中心组学习会制度。12月15–19日，全县副县级及以上离退休干部应邀列席县"两会"。

【做实促老干部生活待遇从优】 一是高标准落实离休干部公用经费，考虑离休干部均进入"双高期"，明确规定财政预算给单位的离休干部公用经费全额发放给老干部个人作为生活补助。二是开展系列健康保健活动。6月15日，邀医疗专家张德俊为老干部作《健康养生》专题报告。11月15日，特邀县委党校原常务副校长李万旭为老干部作《如何培养富有情趣的晚年生活方式》专题辅导。三是进一步健全完善《筠连县离退休干部特殊困难帮扶机制》，切实帮助解决特殊困难。

【创新丰富老干部文体活动形式】 一是健全离退休干部人才信息库，充实老干部爱国主义传统教育宣讲团、网吧义务监督队、文艺小分队等，按照自觉自愿、量力而行的原则，让老同志在青少年教育、新农村建设、工业强县战略、和谐社会建设、亲民惠民行动、两学一做、脱贫奔康等充分发挥作用。三是开展"老干部创卫示范街"，组织老干部充当创卫"义务劝导员"，为全县城乡环境综合整治做贡献。四是推行每逢节假日，以老干局名义给老干部发送祝福短信。逢老干部生日，领导均打电话向老领导问候等。1月26日–2月5日，全县在职县级领导走访慰问全体副县级及以上离退休干部。10月9日，召开庆祝"九九"重阳节老干部座谈会，县领导王萍、何跃、黄静、李小林、罗吉义以及老干部工作领导小组成员，退休干部代表，部分离退休干部党支部书记等共40人参加。

【抓建设老干部工作升位】 一是抓培训，重教育，提高老干部工作队伍素质。4月中旬，县委召开党建工作及老干部工作会议，对全体党务工作者及老干部工作者进行老干部工作思想认识和政策法规的培训教育。7月中旬，在全县中青年干部培训班上，老干部局领导作老干部工作业务知识专题授课培训。二是抓创优，重基础，大力促进老干部工作提升。全年，开展"两学一做"活动，以环境新县为契机，抓好老干部局机关作风建设。坚持每月2次工作议事制度，做到工作思考超前谋划、工作安排细致周全、工作落实强化督查，工作成效严格考评。以创建促提高，形成高效、务实工作格局，更好地适老干部工作需求。

【组织老干部视察】 2016年，县老干部局组织全体副县级及以上离退休干部参观、视察县内建设9次。3月10日，视察县数字城市管理中心，听取创建"国家卫生城市"情况汇报。4月13日，参观、考察巡司镇新农村建设，听取镇党委政府对新农村建设的汇报。5月25日，参观、考察筠连镇五凤村精准扶贫工作。6月25日，参观、视察维新镇顺阳村产业发展，副县级及以上离退干部和家属共30人参加。7月26日，参观、考察塘坝乡基层党建示范工程，副县级及以上离退干部和家属共30人参加。8月27日，视察海瀛工业园区粮食仓储项目建设情况，副县级及以上离退干部和家属共30人参加。10月28日，视察筠连镇佛来山生态旅游区打造，副县级及以上离退干部和家属共30人参加。11月26日，参观、视察县环境监测站运行情况，副县级及以上离退干部和家属共30人参加。

（黄章恒）

党　校

【干部培训】 2016年，县委党校发挥党校教育培训领导干部和理论骨干的主阵地作用，做到"三个结合 三个实效"（培训干部要把教育的一般规律、干部成长规律和党校教育的特殊规律结合起来，紧紧围绕县委"实干增效"的思路和全县中心工作，按需施教），共开办4个主体班和1个专题班：5月3–5日，举办扶贫攻坚专题培训班，培训110人；7月4–8日，举办党务干部示范培训班，培训45人；8月22–24日，举办农村电子商务和特色产业培训班，培训农村妇女干部46人；10月18–21日，举办新任副科级领导干部培训班，培训副科级领导44人；11月15–19日，举办优秀干部和人才递进培养计划第4期培训班，并于11月29日–12月12日到西南财经大学等进行为期14天的继续学习。

【专题讲座】 2016年，突出县委战略决策和区域经济发展培训，围绕全县重大发展战略，把"精准扶贫""转型跨越""旅游开发""文化强县""县新农村建设"等纳入培训重点。教学中安排县委重大决策专题讲座5次、安排经济社会转型跨越发展专题讲座 4 次。

【宣讲工作】2016 年,充当县委各种宣讲活动的主力军,紧紧围绕“四个全面”战略布局重大战略思路,先后到机关单位、乡(镇)宣讲“两学一做”学习教育和十八届六中全会精神,全年共举行 9 场次。

【函授学历教育】2016 年,继续与西安科技大学合作,继续搞好采矿专业函授班的教学管理,有 5 名学员毕业。

【科研咨政】2016 年,坚持根据县委、县政府确立的工作重点制订科研计划,确立科研目标和重点。实施课题带动咨政,组织教师深入全县各机关、乡(镇)、学校开展专题调研。全年完成市级科研课题 2 篇、市级案例教学 1 篇、市级咨政课题 1 篇。党校教师辅导筠连县第四期优秀年轻干部人才递进班实践锻炼的调研文章 60 篇。咨政成果获县主要领导批示 3 项。

【师资培训】2016 年,派出教师 8 人次到各地培训学习:3 月 21–27 日,派出教师 4 名到复旦大学参加全国党校校长及业务骨干能力提升专题研修班学习;3 月 28–30 日,派出教师 2 名到市委党校参加干部教育师资进修班学习,并于 4 月 11–16 日到井冈山市委党校继续学习;5 月 15–20 日,派出教师 2 名到上海大学参加 2016 年宜宾市“两学一做”理论宣讲骨干培训班学习;10 月 24 日—11 月 23 日,派出教师 1 名到省委党校参加第 25 期全省党校行政学院系统师资培训班学习;11 月 1–9 日,派出教师 1 名到中国人民大学参加全面从严治党(学习中共十八届六中全会精神教学宣讲)研修班学习。

【党校特色】一是建立党性教育基地群众路线教育馆和春风村学校,实现“基地 + 教室”的教学模式;二是科研工作紧紧围绕县情,发现问题并提出建议,为全县的转型跨越发展建言献策;三是与县委组织部、妇联、经信科技局等合作办班,实现部门联动和学习资源整合利用。

【党校硬件建设】2016 年,利用省委拨发专项资金 40 万元修缮教学楼和完善教学设备。申请春风村村政学院为省级农村村政学院和现场教学基地,完成申报。

【党校对口帮扶】2016 年,党校继续对口帮扶武德乡小寨村,教员杨腊梅担任小寨村第一书记。共到对口扶贫村走访慰问 15 次,为贫困户送去慰问金、送面条、赠送 500 只鸡苗,对贫困户进行肉牛和鸡养殖培训,资助村党建示范集体经济费,送去 3 万余元物资。走村入户、了解村情民情,根据小寨村实际情况制订村规划、户计划;协助村委完成小寨村基础设施建设,修建便民路 3 千米、硬化公路 1.5 千米,产业发展茶叶套种桂花 13.33 公顷;牛棚建设 7 户,易地扶贫搬迁 5 户,危房改造 4 户,低保兜底 15 户,发放周转金 40 万元。参与栋梁工程扶贫助学公益活动和“爱心包裹”助学活动,捐款 3300 元。

(黄亚盼)

筠连县人民代表大会常务委员会

人大综述

【县十五届人大概况】 四川省第十一届人民代表大会常务委员会第23次会议决定，筠连县第十五届人民代表大会(以下简称“县十五届人大”)代表202名、筠连县第十五届人民代表大会常务委员会(以下简称“县十五届人大常委会”)组成人员23人。2011年11月23日，选举产生县十五届人大代表202名。2011年12月26日，县十五届人大第一次会议依法选举何跃为县十五届人大常委会主任，晋方全、张彬、李家明、古有奎为副主任；选举(按姓氏笔画为序)王顺华、兰永先、任永生、刘均、刘小芹、安平、李清卫、应国秋、陈朝金、林岭、郑荣枢、练红、徐元永、徐德聪、郭琴、黄永军、彭远霓、熊平为县十五届人大常委会委员。

县十五届人大第一次会议后，夏敏、张凯、杨廷刚因工作变动，调离县行政区域，其代表资格终止；2012年12月12日，补选邬文斌、何兴军为县十五届人大代表；2012年12月14日，县十五届人大常委会第10次会议审议决定，同意赵国雄、毛美成辞去县十五届人大代表职务。县十五届人大第二次会议后，陈朝金因工作变动，调离县行政区域，其代表资格终止。县十五届人大第四次会议后，杨国庆、张勇因调离县行政区域，其代表资格终止；李晏生、陈明华去世，其代表资格终止。县十五届人大第五次会议后，杨铁成、甘华锋、叶光明、田华清因调离县行政区域，其代表资格终止；2015年5月28日，县十五届人大常委会第31次会议审议决定，同意潘练红、杨正春辞去县第十五届人民代表大会代表职务；2015年9月29日，县十五届人大常委会第33次会议审议决定，同意黄学锋、李伟萍辞去县十五届人大代表职务。2016年1月12日，补选陈叙、郑云、王永红、李刚、陈良云、伍崇辉、马期茂、陶刚、熊明泽、师世秋为县十五届人大代表。至2016年11月县十六届人大代表选举产生前，县十五届人大代表为198名。

县十五届人大第一次会议后，因工作需要，安平在县十五届人大常委会第3次会议上，熊平、刘均在县十五届人大常委会第6次会议上，陈朝金在县十五届人大常委会第9次会议上辞去县十五届人大常委会委员职务。县十五届人大第二次会议选举邬文斌、何兴军、罗光友为县十五届人大常委会委员。县十五届人大第三次会议后，因工作需要，徐德聪、王顺华、邬文斌先后在县十五届人大常委会第12次、15次、19次会议上辞去县十五届人大常委会委员职务。县十五届人大第四次会议选举杨铁成、万家其为县十五届人大常委会委员。县十五届人大第五次会议后，因工作需要，杨铁成在县十五届人大常委会第36次会议上辞去县十五届人大常委会委员职务。县十五届人大第六次会议后，因工作需要，晋方全在县十五届人大常委会第40次会议上辞去县十五届人大常委会副主任职务。至2016年12月县十六届人大第一次会议召开前，县十五届人大常委会组成人员19名，缺额4名。

县十五届人大常委会设有工作机构5个：县人大常委会办公室，设主任1人，副主任1人(缺)；县人大常委会财政经济工作委员会，设主任1人(2016年5月前缺)，副主任1人(2016年5–7月缺)；县人大常委会法制与社会事业工作委员会，设主任1人，副主任1人；县人大常委会人事代表工作委员会，设主任1人，副主任1人；县人大常委会农业工作委员会，设主任1人(副主任主持工作)。设议事机构3个：县人大常委会预算审查工作委员会，主任委员1人，副主任委员1人，委员3人；县人大常委会代表资格审查委员会，主任委员1人，副主任委员1人，委员5人；县人大常委会备案审查委员会，主任委员1人，副主任委员1人，委员3人。服务机构1个：代表联络工作站。

【县十六届人大概况】 四川省第十二届人大常委会第24次会议决定，筠连县第十六届人民代表大会(以下简称“县十六届人大”)代表202名，筠连县第十六届人民代表大会常务委员会(以下简称“县十六届人大常委会”)组成人员25名。2016年11月11日，选举产生县第十六届人大代表202名。2016年12月16日，县十六届人大第一次会议召开，选举何跃为县十六届人大常委会主任，古有奎、刘乐君、郑世筠、代屏为副主任；选举(按姓氏笔画为序)石均、任永生、刘泽慧、李俊、李清卫、杨显林、何玲、何兴军、邹小川、宋向远、陈光贤、周德强、郑荣枢、徐勇、徐元永、郭琴、黄林、黄通其、彭远霓、潘玉霞为县十六届人大常委会委员。

县十六届人大常委会设工作机构5个：县人大常委会

办公室，设主任 1 人、副主任 1 人(缺)；县人大常委会财政经济工作委员会，设主任 1 人、副主任 1 人；县人大常委会法制与社会事业工作委员会，设主任 1 人、副主任 1 人；县人大常委会人事代表工作委员会，设主任 1 人、副主任 1 人；县人大常委会农业工作委员会，设主任 1 人(副主任主持工作)。设议事机构 3 个：县人大常委会预算审查工作委员会、县人大常委会代表资格审查委员会、县人大常委会规范性文件备案审查委员会，至年末未换届。服务机构 1 个：代表联络工作站。

筠连县人民代表大会会议

【县十五届人大第六次会议】 2016 年 1 月 19–22 日，县十五届人大第六次会议在县会议中心举行。应到县人大代表 198 名，实到县人大代表 183 名；邀请特邀人员 3 人，在职副县级以上领导 6 人，曾担任副县级实职以上领导职务的离退休人员 26 人，县委工作部门负责人 6 人，县人大常委会工作机构负责人 2 人，县政府工作部门负责人及县属企事业单位代表 33 人，县法院、检察院负责人 2 人，县属群团组织代表 6 人，中央、省、市直属单位代表 27 人，乡(镇)党委、人大、政府负责人 25 人，在筠连的省、市人大代表 5 人，非公有制企业代表 17 人，共 158 人列席会议。大会于 19 日下午举行预备会议、20 日上午举行第一次全体会议、21 日上午举行第二次全体会议、22 日上午举行第三次全体会议、22 日下午举行第四次全体会议。

会议主要议程：1.听取和审查筠连县人民政府工作报告；2.审查和批准筠连县国民经济和社会发展第十三个五年规划纲要草案；3.审查和批准筠连县 2015 年国民经济和社会发展计划执行情况及 2016 年国民经济和社会发展计划草案的报告；4.审查和批准筠连县 2015 年财政预算执行情况及 2016 年县级财政预算草案的报告；5.听取和审查筠连县人大常委会工作报告；6. 听取和审查筠连县人民法院工作报告；7.听取和审查筠连县人民检察院工作报告；8.选举事项：会议选举伍崇辉为县人民法院院长。会议期间收到县人大代表 10 人以上联名的议案 11 件，建议、批评和意见 131 件；议案审查委员会按程序把代表 10 人以上联名提出的 11 件议案改作建议、批评和意见处理，共 142 件转交“一府两院”及其有关部门办理。

【县十六届人大第一次会议】 2016 年 12 月 16–19 日，县十六届人大第一次会议在县会议中心举行。应到县人大代表 202 名，实到县人大代表 199 名；邀请特邀人员 3 人，在职副县级以上领导 8 人，曾担任副县级实职以上领导职务的离退休人员 27 人，县委工作部门负责人 8 人，县第十五届人大常委会组成人员 7 人，县人大常委会工作机构负责人 3 人，县政府工作部门负责人及县属企事业单位代表 32 人，县法院、检察院负责人 2 人，县属群团组织代表 5 人，中央、省、市直属单位代表 24 人，乡(镇)党委、乡(镇)人民政府负责人 11 人，在筠连的省、市人大代表 7 人，非公有制企业代表 8 人，共 145 人列席会议。会议期间，召开县十六届人大第一次会议主席团会议 4 次。大会于 16 日下午举行预备会议和严肃换届纪律集体谈心谈话暨代表履职培训会、17 日上午举行第一次全体会议、18 日上午举行第二次全体会议、19 日上午举行第三次全体会议和第四次全体会议。

会议主要议程：1. 听取和审查筠连县人民政府工作报告；2.审查和批准筠连县 2016 年国民经济和社会发展计划执行情况及 2017 年国民经济和社会发展计划草案的报告；3. 审查和批准筠连县 2016 年财政预算执行情况及 2017 年财政预算草案的报告；4.听取和审查筠连县人大常委会工作报告；5.听取和审查筠连县人民法院工作报告；6. 听取和审查筠连县人民检察院工作报告；7.选举事项：会议选举何跃为县十六届人大常委会主任，古有奎、刘乐君、郑世筠、代屏为副主任，石均等 20 人为委员；选举刘朝平为县人民政府县长，李小林、王永红、郑云、何俊锋、钟声远、徐劲松为副县长；选举伍崇辉为县人民法院院长；选举张科为县人民检察院检察长，报宜宾市人民检察院提请宜宾市人大常委会批准；选举王成等 32 人为筠连县出席宜宾市第五届人民代表大会代表。

筠连县人民代表大会常委会会议

【县十五届人大常委会第 38 次会议】 2016 年 1 月 6 日，县十五届人大常委会第 38 次会议在县会议中心举行，应到县人大常委会组成人员 20 人，实到 18 人。列席会议的有：县政府涉及会议议题的分管副县长，县法院、县检察院负责人，县政府办、财政局、发改局、公安局、卫计局、规建城管局、食药监局负责人，县人大常委会各工作机构负责人及相关工作人员，沐爱镇、蒿坝镇、大雪山镇、团林苗族乡、联合苗族乡人大主席或副主席。邀请参会的有：县政协联系人大工作的副主席，县政协秘书长，县委组织部领导。

会议主要议程：1. 审议通过县人大常委会关于县十五届人大第六次会议筹备工作报告草案；2. 审议通过县人大常委会主任会议关于提请审议《县人大常委会关于召开县十五届人大第六次会议的决定草案》的议案；3.审议通过县十五届人大第六次会议议程草案；4. 听取县十五届人大常委会组成人员变动情况报告；5. 审议通过县十五届人大第六次会议日程草案；6. 审议通过县十五届人大第六次会议主席团会议日程草案；7. 审议县十五届人大第六次会议列席人员名单；8. 审议通过县十五届人大第六次会议计划预算审查委员会名单草案；9. 审议通过县十五届人大第六次会议议案审查委员会名单草案；10.听取县人大常委会关于

筠连县人民法院院长变动的备案报告；11.听取县人大常委会关于2015年度县人大代表优秀议案建议评选情况的备案报告。

【县十五届人大常委会第39次会议】 2016年1月13日，县十五届人大常委会第39次会议在县会议中心举行，应到县人大常委会组成人员20人，实到19人。列席会议的有：县政府涉及会议议题的分管副县长，县法院、县检察院负责人，县政府办、财政局、发改局负责人，县人大常委会各工作机构负责人及相关工作人员。邀请参会的有：县政协秘书长。

会议主要议程：1.传达宜宾市第四届人大常委会第36次会议精神；2. 听取关于补选县十五届人大代表资格的审查报告；3. 听取关于县十五届人民代表大会代表变动情况报告；4. 听取和审议县人民政府关于筠连县国民经济和社会发展第十三个五年规划纲要编制工作情况的报告；5.审议通过县十五届人大第六次会议主席团和秘书长名单草案；6. 审议通过县十五届人大第六次会议主席团常务主席名单草案；7. 审议通过县十五届人大第六次会议副秘书长名单草案；8. 审议通过县十五届人大第六次会议执行主席分组名单草案;9. 审议通过县十五届人大第六次会议代表分团名单；10.审议通过县十五届人大第六次会议各代表团团长、副团长名单草案；11.审议通过县十五届人大第六次会议工作日程安排草案；12.审议通过县人大常委会工作报告草案。

【县十五届人大常委会第40次会议】 2016年3月7日，县十五届人大常委会第40次会议在县会议中心举行，应到县人大常委会组成人员20人，实到18人。列席会议的有：县政府涉及会议议题的分管副县长，县法院、县检察院负责人，县政府办、县人社局负责人，县人大常委会各工作机构负责人及相关工作人员，筠连镇、维新镇、塘坝乡、龙镇乡、乐义乡人大主席或副主席；县人大代表罗洪均、张光亮、张国会、熊洪分、聂昌鹏。

会议主要议程：1. 传达四川省第十二届人民代表大会第四次会议精神；2. 传达宜宾市第四届人民代表大会第六次会议精神；3.传达宜宾市第四届人大常委会第37次会议精神；4. 审议县人民政府关于提请审议筠连县人民医院迁建二期工程建设追加3000万元融资贷款的议案；5.审议通过县人大常委会2016年工作要点；6.人事事项。会议作出《筠连县人大常委会关于同意筠连县人民医院迁建二期工程建设追加3000万元融资贷款的决议》《筠连县人大常委会关于接受晋方全辞去县十五届人大常委会副主任职务的决定》，会议决定免去方石的县人民政府副县长职务。

【县十五届人大常委会第41次会议】 2016年5月13日，县十五届人大常委会第41次会议在县会议中心举行，应到县人大常委会组成人员19人，实到18人。列席会议的有：县政府县长，县法院、县检察院负责人，县政府办，县人社局、规建城管局、环保局、民宗局、扶贫移民局负责人，县人大常委会各工作机构负责人及相关工作人员，巡司镇、沐爱镇、镇舟镇、团林乡、高坎乡人大主席或副主席，县人大代表陈大田、江先虎、刘业彬、黎远平、王其聪。邀请参会的有：县政协联系人大工作的副主席，县委组织部、县委宣传部领导。

会议主要议程：1. 传达全国第十二届人民代表大会第4次会议精神；2. 传达宜宾市第四届人民代表大会第七次会议精神；3.传达宜宾市第四届人大常委会第38次会议精神；4.听取县人民政府关于开展"四城同创"工作情况报告；5.听取县人民政府关于《筠连县人大常委会执法检查组关于检查<国务院宗教事务条例><四川省宗教事务条例>实施情况的报告》的整改落实情况报告；6.听取县人民政府办公室关于单独设立筠连县扶贫和移民工作局的备案报告；7.听取县人民法院关于增设流动人民法庭的备案报告；8.听取县人大常委会执法检查组关于检查《四川省农村扶贫开发条例》实施情况的报告；8.人事事项：会议决定免去郑荣枢的县人大常委会人事代表工作委员会主任职务、马霞的县人大常委会人事代表工作委员会副主任职务、钟学兰的县人大常委会财政经济工作委员会副主任职务、徐劲松的县发展和改革局局长职务、李泽明的县水务局局长职务、应元品的县住房城乡规划建设和城镇管理局局长职务、何甫的县农业局局长职务、邓立筠的县安全生产监督管理局局长职务、刘毅的县民政局局长职务、肖志刚的县审计局局长职务，任命徐勇为县人大常委会财政经济工作委员会主任、石均为县人大常委会人事代表工作委员会主任、秦建军为县农业局局长、陈正富为县安全生产监督管理局局长、陶刚为县住房城乡规划建设和城镇管理局局长、徐劲松为县扶贫和移民工作局局长、曹良伟为县民政局局长、熊平为县审计局局长、李泽明为县发展和改革局局长、雷霆为县工商行政管理局局长、陈叙为县水务局局长、周晓兵为县人民法院执行一庭庭长、付泽勋为县人民法院流动人民法庭副庭长、刘云峰为县人民法院审判员、落木柔人民法庭副庭长、杨华为县人民法院审判员及沐爱人民法庭副庭长、刘俊为县人民法院审判员及双泉人民法庭副庭长、詹成刚为县人民检察院检察委员会委员。

【县十五届人大常委会第42次会议】 2016年7月19日，县十五届人大常委会第42次会议在县会议中心举行，应到县人大常委会组成人员19人，实到18人。列席会议的有：县政府涉及会议议题的分管副县长，县法院、县人检察院负责人，县政府办，县发改局、财政局、公安局、农业局、食药监局、质监局、畜牧水产局负责人，县人大常委会各工作机构负责人及相关工作人员，巡司镇、沐爱镇、高坎乡人大主席或副主席，县人大代表王家元、何勇、黄正芸、彭良文、周仕春。邀请参会的有：县政协联系人大工作的副主席，县政协秘书长，县委组织部领导。

会议主要议程：1.传达宜宾市第四届人大常委会第39次会议精神；2. 听取县人民法院行政审判工作情况的报告；3.听取县人民检察院行政执法监督工作情况的报告；4.听取县公安局执法规范化专项整治工作情况的报告；5.听取审议县人民政府关于2016年上半年国民经济和社会发展计划执行情况的报告；6. 听取审议县人民政府关于2016年上半年财政预算执行情况及财政工作的报告；7.听取县人民政府实施《中华人民共和国农产品质量安全法》情况的报告；8.审议县人民政府关于提请审议2016年地方政府债务限额的议案；9.人事事项。会议作出《筠连县人大常委会关于批准2016年地方政府债务限额的决议》，会议决定任命汤庭兰为县人大常委会人事代表工作委员会副主任、余维刚为县人大常委会财政经济工作委员会副主任。

【县十五届人大常委会第43次会议】 2016年9月23日，县十五届人大常委会第43次会议在县会议中心举行，应到县人大常委会组成人员19人，实到18人。列席会议的有：县政府涉及会议议题的分管副县长，县法院、县检察院负责人，县政府办、县委县政府目标督查办、财政局、审计局、扶贫移民局、住建城管局负责人，县人大常委会各工作机构负责人及相关工作人员，维新镇、大雪山镇、孔雀乡、武德乡、塘坝乡人大主席，县人大代表刘宗纯、江先虎、倪明宣、韦高容。邀请参会的有：县政协联系人大工作的副主席，县政协秘书长，县委组织部领导。

会议主要议程：1.传达宜宾市第四届人大常委会第40次会议精神；2.传达宜宾市第四届人大常委会第41次会议精神；3. 听取县人民政府关于县十五届人大第六次会议代表建议、批评和意见办理情况报告；4.听取县人民政府关于《筠连县人大常委会执法检查组关于检查〈四川省农村扶贫开发条例〉实施情况的报告》的整改落实情况报告；5.听取县人大常委会执法检查组关于检查《四川省物业管理条例》实施情况的报告；6.听取县人民政府关于2015年县级财政决算情况报告；7.听取审议县人民政府关于2015年财政预算执行情况及其他财政收支情况的审计工作报告；8.审查批准2015年县级财政决算；9.审议通过县、乡（镇）两级人民代表大会换届选举工作有关事项；10.人事事项。会议作出《筠连县人大常委会关于设立筠连县选举委员会的决定》《筠连县人大常委会关于设立乡（镇）选举委员会的决定》《筠连县人大常委会关于批准筠连县2015年县级财政决算的决议》《筠连县人大常委会关于接受苏平辞去筠连县人民检察院检察长、检察委员会委员、检察员职务的决定》《筠连县人大常委会关于张科为筠连县人民检察院代理检察长的决定》；会议决定免去伍永富的县人民政府副县长职务、王见华的县人民政府副县长职务、王绍举的县人民法院审判员及巡司法庭庭长职务、吴小玲的县人民法院刑事审判庭副庭长职务；任命何俊锋为县人民政府副县长，钟声远为县人民政府副县长，张科为县人民检察院检察员、检察委员会委员、副检察长，曹正楷为县人民法院审判委员会委员，吴小玲为县人民法院刑事审判庭庭长，王宗揆为县人民法院执行二庭庭长。

【县十五届人大常委会第44次会议】 2016年11月2日，县十五届人大常委会第44次会议在县会议中心举行，应到会的县人大常委会组成人员19人，实到18人。列席会议的有：县政府涉及会议议题的分管副县长，县法院、县检察院负责人，县政府办、发改局、财政局负责人，县人大常委会各工作机构负责人及相关工作人员，筠连镇、巡司镇、沐爱镇、龙镇乡、乐义乡人大主席。邀请参会的有：县政协联系人大工作的副主席，县政协秘书长。

会议主要议程：1.传达宜宾市第四届人大常委会第42次会议精神；2. 审议通过关于召开县十六届人大第一次会议有关事项；3.讨论县十五届人大常委会工作报告；4.人事事项。会议作出《筠连县人大常委会关于召开筠连县第十六届人民代表大会第一次会议的决定》，会议决定任命郭创锋为县人民政府副县长。

【县十五届人大常委会第45次会议】 2016年11月25日，县十五届人大常委会第45次会议在县会议中心举行，应到县人大常委会组成人员19人，实到17人。列席会议的有：县政府涉及会议议题的分管副县长，县法院、县检察院负责人，县政府办、发改局、财政局、审计局负责人，县人大常委会各工作机构负责人及相关工作人员。邀请参会议有：县政协联系人大工作的副主席，县政协秘书长。

会议主要议程：1.听取筠连县2015年度县级财政预算执行及其他财政收支的审计工作报告整改落实情况的报告；2.审议筠连县十六届人大第一次会议有关事项；3.书面审议提交县十六届人大第一次会议的县人民政府、法院、检察院工作报告和经济社会发展计划、财政预算草案报告；4.人事事项。会议作出《筠连县人大常委会关于确认筠连县第十六届人民代表大会代表资格的决定》，会议决定免去张芳的县人力资源和社会保障局局长职务、陶刚的县住房城乡规划建设和城镇管理局局长职务、熊刚的县教育和文化广电局局长职务，会议决定任命邓伟为县人民政府副县长。

【县十五届人大常委会第46次会议】 2016年12月11日，县十五届人大常委会第46次会议在县会议中心举行，应到县人大常委会组成人员19人，实到18人。列席会议的有：县政府涉及会议议题的分管副县长，县法院、县检察院负责人，县政府办、发改局、财政局负责人，县人大常委会各工作机构负责人及相关工作人员。邀请参会的有：县政协联系人大工作的副主席。

会议主要议程：1.传达宜宾市四届人大常委会第43次会议精神；2.审议《筠连县人民政府关于提请审议〈筠连县2016年财政预算调整方案草案〉的议案》。会议作出《筠连县人大常委会关于批准筠连县2016年财政预算调整方案的决议》。

【县十六届人大常委会第1次会议】 2016年12月28日，县十六届人大常委会第1次会议在县会议中心举行，应到县人大常委会组成人员25人，实到24人。列席会议的有：县政府涉及会议议题的分管副县长，县法院、县检察院负责人，县政府办、财政局负责人；县人大常委会各工作机构负责人及相关工作人员。邀请参会的有：县政协联系人大工作的副主席。

会议主要议程：审议《筠连县人民政府关于提请审议＜筠连县2016年财政存量资金安排使用方案草案＞的议案》。会议作出《筠连县人大常委会关于批准＜筠连县2016年财政存量资金安排使用方案＞的决议》。

人大工作

【重大事项决定】 2016年，召开县人大常委会会议10次，听取审议"一府两院"专项工作报告20个，审议通过议案4个，作出决议决定9项。审议批准《筠连县人大常委会关于同意筠连县人民医院迁建二期工程建设追加3000万元融资贷款的决议》《筠连县人大常委会关于批准2016年地方政府债务限额的决议》《筠连县人大常委会关于批准筠连县2015年县级财政决算的决议》《筠连县人大常委会关于批准筠连县2016年财政预算调整方案的决议》等。

【法律监督】 2016年，开展《四川省农村扶贫开发条例》执法检查，建议县政府采取有力措施，激发贫困户脱贫致富奔小康的主观能动性；加大非贫困村插花贫困户的脱贫工作力度；加强精准扶贫政策性资金的使用和监管。开展《四川省物业管理条例》执法检查，建议县政府强化学习宣传、提升法治理念，加强协调配合、提升监管合力，增添监管举措、建立长效机制。跟踪《国务院宗教事务条例》《四川省国务院宗教事务条例》实施细则执法检查整改落实情况；督促县政府进行职能转变和机构改革；进一步加强规范性文件备案审查工作，促进"一府两院"依法履职，维护司法公平正义，推进法治筠连建设。

【工作监督】 一是大力推进经济转型发展。继续跟踪海瀛产城融合工业园区、巡司循环经济工业园区、镇舟现代煤化工工业园区建设情况，建议县政府在做好招商引资项目落地工作的同时，加大对县域内现有企业的关心扶持力度。督促县政府积极应对上级政策性煤矿关停压产决定，大力调整产业结构，培育壮大页岩气开发利用、煤矸石发电、绿色食品加工业等新兴产业，实施工业强县战略。调研漆树、青蒿、肉牛、烤烟、茶叶、林竹、烤烟等农林特色产业发展，建议县政府扶持培育龙头企业、专业合作社、家庭农场等新型经营主体，优化资源配置，实施品牌战略，促进一二三产业融合发展。二是主动聚焦全县重点工作。跟踪督促县人大常委会批准的重点项目建设，视察王家沟水库、后沟水库等重点民生项目建设，促进县政府进一步加快项目建设进度，提高资金使用绩效。县人大常委会班子成员积极参与县委中心工作和全县重点项目建设，牵头负责宜昭高速公路、王家沟水库、后沟水库、农村义务教育等工程项目建设，经常组织有关部门实地研究、协调解决项目建设实际困难，推进重点民生项目建设进程。三是关注民生持续改善。调研高坪苗族乡、团林苗族乡等民族乡发展，建议县政府用好用足少数民族待遇县政策，促进边远少数民族乡经济社会和民生事业发展，为少数民族乡与全县同步小康打下良好基础。跟踪职业教育工作，建议县政府紧扣脱贫攻坚工作，拓展职业教育发展思路，为培育脱贫产业、增强就业本领、引导劳务输出提供服务和保障。听取县政府实施农产品质量安全法情况，建议县政府加大重点领域整治，注重农产品安全质量，提升筠连绿色食品的品牌形象。继续关注农村安全饮水，调研全县重点水利工程建设，建议县政府进一步加快项目建设进度，不断提升农村供水条件和饮水安全水平。四是助力脱贫攻坚工作。按照省市人大统一安排和县委脱贫攻坚决策部署，制订开展"脱贫攻坚——人大代表再行动"活动的实施意见，扎实推进脱贫攻坚工作。人大代表积极主动宣传县域脱贫政策，指导农业科学技术，引入项目或产业，带头示范致富，激发贫困户勤劳致富的积极性。通过1名领导代表对口帮扶1个贫困村、1名脱产代表帮扶1户贫困户、不脱产代表搞好脱贫致富示范等，助力全县脱贫攻坚工作。

【人事任免】 遵循"坚持党的领导、充分发扬民主、严格依法办事"原则，坚持"任前法律知识考试、任职承诺、无记名票决"的程序任免干部，启动县人大常委会任命国家机关工作人员向宪法宣誓仪式。全年，县人大常委会任免县级国家机关工作人员39人次，接受辞去县十五届人大常委会副主任1名。

【代表建议办理】 2016年，召开代表建议交办会，督办县人大代表建议；听取县政府关于代表建议办理情况报告，要求"一府两院"加大代表建议办理力度、提高建议办理质量。县十五届人大六次会议的代表建议143件办结后，代表满意的141件、基本满意的2件，已得到解决的66件、正在解决或列入计划逐步解决的64件、因条件限制或其他原因需往后解决的13件。

【县乡人大换届】 一是指导县乡人大换届。根据《中共筠连县委批转县人大常委会党组关于做好筠连县县、乡(镇)两级人民代表大会换届选举工作实施意见》,作出《关于筠连县人民代表大会换届选举的决定》;成立筠连县选举委员会和选举委员会办公室,设立县人大代表选区领导小组84个,指导乡(镇)设立乡(镇)人大代表选区领导小组417个,向乡(镇)派出县乡人大换届选举工作指导组;汲取衡阳、南充、辽宁"三案"教训,精心组织换届选举各个阶段工作,科学进行选区划分、准确进行选民登记、合理分配代表名额,依法提出县乡(镇)人大代表候选人,依法组织选民酝酿、协商县乡(镇)人大代表正式候选人等。主动接受市委换届工作指导组的指导,自觉接受市委换届工作督察组的监督,加强县乡人大换届选举纪律风气督察和业务指导;同时调整乡(镇)人代会业务指导力量,组织开展人代会业务培训,提供乡(镇)人代会参考资料,保证乡(镇)人代会的召开程序合法、规范,确保乡(镇)人大、政府班子选举成功。于2016年11月11日依法选出县十六届人大代表202名、新一届乡(镇)人大代表987名。二是服务县人代会召开。认真做好人代会前各项准备工作,成立县十六届人大一次会议筹备工作组,召开筹备组工作会议,进一步明确职责分工;主动接受市委换届风气督察组的检查,召开严肃换届纪律专题民主生活会,把严肃换届纪律贯穿始终;坚持各重要事项均提前向县委请示报告,确保县十六届人大一次会议顺利召开。

【乡(镇)人大工作】 2016年,认真落实省委、市委关于加强县乡人大工作要求,加强县人大常委会组成人员与乡(镇)人大主席团的指导;坚持每季度召开县乡人大工作联席会议,研究工作计划、人大宣传、代表履职、人大干部和代表培训等。重视乡(镇)人大及主席团规范化建设,编印《筠连县乡(镇)人大及主席团工作手册》。通过召开现场推进会、打造样板示范、加强督察指导、自查评估提升、外出交流学习等方式,指导乡(镇)人大加强自身建设。

【群众信访接待】 2016年,贯彻落实中央《关于依法处理涉法涉诉信访问题的意见》,调研涉法涉诉信访案件办理情况,督促"一府两院"严格落实《中华人民共和国信访工作条例》,理顺涉法涉诉接待处理关系,促进涉法涉诉信访案件的有效化解。全年共处理群众信访76件,其中涉法涉诉信访16件、常委会领导包案化解信访积案5件。

(何凯)

筠连县人民政府

县政府综述

【经济指标】2016年，全县国内生产总值完成119.85亿元，增长8.3%，比全年目标高0.5个百分点；服务业增加值完成24.9亿元，超任务1亿元；全社会固定资产投资完成96亿元，增长15.9%，比全年目标高5.9个百分点；财政一般公共预算收入完成6.02亿元，完成调整预算的100%；规模以上工业增加值增速9.5%，比全年目标高1个百分点；社会消费品零售总额完成35.71亿元，增长12.5%，比全年目标高1个百分点；城镇居民人均可支配收入完成28389元，增长8.2%，比全年目标高0.2个百分点；农村居民人均可支配收入完成12928元，增长10%，比全年目标高1个百分点。

【经济稳定向好】2016年，坚持调结构、去产能，县域经济平稳健康发展。关闭地方煤矿12对、国有大矿2个，关闭产能414万吨；建成2亿立方米页岩气产能，日液化页岩气37万立方米LNG（压缩天然气）项目投入使用，青蒿素提取等农特产品深加工业发展迅速。特色农业质效提升，肉牛（羊）存出栏18.04万头，茶叶产量8790吨、烤烟产量3358吨。第三产业全面发展，旅游业、电商产业活力增强，项目建设有序推进。县管省市重点项目8个，完成投资3.5亿元。城乡建设投资完成21.4亿元，新增县城建成区面积0.71平方千米。协调加快宜彝高速公路、筠巡快速通道建设，王家沟、后沟水库有序推进。招商引资成效明显，共签约项目24个，签约金额66.1亿元，全面完成招商引资任务。

【扶贫攻坚首胜】2016年，按照“六个精准”（扶持对象精准、项目安排精准、资金使用精准、措施到户精准、因村派人精准、脱贫成效精准）和“五个一批”（扶持生产和就业发展一批、移民搬迁安置一批、低保政策兜底一批、医疗救助扶持一批、灾后重建帮扶一批）脱贫攻坚作战方略，对照贫困退出标准，对标补短，全年全县11个贫困村退出、1604户6422人脱贫通过市级验收，脱贫攻坚首战获胜。“五个一”帮扶机制不断完善，蹲点督导和工作评估不断强化，扶贫工作机制不断完善。一是住房安全保障，全面完工搬迁入住的易地扶贫搬迁561户2078人，全面完成农村贫困户危房改造1018户。二是医疗救助，摸清贫困人口5318人的病种，全部纳入重特大疾病救助范围，贫困人口新农合参保率100%，贫困患者个人承担医疗费用不超过10%。三是教育扶贫，全县义务教育入学率100%，新增资金213.4万元，实施减免（资助）就读费用计划和免除建档立卡贫困户子女上学相关费用。四是社会保障兜底，全县有贫困人口低保对象5061名，实现全覆盖，补助标准每人每月由220元提高到270元；开展贫困户扶贫小额人身保险，农村安全饮水、生活用电、广播电视等基础设施实现全覆盖。五是产业扶贫，围绕“5·20”产业工程，帮助贫困群众融入肉牛、茶叶、中药材等产业发展，投放扶贫再贷款1.4亿元，引导金融机构发放“好牛贷”“养牛贷”等涉牛贷款2.63亿元，发放扶贫小额信贷6659万元，产业造血功能有效发挥。筠连“1+4”肉牛产业扶贫机制获国务院扶贫办的印发，向全国推广；得到省委王东明书记的肯定性批示，向全省推广；金融扶贫经验在全省金融扶贫电视电话会上交流推广。强化贫困群众政策教育和技能培训，深入开展“四好村”（住上好房子、过上好日子、养成好习惯、形成好风气）创建，引导群众养成好习惯，形成好风气，贫困家庭内在动力不断激发，发展能力不断提升。

【民生民本巩固】2016年，抓好9大民生工程（就业促进、扶贫解困、教育助学、社会保障、医疗卫生、百姓安居、民生基础设施、生态环境、文化体育）和18件民生大事，全面完成市下达的98项任务，就业、教育、医疗、生态和文体等各项民生事业蓬勃发展，民生民本更加巩固。推进安全生产，深入开展“打非治违”，全年未发生安全责任事故。加强信访，成功化解省级信访交办件13件、市级交办信访积案2件，法律援助案件302件，无群体性非法越级上访事件。深化平安创建，无重大治安、暴力恐怖事件和大规模群体性事件发生，社会和谐稳定。

【发展要素完善】2016年，深入开展机构改革，按要求完成行政机构撤并，推进医疗卫生试点改革和财政体制改革，深入实施农村确权改革和产权抵押改革，重点领域改革不断深化。推进生态建设,完善道路交通、安全饮水、通讯、电力等配套设施。创新政务服务"一窗一章"(县政务服务中心牵头,联合各审批部门构建审批平台,利用数据"内循环",让服务对象在县政务中心"一门进出、一窗受理、一章办结" 的服务新模式)试点改革,受理并办结各类服务13433件,行政审批制度不断优化。

【政府建设务实】拓展"精准扶贫"的精准理念,各级干部积极深入一线,更加务实勤奋,公共服务能力全面提升。深入开展"两学一做"(学党章党规、学系列重要讲话、做合格党员)学习教育,干部队伍的党员意识、看齐意识、服务意识、担当意识和业务素质得到提升;严格执行中央八项规定和省、市"十项规定",自觉接受各界监督;认真落实"一岗双责",严格执行廉洁从政准则,加大审计、监察监督,政治生态良好。

(夏启林)

县政府重要决策

【森林防火工作】1月12日,县政府以筠府发〔2016〕4号印发《关于做好2016年森林防火工作的通知》,切实抓好森林防火工作,明确工作目标和任务;落实森林防火责任;突出重点,抓好关键地区、环节和阶段的森林火灾预防工作;加强宣传教育,提升全民森林防火意识,狠抓"四道防线建设";严格管控火源,强化值班值守;做好扑救准备,及时处置森林火情。

【加强和改进非煤矿山安全生产工作的意见】为进一步加强和改进全县非煤矿山安全生产工作,促进全县非煤矿山安全发展,2月14日,县政府以筠府发〔2016〕5号印发《关于进一步加强和改进非煤矿山安全生产工作的意见》,明确目标任务;严格矿山安全准入,推进整顿关闭和升级改造;落实企业主体责任,强化隐患排查治理;严格执法问责和查处事故;加强教育培训和应急管理;强化监督管理考核。

【第三次全国农业普查工作】为做好全县第三次全国农业普查工作,3月8日,县政府以筠府发〔2016〕7号印发《关于做好第三次全国农业普查工作的通知》,明确普查对象和范围、普查内容和时间、普查组织和实施,提出工作要求,同时成立县人民政府第三次全国农业普查领导小组,明确组成人员及职责分工。

【2016年民兵组织整顿工作】为做好民兵组织整顿工作,不断提高全县民兵预备役组织建设水平,4月15日,县政府以筠府发〔2016〕12号印发《关于做好2016年民兵组织整顿工作的通知》,从思想认识、调整改革、基层建设、组织领导4个层面提出要求。

【进一步完善肉牛产业发展"1+N"联动机制】为充分发挥肉牛产业发展"1+N"联动机制的推动作用,加快打造"百亿肉牛"产业,带动贫困群众增收致富,5月5日,县政府以筠府发〔2016〕13号印发《关于进一步完善肉牛产业发展"1+N"联动机制的通知》,加大工作推进力度和财税金融扶持力度力度,建立健全产业链条,积极创新产业宣传模式,成立县肉牛产业发展"1+N"工作领导小组,制定《四川筠连农村商业银行股份有限公司"好牛贷"管理办法(升级试行)》《平安产险肉牛(能繁母牛)养殖保险方案》。

【开展节水型社会建设的实施意见】为更好地实行最严格水资源管理制度,指导和推进全社会节约用水工作,实现水资源可持续利用,6月14日,县政府以筠府发〔2016〕15号印发《关于开展节水型社会建设的实施意见》,强调建设节水型社会,对开展节水型社会建设指导思想、思路、目标、主要任务、体制和机制等进行说明。

【水污染防治行动计划四川省工作方案筠连实施细则】按照省政府《关于印发水污染防治行动计划四川省工作方案的通知》要求,7月22日,县政府以筠府发〔2016〕22号印发《关于印发水污染防治行动计划四川省工作方案筠连县实施细则的通知》,将各项任务分解到相关部门,明确责任单位、牵头单位和参与单位,成立县水污染防治工作领导小组。

【政府投资建设项目审计办法】为加强政府投资建设项目审计工作,规范投资审计行为,提高政府投资效益,节约政府投资建设资金,促进廉政建设,根据《中华人民共和国审计法》等国家法规,8月8日,县政府以筠府发〔2016〕24号印发《关于印发〈筠连县政府投资建设项目审计办法〉的通知》,明确适用范围、审计机关和相关单位的职责、工作经费、程序、处罚办法等内容,共16条,自2016年7月1日起施行。

【2016年度易地扶贫搬迁实施计划】为贯彻落实国家、省、市脱贫攻坚决策部署,扎实有序推进全县易地扶贫搬迁工作,8月18日,县政府以筠府发〔2016〕25号印发《关于印发〈筠连县2016年度易地扶贫搬迁实施计划〉的通知》,明确2016年度易地扶贫搬迁的总体要求、搬迁条件及搬迁对象、搬迁规模及分布、安置方式、建设任务、投资来源及承贷规模、资金安排及管理、配套政策、领导及部门职责等内容,年度搬迁规模15个乡(镇)100个村的569户2078人。

【"十三五"易地扶贫搬迁实施方案(2016-2019)】 为深入贯彻落实国家、省、市脱贫攻坚决策部署,有序推进全县易地扶贫搬迁工作,8月18日,县政府以筠府发〔2016〕26号印发《关于印发〈筠连县"十三五"易地扶贫搬迁实施方案(2016-2019)〉的通知》,从基本形势、总体思路、搬迁规模及安置方式、主要建设任务、资金测算与筹措方案、政策保障、组织实施等方面进行说明。

【加强卫生计生队伍建设的实施意见】 为进一步壮大全县卫生计生队伍,提高卫生计生队伍素质,提升全县卫生计生服务能力和水平,10月12日,县政府以筠府发〔2016〕28号印发《关于加强卫生计生队伍建设的实施意见》,明确目标任务、具体办法、责任单位及相关要求等内容,并制定《筠连县加强卫生计生队伍建设联席会议制度》。

【全面改善筠连县义务教育薄弱学校基本办学条件的实施意见】 根据国家、省、市相关政策及规定,10月14日,县政府以筠府发〔2016〕29号印发《关于全面改善筠连县义务教育薄弱学校基本办学条件的实施意见》,明确指导思想、实施原则、目标任务、保障措施等,成立县农村义务教育薄弱学校改造工作领导小组。

【新时期爱国卫生工作】 为进一步加强新时期爱国卫生工作,11月15日,县政府以筠府发〔2016〕33号印发《关于贯彻落实新时期爱国卫生工作的通知》,明确工作目标、工作任务、责任单位、工作要求等内容,并制定全县2016-2020卫生创建目标任务表。

【地质灾害防灾避险搬迁安置规划(2016-2020)】 为科学规划全县地质灾害防灾避险搬迁安置工作,加强地质灾害防治,保障人民群众生命财产安全,变被动避险为主动搬迁,避免和减轻致灾地质作用给人民生命财产造成的损失,12月26日,县政府以筠府发〔2016〕41号印发《关于印发〈筠连县地质灾害防灾避险搬迁安置规划(2016—2020)〉的通知》,明确指导思想、规划原则、目标任务,安排部署年度工作和经费筹措,并对效益评估、保障措施等进行说明。

【推进新一轮现代林业重点县建设的实施意见】 为全面提升林业综合效益和竞争力,推进林业现代化进程,12月26日,县政府以筠府发〔2016〕42号印发《关于推进新一轮现代林业重点县建设的实施意见》,明确总体思路、目标任务、重点建设、保障措施等内容。

【加快推进残疾人小康进程实施方案】 为保障和改善残疾人民生保障,加快推进残疾人小康工作进程,12月27日,县政府以筠府发〔2016〕43号印发《关于印发〈筠连县加快推进残疾人小康进程实施方案〉的通知》,完善残疾人基本民生保障,明确责任单位及职责、保障措施,提高残疾人自我发展能力,提升残疾人基本公共服务水平,建立社会参与、市场推动的残疾人服务机制。

【提高城乡居民最低生活保障标准】 为切实保障城乡困难群众的基本生活,不断提高城乡社会救助水平,2月2日,县政府办公室以筠府办发〔2016〕11号印发《关于提高城乡居民最低生活保障标准的通知》,城市居民最低生活保障标准由每人每月350元上调至390元,自2015年7月1日起执行;农村居民最低生活保障标准由每人每年2300元上调至2640元,自2015年10月1日起执行。

【贫困村贫困户产业扶持周转资金使用管理暂行办法】 为增强贫困户"造血功能",促进全县贫困村"摘帽"和贫困户脱贫,3月10日,县政府办公室以筠府办发〔2016〕18号印发《关于印发〈筠连县贫困村贫困户产业扶持周转资金使用管理暂行办法〉的通知》,明确规定资金来源、资金使用原则、资金使用管理、借款程序、资金归还、监督管理、风险管理等内容。

【地震应急预案】 为进一步明确县、乡(镇)政府和县级各部门、企事业单位在地震应急工作中的职责和地位,按照科学统一、循序有力地组织实施地震应急处置,最大限度地减少人员伤亡和经济损失,3月24日,县政府办公室以筠府办发〔2016〕27号印发《关于印发筠连县地震应急预案的通知》,包括总则、地震灾害事件划分、地震灾害事件应急管理、组织体系及职责、应急响应机制、特大地震灾害事件的应急响应(Ⅰ级响应)、重大地震灾害事件的应急响应(Ⅱ级响应)、较大地震灾害事件的应急响应(Ⅲ级响应)、一般地震灾害事件的应急响应(Ⅳ响应)、其他地震事件应急响应、地震应急准备、地震应急保障、附则等。

【医疗卫生服务体系规划(2015-2020)】 按照上级要求,3月31日,县政府办公室以筠府办发〔2016〕31号印发《关于印发〈筠连县医疗卫生服务体系规划(2015-2020)〉的通知》,明确全县内各级各类医疗卫生机构的功能定位、配置标准及发展要求,优化县域医疗卫生资源配置,提高服务可及性和资源利用效率。

【乡(镇)志编纂规划纲要(2016-2020)】 按照上级要求,全面完成乡(镇)志的编纂工作,实现成果全覆盖,4月14日,县政府办公室以筠府办发〔2016〕37号印发《关于印发〈筠连县2016-2020年乡(镇)志编纂规划纲要〉的通知》,明确目的意义、指导思想、编纂原则、发展目标和主要任务、保障措施等内容。

【奥运争光计划(2015–2020)】 为加快推进筠连竞技体育事业发展，做好奥运后备人才培养规划的部署，实现为国争光和为筠连添彩的重大举措，6 月 6 日，县政府办公室以筠府办发〔2016〕61 号印发《关于印发〈筠连县奥运争光计划（2015–2020）〉的通知》，明确总体要求、主要目标、主要措施、组织保障等内容。

【扶持农村贫困残疾人发展肉牛养殖产业实施方案】 为引导农村贫困残疾人调整产业结构，鼓励农村贫困残疾人发展肉牛养殖产业，促进农村贫困残疾人持续增收脱贫奔康，8 月 3 日，县政府办公室以筠府办发〔2016〕83 号印发《关于印发筠连县扶持农村贫困残疾人发展肉牛养殖产业实施方案的通知》，明确指导思想、扶持对象、实施程序、补助标准、资金渠道等内容。

【突发公共卫生事件应急预案】 为有效预防、及时控制和消除突发公共卫生事件及其可能造成的危害，指导和规范全县突发公共卫生事件应急处置，提高事件应急处置能力，最大限度地减少损失和影响，保障公众身心健康与生命安全，9 月 13 日，县政府办公室以筠府办发〔2016〕98 号印发《关于印发〈筠连县突发公共卫生事件应急预案〉的通知》，包括总则、组织体系及职责、应急准备、监测与预警、应急处置、恢复与重建、信息发布、应急保障、表彰奖励与责任追究、预案管理等内容。

【农村产权交易暂行管理办法】 为培育和发展农村产权交易市场，规范农村产权交易行为，促进资源优化配置，带动农村经济发展和农民致富增收，根据国家有关法律法规，9 月 21 日，县政府办公室以筠府办发〔2016〕101 号印发《关于印发〈筠连县农村产权交易暂行管理办法〉的通知》，包括总则、交易范围和机构、交易方式和程序、交易行为和规范、监管和争议处理、附则，共 6 章 28 条，自发行之日起施行，有效期至 2017 年 12 月 31 日。

【做好养老服务设施安全工作】 为确保全县养老服务设施安全稳定运行，12 月 28 日，县政府办公室以筠府办发〔2016〕143 号印发《关于做好养老服务设施安全工作的通知》，进一步落实养老服务设施安全责任，迅速开展养老服务设施安全排查整治，整改不符合设立条件的“养老机构”，确保规范管理、运转安全。

（杨青松）

县政府重要会议

【全县乡(镇)便民服务暨“12345”市民热线办理调研工作会议】 2016 年 3 月 14 日，筠连县 2016 年乡(镇)便民服务暨 12345 市民服务热线办理调研工作会议在县政务中心召开，县行政审批制度改革领导小组成员、各乡（镇）长及分管领导参加会议。会议听取县政务服务中心关于便民服务及 12345 市民服务热线办理工作情况的通报，县审计局关于全县“简政放权”抽样跟踪审计情况通报，县监察局针对基层便民服务工作纪律作风作安排，电商企业四川通服网络科技有限公司就如何配合抓好乡（镇）便民服务作情况介绍。

县长刘朝平要求：一要强化组织领导，大力实施一把手亲自抓工作机制。各乡（镇）务必高度重视便民服务和市民热线诉求工作，进一步加强工作领导，深化思想认识，增强办实事能力，建立和完善一把手亲自抓建设、亲自督效果，分管领导专职抓落实工作制度，上下联动，全员参与，牢记宗旨意识，带着深厚感情和群众重托力抓阵地打造、队伍建设、制度创新和督查督办，并形成常态化机制，确保抓出成效、抓出特色、抓出亮点，全面提升筠连县基层便民服务工作水平奠定组织保障。二要强化创新突破，积极推进“互联网 +”信息化建设。认真学习李克强总理提出的“大力推行互联网 + 政务服务”工作要求，依托电子政务大厅和“一窗一章”审批系统，积极探索服务新模式，实现行业(部门)之间数据共享，真正让居民和企业少跑腿、好办事、不添堵。整合村级代办服务资源，主动配合和积极推进农村电商发展，实现网格化管理、农村电商服务及便民服务提升协调推进，发挥互联网信息技术服务精准扶贫、服务农村产业发展的积极作用。三要强化为民意识，全力提升群众的认可度和满意度。各乡（镇）、各部门要认真查找便民服务尤其是 12345 市民服务热线办理工作中的认识不深、重视不够、把关不准、督查不严等问题，力戒官僚主义、推诿扯皮、消极应付、模糊答复等思想和做法，要坚持以问题为导向、以便民利民为目标，切实抓好业务培训、专题调研、协作配合、跟踪督办等工作，同时县政务中心等部门进一步加大督查通报力度，采取积极措施，强化沟通协调，全力提升群众和企业对热线办理工作的满意度。四要强化示范带动，精心打造地方特色发展服务品牌。要求县政务中心和各乡（镇）在开展基层便民服务工作中要树立精品意识、争创一流成绩、抓好典型培育，坚持并深化乡（镇）便民服务中心“星级评定”工作载体，着力培育一批不同类别、不同风格的服务典型，精心打造“一乡一品”服务品牌，致力营造便民服务特色和亮点，实现便民服务“栽一棵树、成一片绿”，力促全县基层便民服务规范化建设、均衡式发展纵深推进。五要强化绩效考核，力促各项便民服务举措落到实处。县监察局、目标办、政务中心等部门要加强便民服务和 12345 市民热线办理日常监督管理，不断改进和完善考核考评机制，定期不定期开展专项检查、回访监察和跟踪督办，坚持推行后进约谈、“三书督办”和效能问责等制度，实施事前事后监督制约，形成督促检查合力，不断优化考核方式，多举措确保违规违纪现象进一步减少，工作作风进一步转变，政府形象进一步提升，服务成效进一步凸显。

【2016年政府廉政工作会】 2016年4月8日，筠连县2016年政府廉政工作会在县会议中心召开，会议贯彻落实国务院、省、市廉政工作会议精神，总结全县2015年政府廉政工作，安排部署2016年工作。县领导刘朝平、张宗才、伍永富、郑云、罗吉义出席会议，各乡(镇)、县级相关部门负责人参会。县长刘朝平强调，各级部门要加强组织领导、明确工作责任、狠抓任务落实；要始终保持清醒的头脑，远离"高压线"、筑牢"防火墙"，切实把廉政建设放在心上、抓在手上，不断推动党风廉政建设和反腐败工作取得新的成效，为全县构建"风清气正、崇廉尚实、干事创业、遵纪守法"的良好政治生态做出更加积极的贡献。县委常委、常务副县长李小林主持会议。

【全市现代林业发展暨创"国森"工作筠连现场会】 2016年4月11日，全市现代林业发展暨创"国森"工作会议在筠连浙商酒店召开，市林业局全体班子成员、机关副科以上干部及各县(区)林业(农林)局长和产业办负责人共110余人参会。会前，参会人员参观筠连镇荆花村现代漆树产业基地，蓝伯特公司总部及青蒿素生产车间和漆产品、方竹等林产品展示厅。县长刘朝平致欢迎词，翠屏区、兴文县、长宁县、宜宾县林业局就创建国家森林城市和发展油茶、桢楠产业及推进林权改革作经验交流发言，筠连的蓝伯特公司、南溪的亚源红豆杉公司、翠屏区的竹巢笋业公司、高县的龙茂柠檬种植公司对企业发展的情况介绍；市林业局其他领导就各自分管工作具体安排；市林业局与各区(县)林业局签订2016年林业工作目标责任书；表彰2015年度全市林业工作先进单位。市林业局局长余江讲话对2016年重点工作安排部署：全市林业工作要在构建绿色宜宾林业六大体系建设中取得突破，特别是在林业六大体系、四大工程建设中突出特色、亮点。市林业局副局长覃鸿杰主持会议

【精准扶贫科技培训会】 2016年4月12日，省科协、市科协、县科协联合的精准扶贫科技培训会议在县会议中心三楼会场召开。省科协副巡视员陈善蜀，市科协党组书记、常务副主席任兴江，中国邮储宜宾分行工会主席、副行长王利，县委副书记陈良云出席会议并讲话；省科协普及部梁树、市科协普及部部长刘利炯等，各乡(镇)分管科协领导、各畜牧水产站和林业站负责人，创业青年科技人才代表，部分县级部门主要领导及业务人员，61个贫困村支部书记和驻村"第一书记"，各农村专业技术协会、科普示范基地、科普带头人，畜牧水产类重点家庭农场，核桃、漆树种植类重点农民专业合作社等290多人参加。研究员王淮从优质肉牛成套生产技术、生产途径、品种、饲养管理等方面用经典实例讲解相关知识；教授肖千文从核桃种植丰产培育、对策及核桃栽培规避三大风险等方面讲解；谢武总监讲解漆树种植丰产培育技术；陈翔经理讲解"银协合作贷"产品选择和办理流程。培训现场，发放各类实用书籍、科普宣传册1000余册。通过培训，基层干部更加清楚该怎样引导产业发展方向，农技协负责人、创业青年进一步了解种植、养殖的技术及相关知识，为发展种植、养殖，保障市场供应奠定基础；并有助于改善农技协、创业青年"学科技难"的状况，提高学科技用科技的意识。县委常委、副县长伍永富和市科协党组成员、副主席杨光春分别主持培训。

【2016年全县防汛安全抗旱工作会】 2016年5月6日，筠连县2016年防汛安全抗旱工作会在县会议中心召开。县防汛指挥部各成员单位及乡(镇)主要领导、相关责任单位负责人参加会议。县防汛指挥部指挥长、县政府副县长王永红传达市防汛抗旱生产工作会议精神，分析当前筠连防汛工作面临的严峻形势，要求大家必须站在全县发展大局和战略高度，切实增强责任感和使命感，落实政府领导、部门领导、技术人员三位一体的防汛责任制，增强主动性、提高预见性、注重针对性、把握时效性，全面备战防汛抗旱工作。

【宜宾市新农村建设现场会在筠连召开】 2016年5月27日，宜宾市新农村建设现场会在筠连召开。市委副秘书长、市委农工委主任刘文华率市新农村建设示范片推进工作领导小组部分成员单位负责人、新农村示范片区部分县长、分管领导，县(区)农办主任、示范片乡(镇)以及市委农工委、市推进办工作人员等100余人到筠连现场参观考察省级新农村示范片建设。与会人员实地参观塘坝乡幸福村新农村、筠连镇五丰村的肉牛产业发展情况，筠连镇垫泥村、塘坝乡木映村、川丰村等的新农村建设。指出，筠连县抓住第二轮省级新农村示范县建设的政策机遇，以发展休闲观光乡村旅游统揽新农村产业规划布局，打造出筠连镇垫泥村、五丰村，塘坝乡木映村、幸福村、川丰村等新农村建设示范村，依托产业建新村，建好新村兴旅游，走出一条"产村一体化"的发展路子。

【创建第四届四川省文明城市工作攻坚会议】 2016年5月27日，筠连县创建第四届四川省文明城市工作攻坚会议在县会议中心召开，县人大常委会主任何跃及其他在筠连县领导出席会议；各乡(镇)、县级各部门、县属及县属以上企事业单位主要负责人，筠连镇社区书记、主任120余人参加会议。会议总结前阶段工作推进情况，对照新版测评细则全面细化安排，做实省级文明城市检查验收的迎检工作，县委常委、县委宣传部部长贾圣君通报2015年宜宾市城市公共文明指数测评反馈意见和县创文办明察暗访相关情况。会议由县委副书记王涛主持。

县长刘朝平要求：一是高度重视，各乡(镇)、县级各部门一把手亲自抓；二是搞好结合，查漏补缺；三是加强宣传，发动广大群众参与创建；四是严格督查问责，务实高效工作；五是强化指挥，及时协调解决问题；六是开展文明卫生场镇创建与管理，做到创建惠民、创建利民。

县委书记王萍强调，务必以坚定的决心和信心，坚持"创建为民"理念，树立问题导向，对照细则查漏补缺，确保省级文明城市创建成功。指出，一是进一步明确目标，确保创建成功；二是进一步明确责任，各乡(镇)、县级各部门要狠抓责任落实；三是进一步明确任务，各牵头单位、责任单位既分工又合作；四是进一步明确难点，把工作做实做细；五是进一步加强督查通报，督促各部门查漏补缺；六是斗硬扣分机制，创建工作要与目标考核结合起来，与单位主要负责人、班子成员、全体职工利益挂钩。

【筠连县国家卫生县城创建工作推进会议】2016 年 6 月 27 日，筠连国家卫生县城创建工作推进会议在县会议中心再次召开，筠连镇、县级部门及企事业单位主要负责人共 90 余人参会。会议对创建工作再安排、再部署。县委常委、纪委书记张宗才从强化责任担当，严肃工作纪律方面做具体安排；县委常委、宣传部部长贾圣君从提高创建知晓率、参与率、满意率方面安排氛围营造工作；副县长郑云通报突出问题并主持会议。县长刘朝平要求：一是全体总行动，主要领导挂帅，主管领导负责，将创卫问题整改在一线；二是督查严、密、硬，做到标准要求，频次要密，问题整改逗硬，督查目标办、监察局、创卫办提前介入，严查快办，及时曝光问责；三是反馈要快，主动担当，及时处置，树立看齐意识，不能影响全县创卫大局。

【筠连县易地扶贫搬迁工作推进会】2016 年 7 月 29 日，筠连县易地扶贫搬迁工作推进会在县会议中心召开。各乡(镇)、各部门负责人参会，县领导李小林、李刚、罗吉义出席会议。观看巴中市易地扶贫搬迁专题片，副县长王永红传达近期全省易地扶贫搬迁会议精神并安排部署，县长刘朝平讲话。王萍、刘朝平分别与相关乡(镇)、部门负责人签订易地扶贫搬迁责任书。县委副书记陈良云主持会议。

县委书记王萍指出，易地扶贫搬迁工程事关全县脱贫攻坚和同步小康大局，各乡(镇)、各部门务必要统一思想、提高认识，对当前存在的问题及时整改，把易地扶贫搬迁作为大事来安排落实，坚决打好打赢易地扶贫搬迁关键战。要求各乡(镇)、各部门要切实加强组织领导，明确主体责任，做好属地管理，围绕"搬什么人、怎么安置、安置搬到哪里"等认真制订方案，进一步精准搬迁对象、细化安置方式、科学布局安置点的选址、优化搬迁点的配套规划，同时要牢固树立破穷根，先挪穷窝的思想，抢抓机遇，找准产业发展的路子，稳步推进易地扶贫搬迁工作。

【筠连县肉牛产业发展推进会】2016 年 6 月 12 日，筠连县肉牛产业发展推进会在沐爱镇召开，各乡(镇)长、县级相关部门负责人、县内金融机构代表、乡(镇)肉牛发展代表负责人共 110 人参会。现场参观沐爱镇金溪村肉牛养殖，金溪村支部书记卜光均作金溪村肉牛产业经验交流，县畜牧水产局、农商银行、平安保险公司主要负责人，各乡(镇)长、村支部书记代表作发言。王永红安排部署加快全县肉牛产业发展：一是各乡(镇)要加大肉牛养殖政策宣传力度，提升群众养牛积极性；二是县级相关部门要对乡(镇)提出的问题和困难及时梳理，针对存在的问题提出可行的对策措施；三是建立肉牛产业发展利益联结机制，延伸产业链条；四是加强对政策性肉牛的监管力度，做好防疫防治和品牌打造。副县长王永红主持会议。

县长刘朝平指示：一是各部门要统一思想，提高认识，增强发展肉牛产业的信心和决心，也要正视自身的问题和差距，加快肉牛发展步伐。二是各部门要全面找准问题所在，及时研究解决出现的问题和困难，= 探索创新发展联动机制。三是明确任务，突出重点，全力推进肉牛产业更上台阶，要加快肉牛品种改良，实现产品规模化、优质化、产业化、生态化发展。四是各乡(镇)要定好目标，做好规划，充分利用好"好牛贷"等肉牛产业发展政策，抓好技术培训及体制机制建设，村干部要发挥带头示范作用，充分带动群众养殖肉牛积极性。

【宜宾市肉牛产业发展"1+N"联动机制现场推进会在筠连举行】2016 年 8 月 31 日，宜宾市肉牛产业发展"1+N"联动机制现场推进会在筠连举行。市委副书记吕晓莉，市委农工委、督查室、金融办、发改委、经信委、财政局、农业局、畜牧水产局、扶贫移民局、人行市中心支行、省联社宜宾办事处、人保财险市分公司、平安财产保险中支公司、市农业融资担保公司、全市八县两区政府分管领导、农工委(办)、财政局、畜牧(水产、农林畜牧)局、金融保险机构负责人及全市 30 个重点肉牛发展乡(镇)主要负责人等共 142 人和县委书记王萍、副书记陈良云、副县长王永红参加会议。与会人员到双腾镇德胜村，深入建卡贫困户陈光银、罗万彬家中详细了解产业发展情况，参观返乡创业户陈道元、陈道永家庭养牛场，听取尖峰山种养专业合作社就筠连"1+N"联动机制下利用"好牛贷"发展肉牛养殖的情况。会上，观看筠连建立肉牛产业发展"1+N"联动机制工作纪实专题片，县委王萍介绍筠连推行"1+N"工作机制的相关情况，双腾镇、县农商行、平安财产保险中支公司、宜宾九牛农业开发公司作交流发言。市委副书记吕晓莉讲话：2015 年，宜宾市肉牛产业发展现场会、中国南方肉牛产业发展研讨会先后在筠连召开，就是要推广国家肉牛牦牛产业技术体系首席专家曹兵海教授总结的"山繁川育、藏牛于户"筠连养牛模式，省委常委、副省长王宁在筠连县调研时肯定筠连肉牛在精准扶贫行动中所起的作用。吕晓莉要求，全市各区(县)及市级相关部门要围绕市委市政府决定,加快推广已探索的成功经验和做法,认真推广筠连继开创"五丰村模式"后创立的"1+N"联动机制,各县(区)党委、政府在抓三农工作、脱贫攻坚工作中,借鉴筠连县委、县政府抓肉牛产业发展的"四好"举措,学习筠连县委、县政府坚持不懈、一直专注肉牛特色产业培育,并与精准扶贫相结合,一个村一个村地扎实推进,使肉牛产业不断壮大的宝贵经验,市级相关部门要各司其职,发挥职能作用,形成工作合力,确保各项安排部署落到基层、落到实处。市长李敏主持会议。

【全县第三次全国农业普查动员大会暨综合试点业务培训会】2016年10月19日,全县第三次全国农业普查动员大会暨综合试点业务培训会在县会议中心召开。县农普领导小组成员及其办公室全体人员,各乡(镇)政府乡(镇)长、分管领导、业务骨干,县农业普查领导小组成员单位主要领导参加会议。农普办主任段利勇对第三次全国农业普查相关规定及总体安排作说明,并通报全县前期农业普查综合保障、经费情况、综合试点等7方面的进展;农普办副主任李平对农普综合试点业务进行培训,安排近期工作。县长刘朝平强调,一是要确保组织领导到位;二是要确保经费保障到位;三是要确保宣传动员到位;四是要确保依法普查到位;五是要确保监督检查到位,确保全县第三次全国农业普查工作按时保质保量完成。

【全县综治暨网格化服务管理工作培训会】2016年10月26日,全县综治暨网格化服务管理工作培训会在县会议中心三楼会场召开。县综治成员单位及18个乡(镇)综治分管领导、乡(镇)派出所、司法所、卫生院(所)负责人,县级各单位网格工作员、各村(社区)网格管理员共400余人参会。要求各乡(镇)、县级各部门加强城乡网格化服务管理,建立网格、村(社区)、乡(镇)、县四级联动长效机制,推动网格化服务管理规范、有序进行;并就平安创建、网格化服务管理、特殊人群管控、危爆物品寄递物流、扫黄打非、烟草市场经济秩序整顿、见义勇为、环境保护等工作集中授课培训。

(肖平萍)

县政府重要活动

【省环保厅专家组到筠连调研省级生态县建设】2016年3月14–15日,省环保厅专家组一行到筠连调研开展省级生态县建设。专家组一行现场考察塘坝、龙镇、孔雀等乡(镇)的饮用水源保护、污水处理、垃圾处理情况,抽查川南肉牛交易中心、西南水泥等重点企业,现场检查筠连创建省级生态县的资料准备情况。交流会上,省环保厅专家组高度评价筠连的生态环境质量,对筠连在省级生态县建设工作所做的努力给予肯定,指出筠连存在的不足之处。分管副县长表示,建设省级生态县是县政府的中心工作之一,县政府将根据本次调研的结果继续努力,完善细化省级生态县创建工作,力争在6月省环保厅组织的技术核查中取得优异成绩。

【省脱贫攻坚督导组到筠连专项督导】2016年5月19–20日,受省委常委、常务副省长王宁委托,省财政厅厅长王一宏率省脱贫攻坚督导组到筠连专项督导脱贫攻坚工作。省督导组分2个小组到塘坝乡、蒿坝镇等地走访贫困户,详细了解贫困群众生产生活的实际困难及帮扶措施的落实情况;到腾达镇春风村调研新村建设,到海瀛工业园了解企业运行。20日,省督导组在县会议中心召开专项督导脱贫攻坚工作汇报会。县委书记王萍汇报筠连脱贫攻坚工作情况,县长刘朝平就脱贫攻坚工作作汇报。市长杜紫平汇报全市脱贫攻坚工作情况,自全市精准扶贫全面铺开后,1.坚持精准识别到户,着力完善精准帮扶体系;2.加快编制脱贫攻坚规划,着力强化脱贫攻坚工作的指导性;3.全面启动规划方案,支持产业发展;4.创新社会扶贫工作,着力凝聚社会各方力量;5.建立健全六大机制,强化工作落实;6.强化组织保障,着力建强扶贫队伍,全力推进脱贫攻坚工作。杜紫平要进一步调整完善脱贫攻坚规划计划、实施好年度五个一批、六大兜底、十个扶贫专项方案,启动异地搬迁、扶贫搬迁脱贫工程;进一步加大资金整合力度和加大社会帮扶力度,创新帮扶机制;不断加强干部驻村管理、加强组织保障,全面完成全市全年6.6万人、90个以上贫困村的脱贫任务。省督导组部分成员交流发言。王一宏传达省委常委、常务副省长王宁对此次到宜宾督导工作的相关要求,一要坚持把脱贫攻坚工作摆在突出位置、切实增强责任感和使命感,把脱贫攻坚作为当前一项极其重要的政治任务和民生大事来抓,把群众迫切期盼变为现实;二要按照省委"五个着力"要求,明确新一轮扶贫开发的实施路径,做到找准人、定准位、选准路、用准力,要落实好"六个精准""五个一批"工作,确保扶贫政策、资金由过去的大水漫灌转变为精准滴灌,确保精准到村到户到人;三要结合"两学一做"学习教育工作,加强基层党的建设,为脱贫攻坚提供坚强的组织保证,要选优配强乡(镇)、贫困村的领导班子,充实专业领导力量,把严实的作风贯穿脱贫攻坚始终;四要坚持问题导向,属于省上政策设计和安排的问题要深究原因、对症下药。王一宏指出,一是始终保持打赢脱贫攻坚战的信心、专注发展定力,要坚定信心、抓住机遇、用好用活国家的各项扶贫政策;二是要破解难题、创新举措,确保全年的目标任务实现,要加大工作力度,确保脱贫攻坚取得实效;三是强化脱贫攻坚的组织保障,压紧压实责任,进一步营造全社会关心支持扶贫工作的良好氛围。副市长李学焦、华西集团副总经理罗英彬、宜宾学院副院长周广均参加督导；县领导王萍、刘朝平、陈良云、王涛陪同督导；省财政厅、市政府办、市财政局、市工商局、市国资公司、省联社宜宾办事处、宜宾学院、华西集团负责人和县领导李小林、师世秋参加汇报会。

【省县域经济学会专家到筠连调研】2016 年 5 月 21 日，四川省县域经济学会顾问解洪、会长张成明一行到筠连就县域经济发展、脱贫攻坚工作调研。解洪一行在中石油浙江油田分公司筠连项目处，了解页岩气勘探开发，解洪希望各级各部门要加强协调配合，积极争取政策支持，做好页岩气的就地转化利用，希望企业要肩负起社会责任，积极参与到脱贫攻坚工作中，反哺社会；在醒世公司，详细了解春茶采摘和销售情况；在蓝伯特公司，汇报开展三大惠农产业项目的进展和青蒿素生产线投入运营情况；在筠连镇五丰村，详细了解该村“川繁户养、藏牛于户”的肉牛养殖模式；在腾达镇春风村，王家元汇报春风村产业发展、春风报告团巡回宣讲情况。汇报会春风村召开，县委王萍汇报筠连县域经济发展及脱贫攻坚工作情况，实施产业扶贫工程，增强造血功能；实施金融扶贫工程，破解资金制约瓶颈；实施基础扶贫工程，改善生产生活环境；实施社会扶贫工程，构建合力攻坚格局；实施精神扶贫工程，形成感恩奋进和真情帮扶自觉。县长刘朝平代表县委、县政府表示，筠连一定按照要求狠抓落实，进一步增强责任感、使命感，以昂扬向上、奋发有为的精神状态打好脱贫攻坚战。与会专家为筠连县域经济发展及脱贫攻坚工作提出了宝贵的意见和建议。解洪要拔掉“穷根子”，就得拿出“硬举措”、敢啃“硬骨头”，切实抓好“六个精准”“五个一批”等脱贫攻坚措施的落实，不让一个地区、一个群众在全面建成小康社会的征程上落伍掉队。省社科院党委书记李后强、四川大学校长助理徐玖平，领导王萍、刘朝平、陈良云、罗吉义，省县域经济学会、省社科院相关人员参加调研和汇报会。

【许尚忠一行考察筠连肉牛产业】2016 年 7 月 11 日，中国畜牧业协会牛业分会会长、中国农业科学院北京畜牧兽医研究所研究员、博士生导师、农业部科技专家组成员许尚忠，国家肉牛牦牛产业技术体系营养研究室主任、四川农业大学科技处副处长、博士生导师、教授王之盛，中国农业科学研究院北京畜牧兽医研究所研究员、博士孙宝忠，云南省草地动物科学研究院院长、研究员黄必志，国家肉牛牦牛技术体系遂宁综合试验站站长卜一碧，市畜牧水产局局长罗才源，市畜牧水产局产业科副科长申洪兵一行到筠连考察肉牛产业发展。许尚忠一行实地考察筠连镇五丰村、五凤村、西南肉牛交易市场。许尚忠高度赞扬筠连县肉牛产业发展取得的成绩，对筠连县“藏牛于户、山繁川育”的养殖模式给予充分肯定，对肉牛产业发展中的关键技术给予指导，对肉牛产业发展提出宝贵的意见和建议。县委常委、常务副县长李小林等陪同。

【国家统计局四川调查总队到筠连调研城乡居民增收工作】2016 年 7 月 14 日，国家统计局四川调查总队副总队长唐建成一行到筠连调研城乡居民增收工作，调研组一行到蓝伯特公司，了解从煤矿企业成功转型为现代化农业科技公司，主要从事青蒿素提取及系列产品开发生产、漆树种植及产品开发生产、林下中药材种植销售等，该公司的发展思路得到调研组的一致认可；到电商孵化基地，由宜宾村通网络科技有限公司自主研发建立，打造电商服务平台，把筠连绿色农特产品向全市乃至全国进行定点销售，打造各乡（镇）特色产业链，实现“一镇一特色，一村一特产”；创新电商进村渠道，为全县所有乡（镇）建立专门的服务站和村级服务点；全方位孵化电商人才，实现营业额 600 万元，完成 30 家电商孵化，输出电商人才 380 人，帮助农民代售各类农特产品 10 万余元。唐建成一行对筠连企业创新思维、锐意进取的定位发展思路和筠连城乡居民增收工作的坚实基础给予高度评价和充分肯定。国家统计局宜宾调查队队长吴开华、副队长王淑兰、谭太勤和县委常委、常务副县长李小林等陪同调研。

【王宁到筠连蹲点调研督导脱贫攻坚】2016 年 8 月 22–24 日，省委常委、常务副省长王宁率督导组到筠连蹲点调研督导脱贫攻坚工作，并主持召开座谈会。王宁对筠连县脱贫攻坚工作取得阶段性成效给予肯定，并要求，一要进一步提高认识，切实贯彻落实好省委重要决策部署，做到认识到位，切实增强脱贫攻坚的紧迫感、责任感，努力改变老百姓的贫困面貌；二要紧紧锁定全年脱贫攻坚目标，认真查找不足，精准发力，实实在在推进脱贫攻坚各项工作；三要贯彻落实好省委书记王东明提出的“四个锁定”，加快推进易地扶贫搬迁工作，研究政策的持续性、针对性，加强义务教育保障，落实医疗保障措施，在年底前完成全年易地扶贫搬迁任务，且不能出现贫困家庭孩子因贫困而辍学，确保实现“两不愁三保障”基本要求，并向“四个好”迈进；四要坚定信心，迎难而上，在主体责任、统筹协调、发挥“五个一”作用、激发群众内生动力、抓落实、体制机制创新“六个方面”再下功夫，确保完成全年脱贫攻坚目标任务。市委书记刘中伯陪同调研督导；省财政厅厅长王一宏、副厅长朱华勇，省烟草专卖局局长李恩华，省发改委副主任邓长金，建行省分行副行长汪海，四川华西集团公司董事长陈贵林参加调研督导。

【全球环境基金中央项目执行办到筠连示范点指导调研】2016 年 10 月 19–21 日，全球环境基金(GEF)中央项目执行办项目经理宋增明博士到筠连指导、调研 GEF 项目示范点。宋增明一行到腾达镇春风村示范点现场指导林下种植中药材、绿化苗木、茶叶和林下放养生态鸡等立体种养复合模式，对筠连县项目示范点实施情况和石漠化治理区所采取的林下立体种养复合模式给予充分肯定。座谈会上，对8月在内蒙古召开“鄂尔多斯会议”安排部署的九大工作情况进行座谈、研讨，对加快推进筠连县GEF项目建设工作，在宣传工作、石漠化治理最佳实践技术提炼等方面提出具体意见。省林业科技推广总站站长李映平、GEF四川项目经理黄永强、GEF中央项目执行办、省林业厅科技推广总站专家等陪同。

【宁坚到筠连调研】2016年10月21日，市委常委、常务副市长宁坚率市工商局、国资公司负责人到筠连海瀛工业园区、筠连镇五丰村和五凤村调研县域经济转型、新农村建设、农业产业发展、脱贫攻坚工作。宁坚强调，一要结合实际，找准产业发展好路子，树立战胜困难的信心，充分发挥主观能动性，帮助贫困户不等不靠，为早日奔康建成美丽乡村打下坚实基础；二要勇于担当，攻坚克难，帮助贫困户战胜各种困难，使贫困户走出贫困，走上奔康路；三要千方百计为贫困户排忧解难，为贫困户脱贫出谋划策，只有真正在政策上去把握、在规划上去谋划、在产业上去论证，才能真正让老百姓实现脱贫奔康的目标；四要切实帮助抓好贫困村和贫困群众的产业发展，树立持之以恒产业发展的决心，确保脱贫目标如期实现，确保已脱贫群众不返贫。县领导王萍、刘朝平、陈良云、罗吉义陪同。

【春风综合体国家综合农业标准化示范区通过国家质检总局考核验收】2016年11月4-5日，国家质检总局和国家标准委考核验收组到腾达镇考核验收春风综合体国家农业综合标准化示范区项目。通过现场考察、农户走访、查阅资料、现场提问等方式考核验收，座谈会上，副县长钟声远汇报项目建设情况。春风综合体国家农业综合标准化示范区以95.2分（满分100分）的考核得分通过考核验收。春风综合体2013被国标准委批准为国家级农业标准化示范项目，2016年建设期满。建设期间，县质监局、农业局、腾达镇等单位共同做好示范区建设，抓好标准体系建设。

【王宁到筠连镇红江村调研脱贫攻坚】2016年11月23日，省委常委、常务副省长王宁到筠连县筠连镇红江村调研脱贫攻坚工作。王宁一行调研红江村易地扶贫搬迁聚居点建设，看望慰问贫困群众贾廷华、肖昭贵，走访养殖大户崔才书。王宁对筠连脱贫攻坚工作取得的阶段性成效给予肯定，“两不愁三保障”是脱贫工作的核心要求。王宁指出，把“两不愁三保障”的要求具体化，突出问题导向，按照“两不愁三保障”标准把工作做得更细更实，扎实有效推进脱贫攻坚各项工作。王宁要求，要扎实推进易地扶贫搬迁，要加大对易地扶贫搬迁项目的监督力度，在保证质量的前提下加快住房建设进度，确保老百姓住房安全和目标任务的完成，并规划好老百姓易地搬迁后的产业发展。王宁就产业发展强调，一要有长远规划，要“长短”结合发展产业，实现老百姓可持续增收。要用好产业扶贫基金，规范化管理好基金，把控好基金使用风险并不断将基金壮大，减少老百姓财务成本，帮助更多贫困群众发展产业，要选好产业，找准增收路子，通过专合组织、龙头企业和产业大户的引领带动，帮助贫困群众发展产业致富；二要算好经济账，利用有限的资源充实产业本身收益带来的差距，提高产业间的互补性；三要利用好农民夜校，针对产业发展需求加大实用技术培训。省、市相关部门要给予技术指导，帮助老百姓因地制宜发展产业，为可持续增收奠定基础；基层干部要准确把握政策，用好新农村建设、易地扶贫搬迁等政策，确保整村脱贫的村的标准、要求、现实都要一样。市委书记刘中伯陪同调研；省政府副秘书长、办公厅主任蔡竞，省发改委副主任徐立，省财政厅副厅长朱华勇参加调研；市委常委、常务副市长宁坚，市政府党组成员、县委书记王萍陪同调研。

【宁坚到筠连调研脱贫攻坚】2016年11月23日，市委常委、常务副市长宁坚率市国资公司、工商局负责人到筠连开展“走基层、送温暖”活动、调研脱贫攻坚工作。宁坚一行到筠连镇五凤村走村入户，与群众亲切交谈，实地了解群众过冬物资准备及脱贫情况，鼓励要树信心、增干劲、添举措，积极发展致富产业，寻找致富路子，早日脱贫奔小康。宁坚要求，一是切实加强对脱贫攻坚工作的督导管理，市县联系帮扶单位、驻村第一书记务必到位，严格按规定驻村入户开展脱贫；二是切实把扶贫与产业发展相结合，进一步理清工作思路和措施，确保扶贫举措精准到位；三是以脱贫目标任务为核心，以贫困村和贫困户最关注的问题为导向，明晰脱贫规划，先易后难、由近及远、分步实施，坚决打赢脱贫攻坚战。县领导王萍、刘朝平、陈良云、罗吉义陪同调研。

（肖平萍）

县政府综合保障

【政府办概况】2016年，县政府办公室认真贯彻落实十八大、十八届三中、四中、五中、六中全会精神，围绕“建成强县、率先小康”总体目标，紧扣“创新发展、协调发展、绿色发展、共享发展”工作主题，以建设绿色、生态、宜居“三个筠连”为总取向，始终坚持“12456”发展思路，“转型调结构、创新求实效”工作基调和县政府工作大局，按照求真务实、忠诚敬业、严谨高效的工作要求，切实履行县政府办公室“司令部、参谋部”职责，突出办文、办会、办事3个重点，成为办文“大家”、办会“专家”、办事“行家”。坚持高标准、高质量扎实推进各项工作，牢固塑造“品牌”意识，追求“品牌”效应，取得“品牌”成效。县政府办公室挂牌挂靠单位有县政府法制办、政务中心、方志办、民宗局、应急办、县委县政府督查目标办、县机关事务管理办、人防办8个。

【公文处理】 2016年，严格执行《党政机关公文处理工作条例》规定，围绕提升文、会、事办理质量，制发《关于进一步加强政府系统公文管理工作的通知》 一是规范代拟稿办理。理顺文秘审核程序，制订代拟稿办理流程图，落实岗位责任，形成责任倒查机制；制订发文审核表格化办理清单，把公文常见差错列入表格，文件审核人员对照清单审核，提升办文效率和质量；实行代拟稿发文预审制度，审核发文的必要性；实行退文制度，对不符合办文要求的予以退文。全年，县政府办公室代县政府或县政府办公室名义制发文件454件，下降3.81%。二是规范来文办理。外部来文统一由内设办接收并对质量进行把关、登记、中转，有效避免文件“体外循环”；资金请示文件直接报县财政局提出审核意见。全年，县政府办收到来文5684件。三是利用无纸化办公平台办文。推广利用无纸化办公平台，加大全县政府系统平台操作人员培训力度，培训乡（镇）、部门人员500余人次。

【后勤服务】 一是加强机关财务管理。严格执行财务管理制度，加强预算管理，保障经费到位，确保机关有序运转；分设会计、出纳岗位；坚持收支两条线，印鉴分开管理。坚持办公用品政府采购、比价采购、定点采购、审批采购。加强机关食堂管理，保障就餐职工饮食安全。二是加强机关后勤管理。全年开展4次办公用房专项清理，腾退办公用房77间，腾退面积1540.78平方米，对发现问题均进行整改。对车辆统筹集中调度，执行公车管理规定，健全车辆使用预审、登记、维修管理制度，加强驾驶人员管理。按照“厉行勤俭节约”“简化接待工作”规定，规范接待审批、标准、经费开支、接待场所、接待项目。三是县政府总值班室，继续坚持24小时值班和县领导带班制度，进一步规范值班应急处理程序，做好上情下达和下情上传工作，确保信息24小时畅通。

【政府办对口帮扶】 2016年，县政府办公室继续牵头联系巡司镇精准扶贫工作，对口帮扶西牛村，与巡司镇研究制定扶贫攻坚计划，扎实推进扶贫工作。一是建立扶贫工作机制。成立扶贫工作领导小组、驻村工作队，全年政府办机关干部到村帮扶累计2000余人次。二是开展针对性扶贫。集中走访慰问活动，送去慰问金及物资折价9900元，定向捐款2万元；组织医疗机构到西牛村开展义诊3次。三是基础设施建设。加大西牛村基础设施建设力度，争取到项目资金96万元，完成农网改造工程；争取到项目资金486.3万元，实施“金土地”工程，推进“坡改地”、便民路建设、灌溉渠建设、村道硬化等；争取到项目资金21万元，完成西牛村农村安全饮水配套工程建设。对2014年、2015年已脱贫户及2016年预脱贫户实施住房改善工程。

（肖平萍）

中国人民政治协商会议四川省筠连县委员会

政协综述

【政协筠连县第十四届委员会概况】 中国人民政治协商会议筠连县第十四届委员会(以下简称“政协筠连县第十四届委员会”)由15个界别组成,委员名额187名,政协常委会组成人员33名。2011年12月,经协商产生政协筠连县第十四届委员会委员165人。2011年12月25日,政协筠连县第十四届委员会第一次会议选举黄静为政协筠连县第十四届委员会主席,韩世全、邓月均、刘乐君、叶宗勇为副主席,张洪彬为秘书长;选举(按姓氏笔画为序)王燕、王纯华、兰湘、刘东波、刘泽慧、刘敬远、汤正平、孙祥树、李庆华、李朝中、杨山河、应国强、应爱武、宋向远、陈云、陈敏、陈薇、胡劲苍、钟勇、唐亚军、梁汉图、程俊、程先恒、熊洪书、潘云林、魏世刚为政协筠连县第十四届委员会常委会委员。

政协筠连县第十四届委员会第一次会议后,2012年11月6日,政协筠连县第十四届委员会第8次常委会议协商决定,增补杨启全、应露、王泽付、黄永军、聂剑、黄丽萍为政协筠连县第十四届委员会委员,免去高德华、陈刚、刘艳政协筠连县第十四届委员会委员职务。政协筠连县第十四届委员会第二次会议后,2013年7月24日,政协筠连县第十四届委员会第14次常委会议协商决定,增补卜光洪为政协筠连县第十四届委员会委员,免去聂剑政协筠连县第十四届委员会委员职务;2013年12月18日,政协筠连县第十四届委员会第17次常委会议协商决定,增补王晓芹、文启江、余洲、吴玉洁、邓国金、杨晓彬、安平、刘富强为政协筠连县第十四届委员会委员,免去翁联志、杨雁鸣、陈世其、李红、江宗涛政协筠连县第十四届委员会委员职务。政协筠连县第十四届委员会第三次会议后,2014年5月29日,政协筠连县第十四届委员会第24次常委会议协商决定,增补曹莉、彭章彬、何玲、熊学江为政协筠连县第十四届委员会委员,免去卜光洪、杨启全、孙祥树、刘竹梅、蒋新贵、汪中国、邓全刚政协筠连县第十四届委员会委员职务;2014年7月25日,政协筠连县第十四届委员会第26次常委会议协商决定,免去曾兵远政协筠连县第十四届委员会委员职务;2014年10月15日,政协筠连县第十四届委员会第28次常委会议协商决定,增补张三印、陈践、杨明、陈元明、李彬、李明明、李坤霖、毛扶平为政协筠连县第十四届委员会委员;2015年1月5日,政协筠连县第十四届委员会第31次常委会议协商决定,增补罗吉义、胡百中为政协筠连县第十四届委员会委员。政协筠连县第十四届委员会第四次会议后,2015年3月17日,政协筠连县第十四届委员会第35次常委会议协商决定,增补李节为政协筠连县第十四届委员会委员,免去党庆锋、彭章彬、杨再成、张怡政协筠连县第十四届委员会委员职务;2015年8月13日,政协筠连县第十四届委员会第38次常委会议协商决定,撤销潘云林政协筠连县第十四届委员会委员资格;2015年12月21日,政协筠连县第十四届委员会第42次常委会议协商决定,增补郑世筠、段四海、陈洪吉、唐洪、张莉(县公积金管理中心)、张杰、黄书忠、段钢为政协筠连县第十四届委员会委员。至2016年11月,政协筠连县第十五届委员会委员协商产生前,政协筠连县第十四届委员会为181名(其中1人调离本行政区域,1人因个人问题不能参会)。

政协筠连县第十四届委员会第三次会议后,2015年1月5日,邓月均在政协筠连县第十四届委员会第31次常委会议上辞去政协筠连县第十四届委员会常委会委员职务。2015年1月16日,政协筠连县第十四届委员会第四次会议选举罗吉义为政协筠连县第十四届委员会副主席,选举彭章彬为政协筠连县第十四届委员会常委会委员。政协筠连县第十四届委员会第四次会议后,2015年3月17日,彭章彬在政协筠连县第十四届委员会第35次常委会议上辞去常务委员职务;政协筠连县第十四届委员会第35次常委会议协商决定,聘任龙林、胡百中、万大佳为政协筠连县第十四届委员会特邀常委;2015年8月13日,政协筠连县第十四届委员会第38次常委会议协商决定,免去潘云林政协筠连县第十四届委员会常务委员职务;2016年1月7日,因工作需要,罗吉义在政协筠连县第十四届委员会第43次常委会议上辞去政协筠连县第十四届委员会常委会委员职务。2016年1月21日,政协筠连县第十四届委员会第五次会议选举郑世筠为政协筠连县第十四届委员会副主席。至2016年12月政协筠连县十五届委员会第一次会议召开前,政协筠连县十四届委员会常委会组成人员30

名，特邀常委3名。

政协筠连县第十四届委员会机关设办公室、调研室、提案工作办公室、经济和社会办公室、委员联络委员会，分别负责日常事务、重要课题调研、提案办理、经济和社会发展任务、委员管理和服务。委员会下设文史学习、提案、经济、农业科技、文教体卫、法制群团、社会联谊7个专委会和筠连镇、巡司、双腾、沐爱、大雪山、维新、浙江柯桥7个联络组，在县政协常委会和主席会的领导下分别开展工作。

【政协筠连县第十五届委员会概况】 2016年12月，全县各族各界别协商产生政协筠连县第十五届委员会委员148人。2016年12月18日，政协筠连县第十五届委员会第一次会议选举黄静为政协筠连县第十五届委员会主席，韩世全、张彬、叶宗勇为副主席，陈敏为秘书长；选举（按姓氏笔画为序）干代武、万家其、王玉、王元辉、王纯华、石永莉、师江、刘远波、汤正平、李文杰、杨钊、何正华、余孝存、应国强、应爱武、张洪彬、陈云、陈薇、周自筠、胡宗慧、唐亚军、黄永军、程先恒、程全美、程路崎、路次祖、詹成刚为政协筠连县第十五届委员会常委会委员。

政协筠连县第十五届委员会机关设办公室、调研室、提案工作办公室、经济和社会办公室、委员联络委员会，分别负责日常事务、重要课题调研、提案办理、经济和社会发展任务、委员管理和服务。委员会下设文史学习、提案、经济、农业科技、文教体卫、法制群团与社会联谊6个专委会和筠连镇、巡司、双腾、沐爱、大雪山、维新、浙江柯桥7个联络委，在县政协常委会和主席会的领导下分别开展工作。

政协筠连县委员会会议

【政协筠连县第十四届委员会第五次会议】 2016年1月19–21日在县会议中心三楼会场召开。委员应到179人，实到145人；特邀、列席人员应到127人、实到116人，符合《中国人民政治协商会议章程》的规定。

会议议程：1. 听取并审议政协筠连县第十四届委员会常务委员会工作报告；2. 听取并审议政协筠连县第十四届委员会常务委员会提案工作情况报告；3.大会发言；4.列席筠连县第十五届人民代表大会第六次会议，听取并协商讨论县政府工作报告、县“十三五”规划纲要（草案）、县2015年国民经济和社会发展计划执行情况与2016年国民经济和社会发展计划草案的报告、县2015年财政预算执行情况和2016年县级财政预算草案的报告、法院和检察院报告；5.选举大会；6.大会民主测评；7.审议通过政协筠连县第十四届委员会第五次会议提案审查情况的报告；8. 表彰优秀县政协委员、先进委组、委员优秀提案和提案办理先进单位；9.中共筠连县委书记王萍讲话；10.政协筠连县委员会主席黄静讲话；11.通过政协筠连县第十四届委员会第五次会议决议。会议第一次大会由韩世全主持，会议第二次大会由黄静和韩世全分阶段主持。

大会听取并审议黄静受县政协第十四届常委会委托作的常委会工作报告和刘乐君受县政协第十四届常委会委托作的提案工作报告；列席县十五届人民代表大会第六次会议，听取并讨论县政府工作报告、县“十三五”规划纲要（草案）、县2015年国民经济和社会发展计划执行情况与2016年国民经济和社会发展计划草案的报告、县2015年财政预算执行情况与2016年县级财政预算草案的报告；听取并讨论筠连县人民法院、人民检察院工作报告。会议通过政协筠连县委员会第十四届第五次会议提案审查报告、决议和选举办法；大会选举增补1人副主席（郑世筠）。委员对“一府两院”工作报告和31个政府职能部门的履职情况进行民主测评。并对2015年度先进委组和优秀政协委员、县政协十四届四次会议以来提案办理先进单位和优秀提案进行表彰。

大会听取县委书记王萍作重要讲话。王萍指出县政协及其常委会紧紧围绕全县改革发展稳定大局，牢牢把握团结和民主两大主题，充分发挥了政协委员主体作用、专委会基础作用、人民团体和界别人士的骨干作用以及政协机关的保障作用；积极主动议大事、搞调研、察民情、解民忧，为全县经济社会发展做出重要贡献，政协民主协商扎实有效；民主监督落实有力；服务发展积极主动；建言献策务实创新；自身建设持续提升。要求政协组织和广大政协委员要把思想和行动统一到中央和省市县决策部署上来，时刻牢记使命，认真履行政治协商、民主监督、参政议政职能，要全力打造参政议政履职平台、民主协商聚力平台、维护和谐稳定平台、精准扶贫建功平台、内外联系交流平台、先进引领示范平台“六平台”，团结一切可以团结的力量，凝聚一切可以凝聚的智慧，激发一切可以激发的活力，为全面建成小康社会共同奋斗。

大会听取县政协主席黄静作《发挥政协优势 群策群力 助推筠连经济社会新发展》。黄静就提升政协履职能力和助力脱贫攻坚提出要求：一是不断提升履职能力，广泛凝聚智慧力量。要提升政治把握能力，坚定正确理想信念，在思想上与党同心、在工作上与党委政府同步、在目标上与党同向；要提升政协履职实效，提高服务发展质量，切实提升履职水平和建言质量、拓展政协作为；要提升协商民主质效，促进科学民主决策，充分发挥政协协商民主重要渠道、专门协商机构的作用，充分发挥政协在科学决策、民主决策、依法决策中的作用；要提升政协委员履职责任感，夯实政协工作主体，强化委员学习、增强委员履职责任感、创新委员履职方法。二是充分发挥政协优势，全力助推脱贫攻坚。要发挥“桥梁”作用，切实履职尽责，认真领会积极宣传、及时反映群众诉求、主动参与脱贫攻坚；要发挥“智库”

作用，积极建言献策，做到参政要有前瞻性、献策要有针对性、建言要有实效性；要发挥“监督”作用，助力政策落实。坚持民主监督的为民宗旨、拓展民主监督的途径方式、提升民主监督的实际成效。

【政协筠连县第十五届委员会第一次会议】 2016 年 12 月 15–18 日在县会议中心三楼会场召开。委员应到 148 人，实到 134 人；特邀、列席人员应到 138 人、实到 121 人，符合《中国人民政治协商会议章程》规定。

会议议程：1. 听取并审议政协筠连县第十四届委员会常务委员会工作报告；2. 听取并审议政协筠连县第十四届委员会常务委员会提案工作情况的报告；3.大会发言；4.列席县第十六届人民代表大会第一次会议；听取并协商讨论县政府工作报告、县 2016 年国民经济和社会发展计划执行情况与 2017 年国民经济和社会发展计划草案、县 2016 年财政预算执行情况和 2017 年财政预算草案的报告和法院、检察院工作通报；5.选举政协筠连县第十五届委员会主席、副主席、秘书长以及常务委员；6.大会民主测评；7.通过政协筠连县第十五届委员会第一次会议提案审查情况的报告；8.宜宾市人民政府党组成员、中共筠连县委书记王萍重要讲话；9.政协筠连县第十五届委员会主席讲话；10.通过政协筠连县第十五届委员会第一次会议决议。会议第一次大会由叶宗勇主持，会议第二次大会由黄静主持，会议第三次大会由韩世全主持。

大会听取并审议黄静受十四届常委会的委托《政协筠连县第十四届委员会常务委员会常委会工作报告》和张洪彬受十四届常委会的委托作《政协筠连县第十四届委员会常务委员会提案工作报告》；列席县十六届人民代表大会第一次会议，听取并讨论县人民政府工作报告、县 2016 年国民经济和社会发展计划执行情况与 2017 年国民经济和社会发展计划草案、县 2016 年财政预算执行情况和 2017 年财政预算草案的报告；听取并讨论县人民法院、县人民检察院工作通报。会议通过政协筠连县委员会第十五届第一次会议提案审查报告、决议和选举办法。大会选举产生政协第十五届委员会主席 1 人、副主席 3 人、秘书长 1 人、常务委员 27 人。委员对“一府两院”工作报告和 32 个政府职能部门的履职情况进行民主测评。

15 日下午召开严肃换届纪律集体谈心谈话会议。会前向委员发放明白卡；会上，县委常委、组织部部长李刚组织学习中央、省、市关于严肃换届纪律、加强换届风气监督有关文件精神；县委常委、县纪委书记肖利组织学习“三案通报”；市人民政府党组成员、县委书记王萍开展严肃换届纪律专题谈心谈话；委员签订严肃换届纪律《承诺书》；观看专题警示教育片《镜鉴》《警钟》。

开幕大会上，3 名委员围绕《高标准规划环城林改造打造休憩城市森林公园》《加快筠民干线公路改造升级》《发展电商产业 助力脱贫攻坚》分别提出建议。

闭幕大会上，市人民政府党组成员、县委书记王萍作重要讲话。王萍指出县政协及其常委会牢牢把握团结和民主两大主题，紧扣发展中心，在服务科学发展、转型发展、绿色发展上主动履职，奋发作为，不断加强自身建设，增强共进意识，把准履职方向，创新工作载体，积极参政议政。多形式的政治协商充分发挥集体智慧，为发展提供源源不断的动力；卓有成效的民主监督促进发展环境大幅转变；关注民生民本，社情民意，促进社会的和谐和事业的发展；积极联络社会各界，为脱贫攻坚贡献巨大力量。要求政协组织和广大政协委员充分发挥联系群众广泛的优势，把社会各界的思想和行动统一到县委、县政府的决策部署上来，把智慧和力量凝聚到全面建设“四区”、全力打造“三个筠连”的宏伟目标上来。要坚持服务大局，始终做到积极谏言、共谋发展；要密切联系群众，始终做到履职为民、增进福祉；要增进团结协作，始终做到聚合人心、促进和谐；要坚持民主监督，始终做到尽职尽责、不断创新；要加强自身建设，始终做到与时俱进、勇争一流。

闭幕大会上，县政协主席黄静作《立足新起点 肩负新使命 开创政协事业新局面》，对新一届政协提出要求：一是坚定政治方向，增进思想共识。要踩准基调、协同干事、精诚出力。二是围绕党政中心，助推转型发展。要把握政治协商的“着重点”、找准民主监督的“着眼点”、抓住参政议政的“着力点”。三是践行为民宗旨，架设联系桥梁。要增进“民本”意识、“服务”意识。四是坚持务实创新，提高履职水平。要以求真务实为履职根本、以开拓创新为活力源泉。五是强化队伍建设，筑牢履职基础。要领会新理念、掌握新本领、发挥委员的“三个”作用，提升履职质效。

政协筠连县委员会常务委员会议

【政协筠连县第十四届委员会第四十三次常委会议】 2016 年 1 月 7 日在县政协会议室召开。应出席常委会组成人员、特邀常委 33 人，实到 24 人；县委组织部领导应邀参加会议；县委办、县人大办、县政府办、法院、检察院、财政局、县外宣办相关负责人和各专委会、联络组负责人、县政协机关全体干部列席会议。县政协副主席韩世全主持会议。

会议议程：1. 协商县委人事调整和任免事项，对拟提拔的 12 名副科级以上领导干部进行满意度测评；2.审议政协人事事项，协商通过罗吉义辞去政协副主席职务（调任政府副县长）；3.协商县政府工作报告、县“十三五”规划纲要（草案）、县 2015 年国民经济和社会发展计划执行情况与 2016 年国民经济和社会发展计划草案的报告、县 2015 年财政预算执行情况和 2016 年县级财政预算草案的报告、县法院工作报告、县检察院工作报告（审议稿）。

【政协筠连县第十四届委员会第四十四次常委会议】2016年1月19日在县人大会议室召开。应出席常委会组成人员、特邀常委32人(罗吉义辞去副主席职务),实到23人;政协筠连县第十四届委员会第五次会议期间的6个小组组长列席会议。县政协主席黄静主持会议。

会议议程:1. 县委组织部领导作补选政协副主席人员建议名单的说明;2.审议通过补选的政协副主席建议名单;3.审议通过选举办法(草案);4.审议通过选举大会总监票员、监票员建议名单(草案);5.审计通过选举大会总计票员、计票员名单;6.听取各组审议讨论县政协常委会工作报告和提案工作报告的情况汇报。

【政协筠连县第十四届委员会第四十五次常委会议】2016年1月21日在县人大会议室召开。应出席常委会组成人员、特邀常委32人,实到26人;政协筠连县第十四届委员会第四次会议期间的6个小组组长列席会议。县政协主席黄静主持会议。

会议议程:1.审议通过《政协筠连县第十四届委员会第五次会议提案审查报告(草案)》及重点提案;2.审议通过《政协筠连县第十四届委员会第五次会议决议(草案)》;3.听取各组审议常委会工作报告和提案工作报告、协商讨论县政府工作报告、县"十三五"规划纲要(草案)、县2015年国民经济和社会发展计划执行情况与2016年国民经济和社会发展计划草案的报告、县2015年财政预算执行情况和2016年县级财政预算草案的报告及酝酿讨论选举相关事项的情况;4.审议通过补选的副主席正式候选人名单(郑世筠);5.审议通过选举大会总监票员、监票员名单(草案);6.审议通过选举办法(草案)。

【政协筠连县第十四届委员会第四十六次常委会议】2016年2月24日在县政协会议室召开。应出席常委会组成人员、特邀常委33人(增加郑世筠副主席),请假7人,实到26人;政协各专委会、联络组负责人、县政协机关全体干部列席会议。县政协主席黄静主持会议。

会议议程:1.集中学习《中共中央关于加强和改进人大代表、政协委员有关工作的通知》文件精神;2.书面传达学习四川省政协十一届四次会议和宜宾市政协四届五次会议精神;3.审议《2016年政协工作意见(审议稿)》。

【政协筠连县第十四届委员会第四十七次常委会议暨委员专题学习培训会】2016年3月17日在县政协会议室召开。应出席常委会组成人员、特邀常委33人,实到25人;县人大副主任张彬应邀参加会议;县委办、人大办、政府办、外宣办等单位相关领导、政协各专委会、联络组负责人、县政协机关全体干部列席会议。县政协主席黄静主持会议。

会议议程:1. 专题学习全国人大十二届四次会议和全国政协十二届四次会议精神;2. 贯彻学习习近平总书记在参加全国政协民建、工商联界委员联组会上的重要讲话,李克强总理代表国务院向大会作的政府工作报告,张德江委员长作的全国人大常委会委工作报告,俞正声主席所作的政协第十二届全国委员会常务委员会工作报告及闭幕会上的讲话精神;3. 会议传达学习3月15-16日市政协葛燎原主席到筠连调研的讲话精神;4.县政协常委、县政府法律顾问团成员、瑞龙律师事务所主任陈云作"合同审查法律事务简析"的专题讲座。

【政协筠连县第十四届委员会第四十八次常委会议】2016年5月16日在县政协会议室召开。应出席常委会组成人员、特邀常委33人,请假10人,实到23人;县委组织部领导应邀参加会议。县政协主席黄静主持会议。

会议议程:1. 县委组织部副部长何兴军通报有关人事任免情况;2. 协商县委人事调整和任免事项,对拟提拔的38人副科级以上领导干部进行满意度测评。

【政协筠连县第十四届委员会第四十九次常委会议】2016年6月7日在政协四楼会议室召开。应出席常委会组成人员、特邀常委33人,实到23人;县委组织部领导应邀参加会议。县政协主席黄静主持会议。

会议议程:1. 县委组织部副部长何兴军通报有关人事任免情况,2.协商县委人事调整和任免事项,对拟提拔重用的72人副科级以上领导干部进行满意度测评。

【政协筠连县第十四届委员会第五十次常委会议】2016年6月20日在县会议中心召开。应出席常委会组成人员、特邀常委33人,实到23人;驻筠连的市政协委员,县纪委、民政局、环保局、经信科技局、民宗局负责人和政协机关全体干部、各专委会、联络组负责人、调研组和评议调查组成员列席。县政协副主席韩世全主持会议。

会议议程:1.组织观看警示教育片《镜鉴》;2.审议通过《政协筠连县委员会关于少数民族待遇县政策执行情况的调研报告》(审议稿)、《政协筠连县委员会关于深化服务企业意识、优化经济发展环境调研报告》(审议稿)、《政协筠连县委员会关于民主评议筠连县民政局的综合评议意见》(审议稿)、《政协筠连县委员会关于民主评议筠连县环境保护局工作及行风政风建设的综合评议意见》(审议稿)。

【政协筠连县第十四届委员会第五十一次常委会议】2016年7月28日在县政协会议室召开。应出席常委会组成人员、特邀常委33人,实到25人;县委常委、县政府常务副县长李小林应邀参加会议;县法院、检察院、发改局、财政局、卫计局、扶贫移民局、畜牧水产局负责人和县政协机关全体干部、各专委会、联络组负责人列席会议。县政协主席黄静主持会议。

会议议程:1.听取县政府2016年上半年国民经济和社会发展计划执行情况的通报;2.听取县人民法院、县人民检察院2016年上半年工作情况的通报;3. 会议对2016年上半年政协工作情况进行总结,安排部署下半年工作;4.审议通过《政协筠连县委员会关于乡(镇)卫生院建设与管理情况的视察报告》(审议稿)、《政协筠连县委员会关于无公害肉牛产业发展情况的视察报告》(审议稿)。

【政协筠连县第十四届委员会第五十二次常委会议】 2016年8月31日在县政协会议室召开。应出席常委会组成人员、特邀常委33人,实到27人;县人大副主任张彬应邀参加会议,县发改局、交通运输局负责人和县政协机关全体干部、各专委会、联络组负责人列席会议。县政协副主席叶宗勇主持会议。

会议议程:专题协商国道(G246)蒿坝至牛街提档升级建设工程进展情况。

【政协筠连县第十四届委员会第五十三次常委会议】 2016年9月29日在县政协会议室召开。应出席常委会组成人员、特邀常委33人,实到21人;县人大副主任张彬应邀参加会议;县委办、人大办、政府办、发改局、安监局、教育文广局、林业局、质监局、食药局、扶贫移民局相关领导,县政协各专委会、联络组负责人和县政协办机关干部列席会议。县政协主席黄静主持会议。

会议议程:1. 传达学习中国共产党筠连县第十三次代表大会会议精神;2.听取县食药监局、县质监局整改落实县政协民主评议后整改落实情况汇报;3.听取县扶贫移民局、教育文广电局、安监局采纳落实县政协“全县精准扶贫工作”“加快全县旅游产业发展”“促进煤炭企业稳步发展”专题调研后所提意见建议的情况汇报;4.听取县发改局、林业局采纳落实县政协专题视察“加快页岩气开发推进就地转化利用”“全县竹产业发展情况”后所提意见建议的情况汇报。

【政协筠连县第十四届委员会第五十四次常委会议】 2016年10月21日在政协会议室召开。应出席常委会组成人员、特邀常委33人,实到20人;县政府副县长何俊锋应邀参加会议;县委办、县人大办、县政府办、县纪委、县外宣办相关领导,县政协各专委会、联络组负责人和县政协办机关干部列席会议。县政协主席黄静主持会议。

会议议程:1.听取县政府第十四届五次会议委员提案、意见办理情况和2016年全县重点工程和重要民生项目实施情况的通报;2.听取县纪委、县监察局2016年党风廉政建设和反腐败工作情况的通报。

【政协筠连县第十四届委员会第五十五次常委会议】 2016年11月17日在政协会议室召开。应出席常委会组成人员、特邀常委33人,实到28人;县委副书记陈良云、县人大副主任张彬应邀参会。县政协主席黄静主持会议。

会议议程:1. 传达学习中共十八届六中全会和市第五次党代会精神;2. 审议通过召开政协筠连县第十五届一次会议有关决定、议程、日程、特邀列席人员原则等事项;3.审计通过政协筠连县第十四届委员会常务委员会工作报告和提案工作报告(审议稿);4. 表彰2016年度优秀政协委员、先进委组、优秀提案和提案办理先进单位。

【政协筠连县第十四届委员会第五十六次常委会议】 2016年12月9日在政协会议室召开。应出席常委会组成人员、特邀常委32人,实到28人;县人大副主任张彬应邀参会;县委办、人大办、政府办、财政局、发改局、外宣办、法院、检察院负责人列席会议。县政协主席黄静主持会议。

会议议程:1.协商政协第十五届委员会委员建议名单;2.审议通过政协筠连县第十五届委员会第一次全体会议主席团成员及主席团会议主持人建议名单;3. 审议通过主席团常务主席建议名单;4. 审议通过政协筠连县第十五届第一次会议秘书长建议名单;5. 审议通过政协筠连县第十五届第一次会议副秘书长建议名单;6. 审计通过政协筠连县第十五届第一次会议大会执行主席建议名单;7. 审议通过政协筠连县第十五届第一次会议提案审查委员会建议名单;8. 审议通过政协筠连县第十五届第一次会议提各讨论组组长、副组长、记录员、联络员建议名单;9.审议通过政协筠连县第十五届第一次会议委员分组建议名单;10.通报政协筠连县第十五届第一次会议筹备工作情况;11.审议通过政协主席会议审议第十四届常委会议未尽事宜的决定;12.协商“一府两院”、财政、计划年度工作报告;13.总结政协筠连县第十四届常委会工作。

政协重要会议

【委组界别暨宣传信息工作会】 2016年2月24日,县政协委组界别暨宣传信息工作会召开,县政协主席、副主席、秘书长,各专委会正、副主任,各联络组正、副组长,各界别召集人,通联站全体成员及政协机关各科室负责人参加会议。县政协副主席刘乐君总结2015年政协委组、界别工作,安排2016年委组、界别工作;政协调研室主任程先恒总结2015年宣传信息工作,安排2016年宣传信息工作;县政协副主席叶宗勇宣读调整政协通联站成员的通知。表彰2015年度县政协宣传信息工作先进个人6人、政协社情民意工作先进单位5个、政协社情民意工作先进个人6人;通报《筠连县政协办公室关于动员“筠商”参与脱贫攻坚工作的实施方案》。县政协主席黄静提出两个方面的要求:一是深化认识,积极履职,扎实抓好委组、界别工作。二是把握形势,突出重点,切实做好政协宣传信息工作。县政协秘书长张洪彬主持会议。

【动员"筠商"参与脱贫攻坚工作座谈会】2016年3月2日,县政协动员"筠商"参与脱贫攻坚工作座谈会召开,部分"筠商"企业家代表,动员"筠商"参与脱贫攻坚工作组参加会议。宣读动员"筠商"参与脱贫攻坚工作倡议书、实施方案和成立工作组;县工商联、就业局、扶贫移民局就各自单位前期开展相关工作情况作通报;永竞房产筠连分公司黎云飞、森泰页岩气公司张伟、筠州信诚商贸有限公司陶光贵、晨晖房地产公司刘勇等企业家就前期捐款情况、意向帮扶的贫困村、拟采取的帮扶方式等作表态性发言。县政协秘书长张洪彬主持会议。

【政协专题调研动员会】2016年3月21日,县政协2016年"少数民族待遇县政策执行情况""深化服务企业意识、优化经济发展环境"专题调研动员会在县会议中心召开。两个调研课题的领导组成员及调研组全体成员,县委办、人大办、政府办负责人,县政协机关全体干部参加会议。县政协副主席韩世全安排布置"少数民族待遇县政策执行情况"专题调研工作、县政协副主席郑世筠安排布置"深化服务企业意识、优化经济发展环境"专题调研工作。县政协主席黄静讲话:一是强化协调,注重配合;二是加强学习,提高水平;三是严明纪律,强化责任。县委副书记陈良云:对调研组提出"专心学习、专题梳理、专题研究、专题汇报、专人负责"的"五专"要求,从方案安排、人员组成、责任意识、科学调研、撰写优质报告5个方面工作要求。县政协副主席刘乐君主持会议。

【民主评议县环保局和民政局动员会】2016年4月28日,县政协民主评议县环保局和民政局工作及行风建设动员大会在县会议中心召开。县人大常委会副主任张彬、县政府副县长罗吉义应邀参加会议,县政协主席黄静、副主席韩世全、郑世筠出席会议,各乡(镇)分管环保、民政领导,调查组成员,县政协各专委会、联络组负责人,环保局、民政局领导及中层以上干部参会。县政协副主席韩世全布置对民政局的评议工作,县政协副主席郑世筠布置对环保局的评议工作。县政协主席黄静要求:一是认识开展民主评议的重要意义;二是把握民主评议公开公正、民主帮助、实事求是、注重实效的四个原则;三是注重处理好被评议部门业务与全社会大环保、大保障、部门工作范围与社会诉求、部门工作与社会参与履责、部门职能与其他有边缘业务关系的政府部门、按照方案评议与依法把控舆论5个方面的关系;四是认真抓好评议工作,不断提高民主监督科学化水平。县环保局局长胡殿华、县民政局局长刘毅作表态发言。副县长罗吉义要求:一是统一思想、高度重视,以良好的精神状态迎接民主评议工作;二是端正态度、全力以赴,以严谨的工作作风参与民主评议工作;三是评建结合、统筹兼顾,以良好的工作实绩深化民主评议工作。县政协秘书长张洪彬主持会议。

【追踪问效2015年度部分B类提案督办会】2016年7月7日,县政协追踪问效2015年度部分B类提案督办会召开,政协提案委全体委员和提案人出席会议,县发改局、规建城管局、交通运输局、民政局、农业局、环保局等提案承办单位负责人参会,县纪委、县委政府督查目标办领导应邀参会。对《关于加快页岩气资源就地转化利用,形成多产业链的建议》等6件2015年度B类提案及落实副县长领衔督办提案的情况进行追踪问效督办。参会委员对承办单位如何提高提案办理质量提意见和建议,对6个提案承办单位继续办理B类提案工作进行满意度测评。经测评,满意率91.2%,基本满意率8.8%,不满意率0。县政协副主席刘乐君要求:一要进一步提高认识,增强提案办理的主动性,采取多种形式提高办理实效;二要着眼于发挥提案的积极作用,切实把提案建议意见落到实处,彰显社会效果;三要把专项工作结合起来协同办理提案,把有限的人、财、物力用在刀刃上、关键处,以发挥更大的经济效益和社会效益,使委员提案意见能够真正起到作用。县政协副主席刘乐君主持会议。

【提案办理工作民主测评会】2016年10月25日,县政协提案办理工作民主测评会召开。县政协提案委委员、政协专委会、联络组负责人、界别召集人、提案委员代表以及县规建城管局、扶贫移民局等8个承办2016年度重点提案和承办4件以上提案的单位负责人参会;县政协副主席韩世全、刘乐君、叶宗勇、郑世筠及秘书长张洪彬出席会议。县委农办、扶贫移民局、人社局、公安局、规建城管局、交通运输局、教育文广局、经信科技局分别通报情况。委员从提案办理工作态度、重视程度、办理形式、办理质量、办理成效和委员满意度6个方面对8个提案承办单位的提案办理进行民主测评,综合评价满意和基本满意率100%。政协副主席刘乐君主持会议。

【解放思想大讨论活动动员会】2016年11月28日,县政协解放思想大讨论活动动员会召开,县政协主席、各副主席、机关干部参加会议。主题为"着眼全局谋发展、真抓实干增效能",政协副主席韩世全领学县委县政府《关于在全县开展以"着眼全局谋发展、真抓实干增效能"为主题的解放思想大讨论活动的实施意见》;政协秘书长张洪彬宣读成立政协领导小组文件,安排布置开展解放思想大讨论活动的相关工作。政协主席黄静一是要通过大讨论活动,切实分析解决存在的突出问题;二是要对照要求,结合政协工作,打造符合转型发展的干部队伍;三是开展讨论要务实,不走过场,确保取得实效。各位副主席、各室主任、副主任分别讨论发言。政协主席黄静主持会议。

政协履行职能

【政治协商】2016年，政协筠连县第十四届委员会第五次全体会议对“一府两院”工作报告、县“十三五”规划纲要（草案）、县2015年国民经济和社会发展计划执行情况与2016年国民经济和社会发展计划草案的报告、县2015年财政预算执行情况和2016年县级财政预算草案的报告进行整体协商。政协常委会对县委干部任免、政协人事任免进行专题协商；听取县政府半年经济社会工作情况、提案办理情况、重点工程和重要民生项目实施情况通报；听取县法院、县检察院半年工作通报；听取县食药监局、质监局、扶贫移民局等7个单位采纳落实县政协民主评议、调研、视察后所提意见和建议的采纳落实情况汇报。政协主席会专题协商对《G246蒿坝至牛街公路建设情况》；政协专委会对口协商“如何更好发挥科技在脱贫攻坚中的作用”“全县扶贫资金使用报销情况”。

【民主监督】一是提案工作办理。县政协委员全体会议期间共收到提案意见91件，立案85件，其中提案69件、意见16件，确定重点提案6件，已全部办结。1.开展县委常委领衔督办重点提案，其中《关于大力推进精准扶贫工作的建议》《关于加快筠连县电子商务发展的建议》确定为1号、2号提案，分别得到县委书记王萍、县长刘朝平的签批督办；其余4件重点提案由其他常委领衔督办。2.开展副县长领衔督办追踪问效提案，将上年度部分B类提案交由副县长追踪问效督办。县政府专题召开提案追踪问效督办会议，追踪问效上年B类部分提案办理落实情况，得到圆满解决。3.对提案办理民主测评，召开测评会，民主测评承办重点提案和办理提案较多的8个单位提案办理工作，提案办理满意和基本满意率100%。4.组织提案课题征集，全年召开提案课题征集会2次，征集提案课题48个，分别报送省、市、县政协委员全体会议，其中报省政协十一届五次全会9件、报市政协五届一次全会25件。表彰2016年度优秀提案7件、提案办理先进单位8个。二是民主评议。4–7月，县政协民主评议县环保局、民政局近3年执行上级有关政策、开展主要工作及行风建设情况，提出意见和建议，形成的民主评议综合意见报送市政协、县委政府，得到县委书记王萍的签批。大雪山联络组民主评议中小学工作开展，及时反映社情民意。全年共收到社情民意27条，编印18期，上报市政协和县委各9期，被市政协采用2期，县委、县府主要领导亲自签批督办。表彰年度社情民意工作先进单位6个、先进个人6人。三是特邀监督。县政协选派特约监督员6人，向市政协推荐民生工作监督员1人，分别参加县卫计局、公安局、人民医院等的工作通报会和政风行风评议，提出工作意见，助推行业部门工作及行风建设。

【参政议政】一是专题调研建言。县政协把专题调研作为政协建言献策、参政议政的一项重要工作，聚焦经济工作重点、社会发展难点、群众关注热点，积极为经济社会发展建言献策。配合市政协开展“少数民族待遇县政策执行情况”专题调研，组织开展“深化服务企业意识、优化经济发展环境”专题调研，形成的专题调研报告得到县委书记王萍的签批。二是专题视察献策。县政协常委会开展“打造无公害肉牛产业发展情况”“乡（镇）卫生院建设与管理”专题视察，形成的视察报告得到县委王萍书记的签批。由政协文教体卫委牵头的“创建省级文明城市重点责任单位履职情况”视察，为加快省级文明城市建设步伐发挥积极作用；由政协农科委牵头的“王家沟水库建设情况”视察，提出意见和建议。三是围绕中心出力。积极参加全县各类重大活动和县委、县政府召开的重要会议、重点工作，分别担任县重点项目工程指挥部指挥长、副指挥长，重点项目工作组副组长，联系推进“中国·西部洞群旅游开发项目”“后沟水库建设”“棚户区改造”等工作；开展对口帮扶、三级联动、领导干部联系企业、信访接待和县领导包案工作。

委组活动

【委组工作】2016年2月24日，县政协委组、界别工作会议召开，总结上年工作，安排2016年工作。县政协制发《委组工作目标管理考核意见》，政协农科委组织开展“王家沟水库建设情况”视察，政协文教体卫委、法制群团委、经济委等联合开展“创建省级文明城市工作重点责任单位履职情况”视察，政协法制群团委与经济委、经济界、工商联界、共青团界、妇联界联合开展“电商产业发展情况”视察，政协社联委就“加强宗教活动管理，规范宗教场所建设”开展对口协商，筠连镇联络组视察镇便民服务中心、民政办和社保办，巡司联络组对巡司镇突破工业发展问题进行调研。

【委员行动】一是委员履职行动。县政协为委员履职提供载体，搭建平台，组织委员开展调研、视察、民主评议、专题协商等活动，为每位委员订阅《四川政协报》。全年，组织委员参加各种调研、视察和评议220人次，撰写提案、意见91件，反映社情民意27条，办好事、实事近200件。坚持团结民主，联系工商联、各人民团体和各族各界人士350人。二是委员爱心行动。县政协主动聚焦贫困人口，关注民生民本，助推全面小康进程。委员积极捐款捐物，助力扶贫解困，政协委员共帮扶贫困村41个，贫困户223户；开展爱心捐赠援助贫困大学生行动，通过县政协办转发给受助学生的委员捐款4万元。

【政协动员"筠商"助力脱贫攻坚】 2016年,县政协落实省、市政协开展"我为扶贫攻坚做件事"活动,充分发挥牵线搭桥的优势,巧借"筠商"之力,创新开展以政协委员为骨干的"筠商"参与脱贫攻坚工作。许多"筠商"以个人、企业的名义,与部分贫困村、贫困户开展结对帮扶,发展产业、改善基础设施、捐资助教助学、提供技术、就业岗位等,帮助贫困户实现增收脱贫。全年筠连的市政协委员、县政协委员捐款共96万元,捐物11件折价5.3万元,协调发展项目5个,协调财政资金690万元、社会资金18.5万元、银行资金1680万元,组织各类培训9次,参训人员876人次。10月,省政协"我为扶贫攻坚做件事"推进现场会上,筠连县政协作《政协齐心搭舞台"筠商"扶贫唱大戏》经验交流发言(仅2个发言县区),得到省、市政协领导赞扬。

【文史资料及诗书画社】 2016年,举办"筠连县政协喜迎国庆佳节、纪念抗战胜利书画摄影作品展",展出书画作品60幅、摄影作品57幅;编辑出版《光影筠连》摄影作品集和《好山好水好茶好筠连》邮册,组织作品参加市政协迎春书画摄影展和"春风李花节"等活动。

政协自身建设

【政协宣传工作】 2016年,按照"拓展政协宣传格局、打造精品宣传品牌、凸显活力宣传效应"工作思路,围绕履职重点,扎实推进信息宣传工作。全年编发简报49期、委组信息4期,撰写新闻稿件60篇,被《人民政协网》《四川政协报》《宜宾政协》媒体采用20篇,县政协被省政协表彰为全省政协新闻宣传工作先进单位;完成《筠连政协年刊》编辑。

【政协对口帮扶】 2016年,县政协帮扶武德乡解放村实现贫困村整村摘帽。深入村组督导,压实驻村工作组、帮扶单位、"第一书记"和农技员"五个一"主体责任。创新制定对口帮扶相关制度,定期召开联席会议,研究解决问题。机关职工以"1+4"结对帮扶贫困户52户,入户签到,实行痕迹管理。驻村工作组落实履职尽责,开展精准识别、制定帮扶计划,督促抓实项目。第一书记定期述职汇报,促进工作开展。以春节送温暖、七一慰问、扶贫日捐款、献爱心义诊、蹲点调研、入户评估等为载体,组织捐赠现金、发放大米、菜油、棉被等价值5万多元,机关捐赠村党建基础资金和集体经济资金2万元。协调各成员单位捐资赠物10万余元,办好事实事30件。

(黄丽萍 陈洪吉)

中国共产党筠连县纪律检查委员会

纪检综述

2016年，全县各级纪检监察组织坚决贯彻中央、省委、市委、市纪委、县委全面从严治党决策部署，紧扣县委“12456”发展战略，坚持围绕中心、服务大局，切实履行管党治党政治责任，持续用力正风肃纪，旗帜鲜明惩治腐败，强化监督执纪问责，着力体制机制改革和工作创新，切实把纪律和规矩挺在前面，下大力气解决“四风”突出问题，推动全面从严治党取得新成效，开创党风廉政建设和反腐败工作新局面，初步形成全县良好政治生态。

纪检重要会议

【干部警示教育大会】 2月26日，筠连县干部警示教育大会在县会议中心三楼会议室召开。市纪委副书记熊鸣、市纪委第一纪检监察室主任杨剑、市纪委组织部副部长林立到会指导；副县级以上领导干部，县纪委委员，乡(镇)党委书记、乡(镇)长、纪委书记，县级各部门、县属及县属以上企事业单位党政主要领导、纪委书记、纪检组长共200余人参加大会。会上，杨剑对县委原常委、组织部原部长黄学锋违纪违法问题进行通报，熊鸣作讲话。县委书记王萍主持会议。

【纪委十二届七次全会】 3月1日，中共筠连县纪律检查委员会十二届第七次全体会议在县会议中心三楼会议室召开。在筠连的副县级以上领导；县法院院长、副院长，县检察院检察长、副检察长；县纪委委员；县政协秘书长；各乡(镇)党委书记、乡(镇)长、纪委书记、专职纪委副书记，县工业园区纪工委书记、监察审计局局长；县级各部门、县属及县属以上企事业单位党政主要负责人、纪检组长(纪委书记、纪工委书记)、监察室主任；县特邀监察员；县纪委监察局机关各室(部、办)负责人及正、副科级纪检监察员共280余人参加会议。会议主要任务是学习贯彻中央纪委十八届六次全会、省纪委十届五次全会和市纪委四届七次全会精神，总结上年全县党风廉政建设和反腐败工作，部署2016年工作。县委书记王萍作重要讲话，县委常委、县纪委书记张宗才代表中共筠连县纪委第十二届常委会作《〈尊崇党章，挺纪在前，坚定不移推进党风廉政建设和反腐败斗争〉的工作报告(审议稿)》《中共筠连县纪委第十二届七次全会决议(草案)》。会议围绕王萍重要讲话、张宗才《工作报告(审议稿)》《决议(草案)》开展广泛深入的讨论。会议表决通过《工作报告(审议稿)》《决议(草案)》。张宗才主持会议。

【党风廉政建设社会评价工作会】 3月11日，筠连县2016年党风廉政建设社会评价工作会在县会议中心召开。各乡(镇)纪委书记、专职纪委副书记、工业园区监察审计局局长、县级各部门纪检组长(纪委书记)、属及县属以上企事业单位纪检组织负责人参加会议。会议通报2015年党风廉政建设社会评价工作情况，安排部署2016年社会评价工作；县委常委、县纪委书记张宗才强调，要从抓抽查、抓整改、抓走访、抓督查、抓宣传、抓查处、抓约谈、抓考核、抓基层、抓问责10个方面抓实全县党风廉政建设社会评价工作；各级各部门的“两个责任”(党委主体责任、纪委监督责任)要压到实处，“一岗双责”(“一岗”：一个领导干部的职务所对应的岗位；“双责”：一个领导干部既要对所在岗位应当承担的具体业务工作负责，又要对所在岗位应当承担的党风廉政建设责任制负责)要充分履行，做到党风廉政建设社会评价工作有人抓、有人管、有人做、有实效。县纪委副书记、县监察局局长兰湘主持会议。

【纪检监察系统严肃换届纪律专题谈心谈话会】 4月27日，全县纪检监察系统严肃换届纪律专题谈心谈话会在县在会议中心召开。在筠连的副县级以上领导，乡(镇)党政主要负责人，县级部门主要负责人，县纪委常委等160余人参会。会议传达学习全市县(区)纪委书记严肃换届纪律专题谈心谈话会议和市委常委、市纪委书记唐浪生重要讲话精神，重申“九个严禁、九个一律”(即1.严禁拉帮结派，对搞团团伙伙、结党营私的，一律给予纪律处分。2.严禁拉票贿选，对在民主推荐和选举中搞拉票、助选等非组织活动的，一律排除出入选名单或者取消候选人资格，并视情节给予纪律处分，贿选的依法处理。参与或帮助他人拉票贿选的,比照为自己拉票贿选的行为依法依规给予处理。3.严禁买官卖官,对以谋取职务调整、晋升等为目的贿赂他人或者收受贿赂的,一律先停职或者免职,并依纪依法处理。4.严禁跑官要官,对采取拉关系或者要挟等手段谋取职务或者职级待遇的,一律不得提拔使用。5.严禁造假骗官,对篡改、伪造干部档案材料的,一律对相关人员给予组织处理或者纪律处分。6.严禁说情打招呼,对搞封官许愿或者为他人提拔重用说情打招呼的,对私自干预下级干部选拔任用的,一律记录在案,情节严重的严肃追究责任。7.严禁违规用人,对突击提拔调整干部、超职数配备干部和违反规定程序选拔任用干部的,一律宣布无效,并视情节对相关人员给予纪律处分或组织处理。8.严禁跑风漏气,对泄露、扩散涉及换届人事安排等保密内容的,一律追究相关人员责任。9.严禁干扰换届,对造谣、诬告他人或者妨害他人自由行使选举权的,一律严厉查处,涉嫌违法犯罪的移送司法机关处理)的换届纪律。张宗才与各乡(镇)纪委书记、部门纪检组组长(纪委书记、纪工委书记)签订《2016年度党风廉政建设"两个责任"和履行换届纪律监督责任责任书》。

【党风廉政建设社会评价推进会】 6月2日,筠连县2016年党风廉政建设社会评价工作推进会在县会议中心召开。各乡(镇)党委书记、纪委书记,县级各部门主要负责人、纪委书记(纪检组长),各企事业单位主要负责人,委局机关干部共140余人参加会议。会上,纪委监察相关领导对党风廉政建设社会评价工作再安排、再部署、再加码,县委常委、县纪委书记张宗才作重要讲话。

【正风肃纪工作联席会议】 7月13日,筠连县正风肃纪工作联席会议在县会议中心召开,县纪委监察局领导班子成员,县纪委委员,各乡(镇)、部门纪委书记(纪检组长)或分管领导,正风肃纪牵头部门负责人,县工业园区监察审计局局长,县纪委监察局机关各室(部、办)负责人参加会议。会议强调,正风肃纪贵在坚持,常抓不懈,价值取向在于群众是否满意,需要各乡(镇)各部门积极配合、共同努力;一定要主动作为,狠抓落实,将纪律监督、群众监督、媒体监督结合起来,打一场拍"苍蝇"总体战,推动党风政风和社会风气持续好转,为加快构建良好政治生态做出应有的努力。县委常委、县纪委书记张宗才作讲话。

【纪委十三届一次全会】 9月27日,中共筠连县纪律检查委员会十三届第一次全体会议在县会议中心召开。县纪委常委和县纪委委员参加会议。会议选举产生中共筠连县纪委新一届常委、副书记、书记。新当选的县纪委书记肖利代表中共筠连县纪委十三届常委会作讲话,并表示新一届县纪委常委会将认真贯彻落实县委第十三次党代会的各项决议和精神,与委员们一道,带领全县纪检监察干部,全面履行党章赋予的职责,不辜负党组织和全县党员干部、人民群众的殷切希望和重托,努力把全县党风廉政建设和反腐败工作推上一个新台阶,为筠连经济社会发展做出新的更大贡献。肖利主持会议。

【脱贫攻坚工作联席会】 10月27日,县纪委监察局脱贫攻坚工作联席会召开。县食药监局、档案局、自来水公司、镇舟镇中学、镇舟镇中心校帮扶单位负责人,镇舟镇3个贫困村第一书记及县纪委监察局全体职工参会。就为何开展扶贫工作、怎样开展扶贫工作、近期扶贫工作重点内容等专题辅导,并就扶贫工作中的方式方法、所遇到的问题进行交流。

【党风廉政建设社会评价工作专项督查通报会】 12月5日,筠连县社会评价工作专项督查通报会在会议中心召开,县纪委全体领导班子、乡(镇)纪委书记、县级部门、县属及县属以上企事业单位分管党风廉政建设工作领导参会。会议旨在督促全县各单位切实纠正不实的工作方法和不当的工作方向,扎实做好提升社会评价满意度工作。县监察局局长兰湘对专项督查情况中发现的工作作风、思想意识等问题进行通报,县纪委书记肖利对提升党风廉政建设社会评价满意度,从严改善工作作风、坚持标本兼治两个方面做强调。

惩治和预防腐败体系建设

【"两个责任"落实】 2016年,围绕县委中心、高点站位谋划和部署党风廉政建设和反腐败工作,协助县委推动落实全面从严治党政治责任,构建良好政治生态。一是压实责任,制发《筠连县进一步落实"两个责任"建立"一岗双责"和"一案双查"的实施办法(试行)》等制度,制订"两个责任清单""落实党风廉政建设深化正风肃纪工作责任清单",确保每个责任主体"知其任、出其力、尽其责",切实压紧压实"两个责任"。二是开展宣讲,组织开展"廉政大讲堂"宣讲,到乡(镇)、部门、企事业单位宣讲18次,受教育党员领导干部1万余人次。三是完善签字背书、述责述廉等制度,根据"共性+个性"的差异化原则实行责任主体"签字背书",签订党风廉政建设责任书2000余份;组织2个乡(镇)、2个部门的党政负责人向县纪委全会述责述廉,现场接受纪委委员质询和测评,对落实主体责任、监督责任不力的2名党政主要负责人和纪委书记给予批评教育处理,进一步增强各级党委、纪委落实全面从严治党责任的意识。

【正风肃纪】 2016年,以问题为导向,重点督促惠民政策落实,切实解决群众反映强烈的突出问题,全年查处侵害群众利益的不正之风和腐败问题44件50人、通报曝光26件30人,查处违反中央八项规定精神问题5件6人、通报曝光3件3人，社会评价群众满意度排名在全市提升2位。认真执行领导干部操办婚丧喜庆等事宜备案制度,对18名拟操办婚丧喜庆等事宜的副科级及以上领导干部廉政提醒。开展“阳光问廉”,以“停不下来的电三轮”“落实难的补助款”为题对县公安局、交通运输局、规建城管局、教育文广局、筠连镇进行“问廉”。

【纪律审查】 2016年,始终坚持挺纪在前,聚焦主责主业,实践运用“四种形态”(即让咬耳扯袖、红脸出汗成为常态;党纪轻处分和组织调整要成为大多数;对严重违纪的重处分、作出重大职务调整是少数;而严重违纪涉嫌违法立案审查的只能是极少数),以零容忍的态度惩治腐败,已形成全县反腐败斗争压倒性态势。全年共初核问题线索103件,立案85件,结案85件,给予党政纪处分87人,充分发挥纪律审查的政治、社会、法纪效益。完善《筠连县反腐败协调小组查办案件协调工作实施办法(试行)》,深化“5+1”(即5制度1会,全员办案制度、常务委员包办重大案件制度、纪委委员办案制度、提级办案制度、案件交叉办理制度、典型案件案发单位专题民主生活会)纪律审查机制,着力解决基层纪委查办案件中遇到的难点问题,严防“关系案”“人情案”。加快推进全县党员干部廉政教育培训中心、纪检监察机关监督执纪问责信息管理系统建设。实践运用“四种形态”成为常态,共谈话函询或要求在民主生活会上作说明的182人、给予党纪轻处分和组织处理73人、给予党纪重处分和重大职务调整10人、移送司法机关1人。制发《筠连县县管干部任用出具党风廉政情况意见工作规程(试行)》,严把县管干部提拔任前廉政关,防止干部“带病提拔”,全年出具意见41件。

【监督检查】 一是紧盯脱贫攻坚,制发《筠连县脱贫攻坚专项执纪监督实施意见》,开展“1+3+6”(即“1”:突出以扶贫资金、项目安全运行为核心;“3”:围绕三项重点开展监督检查,“6”:严肃查处扶贫领域优亲厚友、虚报冒领、截留私分、滥用职权、吃拿卡要、以权谋私等方面群众反映强烈的突出问题)精准督查60次,发现问题121个,提出整改意见121条,制发通报5期。二是严肃换届纪律,开展乡(镇)纪委书记严肃换届纪律集体谈心谈话和个别谈话,开展换届纪律专项督查和日常巡查41次,跟踪监督“四类人员”选拔工作各个环节,及时办理换届纪律信访举报件,确保换届工作风清气正。共签订换届纪律承诺书900余份,开展警示教育60余场次,发放“明白卡”600余份。三是矿业安全监督,共检查35次,追究未落实安全监管责任人员4人,给予批评教育8人。

【廉政教育】 一是开展“积极预防、系统治理”工作,指导县民政局、卫计局开展系统化防治腐败,剖析廉政风险点问题8个,提出防范措施22条,完善制度40个。二是推进行政权力依法规范公开运行平台监察,全年开展网上实时巡查200余次,制发督查通报2期。三是廉政宣讲,采用“党风廉政宣讲团”等方式,营造筠连廉政文化氛围。全年发放《党规党纪宣传册》5000本、党风廉政建设知识宣传单14万余份、廉政年历12万余张、明白卡14万余张、社会评价“温馨提示”3.8万张,张贴党风廉政建设宣传画800余幅;县纪委牵头,县卫计局摄制的《产房里的红包》微视频获市“法治中国·四川宜宾微电影”创作大赛二等奖;开展家规家风大梳理大起底活动,收集到优秀家规家训、家风故事11篇。

自身建设

【班子建设】 2016年,县纪委班子始终坚持民主集中制,坚持做到重大决策、重要干部任免、重大项目安排和大额度资金使用由县纪委常委会研究决定。继续坚持纪委委员列席常委会制度、有关部门领导旁听常委会议和监察局局长办公会议制度，全年召开35次纪委常委会和7次监察局局长办公会议。

【纪检监察队伍建设】 2016年,以“两学一做”学习教育为契机,进一步增强纪检干部“四个意识”(政治意识、大局意识、核心意识、看齐意识)。开展“两学一做作表率、执纪为民建功业”演讲比赛,有28名纪检干部参加,选送优秀选手参加市纪委演讲决赛获优秀奖。抓实县、乡(镇)纪委换届工作,优化纪检干部队伍结构。制发《中共筠连县纪委监察局“学思践悟讲堂”活动实施方案》,倡导学思践悟,强化对纪检干部综合素质的培训,提升纪检干部工作能力。选派29名纪检干部参加中、省、市纪委专题业务培训,选派4人到省、市纪委上挂锻炼。制发《委局机关周记月考年评考核办法》,进一步强化纪检监察干部日常监督管理。落实系统内“两个责任”,签订责任书73份。处置涉及纪检监察干部问题线索3起,谈话函询2件、直接了结1件,维护纪检监察队伍纯洁。

【纪检监察要事】 5月5日,市纪委常委、市监察局副局长龙中山率队到筠连专项督查贯彻落实中央八项规定精神、深化正风肃纪工作。11月10日,市纪委副书记张琦、市纪委常委张宗才及相关科室负责人到筠连调研纪检监察和党风廉政建设工作。11月24日,市委巡察办主任张勇、巡察办副主任吕方泉、巡察办干部丁洁一行到筠连调研巡察机构组建工作情况。

(郑芳)

政府综合事务管理

政务服务

【政务中心概况】 2016年,县人民政府政务服务中心(以下简称政务中心)在编人员14人,驻政务中心工作人员40名,全县30个部门的182项行政许可和88项公共服务事项集中办理。全年共受理各项行政许可(服务)项目14709件,办结14709件,办结时间0.44天,办理提速98.5%,按时办结率100%,现场办结率100%,提前办结率99.98%,群众满意率100%,投诉为0。

【政务机构增设】 2016年11月18日,根据筠机编〔2016〕46号文件,将"筠连县公共资源交易中心"更名为"筠连县公共资源交易服务中心",在县公共资源交易服务中心增挂"宜宾市公共资源交易中心筠连县分中心""筠连县农村产权交易服务中心"牌子。

【政务大厅功能分设】 政务中心分设有便民服务区、公共服务区、"一窗一章"综合服务区和公共资源交易大厅。配备有电子显示屏、LED全彩显示屏、大屏幕彩电、视频监控、安防系统等设施设备。便民服务区:设置服务窗口2个。商务窗口,提供打印、复印、照相等便民服务;邮政窗口,提供特快专递、证件邮寄等便民服务。公共服务区:设置服务窗口2个,办理公共服务事项。公安窗口,办理身份证、出入境管理、印章刻制审批等业务;国土窗口,办理土地登记、农村宅基地审批。三是"一窗一章"综合服务区,设置"一窗一章"综合服务区接件窗口和取件窗口各1个。公共资源交易大厅:设综合管理股、交易组织股、交易受理股、农村产权交易中心和农村产权评估中心。

【政务推进"放管服"】 一是行政审批制度改革。对照宜府发〔2016〕4号文件,取消调整一批行政审批事项和非行政审批事项。政务中心会同县委编办、监察局、法制办开展责任清单的编制审核工作,至年末,分两批完成31个县级部门6101项行政权力责任清单的编制和对外公布工作。二是商事制度改革。9月25日起,县工商局与全国同步实现"五证合一""一照一码",有效推动筠连工商登记制度改革的顺利进行。筠府办发〔2016〕21号《关于做好随机抽查规范事中事后监管推广工作的通知》、筠行审办〔2016〕3号《关于切实做好随机抽查规范事中事后监管几项具体工作的通知》,安排部署"双随机工作",完成县级部门"双随机"实施方案的备案,建立市场主体名录库和执法主体名录库。三是审批项目前置条件清理。组织清理市行审办印发取消、调整、保留的市级行政审批前置条件,制发《筠连县县本级取消、调整和保留的行政审批项目前置条件目录(第一批)》,对外公布县本级第一批取消的行政审批项目前置条件181项,规范行政审批项目前置条件495项。

【政务"一窗一章"改革】 组织外出学习考察,研究彭州"一窗一章"行政审批改革经验,率先在全市推行政务服务"一窗一章"改革。制发"一窗一章"改革实施方案,完成软件开发、项目清理、环境设施和第一批进驻部门业务培训等。8月1日,推出"一窗一章"服务,第一批把县质监局、食药监局等8个县级部门窗口共38项行政审批事项纳入"一窗一章"窗口办理试运行。

【12345市民服务平台建设】 一是明确分工落实责任。成立县"12345"市民服务平台建设及运行管理工作领导小组,及时研究制订工作方案,落实分管负责人、AB岗经办人员,推行乡(镇)、各部门热线办理专人联系制度。二是协作配合,力促工作有序推进。接到反映事项后及时分类和交办,对工作职能交叉的事项加强部门间的联系和协调,对市民反映的敏感问题和重大问题,按照程序及时汇报相关县领导审定。5月6日,组织召开筠连县12345市民热线"一对一"见面会。不定期组织公安局、人社局等部门或乡(镇)召开"12345"市民服务热线联席会,共召开6次。三是加大监督考核力度。制发《筠连县12345市民服务平台运行管理绩效考核暂行办法》等,加强对承办单位受理、办理的指导和监督,让"12345"市民服务热线成为反映民意的重要渠道、联系群众的桥梁纽带、服务民生的有效载体。全年共受理"12345"市民服务热线3468件,办结3388件,在办80件,其中信访投诉类1219件、求助类1786件、咨询类381件、意见建议类48件、其他1件、会签件33个;办结率97.69%,按规定向投诉人回复回访率97.69%,满意率

94.4%。

【政务行权平台规范运行】一是强化组织领导，多次组织各行权平台部门主要负责人召开行权平台工作推进会，分析行权平台运行和管理工作存在问题。由督查目标办、监察局、政务中心、法制办等组成联合检查小组，对部门行权工作开展专项督察。9月6日，县政务中心、县委编办、监察局、法制办联合制发《关于公布第一批县级部门行政权力责任清单的通知》，向社会公布县安监局等23个部门2969项行政权力责任清单，进一步推动行政权力依法规范运行。9月14日，由督查目标办、监察局、政务中心、法制办等组成联合检查小组，通过实地查看、座谈交流等方式，对民政局等8个部门的行权平台运行管理进行检查指导。二是加强培训指导。政务中心、信息中心、法制办联合组织培训会，系统培训行权平台运行原理、运行流程，对运行中的问题进行针对性解决，促进行权平台的全面使用，及时处理预警报警现象，杜绝延时录入、不录、补录现象。三是强化督查通报。政务中心与县监察局每月对全县行权平台运行情况形成通报，全面推动行权平台平稳、有序、规范运行。全年共受理41173件，办结41153件，按时办结41153件，按时办结率100%。

【公共资源交易规范】一是全面推进电子化交易。以政府办名义并印发《关于转发〈宜宾市国家电子招标投标试点工作实施方案＞的通知》，2016年起，全市政府采购电子化交易率先在筠连全面推行。2月26日，县公共资源交易中心、县财政局组织召开全县政府采购政策和业务培训会议，提高政府采购效率和联络员业务水平。二是农村产权制度改革，县政府办印发《筠连县农村产权交易暂行管理办法》。三是健全工作机制。建立筠连县公共资源交易管理委员会及办公室并明确各自职能职责，形成交易工作领导、监管和执行的相互制约管理机制，制发《筠连县公共资源交易管理委员会议事规则》《筠连县县本级公共资源交易目录(第一批)》等，公共资源交易管理各项内控管理制度逐步完善。四是推进标准化建设。加大投入，配套完善公共资源交易中心设施设备，按照法定规则和操作程序，努力营造执行快速、管理到位、服务高效、保障有力的公共资源交易服务平台；加强监管，全方位多层次抓好交易环节的风险防控；加强协调，推进建设工程招投标、土地和矿权招拍挂、国有资产处置等项目入驻交易中心交易。全年共发布政府采购信息499条，组织开标249次，完成采购项目158个，其中公开招标项目35个、网上竞价项目54个、单一来源采购项目5个、竞争性谈判和询价采购项目74个，执行采购预算资金998974598元，实际采购支出981497378元，节约预算资金17477220元，节约率1.75%(其中中华街片区棚户区改造承建主体工程项目是单一来源采购，预算资金88837万元，中标价88837万元，节约率为0)；其他公共资源交易为国有资产拍卖2宗、交易金额1190.102万元，国有土地拍卖4宗、交易金额5820万元，工程建设比选项目65宗、交易金额19951.97万元。

【政务服务体系建设】一是修建新政务中心，完成政务中心大楼平面布局、地勘、施工图设计，后续工作进行中。二是创新开展乡(镇)便民服务中心“星级”评定。按照“分类实施、整体推进、全面提升”原则，采取“三个一批”思路，整体新建蒿坝镇等6个乡(镇)便民服务中心、改建迁建联合苗族乡等5个乡(镇)便民服务中心、装修升级镇舟镇等7个乡(镇)便民服务中心。按照筠府办发〔2016〕64号，评定出筠连镇、腾达镇、镇舟镇、武德乡4个便民服务中心为“四星级”，大雪山镇、双腾镇2个便民服务中心为“三星级”。三是基层便民服务标准化建设交叉检查，按照宜政中心〔2016〕115号文件，督促乡(镇)制定整改清单，认真抓好落实。

(杨先念)

县政府研究室工作

【文稿起草】2016年，县政府研究室认真完成文稿起草方面的工作。一是起草完成县政府主要领导在各级各类会议上的讲话、致辞、汇报材料等文稿，如《在2016年政府全体会上的讲话》《在县委经济工作暨农业农村工作会议上的讲话》《让旅游扶贫成为全面小康的“助推器”——在旅游扶贫论坛上的讲话》《在第七届李花节暨宜宾市快乐乡村天天游开幕式上的讲话》《筠连县旅游情况介绍》《筠连县创建国家卫生县城工作汇报》《筠连县稳定经济增长情况汇报》《筠连县工作情况汇报》《筠连县农村土地承包经营权确权登记工作汇报》《筠连县推进产业转型创新发展汇报》等。二是起草完成政策性文件，如《筠连县国民经济和社会发展第十三个五年规划纲要》《关于加快建设“绿色筠连、生态筠连、宜居筠连”的决定》《关于2015年度市政府主要工作目标执行情况的报告》《关于筠连县人大常委会执法检查组关于国务院〈宗教事务条例〉和四川省〈宗教事务条例〉整改落实情况的报告》《筠连县2016年上半年国民经济和社会发展计划执行情况的报告》《关于〈中华人民共和国农产品质量安全法〉贯彻实施情况的报告》《筠连县人民政府关于对全省有关政策措施及重点工作推动落实情况的报告》《关于贯彻落实市政府四届十二次全会精神情况的报告》《关于2016年全县重点工程和重要民生项目实施情况通报》等。三是起草完成《关于印发筠连县政府门户网站“在线访谈”工作方案的通知》，组织县规建城管局、民政局、食药监局、扶贫移民局就卫生城市建设、城乡低保、食品安全、脱贫攻坚系列进行访谈录制。全年为政府主要领导、常务副县长撰写各类综合性和专业性讲话90篇，文字超22万字，内容含全县的经济、民生、重点项目、经贸、教育、卫计、畜牧、财政、应急救灾等多个方面。

【政务调研】 2016年，县政府研究室积极协调配合，保质保量完成政务调研工作。一是完成市政府研究室组织的脱贫攻坚重大调研课题，起草上报承担的《叠加农村金融创新举措，破解产业扶贫资金瓶颈》课题。二是积极参与市上领导到筠连调研活动。主要参加市委常委、常务副市长宁坚到筠连调研社会经济发展工作，10月21日陪同市调研组一行到工业园区、筠连镇五丰、五凤村、蓝伯特公司等地调研，形成《筠连县工作情况汇报》《筠连片区页岩气项目推进情况》等材料报市。三是积极参与省上领导到筠连调研活动。主要参加省民委副主任何晓平到筠连指导"民族地区精准扶贫工作"的调研，形成《筠连县脱贫攻坚工作情况》《高坪苗族乡脱贫攻坚工作情况》《高坪苗族乡先锋村脱贫攻坚工作情况》《联合苗族乡脱贫攻坚工作情况》《联合苗族乡甜竹村脱贫攻坚工作情况》材料报省。四是组织专题调研组，深入各乡（镇）、部门和生产企业，重点开展县域经济、脱贫攻坚、农村基础设施建设、农业现代化特色产业、医疗卫生、文化教育等调查研究，形成《走特色生态旅游之路，促进茶旅融合发展》《筠连县茶产业现状及发展对策》《关于筠连旅游业发展现状及对策的思考》《加快建设"法治筠连"的实践与探索》《如何发挥科技在脱贫攻坚中的作用》《浅析当前煤矿企业的发展与困境》《浅析财政扶贫资金"报账难"的问题及对策》等调研成果。全年完成撰写调研文章16篇、市政府《政务调研通讯》6篇，录制《在线访谈》4期、采集制作调研图片80余幅。

【《筠连政务》编辑】 2016年，认真做好《筠连政务》编辑发行工作，全年共编发《筠连政务》（调研版）4期，刊载文章20篇，及时对全县重点工作跟踪反馈，把优秀的调研成果送县领导审阅，提供决策参考，并印发各乡（镇）、部门学习。

（郭旭）

民政工作

【民政概况】 2016年，民政工作坚持"民政为民，民政爱民"的新理念，努力开创民政事业新局面。县民政局下设办公室、救灾救济股、优抚安置股、社会事务股、低保股；下属事业单位县烈士陵园管理所、县殡葬管理所、县婚姻登记处、县社会救助福利中心、县流浪乞讨人员救助站，代管县老龄办。

【优抚工作】 2016年，继续落实各项优抚政策。一是落实优抚对象抚恤补助标准自然增长机制，严格执行上级标准，按时足额发放优抚对象抚恤生活补助资金。全年，发放重点优抚对象生活补助资金1030.3万元、发放重点优抚对象优待金88万元、发放年满60周岁农村籍退役士兵生活补助金202.6万元。二是提高义务兵家庭及享受抚恤定补优抚对象优待金发放标准，全年发放义务兵家庭优待金500.22万元。三是规范重点优抚对象医疗费"一站式"即时结算服务，解决优抚对象"治病难"问题。全年协调财政落实资金12.01万元，为农村重点优抚对象1001人缴纳居民医疗保险；对住院治疗的重点优抚对象个人所承担部分按规定给予医疗补助，共补助342人30.26万元；落实重点优抚对象门诊费发放，共发放1067人26.76万元。四是落实原国民党抗战老兵3人生活补助，每人每月955元，共兑现28672元。五是兑现驻筠连部队官兵和筠连籍现役军人立功受奖奖励金，按照"一等功5000元、二等功2000元、三等功500元、优秀士兵200元"标准，共兑现奖励22人6200元。六是开展优抚对象精细化管理信息采集和巡诊，共接收各类报批107人，报批合格率100%；完成优抚对象信息采集1092人，完成采集率217%；协同市优抚医院医疗服务队，深入18个乡（镇），为优抚对象全面巡诊体检，共巡诊体检1109人。

【安置工作】 2016年，全面落实退役士兵安置政策，扎实做好退役士兵的安置。按照《退役士兵安置条例》，全面落实安置政策，保障安置对象的合法权益，严格按照上级标准发放自谋职业安置补偿金。全年，协调人社部门，安置符合转业安置政策的6名士官；兑现安置经费265.53万元，其中发放一次性经济补助金258.8万元、发放待安置期间生活补助2760元、补助6.45万元。

【双拥工作】 2016年，继续稳步推进双拥工作，大力开展国防宣传教育，巩固和发展"同呼吸、共命运、心连心"的新型军政军民关系，营造军爱民、民拥军的浓厚氛围。在元旦、春节、八一等期间，协调组织县四大班子领导和有关部门对驻筠连部队官兵、军队离退休干部、重点优抚对象进行走访慰问。

【涉军信访调研】 2016年，认真落实领导接访、下访和包案制度，妥善做好涉军维稳工作，全年来信来访处理率100%，无到市、上省、进京"非访"人员；全县民政系统未发生重大社会性事件和信访舆情，社会矛盾纠纷排查化解率100%，按时上报信访统计表。

【基层政权】 2016年，指导各乡（镇）落实村规民约、居民公约，加快基层民主法治建设进程，加强城乡社区协商，积极化解基层社会矛盾，引导村（居）民实现自我管理、自我教育、自我服务、自我监督，为加快美好新筠连建设步伐奠定坚实基础。加强农村社区建设，指导做好腾达镇春风村的农村社区申报和建设。

【村(居)民委员会换届选举】 2016年12月，制发《第十届村(居)民委员会换届选举方案》，强化培训，全力推进第十届村(居)民委员会换届选举工作。根据方案要求，第十届村(居)民委员会换届选举工作从2016年12月开始、2017年3月底前结束。准备工作阶段:2016年12月5日–2017年1月7日，主要工作成立换届选举机构，搞好调查摸底，开展宣传培训、离任审计。依法选举阶段:2017年1月8日–2月28日，全县统一确定为2月8日为选民公布日，2月13日为初步候选人张榜日，2月23日为正式候选人张榜日，2月28日为正式选举日。主要工作民主推选产生村(居)民选举委员会，制定村(社区)选举办法，依法开展选民登记，公布选民名单，依法确定候选人，规范选举投票工作，宣布选举结果。2017年3月1–10日为完善机制阶段，健全内设机构，做好换届工作交接，推选产生新一届村(居)务监督委员会，推选村(居)民代表，建立村(居)民代表会议制度，推选产生新一届村(居)民小组组长，建章立制。检查验收阶段:2017年3月11–25日，主要工作及时填报选举数据，统计、汇总和上报选举结果，及时总结换届选举工作情况，建立健全村(居)民委员会选举工作档案。

【区划地名】 一是强化县域地名的命名(更名)管理，健全地名规范化、标准化工作机制。对筠连大桥、玉壶广场等进行命名，完善临街门牌、楼栋牌等的设置。三是加强地名文化建设，积极保护各类地名文化遗产。9月8日，省民政厅副厅长刘佳鹏到筠连督导地名普查工作。9月9日，召开全县地名普查推进工作会议。9月14日，通过招标，国家测绘地理信息局第三地理信息制图院中标，完成外包服务招投标工作。9月23日，召开全县普查工作培训会。已全面开展外业普查工作。

【民政低保兜底扶贫】 一是大力开展低保扶贫兜底工作。与扶贫移民局共同确认后，在省扶贫"六有平台"系统中筠连年度低保兜底保障脱贫人员计划1242人，经过入户调查，对符合低保政策的676人全部纳入低保兜底，全部足额补发"两线合一"(农村低保标准与扶贫标准"两线合一")补贴共18.96万元;对不符合低保政策的566人，向扶贫移民局写出说明。二是落实"二线合一"政策。从1月起，对收入低于国定扶贫标准的农村低保对象，按年收入与国定扶贫标准的差额的50%进行补贴。对符合政策的5170人，发放1–6月生活补贴，人均54元，共发放279180元。从7月1日起，农村最低生活保障线调至3240元/年，高于扶贫线。三是落实低保对象中的困难残疾人发放生活补贴。按每人每月60元标准执行，全年累计发放25307人次，发放1518420元。

【民政对口帮扶】 2016年，民政局对口帮扶维新镇周坪村，派驻第一书记、驻村工作组，对建档立卡贫困户31户，建立"一对一"的脱贫计划。"扶贫日"捐款中，民政局捐款10000元，机关干部捐款3000元。

(雷国翠 张鑫 熊金平)

公务员及事业单位管理

【公务员队伍建设】 2016年，县人力资源和社会保障局(以下简称县人社局)完成年度县级行政机关、乡(镇)机关工作人员年度考核和年度公务员(参公管理人员)统计工作。一是做好5次公开招聘(录)考试工作。分别为:1.开展2016年上半年宜宾市公开考试录用公务员(参公人员)计划申报、资格复审、体检、考察、公示、审批录用工作，最初招聘38人、实际录用34人;录用3名政法干警体改生。2.开展2016年下半年公开考试录用公务员(参公人员)计划申报、网络报名、资格初审工作，最初招录71名、减调为69名。3.开展2016年从优秀村干部、优秀工人农民和服务基层项目人员中考试录用乡(镇)机关公务员，经网络报名、资格初审、资格复审、体检、考察、公示及录用，招录6名，通过资格初审19人，进入体检、考察6人，批准录用5人、递补1人。4.开展筠连县2016年面向县外公开选调参公人员和事业单位工作人员工作。拟选调40名，其中参公人员15名、县级事业人员25名。报名人数23人，最终商调17人。5.开展2016年机关事业单位公开遴选工作，其中筠连镇政府公开遴选公务员4名、巡司镇政府公开遴选公务员5名、民政局公开遴选工作人员1名、医保局公开考调事业单位工作人员4名。二是办理定级手续，全年为77名试用期满、考核合格的公务员(参公人员)办理(任职)定级手续。

【公务员队伍管理】 2016年，开展"提升扶贫攻坚能力，做人民满意公务员"网络全员培训，全县参加培训共1414人。落实县以下机关建立公务员职务与职级并行制度，对全县19名公务员符合副科级条件完成晋升职级工作。全面推进全县《公务员"周记月考年评"平时考核试点工作方案》，在部分事编人员试点;通过完善考核内容，改进考核方法，增强考核实效，建立指标科学、程序严密、配套完善、简便易行的平时考核评价体系，取得良好效果。

【事业单位人事制度改革】 2016年，县人社局继续全面推行聘用制。一是公开考核招聘6次，分别为:1.开展筠连县事业单位2016年第一次公开考核招聘工作人员资格审查、专业技能考核、体检、考察、公示、备案及确认聘用工作，招聘55名，报名人数65名，确认聘用35人。2.开展事业单位2016年第一次公开招聘工作人员考试及聘用确认工作，最初招聘262名，减调为176名，报名人数1809名，确认聘用194人。3.开展事业单位2016年第二次公开招聘工作人员计划申报、网上初审等工作，最初招聘62名，减调为45名，报名人数915名，确认聘用36人。4.做好2016年高校毕业生“三支一扶”计划招募网络报名资格初审、资格复审、面试工作，计划招募10名，资格复审合格考生1人，最终招募0人。5.做好2016年四川省属师范院校免费师范毕业生的资格复审、体检、公示、考察及确认工作，确认符合条件的3名免费师范毕业生在从事教育教学工作。6.做好从大学生村干部中考核招聘为乡(镇)事业单位工作人员工作，共考核招聘14人。二是实施中小学教师职称制度改革。全年完成教育系统3468人的职称改革过渡登记，开展职称改革工作之后第一次教育系统中级、高级职称推荐评审，推荐高级教师64人、一级教师149人、二级教师163人。按照市人社局《关于加强中小学岗位设置和聘用管理的指导意见》，完成年度45所中小学校职称改革岗位设置备案。三是继续做好全县事业单位岗位设置与聘用管理。根据市人社局关于事业单位岗位设置管理实施工作的要求，积极做好事业单位岗位设置的后续管理，规范全县事业单位工作人员岗位聘用工作。1.聘用工作，严格按照岗位管理要求，办理调动、转正定级、转岗、职称职务晋升、高职低聘等，做到不超岗聘用，完成27个单位因调动、岗位晋升等共109人的岗位聘用备案工作。2.岗位调整，完成公路养护段、卫计局下属事业单位“12356”信息中心、环境监测站等9个单位岗位调整集中审批。

【职称职考】 一是专业技术，各事业单位按要求取得相应职务任职资格，共办理初级证书37本、中级证书30本、高级证书26本。完成上年度机关事业单位技术工人技术等级考核和技师职务考评考试工作，办理高级证书18本、中级证书16本、初级证书7本。二是职称评审，教育系统获高级教师任职资格75人、获一级教师任职资格13人、获二级教师任职资格163人；水务局获高级工程师任职资格1人、获助理工程师任职资格2人；农业局获高级农艺师任职资格3人；环保局获助理工程师任职资格3人；农业系统获农艺师任职资格1人；煤矿工程序列企业获工程师任职资格2人、获助理工程师任职资格2人；建筑工程序列企业获工程师任职资格8人、获技术员任职资格2人；卫生序列获卫生高级职务任职资格10人。

【公务员统计】 2016年，全县共有县、乡(镇)行政机关及参照公务员法管理事业单位70个，其中县级行政机关26个(含扶贫移民局)，乡(镇)行政机关18个、参照公务员法管理事业单位26个(原城管监察大队与城建监察大队合并，成为城市管理综合执法大队)。至年末，全县各级行政机关公务员共1053人，其中县级行政机关公务员559人、乡(镇)政府机关公务员299人、参照公务员法管理事业单位工作人员195人。

【在职人员工资管理】 2016年，县人社局及时传达落实工资政策。一是核定，全年共核定新录用(聘用)人员151名的工资，核定转正定级人员373名的工资，核定事业工作人员324名的浮动绩效工资565.9万元。二是办理，全年共办理机关事业单位工作人员372名的工资转介。三是审批，全年共审批机关事业单位工作人员1107名因职务、职级、职称、学历等的工资变动，审批机关事业单位工作人员3名被采取强制措施和受行政刑事处罚后的工资待遇，审批教护人员530名的调整后教护龄津贴，审批农林水一线人员1名的调整浮动工资，审批密码人员2名的岗位津贴变动，审批11名农村教师的补贴变动，审批609名乡(镇)机关事业单位工作人员的补贴变动，审批警察、法院、检察院工作人员994人的次法定工作日之外加班发放补贴135万元，审批公务员253名按年度考核结果晋升级别增加工资2.8万元，审批机关工作人员1116名按年度考核结果晋升级别工资档次9.7万元，审批事业单位4882名正常晋升薪级工资29.5万元。四是调整，转发《关于完善艰苦边远地区津贴增长机制和调整艰苦边远地区津贴标准的通知》，全年共审批调整机关事业单位工作人员6465名的艰苦边远地区津贴18.8万元，补发309.7万元；审批离退休人员2767名的艰边津贴7.3万元，补发124.9万元。转发《关于调整人民警察警衔津贴标准的通知》的通知，审批人民警察220名的警衔津贴15.2万元，补发243.7万元。转发《关于调整林业有毒有害岗位津贴的通知》，审批3名林业有毒有害岗位津贴780元，补发3900元。根据筠府办发〔2016〕137号，审批机关(参公管理)单位工作人员1441名的调整工资标准42.9万元，补发287.2万元；审批事业单位工作人员5355名(工资审批与统计有差别，调资为2-3月，统计为年末)的工资标准270万元(绩效工资总额核减25404元)，补发1621.4万元；审批离休人员6名调整基本离休费3200元，补发19200元。

【退休人员工资管理】 2016年，共办理机关事业单位工作人员73名的退休审批手续，办理退休证41个；审批机关事业单位离退休人员2名调整离退休费，制发退休人员提高退休费办理的通知2份；审批机关事业工作人员31名的丧葬抚恤费；印发遗属生活困难补助的通知6份；调整遗属1名生活困难补助标准。

【人才资源统计】 2016年年末，全县国有事业单位261个(2015年年末为259个，新增机关事务管理办公室、不动产登记中心、干部档案管理中心，减少国营苗圃)；实有管理人才、专业技术人才和工勤人员5323人，其中县级2189人、乡(镇)3134人。全县国有事业单位各类管理人才460人，其中县级351人、乡(镇)109人。全县国有事业单位各类专业技术人才4643人，其中县级1698人、乡（镇）2945人。按职务划分：高级职务275人，中级职务1480人，初级职务2610人，未聘专业技术职务278人；按技术人员划分：工程技术人员134人，农、林、牧、渔技术人员166人，卫生技术人员560人，教学人员3620人，经济人员14人，会统人员30人，图书档案、文博、新闻、出版人员35人，艺术人员、播音人员17人，其他人员67人。全县有事业单位工勤人员220人，其中县级140人、乡（镇）80人。

【人员调配】2016年，共办理人员调动150名，其中县内调动47名、调出县外86名、县外调入17名；为公务员1名办理辞职手续；为事业单位工作人员54名办理解除聘用合同手续。

【人事档案管理】2016年，为单位、个人提供档案查询800余人次。严格划分保管期限，录入归档，编写目录、定制件号，确保做到“分类整理科学、立卷归档及时”，共整理完成2014年文书档案1423件，其中永久913件、30年510件，整理归档2015年文书档案1481件。

【“人社之歌”文艺汇演】5月，市人社系统开展全市人社系统机关主题文化活动，主题文化活动分“人社之歌歌词歌曲征集”“人社logo标识征集”“我与扶贫攻坚”征文、“人社之歌”文艺汇演4项主题。县人社局获“人社之歌”创作一等奖、“我与扶贫攻坚”征文二等奖。“人社之歌”文艺汇演，参演的原创歌舞《人民冷暖永记心间》获汇演最高奖——特等奖。

（罗锋）

行政监察

【脱贫攻坚监察】2016年，县纪委监察制发《筠连县脱贫攻坚专项执纪监督实施意见》，开展“1+6”精准督查。至年末，共开展脱贫攻坚监督检查41次，发现问题121个，提出整改意见121条，并制发通报5期。

【正风肃纪】2016年，认真解决发生在群众身边的“四风”和腐败问题，共查处以侵害群众利益的不正之风和腐败问题为主的“四风”问题50件56人，通报曝光26件30人，查处违反中央八项规定精神问题5件6人，通报曝光3件3人。

【行政权力监察】2016年，共开展网上巡查200余次，处理预（报）警件582件，全网受理办结的行权平台各类行权案件合计16745件，按时办结率100%。

【矿业安全生产监察】2016年，共开展矿业安全监督检查35次，给予安全监管人员批评教育8人，追究未落实安全监管责任人员4人。

（郑芳）

地方志编纂与应用

【年鉴编辑】一是省年鉴、市年鉴的筠连县部分稿件撰稿工作。县方志办经过初稿编辑、校对核查、征求意见、领导审核等程序，稿件分别于3月30日、5月20日提前上报市志办、省年鉴编辑部。二是《筠连县年鉴（2016）》编辑工作。1月19日，县政府办印发《关于做好〈筠连县年鉴（2016）〉编辑工作的通知》，明确篇目设计、各参编单位的职责、撰写条目、撰稿字数和交稿时间，于2月中旬开始收集稿件，至5月初基本完成资料收集。为给出版社的校审挪出足够的时间，采取边收稿边初审的“两同步”方式，待稿件收齐时，初审也基本完成，也为后期的总纂留出时间。在稿件收集和初审中，发挥网络平台的优势，主动与各单位（部门）、各企业沟通，对内容进行编辑核对、查漏补缺，至6月中旬完成总纂，随即向各参编单位征求意见并多次修改校对。7月初，专门邀请县内的方志爱好者和专家对年鉴稿件再完善。8月19日，年鉴稿件评审会召开，按照相关要求对稿件条目设置、图片文字、框架结构、涉密内容等进行严格评审，着重把好年鉴质量关；并把《筠连县年鉴（2016）》交由国家级出版社——方志出版社进行“三审三校”，11月30日印刷、公开出版发行，全书共26个类目210个分目90万余字。

【乡（镇）志、部门志编纂】根据《筠连县2016-2020年乡（镇）志编纂规划纲要》安排，2016年全县乡（镇）志任务为《塘坝乡志》的编纂出版。年初，县志办与塘坝乡政府沟通协调，县志办负责人多次带队到塘坝乡政府指导《塘坝乡志》编纂，与塘坝乡党政领导座谈，就《塘坝乡志》编纂提出建议，从经费支持、业务指导、资料收集等交换意见，共同推进《塘坝乡志》编纂。因2016年是全县换届选举年和扶贫攻坚年，在一定程度上影响《塘坝乡志》编纂的滞后，县志办本着“出精品、不敷衍”的态度，积极配合、督促塘坝乡政府加快工作进度。

【旧志整理】2016年，继续有序推进最后1部《筠连县志（同治版）》校核整理。至年末，文字录入已完成，计划通过购买社会化服务的形式，邀请市、县历史文化专家或学者进行点校，为2017年开展下一步校注工作做好准备，力争在规定期限内按时出版发行。

【市县年鉴发行】2016年，共发行《宜宾市年鉴（2016）》105

册、《筠连县年鉴(2016)》200册。

【方志资政育人】一是开展赠书活动。向县图书馆、机关、学校等单位和县级领导干部赠送县志年鉴，志鉴的价值得以实现、功能得以发挥，有效推进方志治理体系和方志治理能力现代化，方便群众掌握县情、创新创业。二是宣教活动。8月19日，结合红军长征80周年、建党95周年，在县城进行一次地方志宣教活动，县政府分管领导参加活动，提高地方志工作的知晓率。

【方志理论研究】2016年，县方志办完成《红军川滇黔边区游击队在筠连县战斗始末》抗战时期红军抗战的相关课题。

【方志网站建设】2016年，及时更新"筠连县地方志"网站。至年末，上传工作动态、方志知识、文件资料等信息25条2万余字。

(邱枫玲)

档案管理

【档案资源体系建设】2016年，县档案局加强档案资源体系建设，依法做好到期档案接收进馆，按照国家档案局9号令规定，全年接收县委办、县委宣传部、规建城管局、高坪苗族乡、团林乡苗族等单位档案共1005卷，其中涉民档案479卷，占进馆数量47%。加大《筠连县档案馆关于征集档案资料的通告》宣传和工作力度，共征集到二十世纪五十年代农业生产工具及苗族二十世纪三十年代生活用品等实物档案10件、资料7册。

【档案安全体系建设】加强档案安全体系建设，严格落实档案安全责任制，加强安全警示教育。开展国家重点档案的抢救和保护工作，全年对国家重点档案10291卷(袋)实行特殊库房管理。重要档案开展异地异质备份，落实"九防"措施，严格执行档案利用完毕检查制度，确保档案实体和档案信息的安全。

【档案利用体系建设】加强档案利用体系建设，继续执行档案利用零收费规定，提供多样化的档案利用服务。完善《筠连县档案馆检索体系一览表》，落实《四川省国家档案馆民生档案异地查档跨馆服务办法》，采取多种形式，主动为社会各界提供档案资政服务。全年提供档案利用3125人次、15321卷次，提供资料利用256册，为编史修志、工龄认定、房产、林权、婚姻等提供证明材料5520页。

【档案法制建设】2016年，县档案局联合县监察局、人社局、法制办对腾达镇、县委办、县盐业公司等20个单位进行档案规范化管理执法检查。按照要求完成执法人员周德琼、程晓玲、李锐的换证。

【档案信息化建设】一是开展重要档案全文数字化工作，由成都金档公司对县计建委、征兵办、体改办、粮食局等档案开展全文数字化，共完成238495页，其中涉民档案107322页，占全年数字化总数45%。二是县检察院列入四川省数字档案室建设试点单位，完成2013-2015年共5236件文件级全文数字化。三是配合省市推进数字档案资源共享平台建设。

【档案业务培训】3月、9月，分别举办文书档案及农村土地确权颁证档案管理培训，共培训124人，按要求完成培训任务。

【档案规范化管理】2016年，加强档案化管理创建、复查工作，督促园区企业开展档案工作规范化管理，完成档案工作规范化管理创建2个、复查单位29个。

【重大建设项目档案工作】落实国家档案局9号令，把海瀛工业园区档案列入接收名册，对园区内企业做好经常性的业务指导，跟踪掌握全县项目建设的情况，建立项目档案联系制度，健全项目档案管理指导记录卡，完成重大项目档案登记(省市项目已报市局)8个。

【档案文化产品开发】开展形式多样的档案文化产品开发工作。一是利用馆藏档案资料，协助县委党史办编纂《筑梦筠州》《筠州领路人》；二是完成档案文化开发课题《苗族文化探究项目》——《嘎琅梦能》的公开出版发行工作；三是协助县教育文广局制作《影像流光》。

(牟方叶)

民族宗教事务

【民族分布】2016年年末，全县有汉族、苗族、彝族、回族、壮族、蒙古族、满族、白族、土家族、羌族、哈尼族、傣族、维吾尔族、朝鲜族、瑶族、藏族、布依族、侗族、哈萨克族、黎族、傈僳族、佤族、土族、达斡尔族、撒拉族、毛南族、仫佬族27个民族共448803人。其中汉族421875人，占总人口的94%；26个少数民族26928人，占总人口的6%。苗族共24684人，占总人口的5.5%；彝族、回族、藏族、壮族、白族、满族、土家族、仫佬族等25个民族2244人。少数民族主要分布在高坪、联合、团林3个苗族乡及蒿坝、巡司、腾达、大雪山、双腾、乐义、镇舟、筠连镇8个乡(镇)。

【民族地区经济发展】2016年，联合、高坪、团林3个苗族乡地区生产总值分别实现 7090 万元、31276 万元、5485 万元，工业增加值分别实现 574 万元、30228 万元、490 万元，社会消费品零售总额分别实现 364.4 万元、2698 万元、305 万元，农民人均可支配收入分别达到 12612 元、12310 元、12385 元。

【争取民族地区项目】 2016 年，县民宗局向省、市、县争取到位资金 392 万元。一是争取省支援不发达地区发展资金 40 万元，硬化乐义乡陶坪村村道公路。二是争取省少数民族发展资金 20 万元，修建联合苗族乡格莼坝苗族文化小区。三是争取市级民族地区专项扶持 152 万元，具体为：1.民族教育专项扶持资金共 97 万元，投资 35 万元，修建高坪苗族乡中心校学生运动场；投资 12 万元，硬化巡司镇西牛村沙子湾至沙坡段组道公路；投资 15 万元，连接乐义乡沙地村至高砍乡顺利村联网泥结碎石路；投资 20 万元，修建联合苗族乡两合岩至甜竹村四组泥结碎石路；投资 15 万元，修建高坪苗族乡黄牛养殖牛圈。2.民族文化项目共 55 万元，分别为三江放歌广场文艺演出 8 万元、修建腾达镇新民村民族文化广场 15 万元、团林苗族乡举办筠连县首届彝族火把节 2 万元、3 个民族乡工作经费 30 万元。四是争取县级民族地区专项扶持资金 180 万元，具体为：1.基础设施建设 139 万元，分别为维修整治武德乡胜利村一、二组公路 15 万元，维修整治腾达镇冒水村金鱼组 1.5 千米和新合村 3 组公路 19 万元，修建大雪山镇高峰村林农组公路 6 万元，硬化乐义乡沙地村七、八组公路 8 万元，建设蒿坝镇水龙村文化广场 20 万元，维修整治龙镇乡车坪村 3 组公路 6 万元，双腾镇酸草村四组黄牛养殖 10 万元，维修巡司镇梧桐村八组公路 13 万元，维修整治双腾镇德胜村二组公路 6 万元，建设高坎乡民族文化广场 10 万元，补助高坪苗族乡扶贫攻坚培训费和端午苗场节费 8 万元，补助联合苗族乡、团林苗族乡扶贫攻坚培训费各 3 万元，修建团林苗族乡落水洞公路 6 万元、补助彝族火把节资金 6 万元。2.民族和宗教工作经费 41 万元。

【民族地区项目管理】 2016 年，认真选择和组织实施项目，加强专项资金的管理，做到有限资金效益最大化，资金运行安全化。规范项目资金管理，严格申报、审批、招投标、实施、监督程序和项目实施后的归档管理。上级各部门及筠连县财政支持民族地区发展年度资金 392 万元，所有项目已全面组织实施，资金已全额划拨到项目实施乡（镇）。至年末，所有项目工程正有序推进。

【民族地区产业调整】 一是高坪苗族乡大力实施烤烟、肉牛、蔬菜和方竹产业“3+1”生态产业发展战略，优化农业产业布局。全年发展烤烟 293.76 公顷，新发展方竹 80 公顷，黄牛存栏 4703 头、出栏 1807 头，新增能繁母牛 1851 头。二是联合苗族乡发展壮大格莼坝生态兔养殖龙头企业。全乡已建成养兔场 3 处，总面积 8000 余平方米，年出栏肉兔 10 万只，成为宜宾最大的养兔基地。成功申报为国家级无公害肉兔，已注册“格莼坝”商标肉兔。按照打造 2000 公顷竹基地目标，稳固原有竹基地，在甜村竹、革新村规模化种植方竹 333 公顷，在苦竹村种植方竹 67 公顷，在红竹、红椿、光明 3 村移栽方竹 367 公顷，花树村栽种雷竹 20 公顷，全乡种竹累计 1600 公顷。光明众兴养牛专业合作社带动全乡肉牛养殖存栏 3000 余头，出栏 1500 余头。三是团林苗族乡继续加大对良繁茶、核桃、漆树、佛手柑等经济作物的发展。

【民族地区基础设施建设】 一是高坪苗族乡新修村级公路 12.5 千米，硬化村级公路 19.8 千米，新修便民路 36 公路；建成 110 千伏变电站 1 个，全乡 5 个村电网全部实现升级改造；推进土地改良和排洪设施，先后实施田型整治 70.1 公顷、土地整治 25.3 公顷、新修排洪沟渠隧道 4 千米、消水洞 4 个；建成人饮工程茶沟水厂、尧山蓄水池，安装饮水管道 30 千米；建成聚居点 1 处，幸福美丽新村 3 个；新建村级党群服务中心 4 个、改造完善 1 个，实现全乡 5 个村都有功能齐备的活动阵地。投资 100 万元，建成冷链物流中心 1 个；投资 200 余万元，建成 1 栋面积 3200 余平方米的公租房；农村易地扶贫搬迁工程全面完工；先锋村、麻园村 2 个贫困村的新村建设稳步推进。二是联合苗族乡投资 300 余万元，硬化甜竹、花树村道公路 6 千米，维修整治革新、光明、红椿、红竹、茶园村道公路 30 余千米，修建花树、甜竹、联新村便民路 15 千米；投资 200 余万元，对花树、甜竹 2 村进行风貌改造；全年新建沼气池 20 口，完成农村改厕 80 户；通过易地扶贫搬迁、农村 C、D 级危房改造等项目实施，全乡改造新建房屋 82 户。三是团林苗族乡，新建组道公路 20 千米，硬化组道公路 9.25 千米；投入 12 万余元，新建综合农贸市场 1 个；投资 80 万余元，建设污水处理厂 1 个；投资 32 万元，完成大埂村党群活动中心建设；投资 4.8 万元，修缮火花村、华新村等 5 个村级活动室；投资 3.2 万元，对 8 个村的活动室进行规范化建设改造。

【高考加分政策落实】 2016 年，全县参加高考人数 2426 人，大专以上加分上线 2121 人，其中加分上本科线 871 人、不加分上本科线 690 人。少数民族生中不加分上本科线 6 人，加分上本科线 14 人。

【少数民族干部培养】 2016 年，全县少数民族在职干部（含教师）157 人，其中苗族 132 人、回族 8 人、彝族 10 人、土家族 4 人、白族 2 人、满族 1 人。副县级领导干部 2 人、正科级干部 12 人、副科级干部 3 人。在 157 名在职干部中，公务员 35 人、教师 99 人、农技员 6 人、卫生、畜牧、林业、电力、烟草、金融等 17 人。

【民族文化传承】一是成功举办筠连县苗年少数民族同胞联谊会、苗族花山节等较往年更为丰富多彩的民族文化活动。端午节,高坪苗族乡组织承办高坪端午苗场节。8月,在高坪苗族乡举办为期一周的少数民族文化培训班,培训50人,培训内容包含苗文、苗族大唢呐、苗族芦笙等。9月29–31日,团林苗族乡承办筠连彝族火把节。二是选择部分民族风情浓郁、生态环境优良、基础设施完善的村进行科学规划、集中打造,大力发展以农家乐为主的乡村休闲旅游、以民族手工艺为主的商贸流通业,把苗彝风情文化旅游培育成为民族经济新的增长点。三是外出学习演出。6月,县民宗局组团参加市民宗局主办的宜宾市首届少数民族歌手大赛,筠连少数民族歌手熊艳梅获二等奖,县民宗局获优秀组织奖。11月,组团参加宜宾市第四届"三江放歌"民族文化专场"携手圆梦"专题晚会。

【民族文化搜集整理】一是促进全县各民族共同团结进步,共同繁荣发展。1月30日,由县苗学会承办的"筠连县苗年活动"在县城举办,全县2000余名少数民族同胞欢聚一堂、载歌载舞。二是传承和延续传统民族文化。春节期间,在高坪苗族乡英雄村花山场举办苗族花山节。筠连的苗族同胞参加外,云南彝良、盐津、威信等县的苗族同胞自发参加花山节。苗族花山节经过近百年的发展,逐步形成丰富多彩、独树一帜的苗族文化空间,特色鲜明、文化底蕴深厚。以苗族文化特有的开放和宽容和谐精神,打造一个多元化文化和谐共处的文化生态环境,促进民族和谐、宗教和谐,对推进文化尤其是民族文化的健康发展具有极其重要的积极影响。端午节,由高坪苗族乡成功组织承办高坪端午苗场节。9月29–31日,由团林苗族乡成功承办筠连彝族火把节。3次大型活动均圆满成功,无任何事故。三是搜集整理少数民族传统文化。县民宗局安排专项资金弘扬和发展少数民族文化,对筠连苗族大唢呐、苗家芦笙、苗家情歌、苗家习俗、苗族民间故事、彝族人情风俗、彝族火把节7个传统文化搜集整理成7册书籍,其中"苗家情歌"为苗汉双语版、"苗族芦笙唢呐"传统曲谱译成现代曲谱,于12月印刷成书。四是苗族大唢呐名片打造,苗族大唢呐是筠连五大文化名片之一,为打造苗族大唢呐名片,安排专项资金8万元,用于补助梦拿吧公司建苗族大唢呐作坊。

【民族宗教事业关怀】筠连县2014年被省政府批准为享受少数民族地区待遇县,省政府每年安排20万元、市政府每年安排10万元少数民族地区春节慰问金,对少数民族地区困难群众进行春节慰问。2016年,全县共慰问贫困户1500户。安排春节慰问金6万元,慰问宗教界人士和少数民族困难群众;安排4.6万元,对30名升入大、中专的少数民族学生补助(本科16名、专科14名);安排4万元,补助在读高中生活困难少数民族学生;安排4万元,对少数民族同胞患重特大疾病和遭受重大自然灾害进行补助;安排5万元,与苗学会对民族文化进行挖掘、整理、传承;安排2万元,对高坪苗族乡、团林苗族乡、蒿坝镇、乐义乡举办的春节花山节进行补助,每个乡(镇)补助5000元;安排5万元,对民族文化进行培训。

【宗教事务管理】筠连是佛教、道教、伊斯兰教、天主教、基督教、俱全的县,信教群众最多为佛教;批准开放的宗教活动场所有巡司镇十龙寺,筠连镇普渡寺、白尼寺、潮泉寺、天宁寺,腾达镇佛来寺、观音寺,沐爱镇药王寺,双腾镇金川寺,大雪山镇天山寺共10个。2016年,全县有教职人员30人,信教群众2万余人,绝大多数信教群众年龄在50岁以上,文盲和农民居多;以城镇居民为主,老龄妇女占绝大多数,信教群众文化层次和宗教信仰素质较低。10个寺庙均能正常的开展合法的宗教活动,基本能满足信教群众的宗教需求,积极参与社会主义物质文明和精神文明建设,走与社会主义社会相适应的道路。

【送法进寺观教堂】2016年,在全县10个依法登记宗教活动处所张贴国务院《宗教事务条例》和各项宗教法律法规及政策,张贴各项依法治寺标语。4月18日,全县性宗教工作管理会在天宁寺召开,18个乡(镇)分管领导、30名宗教教职人员、100余名信教群众参与的"送法进寺观教堂"法制学习宣讲培训。

【少数民族扶贫】一是对少数民族地区的投入,2015–2016年,共争取省级资金241万元、市级资金297万元、县级民族地区专项扶持资金360万元,用于民族地区公路修建、民族地区民族文化基地建设及发展种养殖业(主要是黄牛养殖)。二是对少数民族贫困村的投入,打破产业地域局限、单一局限、传统局限,注重项目精准入户和区域带动相结合。根据11个少数民族贫困村的地理位置分布,全面发展茶叶、肉牛、立体林竹、漆树、青蒿、烤烟等产业,不断增强产业造血功能。

(熊大琼)

突发事件应急管理

【突发事件发生】2016年,全县突发事件共发生33起(其中一般事件31起、较大事件2起),增加10起。其中自然灾害类6起(一般5起、较大1起),事故灾难类22起(一般22起),公共卫生类3起(一般2起、较大1起),社会安全类2起(一般2起)。共造成死亡28人,增加6人;受伤16人,减少39人。造成直接经济损失共3095.12万元,增加1143.82万元。

【预案管理体系建设】根据《筠连县人民政府办公室关于

印发筠连县突发事件应急预案管理办法的通知》和省、市相关要求，对相关应急预案重新编制和修订完善。全年，编制和修订完善《筠连县地震应急预案》《筠连县涉外突发事件应急预案》《筠连县互联网舆情应急管理工作预案》《筠连县大规模群体性事件应急处置预案》《筠连县突发公共卫生事件应急预案》，均以筠府办文号发布。

【应急演练】2016年，全县开展综合、专项应急演练472次，其中防汛综合应急演练1次，非煤矿山应急演练40次，应急处突演练3次，教育系统开展防暴反恐、防震、防火灾等各类演练410次，乡（镇）开展防汛、地质灾害避险应急演练18次。6月28日，由县政府主办，县应急办、防汛办承办，县人武部、水务局、国土、筠连镇等20个部门联合在汇鑫广场开展"筠连县2016年防汛应急综合演练"。演练由县政府副县长、县防汛抗旱指挥部指挥长王永红任指挥长，具体指挥调度各方防汛处置力量，完成8个科目的演练，得到演练总指挥、县政府县长刘朝平的高度肯定；全县18个乡（镇）分管领导现场观摩演练全过程。

【应急保障能力提升】一是财政资金投入。县政府加大应急管理投入，工作经费纳入财政预算。本年度安排突发公共事件应急处置预备金1000万元，为应对突发事件处置提供资金保障。二是应急物资储备。全年投入救灾资金281.3万元，为民政物资储备库添置棉被3000床、绒衣裤500套、秋棉大衣500件、食用油100桶、大米1000公斤，发放救灾棉被7112床、绒衣裤2套、食用油192桶、大米1000公斤。三是森林防火物资装备建设，投入108.5万元修建防火物资储备库19个，投入104.8万元购买扑火装备。四是加大消防和综合应急救援装备储备。投入13.3万元为县消防大队采购一批应急救援装备。五是完善综合应急指挥平台建设。8月，县政府综合应急指挥平台搬迁，整合进入县政务云平台内。

【监测预警能力提高】一是投入10.2万元维护17所重点中小学地震预警信息系统接收终端设备，发挥地震来临时提前发出预警的作用。二是县气象局利用SWAN、MICAPS、雷达及预警短信发布等气象预警预报系统，实现预警短信及时发布。三是投资500万余元新建5个水文站，对镇舟河、巡司河、定水河等进行水流、水位监测；投资300万余元，完善山洪监测系统，增强防洪预警能力。四是完善涉林突发事件监测预警机制，建立监测预警责任区（村）243个，落实监测责任人1458人。

【隐患排查治理】一是隐患点排查，按照应急工作要点，乡（镇）、县级有关部门对自然灾害、事故灾难、公共卫生事件的各种隐患点进行排查，并实行建档管理。对能治理的，立即制订治理方案，落实治理措施，及时消除隐患；对暂时不能治理或未具备治理条件的，制订监测防御应急预案，落实应对措施，最大限度地防范各类突发事件的发生，避免或减少灾害造成的损失。二是落实5月12日全市防汛抗旱救灾暨地质灾害防治工作电视电话会议和杜紫平市长讲话精神，结合县委办、县政府办《关于开展防汛和地质灾害防治督导检查工作的通知》要求，5月下旬–6月上旬，分别由县委常委、常务副县长李小林，县人大常委会副主任古有奎，副县长王永红，县政协副主席刘乐君带队，分四个督导检查组对18个乡（镇）防汛、地质灾害防治工作逐一开展专项督导检查。县政府办公室根据督导检查情况发出通报，要求各乡（镇）、县级部门针对督导检查中发现和存在的问题做好整改和应对等相关工作。7月中旬，由县委县政府督查目标办、县应急办、县地灾办、县防汛办组成3个检查组，对各乡（镇）防汛、地质灾害防治等落实情况再次督导检查，排查隐患，做到未雨绸缪、减少损失。

【防灾减灾知识普及提升】一是应急知识宣传咨询。5月12日，由应急办牵头，组织县人防办、规建城管、水务、国土、气象、卫计、民政、安监、公安等19个单位在新华桥头开展第八个"5·12"防灾减灾日应急知识宣传咨询活动，向群众宣传应急法律法规、识别灾害风险，普及防灾减灾知识、传授紧急避险技巧，演示应急救生技能；发放应急等各类资料、手册1万余份，接待群众咨询近3000人次，县中医院为群众义诊1000多人次、接受咨询200人次；县综合应急救援大队、矿山救护队向群众展示生命探测仪、家庭急救设备等抢险救援装备。县委常委、常务副县长李小林参加现场咨询、资料发放活动，并接受县电视台的现场采访。二是开展安全生产宣传活动。6月16日，组织25个部门在新华街开展以"强化安全发展观念，提升全民安全素质"为主题的安全生产宣传咨询日活动，各乡（镇）也组织宣传咨询；活动期间共布置展板220块，印制发放安全知识宣传单或手册78种5万余份，近千名群众现场安全咨询。三是于11月初牵头召集县应急办、安监、卫生计生、县消防大队等人员参加省市应急办组织的第十六届中国西部国际博览会应急救援产业装备及技术展览学习，拓宽眼界、增长见识。四是于11月中旬开展"防灾知识进校园、临灾避险保安全"为主题的地质灾害识别、避险、应急知识培训，提升广大师生的防灾避险应急能力。

（米筠桂 夏启林 胡伟）

政府信息中心

【电子政务建设】 2016年,电子政务工作不断完善和进步,政府信息公开建设工作有序推进。按省、市政府网站建设要求,关停全县48个政府集群子站。县政府门户网站及时调整信息发布专栏,新建"重要信息转载""重点信息公开""五公开"等专栏,全年对外发布各类政务、便民信息1万余条,向公众公布县政府各项政策、县政府领导政务活动、全县大事以及方便群众生产、生活等信息,梳理全县各类电子政务平台建设情况。全县电子政务外网新增光纤覆盖点3个,全县电子政务外网覆盖点增至74个。推广使用无纸化办公平台及手机APP功能,各乡(镇)、部门无纸化办公平台的使用率100%、无纸化办公平台用户数1813个,开通无纸化办公平台手机APP用户数480个,全年无纸化办公平台流转文件52499个,提高政府部门办文、办会的效率。完善政府信息公开目录体系,及时完成更新工作,发布政府公开信息10500条。

【市长与网民的办理】 2016年,认真开展"市长与网民""县长信箱"信访件的办理,畅通群众信访渠道,逐步提高信件办理质量,提高政府工作透明度和群众的参与度。全年共收到"市长与网民"信访件78件,办结78件,办结率100%;共收到"县长信箱"信访件174件,其中处理办结168封、不受理6封,对外公布93件。

【政务信息采编】 2016年,加强组织领导,拓宽采编渠道,积极围绕县内社会重点、经济热点、时事焦点、发展基点,切实抓好"互联网+"、产业转型发展、招商投资、精准脱贫攻坚、城乡建设、民生工程等重点领域信息资源,根据全县的地域特点、工作亮点、社情民意,紧扣"关注点"、狠抓"闪光点"、挖掘"增长点",撰写有情况、有分析、有对策建议的信息材料。全年共编发《筠连政务》(信息版)42期,采用信息254条,整理上报市政府政务信息2300余条,被市信息公开和电子政务办公室采用145条,完成市任务的100%。

(李化)

机关事务管理

【机构设立及职能】 2015年12月28日,根据筠机编〔2015〕58号文件,筠连县机关事务管理办公室成立,设在县政府办公室内,属县人民政府办公室管理的副科级公益一类事业单位,核定事业编制6名,其中主任1名(副科级),下设综合股、业务股两个股室,分别设股长1名(正股级)。原县级有关部门(单位)承担的机关事务行政管理职责统一交由县人民政府办公室承担。2016年10月,经公开招考,录用3人。

【公车制度改革】 一是公务用车制度改革实施,根据中央、省、市关于全面推进公务用车制度改革的相关安排部署,县委办 县政府办印发《筠连县公务用车制度改革实施方案》,要求7月31日前基本完成全县公务用车制度改革。明确参改机构、人员、车辆范围、执法执勤部门统一参加公务用车制度改革;公务交通补贴保障区域、层级划分、发放标准、发放方式。二是公车保留。改革后,县委、县政府正职主要负责人实行工作用车实物保障,对保留的县本级公务用车69辆、乡(镇)20辆、特种专业技术用车等20辆,10个县级执法部门的一般执法执勤用车(未含特种专业技术用车)保留数原则上不超过编制数的70%。三是公车管理,对保留车辆,实施过渡措施,车改后保障公务出行。四是公车拍卖,在全市率先启动公车拍卖工作。于2017年1月5日,全县取消车辆在"宜宾市公车改革取消车辆网上拍卖平台"正式开拍,涉及43辆车(不含车辆号牌)全部成交,成交率100%;起拍总价36.7万元,成交总价95.9万元。

【公共机构节能减排】 根据《公共机构节能条例》,加强对公共机构节能工作的组织领导,完善多部门共同参与的协调机制,推行公共机构节能目标考核制度,全面做好公共机构节能年度目标任务工作。2016年,县机关事务管理办围绕"节能领跑 绿色发展"节能周宣传主题,定期开展全民健步走、"节能减排"知识竞赛等系列内容丰富、形式多样的宣传活动,共设立发改局等6个节能宣传点,悬挂横幅30副、发放"节能领跑、绿色发展"宣传倡议书400张、节能宣传手册200本、发放免费节能LED灯泡400个,接受市民咨询300多次。组织各公共机构参加全国生态文明宣传作品征集活动,推选出文学、新闻、书画摄影、平面设计、视频等18件优秀作品参加全市筛选活动。筠连节能宣传活动被国家机关事务管理局、省机关事务管理局的门户网站进行报道,得到省机关事务管理局主要领导的充分肯定。

【办公用房管理】 根据《机关事务管理条例》《中共中央办公厅、国务院办公厅关于党政机关停止新建楼堂馆所和清理办公用房的通知》《党政机关办公用房建设标准》《四川省省直机关办公用房管理办法》等文件规定，自 2013 年起，对各乡（镇）和部门办公用房专项清理 4 次，清理办公用房总建筑面积 54454.173 平方米，其中超标面积 5237.69 平方米，腾退办公用房 77 间面积 1540.78 平方米。

【后勤服务保障】 一是机关食堂管理。4 月 15 日，县政府办公室印发《关于加强机关、事业单位职工食堂建设和管理的通知》，严格审批新办职工食堂，严禁超标准新建、改建、扩建单位职工食堂，未经批准严禁擅自开办，凡有违反相关规定的违规违纪行为，按照“谁主张处理谁、谁接受处理谁、谁要求处理谁”的原则予以严肃查处，对已开办的食堂进行检查指导，严厉制止以职工食堂名义违规为本单位职工发放或变相发放补贴、实物等福利和在食堂内以各种名义公款互相宴请，超标准公务接待等违规行为。至年末，全县有机关食堂 31 个，面积 3990 平方米。二是会务管理。执行县委办《关于印发〈会议管理工作细则〉和〈县委、县政府领导基层调研活动管理暂行办法〉的通知》，抓好“宜宾市产业发展现场会”“筠连县‘1+N’肉牛产业发展推进现场会”等市、县级会议的后勤保障共 10 次。三是领导干部住宿需求保障。县机关事务管理办做好交流干部周转房管理和服务工作，建立周转房管理各项规章制度，实施精细化管理，狠抓周转房餐饮、物业管理和环境建设，得到入住领导的充分肯定，满意率 100%；定期对住宿进行归整清理，保持房屋整洁有序，为领导干部提供简约舒适的生活环境。

【党政机关资产管理】 2016 年，县机关事务管理办加强党政机关国有资产管理，规范资产处置和整合利用加强机关资产管理制度建设，逐步建立行政事业单位资产配置标准体系。推进资产处置事项网上办理，强化对产权转让、资产出租出借、资产报废等监管，健全资产管理制度体系和资产损失排查机制，严格责任追究。

（张梦林）

政府经济事务管理

经济综合管理

【经济管理概况】 受宏观经济形势和煤矿关停政策影响，经济发展疲软。全年全县生产总值实现 119.85 亿元，增长 8.3%。其中第一产业增加值 20.48 亿元，增长 3.8%；第二产业增加值 74.32 亿元，增长 9.3%；第三产业增加值 25.05 亿元，增长 9.0%。三次产业占全县 GDP 的比重为 17.1∶62.0∶20.9。全社会固定资产投资实现 95.84 亿元，增长 15.7%。地方公共财政预算收入完成 6.02 亿元，增长 0.33%。全社会消费品零售总额实现 35.8 亿元，增长 12.8%。居民消费价格总指数累计上涨 1.6%。城镇新增就业人员 4962 人，城镇登记失业人员 1539 人，登记失业率 3.8%。城镇居民人均可支配收入实现 28525 元，增长 8.6%；农村居民人均可支配收入实现 12846 元，增长 9.5%。人口出生率 11.05‰，人口自然增长率 5.61‰。城镇化率 37.65%。

【农业和农村经济】 2016 年，全县农林牧渔及服务业总产值实现 35.5 亿元，增长 3.7%。农业实现产值 14.67 亿元，增长 3.6%；粮食总产量 155003 吨，增长 0.7%。茶园面积累计 13173 公顷，生产茶叶 10602 吨；年末有效灌溉面积 12580 公顷，综合治理水土流失 2130 公顷；年末实有耕地 22335 公顷，其中水田 6143 公顷、旱地 16192 公顷。林业实现产值 1.47 亿元，增长 6.27%；新增森林面 833.3 公顷，森林蓄积 279 万立方米，全县森林面积 65560 公顷，森林覆盖率 52.18%，增加 3.4 个百分点。畜牧业实现产值 19 亿元，增长 3.56%。肉类总产量 3.64 万吨，下降 1.7%。渔业产值实现 0.24 亿元，增长 1.56%；水产品 1625 吨，增长 1.6%。

【工业经济】 2016 年，全县全部工业实现增加值 71.16 亿元，增长 9.5%；规模以上工业企业 39 户，实现增加值增长 9.9%，实现营业务收入 67.74 亿元，增长 14.21%；实现利润总额 6.59 亿元，增长 3.94%；实现利税总额 12.2 亿元，增长 1.01%。工业企业技改投资 20.1 亿元，下降 1.5%。生产过关煤炭 74.11 万吨。

【第三产业】 2016 年，开展拓市场、促消费活动，第三产业蓬勃发展。社会消费品零售总额实现 35.8 亿元，增长 12.8%。其中城镇市场实现零售额 24.69 亿元，增长 13.6%；乡村市场实现零售额 11.11 亿元，增长 11.0%。限额以上贸易单位（含个体户）有 43 家。大力推进“中国云上石漠·春风花海”生态旅游度假区、神羊洞旅游景区、古楼景区建设；推进旅游标准化建设，开展“产镇融合”特色小镇建设，发展乡村旅游，旅游市场进一步规范。全年旅游接待 163.52 万人次，增长 30.75%；旅游总收入 10.79 亿元，增长 34.21%。交通运输业发展快速，年末境内公路总里程 1438 千米，其中等级公路 1150 千米。公路旅客周转量 33194 万人 / 千米，货运周转量 38683 万吨 / 千米；城市客运公共汽车 25 辆，出租汽车 30 辆。邮电主营业务总收入 22272 万元，增长 21.02%。年末，全县金融机构各项存款余额 81.04 亿元，比年初增长 17.93%；其中单位存款余额 29.68 亿元，比年初增长 28.15%；城乡居民储蓄存款余额 51.32 亿元，比年初增长 14.12%。金融机构各项贷款余额 46.07 亿元，比年初增长 3.06%；其中短期贷款 9.94 亿元，比年初下降 32.19%；中长期贷款 35.14 亿元，比年初增长 19.51%。全年保费收入达 12431 万元，增长 21.2%。房地产、餐饮、广告、娱乐等事业健康发展。

（李泽明 许奎 罗斌彬 罗燕）

发展调控

【经济运行】 2016 年，县发改局注重把握国内外政治经济形式变化趋势，分析研究全县国民经济运行总体态势、及时提出专项调研报告、季度经济形式分析报告和经济社会发展应对建议。县人大审议通过《筠连县 2016 年国民经济和社会发展计划执行情况与 2017 年国民经济和社会发展计划草案的报告》《筠连县 2016 年上半年国民经济和社会发展计划执行情况的报告》。

【投资和项目建设】 按照“四个一批”编制完成全县重点项目建设计划，确定项目 190 个，总投资 593.7 亿元，年度计划 78.6 亿元。完成全社会固定资产投资 95.84 亿元，增长 15.7%；其中固定资产投资 87.94 亿元，增长 18%；全县工业投资 37.09 亿元，下降 1.5%。第一产业完成投资 1.38 亿元，下降 79.6%，占总投资的 1.4%；第二产业完成投资 37.09 亿元，下降 1.5%，占总投资的 38.7%；第三产业完成投资 57.37 亿元，增长 49.4%，占总投资的 59.9%。筠连至盐津客货两用铁路前期工作进展顺利，完成预可研评审；宜昭高速公路（筠连段）筠连镇、腾达镇境内高速公路用地房屋、土地丈量全部完成，征用土地 100 公顷，线路长 16.1 千米，支付征地拆迁费 1.3 亿元。渝昆高铁在筠连设立站的可研方案通过专家组评审；筠巡快速公路一期工程计划投资 3 亿元，完成投资 1300 万元，占计划投资的 4.3%，已融资正在复工修建；绕城公路完成投资 3000 万元，占计划投资的 20%；文化体育中心等项目计划投资 2 亿元，正开展前期工作；龙泉酒业技改项目计划投资 0.5 亿元，占计划的 110%；新维矿井计划投资 2 亿元，完成投资 4849 万元，占计划的 24.2%；富农林业竹子竹笋种植加工项目计划投资 0.5 亿元，完成投资 5008 万元，占计划的 101.6%；漆树种植与加工综合开发产业化项目计划投资 0.5 亿元，完成投资 5012 万元，占计划的 102.4%；青蒿素原料基地建设及系列产品研发、加工项目计划投资 1 亿元，完成投资 10016 万元，占计划的 100.2%；中华街棚户区改造项目争取专项建设基金 1.3 亿元，争取中央预算内资金 1265 万元，其中 2016 年下达计划 0.5 亿元；市重点项目总投资 1.2 亿元，占计划的 240%。

【向上级争取项目】 2016 年，县发改局向中央、省、市发改口争取各类项目共 10 个，总投资 139689 万元，其中上级投资 33071 万元

【社会事业】 一是科学技术事业。共申报省、市、县科技项目 99 个，其中省级项目 19 个、市级项目 26 个；申请各类专利 80 件，其中发明专利 18 件，申报各类专利资助奖励项目 19 项。二是教育事业。年末，全县有小学 10 所，普通中学 34 所，职业学校 1 所，特殊教育 1 所，幼儿园 65 所（其中公办幼儿园 2 所）。在校学生 60383 人（含特教 83 人），其中小学 35050 人（含特教 71 人）、初中 16214 人（含特教 12 人）、普通高中 5982 人、职业高中 3137 人。全年小学招生 6062 人，普通中学招生 5621 人，初中阶段升学率 85.45%，普通高中招生 2088 人、职业高中招生 2112 人。全县 2426 人参加高考，本科上线人数 871 人，本科上线率 35.90%，其中重点本科上线 231 人；高考总上线 2037 人，上线率 83.97%。引进教师 24 人，公招教师 12 人，拥有中小学专任教师 3065 人。三是公共文化。完成幸福美丽乡村农家文化大院 226 个、市级农村文化示范村 5 个、贫困村村级文化活动室 45 个建设；完成电子阅报屏建设 12 个；打造市级示范农家书屋 19 个。年末，全县有图书馆 1 个，藏书 8.6 万册；有农家书屋 243 个，其中市级示范农家书屋 19 个。四是体育事业。全县有各级各类体育协会 21 个，各级社会体育指导员 876 人，各类健身活动站点 268 个。全年培训三级社会体育指导员 472 名，二级社会体育指导员 10 名。五是广电事业。年末有线广播电视用户数 23118 户，其中数字电视用户 23118 户；广播综合覆盖率 99%，电视综合覆盖率 99%；有线广播电视传输干线网络 720 千米。六是卫生事业。全县有医疗卫生机构 376 个，编制病床 1496 张，卫生技术人员 1362 人，其中执业（助理）医师 429 人。全县参加“新农合”人数 37.41 万人，参合率 98.6%。七是社会事业。大力实施棚户区改造工程，已启动货币安置，与 276 户居民签订货币安置补偿协议，开工建设 274 套。围绕“智慧筠连”建成大型云数据中心、数字化指挥中心平台。安全形势总体稳定，全县未发生重大及以上安全事故。

【项目招投标】 严格执行《中华人民共和国招标投标法》《四川省国家投资工程建设项目招标投标条例》等，坚持公开、公平、公正和科学择优原则，严格招标投标程序。全年牵头组织 66 个工程项目招标或比选，控制价总额 23240.37 万元，中标价总额 19696.65 万元，节省资金 3543.72 万元，节省率 15.25%。

【节能减排和生态建设】 2016 年，全县环境空气质量状况均达到国家《环境空气质量标准》（GB3095-1996）Ⅱ级标准。县境内出境断面水质均符合《地表水环境质量标准》（GB3838-2002）Ⅲ类标准，区域环境噪声均符合《声环境质量标准》（GB3096-2008）。全年，削减二氧化硫 1682.44 吨、化学需氧量 1307.85 吨、氨氮 15168 公斤、氮氧化物 1410.76 吨。饮用水源水质达标率 100%，城镇生活垃圾无害化处理率 95%，污水处理厂集中处理率 60.71%。年末，全县有省级生态村 4 个、市级生态村 210 个、县级生态村 236 个，命名生态家园 43970 户。全县森林覆盖率 52.18%。

【改革开放】 2016 年，创新开展政务服务“一窗一章”试点改革，推进行政审批制度改革，取消、调整行政审批和公共服务项目 50 项；推进机构改革和扩权强镇试点，调整和整合政府机构 10 个；深化工商登记制度改革，实行注册资本认缴登记制度；制订国企重组方案，开展财政支农资金形成资产股权量化改革试点，基本完成公务用车制度改革。大力实施“引进来”，进一步完善招商引资激励机制，充分利用“西博会”“茶博会”等大型招商活动，实施“代理招商”“驻外招商”等模式，承接产业转移，着力引进一批投资强度大、科技含量高的实力型企业和战略投资者。全年，通过“中外知名企业四川行”“西博会” 等平台签约项目共 24 个，签约金额 66.1 亿元。

【以工代赈】 一是项目争取，2016 年共争取以工代赈类项目 5 个，总投资 13549 万元，其中财政预算内投资 300 万元、省预算内投资 100 万元、中央预算内资金 1662.4 万元、

长期贴息贷款7273万元、地方政府债务资金1908万元、专项建设基金1039万元、地方配套681万元、农户自筹585.6万元。

（李泽明 许奎 罗斌彬 罗燕）

国有及国有控股经济

【国有及国有控股企业】 2016年，全县有国有及国有控股企业2家，即筠连县自来水有限责任公司、四川能投筠连电力有限公司，筠连县自来水有限责任公司承担县城自来水供应，四川能投筠连电力有限公司承担全县的电力供应。经2007年国有资产占有产权年检核定，筠连县自来水有限责任公司股权比例为实收资本总额111.9万元，其中国家资本95.659万元占85.49%、个人资本16.241万元占14.51%。

【国有独资公司】 2016年，全县有国有独资公司3家，即筠连县国有资产经营有限公司、筠连县粮食购销公司、筠连县城市投资有限责任公司，县国有资产经营有限公司主要经营管理全县行政企事业单位国有闲置厂房、土地和行政事业单位经营性门面等国有资产，县粮食购销公司负责县级粮食储备及粮食安全管理，县城市投资有限责任公司承担县政府出资市政项目建设。年末，国有独资公司实收资本2500万元，其中县国有资产经营有限公司500万元、县城市投资有限责任公司2000万元。

【国有经营状况】 2016年，筠连县自来水有限责任公司在册职工81人，资产总额1251万元，负债总额1027万元，营业收入694万元，实现利润11万元，上缴税金27万元。四川能投筠连电力有限公司在册职工503人，资产总额52435万元，负债总额24307万元，营业收入26021万元，实现利润3857万元，上缴税金3332万元。筠连县国有资产经营有限公司资产总额8546万元，负债总额3492万元，营业收入62万元，利润71万元。筠连县粮食购销公司，资产总额854万元，负债总额854万元；全年购入县级储备粮2500吨。筠连县城市投资有限责任公司，资产总额69021万元，负债总额33869万元，实现利润9万元。

（张进）

国有资产监管

【经营性国有资产监管】 2016年，筠连县国有资产经营有限公司，经县政府授权加大对县域经营性国有资产监管力度。一是成功拍卖规建城管局、城投公司移交的门面、住房两批次，盘活资产1190万元，上缴县财政专户。二是继续采取招标协议形式出租国有经营性门面资产52间，实现收益62万元。三是创造和提供必要资产抵押，为筠连县棚户区改造项目融资担保2亿元。四是继续在四川能投筠连电力有限公司履行股东和监事职责，实现分红57.6万元。五是继续扶持县级龙头企业，分别为企业在市农担公司、和正担保公司融资3000万余元。

【行政事业单位国有资产监管】 以2015年12月31日为资产清查工作基准日，按照《财政部行政单位国有资产暂行办法》《财政部事业单位国有资产管理暂行办法》《行政事业单位资产清查核实管理办法》文件，制发《筠连县行政事业单位资产清查实施方案》《筠连县行政单位国有资产处置管理暂行办法》，开展对独立编制机构235家、独立核算机构150家资产清查。5月4日召开全县行政事业单位国有资产清查工作培训会，聘请第三方中介机构对资产清产培训。全县行政事业单位汇总清查结果为资产盘盈874.71万元、资产盘亏4.76万元，其中固定资产盘亏4.7万元、流动资产盘亏613元。加强行政事业单位国有资产管理，对报废资产逐项进行审核，全年批复处置资产596580元。

（欧阳煜 惠林）

统　　计

【统计定期报表】 2016年，统计工作认真执行国家统计报表方法制度，围绕全县经济社会建设，把握“用数字说话，为发展服务”宗旨，继续推进统计报表报送、报表质量控制、重要数据评估等项制度。切实加强年报、定报的组织协调和督促检查力度，规范并科学监控数据采集、计算、传输、处理、审核、上报和对外发布等业务流程。一是做好业务培训会，明确相关业务要求，提高统计人员业务水平。二是严格数据审核评估，采取专业联审、部门数据联审，经济运行分析等措施，确保报表数据质量关。三是加强与上级业务部门和县相关部门的协调和衔接，确保各项经济指标符合发展趋势，数据客观、准确。通过措施，准确及时高质量完成全县GDP核算、农业、工业、建筑业、房地产、投资、服务业、贸易、劳资等统计专业的上年报和当年定报的编报工作。

【农普前期工作】 2016年3月，县政府印发《筠连县人民政府关于做好第三次全国农业普查工作的通知》《筠连县人民政府农业普查领导小组关于组建农业普查领导小组办公室的通知》，对全县农业普查总体安排部署；5月初，召开全县三农普领导小组会议，安排部署三农普工作，讨论通过职责等9项意见稿。一是机构得到落实，成立以县委常委、常务副县长李小林为组长的“三农”普领导小组，下设领导小组办公室，办公室设在县统计局，组织协调农业普查日常工作。二是普查经费落实到位,已落实县级农普经费总预算 140 万元,其中本级农普经费 43 万元、“两员”补贴预算 97 万元。三是“两员”选聘。按照行政村规模大小,在全县 243 个行政村和 16 个涉农社区均配备 1 名普查指导员、1–3 名普查员,共选配农业普查指导员 247 人、普查员 405 人。四是营造宣传氛围,有计划、有针对性地进行社会宣传动员,建立县、乡普查业务 QQ 群,通过互联网及时发布三农普信息。县农普办开通农业普查座机和手机彩铃、印制农业普查笔记本、县电视台滚动播出农普知识等。年末,共编辑信息 22 期,制作宣传栏 11 个、大型户外广告牌 2 个,悬挂宣传标语 70 幅。五是完成农普综合试点和试点入户登记。10 月 19–21 日,县农普办对 18 个乡(镇)分管领导、业务骨干和县农普办全体人员进行综合试点业务培训,就普查小区地图绘制、普查表涉及内容、入户技巧等详细讲解。20–21 日,所有参会人员分 5 个小组到筠连镇五丰村开展农业普查综合试点入户登记。六是完成清查摸底,按照市农普办《关于开展第三次全国农业普查综合试点工作的通知》,加强指导检查,强化督查验收。通过入户收集相关信息,确定普查登记对象,落实普查登记责任,按类登记普查表,并统计汇总、数据分析比对,全县 18 个乡(镇)完成清查摸底工作。通过清查摸底为后期现场登记打好坚实基础,确保农业普查数据的质量。

【基层统计】 一是加强统计基础,提升基层统计人员业务水平。3–5 月,县统计局与经信科技局、规建城管局,组织全县“四上”企业统计人员业务培训;召开乡(镇)政府分管领导和统计人员培训会议,安排统计工作、学习统计业务;到工业、贸易等企业指导基层统计、到投资项目所在地实地了解工程进展、到乡(镇)指导统计业务。二是执行国家统计调查制度,狠抓数据质量,加强统计业务指导,严格要求,夯实统计基层基础工作,扎实推进乡(镇)统计标准化、企业统计规范化、部门统计制度化建设,做到准确、及时、全面、完整地上报各类统计报表。

【服务业统计监测】 服务业统计监测涉及全县农业、交通、商业、金融和保险、计算机服务、租赁业等行业,通过监测统计为第三产业发展提供基础依据,县统计局认真完善全县监测方案和组织实施监测工作。

【能源统计监测】 2016 年,组织召开全县能源统计业务培训会,特别对规模以上工业的能源统计严格按照统计基础工作“六有”(有机构、有人员、有资格、有制度、有台帐、有电脑能上网),加强能源统计基础建设,设置相应工作机构,落实和配备相应工作人员,夯实能源统计监测工作的基础,抓好能源统计监测业务培训,提高能源统计监测人员业务素质。

【统计预警监测】 2016 年,县统计局围绕县域经济发展重点,开展统计分析和预警预测,撰写有筠连与川南七县经济指标比较专题分析 1 篇、2016 年统计分析 25 篇和专题调研 4 篇、统计信息 150 多篇。及时分析经济运行中的特点和问题,提出解决问题的措施和办法,为县委、县政府提供决策依据;继续编印全县国民经济和社会发展月度和季度手册,为县领导和有关部门提供分月较详细参考数据,当好县委、县政府的参谋和助手。

【生猪监测】 2016 年,由省调查总队在 2015 年样本抽样时确定(一次性抽取 5 年记账户),全县生猪监测户 682 户,其中规模户 21 户、散户 661 户,分布在 8 个乡(镇)10 个监测小区,每个监测小区设 1 名监测员,按照市调查队监测要求,进行数据录入和上报。

【城乡住户调查】 2016 年,由省调查总队在 2013 年样本时确定(一次性抽取 5 年记账户)。全县住户调查省点共 150 户,其中城镇住户 60 户,分布在 4 个镇;农村住户 90 户,分布在 1 乡 5 镇。县点调查 170 户,其中城镇住户 50 户,分布在 5 个镇;农村住户 120 户,分布在 8 乡 4 镇,每个调查小区设 1 名调查员。按照省市要求,做好数据质量审核、业务培训、乡(镇)资料上报规范、省市访户工作、数据录入编码审核和错误修改等工作。至年末,数据录入编码审核的正确率 100%,错误修改率 100%,符合省市要求。

【统计目标任务审核】 2016 年,县统计局围绕县委、县政府的工作重点,增强服务意识,提升服务水平。配合县发改局、招商局、财政局等负责对行业发展、重点项目及招商引资目标的检查考核、综合评分,形成年度考核实施细则,提交县委、县政府审定。配合相关部门把 GDP、工业增加值、城镇居民人均可支配收入、农村居民人均可支配收入等任务分解到各乡(镇),提交县政府审定,做到任务具体化;配合县委县政府督查目标办做好全县各乡(镇)、县级部门的数据审核、评估、上报和督查;做好各乡(镇)、县级部门对市政府、县政府目标执行情况的审核报送;及时向县政府提供季度、各月各种目标中由统计部门提供的各项经济主要统计数据。

【统计法制建设】 2016 年,抓好统计普法、宣传、执法,深化执法、规范程序,增强全社会统计法治意识,营造依法统计浓厚氛围,推进统计法制进程,有效改善统计工作环境。一是在基层统计人员业务培训时学习统计法律,在乡(镇)政府分管领导和统计人员培训会议上,组织领导干部学习统计法律法规。二是开展经常性的执法检查,全年立案 2 件,结案 2 件,无罚款。三是完成统计“七五”普法工作任务,整理和完善普法资料。

(李书英)

审计

【审计概况】2016年,审计工作认真履行审计监督职能,完成年度审计任务。一是年度审计计划项目21个、跨年度项目1个,其中省定项目1个、市定项目2个、自定项目18个。全年,实际完成21个,在审项目1个,联合(配合)审计项目3个。审计查出主要问题资金103943万元,其中违规22840万元、管理不规范81103万元;审计处理处罚24091万元,其中上缴财政10060万元、归还渠道资金9万元、应缴纳其他资金12706万元、应调账处理金额1316万元;审计促进整改落实问题资金23783万元,其中增收节支23783万元(上缴财政22766万元)、归还原渠道80万元、调账处理937万元。编制审计报告或综合审计调查报告27篇。二是完成固定资产投资审计计划项目10个,核减投资额279万元。全年审计移送处理违法违纪线索5项,移送处理落实3项,提出审计建议60条,提交审计信息39篇,撰写调研文章6篇,被采纳审计信息19篇。向社会公开年度审计工作报告和单项审计结果公告18篇。6月22日,以单位名义代政府拟稿的《筠连县政府投资建设项目审计办法》经县政府第102次常务会审议通过。

【财政预算执行审计】2016年,围绕建立财政审计大格局,加大对重点部门、重点领域、重点资金的审计,加强财政资金管理审计,创新税收征管审计方法,强化预算执行的绩效审计。全年,完成省定预算审计项目(县财政局、地税局)。对地方税务部门税收征管的审计,重点检查上年度税收完成情况、收入情况、结构性政策落实情况及发票管理情况,重点关注驾校营业税及所得税征管、房地产和城镇土地使用税征管。审计发现多征收耕地占用税581.4万元,应征未征税款142.5万元等问题。

【经济责任审计】2016年,按照县委组织部安排,完成党政领导干部同步审计。在经济责任审计工作中,不断前移审计关口,加大任中审计力度,提高领导干部经济责任审计工作的针对性、有效性,发挥经济责任审计工作的作用。全年,审计党政机关领导干部3人,向纪检、组织部门报送审计结果,平级重用2人,诫勉谈话和批评教育2人;审计村(社区)"两委"负责人2人。

【涉农资金审计】2016年,共审计土地整理项目1个、农田水利基础建设项目1个、涉农项目(乡〈镇〉村财涉农资金项目)专项审计监督1个,与财政局、扶贫移民局、县纪委(监察局)等全面审计监督检查,涉及18个乡(镇)的81个村上年财政类涉农项目资金、惠民补助类资金和财政扶贫类资金,坚决查处挤占挪用惠农资金、侵吞资产等违法违纪行为。

【固定资产投资审计】20016年,完成县城市政工程、农村公路建设、农村饮水工程、教育基础设施建设等竣工结算审计项目10个,送审金额5044万元,审定金额4764万元,核减工程投资280万元,有效控制工程建设中的高估冒算、偷工减料、损失浪费等现象,为规范建筑市场,节约国家建设资金。

【政府投资审计管理】一是权力制约,制发《筠连县审计局纪检组对重大审计项目全过程监督制度》,把权力制约在廉政监督下。二是建立中介机构备选库,通过公开征集、组织专家评审、对候选中介机构实地考察核实、向社会公示等程序,确定9家中介机构入选备选库,并通过抽签选号方式,确定参与县域重大投资项目审计的先后顺序。三是高薪聘请复核工程师,对投资审计中心中介机构、外聘工程师出具的审计结果进行复核,做到对政府投资审计项目层层把关,确保审计质量,提高资金使用效率。

【审计信息化建设】2016年,继续加强审计信息化建设,熟练运用OA-AO交互,全面提升审计监督能力和审计管理水平。积极探索无项目信息化审计,通过编写联网审计数据模块,对全县乡(镇)数据进行联网分析,对筛查的疑点数据,通过自查和下发乡(镇)自查核实。开展精准识别贫困户人员信息化审计,对全县涉及贫困户数据相关部门的采集,进行数据交叉对比分析,发现审计疑点数据,上报有关部门,对不符合条件的贫困户进行清理。

(李皓)

价格管理

【价格监督检查】2016年,县物价局加强价格监督检查,促进价格总水平的基本稳定。4-7月,与县经信科技局、工商局、公安局、食药监局、盐业公司开展食盐政策落实情况检查,检查销售食盐商户50多家,没收假盐1.05吨。至年末,盐业公司正按规定对违法案件处理中。6月5日,开展涉企收费专项检查,清理涉企收费部门对2014年起暂停减免收费项目落实情况,深入小微企业了解收费情况及建议,对国土资源、规建城管、水利、司法鉴定等重点收费进行重点检查,查处违规收费行为2起,退还企业金额0.82万元。9月15日,开展药品价格专项检查,对医院、零售药店、药品销售企业执行国家药品政策的检查,对5家药店在明码标价上不规范行为责令整改。10月25日,开展商品房销售明码标价专项检查,对5家房地产开发企业进行检查,对明码标价不规范的情况,责令改正。

【价格投诉办理】充分发挥"12358"价格违法行为举报的

作用，全年接到“12358”价格举报电话 7 起，办结 7 起，办结率 100%；来信来访 5 件，办结 5 件，办结率 100%；价格咨询 10 件，办结 10 件，办结率 100%；市民热线反映价格收费情况 5 件，办结 5 件，办结率 100%。

【价格认证】 2016 年，县物价局完成涉案财物价格认定各类价格鉴证案件 58 件，价格鉴证金额 28 万余元；为地方税务局等机关提供价格咨询 10 次。

（李泽明 许奎 罗斌彬 罗燕）

质量技术监督

【质量强县】 2016 年，按照市质强办《关于印发 2016 年质量工作考评细则和部门目标任务的通知》，县质量强市工作领导小组办公室（以下简称质强办）对任务分解，认真落实每项工作，分管县领导组织主持召开全县质量工作会 2 次。加强信息宣传，制发《质量强县信息快报》21 期。通过实施质量强县战略，加强与各职能部门之间的协作配合，齐抓共管，全面提高全县质量总体水平。

【质量管理】 开展企业状况摸底调查，健全全县工业产品企业档案。开展生产企业巡查，巡查全县水泥、食品相关产品、家具、排水管、烧结普通砖等 44 家。加强企业诚信建设，指导醒世茶业公司、双星茶业公司发布《企业信用报告》。检验工业产品，向县政府上报《筠连县工业产品质量监督检验计划》，经同意后，授权国权检测公司对全县工业产品进行检验，共检验产品 79 个批次，其中合格 71 批次、合格率 89.9%，不合格 8 个批次、不合格率 8.5%。严格市场准入，做好筠连西南水泥有限公司、四川泓硒泉饮品有限公司生产许可证年审工作。

【质量标准化建设】 一是农业标准化工作。农业标准化示范区建设有助于提升品质，示范展示，辐射带动，对推动特色农业发展有很重要的作用。春风综合体国家综合农业标准化示范区建设项目于 2013 年获国家标准管理委员会批准，建设期 3 年。其间，加强标准化示范区创建，与腾达镇政府协调配合，多次到示范区现场帮助指导示范区建设。2016 年 11 月底，高分通过国家标准管理委员会考核验收。指导四川凌盾生态农业科技开发有限公司《绿色漆产业农业标准化示范区》成功申报为第十二批省级农业标准化示范区，成为 2016 年全市农业标准化唯一的建设项目。积极申报第九批国家级农业标准化示范项目，经过调研，确定申报筠连黄牛国家级农业标准化示范区，年末完成资料申报。二是标准编制工作。推进标准化体系建设，促进筠连特色产业的发展。联合工业园区管委会、畜牧水产局、农业局、腾达镇、李子协会、养牛协会等部门，完成《筠连黄牛生产技术规范》地方标准和《春风李子生产技术规程》《春风茶叶种植技术规范》《春风肉牛养殖技术规程》3 个团体标准的编写，已在市质监局备案，并发布实施。筠连的 3 个团体标准是实行标准体系改革后全市第一个制定发布团体标准的县（区）。三是开展质量对标提升行动。引导蓝伯特公司以行业标准、国家标准、国际标准和国外先进标准为参照，开展质量对标提升行动。

【质量品牌建设】 一是“筠连黄牛”“筠连粉条”成功申报为国家地理标志产品保护。联合工业园区管委会、畜牧水产局等相关部门，做好“筠连黄牛”“筠连粉条”国家地理标志产品保护申报工作。7 月，国家质检总局以《关于批准对麻江蓝莓等 37 个产品实施地理标志产品保护的公告》公告批准通过。在全市的 14 个地标产品，筠连占 4 个，居第一。二是抓好四川名牌创建，努力打造“筠连造”。筠连已拥有四川名牌 2 个，指导帮助醒世茶业公司、双星茶业公司成功申报为第十二届四川名牌产品，省质办于 11 月 3 日以《关于对拟评选第十二届四川名牌名单进行公示的公告》进行公示。至年末，全县拥有四川名牌产品 4 个。

【计量工作】 一是计量机构监督检查。全年对筠连县计量检测所、中国石油天然气股份有限公司浙江油田分公司西南采气厂、筠连森泰页岩气有限公司开展法定计量和授权计量技术机构监督检查日常监督检查；对筠连县环境监测站、筠连县建设工程检测所、筠连县国权质量检测有限责任公司、筠连县疾病预防控制中心、四川中证法医学司法鉴定所、宜宾市红双商贸有限公司、宜宾市晨睿机动车检测服务有限公司、四川瀛江机动车检测服务有限公司、筠连县鑫瑞机动车检测有限公司 9 家检验检测机构开展资质认定检查；对宜宾市红双商贸有限公司、宜宾市晨睿机动车检测服务有限公司、四川瀛江机动车检测服务有限公司、筠连县鑫瑞机动车检测有限公司 4 家机动车检测机构开展定期监督检查；对筠连县理想钢化玻璃制品厂开展强制性产品认证监督检查。二是开展民生计量。开展元旦、春节、五一节日期间市场计量监督检查工作，检查集贸市场 2 家经营户 125 家，检查在用计量器具 127 台件；抽查餐饮业 2 家，抽查计量器具 2 台件；抽查商场超市 3 家，检查计量器具 27 台件；抽查宾馆 2 家，检查在用计量器具 2 台件，受检合格率 100%；抽查医院 2 家。对筠连县三鼎天然气有限公司、筠连县自来水有限公司设在居民小区（国际社区、定水华庭）的水表、燃气表进行专项检查；对全县 22 家加油站开展计量监督检查。开展集贸市场计量器具免费检定，免费检定计量器具 257 台件，保障菜篮子计量准确。三是计量检定。对全县计量器具开展强制检定，检定计量器具 500 台件，其中台秤、案秤、电子计价秤等衡器 167 台，电子汽车衡 2 台，天平 21 台，加油机 185 枪次，压力表 125 支。

【特种设备安全】一是特种设备安全宣传。3月初召开全县特种设备安全工作会议，与各特种设备经营、使用单位签订责任书，进行相关特种设备知识培训。开展特种设备"进企业，进社区，进学校"活动，结合"百安活动""安全生产月活动"，普及特种设备安全知识。通过标语、发放《中华人民共和国特种设备安全法》《四川省电梯安全管理办法》单行本、办专栏等方式，增强特种设备经营、使用单位和广大群众的安全意识。二是强化特种设备人员培训。加强特种设备作业人员培训，杜绝无证上岗操作。全年共培训特种设备作业人员59人，其中安全管理人员19人、锅炉司炉工2人、锅炉水处理工3人、压力管道9人、压力容器17人、起重机械9人。三是强化特种设备检验。制发《关于开展2016年全县特种设备定期检验工作的通知》，全年共检验锅炉11台、压力容器189台、起重机械18台、电梯119台、压力管道100.2米，确保全县特种设备的安全运行。四是开展特种设备"打非治违"专项活动。深入开展"打非治违"专项整治活动，下达"特种设备安全监察指令书"12份，对发现的安全隐患，责令企业立即整改。

【质监行政审批与执法】一是依法行政，建立健全领导干部带头学法制度，强化法制意识，提高依法执政的能力和水平；建立健全依法决策机制，健全完善法律顾问制度，聘请常年法律顾问，推行行政决策规范化；进一步清理行政权力清单、责任清单、流程清单，搞好行政权力运行平台建设；做好行政审批事项清理，深化行政审批制度改革；认真落实行政执法责任制，规范行政执法行为，严格公正文明执法。二是行政审批，搞好行政许可事项清理，简化办事程序，提高办事效率。全年办理行政许可证发证31个，其中最高计量标准考核1个、计量检定人员资质认定3个、特种设备人员作业证11个、换证16个；办理其他行政权力发证6个，其中计量授权考核1个、社会公益计量标准5个。三是行政执法，坚持服务与监督并重，重教育轻处罚的原则，以与群众相关的计量器具、消费品等为重点，开展双打活动、质检利剑、计量器具等专项检查活动，全年共办理质监违法案件15件，结案率100%，无一起行政诉讼、错案，对4个案件进行回访。

【质量宣传】2016年，按照"法律十二进"及"七五"普法要求，以质监法律法规为重点，以提高企业和公民诚信意识、守法意识为目的，进社区、进学校等开展宣传活动；以"3·15"、"5·20"计量日、"12·4"法治日、"质量月""安全生产月"等法制宣传日为契机，大力宣传质监法律法规，共发放各类宣传资料2000余份；组织企业开展四川名牌申报、加油站计量管理人员、检验检测机构培训等集中培训活动。加强信息报送，被《中国质量报》《中国质量新闻网》《四川在线》《宜宾新闻网》和四川省质监局、宜宾质监局及筠连党政网等网站采用。

（邓锐）

食品药品监督管理

【食品监管】2016年，完成"餐饮服务许可证""食品流通许可证"的"双证合一"工作，规范食品小作坊备案流程、食品流通办理流程及表册、餐饮服务办理流程及表册，至年末，全县持证食品生产企业31家、持证食品经营户1271家、持证餐饮服务单位720家。一是指导经营者建立食品从业人员健康检查、培训制度，进货查验、索证索票、购销台帐登记制度，定期清理库存、不合格产品退市制度、入市食品质量承诺制度等食品安全自律制度。二是监督食品经营者各项自律制度执行落实情况，督促经营者把质量管理贯穿内部经营各个环节，提高其自律意识与执行能力。三是专项整治，重点以白酒、面条、竹笋、肉类、茶叶、果蔬6大类食品为主，开展农村食品安全"扫雷"、学校营养餐等各类食品安全专项整治36次，排查和消除食品安全隐患182处。全年出动执法车辆612台次，执法人员1968人次，监督检查食品生产企业和生产小作坊206家次、餐饮服务单位856家次、食品流通经营户1593家次。四是食品抽检，扩大抽检品种、单位及基层的覆盖面，完成抽验食品监督性381批次、农贸市场快检200批次。

【药品、医疗器械、化妆品监管】2016年，全县有药品批发企业2家，零售连锁公司1家，药品零售连锁门店92家、化妆品经营单位130家。开展医疗器械经营冷链管理监督检查、药品流通领域专项整治行动等10次，开展药品、化妆品抽检，完成药品监督性抽检25批次、化妆品监督性抽检3批次、医疗器械抽检2批次；上报药品不良反应报告252例、医疗器械不良反应23例、化妆品不良反应3例。在各类药品、医疗器械、化妆品市场监管中，出动执法车辆203台次，执法人员795人次，监督检查药械批发企业51家次、药械零售企业639家次、药械使用单位462家次、化妆品经营单位275家次。

【食药"五化"监管模式】一是"网格化"更细致。提高"亮证经营"覆盖面，完善"权责明晰、分级履职、网格到户、责任到人"的网格化管理模式，强化服务职能，建立责任网格化更新动态管理机制，确保无监管盲区。二是"程序化"更有序。清理权力清单，厘清权力500项，细化流程步骤，行政许可、餐饮量化分级、执法检查、行政处罚、突发事件处理等43个工作程序；完成全县92家（其中2家注销）药品零售门店GSP认证。三是"痕迹化"更规范。规范档案管理上，对各类痕迹化资料，根据性质、内容的不同分类、规范归档。进一步强化农村集体聚餐的备案指导，全年共报送农村集体聚餐备案表815次。四是"常态化"更长效。加强技术支撑，提升专业水平，提交县检验检测机构整合划转的改革方案,推进全县食品检验机构整合。五是"信息化"更透明。全县餐饮单位量化分级覆盖率100%;"明厨亮灶"工程覆盖率32.9%,共237家餐饮单位完成"明厨亮灶"工程验收。

【食品快检室建设】 2016年,县食药监局在城南市场、筠山都市2个县城区最大的集贸市场建成食品快检室,每周一、三、五定期开展食品快检。全县最大的"海瀛园区食品快检室"正建中。

【基层监管所规范化建设】 2016年,县食药监局完成沐爱食品药品监督管理所、大雪山食品药品监督管理所的规范化建设,通过市食品药品监督管理局验收。

【食药创文创卫】 2016年,县食品药品监管局作为县"创文创卫"的主要成员单位,实行每周二、四、六专项开展"双创"工作机制,通过耐心劝说、细致引导,高强度、高频次的宣传检查督促,监督食品药品行业共粉刷墙面1100平方米,增设洗消池130个、防蝇纱网(纱罩)110处、鼠笼(鼠夹)等防鼠设施180余处,规范流动食品车143个。县城坐商(坐店)经营户亮证经营、持证上岗率近100%。完善"三防设施",食品经营行业形象明显改善。创新设计出标准统一、安全实用的"食品经营车"并指导制作161辆,有效兼顾百姓"养家糊口"的需要和政府"安全美观"的要求,得到公众好评。

【食药宣传培训】 一是宣传,联合各乡(镇)政府开展业务知识集中培训18次,使全县257名食药安全协管员业务能力进一步增强;开通政务微博、政务微信等宣传平台,开展"3·31"全国食品药品投诉举报主题宣传日、食品安全月、药品安全周等专项宣传。在各类活动中发放食品药品宣传资料2万余份,受益群众5000余人;制作以预防亚硝酸盐、野生菌、化儿草中毒为主要内容的食品安全微电影,在县电视台播放。二是培训,全年组织食品药品生产经营企业召开安全集中培训会8次,培训人员1000余人次。举办"深入开展两学一做,共治共享食品安全"演讲比赛,县公安局、卫计生局等9家食安委成员单位与3家食品生产经营企业参加比赛。三是食药监系统培训,全年组织系统开展稽查执法培训、快检设备培训、科普宣传培训等12次,进一步提升干部职工能力素质。

【食药应急管理】 2016年,县食药监局组织18个乡(镇)、食安委成员单位及部分村(社区)协管员开展食品安全应急演练。建设食品药品安全事故应急体系,完善《筠连县食品安全应急预案》《筠连县药品安全应急预案》。完成第八届李花节、渝昆高铁筠连站选址、全市美丽幸福新村现场推进会等重大餐饮保障,特别是高考、中考餐饮保障中未出现一例确认或疑似食品安全事件。

【食药稽查执法】 一是受理举报投诉,通过"12331"食品药品投诉举报热线、"12345" 市民热线共受理举报投诉54件,处理54件,回复54件,回复率100%。二是立案查处,在各类食品药械专项整治中,共查处违法案件160起,罚没金额46万元,保障公众饮食用药安全。三是加强"两法衔接"(食品药品行政执法与刑事司法的衔接),全年发现并移送涉刑案件7起,全力配合公安执法人员开展调查,严厉惩治食品药品安全违法犯罪行为。

【食药监对口帮扶】 2016年,县食品药品监管局继续对口帮扶镇舟镇尖峰村。一是派出中层干部担任驻村第一书记。二是干部职工定期进村入户走访慰问,宣传政策,帮助贫困户解决用水、医疗、教育等实际问题。三是尖峰村在板栗成熟后,针对产量较小,协调县城几家大型超市,让尖峰村板栗进入超市"扶贫专柜",解决板栗销售问题。四是参与"栋梁工程""爱心包裹""扶贫月"集中捐助、送温暖等活动,单位和职工捐款20000余元。

(江颖静)

工商行政管理

【工商职能转换】 2015年9月,经县委编委会会议研究,同意在筠连县工商行政管理局增设内设机构民营企业维权申诉中心,负责民营企业维权申诉相关事宜。

【注册登记管理】 2016年,县工商局深化商事登记制度改革,激发市场主体快速发展,降低市场准入门槛,市场主体数量增长明显。全年新增个体工商户2003户,注销个体户56户;新增企业339户,变更企业487户,注销企业41户;新增农民专业合作社52户。全力推进内资企业"五证合一"(工商部门的"营业执照"、质监部门的"组织机构代码证"、税务部门的"税务登记证"、社保部门的"社会登记证"、统计部门的"统计登记证"五证合并,实行由工商部门核发加载法人和其他组织统一社会信用代码的营业执照)的工商登记制度改革,实行"一网互通、一照通用",全年核发"一照一码"营业执照892份;对个体工商户继续实行"三证"(工商部门"营业执照"、质监部门"组织机构代码证"、税务部门"税务登记证")整合。实行市场主体年度报告公示制度、市场主体经营异常名录制度,全年县境内资企业、个体工商户、农业专业合作社的市场主体年度报告公示、市场主体经营异常名录的年报率均在90%以上,受到省工商局通报表扬。

【市场主体发展】 一是开通返乡农民工、重大项目、招商引资、精准扶贫4条绿色通道,为办事群众提供延时服务37次,专人“一对一”24小时电话服务36次,当日办结并发放营业执照43次,收到企业赠送锦旗1面。二是出台扶持中小型企业发展激励政策9条,继续贯彻煤炭企业24条减负措施。三是申报补贴,为民营企业11户申报民营企业流动资金贷款贴息、技术人才9名申报民营企业职业技术应用型人才补贴,全年发放贷款贴息资金50万元、人才补贴1.62万元。四是股权出质登记,全年共开展股权出质登记15件,出质股权数额11254.3万元,被担保债权数额2400.61万元。

【市场监督与管理】 一是加强“事中、事后”监管,对注册登记、备案、工商行政处罚等信息全面公示,建立企业“一处失信、处处受限”的严管机制,共将19户存在隐瞒真实、弄虚作假等情况的企业全部纳入异常名录,对经调查核实确认依法吊销的267户企业送达“行政处罚决定书”。二是开展市场巡查,强化行政执法。强化法制宣传培训,提高依法行政能力,推进法治工商建设;加强案件核审,提升执法案件质量,做好行政权力依法规范公开运行平台建设。案件核审中,对各办案机构办结案件,从执法主体、证据事实、适用法条、定性标准、办案程序等严格把关,每个案件均详细记载。共立案查处违法案件37件,结案17件、待结案20件,行政处罚197160元。三是专项行动,开展“红盾春雷·打假护农专项行动”“红盾夏季专项执法行动2015”“扫黄打非·固边2016”“扫黄打非·护苗2016”、出版物市场专项整治等,“红盾护农”行动中,完成农资商品质量监测2批次,取缔农资无照经营户1户,评估公示认定11户农资经营户为“2016年度农资示范店”;“治虚假,强维权”主题的“红盾春雷行动2016”中,查获涉嫌不正当竞争案件1起、涉嫌侵犯注册商标专用权案件2起、涉嫌侵害消费者权益案件1起,案值45000元;“振兴川烟、公平竞争”主题的“红盾夏季专项执法行动2016”中,立案查处违法案件18起,案值12万元,罚没金额98260元。

【合同管理与服务】 一是开展家具装修装饰市场“霸王条款”违法合同整治行动、利用合同格式条款侵害消费者利益违法行为专项行动、红盾夏季执法行动中格式条款违法整治行动、旅游行业推行合同示范文本及规范合同格式条款专项整治行动及旅游、银行、保险、电信等行业的格式条款专项整治行动。二是开展“合同帮农”,提供示范合同文本9个,开展宣传培训2次,培训92人次。三是开展“守合同、重信用”企业的推荐评选公示,向省、市工商局推荐5户“守重企业”,有22户企业取得县级“守重企业”公示资格。四是开展动产抵押登记和信息公示行动,共有动产抵押登记14件,帮助企业融资25750万元。五是开展严厉惩治利用合同进行欺诈活动的行动1次,围绕种植养殖、房屋买卖、旅游、中介服务、特许经营等合同,加大监督排查力度,检查经营企业87户次、各类合同368份、发出“行政指导意见书”22份、纠正违法合同条款7条、现场指导相关企业完善合同内容7条。

【商标管理与服务】 2016年,建立筠连县商标战略工作联席会议制度,促进地方经济发展。指导开展商标注册申请和驰名、著名、知名商标梯次培育,全年商标注册数75件,增长14.45%,累计商标总量712件,“醒世”“圣星”商标获四川省著名商标称号,著名商标累计4件、“扶贫送商标”2件。立案查处1起制售侵犯注册商标专用权商品行为,案值1万元,处罚金额0.32万元。

【广告管理与服务】 一是开展以医疗、药品、保健品、医疗器械、化妆品、房地产商品及服务为重点的监测行动15次,监测75条次,查获涉嫌虚假广告的广告牌2块,规范登记发布广告16幅次。二是组织广告经营单位重点就新《中华人民共和国广告法》宣培5次,培训350人次。三是监测互联网广告、电视购物广告、性药品广告和性病治疗广告80条次;监测农村市场广告76件次,拆除未按规定发布的广告12幅。四是巡查各类户外广告320件次、店招435户次,规范户外广告41件次、店招26户次。全年开展查处虚假违法广告专项检查行动12次,出动人员85人次,出动车辆38台次,查处广告违法案件2件,罚没金额0.82万元。

【网络交易监督管理】 一是摸排、清理全县网站、网店,分别建档网站台账、特殊网站台账、取消(撤销)网站台账。公告全县现有网站搜索和电子链接标识申领工作,全县24户建档企业网站全部申领电子链接标识。二是率先在海瀛电商产业孵化园成立网络消费维权服务站,受理网络消费投诉3起。三是开展2016红盾网剑专项行动,立案查处网络虚假宣传广告2起,罚没金额2万元。

【集贸市场管理】 2016年,深入开展创建国家卫生县和城乡环境综合治理,认真推行部门联席会议制度,各部门分工协作。全面落实市场第一责任人制度,实施农贸市场管理制度公示制,推行农贸市场考核评比奖惩机制,探索集贸市场管理、城区及周边户外广告监管长效机制。按照“清洁化、秩序化、优美化、制度化”标准,集中整治县农贸市场,督促市场业主落实市场业主第一责任人责任5件,督促建立健全相关制度12个,督促落实“五归”(座商归店、行商归市、商品归区、车辆归位、垃圾归桶)52户;督促搞好家禽宰杀、水产经营场所的卫生环境治理,落实摊前“三包”制度45户;规范和取缔集贸市场乱摆、乱搭、乱牵、乱贴、乱倒、乱堆、乱排、乱停等“脏乱差”,保障人流、物流、车流畅通有序。以“强化市场建设、狠抓规范整治”为抓手,全力推进“市场治乱工程”“市场建设工程”“市场规范工程”,

进一步推进诚信市场和“三化”市场创建活动，打造优美市场环境，通过创建，使城南市场在全县创建国家卫生县城专家组现场考核时评为“可以作为全省推广学习”，市场文明、规范、繁荣。开展市场信用分类监管工作，强化市场管理，全县市场内无经营户因违反工商法律法规而受到行政处罚，故没有被认定为C类经营户，但有7户经营户由于年报超时被授予B类经营户，其余为A类。

【“合同帮农指导站”设立】2016年9月，在孔雀乡中心村建立全县第一家“合同帮农指导站”，其宗旨为服务农村、农业、农民和涉农企业，引导农民专业合作社、农业龙头企业通过签订农业订单合同以促进农业增产、农户增收。合同帮农指导站的设立，将增强涉农企业、农户的信用意识和法律意识，激发农村经济发展潜力，大力推进农村经济转型升级。全年开展涉农合同法律知识宣传培训2次，发放培训资料200份。

（陈梅）

国土资源管理

【不动产登记局成立】2016年，县国土资源局增挂“筠连县不动产登记局”牌子，增设筠连县不动产登记中心，国土资源局机构由1室4股1队2中心1站8个片区国土资源所增至1室4股1队3中心1站8个片区国土资源所，人员编制也随之增加。9月28日，“筠连县不动产登记中心”挂牌，设在玉壶公园旁，标志全县不动产登记工作正式启动，旧证停办。

【土地资源】2016年年末，全县土地总面积125635.07公顷。其中耕地36982.77公顷、占总面积的（本段下同）29.44%，园地6528.05公顷、占5.2%，林地64004.72公顷、占50.94%，草地870.30公顷、占0.69%，城镇及工矿用地4775.53公顷、占3.8%，交通运输用地1493.65公顷、占1.19%，水域及水利设施用地1645.14公顷、占1.31%，其他用地9334.91公顷、占7.43%。

【矿产资源】筠连煤田探明煤炭地质储量35.82亿吨，占四川省煤储量的1/3，煤矿建设规模设计740万吨/年，县境无烟煤总储量28.78亿吨。煤层气储量429.8亿立方米，测算页岩气资源量3000亿立方米，石灰石储量163亿吨。还有菱铁矿、褐铁矿、黄铁矿、盐、铜矿、耐火砖土、硅石、磷矿、辰砂、铸石原料、陶瓷原料等。全县土质普遍含硒元素，1988年筠连茶叶送农业部、全国茶叶质量检验测试中心检测：茶叶含硒体积比浓度最高值1.18ppm，最低值0.36ppm，平均值0.63ppm，属富硒茶。

【耕地保护】严格落实耕地保护制度，履行耕地保护职责，进一步落实和核实基本农田保护区块及面积，落实政府主要领导耕地保护责任，与各乡（镇）政府签订耕地保护责任书，调整完善《土地利用总体规划》的中期评估并审查通过；永久基本农田划定全面完成中心城区范围内不能划为永久基本农田图斑的核实举证，并通过市审核小组审核通过。2016年年末，全县保障辖区内35790公顷耕地红线和29430公顷基本农田不能减少。

【土地整治工程】按照《筠连县土地开发复垦整理规划》，有计划、有步骤实施土地整治工程。2016年，投入土地整治工程资金3815.64万元，其中省级1257.68万元、县级2557.96万元，完成筠连镇五丰村、五凤村，腾达镇新合村、龙井村，双腾镇大兴村、新田村、桐榜村，巡司镇西牛村共8个村的土地整治工程，整治土地1435.83公顷，新增耕地129.08公顷。

【重点建设项目用地】依法按程序全力保障重点产业项目、社会发展项目、民生项目的用地需求，保证全县保障性安居工程和招商引资项目用地。2016年，报批建设用地67.63公顷，其中农用地转用5.0公顷、城市建设用地7.91公顷、乡（镇）建设用地2.17公顷、单独选址的后沟水库大型水源工程项目用地52.55公顷。

【征地拆迁及补偿安置】稳步推进征地拆迁，妥善做好征地补偿安置工作，维护社会和谐稳定。2016年，以单位名义代县政府并草拟《关于修订印发〈筠连县征收集体所有土地补偿安置办法〉的通知》；开展高速公路、新维矿井、后沟水库枢纽工程等项目用地征收工作，征收土地约40公顷，拆除房屋30户，兑现三费补偿和房屋拆迁补偿3102.21万元；办理失地农民养老保险297人，统筹资金共745.69万元。

【土地利用管理】2016年，加强土地批后监管，及时公开供地信息，严格建设用地备案，强化用地合同管理，提高土地节约集约利用水平，严格执行土地招拍挂出让制度。全年，拍卖挂牌出让土地4宗2.789公顷，收取土地出让金和滞纳金11882.92万元（含追缴前几年土地出让金8840.41万元，滞纳金559.51万元）。

【矿政管理】2016年，积极推进市场化配置资源，编制完成《四川省筠连县矿业权设置方案》（非煤露采矿种）、《四川省筠连煤炭国家规划矿区矿业权设置方案（修编）》。全年，新增采矿权招拍挂1宗，成交价款133万元；延续和变更（含扩大矿区范围）矿山30宗，办结采矿许可证矿山28宗，采矿权价款2252.338万元；征收矿产资源补偿费105.25万元、采矿权使用费7.1万元，征收矿山地质灾害恢复治理保证金缴纳入库175.91万元。

【地质灾害防治】2016年,加强地质灾害预防和防治,完善地质灾害防控机制,明确应急指挥机构、防御灾害重点与措施等,确定监测人员,坚持汛期24小时值班值守。编制完成《筠连县2016年度地质灾害防治方案》报县政府发布实施。全年投资50万余元,开展应急演练22次,参加人数1326人,发布汛期预警信息80余次。巡查地质灾害隐患点80处,完成地质灾害避让搬迁安置40户,搬迁补助280万元,确保受灾群众生命财产安全。

【国土行政审批与确权登记】2016年,完成土地登记发证2376宗,其中集体土地使用权1712宗、国有土地使用权664宗;办理他项权利登记12宗,抵押贷款29724.5万元;划拨转出让土地使用权92宗,收取土地划拨转出让金、证书费46.1944万元;审批农村宅基地794户,均在时限内办理完结,办结率100%,满意率99%。

【不动产登记】坚持"便民利民、优质高效"原则,加强制度建设,建立窗口管理制、岗位责任制、首问责任制、一次性告知制、限时办结制等规章制度,与县房管局沟通协调,完成不动产统一登记数据整合,实现信息互通共享。全年受理不动产登记业务1008件,办结977件,其中不动产登记查询850件、国有建设用地使用权登记3件、房地一体不动产登记124件;发放不动产权证82本,不动产登记证明42本。

【土地监察执法】2016年,以动态巡查、卫片执法检查为重点,开展卫片检查工作,严厉惩治国土资源违法行为。共开展动态巡查200余次,发现违法违规行为37件,立案查处20件,其中土地违法违规行为2件、矿产违法违规行为18件,收缴罚没款50万余元,对违法行为单位或个人均实施行政处罚,制止率100%。

【国土宣传】2016年,利用"4·22"地球日、"6·25"土地日、安全生产月、相关会议等契机,通过播放音像、展板展示、发放资料等形式,对土地管理、矿产管理、不动产登记、地质灾害防治知识进行宣传,发放宣传册1.2万余份,出动宣传车10次。

【国土信访维稳】2016年,坚持"权为民所用、情为民所系、利为民所谋""和谐是大局"工作理念,坚持领导干部接访下访包案、机关党员干部开展接访、走访、下访活动,了解社情民意,融洽党群干群关系,进一步畅通信访渠道,做好群众来信来访,抓好信访维稳工作。扎实开展信访基础业务,做好"12345"市民热线、"局长信箱"等网上受理办理工作。全年,信访件办结率100%、息诉止访率90%。全面推行社会稳定风险评估和大调解工作,矛盾纠纷排查化解率90%以上,针对排查出的问题,及时交办,依法处置,切实解决群众的合理诉求。

【国土对口帮扶】2016年,按照县委、政府精准扶贫工作部署,以单位名义为县委、县政府起草《筠连县2016年农村土地整治扶贫工作计划》并发布实施;牵头联系邮储银行筠连支行、财险筠连支公司、乐义中心校等到乐义乡花园村开展精准帮扶,帮助调整产业结构,推进脱贫攻坚工作。组织干部职工开展全国第三个"扶贫日"募捐活动,配合上级做好脱贫攻坚蹲点督导工作。

【国土要事】2016年9月11日,市国土资源局党委书记、局长唐益林率队到筠连督查督导落实国土资源领域工程建设项目运行机制改革、农业产业化和建设绿色食品饮料工业城市的用地保障、不动产登记等工作。9月12日,国家土地督察成都局党组书记、局长董菊卉率全体党组成员到筠连对接对口帮扶工作。9月28日,"筠连县不动产登记中心"挂牌,设在玉壶公园旁,标志全县不动产登记工作正式启动,旧证停办。

(谢先堂)

劳动保障管理

【劳动人事争议仲裁】2016年,县劳动人事争议仲裁院共办理劳动类案件209起,其中确认劳动关系争议45起、工伤待遇类争议76起、解除劳动关系经济补偿类争议59起、工资纠纷类争议29起、调解案件51起、和解(撤诉)案件17起、裁决案件141起,当期结案率90%,涉案金额837.66万元,有效预防和化解企业与职工之间的纠纷,维护双方的合法权益。

【劳动监察执法】2016年,县劳动监察大队积极开展清理整顿人力资源市场秩序、劳动用工、农民工工资支付等专项行动。全年检查各类用人单位145户,企业劳动合同签订率93%。共受理劳动者投诉101件,其中经调查后协调处理94件、属源头性欠薪案件经调查处理后移送主管部门的5件、立案2件(已结案2件),涉及劳动者176人,为劳动者追回75万元,有力维护劳动者权益,避免矛盾纠纷的深化。全年接待群众来访136次,其中集体来访18次,协助信访局26次。

【劳动保障监察"两网化"建设】从2016年1月起,开展劳动保障监察"两网化"实施工作。成立"两网化"工作领导小组,制订完善"两网化"管理制度,明确"两网化"体系各单位的主要职责。落实县、乡两级"两网化"专(兼)职人员,共设置乡(镇)网格18个,配备专(兼)职监察员46名。开展"两网化"专(兼)职人员业务培训,乡(镇)18个网格对管辖区域内的企业及用工单位进行信息采集,及时录入四川省劳动保障监察管理信息系统,为"两网化"工作的开展奠定基础。

(罗峰)

民营经济

【民营经济概况】 2016年,全县民营经济增加值完成61.2亿元,增长9.0%,占GDP的64.5%;民间投资完成45.2亿元。年末,全县民营市场主体19981户、增长20.05%,登记资金484316万元、增长21.50%。其中企业登记1873户,增长18.24%;个体工商户18108户,增长20.24%。全县工商登记从业人员43628人,增长20.09%。

【民营工作体系】 一是组织保障,成立以县长为组长,分管副县长、县政协联系工作副主席、县工商联主席为副组长的民营经济工作领导小组,加强统筹力度,确保工作的推进。二是联络企业机制,实施《工业企业问题清单制度》《县领导联系服务重点企业制度》,结合"双千"(千名领导联系、千户企业)工作,建立县领导"一对一"联系重点企业制度,对口联系重点企业76户,协调解决问题,强化督办落实。三是经费保障。健全经费保障机制,加大民营经济发展工作经费投入力度,强化支持民营经济产业升级、市场融资、技术创新、园区建设和人才引进等的保障,按照奖励标准,向蓝伯特、富农合作社等7家龙头企业发放奖励资金22万元,向醒世茶业、双星茶业、清溪沟现代农业等企业发放贷款贴息资金50万元。四是强化民营经济属地发展职责。将民营经济增加值增长率、民间投资增长率等指标纳入对乡(镇)、部门的目标绩效考核,提高属地部门的积极性。

【加强民营政策扶持】 2016年,县委、县政府加大扶持力度,围绕促进民营经济健康发展,县政府印发《筠连县电子商务产业发展扶持政策(试行)》《筠连县人民政府办公室关于贯彻落实促进民营企业建立现代企业制度实施方案的意见》等,县发改局、经信科技局、财政局、工商局等相继配套制发放宽市场准入、鼓励民间投资、科技创新补助、小微企业基金、大学生创业补贴、融资贷款服务等,鼓励全县民营经济发展的政策、意见和具体措施,全力加快民营经济发展。

【民营要素保障】 2016年,强化民营经济要素保障,着力完善创业平台、金融信贷、劳动用工、科技支撑等方面服务,强化民营经济要素保障。加强载体建设,支持小微企业园区和产业聚集区建设;加快园区建设,提升园区企业入驻承载力;推动民营市场简政放权、创新服务、放宽准入、优化环境。建立筠连县民营经济企业目录库,完成全县1873户民营企业基本信息建档入库工作。

(陈梅)

中小企业管理

【中小企业概况】 2016年,全县有中小企业725户,从业人员23249人,新建成投入生产的企业有筠连森泰页岩气有限公司、弘博商贸有限公司、恒博包装有限公司、筠连县瑞鑫茶业有限公司等。

【中小企业发展分析】 一是规模总量创历史新高,中小企业发展迅速,中小企业的扩张速度高于上年同期水平。二是规模工业企业仍是全县经济的主力,共有规模以上工业企业40户,新增规模以上工业企业7户。三是固定资产投资高位增长,为中小企业和乡(镇)企业的后备发展奠定基础。四是第三产业的发展呈现逐年上升的势头。五是工业集中区初显效益。筠连县工业集中区调整规划,基础设施建设加速实施,企业落户园区需求递增,园区可持续发展初步形成。六是信用担保体系发展良好。担保体系健康发展,为中小企业发展提供更多资金来源。

(谢加彬)

安全生产监督管理

【安监概况】 2016年,全县安全生产工作牢固树立安全发展理念,贯彻"安全第一、预防为主、综合治理"工作方针,健全"党政同责、一岗双责、失职追责"责任体系,按照"三个必须"(管行业必须管安全、管业务必须管安全、管生产经营必须管安全)要求,狠抓"两个责任"(企业安全生产主体责任、政府安全监管责任)落实,持续深化打非治违和各项专项整治,严格事故隐患排查整改,强化企业安全管理。全年共发生生产经营性安全事故21起,死亡16人(其中道路交通12人、建筑行业1人、煤矿1人、商贸行业2人),受伤13人,全年安全生产继续保持平稳态势,未发生较大及以上生产安全事故。

【安全责任落实】 一是严格落实,县政府与各乡(镇)、重点行业主管部门签订安全生产目标责任书,明确安全生产工作任务。二是考核奖惩,按照责权对等原则,制发《筠连县安全生产目标管理奖惩暂行办法》,分类分等次对履行安全生产工作考核奖惩。三是强化监督,对安全履职的,督察县级相关部门对各乡(镇)履行安全监管的职能情况,针对存在问题发整改通知书,及时反馈整改落实情况,确保落实。组织各乡(镇)和相关部门在不同时期、不同行业、不同重点开展有针对性的安全生产大检查、隐患排查、专项整治、"打非治违"等活动,抓好安全生产监管。四是强化追究,推进各乡(镇)、部门和监管人员切实履行安全生产工作职责。全年,对履职不到位的2名驻矿安监员作出停职待岗2个月处罚,对19名安全监管人员、3个乡(镇)通报批评,对3名监管人员责令写出书面检查,对2名驻矿安监员解除劳动合同。

【安监综合协调】 县安委会制发《筠连县2016年安全工作意见》,安排部署安全工作,指导各乡(镇)、部门安全生产。统筹抓好和加强安全生产工作,县政府、县安委会、县安办累计发文85份;组织召开全县安全工作会2次,县安委会(扩大)会议4次,煤矿安全会13次,非煤矿山安全会4次,危化品、烟花爆竹安全会5次,通报全县安全生产形势,研究存在的重大问题。

【煤矿安全管理】 一是严把节后复工复产检查验收关,严格验收程序和标准,并根据人员配备核定采掘头面,严厉打击无证上岗、持假证上岗等行为。二是强化煤矿瓦斯治理,组织专家对煤矿灾害治理技术审查和瓦斯、水害防治"一矿一策"及中长期规划审查;根据采掘部署、煤层和瓦斯赋存情况,严控采掘头面核定,确保"四量"(开拓煤量、准备煤量、抽采煤量、回采煤量)平衡;严格安全监控系统管理,对弄虚作假行为一律严厉惩治。三是抓好水害防治,组织开展保留矿井水患现状调查,留足防隔水煤(岩)柱,落实探放水措施,推进相邻煤矿联防联治水害,聘请中介机构对关闭矿井水害普查治理,提升防治水管理水平。四是防止超能力生产,严格执行276个工作日规定,组成督察组暗查暗访煤矿执行276个工作日情况。全年共查处安全隐患、非法违法等案件24起,责令停产整改或停产整顿46矿次,处罚367.43万元。

【非煤矿山安全管理】 一是坚持标准化监管,统一规范开采方式,统一使用中深孔爆破和挖机上山作业,提升非煤矿山安全基础。二是专项整治,开展以非煤矿山安全管理机构设置、从业人员安全教育培训、职业卫生防治、汛期专项预案、采场作业5个方面的专项整治,以查处"三违"(违章指挥、违章操作、违反劳动纪律)行为为主线、以惩治非法开采为重点、以制止违规开采为内容,提升非煤矿山安全管理水平,关闭腾达镇塘坊包采石场、乐义乡石笋沟采石场。全年检查非煤矿山200余矿次,发现一般安全隐患133条,下达整改"指令书"61份,整改复查21矿次;立案查处(含现场处罚)12矿次,行政处罚3.83万元;发出"安全生产工作建议书"4份,查处非法开采3起,没收非法采矿工具32件。

【危化品管理】 一是推进安全生产标准化创建,全县18家加油站均建成三级安全标准化企业。二是强化现场安全管理,重点排查企业是否设置有符合要求的专库储存危险化学品,是否规范存放;是否设置有安全生产管理机构,是否配备有专兼职管理人员;是否对从业人员定期开展安全教育培训,是否建立教育培训台帐,是否制订危险化学品事故应急救援预案并组织演练,是否配备应急救援器材、设备;是否完善采购、储存、使用、处置等管理制度和操作规程。三是加强页岩气企业监管。对在筠连的浙江油田分公司页岩气勘探开发项目部的在建矿井、西南采气场生产矿井、森泰页岩气公司、县三鼎燃气公司长输管线等安全检查,对企业如何加强安全管理、完善隐患整改、落实安全技术措施和应急救援措施、解决安全生产基础薄弱环节等提出要求,限期完成隐患整改。

【烟花爆竹管理】 一是完善烟花爆竹"打非"体制机制,强化部门、乡(镇)联动,加大对非法经营储存烟花爆竹行为查处力度。二是规范零售经营点的布点规划,按照"保障安全、方便群众、诚信设店、总量控制"原则,构建烟花爆竹零售经营网络,全年审核经营点206户。三是开展春节、元宵节、清明节等重点时段联合执法,共查获非法生产经营16起,查处非法储存烟花爆竹6处,收缴销毁烟花2000余件、土质鞭炮20万余发。

【道路交通安全管理】 一是抓好道路行车秩序。开展城区秩序综合整治、安全生产大检查、"酒驾"集中整治、货车超限超载整治、"压事故、保安全、保畅通、保稳定"专项行动等,严厉惩治乱停乱放、飙车、超速超载、机动车违法载人、酒驾、毒驾等交通违法行为,确保道路交通秩序安全畅通。全年,共处理各类违法行为37014起,其中一般程序425起、客车超员10起、饮酒驾驶313起、醉酒驾驶18起、危险驾驶刑事案件移送起诉21人,扣押电瓶三轮车229辆,查处电瓶两轮车99辆,扣押非法安装动力装置人力三轮124辆,查扣机动车886辆。严防超限违章行为,检测运煤、水泥罐车、煤灰运输车34061辆,移交交警处理超限运输车54辆,监督卸载188吨,办理抄送抄告6件。二是规范交通源头管理。严把市场准入关、车辆技术状况关。对筠连7家客运企业及2家公交公司的班线车辆技术性能定期进行检测,督促企业每天做好班线车辆的安全列检,严禁"问题"车辆运行,严把从业人员资质关。加强和督促运营车辆、驾驶员的从业资格审查、安全教育培训,每月不少于2次,受教育率100%。成立运管稽查队,加大运输市场监督,每天上路检查车辆,对驾驶员等进行安全教育,强化安全意识,共查处违反《道路运输条例》200余件。开展惩治非法营运活动,出动执法人员1900人次,检查营运车辆5000台次,查获"黑车"40台次,各类违法、违章行为100余台次。三是整治道路交通隐患,清除占道违章行为。全年清理公路摆设宴席12户、非交通标志标牌160块、路面各类障碍物180处440立方米,清除非交通乱设广告标语106

幅、摆摊设点80处。投资36万元，增补交通标线5000平方米、标志标牌100多块，保洁路面126千米，清理水沟126千米，清除塌方约4000立方米，疏通涵洞12处。投入50万余元，整治县道公路警示桩、筠民路福寿桥、镇舟大桥栏杆及巡牛路、东环路、天筠路、筠民路、高坎公路等20余处道路隐患，保障群众出行安全。四是提升交通执法管理水平，投资63万元，建成城北路口红绿灯电子抓拍系统和货车禁止入城抓拍系统；投资16万元，对指挥中心升级改造；投资6.9万元，在海瀛设LED显示屏；投资15.78万元，为乡（镇）派出所购买16套酒精检测仪和警务通；投资35万元，购买海瀛中队设备；投资14.28万元，购买移动红绿灯、酒精检测仪、警灯及报警器等装备。

【消防安全管理】 2016年，开展"今冬明春"火灾防控和"夏季消防检查"专项行动，推动社会单位落实消防安全主体责任，全面提升火灾防控水平；按照"定人、定点、定位"要求，到宾馆、饭店、商场、市场、加油站等的人员密集场所、易燃易爆等场所进行地毯式、拉网式的消防大检查，对发现的火灾隐患和消防违法行为，能当场整改的，责令当场整改，不能当场整改的依法调查处理。共检查单位1210家，查处、整改各类火灾隐患649处，临时查封15家、"三停"13家，拘留5人，罚款11.61万余元，全县的消防安全环境得到净化。

【民爆物品安全管理】 对涉爆从业单位48家开展多次拉网式排查，全面封库停产的涉爆单位或民爆仓库33家，销毁过期雷管39995发、炸药1630.5公斤。年审"三员"（爆破员、安全员、库管员）15人，培训28人；受理查处涉爆案件5件，处罚涉爆单位5家。严格"一证一车"，对开具的运输证，全部报海瀛交警检查站备案，落实道路运输检查制度。共受理涉爆案件5件，其中刑事立案1起，逮捕1人，行政拘留1人，罚款10万元。

【矿山资源及地质灾害安全管理】 一是严厉惩治无证勘查开采、以采代探、超层越界等违法行为，共排查矿山企业90家。按照"三不留、一封闭"（对非法矿点不留机械设备、不留工地建筑物、不留非法采矿人员，封闭矿井）整治要求，协助乡（镇）炸封、砌封非法小煤窑采矿点7处，取缔查处无证非法开采矿点8处，查处非法开采人员10名、设备10台，查处以采代探违法行为1起，责令停产并立案查处涉嫌越界矿山16处。二是抓好地质灾害应急处置。对全县196个隐患点落实监测责任人和监测人，在主汛期24小时监测和值班。争取省级地质灾害治理项目4个，投资692.14万元；争取省、市搬迁安置40户，补助280万元，县政府配套搬迁资金解决地质灾害搬迁和应急处置，有效预防地质灾害引发的突发事件。

【防汛安全管理】 一是在建工程，对在建10处水利工程进行不定期安全检查，抓好安全生产责任制、项目法人、施工、监理单位安全责任和安全保障措施的落实，应急预案及重大安全隐患检查。二是强化防汛措施，组建"防汛抢险队"40人和"抗旱服务队"13人，组织应急演练；做好应急物资储备，落实防汛抗旱指挥车1台、送水车1台、挖掘机1台、移动泵站1台、抽水设备120台、发电设备6台、排涝设备80套、编织袋3.5万条、桩木500立方米、块石0.9万立方米、砂石料0.9万立方米。开展防汛宣传教育，提升群众规避险情和防灾救灾能力，确保安全度汛。

【学校安全管理】 一是隐患排查与整治。开展"涉校车辆和交通安全""防学生间伤害""防溺水""消防安全""防地质灾害"等专项治理，对校园及周边开展边排查、边整治，消除学校及周边安全隐患；开展学校建筑物、设备设施、食品、消防等安全隐患排查，建立台账，督促整改，杜绝因学校设备设施导致安全事故。二是落实应急逃生演练，结合学校实际，完善修订实用的安全应急预案，开展学校防暴反恐、防震、防火灾等演练410余次、住校生夜间演练20余次，参加138392人次，提升师生应急逃生能力，提高广大师生的安全防范意识、快速反应能力。

【过剩产能化解】 2016年，按照国家供给侧改革、化解过剩产能工作部署，推进煤矿、非煤矿山淘汰落后产能整顿关闭工作。全年共关闭煤矿14对、非煤矿山2对，超额完成省、市下达的任务。

【安全社区建设】 整合县级相关部门资源，促进蒿坝镇推进安全社区建设。11月24日，市安全社区专家组到蒿坝镇对创建市级安全社区工作现场评定，12月27日获通过。

【安监宣教培训】 一是安全生产月活动。6月16日，组织25个部门开展以"强化安全发展观念，提升全民安全素质"为主题的宣传咨询日活动，活动期间共布置展板220块，印制发放安全知识宣传单（手册）78种、5万余份，近千名群众参加。二是开展安全培训，全年举办煤矿井下从业人员、特种作业人员、非煤矿山、危险化学品、公众聚焦场所、水电企业、烟花爆竹主要负责人和安全员培训42班次4000余人次。

【安监隐患治理】 一是隐患排查治理体系建设，清理各类生产经营单位及人员密集场所，完善700余家生产经营单位的隐患排查台帐，督促生产经营单位、人员密集场所网上录入安全隐患排查整治情况，建成全域安全隐患排查治理体系。实施"全县重点行业（领域）安全生产事故隐患大排查大整治""加强夏季高温天气安全生产工作的通知"

“国庆节前安全生产大检查”“全县煤矿生产安全事故隐患排查治理长效机制建设专项活动”，开展各行业安全隐患大排查大整治。二是重大隐患整治，抓好市级挂牌重大事故散隐患整治2处，督促指导县医院、塘坝乡清溪沟茶文化主题公园消防安全隐患整治，消除安全隐患。

【安监精准治安行动】 2016年，组织乡（镇）、部门、企业开展“精准治安”活动，使安全工作做到区域精准、行业精准、企业精准、环节精准、问题精准、方案精准、治理精准、成效精准，解决安全生产与监管工作中底数不清、目标不准、成效不佳的问题，提高安全生产工作执行力，逐步构建“精准治安”长效机制，奠定科学治理、安全发展的坚实基础。

【安监责任体系】 一是针对县乡换届情况，及时明确县级领导、部门联系指导乡（镇）、企业的安全工作职责；县级领导定期到联系乡（镇）、企业督促指导，促进全县安全生产工作展开。二是组织乡（镇）新任党委书记、乡（镇）长开展安全培训，强化乡（镇）党委领导责任、政府监管责任意识，提升乡（镇）党政一把手履行和把控安全生产工作的能力。三是联合县三级联动办完善村级安全生产职责，细化村干部安全工作职责，明确安全内容、要求，把安全工作落实到基层、落实到操作手层面。

【矿山救援大队】 2016年，县矿山救援大队与煤矿16对、非煤矿山46家、4700立方米LNG储罐区1个签订救护协议。开展对矿山企业复工入井侦察、启封密闭、排放瓦斯、恢复巷道、关闭煤矿、安全检查等，提升救援技能水平。12月，顺利通过四川省矿山救援指挥中心的年度质量标准化考核。争取到省财政、省安监局应急救援保障能力建设专项资金200万元，采购进口呼吸器、气体化验设备，救援车辆及红外热成像仪等应急装备。参加县级应急演练2次、川南区域矿山应急救援技术竞赛、四川省第十四届矿山救援技术竞赛、县武装部民兵冬季拉练等，提高应急救援实战能力。

（陈永刚 闫米糠）

财政管理

【财政概况】 2016年，财政工作围绕“建成强县、率先小康”总体目标，紧扣“绿色筠连、生态筠连、宜居筠连”建设进程，以县十五届人大第六次会议确定的财政收支任务为总目标，努力克服经济下行压力、煤炭行情低迷及执行税收政策改革等因素影响，进一步拓展财源，加强税收依法征管，做到应收尽收，增强财政实力，集中财力促发展；推进财政精细化管理，强化财政监督，优化支出结构，加大重大项目、重点工程建设投入和民生保障等投入，发挥“保民生、促增长”财政职能，推动全县经济建设和社会事业稳步发展。

【预算收入】 2016年，全县一般公共预算收入完成60216万元，占年初预算的105.64%，增长0.29%。其中税收收入27534万元，占年初预算的106.28%，下降18%；非税收入32682万元，占年初预算的105.11%，增长23.51%。分征收部门为：国税完成7657万元，占年初预算53.10%；地税完成20978万元，占年初预算77.70%；财政部门完成31581万元，占年初预算152.47%。

【预算支出】 2016年，按照“保基本、守底线、惠民生”原则，进一步优化一般公共预算支出结构，盘活存量，落实好精准扶贫、公车改革和津补贴提标等各项政策，共支出244940万元，占调整预算的100%，增长7.13%。分别为：一是一般公共服务支出19511万元，增长12%；二是公共安全支出8870万元，增长23.76%；三是教育支出48835万元，增长3.22%；四是科学技术支出1564万元，增长11.4%；五是文化体育与传媒支出3024万元，增长35.42%；六是社会保障和就业支出36691万元，增长67.09%；七是医疗卫生与计划生育支出28674万元，增长10.3%；八是节能环保支出12603万元，下降50.96%，主因为2015年中央补助中石油浙江油田公司西南采气厂页岩气开发利用资金19184万元，2016年无补助；九是城乡社区事务支出6262万元，增长5.44%；十是农林水事务支出41212万元，增长16.63%，含县级财力安排14806万元，本项扶贫支出11298万元，重点用于实施扶贫易地搬迁、建立贫困户住房建设小额信贷分险基金、贫困村产业扶持基金、卫生扶贫救助基金、教育扶贫救助基金等；十一是交通运输事务支出15274万元，下降7.14%；十二是资源勘探信息等事务支出2921万元，下降59.63%，2016年关闭煤矿补偿部分资金在节能环保科目列支；十三是国土资源气象事务等支出2181万元，下降39.4%，因年度探矿权采矿权价款收入锐减，减少专项支出；十四是住房保障支出10472万元，增长48.5%。主因为2016年上级安排棚户区改造资金1265万元，农村危房改造补助增加601万元。十五是其他支出6846万元，主要是商业服务、金融、债务付息等支出。全年，涉及民生的一般公共服务、公共安全、教育、科技、社保、医疗、环保、城乡社区事务等支出163101万元，占一般公共预算支出的66.59%。

【预算收支平衡】 2016年，全县一般公共预算收入共278363万元，其中一般公共预算收入60216万元、上级返还性补助收入-4546万元、一般性转移支付收入104210万元、专项补助55609万元、地方政府一般债券转贷收入58100万元、上年结余2042万元、调入预算稳定调节基金

1237万元，调入1495万元。全县一般公共预算支出共278363万元,其中一般公共预算支出244940万元、债务还本支出29800万元、上解支出630万元、安排预算稳定调节基金232万元、结转下年支出2761万元。

【政府性基金预算收支】2016年，全县基金预算总收入62768万元,其中基金预算本级收入完成16936万元(占年初预算的100.18%)、上级专项补助3905万元、地方政府专项债务收入39600万元、上年结转结余2327万元。全年基金预算总支出62768万元，其中基金预算支出完成24139万元(占年初预算的100%)、债务还本支出36600万元、上解支出24万元、调出资金1495万元、结转下年支出510万元。

【财政盘活存量资金】一是继续保持资金增效创新工作，全年共获定期存款利息收益548.43万元、收回借款7247万元。县级财政共清理收回结余资金5409万元,重点用于创国家卫生县城、农村公共运行维护、脱贫攻坚工作。二是加强财政存量资金管理,以单位名义代县政府拟稿并印发《筠连县财政存量资金管理暂行办法》。

【政府债务管理】一是完善债务规模控制和风险预警机制,以单位名义代县政府拟稿并印发《筠连县政府债务风险化解规划》《筠连县政府债务风险应急处置预案》《筠连县政府性债务管理办法》。二是严格偿债资金划拨程序,制发《关于做好2016年地方政府债券置换存量债务有关工作的通知》,编制偿债计划。全年省财政厅下达全县重大基础设施建设项目债券转贷资金3.13亿元、下达全县置换债券资金6.64亿元,对解决企业拖欠农民工工资、督促企业纳税,推动企业扩大生产起到积极作用。

【营改增工作】2016年,全面推开营改增工作,加强与税务部门的协调配合,做好政策解读,稳定市场预期。加强调查研究,跟踪分析试点运行情况,对遇到的典型问题做深入剖析,及时提出应对之策,调库后县级得利153万元。

【乡(镇)财政管理】2016年,持续推进乡(镇)财政管理改革,从组织领导、财政改革、资金监管、队伍建设、基础管理5方面细化指标。一是规范乡(镇)财政运行,提高乡(镇)财政管理水平。加强人员培训,提高乡(镇)财政工作人员依法理财、依法管理水平,完成省财政厅年度乡(镇)财干部培训任务。二是培训,组织乡(镇)财政工作人员开展大平台操作、账务处理、乡(镇)财政资金监管、村级财务管理、涉农资金、项目报账等业务培训,提升财政干部业务技能和综合素质。三是加大对乡(镇)财政转移支付、体制补助和专项资金补助,提高乡(镇)财政保障能力,推进乡(镇)基础设施、场镇街道维护、环境卫生整治、乡村文明建设、安全生产监管、维稳信访以及农村公共服务等工作。全年县财政对乡(镇)财政体制补助12770万元,义务兵优待金、三支一扶、大学生村官工资等结算补助4997万元,专项补助4667万元以及其他等共22434万元,增长5.07%。

【财政资金申报工作】2016年，全县争取债券资金16.42亿元，增长37.98%,其中地方债券资金9.77亿元、促发展资金6.65亿元。争取各类财政专项补助18509.6万元,其中电子商务进农村国家级示范县财政专项补助资金1500万元、关闭煤矿补助资金15907万元、金融互动奖励金58.6万元、企业技改资金554万元、中小企业发展资金490万元,为扶持企业发展、推动县域经济发展起到积极作用。

【财政惠民补贴】一是按时完成耕地地力保护补贴、农机购置补贴、种粮大户等惠民补贴审核及兑付。耕地地力保护补贴,省级下达计划3148.76万元,其中耕地地力保护补贴3132.76万元、补贴发放工作经费16万元。至年末,完成兑付资金3117.95万元。兑付农机购置补贴69万元、种粮大户补贴11.03万元、粮食适度规模经营现金直补18户35.91万元。政策性农业保险试点，完成种植业投保面积2.43万公顷,保费收入705.12万元,赔付290万元;完成森林投保2.17万公顷，保费收入21.2万元；完成养殖投保19.24万头,保费收入674.75万元,赔付金额220万元;完成肉牛、母牛投保3191头,保费收入207.71万元,赔付金额71.37万元;完成烟叶投保面积0.17万公顷,保费收入213.2万元,赔付金额183万元;地震保险14095户,保费收入52.20万元。二是稳步推进肉牛、茶叶产业发展,全年得到省级基础母牛扩群增量资金500万元、省级财政支农整合以奖代补资金100万元，达到确保年底划拨比例达95%的上级规定。与畜牧水产局开展生猪调出大县奖励资金及生猪示范补助检查、验收,审核兑付上年生猪调出大县项目奖励168万元。三是农业产业化贴息资金170万元,其中蓝伯特青蒿提取项目13万元、双星茶叶1000吨红茶加工改扩能项目137万元、醒世茶叶贴息20万元,项目有序推进。四是财政现代农业生产发展,争取省财政现代农业生产发展资金500万元,已下达农综专户,待项目实施后划拨资金。

【财政民生政策落实】2016年,全力落实省委、省政府九项民生工程及十七件民生实事,加快实施就业促进、扶贫解困、教育助学、社会保障、医疗卫生、民生基础设施、百姓安居、生态环境、文化体育等民生工程。一是扶贫解困工程。落实精准扶贫资金11857万元,用于建立贫困户住房建设小额信贷分险基金、贫困村产业扶持基金、卫生扶贫救助基金、教育扶贫救助基金、实施扶贫易地搬迁;落实"一事一议"财政奖补3282万元,用于农村公路、水利基础设施、环境卫生改善等公益事业,建设幸福美丽新村;落实产业发展基金 1270 万元,用于推进肉牛、茶叶、青蒿等现代农业生产发展;落实城乡居民医疗救助金 723 万元,解决城乡困难群体看病难问题;落实重度残疾人护理补贴 178 万元,贫困残疾人生活补贴 448 万元,残疾人康复、就业、托养 78 万元;落实 102 万元,用于计生奖励扶助。二是教育助学工程。继续落实"两免一补"政策,免除义务教育学校学生学费 4092 万元、书本费 552 万元,补助寄宿贫困学生生活费 492 万元,资助家庭经济困难中职学生 170 万元,资助家庭经济困难普高学生 427 万元,资助学前教育困难儿童 924 万元;落实 4203 万元实施营养改善计划,惠及学生 44351 名;落实 2880 万元,推进农村义务教育薄弱学校校舍及教师周转宿舍建设建设;落实 949 万元,发展学前教育。三是医疗卫生工程。落实公共卫生服务 1568 万元,用于提高基本公共卫生服务水平;落实 26.7 万元,取消县级公立医院药品加成;落实 741 万元,实施基本药物制度改革;落实 2500 万元,用于妇幼保健院建设;落实 45 万元,用于食品安全能力建设。四是社会保障工程。落实城乡低保 3395 万元,城乡居民养老保险 3894 万元,城乡居民医疗保险 15838 万元;落实 570 万元,用于社会养老服务体系建设。五是就业促进工程。落实就业补助 2755 万元,用于待业人员职业培训补贴、社会保险补贴、求职创业补贴、贫困地区返乡创业贷款分险基金等。六是百姓安居工程。落实 3669 万元,建设保障性住房,全年竣工 1236 套,发放 1151 户租赁补贴 345.3 万元;落实 438.2 万元,用于地质灾害户避让搬迁;落实 1698 万元,实施农村危房改造。完成投资 23950 万元,稳妥推进拆迁安置工作。七是民生基础设施。落实农村公路建设 3859 万元,新建农村公路 84 千米。八是生态环境工程。落实污染防治 1500 万元,自然生态保护 59 万元,天然林保护 200 万元,退耕还林 1732 万元,污染减排 305 万元,贫困村环境综合治理 200 万元,农村公共运行维护 1215 万元,创国家级卫生城市 2000 万元,推动"绿色筠连、生态筠连、宜居筠连"建设。九是文化体育。落实文化体育 2014 万元,建设农家书屋和农村公共文化服务体系,确保村村通和"两馆"免费开放。

【财政基建投入与管理】 一是强化监管,狠抓重点建设项目资金管理制度落实。王家沟、后沟水库建设是国家重点项目,为保证资金专款专用,与三川水务公司沟通衔接,落实《王家沟水库资金管理制度》《王家沟水库造价跟踪管理办法》《后沟水库资金管理制度》,保障资金安全运行。二是及时审核拨付基本建设项目资金和其他各专项资金。共审核拨付农村公路建设 21339 万元、市政建设 2901 万元、安全饮水工程 906 万元、中小河流治理 737 万元、重点水库建设 8422 万元、其他建设 3227 万元。

【一事一议财政奖补项目建设】 2016 年,集中抓好一事一议、幸福美丽新村、乌蒙新村建设的财政投入。共获得财政奖补项目 2132 万元,其中一事一议财政奖补 1832 万元、幸福美丽新村 300 万元,根据省综改办要求各乡(镇)建立一事一议项目库,严格按照项目库中选取项目的方式进行项目申报与审核,全年审核通过一事一议项目 197 个;幸福美丽乡村通过竞争立项方式,确定在筠连镇红江村实施,项目正有序推进。完成 2016 年乌蒙新村建设方案的编制申报,全县美丽乡村建设收到资金 1255 万元,上级财政 1150 万元、市级配套 105 万元,用于 20 个新村聚居点。省级财政资金已全部到专户,按照工程进度划拨到各乡(镇),项目正有序推进。

【财政投资评审】 一是制发《筠连县财政投资评审人员管理制度》《筠连县财政投资评审人员岗位责任和分工》《筠连县财政投资评审人员绩效考核方案》,将评审任务落实到人。二是全面清理历年沉淀项目,建立送审项目台帐,引入中介评审,对评审项目严格把关,合理确定工程造价,分轻重缓急优先保障重点项目评审。全年评审中心接收评审项目 327 个(含往年结存,其中预控 140 个、变更工程 187 个),送审金额 45078.26 万元,审定金额 36927.93 万元,审减金额 8150.33 万元,审减率 18.08%;其中工程变更类,送审金额 3006.56 万元,审定金额 1712.29 万元,审减金额 1294.27 万元,审减率 43.05%。

【政府与社会资本合作(PPP)工作】 2016 年,通过政府采购确定 2 家 PPP 项目咨询论证服务机构,共包装申报交通、教育、文化、保障性住房、园区建设等 PPP 项目 6 个,总投资 22 亿元,启动 G246 绕城公路招标。

【财政预算改革】 一是深化部门预算改革,健全政府预算体系,编制部门三年滚动预算,实行部门项目绩效预算管理,提高预算编制的科学性和合理性。二是深化国库集中支付改革,加强预算执行管理,改进库款调度管理,建立库款调度与库款规模和支出进度挂钩机制,适当加快资金调度,促进稳增长、保民生各项政策落实。三是完善预算执行动态监控体系建设,及时纠正违规支付行为。结合公务用车改革,推行单位公务卡,单独编制"三公"经费预算,分类制订各预算单位公务卡消费比例,筑牢防堵"三公"经费增长的有效机制;严格执行中央八项规定和省委省政府十项规定,完成公务用车制度改革,压缩一般性支出,将上年"三公"经费支出压缩后的实际结果作为 2016 年预算执行的控制目标,确保总量不突破。全年度"三公"经费压缩 6.82%。

【清理规范政府性基金和行政事业性收费】 根据国家《关于取消、停征和整合部分政府性基金项目等有关问题的通知》,联合国土、规建、农业、林业、税务等对全县政府性基金和行政事业性收费进行清理规范。自 2 月 1 日起,将新增菜地开发建设基金和育林基金征收标准降为零;停征价格调节基金;将散装水泥专项资金并入新型墙体材料专项基金;将大中型水库移民后期扶持基金、跨省(区、市)大中型水库库区基金、三峡水库库区基金合并为中央水库库区基金,将省级大中型水库库区基金、小型水库移民扶助基金合并为地方水库移民扶持基金。

【政府采购制度改革】 一是征集评审专家,创新性建立政府采购联络员培训管理制度,全方位宣传采购法律政策,累计进入省库65人。二是施行政府采购预算计划审核备案和采购项目需求论证制,修订网上备案、论证、验收、报账等相关表册,进一步规范采购流程。三是廉政信用机制建设,启动政府采购当事人行贿犯罪记录查询,将供应商提供行贿犯罪记录查询结果列为编制采购文件必备条件。四是创新政府采购方式,推行办公通用产品批量集中采购和网上竞价,节约财政资金50.5万元,节约率22%。五是配合部门,完成居家养老、规划设计、工程审计、安全鉴定、地名普查等政府购买服务项目采购工作。

【政府采购监管】 2016年,严格事前把关和事后监督,开展绩效评价,注重放管结合,不再下达采购计划、不再对采购文件进行日常审核,重点加强采购预算编制、采购需求论证、采购计划审核备案、采购合同公告、履约验收环节的监管,对采购过程中收集到的问题线索及时反馈采购单位和采购代理机构,做好采购当事人沟通协调,及时处理各环节问题。依法依规对审计局移交原城管局违法采购问题进行责令整改,实现采购项目零投诉。为加大政府集中采购力度,创新采购方式解决通用货物零星小额采购流标多、时间长、效率差、价格高等问题,有效节约财政资金、提高采购效率,从3月1日起推行批量集中采购和网上竞价,取消协议供货方式,实行季度批量集中采购、网上竞价,实行数量总额控制,要求严格责任追究;对采购单位、供应商及公共资源交易中心违反相关规定的,严肃追究相关责任。全年县财政审核备案单位采购计划共236个,单位申报采购预算119528.34万元,核定采购预算119089.75万元,审减资金43.86万元。集采机构累计执行194个单位158个采购项目,采购预算99897.46万元,实际采购金额98149.74万元,节约1747.72万元,节约率1.75%(剔除住建局棚户区单一来源采购资金88837万元,实际节约率15.8%);社会代理机构累计执行4个采单位的6个采购项目,采购预算483.61万元,实际采购金额428.79万元,节约54.82万元,节约率11.34%,采购规模突破10亿元,采购质量和效益不断提高。

【财政日常监管】 一是按要求抓好2015-2016年财政预决算信息、专项资金、"三公经费"全面公开。二是构建内控机制,规范预算单位用款的支付审批业务程序,明确备用现金、银行票据、银行存款确认责任,确保财政资金支付安全。三是加强国有资产管理,制发《筠连县行政单位国有资产处置管理暂行办法》,对报废资产逐项审核,全年批复处置资产596580元。四是加强保障性住房、土地整理、危改等专项资金监管。验收2014年1392户、2015年1113户的农村C级危房建设,全面督察2016年1299户农村C、D级危房资金到位及工程进展,累计兑付C、D级危房补助1919.625万元。累计拨付保障性住房资金4119.56万元,土地整理资金40659.15万元,保障工程顺利实施。五是完善重点项目资金拨款申报制度和基本建设工程项目台帐管理,严格审批程序,及时审核拨付基本建设项目和其他各专项资金,监督建筑税收就地入库。及时跟踪项目资金使用效益,对沐爱小城镇建设项目、发改局石漠化项目、乡(镇)污水处理等项目进行绩效评价。

【财政重点项目资金监管】 2016年,继续完善重点项目资金拨款申报制度和基本建设工程项目台帐管理,严格按照专项资金审批程序,及时审核拨付基本建设项目资金和其他各专项资金,严格监督建筑税收就地入库。及时跟踪项目单位资金的使用效益,对沐爱小城镇建设项目、发改局石漠化项目、乡(镇)污水处理等项目进行绩效评价。全年审核拨付重点建设项目资金37532万元,其中交通农村公路建设21339万元、市政建设2901万元、安全饮水工程906万元、中小河流治理737万元、污水处理1148万元、卫生2079万元、水库资金8422万元。

【财政重点专项检查】 一是对各乡(镇)2014、2015年扶贫资金使用专项检查,非税收入自查和交叉检查,对问题及时纠正。二是开展财政资金安全检查,针对发现的资金安全风险点,向相关单位下达整改通知书,责令限期整改。三是协同相关部门开展滥发奖金、工资、补贴问题专项整治,配合纪检监察部门对大雪山镇、联合苗族乡、团林苗族乡、环保局、档案局开展侵害群众利益的不正之风和腐败问题、深化正风肃纪工作专项督查。完成"关于开展'顶风违反中央八项规定、个别单位接待费居高不下'问题专项整改落实工作"回头看工作。四是开展会计信息质量检查,对2015、2016年会计信息质量检查中违规单位依法进行处罚,对存在问题责令立即整改。

【会计事务】 2016年,做好会计人员的调转、信息变更、继续教育、会计证书办理,各建账单位的建账登记管理,指对村级财务管理的建账工作。对孔雀乡、县科协、机关工委、县委宣传部、食药监局、财政局总预算会计岗位等人员变动进行监交。组织22人参加2016年会计从业资格考试,32人参加初中级职称考试。开展行政事业单位内部控制制度建设、扶贫资金报账、政府采购、基本建设财务、村级财务、资金安全、国有资产清查等培训。

【财政扶持民营经济】2016年，按照国家发展扶持企业产业发展方向，支持企业做强做大，到民营企业调查研究，对园区龙头企业（蓝伯特、红军源、弘硒泉，双星、醒世、乌蒙韵等）帮助争取发展民营企业专项资金，全年共争取企业发展和改造资金2688万元、关闭煤矿补助资金16755万元、金融贷款奖励403.3万元。

【国有资产处置管理暂行办法】4月14日，为规范行政事业单位国有资产处置行为，保障国家所有者权益，根据《财政部关于印发〈地方行政单位国有资产处置管理暂行办法〉的通知》《财政部关于进一步规范和加强行政事业单位国有资产管理指导意见的通知》，制发《筠连县行政事业单位国有资产处置管理暂行办法》，分为总则、管理规定、无偿转让、有偿转让和置换、报废和报损、收入管理、监督检查、附则，共八章三十五条，自发文之日起执行。

【政府信息公开】政府信息公开操作人员积极参加业务培训学习，遵从保密规定，按要求及时上报政府信息公开报表，编制政府信息公开年度报告、政府信息公开目录上网公示，及时准确全面公开财政工作信息。全年主动公开政府信息共207条，其中政策文件15条、工作动态29条、重要会议3条、执法监督4条、公示公告15条、预决算及“三公”经费25条、专项资金27条、政府采购与招投标55条、行政事业性收费1条、其他财政信息1条，其他信息32条。全年无依申请公开情况，无因政府信息公开申请行政复议、提起行政诉讼的情况。

【财政脱贫攻坚】一是建立扶贫项目动态管理制度，确保项目资金规范有序运行。开展集中报账，完成财政专项扶贫资金销账3945万元。二是创新财政支持方式，制发《筠连县贫困村产业扶持基金管理使用实施细则》，在全市率先完成贫困村产业扶持、教育、卫生扶贫救助基金的建立工作。通过建立小额信贷分险基金、贫困户住房建设分险基金、产业发展扶持基金、卫生扶贫基金、教育扶贫基金的形式引导金融资本和社会资金投入到脱贫攻坚中，促进贫困村集体经济发展。全年共收到安排财政专项扶贫资金9618.1万元（含地方政府债务资金2197万元、贫困户住房建设贷款分险基金2341万元），其中省级7602万元、市级474万元、县级配套及历年收回再安排1542.1万元。年末划拨9290.85万元，划拨比例96%。全年建档立卡贫困户到户7579.26万元，年末划拨比例81%；基础设施建设1854.74万元，年末划拨到户比例70%。

【财政对口帮扶】2016年，县财政局继续对口帮扶大雪山镇槐坪村，认真开展精准扶贫，配合抓好贫困户发展养殖业。全年协调落实槐坪村项目资金86.3万元，其中追加通达工程建设资金28.3万元（长1.1千米）、林下种养殖资金10万元、扶贫村周转金40万元、公共运行维护8万元，至年末槐坪村贫困户“三建三改”、异地搬迁、通达工程等已完成和正在实施中。财政局共150余人次到槐坪村，开展以结对帮扶贫困户、计划生育“三结合”帮扶户、残疾人、留守儿童作为重点捐赠帮扶活动，捐赠大米、白糖、食用油等。2月2日，以结对帮扶困难户49户、计划生育“三结合”帮扶户10户、残疾人6户、留守儿童4户为慰问重点对象，送去大米、白糖、食用油等折价11210元及慰问金。“扶贫日”捐款10200元。开展栋梁工程、爱心包裹捐赠活动，捐款12000元。援助2户贫困户建房资金3万元。

【财政要事】2月15日，市财政局党组副书记苟云勋带队到蒿坝镇考察调研，考察高兴村新农村建设、烤烟种植情况以及蒿坝镇文化站等的建设。3月14–15日，省财厅巡视员张其昌、社保处副处长周雅利、社保处干部柯兴贵一行到筠连开展低保与扶贫政策衔接专题调研。3月17–18日，市财政局党组副书记苟云勋，党组成员、纪检组长唐永红率市老区促进会、直机关工委、社科联、科协、财政学会及医学专家和农业专家到蒿坝镇开展烤烟种植咨询、养牛知识培训、医学专家现场为群众免费看病诊断以及开展法治宣传、健康知识宣传等活动。4月6–7日，省财政厅农业处处长黎家远、省社科院研究员戴旭宏、农民日报四川站首席记者阮蓓、省社科员研究室主任高杰博士等到筠连镇五凤村肉牛专合社、燎原村等地开展资产收益扶贫试点、新村聚居点建设筹资新模式等调研，市财政局副局长林乃宏、市农业科科长梁鹂等陪同。5月11日，省财政厅综合处副处长李金忠、省减负办副处长黄桂平一行到筠连开展收费清理改革落实的督查检查，市财政局副局长林乃宏等陪同。5月18–19日，市财政局副局长易果、市社保局局长周希岷等到筠连开展基金管理、市级统筹各项基金运行及社保保险预算管理的社会保险调研。7月6日，市审计局赵利锋、刘丽容等到筠连开展2015年宜宾市本级预算执行情况延伸审计，检查醒世公司等企业财政资金使用情况，市财政局财政监督局局长郝崇高等陪同。

（刘祖荣 黄丽宏）

国家税收征管

【组织国税收入】2016年，国家税务工作强化管控，实施精细化管理，以重点税源管理为着力点，做好重点企业的日常纳税服务、监控、评估、收入预测和税款征收工作。全年走访重点税源企业36次、沟通交流（会谈、电话）100余次，提升纳税遵从度。强化稽查，进一步整顿和规范行业、区域税收秩序，全年共查结案件4户，累计组织稽查查补入库

414.1 万元，查补入库率 100%。开展欠税清缴，全年清理新欠 307 万余元，新欠清理率 70.58%，清理上年陈欠18.4 万元。深化防控，做强风险管理抓收入，完成省国税局风险评估 2 条、市国税局 4 条和县国税局自发风险核查任务 9 条，有效防范税收执法风险。全年风险应对查补税款 410.59 万元，超额完成 113 万元，风险应对收入占税收收入 2.5%，超绩效比例口径 0.7%。全年累计完成税收收入 2.03 亿元，增长 3.88%，其中县级收入 7657 万元，增长 39.40%。

【国税征管改革】一是努力推进征管体制改革优化升级，扎实做好"金税三期"上线、"营改增"、国地税合作等税制改革，推进实名办税，优化纳税服务、推进诚信办税、促进税收遵从，确保"金税三期"平稳上线和后续维护工作，实现新旧系统平稳过渡，保障纳税人正常办税，增强信息管税能力。二是全面推开"营改增"税制改革，县国税成立"营改增"领导小组，组建专门团队，完成管户移交 1025 户、调查核实 1000 余次、信息录入 951 户、业务培训 20 次、纳税辅导 800 次及资格认定、票种核定、税负分析等工作，取得"营改增"试点胜利。全年，全县"营改增"试点纳税人累计领用发票 2018 户次 15.54 万份，"营改增"四大行业实现税收税收 3199 万元，依法减免税收 445 万元。三是深化国地税合作，打造沟通交流、纳税服务、税收征管 3 个平台。业务方面，全年共享涉税信息 1.05 万条，联合培训 20 次，联合宣传 80 余次，信息被市国地税采编 5 期和批示肯定 2 次、被县级报道 16 次、被县领导批示肯定 2 次；联合办理税务登记 655 户、变更 1285 户、注销登记 65 户。全年累计合作征收税款 63 万余元。党建和政务方面，县国税与地税开展有益探索，如支部联建、建立党性教育基地、开展实践拓展活动等，建成全市国地税合作的县级示范区。

【国税依法治税】一是落实税收优惠政策，开展"便民办税春风行动"、全员大走访等活动。落实各项结构性减税、税收优惠政策，全年共减免税款 3883 万余元，增长 58.42%，办理出口退税 63 万元。二是规避风险做严税收执法，抓好税收执法考核，落实执法过错责任追究；积极防范税收执法风险，严格实施对相关指标异常企业的评估核查；加强风险应对，成功创建全市首批学法用法示范机关，获市 2011–2015 年法治宣传教育先进集体称号；三是细化执法责任追究制，县国税局与各执法部门、各执法部门与执法人员签订执法责任书，明确执法部门和执法人员的执法权限、执法对象、执法程序、执法责任。

【国税纳税服务】一是开展"便民办税春风行动"，在腾达镇春风村开通全省首个税务部门延伸到村一级便民办税窗口，得到四川电视台、宜宾电视台、宜宾日报等的宣传报道。二是落实纳税人满意度调查，以上门、电话等走访纳税人 3991 户次，提升纳税人满意度和税法遵从度，在全省 209 个测评单位中纳税人满意度位列前 50 名。三是推进"互联网＋纳税服务"，立足"指尖上的服务"，创新开展"微直播"4 期，形成国家税收服务品牌。

【国税对口帮扶】2016 年，第一书记驻村外，到高坪苗族乡先锋村帮扶慰问 16 次，协调资金 682 万元，修建硬化水泥路，建文化室、卫生站；捐赠资金 3.54 万元、捐赠物资折款 0.9 万元，落实扶持项目 3 个。县国税扶贫工作得到中央人民广播电台官网、四川分网的报道宣传，在全县 243 个村推广。12 月，经检查验收高坪乡苗族先锋村实现贫困村"摘帽"。

【国税队伍建设】一是抓实责任，强化联建共建，在春风村建立全国首个以弘扬和学习时代楷模精神为主题的税务党性实践教育基地，承办全市国税系统党建工作现场会、"两学一做""精准扶贫" 和党建品牌交流会。二是落实责任，加大正风肃纪和案件查处力度；抓实廉政教育，完善党风廉政机制，形成"五位一体"（党务、业务、政务、财务、事务）风险防控格局。三是监督管理，全面实行税收执法监督、干部人事监督、政风行风监督和纪律监督，落实廉政谈话、诫勉谈话等制度。四是优化队伍结构，全年有近四分之一干部轮岗或提任，有 15 人取得会计从业资格证、4 人被评为全省能手或递进人才、10 人次获得全市岗位能手称号、2 人通过全国司法考试。

（詹凤翔）

地方税收征管

【地税收入】2016 年，县地方税收征管工作围绕市地税局"六坚持六抓好六突破"工作思路，克服宏观经济形势下行压力持续加大、实体经济发展困难、营改增全面扩围、结构性减税政策不断推进等因素叠加影响，坚持绩效管理，狠抓措施落实，全力组织地税各项收入。全年，共组织各项地方收入 24829 万元，其中税收收入 22967 万元、基金附加入库 1862 万元，县级一般预算收入入库 21386 万元，完成市、县收入目标。

【地税税收征管】一是基础管理。全年共有地税纳税户 4234 户，其中企业 1448 户、个体户 2625 户、行政事业单位 161 户。二是税种管理。强化企业所得税汇算清缴，全年汇算清缴 151 户，自行汇算申报 99.34%。个人所得税代扣代缴全员全额明细申报，自 8 月起，每月明细申报覆盖率 90%以上；年所得 12 万元以上的个人所得税申报，自行申报 122 人，增加 11 人。强化纳税评估，评估企业所得税纳税纳税人 10 户，入库税款 230.43 万元，加收滞纳金 4.8 万元;稽查2户,“两税”(企业所得税、个人所得税)比对20户;清理股权变更税收2户,入库税款1.35万元。加强土地增值税清理,清算项目1个,清算补缴土地增值税1.88万元。加强存量房税收管理,开展专项检查,推动存量房税收的规范化。对17户金融、19户建筑安装及13户房地产开展业务辅导,自查补税1789.39万元。加强社会零散税收管理,入库税款11.96万元。三是风险管理。2016年1月起,地税“金税三期”系统全面上线,强化风险数据核查,全年认定非正常户103户次,解除非正常57户次。推送风险纳税人1309户入“金税三期”系统进行风险应对、排除风险。规范征管,清理核对有关制度和表证单书内容,对使用较多的表证单书重新印刷并及时更换,全年办理相关业务4万余条,有效降低税收执法风险。严格欠税清理,全年清理欠税户139户,入库税款787万元。四是税收共治。加强与县级部门的沟通协调、推进信息管税,及时与工商局交换僵尸企业信息,与县委农办协调获取新农村建设占地信息,形成社会治税合力。全年入库耕地占用税518万元;约谈、核查县审计推送的5户纳税疑点纳税人,补交税款17万元。全面落实《国地税合作规范》,共享非正常户认定信息、新增欠税信息、税种认定信息等涉税信息5000余条;联合办理税务登记655户、变更1285户、注销65户;联合采集第三方涉税信息141条,增加税收收入537万元;联合稽查2户纳税人,查补入库税款20万余元。五是涉税改革。贯彻落实《深化国税、地税征管体制改革方案》,全面推进“营改增”,落实资源税改革相关工作,全年移交国税“营改增”纳税人1028户,其中企业纳税人252户、个体纳税人776户,“营改增”工作全面完成。

【地税纳税服务】一是规范纳税服务,落实市地税局的服务发展、提效减负等17类45项便民措施,深化国税地税合作,解决办税“多头跑”、执法“多头查”、资料“多头报”、政策“多口径”等问题,实行审批事项“一窗受理、内部流转、限时办结、窗口出件”。二是继续深入“便民办税春风行动”,全面落实全省推行的涉及5大类32个即办涉税事项的“同城通办”业务和“互联网+税务”部署,积极推行网上申报,网报率由25%升至95%。5月,联合国税局在腾达镇春风村设立国地税“联合便民办税窗口”,推动优质服务向基层延伸。三是税法宣传,利用网站、报刊、政务信息平台、LED显示屏、公示栏等全方位开展税收政策法规宣传,及时发布工作动态。四是纳税信用等级评价,全年对598户纳税人开展纳税信用等级评价,其中评价为A级纳税人3户、B级232户,C级321户、D级纳税人42户。

【地税税收执法】一是推进依法治税,创建依法行政示范单位;统筹推进“法律十二进”和省级法治示范创建工作,落实“谁执法谁普法”制度,提高执法人员依法行政能力;实施执法督查,加强税务案件审理,全年审理重大案件5起,无行政复议案件。二是强化税务稽查职能。全年稽查收入入库1420.22万元,其中直接查补收入474.72万元、辅导企业自查税款945.50万元,增长23.56%,超额完成市稽查收入任务。

【地税税收优惠政策落实】2016年,全县享受小微企业营业税优惠政策纳税人共714户,其中企业、非企业为24户,个体工商户及其他个人户为690户,减免地方税收共248万元。享受小微企业所得税优惠政策纳税人32户,减免小微企业应纳税所得额25.05万元。报经县政府同意减免7户困难企业房产税13.1万元;减免6户困难企业城镇土地使用税25.3万元。

【地税队伍建设】一是加强队伍建设,完善班子决策、议事规则和程序,全年组织中心组学习12次,党组会8次、局长办公会6次,研究讨论重大事项47项;组织职工政治学习培训24次,教育培训1901人次,人均培训天数23天、在职网络学习人均104小时。完善绩效讲评分析制度,以问题为导向,提升工作质效。落实公务员职务与职级并行制度,政策覆盖26人。二是层层落实责任,全年召开税收专题会议4次,与各基层所(稽查局)、股室负责人签订主体责任书,层层传导压力。三是强化教育监督,全年组织党风廉政教育8次、观看警示教育片2部、讲廉政课2次、执法监督培训1期,确保党风廉政建设和反腐败工作得到落实。

(邓小均)

军　事

筠连县人民武装部

【人武部思想政治】2016年，筠连县人民武装部(以下简称县人武部)以改革强军为目标，以学习贯彻习近平总书记系列重要讲话精神为核心，以领会贯彻古田会议精神为指引，强化"看齐、追随"意识，确保政治头脑清醒、理想信念坚定。组织开展"两学一做"学习教育活动，原原本本学习党章党规、组织专题学习讨论、开展党员承诺践诺、开展党员民主评议和对照检查，引导党员把自己摆进去，把职责摆进去，把思想和工作摆进去，把口头承诺、书面整改转化为推动工作的实际行动；引导干部职工对照"四讲四有"标准，扎实落实"改革强军"主题教育，自觉做到知行合一、勇于担当、率先垂范。以全面彻底地开展肃清郭伯雄徐才厚流毒影响为重点，开好支委会、党小组会和党员大会，逐人开展对照检查，确保思想上绝对忠诚、信念上绝对可靠、行动上绝对坚决。

【人武部党委班子和干部队伍】2016年，县人武部部党委始终围绕学习贯彻"两部条例"重点，落实党的组织原则、党内政治生活准则，提高党委把关定向和科学决策的能力。召开"两学一做"专题民主生活会，做到红脸出汗、排毒醒脑，达到增进团结、推进工作目的。以脱贫攻坚为抓手，贯彻党的群众路线，不断改进工作作风。认真填报个人有关事项，向组织交实底、交明白账。在经费使用、兵员征集、专武干部选拔任用等敏感问题上，坚决依法依规办事，不搞权钱交易，营造清明政治生态。地方换届选举中，加强与地方党委、组织的请示、协调，选好配齐专武干部，全县18名乡(镇)专武部长中，提升重用2人、平级调动4人，新提拔11个乡(镇)专武部长。全年组织专武干部业务培训集训3期24天，共63人次天。7月，选派5人参加省军区和宜宾军分区组织的专武干部培训，专武干部履职能力得到稳步提升。

【人武战备工作】2016年，围绕"全国两会、维稳敏感期、节假日和灾害易发多发期"等重点时节，加强情报搜集和研判，严格战备值班，完善相关出动准备，保持良好的战备状态。二季度，出动民兵150余人，全程参与"筠连县2016年防汛应急演练"，组织重点乡(镇)开展救援演练。"7·12"强降雨抢险救灾，出动民兵65人第一时间投入，转移安置受灾群众289人，巡查排除险情45处。

【军事训练】一是首长机关训练。5月中旬，选派业务骨干参加宜宾军分区组织的参谋业务集训，各项成绩均参训人员的名列前茅。先后两次接受上级组织的基础科目考核，成绩均在良好以上。7月初、12月中旬，重点突出首长机关室内战术作业和指挥所演习训练，接受分区组织的半年军事训练考核，全体机关干部各项成绩均在良好以上。二是基干民兵训练。加大快速集结、实装操作等科目的训练力度，完成民兵综合应急连、独立应急排、公路护路分队、联合防空分队、迫击炮连5支分队4个批次320人的基干民兵年度训练任务。完成干部职工、专武干部和民兵150人次开展3次拉动演练等共5支分队320人的军事训练任务，训练科目26项、完训练天数77天，动用各型车辆9台次，各类装备器材5类184件(支)。

【征兵工作】2016年，征兵工作采取"五率"全程量化考核、大学生征集比例进一步提升、第一年使用体检信息化管理系统等新要求、新变化，着手早部署、早动员、早展开。5、6月，深入辖区高中、职校3所，制作发放宣传资料6000余份，发送征兵短信20万余条，在县广播电视台滚动播放征兵宣传片，开展点对点的精准动员宣传，18周岁男性公民兵役登记率92.5%。全面完成共征集新兵任务，其中大专以上文化程度新兵占比52%，高出要求17个百分点，全市第2位。至年末，未收到一封举报信、一个举报电话，未接到部队的退兵要求，实现依法征兵、廉洁征兵、优质征兵。

【国防后备力量建设】一是国防动员潜力调查。6月，积极协调国防动员各成员单位，采取"专业提供、相关咨询、多部门核对"的办法，共走访各类机关、企事业单位43家、实地调研走访29处、野外实地考察31次，共采集7大类138份7556条数据，数据审验、汇总上报做到一次成功。二是民兵组织整顿及清理清查。年初，组织国动委成员单位和各乡(镇)，召开民兵组织整顿工作专题会议，着眼民兵转型建设要求，优化队伍结构，提升专业队伍建设水平。5月，根据要求，规范民兵队伍建设与管理，对县域6家非公有制企业所编的90名基干民兵开展全面清理，确保“党管武装”制度严格落实。三是学生军训。按照上级“完善知识结构、树立国防观念”要求，扎实开展学生军训。8月底，在确保不影响正常征兵的前提下，抽调部分人员，协调县教育文广局、县武警中队等单位，严密组织为期7天的学生军训，共有筠中、筠二中近2500人接受军训，得到相关领导的充分肯定。

【安全稳定工作】2016年，按照上级要求，先后开展安全工作大检查、民兵武器装备仓库专项清理整治和“百日安全活动”，共组织4次全覆盖式对照检查，投入7万余元，进行监控、防雷、保密等设施设备建设，进一步提升安防技防水平，3次接受宜宾军分区的安全工作检查督导，进一步提高单位的安全防范水平。

【停止对外有偿服务】2016年年初，按上级“关于全面停止对外有偿服务的通知”，召开专题会议进行分析，向承租商户发出关停的书面通知，明确具体措施和时间节点，县人武部领导多次面对面给承租商户做思想工作、讲清政策要求、表明关停态度、做好善后工作，有效化解矛盾，至6月底，所有承租商户全部如期全部关停。

【人武对口帮扶】2016年，继续对口帮扶高坎乡大地村，先后10次到大地村调研扶贫工作，从经费拿出3万余元，并协调帮扶部门投入11万余元，用于捐资助学、设施建设、扶贫产业发展。派遣专人担任对口帮扶村第一书记，与村民同吃同住同劳动，共同谋划脱贫道路。年末，对口联系的15户贫困户中有12户实现脱贫。

（粟强）

中国人民武装警察部队筠连县中队

【中队政治建设】2016年，中国人民武装警察部队筠连县中队(以下简称县中队)的思想建设，以强化官兵思想根基为重点，狠抓了思想政治和文化建设，确保官兵理想信念坚定，思想稳定，安心部队服役。一是突出“改革强军”线。以建党95周年和长征胜利80周年为契机，结合“两学一做”学习教育活动，紧紧把住“改革强军”主题，通过扎实开展学习党章党规和习近平总书记系列重要讲话精神，以“五红”活动为载体，提升官兵思想素质，打牢官兵举旗铸魂、履行使命的思想根基。全年组织专题讨论7次，每人体会文章10篇。二是抓住“经常性教育”弦。坚持把大道理讲小、把小道理讲实，注重用身边人、身边事说事析理，针对季节性特点和官兵实际，着力在“筑牢思想、敏感扑捉、正确对待、说透道理”上下功夫。新兵下连时，为使新兵尽快适应中队的新环境，消除陌生感，充分运用“三互”“双四一”“一帮一、一对红”等载体，结合“深知兵、真爱兵、育好兵、带好兵”教育整顿活动，开展群众性大谈心活动，确实使各级端正态度改变认识，保证和谐融洽的内部氛围；老兵退伍时，通过“四个珍惜，一个懂得”专题教育，使满服役期老兵懂得热爱中队、遵章守纪、无私奉献，研究老兵稳控部队，确保老兵思想稳定，安心尽责。全年共排查“重点工作对象”3人，即新兵1名、选取士官意愿较强烈2名但都未能如愿的上等兵得到有效转化，确保思想稳定。三是活用“官兵”主体。用身边的典型，对刚晋级为上士的许小飞，属中队兵龄最长，但没有摆老资格也没有放松自我要求，依然晋升前后一个样，在炊事岗位上默默付出，在工作生活中能事事树榜样、做表率，是战士心中的典型，引导官兵以其为榜样、向其学习，使教育贴近官兵接地气。蓄养官兵内涵，围绕强军目标，着力培养“四有”新一代革命军人，叫响“努力学习，严守法纪，创先争优，从我做起”的口号，在建队育人上，用党的创新理论成果筑牢军魂，利用周末及节假日开展篮球比赛、歌唱比赛等群体性文化活动培育血性，利用春节、雷锋日等时机参加地方建设提升官兵品德修养；以培训各类骨干、成立兴趣小组等形式，分利用驻地资源，在八一、春节与共建单位举办警民联欢活动，与图书馆建立流动图书站拓宽官兵知识面，积极参加驻地的公祭活动缅怀先烈，进一步坚定官兵的理想信念，引导官兵做一个有灵魂、有血性、有品德、有本事的新一代革命军人，不断蓄养官兵内涵。

【中队军事训练】一是注重科学施训。紧密结合兵员结构，认真搞好调查研究，科学制订训练计划，合理安排训练时间，本着“以任务需求抓训练”的原则，突出抓好干部骨干组训、专勤专训及重难点科目训练。注重强化应急小组和应急班训练，挑选军政素质较全面的官兵按照“一句话命令加补充指示”进行经常性的带情况紧急拉动演练，不断提升应急班和应急小组的快速处置能力。二是严格“八落实”标准。深入学习贯彻《军事训练八落实标准(试行)》，严格落实标准。针对县中队中骨干队伍能力素质薄弱的实际，专门制订干部骨干军事训练方案，集中训练，有效提高干部骨干的训练质量，提高组训能力。日常训练中，严格控制后勤人员参训时间，及时抓好补训、复训；建成训练大棚，为强化军事训练提供保障。三是注重“五小练兵”。利用饭前加操和夜间训练时间，突出分训和补训环节，克服训练中的工学矛盾，发挥“五小练兵”的作用，因地制宜、见缝插针，灵活运用多种形式进行辅助训练，开展各类小竞赛，形成每天训练比效率、每周会操比成绩的模式。注重抓好技能、智能、体能、心理素质和作风纪律训练，打牢官兵素质基础。

【中队后勤保障】县中队坚持后勤建设聚焦战斗力标准，财经管理上能严格制度落实，不断提升后勤建设的层次。一是建强后勤队伍。突出抓好司务长、炊事员、卫生员、军械员、“四小工”等培训和管理，培育自豪感和责任心，明职责、懂技术、能履职，抓好司务长的管理、炊事员的培训和

"四小工"的发挥。二是严格财经管理。严格落实各项财经制度,确保每笔开支都用在官兵身上。三是优化营区环境。始终把营造"栓心留人"的环境放在重要位置,立足现有条件,调动官兵一起动手,及时修剪草坪、果树等,利用菜地,让官兵体验农作生活的同时,培育官兵艰苦奋斗意识。及时更换厨房燃气灶,为炊事员操作创造更好的空间。

【新营房建设】 2016年年初,看守所搬迁获得立项,县中队支部及时跟进,积极协调新营房建设的相关工作,确保各项工作按照计划进行展开,中队长罗升甫为使营房设计合理,与县级有关部门、目标单位一同前往其他建设较好的支队(中队)参观见学,确保新营房建设上既能满足官兵需要,又有超前思维,符合长远发展。

【中队战备执勤】 一是突出监门哨"新"形势,监门哨的上勤对县中队是"新"的挑战,为抓好监门哨的执勤工作,针对新的执勤形势进行勤研究、勤请教、勤训练,有效提高监门哨执勤哨兵的处置能力,保证了目标安全。二是严格落实执勤制度,狠抓经常性执勤工作,县中队在位的2名干部在夜间查哨上,坚持每晚必查2次,监督哨兵履行好职责。及时升级改造完成哨位执勤平台,为执勤哨兵提供良好的执勤环境。三是狠抓军事训练。县中队有良好的训练氛围,整体军事水平得到很大提升,带动其他官兵训练积极性,有效提升官兵处置能力。如训练尖子——下士刘文海、李星涛代表支队参加总队应急班比武,新兵——黄智强长期在支队反恐预备队训练。四是临时勤务圆满。全年,圆满完成7月21–25日担负成都G20财长和央行行长会议期间、9月1–7日担负G20峰会期间、9月18–27日期间担负县境检查站的武装设卡任务3起临时勤务,得到省公安厅检查组的充分肯定。

【中队双拥共建】 县中队官兵始终牢记习近平总书记提出"武警部队既成为能打胜仗的威武之师,又要成为人民群众爱戴的文明之师"的要求,为筠连"双拥模范城"创建中积极作为,深入开展双拥共建活动。县中队官兵时刻树立"军队要走在精神文明建设前列"思想意识,大力开展拥政爱民见行动活动,参与驻地精神文明建设,连续保持市级文明单位、卫生单位称号。坚持重大节假日到烈士陵园缅怀先烈,开展爱国主义教育、义务清扫街道、慰问留守儿童、看望孤寡老人,进行国防知识宣传等活动,先后与驻地21个单位结成警民共建单位,发扬人民军队"听党指挥、能打胜仗、作风优良"传统,视人民为父母、把驻地当故乡,甘于吃苦、乐于奉献,安心警营、恪尽职守,为维护筠连的社会稳定。

(章华智 袁书文)

人民防空

【人防概况】 2016年,人民防空工作坚持"长期准备、重点建设、平战结合"的方针和"与经济建设协调发展、与城市建设相结合"的原则,以人防应急准备为牵引,以"战时能力强、平时作为大"为总目标,认真贯彻《中华人民共和国人民防空法》和中共中央、国务院《关于加强人民防空工作的决定》及全国、省、市人防会议精神,坚持解放思想、真抓实干,推进人防应急准备、"两防一体"(防空防灾一体化建设)、依法行政、宣传教育和机关自身建设,全面完成年度人防各项任务。

【人防宣传】 2016年,继续普及人防法律法规知识和增强全社会人防意识,积极宣传《中华人民共和国人民防空法》《中华人民共和国行政许可法》《四川省〈中华人民共和国人民防空法〉实施办法》等法律法规和中共中央、国务院《关于加强人民防空工作的决定》等有关文件精神;结合"5·12"全国防灾减灾日、"9·18"防空警报试鸣,与县电视台合作,播放防空防灾、减灾救灾知识专题片,以街头法制宣传等形式宣传民防知识,发放人防宣传材料2000余份;开设"人防知识"专栏和人防专题讲座,在《绿色煤都报》上定期刊发防空防灾知识、人防信息;开展人防知识"五进"(进机关、进学校、进企业、进社区、进场镇)活动,进一步提高群众的人防法律法规知晓度,增强市民的国防人防意识。

【人防易地建设】 2016年,继续贯彻落实《关于加强人民防空工作的决定》《关于加强人民防空建设的意见》等有关文件精神,开展《筠连县城区人防工程规划》编制,人防行政许可按规定进入县政务中心人防窗口办理。按照"以建为主、以收促建"方针,严格人防易地建设费收取,严格执行市政府促进房地产市场发展的工作部署。全年办理人防易地建设许可2件,收取人防工程易地建设费151.22万元。

【人防通信指挥系统建设】 2016年,继续加强防空警报器的日常维护管理,明确警报器所在单位的管理责任,确定具体管理人员,做到每月一次检查、每季一次维护,确保鸣响率、音响覆盖率均100%。按照市人防办要求,认真开展一年一度的"9·18"警报试鸣工作。加强人防应急救援队伍建设,积极与相关部门配合,开展人防组训工作,调整充实人防专业队伍。

(杜华春)

交通战备

【交战概况】 筠连县交通战备办公室挂靠县交通运输局。2016年交通战备工作完善组织机构建设,制定交战护线措施,加强国防交通专业保障队的建设,组建汽车运输、路桥抢修、交通管制3支交通专业保障队伍,每队各50人,对从事运输生产、超限治理工作的交通战备职工,实行半军事化管理。

(尹丽鸿)

法　治

政法委与综治

【维稳工作】一是主动维稳、依法维稳，全力维护全县社会大局稳定。建立健全安全稳定隐患排查、整改落实、督促检查“三个常态化”机制，制发社会稳定风险评估督办文件3份，开展社会稳定风险评估57项，稳控化解大龙溪北矿劳资纠纷、房地产开发、重点工程项目建设、矿邻纠纷、煤矿欠薪等20多个重点信访维稳问题，全年共排查掌控煤矿欠薪等涉稳隐患534起。二是推行“三书督改”（维稳工作建议书、维稳一票否决预告书、维稳一票否决通知书）制度，督促相关乡（镇）或部门完成改进工作，对8个乡（镇）、2个部门下发“建议书”12份，对落实化解矛盾纠纷不力的2个乡（镇）、1个部门下发“一票否决预告书”3份，对维稳工作较差的4个乡(镇)党委书记进行“约谈”。县委维稳办、大调解中心主动参与协调化解民工欠薪等重大涉稳问题纠纷72次，督促巡司镇、工业园区等及时落实维稳工作186件，解决群众困难247件，防止纠纷激化59件，解决历史遗留问题14件，化解涉稳信访积案71件，劝返和处置进京上访18人、到省上访4人、到市上访38人、重点上访9起，成功处置“1·11”川南建工100余人讨薪、“1·13”金源等煤矿100余民工群体上访讨薪事件、“1·14”巡司镇兴业新城民工40余人上访讨薪事件、“1·21”筠连定水盛景楼盘300余民工讨薪事件，有力维护筠连地区和谐稳定大局。

【综治工作】一是抓实矛盾纠纷调解，深化平安筠连创建。按照“属地管理”“谁主管、谁负责”原则，建立“四级”[乡（镇）、村（社区）、组（社区小组）、十户]调解组织。全年共排查受理各类矛盾纠纷2611件，防止矛盾激化366件。二是加强立体化社会治安防控建设，提升基层治安防控能力。落实社会治安防控体系建设部门责任，将治安防控体系建设纳入“十三五”规划，以单位名义代县委、县政府拟稿并印发《加强社会治安防控体系建设的实施意见》。三是严抓危爆物品管理，维护公共安全。严格落实中央综治办的《关于加强物流安全管理工作的若干意见》《关于加强邮件、快件寄递安全管理工作的若干意见》，抓住源头管控、动态监管、规范管理等，以完善动态化安全监管机制、常态化隐患排查机制、全覆盖安全责任体系为重点，强化各项安全管理措施，全面加强物流寄递企业、网点及其他分支机构共75家的安全监管。以“四严”（严查非法生产、严查非法贩运、严查安全隐患、严查案件线索）为标准，检查危爆企业、枪爆物品、民爆库房等，加强对危爆物品行业的监管，全年没有发生寄递物流及危爆物品案（事）件。四是加强网格化服务管理体系建设，提升服务管理水平。推进网格化三项重点（流动人口走访、特殊人群管控、治安隐患排查），严格落实双向考核，督促基层派出所、司法所和卫生院对上报信息及时签收、处置，并进行真实性、时效性评价，推动各乡（镇）、职能部门服务前置，确保流动人口主动申报比例明显上升、特殊人群服务管理进一步到位、治安隐患及时发现并依法妥善处置，推动网格化服务管理工作提质增效，不断提升人民群众安全感。

【国安工作】2016年，坚持统筹兼顾，推进国家安全人防建设。按照“保障核心、夯实基础、战线前移、深入基层”思路，壮大信息员队伍和网格员队伍，落实国安办专属信息员18名，向市国安工作领导小组推介信息员1名。全面掌握“两个涉外”[筠连籍境外人员（含港澳台同胞和侨胞）、筠连境外人员（含港澳台同胞和侨胞）和涉外机构、组织]信息，全年上报“两个涉外”信息158条，收集整理各类信息20万余条。建立筠连县海外工作和人员资料数据库，更新完善每一类信息，推进国安工作。3月30–31日，全市“2016年国家安全维护和海外利益保护”调研工作现场推进会在筠连成功召开。

【领导责任制落实】2016年，社会治安综合治理工作坚持以提升人民幸福指数为导向，保障和改善民生为重点，网格化服务管理为载体，解决影响社会和谐稳定突出问题为突破口，建立完善立体化社会治安防控体系，协调推动特殊人群服务管理，着力提升社会治理科学化水平。一是领导重视，保障有力。县委、县政府把政法综治维稳工作作为“一把手工程”，与社会建设同部署、同检查、同考核。认真落实综治领导责任制，县、乡（镇）把综治、群防群治、大调解等经费纳入同级财政预算，保障工作需要。二是健全组织，夯实基础。严格落实川委办〔2005〕17号、川委办〔2015〕

30号文件精神，加强县、乡（镇）、村（社区）综治组织建设，细化工作职责，健全组织机构，配齐配强力量。三是明确职责，推进有力。县综治委制发《2016年筠连县社会治安综合治理工作要点》，统筹全县综治工作。健全综治委例会、委员述职、联系点等制度，建立月碰头协商、季度自查、年终述职的工作常态机制。11月3日，县综治委专题召开综治工作述职大会，听取乡（镇）、部门综治工作情况。县综治办牵头每季度召开一次综治成员单位参加的联席会和专项工作通报会，分析研究综治工作中的问题；坚持每月一次对全县综治、网格化服务管理、平安建设工作进行督导检查，促进各项工作落到实处。四是逗硬考评，奖惩有度。综治工作实行"月通报、季评查、半年督导、年终考评"制度，县综治办每月对18个乡（镇）、综治成员单位网格化服务管理、平安建设、大调解、烟草市场经济秩序整顿等通报，对连续两月排名靠后的乡（镇）或单位，启动县委政法委书记约谈该乡（镇）或单位主要领导机制，促进综治工作稳步推进。

【矛盾纠纷调解】 一是完善调解网络，促进源头预防化解矛盾纠纷。建立健全矛盾纠纷滚动排查长效机制，进一步规范矛盾排查、预警、化解、研判、考评"一体化"信息管理，逐级细化落实排查责任、任务、区域和重点领域、关键环节、敏感时段等。规范健全"全覆盖"调解组织，落实人、财、物保障，至年末共建立4680个调解小组，有21600名"十户"调解员。二是强化专业调解，推进多元化解矛盾纠纷。继续推进"调解跟着项目走""调解跟着矛盾走"等做法，推动调解组织和调解工作由综合型向专业性、行业性扩展，促进重点领域专业调解体系建设。落实征地拆迁、环境污染、劳动争议、医疗纠纷、交通事故等15个重点领域专业调解责任和任务分工，健全解决突出疑难矛盾纠纷的类型化、专业化调解组织体系。至年末已建立63个行政调解组织，有专兼职调解员144人。进一步完善司法调解、行政调解、人民调解三大调解对接机制。三是着力总结提高，提升矛盾纠纷化解实效。把全县发生频率高、具有普遍性的调解成功个案做成规范化的案例，印制"调解案例工作法手册"，发到矛盾纠纷调解人员手中。健全"个案奖励"制度，严格落实人民调解个案补贴，全年发放人民调解个案补贴16万元。

【立体化社会治安防控建设】 一是严抓危爆物品管理，确保寄递物流安全。抓住源头管控、动态监管、规范管理等关键环节，以健全完善动态化安全监管机制、常态化隐患排查机制、全覆盖安全责任体系为重点，强化各项安全管理措施，严落实"三个百分之百"（对收寄物品"先验视、后封箱"100%、物流寄递实名制100%、收寄物品通过X光机安检100%）要求，全面加强县城内75家物流寄递企业、网点及其他分支机构安全监管，全年没有发生危爆物品寄递物流案（事）件。二是推进防控网络建设，突出治安联防联控。把立体化社会治安防控体系建设纳入"十三五"规划，进一步构筑治安防控网[社会面治安防控网、乡（镇）和村(社区)治安防控网、重点领域防控网、机关单位内部安全防控网、信息网络防控网、科技防控网]6张。5月31日，县委、政府印发《加强社会治安防控体系建设的实施意见》，明确在上年已投入1210万元的基础上，再投入2120万元用于公安信息化建设，各乡（镇）建立以公安民警为主、"红袖标"义务巡逻队为辅的专兼职治安巡逻队，定时定点定员开展巡逻。村（社区）推进"山湾联防""院坝联防""6995"互助联防平台。三是强化治安排查整治，提升群众满意度。严厉惩治黑恶势力、暴力犯罪、侵财性犯罪、黄赌毒等违法犯罪，深入推进"百日亮剑"攻坚会战，开展校园周边、网吧游戏室、娱乐服务场所、旅店、出租房、茶馆、农贸市场、车站等场所排查整治行动，排查率、整治率100%，治安状况得到明显好转。全年，共立刑事案件548件，破案244件；立治安案件1117件，查处1117件。县合成作战研判中心共收到橙色预警201条，黄色预警1591条，根据预警抓获108人，其中网上逃犯45人；批准逮捕113件155人，受理移送审查起诉150件210人，审结各类案件1831件，其中审结刑事案件161件234人；判决生效169件252人，其中判处10年以上有期徒刑7人；办理各类公证356件，安置帮教刑满释放人员的帮教率100%。四是夯实基层平安基础，深化平安筠连创建。继续开展"五六七八九十"数字化平安筠连创建，抓好"平安村（社区）、平安乡（镇）、平安县""平安家庭、平安网格、平安村（社区）"两个层面的"三级联创"，专项治理道路交通安全、消防安全、城市管理安全等，全年全县未发生《国家生产安全事故报告和调查处理条例》《国家突发公共事件总体应急预案》《国务院办公厅关于印发国家食品安全事故应急预案的通知》确定的特别重大、重大突发公共事件、食品安全事故和特别重大安全事故、群体性事件、刑事案件，人民群众安全感93%。五是开展"雪亮"工程试点建设，提升基层治安防控能力。2016年，筠连县被四川省列为"雪亮工程"试点县之一。率先在塘坝乡、腾达镇建立纵向贯通、横向集成、共享共用的"四个平台为一体"（"网格化服务管理"信息平台、"美丽乡村"信息平台、"6995"联防互助平台、"电商"平台）的"雪亮"工程综治工作平台。4月12日，通过省委政法委组织的"试点"验收。

【网格化服务管理体系建设】 2016年，进一步完善"六项机制"（网格化闭环服务管理机制、四级联动运行机制、信息资源共享机制、考核考评机制、责任追究机制、会商研判机制），重点推进网格化三项重点，严格落实双向考核制度，督促基层派出所、司法所、卫生院对上报信息及时签收、处置，并进行真实性、时效性评价，推动各乡（镇）、职能部门服务前置、力量前移，确保流动人口主动申报比例明显上升、特殊人群服务管理进一步到位、治安隐患及时发现并依法妥善处置，推动网格化服务管理工作提质增效，不断提升人民群众安全感。

【特殊人群服务管理体系建设】 2016年，坚持党委主导、政府负责和属地管理、分级负责原则，提出“三个清楚”(特殊人群的家庭基本情况清楚、经常出入场所清楚、思想动态清楚)和“三个务必”（务必落实监护责任、务必开展经常性走访、务必第一时间报告紧急情况）工作要求，把特殊人群纳入网格化服务管理体系，建立高危人群信息专卷，全面准确掌握特殊人群的基础信息和动态变化，全年无特殊人群案(事)件发生。至年末，全县建立流动人口信息申报点365个，管控类、关注类房屋维护率分别为99.3%、99.4%，重点管控类、重点关注类单位维护率分别为100%、99.8%。“一标三实”业务协同完成220070条，完成91.43%；新增实有人口完成率418.6%，从业人员净增完成率157%，全市唯一采集任务完成县。

【政法队伍建设】 2016年，坚持从严治警，公正廉洁，加强政法队伍建设工作。以“两学一做”学习教育和“严肃纪律作风，规范执法行为”集中教育整顿活动为载体，以“五类工作”（即一是着力解决领导班子内部不团结、没有正确的权力观、凝聚力战斗力不强、领导管理不力、表率作用不好、软懒散浮拖等问题；二是解决不重视队伍建设、队伍管理失之于宽、“一岗双责”落实不到位、制度不健全或有制度不逗硬、处理措施不力等问题；三是解决宗旨意识淡薄、法纪观念不强、特权思想严重、与人民群众的感情不深以及在执法过程中工作方法简单粗暴、态度生硬、作风霸道等问题；四是解决有法不依、执法不严、徇私枉法、利用职权办“人情案”“关系案”“金钱案”、执法不规范等问题；五是解决纪律作风松弛、工作作风漂浮、组织观念淡薄、对上级的指示决定不认真贯彻执行、事业心责任感不强、工作质效不高甚至失职渎职等问题）为重点，按照“五查五看”（即一查执法思想是否端正，看有无瞒案不报，压案不查、受利益驱动办案等问题；二查执法作风是否过硬，看有无作风散漫、对群众傲慢粗暴、不文明执法等问题；三查业务水平是否适应工作需要，看有无办案质量差，办错案和履行岗位职责质量不高等问题；四查敬业精神是否具备，看有无工作效率低下，不负责任，拖拉推诿等问题；五查廉洁自律是否严格，看有无违纪违法的苗头，违反根本性规定等问题）要求，深刻剖析反思，找出存在的问题，深挖思想根源，做好“四个一”（即广泛开展一次开门评警、开展一次履行“一岗双责”检查、开展一次执法司法大检查、召开一次干警分析评议会）工作。组织干警到对口联系点，与基层群众零距离接触，面对面倾听基层群众的声音，通过设立意见箱、对外发放征求意见函、举办政法“开放日”活动等，收集群众对政法工作和政法干警的意见建议，建设一支信念坚定、执法为民、敢于担当、清正廉洁的政法队伍。

（王芳）

法治政府建设

【依法行政】 一是全面清理并公布权责清单。全年清理公布35个行政执法部门的行政处罚、行政许可等10类行政权力共6190项；分两批完成31个县级部门6101项行政权力责任清单的编制和对外公布工作。二是推行商事制度改革。9月25日起，在“三证合一、一照一码”基础上，整合社会保险登记证、统计登记证，全面实行工商登记“五证合一、一照一码”模式，全年办理“五证合一、一照一码”365份。三是开展行政权力依法规范公开运行。全年行政权力依法规范公开运行平台共受理41173件，办结41153件，办结率近100%。四是规范行政执法行为。对全县执法人员集中清理，收回不符合执法资格人员的执法证件；严格落实行政执法与刑事司法衔接规定，及时通过“两法衔接”信息平台报送涉嫌犯罪案件，全年县食药监局、林业局等向公安局机关移送涉嫌犯罪案件7件；加大行政执法信息公开力度，将环保、工商、质监、食药监监管领域的行政处罚案件信息作为公开的重要内容，按照环境兴县要求，公布典型案例7件。五是规范性文件管理。县政府办印发《筠连县林地经营权流转登记管理暂行办法》等规范性文件，分别向市政府、县人大常委会报送备案；县政府法制办与交通运输局、民政局，对《筠连县农村巴士客运班线车管理暂行办法》《筠连县城市低收入家庭认定办法》拟修订的规范性文件进行评估。

【行政复议】 2016年，建立行政复议委员会，发挥复议委员会在指导行政复议、协调处理重大、疑难复议案件中的作用。健全行政复议案件的接待与登记、立案审批、决定审批等制度，依法受理行政复议案件，严格审查复议事项。全年受理行政复议案件9件，其中维持5件、确认违法3件、终止审理1件；办理县政府作为被申请人的行政复议案件2件，其中维持1件、撤回1件。

【行政诉讼】 2016年，制发《筠连县行政机关行政应诉办法》，积极办理县政府作为被告的行政诉讼案件，坚持行政机关负责人出庭应诉，提高政府公信力。全年共办理县政府作为被告的一审案件5件，其中驳回诉讼请求4件、正在审理1件；办理县政府作为被告的二审案件4件，其中维持2件、正在审理2件。

【行政调解】 坚持贯彻《筠连县行政调解工作暂行规定》

《筠连县行政调解工作制度》等规定，严格落实“一岗双责”责任制，最大限度地化解各类行政争议纠纷。全年受理行政调解案件172件，调解成功172件。

【合法性审查】严格执行《筠连县人民政府重大行政决策规则》，所有重大行政决策事项、重要文稿和重大合同（协议），都必须经政府法制部门进行合法性审查，未经合法性审查或审查不合法的，不得提交会议讨论，不得作出相关决策。全年合法性审查的事务和文件66件次，确保政府决策合法合规，各项事务在法治轨道上运行。

【领导干部学法】制发《2016年度筠连县人民政府常务会议会前学法学纪计划》，将《中华人民共和国预算法》《中华人民共和国劳动合同法》等24部法律法规以及《中国共产党廉洁自律准则》《中国共产党纪律处分条例》等6部党纪党规列入县政府常务会议会前学法和学纪内容，并邀请法学专家或部门分管领导分别领学。全年县政府常务会议共进行学法学纪安排22次。

（朱光才）

公　安

【公安概况】2016年，公安工作紧紧把握“队伍建设年”“基层基础年”总要求，以争创省优公安局为奋斗目标，全面深化改革，组织开展“亮剑”行动、“双清”工作、集中惩治“盗抢骗”犯罪“雷霆”行动，抓党建带队伍、抓基础促实战、抓防控降发案、抓惩治护民安、抓评价塑形象，有力维护社会稳定和治安大局平稳。

【维护稳定】2016年，高标准完成G20峰会、市五次党代会、市县“两会”等各类会议、省市领导调研和创国卫、重大节日、全国高考、成人高考和自考等安保20余次。成功处置“1·11”维新镇川南建工工人100余人讨薪事件等群体性事件21起；成功侦办“4·27”专案，稳控相关涉稳人员；侦办“10·18”维新镇村民以损坏公路、庄稼、树木等为由敲诈勒索中石油专案，惩治处理涉案人员8名，其中执行逮捕7人，监视居住1人。全年，共劝返和处置进京上访24人、到省上访4人、到市上访38人，重点上访17起；收集到各类涉稳信息384条报送县委、县政府和市公安局预警。狠抓交通安全监管、民爆危化品安全监管、火灾隐患清剿等，突出监所、执法办案场所、民警驾驶车辆安全管理，加强物流寄递、网购网销等新业态领域的隐患排查整治，部署开展岁末年初安全生产检查工作，公共安全形势持续平稳。

【破案打处】一是做精防范。改革城区警务运行机制，开展专业化巡防，压缩犯罪空间。全年，城区刑事案件发生241起，下降55%；治安案件发生486起，下降26.3%。城区治安防控工作获省公安厅、市公安局肯定，于9月7日、10月25日在全市治安防控工作座谈会上、全市公安改革工作推进会上作经验交流。二是做强惩治。共破刑事案件354件（其中命案发4件破4件），刑拘271人，逮捕168人。加强惩治黑恶犯罪，一审判决39人；加强惩治涉枪犯罪，起诉12人；现场勘查率100%，入室盗窃勘查率100%；抓获历年在逃人员7人。行政拘留577人，强制戒毒66人。开展“亮剑”行动，综合成绩位居全市第五。强化易制毒化学品管理，县禁毒大队被国家禁毒委员会通报表扬2015年度全国易制毒化学品管制工作成绩突出单位。注重执法规范，确保执法质量，在全市公安机关执法质量考评中位居第二名。

【交通管理】2016年，交警大队以创建国家卫生县城、创建省级文明城市为契机，从“春运”开始，相继开展城区秩序综合整治、电动三轮车专项整治、“酒驾”集中整治、货车超限超载整治、“压事故、保安全、保畅通、保稳定”专项行动等行动，严厉惩治乱停乱放、飙车、超速超载、机动车违法载人、酒驾、毒驾等违法行为，确保全县道路交通安全形势总体平稳。全年，共惩治处理各类违法行为37014起，其中一般程序425起、客车超员10起、饮酒驾驶313起、醉酒驾驶18起，危险驾驶刑事案件移送起诉21人；惩治扣押电瓶三轮车229辆、查处电瓶二轮车99辆、扣押非法安装动力装置人力三轮车124辆，查扣机动车886辆。落实国家“互联网+”行动计划，开通“互联网+交管”平台，开展网上车管业务受理办理服务。至年末，已与驾驶员及车主进行面签4016人次。开通4个社会化机动车检测机构，其中摩托车检测线3条、汽车检测线1条；建立摩托车登记服务站1个，协助社会机构建立机动车驾驶人考场，其中金峰驾校正在申报中，待省公安厅批复后运行。根据公安部139号令，积极落实老龄驾驶人体检年龄由60周岁调整为70周岁以及放宽单眼视障人员和上肢残疾人申请小型汽车驾驶证条件政策，开展省内车辆异地直接上线检测服务。

【网安工作】2016年，网安大队以网上舆情和有害信息巡查处置、网站管理、网吧管理、公共无线网络建设5项为着力点，以网侦科技支撑破案为突破口，借助“打击网络涉黄”“打击网络涉枪涉爆”“打击涉网贩毒”“打击侵犯公民个人信息”“涉网清朗行动”5个专项行动，共巡查处置专项有害信息454条、舆情信息235条，舆情引导首页9042条，亮点82条，自行开展落地查证48人，交办落地查证5人；完善33家政府二级域名网站备案，累计92家网站备案；启动公共无线wi-fi项目建设，完成19家。侦办主侦、配侦刑事案件43件，破获刑事案件39件，抓获犯罪嫌疑人 39 人（其中网逃犯 3 人）。办理涉网治安行政案件 14 件，警告罚款处理 14 人次。

【看守所工作】2016 年，县看守所以监所安全为中心，以严格执法、文明管理为主线，深入推进看守所“五化建设”（勤务模式科学化、执法行为规范化、管理方式精细化、监管手段信息化、设施保障标准化）和拘留所“三项重点工作”（规范执法、创新管理、化解矛盾），保障被监管人员合法权益和刑事诉讼、行政执法顺利进行。经批准，在看守所设置“筠连县看守所医务室”。全年共收押犯罪嫌疑人 361 人，其中刑事拘留 283 人、逮捕 46 人、其他原因入所 32 人（其中临时寄押 3 人）；出所 370 人，其中投送监狱 128 人、刑满释放 65 人、取保候审监视居住 103 人，投送少年管教所 6 人、其他原因出所 68 人（其中临时寄押带走 3 人）。开展提审、提讯 1326 次；开展律师会见 114 次，其中预约会见 6 人次；开展家属会见 408 次；开展安全大检查 24 次，各种事故演练 6 次；接待来访群众、在押人员家属 20 余次。筠连县看守所被公安部评为三级看守所。

【公安改革】一是扁平指挥体系趋于“实战化”。紧紧抓住“实战指挥体系建设”关键改革项目，引领其他改革项目稳步推进。县政府投入 2120 万元开展公安实战指挥体系建设、视侦手段建设、全域“天网”二期改造工程建设、110 报警服务台升级改造等建设。10 月 21 日，天网工程系列建设项目完成招投标，总价 1619 万余元。建设内容为 18 个乡（镇）监控前端、天网平台、可视化网络分布式图像控制中心等 9 个项目。至年末，已启动 110 台改扩建工程搬迁、乡（镇）天网监控布点实地踏勘工作，改扩建工程合作协议已签订，已全面启动建设。加速搭建支撑基础，建成合成研判中心、情报中心，扁平化实战指挥系统所需硬件支撑设备部署安装完毕，指挥系统大屏幕建设纳入全域天网工程建设，通信调度子系统已由市公安局统一配发，进入常态化运行，追加购置的 2 套通讯调度子系统已安装到筠连镇派出所。推动面对面指挥调度前端、后端基础装备建设，100 套带单警定位 4G 视频传输的警务执法记录仪正在购置中；带北斗定位、无线图像传输设备的车载视频监控系统已纳入天网改扩建工程。加快推进软件建设，开展 PGIS 指挥调度图层采集上图标注工作，至年末，已全面完成旅馆、网吧、重点区域、治安卡点、交通卡点、红绿灯、消防水源、消防队站等项目，上图率 100%。抓好视频常态应用，建立联合指挥部，明确带班领导、指挥长、值班民警职责任务，确保上下指挥调度高效顺畅、图像数据传输清晰。二是基层基础工作趋于“信息化”。依托“双清”（户籍清理登记、实有人口信息清理登记专项行动）工作撬动核心治安要素管理，为侦查破案、维稳处突、反恐防暴等公安专业工作提供强力实战支撑。至年末，共采集各类信息 29.4 万余条，维护更新“三实”（实有人口、实有房屋、实有单位）信息 16 万余条，业务协同信息完成率 100%，重点信息检查备注率 99%，查明、清理 24 万余条未采集户籍人口去向，“双清”各项指标全面完成，清理有效率排名全市第 5 名、全省第 50 名。三是执法管理模式趋于“智能化”。投入 55 万元开展 10 个派出所升级改造及案管中心建设，正开展招标、采购等工作。涉案财物保管中心已基本建成并投入使用，证据管理中心等待上级公安机关统一建设标准后实施。公安局办案中心基础设施和功能用房建设全市领先，分为进出管理区、信息采集区、询问区、讯问区、远程指挥区，统一安装监控、录音录像、防护等设施，监控探头接入远程控制室及警务视频督察中心，实现了对民警执法办案的实时、动态监督。四是服务群众措施趋于“网络化”。开展跨省居民身份证受理工作，共受理异地居民身份证办理 126 件，受理挂失 362 件。

【社会化评价】一是完善机制，建立组织领导、跟踪问效、绩效考核机制，把社会化评价纳入县公安党委重要议事日程，年度目标考核的权重分值在业务目标中占 30%。二是接受监督，采取会议报告、信息传递、意见反馈等方式，广泛接受“四大班子”“两代表一委员”和广大群众监督。自主研发 110 接处警群众满意度智能回访系统，开启社会评警新模式，先后获全省公安基层技术革新三等奖、第四届全国公安基层技术革新优秀奖。全年，该系统自动回访 8048 次，成功回访 1972 条，满意率 89.4%，在认真处理系统产生的 58 条警务投诉后，回复满意率 100%。紧盯群众反映的突出问题、社会评价的重点内容，落实“三级回访”（处警当场回访、县公安局纪委回访、分管局领导回访）制度，回访满意率 100%。三是宣传引导，借助媒体视频宣传，制作“公安社会化综合评价微视频”，在县电视台、筠连热线、微信、微博、QQ 群等网络媒体及全县所有的 LED 显示屏上滚动宣传；依托展板落地宣传，在全县 257 个行政村（社区）及大小生活区、学校等人口密集场所的醒目位置统一悬挂“公安社会化综合评价宣传展板”；依靠平台短信宣传，分别向全县公安特邀监督员 49 名、政协委员 179 名、人大代表 202 名、党代表 335 名、人民群众 7 万多名发送公安社会化综合评价宣传短信。公安工作综合评价位居全市第 3，上升 3 名；位居全省第 39，上升 108 名。

【公安队伍建设】一是政治建警，开展“两学一做”专题教育活动，从严治党、从严治警，全年举办党课辅导 30 次、典型讲座 3 次、警示教育 3 次，全体民警深刻党纪国法于心。二是从严治警，压实“两个主体责任”，组织民警观看“阳光问廉”专题片，严格落实履行党风廉政建设主体责任台账化管理，每月组织各部门负责人召开政工例会，治警从严，全年公安队伍未出现重大违法违纪问题。三是素质强警，投入教育训练经费 18 万余元，培训民警、警辅 1080 人次；建成民警俱乐部，组织民警参加市、县举办的摄影、征文投稿、“两学一做”演讲、足球竞赛、篮球竞赛、健步走活动等文化体育活动，5月，被市公安局评为宜宾公安文化建设示范单位。四是制度管警，加强干部管理，推送民警3名到其他部门任职。规范警辅管理，完善“警务辅助人员使用管理办法”，辅警队伍290人。五是从优待警，开展表彰奖励优抚。全年受中央表彰集体1个、受省厅表彰集体1个、受市委表彰集体1个、受市公安局表彰集体7个；受省公安厅表彰民警1名，受市公安局表彰民警18名。

【公安要事】 1月7日，宜宾市道路交通安全综合整治考核第三检查组到筠连考评道路交通安全综合整治工作。3月3日，屏山县公安局党委副书记、政委王建兵一行五人到筠连考察交流警营文化建设工作。3月10日，市公安局党委委员、副局长周述华一行到督导全国“两会”维稳工作。4月23日，市公安局党委书记、局长孙小川一行到筠连调研指导公安工作。5月6日，市公安局党委委员、纪委书记胡憬一行到筠连检查指导公安社会综合评价工作和执法活动财物专项审计工作。5月25日，省公安厅监管总队总队长杨晓阳一行到筠连检查指导看守所新建工作。5月31日，省公安厅执法活动财物专项审计第三审计组组长徐如君一行到筠连县开展专项审计工作。6月27日，禁毒大队组织禁毒委成员单位共200余人在公园球场开展以“绿色 生命 家园”为主题的纪念“6·26”国际禁毒日活动。6月28日，市公安局党委书记、局长孙小川率市警务指挥中心、政治部、刑侦支队、治安支队、法制支队负责人到筠连调研指导工作。7月28日，筠连户籍和实有人口信息清理登记专项行动工作会召开。8月1日，县公安民警职业荣誉仪式举行，为受奖的民警代表6人颁发证书。9月22日，召开境外非政府组织管理工作会。11月15日，市公安局第三督导组组长李柳竹率队到筠连督导检查全面深化改革公安工作。11月22–23日，市公安局党委委员、纪委书记胡憬率队到筠连专项督察中央巡视组反馈问题。11月24日，省公安厅监管总队副总队长赵宇航率队到筠连专项督察看守所执法管理专项活动。12月5日，召开全县宾馆网吧歌厅公共场所无线网络建设推进会。12月21日，召开全县集中惩治“盗抢骗”犯罪“雷霆行动”动员部署会。

（孙琼）

中国人民武装警察部队筠连县公安消防大队

【消防概况】 2016年，中国人民武装警察部队筠连县公安消防大队（以下简称县消防大队）认真学习十八届五中全会会议精神，加强部队思想政治建设和义务建设，改进和加强消防监督管理工作，推进公共消防基础设施建设和消防队伍、装备建设。全年，地方投入消防经费186万元，消防设计审核9个、消防设计备案10个、消防竣工验收11个、消防竣工验收备案9个、开业前消防安全检查7个；接警出动369起，其中火警149起、抢险救援38起、社会救助96起、为民服务86次，出动警力3032人次、出车397台次，保护人民群众财产3000万余元，为驻地创造良好的消防环境。

【消防政治建设】 2016年，县消防大队按照“班子带队伍，队伍促发展”的思路，加强大队班子建设。贯彻落实民主集中制，凡是需集体把关的问题不擅做主张；坚持每周组织生活制度，开展政治学习，增强班子成员的党性和综合素质；开展民主生活会和党员民主评议等活动，及时发现和纠正班子及班子成员的缺点和不足，全年召开民主生活会2次，开展党员学习24次。

【消防安全责任落实】 2016年，县消防大队继续推进消防工作责任制落实，层层签订消防安全目标责任书，实行消防责任目标管理。将消防目标责任细化、分解到乡(镇)政府和职能部门，采取签订消防安全责任状方式，建立消防安全责任网络。

【消防隐患排查】 2016年，开展火灾隐患排查整治，完善“政府牵头、部门联动、行业自律、社会参与”的隐患排查整治工作格局。开展重大火灾隐患集中整治专项行动，集中排查整治人员密集场所、在建工地、“三合一”（住宿与生产、仓储、经营1种或1种以上使用功能违章混合设置在同一空间内的建筑）场所等火灾高危单位消防安全隐患，开展公共聚集场所、高层地下建筑、中小学校舍安全工程、危化品市场等消防安全专项整治。全年，检查单位1390家次，临时查封13家次，发现隐患730处，下发责令改正通知书634份，整改火灾隐患722处。

【新消防站建设】 贯彻落实市政府《关于加强和改进消防工作的实施意见》，根据消防站建设方案，积极向县委县政府领导汇报，得到县委县政府的大力支持。至2016年年末，新消防站建设进入收尾阶段。

【消防宣传】 一是贯彻落实《国务院关于进一步加强消防工作的意见》，宣传《全民消防安全宣传教育纲要》，大力开展“七进”（进机关、进社区、进企业、进学校、进农村、进家庭、进网站）和家庭消防安全“五自查四应会”（“五自查”：查危险火源、查疏散通道、查消防器材、查电器设备、查电气线路。“四应会”：会报火警与火患、会使用消防器材、会处置初期火灾、会火场逃生自救）活动20次，引导市民提升自身防火意识，提高群众自防自救能力和消防安全意识。二是利用传媒机构、广告公司、微信、微博平台等媒介，通过火灾案例宣传、典型火灾隐患曝光、易懂安全常识普及，扩大消防宣传的覆盖面。开展消防宣传12次，累计发放宣传资料1.6万余份，通过微信、微博平台推送消防信息1100多条。三是推进“消防安全社区”创建活动，把“平安筠连”作为一项基础性工作，营造消防宣传舆论，完成辖区内中城、城南、景阳、玉壶、河西5个“消防安全社区”创建工作。

【消防群防群治】 一是调整消防监管重点单位，确定消防安全重点单位85家，完成春节、“两会”等值勤保卫任务。二是把派出所消防监督工作纳入公安业务目标责任范围，制订考评制度，共检查单位1827家次，督促落实消防责任制。三是乡（镇）政府加强农村消防工作，实施乡（镇）“四个一”（一百米消防水带、一台手抬消防机动泵、一口消防水池、一支义务消防队）工程，农村火灾隐患得到整治。四是独立接警、快速反应，努力向专业化方向发展，最大限度保护国家和人民的生命财产安全。

（张俊）

检　察

【机构增设】 2016年5月21日，县委机构编制委员会以筠机编〔2016〕22号批准，增设未成年人刑事检察科（级别股级），县检察院的机构设置更加合理。

【刑事检察】 2016年，立足批捕起诉检察职能，依法惩治各类刑事犯罪，贯彻落实宽严相济刑事政策，扎实做好检察环节维护社会和谐稳定的各项工作。一是依法批准逮捕各类刑事案件161件233人，提起公诉183件261人，推动“筠连平安指数”提升。依法惩治严重暴力犯罪，起诉故意杀人、抢劫、强奸、放火等犯罪22件29人；依法加大对群众反映强烈的多发性侵财犯罪的惩治力度，提前介入、引导取证，批准逮捕盗窃、抢夺、非法吸收公众存款等刑事案件52件76人，提起公诉32件47人；从严惩治严重危害公共卫生安全犯罪，批准逮捕生产、销售不符合安全标准的食品、制售假药劣药、非法行医等刑事案件2件2人，提起公诉3件10人。二是认真贯彻、正确适用刑事司法政策，积极促成轻微刑事案件当事人和解15件；对犯罪主观恶意小，情节轻微的未成年犯、初犯、偶犯和过失犯，依法运用宽缓的刑事政策，作出不批捕决定13件25人，不起诉决定2件2人；对涉嫌犯罪的未成年人，严格按照未成年刑事案件办理的各项制度处理，共通知县法律援助中心为未成年犯罪嫌疑人提供法律援助1件3人，开展社会调查2次，作出附条件不起诉决定2件2人，封存犯罪记录12份。

【查办和预防职务犯罪】 2016年，把查办职务犯罪摆在突出位置，深入贯彻中央关于反腐败斗争的决策部署，不断加强对职务犯罪的惩治和预防力度。一是依法查办贪污贿赂犯罪案件。以查办专项补贴资金管理、危害食品安全及“两违”（“违法”“违规”）背后侵权犯罪等专项工作为抓手，坚持无禁区、全覆盖、零容忍，深入查办发生在群众身边、损害群众利益的职务犯罪。全年共立案侦查贪污贿赂案件6件9人，其中正科级1人、副科级2人，全部侦查终结，提起公诉1件1人，法院判决1件1人。先后查办县教育文广局熊某涉嫌受贿19万元、县食药监局蔡某某和驾驶员周某涉嫌共同受贿20万余元、县综合执法大队沐爱片区负责人马某某和工作人员罗某涉嫌共同受贿4万余元等案件。二是加大惩治渎职侵权犯罪力度。成功查办林业领域渎职侵权案3件4人，均侦查终结并移送起诉。以县森林公安局大雪山派出所副所长吴某某玩忽职守案为突破口，查处县森林公安局景阳片区派出所副所长陈某某涉嫌徇私枉法案、县林业局巡司片区林业站站长杨某某、副站长何某某涉嫌徇私舞弊不移交刑事案，有效遏制犯罪分子对国家二级保护植物桢楠的非法采伐，保护筠连的生物多样性。三是开展警示预防。以扶贫开发领域为重心，以保障扶贫资金安全为着力点，强化扶贫领域职务犯罪预防；围绕重点项目建设，到新维煤矿、王家沟水库等开展同步预防；围绕国家惠民政策，开展教育、林业、食药等领域专项预防，开设法制讲座8次，制发检察建议书3份，帮助单位建章立制6件次，查询行贿档案53次。《筠连县人民检察院2015年度惩治和预防职务犯罪综合报告》被最高人民检察院评为“百优年度报告”。

【诉讼监督】 一是加强立案和侦查活动的监督。以事实为依据、法律为准绳，加大审查把关力度。全年，对侦查机关应立案而不立案的，督促立案2件2人，对不应立案而立案的，督促撤案2件2人；对证据不足和不构成犯罪的，不批捕27件41人，不起诉1件1人；对应逮捕而未提请逮捕、应当移送起诉而未移送起诉的，追加逮捕1人，纠正漏诉11人；对侦查活动违法情形发出检察建议、纠正违法通知书11份，防止冤假错案和违法办案发生。开展“破坏环境资源犯罪专项监督活动”“危害食品药品安全犯罪专项监督活动”，对发现的重大、疑难、复杂案件予以挂牌督办，监督行政机关移送涉嫌犯罪案件至侦查机关立案侦查6件6人。二是加强刑事审判监督，推进量刑建议工作，全年共对258人提出量刑建议，法院采纳214人，采纳率83%。三是加强民事审判、行政诉讼监督。全年共办理裁判结果类监督案件3件，其中不支持监督申请1件、终结审查2件；协助四川省人民检察院办理案件1件；办理诉讼过程违法情形监督类案件2件；办理督促行政机关依法履职类案件4件，其中向相关部门发出检察建议并得到采纳2件；发现并移送行政机关工作人员职务犯罪线索1件，办理执行监督类案件4件，其中向县法院发出检察建议1

件。运用支持起诉手段，向县法院发出支持起诉书 23 件，帮助王庆安等农民工向濮阳市联创钻采工程技术服务有限公司成功讨要拖欠的 61.2 万元工资，收到较好的社会效果。四是加强刑罚执行和监管活动监督，切实保障在押人员的合法权益。全年刑事执行检察局驻所检察人员每月驻所时间均超过 20 日，受理在押人员约见 169 次，人监巡视检察 192 次，参加安全大检查 18 次，与管教干部研究工作 56 次，参加看守所狱情分析会 7 次，召开联席会议 5 次；向县公安局发出纠正违法通知书 3 份，并督促看守所整改落实。探索和规范各项新增监所检察业务，探索财产刑执行监督，清理 2013–2016 年财产刑罪犯 418 名。做好羁押必要性的审查，提出变更强制措施的羁押必要性检察建议 6 件，得到办案机关（部门）采纳，继续保持“零超期”羁押。加强对监外执行各执法环节的法律监督，防止监外执行人员管理“脱漏虚”和重新犯罪，共纠正监外执行违法案件 6 件

【他项监督】 一是推进涉法涉诉信访工作机制改革，稳步强化控告申诉各项职能。全年共受理控告、申诉、举报线索 7 件，来信来访 82 件次，处理率为 100%。完善检察长接待日制度，共接待涉法涉诉信访案件 16 天，接待来访共 60 人次，全力化解矛盾纠纷。开展刑事被害人救助，共办理国家司法救助案 5 件，发放救助金 3 万元。二是针对社会低保金动态管理过程中分类复核时未严格按国家有关法律法规执行等，向筠连镇政府发出检察建议，杜绝滥用审核权力或严重不负责任导致国家资产流失的情形，维护群众切身利益。惩治治理通信网络新型违法犯罪专项行动，坚决惩治利用网络实施的敲诈勒索、诈骗、传播淫秽信息等犯罪，起诉电信网络刑事犯罪案件 7 件 10 人。三是层层签订“保障办案安全责任书”，把办案安全责任落实到人。全年共出警执行警务任务 221 人次，协助侦部门办案 10 件 13 人次，其中贪污贿赂案件 7 件 9 人次、渎职案件 3 件 4 人次，协助调查取证出警 32 人次，提解、押送、看管犯罪嫌疑人、被告人 117 人次，送达法律文书 20 人次，执行送检 26 人次，无犯罪嫌疑人自伤、自杀、脱逃和危及办案人员安全的事件发生。

【检察创新】 2016 年，在全市率先建立直诉案件侦查期限监督管理机制。一是与县公安局联合会签《直诉案件侦查期限监督管理办法（试行）》，明确规定监督的直诉案件范围、直诉案件的侦查期限、检察机关的监督方式，提升直诉案件办案效率。二是加强侦查办案规范化建设，推进执法规范化，注重从制度建设、执法规范、监督制约等环节入手，确保“五合法”（办案程序、侦查手段、强制措施、证据收集、实体处理）。探索使用侦查信息化等手段，转变侦查模式和办案方式，加大侦查装备投入，提升职务犯罪侦查能力。建立健全办案安全责任制、办案安全自查自纠以及执法办案风险评估预警等机制，严格实行全程同步录音录像，促进案件查办规范化运作。三是通过《优先办理群众来信工作实施办法》，以畅通检察机关信访渠道，提升服务水平为着力点，解决来访数量居高不下的现状，引导群众通过来信、电话、网络等理性形式反映诉求。全年，对 5 件司法救助信访件开展救助，并及时发放救助金 3 万元，彰显出司法机关对受害人的关怀。

【技术与信息】 一是提升技术力量。全年共办理技术案件 18 件，提供视听资料 8 份，技术性证据审查 8 份，检验鉴定 2 份，受理委托并参与同步录音录像 8 件。二是提供决策参考。健全完善检察信息、调研奖励机制，加大对检察信息、调研成效突出干警的表彰和奖励力度，激发干警参与检察信息、调研写作的热情和潜能。全年完成检察信息 132 篇，其中市检察院采用 32 篇、市级媒体采用 80 余篇，完成调研文章 11 篇。

【检察队伍建设】 一是坚定理想信念。通过中心组学习、集中学习、检察长党课、专题讨论等形式，开展党员干部“走基层”活动，到困难群众与群众拉家常，帮助其脱贫致富找出路，看望慰问困难群众、困难党员，使检察机关“两学一做”学习教育“学”到深处、“做”到实处。二是提升专业素养。主动探索创新人才培养机制，搭建实战训练平台，组织开展征文、学习讲坛、反贪业务培训、刑事执行和民事行政检察业务培训等各类业务培训和岗位练兵活动，了解发现、挖掘培养、总结提炼一批工作基础扎实、成绩突出、群众认可、能够体现检察特色、反映时代精神的先进典型。全年，县检察院集体获县级以上表彰 7 次，个人获县级以上表彰 15 人次。

（牛丽媛）

法　院

【法院概况】 2016 年，法院工作认真落实县委工作部署，从服务全县改革发展稳定大局出发，积极发挥惩治犯罪、保障权益、化解矛盾、促进发展的职能作用，全年依法受理各类案件 3128 件，审执结 2997 件，结案率 95.81%，为筠连县全面深化改革、深入推进依法治县，全面建成小康社会提供有力司法保障。

【刑事审判】 2016 年，受理刑事案件 208 件，审结 189 件，判处罪犯 282 人，其中判处 5 年以上有期徒刑 32 人。一是严厉惩治危害人民群众生命财产安全的犯罪，依法审结故意伤害、强奸等严重暴力犯罪、“两抢一盗”等多发性侵财案件。二是严肃惩处聚众斗殴、非法制造爆炸物、非法持有枪支等类犯罪，切实增强群众安全感。三是妥善审理破坏社会主义市场经济犯罪案件，依法审结全县首例组织、领

导传销案。四是依法严惩侵害妇女、儿童权益犯罪,被告人邓某某拐卖妇女、儿童被依法判处有期徒刑7年,中央电视台《等着我》进行报道。五是严肃惩处危害民生犯罪,被告人张某某销售添加“三致癌”化学物“孔雀绿”的苦丁茶,一审判处有期徒刑1年6个月。

【民商事审判】 2016年,共受理民商事案件1621件,审结1489件。妥善审理民间借贷纠纷案件,在“筠都新天地”“定水盛景”等楼盘引发民间借贷纠纷案件中,主动协调相关部门参与化解,促进该类案件多数以调解方式结案。审慎审理涉煤纠纷案件,积极应对煤炭产业疲软引发的工伤争议、经济补偿金、损害赔偿等案件,公正高效地审结维新镇自由村19户村民诉刘家祠煤矿损害赔偿案。重点审理好企业破产、重组案件,依法受理筠连县银丰煤业有限公司申请破产案,召开第一次债权人会议。

【行政审判】 2016年,加大行政案件审理力度,促进机关依法行政。受理行政案件43件,审结39件,其中判决驳回原告起诉18件,撤销具体行政行为2件,确认具体行政行为违法,判决重新作出具体行政行为、履行法定职责各1件。

【案件执行】 2016年,共受理执行案件1047件,执结727件。开展执行专项行动,对524笔116万元案款进行专项清理,进一步规范执行行为。5月,建成执行指挥中心并投入使用,推进执行信息化建设,通过“总对总”“点对点”查控系统查询被执行人银行账户信息700余次;开展淘宝网司法拍卖,首次拍卖即溢价成交;召开新闻发布会1次,在官方微博进行同步直播,通报执行工作情况。加大对“拒执”行为的惩治力度,采取查封、扣押等强制措施628次,司法拘留18人;在官方微博、筠连热线、筠连百姓网等媒体对175件案件的165个“老赖”公开曝光,曝光后被执行人自动履行14件,标的额49万元,收到良好的法律效果和社会效果。

【司法为民】 2016年,建立集案件受理、诉讼信访、诉讼引导、诉前调解、法律咨询、法律服务为一体的诉讼服务中心,努力为人民群众参与诉讼活动提供方便、快捷、热情、合法、高效的服务。结合审判,继续完善好司法便民利民措施,开辟农民工维权“绿色通道”,制订《快速办理民工欠薪案件实施办法》,对民工欠薪案件实行“一站式”服务,做到快立、快审、快结、快执,全年审执结涉民工案件117件,为民工讨回欠薪127万元。

【法院队伍建设】 2016年,从8月起开始入额法官遴选工作,以每名法官至少办理130件案件为标准,确定县法院法官员额24名,通过公布方案、考试、考核、民主测评、公示等程序,报请省法官遴选委员会审定24名入额法官人选。配套建立民事(行政)专业法官会议和刑事专业法官会议,为法官依法独立办案提供咨询意见。制订《民商事案件裁判文书签发层级管理规定》,将裁判文书签发权下放给办案法官,真正落实“让审理者裁判,由裁判者负责”。开展“严肃纪律作风·规范执法行为”集中教育整顿,加大审务督察和作风巡查力度,不定期抽查干警在岗情况、纪律作风和工作作风等,全年共抽查11次,制发督察通报3期。严格要求法官在接见室约见当事人,规范办案人员与律师、委托代理人之间的行为。

【法院对口帮扶】 认真做好结对帮扶工作,选派17名相对熟悉农村、工作能力强的干警与维新镇田坝村64户贫困户结对帮扶,协调各单位落实相关扶贫资金政策,捐款16000元用于支持田坝村发展,加大产业发展、易地搬迁等工作力度,确保贫困户达到“两不愁三保障四个好”,至年末如期实现贫困户脱贫、贫困村退出。

(朱泉霖)

司法行政

【司法概况】 2016年,司法行政工作以中共十八大、十八届四中全会精神和习近平总书记系列重要讲话为指导,以“围绕中心、发挥职能、提振精神、大胆创新、勇争一流”为目标,狠抓各项工作目标任务落实,认真履行司法行政工作职能,坚持以“为民、务实、清廉”为主题,大力加强基层基础工作,为推进“平安筠连”“法治筠连”建设作出新贡献。

【依法治县工作】 一是抓落实,坚持把依法治县工作纳入县委政府绩效目标考核。县依法治县领导小组办公室制发《推进“法律七进”工作实施方案》,召开启动工作会,明确工作内容、落实工作任务、细化工作措施、明确工作分工,各乡(镇)、各县级相关部门制订本地本部门实施意见,为推进“法律七进”活动提供有力保障,并加强与县委宣传部等责任部门(单位)的沟通协调,及时掌握工作动态,整合力量推进任务落实,互相配合解决难点重点问题,各项工作任务扎实推进。二是抓重点,全力构筑大普法平台。成立依法治县建设法治筠连宣讲团到筠连镇、巡司镇、沐爱镇、塘坝乡等开展宣讲活动,重点宣讲习近平总书记关于依法治国的重要论述,宣讲依法治县的指导思想和总体目标及省、市、县“法律七进”工作会议精神,宣讲执法、普法、用法先进事迹和先进典型,营造学法、用法、敬法、守法的浓厚社会氛围。各乡(镇)、相关县级部门制订学法制度及年度学法安排意见,明确学法内容、学法时间、主讲人员、学习要求、效果测评等,以职工大会等形式学习机关业务有关的法律法规及常用法律知识,挑选一批政治素养强、业务水平高、实践经验丰富的律师和基层法律服务工作者，担任社区法律顾问，提供法律咨询、法律援助方面的服务工作。挑选精选业务骨干，组成法律服务小分队，对口联系、分片包干开展法律宣传、法律援助，为保障广大居民的合法权益提供便利。挑选社区群众中有一定法律知识、有一定群众基础的居民骨干，充实社区志愿者队伍，利用元旦、春节、“3·8”妇女维权周、“3·15”消费维权日、“4·26”世界知识产权日等，开展法律宣传志愿服务活动，增强广大居民的法律意识，提升广大居民依法保护自身权益的能力。三是抓创新，营造依法治县良好氛围。组织依法治县成员单位开展“法制七进”系列宣传活动。悬挂宣传标语 50 幅，城区两处大型 LED 滚动播放法治宣传片 10 部、县城各行各业 LED 滚动宣传标语 100 余条、宣传资料 20000 余份，制作大型宣传广告牌 10 块，出租车顶灯广告 100 余块，发送法治短信 2000 条。建成“法治文化长廊”成功，在全县掀起推进依法治县建设法治筠连活动的高潮。四是抓治理，促进城乡建设法治化。结合党的群众路线教育实践活动，到机关、乡村、社区、学校、寺庙、企业、单位等开展“法制七进”法制宣传，组织律师、公证员和政法机关退休人员等群体，以社区“公共服务中心”“留守儿童之家”等为阵地、以“法制宣传栏”“科普宣传栏”“普法讲座”等为载体，共开设法制课堂 10 场次，举办以案说法讲座 6 次，增强群众的法制观念和依法办事的能力。五是抓创建，深化“法治筠连”创建活动。建立完善创建标准和考核评价指标体系，按照创建“法治筠连”目标，重点做好增强全民法治意识、依法行政、公正司法和基层依法治理。开展普法依法治理工作基础上，深化“法治农家(家庭)”“法治村(社区)”“法治学校”“法治企业”“法治单位”“法治乡(镇)”系列法治细胞工程创建活动，重点开展“依法治村示范村”“学法用法示范单位”“诚信守法示范企业”等基层单位的民主法治创建活动。全年，共开展学法用法考(测)试 218 次 55847 人，法治专题培训 180 次 68859 人；开展法治宣传 227 场次，受教育 163626 人；编印并发放普法读物 27 种 26700 余册，制作普法用品 25 种发放 2700 件，发布法治微博 24 条、法治微信 62 条、推送法治短信(彩信)50 条，发布法治手机报 27 期；创编法治文艺作品 16 件，拍摄法治微电影 3 部，法治文艺演出 42 场次，放映法治电影 180 场次，报刊电视广播刊登播出法治文章(节目)30 篇(期)，推送法治公益广告 520 条。

【司法所建设】 一是指导司法所规范化建设，统一制订司法所管理制度、司法所职责等上墙内容，规范司法所建设，不断提高全县司法所工作整体水平。二是继续开展“我在基层司法所当标兵”活动，加强基层司法队伍的思想、政治和职业道德建设。建立规范化法律援助工作站蒿坝镇、塘坝乡 2 个，完善法律援助工作站 23 个、法律援助联系点 257 个，发放法律援助便民联系卡 8500 余张，开展大型法律援助宣传活动 44 场次。三是规范司法所建设，开展法制宣传，参与调解疑难复杂民间纠纷，为基层政府提司法建议，协助基层政府处理社会矛盾纠纷，坚持每月一次排查和月报制度，及时掌握预警信息和重大突发性事件的专报工作，对排查出的矛盾纠纷进行疏理和调处，对近期的主要矛盾纠纷进行分析预防，提高基层司法行政工作队伍的业务素质和实际工作水平。全年，全县各级调解组织共调解纠纷 2611 件，调解成功 2582 件，调解成功率 98.8%，防止纠纷激化 3066 件。四是深化“人民调解规范化乡(镇)”创建，推进矛盾纠纷调处化解工作，坚持预防和调处并重，加大对重大疑难纠纷和社会不安定因素的排查调处力度，深入调整社会管理中出现的新情况、新矛盾，针对农村土地征用、城建规划、劳动社会保障、节前突出的拖欠职工工资等引发的不安定因素。发挥基层司法所人员身处一线的优势，把排查调处矛盾纠纷作为维护稳定的首要任务，分别召开村、居委会、企事业单位调解主任会议，将排查调处任务落实到基层，元旦、春节、“两会”没有发生影响大的群体性事件。

【法律服务】 一是进一步规范法律服务。召开全县律师暨基层法律工作者整改会并提出明确要求，完善公证律师及基层法律服务工作管理体制，健全律师执业准入、执业状况评价和执业奖惩等机制，落实扶持保障律师的各项政策措施。加强律师事务所党组织建设，发挥党员律师的模范带头作用，促进律师行业的健康发展。二是进一步健全法律服务机制，发挥司法行政职能作用，找准服务经济社会发展的切入点和结合点，深化各类法律服务专项活动。进一步完善“一小时法律援助服务圈”、法律服务“绿色通道”等机制，为广大人民群众，特别是社会弱势群体排忧解难。全年，四川瑞龙律师事务所、四川玉壶律师事务所共办理各类法律事 525 件；县公证处办证 356 件；基层法律服务所办理各类法律事务 103 件

【法律援助】 一是强化宣传，扩大法律援助的社会影响力，进一步增强群众的法律援助意识，使法律援助更加适应社会弱势群体的需要；同时结合各种节日、宣传日，通过报纸、广播、电视台等新闻媒体，营造良好的舆论氛围，畅通法律援助信息，为法律援助广泛深入人心奠定基础。二是健全机制，落实责任，推动法律援助工作全面发展，发挥法律援助机构的职能作用，构筑网络、理顺关系、扩大法律援助的覆盖面。在 18 个乡(镇)和县工会、团县委、妇联、残联、老龄办等部门已有法律援助工作站以及 243 个村、14 个社区已有法律援助联络员的基础上，加强同各法律援助站、法律援助联络员的业务指导和监督。三是是领导重视、带头维权，实现法律援助法律效果与社会效果的统一，赢得广大群众的高度赞誉。全年的法律援助工作，以最短的时间、最低的成本、最大限度地为困难群众提供法律援助，

及时有效地维护贫弱群体的合法权益，进一步方便贫弱群体申请法律援助的需要，促进社会的和谐稳定。全年，全县法律援助共完成2416人次，占市目标任务的210.09%，增长2.85%，其中办理法律援助案件318件，接待来访咨询1551人次，来电咨询229人次，为受援人避免和挽回经济损失493万余元。

【社区矫正和安置帮教】2016年，把刑释解教人员安置帮教工作纳入社会管理创新的一项工作，把安置帮教工作列入各乡(镇)年度综合治理工作的考核内容，通过签订安置帮教责任书，健全工作机构，建立安置帮教工作例会、跟踪走访等制度；开展省《社区矫正实施细则》培训，提高全县社区矫正工作队伍的业务素质和工作能力。全年，共接收社区矫正服刑人员711名，解除矫正521名，至年末在册社区矫正服刑人员190名，接受委托调查53件；开展社区矫正业务培训4次，培训120人次。进一步规范落实司法e通，开通率100%，至年末在册刑释解教回归人员655名，安置率100%，帮教率100%，重新违法犯罪率0，脱管率0。

【司法队伍建设】 一是抓学习，学习贯彻中共十八大、十八届四中全会精神，紧密联系各项创建工作，深入开展宣讲教育，增强进取意识、机遇意识、责任意识，同时深化党的群众路线教育实践，加强宗旨意识、群众观念和群众路线教育，安排党员干部深入基层、深入群众，充分发挥司法行政在法制宣传、法律援助、人民调解、律师公证、法律服务等职能优势，广泛收集群众的意见和建议，了解群众的所思、所想、所盼，在感同身受中不断增进同人民群众的感情。二是带队伍，坚持"一把手带动领导班子、领导班子带动一般干部、党员干部带动广大职工"模式，严明纪律作风，不断强化领导干部的政治纪律、党性观念、民主原则、用人准则的教育，严格遵守"集体领导、民主集中、个别酝酿、会议决定"原则，定期召开局长办公会议和干部职工大会，切实增强领导班子合力。三是建制度，以提升群众满意度为目标，以解决群众关心的作风效能突出问题为重点，进一步修订完善现有工作制度，《筠连县司法局效能考核办法》《提高党风廉政建设工作满意度公开承诺书》涵盖机关干部、基层司法所人员的日常考勤、纪律规定、考核奖惩、资产管理、效能评分等方面。四是强培训，根据司法行政队伍和法律服务工作者的人员构成，采取分级、分层、分类施教，重点强化法律法规、业务知识、工作技能的培训和专题讲座，提高干部职工的业务能力和水平，促进公平、理性、平和、规范执法，努力打造一支高素质、高业务水平的法律服务队伍。

【司法对口帮扶】 一是配优帮扶干部，做好结对帮扶。指派副局长担任扶贫工作队队长，保障第一书记2/3的驻村工作时间和提供交通便利支持，要求高坎乡红旗村不脱贫、扶贫户不达标，工作组不撤出。选派20名相对熟悉农村、工作能力强的干部结对帮扶，每名干部帮扶1名贫困户，进行"一对一"帮扶，并送每户2包春耕肥料，做到责任到人。二是强化组织领导，投入扶贫资金。县司法局召开7次党组会，专题研究对口帮扶计划。成立扶贫工作领导小组，制订帮扶方案和计划，确保组织到位、制度到位。全年县司法局划拨2万元作"法治红旗"创建补助，捐款2万元用于花山村"摘帽"的特殊救济，划拨五星村调委会规范化建设资金5000元。

（袁旷）

社会团体

筠连县总工会

【工会规范化建设】 2016年，县总工会继续深化工会标准化建设，深入推进乡（镇）"六好"[即乡（镇）工会组织党委政府重视支持好、组织网络建设好、履行基本职责好、指导帮助基层好、服务职工群众好、围绕中心开展工作好]、社区"五优"（即社区工会组织建设优、促进发展优、权益维护优、活动开展优、服务职工优）工会工作。一是打造规范化基层工会组织，以乡（镇）为重点开展"标准化建设"先进工会和"职工之家"的建设，每个乡（镇）规范化建设验收后给予3万元补助，大雪山镇工会通过验收。二是社区"五优"工会建设，注重与示范社区建设、职工书屋建设有机结合，对照"五优"标准，重点打造城南社区、中城社区、镇舟兴徙社区、塘坝川丰社区等示范典型社区，在建中。

【经济技术创新】 一是扎实开展"促进转型升级"活动、"建功十三五，争当主力军"系列活动，以争创"五化五强班组"和创建"工人先锋号"为基础，开展全县劳动竞赛活动。组织焊工、钳工、电力调度、农电工等工种参加市第四届劳动技能大赛。以技术创新为主题，引导广大职工开展技术创新活动，成功打造筠连县"冬青御品"科技有限公司高技能人才创新工作室。二是组织职工围绕供给侧改革，突破企业发展瓶颈，开展劳动竞赛、技术攻关、技术协作、节能减排、合理化建议等活动，企业参与面95%以上，职工参与面98%以上，提出合理化建议171条，采纳87条。女职工中开展素质提升建功立业活动，引导女职工树立新观念，学习新知识，掌握新技能，打造新形象。

【劳模关爱】 五一期间，组织开展庆祝五一暨劳模"大走访、大宣传、大学习"活动。开展劳模集中走访慰问活动，动态化掌握劳模信息；开展"四进四讲"劳模宣传，多形式、多渠道、全方位广泛宣传，营造劳模宣传良好氛围。加大劳模服务力度，安排专人并拨付专项资金在县中医院为全县在职及退休劳模免费体检。组织4名市劳模参加市总工会的疗休养活动，做到劳模资料管理工作动态化、规范化、系统化，及时做好劳模慰问金发放，全年发放劳模慰问金10万余元。

【工会"两个普遍"落实】 2016年，按照"组织起来，切实维权"要求，开展会员入会工程，全年新发展工会会员11900人，其中农民工会员11300人。引导企业在组建公司时筹备建工会事宜，全县企业建会率100%，建立同等基层工会经审委员会和女职工委员会。在审批新成立的工会组织时要求各基层工会建立经费审查委员会、女职工委员会和劳动保护监督机构。

【工会"四季送"活动】 一是元旦、春节期间，看望和慰问劳动模范、先进工作者、环卫工人等一线职工，为515名困难职工发放慰问金32.59万元。二是"就业活动月"活动，共举办"春风行动"现场招聘会、夏季企业现场招聘会4场，有600余人达成意向性协议。三是开展夏送清凉活动，先后慰问环卫工人等一线职工和农民工、检查劳动安全保护情况，送上防暑用品，发放工会维权卡等资料。四是开展金秋助学活动。电话回访上年及以前受助金秋助学学生，搭建深度助学"微Q话"平台。筹措资助金22.37万元，资助困难职工和农民工家庭大学新生99名。六一，开展关爱留守儿童活动，为77名困难农民工子女送上六一儿童节的礼物和祝福，关心农民工子女。

【工资集体协商】 贯彻落实《宜宾市企业工资集体协商提质增效工作计划(2014–2017)》，提高工资专项集体合同的实效性和履约率。一是打造县自来水公司、四川西南水泥有限责任公司、塘坝乡农家乐行业作为全县工资集体协商工作的示范企业（行业），以典型引导其他企业开展协商，其中巡司镇区域性工资集体协商示范点受到省、市总工会肯定并推广。二是开展工资集体合同的续签、补签，全县签订工资集体专项合同77份，覆盖企业352个，涵盖职工18900人。三是开展工资集体协商职工满意度测评，共收到满意度测评调查问卷268份，有效掌握工资集体协商协议落实情况。

【三方协调机制】 2016年，积极推进工会与政府联席会议制度、劳动关系三方协调制度。一是推进工会与政府联席会议制度、劳动关系三方协调制度。县委专题听取群团工作汇报2次，政府召开群团联席会2次、多次召开劳动关系三方会议。二是加强对群团工作领导，构建党委领导、政府支持、工会运作、职工参与、规范运作、社会协同的社会化维权工作格局。三是解决乡（镇）、机关专兼职群团工作人员政治经济待遇。四是优先解决群团办公场所，把职工活动阵地建设确定县重点工程项目。

【工会“七五”普法】 一是协同多个单位，开展街头宣传7次，发放《中华人民共和国劳动合同法》《女职工劳动保护特别规定》等法律法规2万余份。二是继续贯彻落实县总工会《关于在工会干部和职工中开展法制宣传教育的第七个五年规划的通知(2016–2020年)》，加强“七五”普法教育。三是开展辖区工会干部法律知识培训班。利用市总工会开办法律知识培训班契机，统一培训乡（镇）工会干部，提升全县工会干部队伍的法律知识素养。四是开展农民工法律培训。在农民工电子商务职业培训中，开设法律课，发放《中华人民共和国劳动法》《中华人民共和国社会保险法》等小册子400余份。五是参与县劳动行政部门开展的劳动保障监察活动，多次参与劳动保障监察部门开展的联合检查。

【职工法律援助】 2016年，县总工会把职工法律援助经费列入工会预算，进一步完善法律援助中心工作人员职责、职工法律援助案件审批程序、职工法律援助经济扶助标准等制度，法律援助覆盖全县18个乡（镇）和22个系统、联合工会及企业工会，整合工会律师团等专业力量，推动企业特别是小微企业落实劳动用工相关规章制度，提示劳动关系风险，主动排查、化解劳动关系矛盾隐患，健全法律顾问委派制度，及时受理应当受理的法律援助案件，职工法律援助中心达标率95%以上。

【农民工工作】 一是抓好摸底排查，了解各地农民工务工、劳动合同签订及是否存在拖欠农民工工资等现象，做到底数清、情况明。二是在春节期间发放2万余份《农民工务工指南》《中华人民共和国劳动合同法》《中华人民共和国劳动争议仲裁法》等10种与农民工切身利益相关的资料，利用“春风就业行动月”活动，在乡（镇）开展就业招聘会。三是大力开展非法用工查处、追收农民工工资、劳动合同签订、社会保险参保等专项执法检查。全年共参与检查企业27户，其中建筑企业7户、加工企业3户、住宿和餐饮行业5户、其他用工单位12户；涉及劳动用工人数2967人，涉及被拖欠工资劳动用工人数1485人，涉及金额1404万元。四是开展农民工电子商务技能培训，项目帮扶资金规范合法有效使用。五是做好“农民工集中入会行动”工作，年末有11300名农民工入会。

【工会“职工书屋”“农民工文化驿站”建设】 按照市总工会关于建设“职工书屋”“职工（农民工）文化驿站”要求，建设县级“职工书屋”、农民工文化驿站，至年末，建成县级“职工书屋”10个、农民工文化驿站1个，其中筠连镇城南社区、筠连镇五凤村、腾达镇冒水社区3个职工书屋被市总工会评为市级“示范职工书屋”，腾达镇冒水社区“农民工文化驿站”被市总工会命名为市级“农民工文化驿站”。

【厂事务管理】 2016年，全县有181家企事业单位实行厂务公开工作，规范企事业行为，使企业法人加深对《中华全国妇女联合会劳动法》《中华人民共和国工会法》等法律法规的认识，增强法制观念，规范单位领导的从政行为，增强办事透明度，提高领导干部廉洁自律的自觉性，改善干群关系，促进全县党风廉政建设和民主管理。全县已建会公有制企业100%开展厂事务公开民主管理，职代会建制率达95%；非公企业厂务公开和职代会建制率均达、95%。积极推行职工董事、监事制度，全县国有企业工会主席进入企业董事和监事达到100%，非公企业职工董事、监事制度稳步推进中。

【工会法人资格登记】 一是加大宣传。大会小会都向乡（镇）系统工会介绍、培训相关登记工作及流程。二是把登记工作与回拨工会经费设立工会独立账户紧密结合，促进其进行登记。三是纳入对各基层工会工作年度目标考评范围，并组织基层工会开展组织机构代码办理和到银行开户等工作；四是利用开展“特惠”救助契机，明确规定基层工会要加入特惠救助活动，必须开展好独立工会账户，全面提升基层工会的独立账户开设率和法人资格证书登记率，基层工会法人资格登记率95%以上。

【工会经费财务管理】 一是认真贯彻落实“八项规定”，厉行节约、压缩三公经费。加强内控制度建设，健全“三级审批”、专项资金使用、公务费管理等系列制度，主动接受各级各类监督。二是召开经审全委会，审议通过县总工会上年决算、2016年预算草案并开展本级工会经费审计。对8个基层工会经费收支情况进行审计，提出审计意见和建议14条。开展2015年中央、省、市财政帮扶专项资金、送温暖、劳模“三金”自查，共73.33万元。

【工会干部培训】 一是重点开展新任工会主席培训，组织新任工会主席参加市总工会、省总工会组织的培训；开展新任基层工会主席培训，确保新任工会主席培训在半年内全部接受1次以上培训。二是组织工会干部参加全总工会、省总工会、市总工会组织的工会干部、工资集体协商指导员的培训工作。

【工会惠民帮扶】 一是开展困难职工档案清理。加强对困难职工档案的动态管理，开展建档困难职工入户调查工作。二是落实中央省财政、省总工会、市总工会专项帮扶资金、送温暖资金703850元，生活救助470人、助学救助168人、下岗失业人员再就业培训121人。三是开展“普惠”+“特惠”。把县级机关、乡(镇)、国有企业全体职工和村“三职”干部、部分非公有制企业职工纳入“特惠”救助活动，免收职工互助金；对15类大病分别给予1万-3万元的救助，对其他类重病和重大自然灾害造成的特殊困难，给予相应救助。四是开展职工医疗互助行动，为10个单位的150名女职工办理大病互助保险，为5名女职工办理大病互助赔付8万元，为3个单位94名职工办理住院医疗互助保险。

【工会脱贫攻坚】 2016年，县总工会筹措资金119450元，在腾达镇举办农民工技能培训和法律讲堂，参训人员121人，其中建卡贫困户农民工80人。围绕筠连“精准扶贫”总体部署，采用“扶贫+扶志+扶智”，通过技能帮扶、助学帮扶、医疗帮扶、就业帮扶、维权帮扶等，帮助建卡贫困户会员建立脱贫信心、增加创业热情。

【工会对口帮扶】 2016年，县总工会继续对口帮扶沐爱镇尧坝村。安排机动经费3万元用于尧坝村帮扶建卡贫困户，组织职工捐款3800元；补助尧坝村村活动室经费1000元，补助尧坝村“职工书屋”5000元。

（赖进霞）

共青团筠连县委员会

【团的基础建设工程】 一是强化团的自身建设。一手抓传统领域、一手抓新兴领域，一手抓组织覆盖、一手抓活力提升，探索方式，夯实基础，全面提升团的服务能力。全年新建非公企业经济组织团组织44个，新社会组织团组织3个，发展新团员2000余名。5月，召开中学共青团工作会，规范推优入团要求和程序，加强中学发展团员工作。组织召开共青团系统工作述职述评会，开展述职总结和相互评议，激发团干部的能力素质和责任意识，在全县共青团系统中营造争先创优的良好氛围。二是推进团的新媒体工作。推进共青团新媒体工作，提高团县委微博、微信在青年中的知晓率，把团旗插到互联网上、把共青团的工作和建设覆盖到网上、把共青团员的先进性和担当延伸到网上，运用“互联网+”思维，探索新媒体服务青少年新模式，推进“青年之声”平台建设，发动青年注册提问，提高平台运行活跃度，通过平台建设，促进团的工作理念、组织体系、运行机制、工作方法等方面改革创新。全年发布微博422条，发布微信418条。三是推进1+100团干部直接联系青年制度。明确1名团委书记直接联系100名青年，从“亮身份，树立联系渠道；促活泼，增强联系黏性；重倾听，关心青年诉求；办实事，助力青年成长；重引领，增强思维引导”五个方面确定每名专兼职团干部的工作职责。结合精准扶贫、创文创卫、志愿服务等开展系列线下活动，把平时线上联络转化为线下“面对面”，拉近团组织与青年的距离，提升共青团的号召力、凝聚力、影响力。

【青少年思想文化建设】 一是推进“五四”系列活动。开展纪念五四运动97周年主题团日活动、“践行核心价值观·凝聚青春正能量”艺术朗诵比赛、“展现青春风采，建设‘三个筠连’”青年职工登山比赛、筠州青年大讲堂等活动，凝聚青年思想、弘扬青年文化，以更加饱满的精神状态和工作热情为全县发展增添新动力。二是选树青年先进典型。开展“优秀共青团员”“优秀团干部”“优秀志愿者”“五四红旗团组织”“最美少年”评选，在广大青少年中形成倡导崇尚先进、学习先进、争当先进的良好氛围。通过树立和宣传具有时代精神的杰出青少年代表人物，引导激励广大青少年斗志昂扬、奋发向上精神，展示青年锐意进取的时代风采。三是加强青少年理想信念教育。学“雷锋月”活动中，开展以“保护母亲河”为主题的生态公益活动，组织动员广大青少年积极投身“三个筠连”建设，争做生态文明的实践者和推动者；清明节期间，号召各级团组织开展“缅怀革命先烈·传承民族精神”主题教育活动，激励团员青年继承和弘扬革命先烈的优良传统；助残日期间，以“关注孤残儿童，让爱洒满人间”为主题的助残宣传咨询，增强青少年扶残助残的社会责任感；纪念“一二·九”学生爱国运动，组织全县各中小学开展系列纪念活动，增强学生的光荣感、责任感和使命感。

【青年人才培养工程】 一是搭建青年就业平台。1月，举办“筠连县2016年就业创业政策宣传暨就业援助月春风行动”现场招聘会，涉及建筑、销售、旅游、酒店服务等30余家用人单位参加，提供就业岗位近400个。应往届大中专毕业生、下岗失业青年、农村进城务工青年、社会未就业青年1000余名参加招聘会，达成就业意向近200人。实施“逐梦计划”，募集到县乡政府机关事业单位和国有、私营企业岗位113个，帮助29名大学生参与实习。二是提升服务青年技能。3月，举办脱贫致富职业养殖技能培训会、绿色肉牛健康(生态)养殖技术培训会、名优特新畜禽无公害养殖技术培训会，为养殖户提供在养殖过程中需注意的事项和解决方法。4月，举办“携手创业·共筑未来”青年电商培训，邀请资深电子商务专业老师为电商创业者讲授店铺装修、运营、客服等技巧，让每个参训学员都有独立运营电子商铺的能力。12月，举办首届青年职工技能大赛，有97名青年职工参赛，通过现场角逐出各类别的前三等奖并颁发荣誉证书，引导和鼓励广大青年职工提高职业技能。

【优化青少年成长环境】以“5·12”防灾减灾日、“5·31”禁烟日、“6·26”禁毒日为契机，在青少年中开展应急知识、禁烟、禁毒宣传活动；联合县妇联、教育文广局举办“关爱青春·关爱女孩——女生课堂”知识讲座；联合乡（镇）团委开展青少年法制宣传教育，宣传未成年人保护法、青少年维权等方面的知识，及时调整预防青少年违法犯罪领导小组和未成年人保护领导小组。

【青春助困创和谐工程】一是助学工程，争取到“重啤宜宾”助学金1.6万元，资助学生8名；争取到“四川银行业扶贫慈善基金”助学金5000元，资助学生1名；争取到“栋梁工程”助学金10.1万元，资助学生30名；争取到“关爱基金”助学金1.8万元，资助学生9人。二是关爱活动，1月，启动“温暖守心·爱在冬日”关爱留守学生（儿童）活动。团县委通过线上和线下方式募集暖冬爱心物资市值近20万元，共帮助贫困留守学生（儿童）5000余名，发放冬季保暖靴、围巾、手套等暖冬物资3000余套，体育用品2000余套。联合县扶贫移民局、农商行，帮扶贫困村留守学生251名，每名学生获帮扶资金400元，为贫困学生温暖过冬提供保障。7月，启动“七彩假期·快乐童年”2016年暑期关爱留守儿童及贫困家庭子女志愿服务活动，共64支志愿服务队347名志愿者参与，覆盖79个行政村（其中61个贫困村全覆盖），为3000余名留守儿童提供专业、持续、有温度的志愿服务，填补留守儿童假期缺乏看管的监护空白，让留守孩子们度过一个愉快、健康、有意义的暑假。三是关爱载体。关爱阵地建设，新建留守学生之家5所，坚持开展关爱留守学生“四点半课堂”“七彩课堂”，对放学后的失管留守学生开展课业辅导、特长展示和文体活动。6月，举办“文化惠民，槐花飘香——关爱留守儿童文艺”演出，温暖留守儿童，拉近留守儿童与普通民众的距离，让广大市民主动参与关爱留守儿童行动。12月，举办“播撒法治阳光，关爱儿童成长”文艺演出，为留守儿童的健康成长架起爱的桥梁。

【青年志愿者行动】春运期间，开展“青春志愿行·温暖回家路”春运志愿服务活动，为出行、返乡的旅客提供旅客引路、搬运行李、提供免费热水、便携充电等服务。“3·5”学雷锋活动日，召集志愿者开展“争当雷锋精神传人 弘扬社会文明新风”为主题的志愿服务活动，通过集中宣传、文明劝导、服务环保等，引导青少年献爱心，用实际行动体会雷锋精神。高考期间，开展“爱心助考”“爱心送考”志愿活动，为广大考生发放考试用品、饮用水，为高考助一臂之力。“12·5”国际志愿者日，开展“依旧暖人心，寒冬不寒冷”志愿服务主题活动，组织志愿者到巡司镇、高坎乡、孔雀乡开展扶贫志愿服务活动。

【参与社会治理工作】2016年，联合县体育局开展“全民健身跑”活动，让广大青少年树立“体育就是生活，健身就是健康”的理念，积极培养科学文明健康的生活方式。加强群团中心建设，完善县群团组织社会服务中心职能职责，做到中心规范化、长效化运行，构建起“大群团”工作格局，发挥好中心作用，有效参与社会治理。

（罗惠文）

筠连县科学技术协会

【全民科学素质纲要实施】2016年，县科协继续抓好《全民科学素质行动计划纲要》的实施，把科普工作纳入县委县政府目标考核，科普专项经费按人均不少于0.8元预算，对所有实现全方位、全覆盖设置网络书屋。加强科普网络书屋建设运用与管理，与媒体合作，利用报刊、广播、电视开展科普宣传，与县教育文广局、规建城管局合作在筠连电视台、玉壶公园电子屏幕每天播放“科普大篷车”节目。

【科普“站·栏·员”建设】一是协同县教育文广局在筠连有线电视台黄金时段播放“科普大蓬车”节目，涉及农业技术、科学养生、节约能源等，由科协定期提供。二是改善公民科学素质建设，在双腾镇等乡（镇）的11个村开展科普惠农兴村“站、栏、员”建设，完成市科协下达目标；在筠州文化广场、玉壶广场、筠连镇5个社区、筠中河滨道200米长的科普画廊更换3次科普内容，在乐义乡、双腾镇、塘坝乡新建永久性科普宣传栏3个、科普活动室12个、科普图书室20个，利于农民获取农业科学技术、市场信息，科普宣教功能更强大。

【“基层科普行动计划”实施】一是组织开展“基层科普行动计划”“科普示范社区”活动，筠连镇中城社区被中国科协、财政部授予2016年“基层科普行动计划”科普示范社区称号，沐爱镇兴隆植物生态园协会被四川省科协、财政厅评为2016年科普惠农先进单位，筠连镇玉壶社区被四川省科协命名为2016–2017年四川省科普示范社区。二是协会发展，新建“筠连县武德乡凉风洞生态种养殖协会”“筠连县养牛协会”，新增会员125人，年末累计有各类协会44个、会员3.75万人，共带动18.6万人。三是开展“讲、比”、咨询、建家等活动，举办实用技术培训班5期、培训500人。四是“金桥工程”项目，完成市科协任务2项，其中《“醒世甘红”特色红茶新产品研发与推广应用》《出口红茶提质增效关键技术研究与产业化示范》2个项目被省级立项。

【群众性科普活动】2016年，组织开展“‘科技之春’科普宣传月”“科技活动周”“全国科普日”等活动。1月19日，联合县消防、防邪、妇联等10家单位在新华大道开展以“消防安全、拒绝邪教、健康义诊、新春送福”为主题的迎新春活动，发放科普法律资料、日历挂图等1000余份。3月4日，联合县经信科技局、农业局等20个部门在新华大道开展“科技之春”科普月活动，围绕“创新驱动发展、科技富民惠民、建设绿色筠连”主题，发放科普资料1万份。3月8日，联合县妇联、防邪、中城社区在筠州文化广场开展庆“3·8”妇女节活动，发放法律宣传资料，引导妇女保障自己权益。9月21日，“全国科普日”活动在武德乡中心校开幕，全县各乡（镇）、部门及学校以“创新放飞梦想、科技引领未来”为主题，开展“流动科技进校园”“科技扶贫进农村”“科普惠民进社区”“科普大蓬车”等，丰富广大群众的文化生活，提高全民科技和文化水平。

【青少年科普活动】 9月21日–10月12日，与县教育文广局联合主办的“2016年筠连县‘体验科学·启迪心智’全民科学素质教育流动服务”活动在双腾镇中学、景阳中心校等5所学校巡展，相关部门领导及科技志原者70余人参加活动，累接待学生5200人次，收到学生优秀观后感25篇，推荐报市科协。组织开展青少年科技创新大赛，参加以“创新·体验·成长”为主题的市第31届青少年科技创新大赛，巡司镇中心校《认识筠连苗族刺绣技艺传承民族优秀传统文化》获省一等奖；获市级一等奖1项、二等奖3项、三等奖10项，县科协、教育文广局获市优秀组织单位，肖琦等8名辅导老师获青少年创新大赛科技项目指导奖和优秀科技教师奖。6–11月，在市第32届青少年科技创新大赛中，获市级一等奖4项、二等奖3项、三等奖10项，余正才等14名辅导老师获青少年创新大赛科技项目指导奖、优秀科技教师奖，县教育文广局、科协获优秀组织单位。

【科技扶贫攻坚】 一是精准扶贫科技培训会，4月12日，省、市科协在县会议中心举办，特邀科研院校专家、土专家、银行专业人员授课，省市科协、县委县政府领导出席会议，各乡（镇）分管科协领导，各畜牧水产站、林业站负责人、创业青年科技人才代表、部分县级部门主要领导及业务人员、61个贫困村支部书记和县委组织部下派“第一书记”，各农村专业技术协会、科普示范基地、科普带头人，各类专业种养殖户共300余人参加培训。二是县科协与县邮储银行开展“银协合作贷”，结合农业、农村、农民对金融服务的需求，“银协合作贷”发放419笔贷款4400万余元，为农户办理贴息资金3万元。三是引进和推广农业新技术新品种，引进山东菏泽市“凤丹”油用牡丹种植在大雪山镇高峰村实施。

（费丽）

筠连县妇女联合会

【妇女素质提升行动】 2016年，县妇联以强化科学、文化、法律法规知识和妇女“自尊、自信、自立、自强”精神的宣传教育，提升妇女素质。一是组织县妇儿工委成员单位，开展“三八维权周”集中普法宣传咨询活动，发放法制资料2万份。二是开展妇女创业就业职业技能培训：1.举办农村贫困妇女电子商务和实用技术培训，举办培训班，来自贫困村64名妇女学员参加以农村种养殖技术、农村电子商务、家庭文明建设等的培训；2.举办老区农村妇女实用技术培训，开办“乡村旅游与农家乐经营管理培训班”“肉牛母牛养育技能培训班”，共培训农村妇女240余人；3.举办电商培训班，与县电子商务培训中心联合举办电商培训班4期，培训妇女480人；4.与县就业局联合开展创业就业培训3期，培训女性46人。

【巾帼建功行动】 一是通过开展宣传、评比、表彰等活动，深化富有女性特色的“双学双比”“巾帼建功”等活动，加强对城乡妇女的技能培训，加大对家庭农场、专合社、农村电商、小微企业等指导力度。全年新建双腾镇曹岭村简阳大耳羊养殖基地、巡司镇沙林村春鑫养殖合作社、双腾镇酸草村大洞坪家庭农场3个妇女居家灵活就业基地。二是持续开展“巾帼建功”活动，引领妇女积极投身经济新领域、新业态，鼓励知识女性积极参与创新创造，立足岗位，巾帼建功。全年表彰“巾帼文明村”3个、“巾帼建功”先进个人9名。三是推进“巾帼脱贫行动”，落实抓宣传教育、强技能培训、重疾病防治、聚社会力量等措施，帮助妇女树立“我要脱贫”意识，提升脱贫能力和本领，动员社会组织和爱心人士为贫困妇女儿童做好事、办实事、解难事。四是联合县人社局、工商联等单位开展“现场招聘”“送岗位”活动，县内30余家企业提供岗位400多个，为160名妇女找到满意的工作。

【巾帼维权行动】 一是参与社会大调解，发挥“县反对家庭暴力投诉站”“县妇女儿童法律援助站”等维权作用，为来信、来电、来访的妇女儿童提供情感疏导、法律咨询、法律援助服务，引导妇女依法合理表达利益诉求。二是加强源头维权，突出个案维权。发挥人民陪审员中妇联干部的作用，参加法院陪审侵害妇女儿童合法权益案件5件，维护妇女儿童合法权益。三是完善社会化维权协调机制。发挥“县婚姻家庭纠纷人民调解委员会”作用，依托建立在乡（镇）司法所的婚姻家庭纠纷调解中心，为广大妇女做好婚姻家庭纠纷调解工作。

【幸福家庭行动】 县妇联在县委领导和省、市妇联指导下，联合相关单位，在全县开展“传承良好家风，营造幸福和谐”为主题的寻找“最美家庭”活动。一是向全县发出题为《扬起家庭的风帆，朝着和谐幸福出发》的家庭建设倡议书1万余份。二是播出宣传片、张贴宣传画、设置宣传栏，召开基层妇联组织动员会，提升寻找“最美家庭”活动知晓率，实现寻找“最美家庭”活动村（社区）全覆盖。三是指导基层妇女组织在“妇女之家”举办家教、家风大讨论活动。把寻找“最美家庭”与“好公婆”“好儿媳”“好子女”等评选活动相结合，通过自荐、互荐、群众推荐，7月中旬，产生全县“最美家庭”候选家庭36户，审查候选家庭遵纪守法情况，评选出以钟志文、杨文全为代表的县级最美家庭8户。四是开展“母亲课堂·最美家庭讲好家风”宣讲活动，组织“母亲课堂”讲师团到乡（镇）、村（社区）、学校开展宣讲，传播“孝爱亲和廉”家庭美德和优良家风家教，宣讲传统美德、文明家风、法律法规、爱心奉献等，推动家庭文明建设。五是开展家庭教育、早期教育宣传培训和阵地建设。以示范家长学校为阵地，加大全县家庭教育工作指导力度，组织推广丰富内容的家教“空中课堂”，有效推动家教知识的普及，为广大家长树立科学家庭教育理念，经过宣讲家长们认识到科学育儿的重要性，充实家长们育儿知识。

【妇联强基固本行动】 2016年，全县建立有18个乡（镇）、243个行政村、14个社区的妇女组织，妇联组织工作面进一步拓展。一是坚持党建带妇建，妇联组织得到巩固和发展。全县18个乡（镇）、243个行政村、14个社区的妇女组织健全、妇女干部配备到位，服务功能齐全，村（社区）“妇女之家”组建率100%。二是组织全县村（社区）妇联组织进行改建工作。10月底，县妇联对改建组织各乡（镇）妇干系统培训，并在每个乡（镇）选出一个村进行试点，县妇联到乡（镇）进行现场指导。通过改建，引领妇女群众参与基层公共服务、基层民主自治，发挥村（社区）基层妇联组织联系凝聚服务妇女群众的作用。至年末，全县村（社区）妇联组织改建工作有序推进中。

【妇联惠民行动】 一是组织青春期教育讲座，针对县境已发生的多起未成年女生被骗被拐案件，县妇联组织教育文广、公安等6家单位，在县职中举办“女生课堂”讲座，通过生动的案例让参加讲座的400多名女生学到法律知识，在是非对错面前也能理性分辨，远离危害。二是举办“远离新型毒品，健康成就未来”讲座，联合双腾镇派出所，在双腾镇中心校举办“禁毒”专题讲座1次。三是开展“关爱留守儿童，共建和谐社会”活动，全年招募56名巾帼志愿者担任留守儿童“代理妈妈”，与新增贫困留守儿童代表结成亲情对子，发放慰问金16000元、书包文具等物品折价4000元。四是暑期期间，联合团县委组织64支志愿者服务队，大学生志愿者347名，到79个行政村，为3000余名留守儿童举办兴趣培训，让孩子们度过一个快乐的暑假。

【妇联举办活动】 3月4–6日，县妇联组织的“筠连县第十九届‘巾帼杯’门球赛”在玉壶公园门球场开赛，有14支队伍参加。3月，联合县总工会、团县委、体育局共举办筠连县“庆三八——青山绿水杯”女子乒乓球比赛。6月，联合团县委、民政局、教育文广局等单位，在全县开展“关爱留守儿童，共建和谐社会”活动。9月，联合县残联、筠连百姓网等组织，以及由社会各界妇女、爱心人士组成的巾帼志愿者队伍，到联合苗族乡开展“迎中秋、庆国庆，关爱残疾人”活动。

【妇联对口帮扶】 2016年，县妇联继续对口帮扶大雪山镇高峰村，通过各种途径向高峰村贫困户捐助现金和物资折价共2.4万余元。加大产业扶贫力度和基础设施建设，指导高峰村种植红花大油茶53.3公顷、白芷13.3公顷，新建便民路13千米、新建村道公路5.8千米，完成危草房改造9户、完成“三建三改”30户。

（罗静）

筠连县工商联合会（商会）

【工商联概况】 2016年，筠连县工商业联合会（以下简称县工商联）有执委55人、常委37人，基层分会和行业分会9个，其中区域分会4个（巡司镇分会、沐爱镇分会、落木柔分会、塘坝分会）、行业协会3个（人力三轮车协会、蜂窝煤协会、煤炭工业协会）、驻外分会4个（浙江省柯桥四川商会、上海市筠连商会、重庆市筠连商会、北京市筠连商会、成都市筠连商会）。

【工商联换届选举】 5月，与县委组织部、县委统战部组成2个考察组，对提名为第十届工商联执委候选人、在外经商的非公经济人士进行组织考察，考察组赴北京、江苏、浙江等地共考察在外经商人士10名，选拔一批思想政治好、企业经营好的非公人士加入工商联组织。6月21日，筠连县工商业联合会（商会）第十次会员代表大会在县会议中心召开，全县各行各业的120名非公经济代表参加，圆满完成各项会议议程。县政协副主席、县工商联主席、县商会会长叶宗勇代表工商联第九届执委作《紧扣中心、服务大局，努力推动工商联再上新台阶》工作报告。市政协副主席、市工商联主席、总商会会长王力平讲话：过去的4年，筠连工商联带领非公有制经济人士为全县经济发展，社会和谐做大量的工作，一是思想教育有力度，二是参政议政有成效，三是组织建设有加强，四是精准扶贫有作为，五是推动发展有贡献。县委副书记陈良云代表县委、县政府，对县工商联第十次代表大会的胜利召开表示祝贺，并作讲话。大会选出县工商联主席1人、副主席15人、秘书长1人、执委21人,选出商会会长1人、副会长17人。

【帮企业解困】 认真履行"上为县委、政府分忧,下为筠商、外商解难"的职责。在G20峰会前期,县工商联、县政法委、县国安办共赴江浙一带走访"筠商",与上海、苏州、浙江、柯桥的"筠商"座谈,深入企业调查研究,做好企业的国保、稳定工作。3月,在筠连生产销售的浙江籍茶商,发货发错对象,心急如焚,县政府主要领导、联系领导,政协主要领导要求工商联协调配合,务必挽回浙江籍茶商的经济损失,县工商联积极协调公安、物流公司,耐心向物流公司讲解发货错对象,将承担的法律责任。浙江籍茶商30多万元的茶叶终于追回。5月,浙江籍茶商在茶叶收购中,受到非法阻工,直接影响筠连的环境兴县、招商引资的形象,县政府主要领导、联系领导、县委分管领导要求县工商联立即调查了解、协调配合、解决问题。县工商联立即到浙江籍茶商生产地、所在村组、镇政府、派出所调查研究,掌握第一手资料,运用法律的思维,提出解决办法,得到县领导认可。通过与县公安、镇政府、镇村组干部沟通协调、座谈磋商,公安依法处置违法阻工,理顺茶商、村组干部、镇政府的关系,使浙江籍茶商的生产得以正常恢复。一个在云南的"筠商"企业发展中存有质疑,通过四川省云南商会向县委、县政府传递信息,认为其在相关部门、乡(镇)的政策没有得到落实,并扬言向省政府领导汇报。县委、政府主要领导要求县工商联立即调查了解,与相关部门配合,妥善处理。县工商联随即主动与市工商联联系,得到市工商联的大力支持,市工商联通过省工商联,与四川云南商会取得联系,实现县委、县政府与四川云南商会的对接,通过多次沟通、洽谈,终于消除误会,不存在政策不落实的情况,消除企业在发展中的疑虑,放下包袱。

【调查研究、参政议政】 2016年,县工商联到县境的茶叶企业、建筑企业、餐饮企业等部分民营企业调研,撰写出"如何打造'筠连水粉'报告""如何打造'筠连地方名小吃'报告"等调研文章,得到县委、县政府领导重视,并提交经济界讨论。参与县政协组织的创建全国卫生县城、环境兴县等专题视察调研活动。主动与县人大、县政协等加强沟通协调,做好非公有制经济代表人士政治安排的推荐,对提名的政协委员候选人考察测评,推荐优秀非公企业人士参政议政。

【协调民营企业劳动关系】 2016年,积极与县工总会、劳动人事争议仲裁委员会、就业局配合,协调好企业劳动关系,组织开展民营企业招聘活动2次,提供上100个就业岗位,参加招聘1000人次以上。

【成都市筠连商会成立】 12月,在县委、县政府领导下,经过多方努力,成都市筠连商会在成都成立,为在成都的"筠商"建立一个"家"。正在筹建"海南筠连商会""景德镇筠连商会"等。

【商会会员扩大】 2016年,继续优化和培养会员结构,重点在中小微型企业经营者中培养会员,确保会员总数逐年扩大,建成一支数量充足、素质优良、结构合理的非公有制经济代表人士队伍。建立完善民间商业组织,建立行业经济协会、商会,维护企业的利益,使企业能在同行业中相互交流、相互沟通、相互支持、相互学习。

【新筠商网络、微信的建设管理】 县工商联率先在全市建立的"新筠商"网络和微信平台已运行近2年,受到企业家、领导、干群的好评,县政府、政协、主要领导、县相关领导加入微信群。企业家的建议、非公人士可直接与县领导进行交流、随时反映心声。9月,与县妇联联合,召开县女企业家座谈会,县长刘朝平、县政协主席黄静、县委常委雷敏出席座谈会并讲话,鼓励女企业家们通过技术创新、管理创新、项目储备等推动企业更快更好的发展,为成立"县女企业家协会"打基础。与县妇联共建"筠连女企业家"微信平台,制定相应管理制度,体现网络平台的统战性、经济性、民间性,及时弘扬正能量、抵制不良倾向,使之成为企业家与县委、政府连接的桥梁和纽带,充分反映企业家心声。

【帮助企业家提升管理】 2016年,通过"请进来""走出去"的形式,继续加强民营企业家对企业管理水平、企业品牌提升的学习交流。5月7日,组织民营企业9人参加成都环球会展中心举办的"创新升级、香港博览";8月10日,组织民营企业7人参加宜宾举办的"中国彼得·德鲁克管理论坛";12月29日,组织民营企业7人参加在宜宾举办的"宜宾中小企业逆势成长的领袖论坛"等活动,使筠连民营企业在管理和视野上得到一定的提升和扩展。

【"筠商"结对帮扶】 县工商联通过组织和动员"筠商"与贫困村、贫困户的精准对接,贫困户与帮扶"筠商"建立利益共同体,确保贫困户包盈不包亏,稳定增收,努力实现贫困村、贫困户脱贫。鼓励和引导"筠商"对贫困村、贫困户开展帮扶,提高当地贫困人口收入。至年年末,"筠商"累计捐款捐物70万元以上,对61个贫困村开展帮扶,辐射带动贫困户8740户。

【工商联对口帮扶】 2016年,县工商联对口联系孔雀乡新沟村。一是帮助新沟村做好攻坚脱贫发展规划,完善村支两委对28户贫困户的帮扶责任制度。二是对帮扶贫困户进行智力、资金的帮助。全年,县工商联从办公经费中挤出7000元,用于村办公室及贫困户的懒、散治理。为2户贫困户购买2头仔猪、50只小鸡进行饲养，贫困户家中环境卫生大为改善。

【协助招商引资活动】一是“筠商”名片打造，加强与浙江柯桥四川商会、北京筠连商会、上海筠连商会、重庆筠连商会等异地商会的联系，打好“筠商”名片。二是协助民营企业参展，与县投促局等配合，组织民营企业参加各类产品展销会，打造地方产品品牌，帮助企业扩大市场，扩大生产规模。三是宣传招商引资，加强与异地商会、各地“筠商”人士的联系，宣传引导“筠商”回乡创业或引荐外地商人到筠连投资发展。

【为企业、市民服务】一是整合“12345”资源，配合政务中心做好“12345”市民群众服务平台工作，为群众解难、为政府分忧，达成高效便捷、管理规范、群众满意的工作机制。对“12345”市民反映的热点、难点，与政务中心一起，召开部门会议，相关部门主动、亲自上门了解，做好解决工作、化解市民的思想矛盾，树立良好的政府形象。二是对企业法律风险评估与规范、经济纠纷、劳动合同、企业维权开展法律咨询服务，得到县委、县政府高度重视。为主要领导拟写讲话稿，积极与县政法委联合召开全县政法系统为非公经济服务座谈会，县公安、检察、法院、司法部门的主要、分管领导参加，县委书记王萍、县长刘朝平、县委政法委书记詹立出席并讲话，要求工商联与公安局、法院、检察院、司法局建立对接新机制，为非公经济人士做好法律服务。

（蒋新荣 李梅）

筠连县残疾人联合会

【量服工作】2016年，残疾人工作全面开展“量体裁衣”式残疾人服务，针对不同类别的残疾人自身特点开展个性化服务。至年末，全县录入平台残疾人总数15505人，个性化需求数15505人、个性化服务落实数15505人，提供个性化服务128681项次，人均落实8.99项次。

【残疾人民生工程】2016年，投入资金296万余元，开展残疾人民生工程项目，实现城乡残疾人居家灵活就业4517人、农村贫困残疾人扶贫解困540户、“阳光家园”居家托养311人、救助贫困家庭脑瘫儿童75人、适配贫困残疾人辅助器具600件、救助贫困家庭重度听力儿童6人、残疾人家庭无障碍改造110户。

【残疾人体育】2016年，组织运动员参加市第三届残疾人运动会，编制“筠连代表团参加宜宾市第三届残疾人运动会实施方案”，经筛选、集训，派出43人组成的代表团参赛，共获5金、8银、13铜和体育道德风尚奖。

【残疾人政策宣传】在“5·15”全国助残日、“12·3”国际残疾人日及其他重大节日上，通过咨询、义诊、组织座谈会、上门慰问、制作专题片等方式，宣传有关法律法规和残疾人优惠优待政策，开展向贫困残疾人、向受灾残疾人送温暖慰问活动；印制发放《筠连县残疾人学习读本》1000册，让每位残疾人了解其最迫切、最需要关心的政策、相关法律法规。

【残疾人康复扶贫】2016年，按照“分类救助”原则，“人人享有康复”目标，对各类残疾人进行分类登记、分类救助，选定康复协调员100名，为残疾人康复服务。全年，共救助贫困家庭脑瘫儿童73人，其中康复训练15人、配置辅助器具58人；为贫困肢体残疾人免费适配假肢10人，选送6名聋儿到市语训中心康复培训，为6名残疾人验配成人助听器，为20名残疾人儿童验配助听器；实施精神残康复救助项目，补助贫困精神病患者住院医疗13人，贫困精神病患者免费服药20人；组织40名视力残疾人在县城盲道进行定向行走训练，为贫困残疾人免费配发辅助器具1047件；补助10名符合条件的残疾人假肢适配；补助20名符合条件的精神病患者，补助标准由每人每年900元提高到2000元。

【残疾人教育】2016年，实施“温暖工程”助学项目，惠及400余名在校中小学、大专院校的残疾学生，发放助学补助金4.97万元；资助大学残疾新生5名，每人给予3000、4000元入学补助，补助共1.7万元；资助残疾儿童73人，对县特教校在校聋哑、智力残疾学生实现学杂费、吃住全免费；补助学校办学经费9.8万元，其中县特教校3万元。

【残疾人就业】一是扩大残疾人就业，帮助残疾人居家灵活就业，以个体就业、庇护性就业和从事家庭手工业、种植业、养殖业等形式，全年实现城乡残疾人居家灵活就业7818人。二是残疾人培训，举办盲人保健按摩师、残疾人电子商务、肉牛养殖、乌骨鸡养殖等培训班，培训残疾人180余名，让残疾人掌握技能。三是建立实习基地，借助筠连赵氏康复理疗院平台，建立全市首个残疾人按摩理疗培训实习基地，帮助更多有需求的残疾人掌握理疗、针灸、电疗、按摩推拿等实用技能，促进就业。四是严格征收残疾人就业保障金，提高保障金征收基数，配合县财政局、地税局，加大残疾人就业保障金的征收力度，全年征收残疾人就业保障金共315万元。

【残疾人工作】一是目标考核，把残疾人工作纳入县政府目标管理考核，实施对乡（镇）残疾人工作目标设定和考核办法。二是信息公开，健全残联政务公开信息平台，及时发布政务信息，同步建设筠连残疾人联合会网站，向社会公开重要工作、信息。三是兑现补贴，执行县政府《关于进一步加强和规范基层残疾人组织建设的实施意见》，全面兑现乡（镇）、村社区专职委员人员，补贴标准每人每月 100 元。四是内部管理，制发《残疾人目标绩效奖金考核方案》《计划外用工人员和公益性岗位用工人员工作标准实施办法》，鼓励先进鞭策后进，调动职工积极性，提高为残疾人服务的意识。五是出台方案，12 月 23 日，以残联名义代县政府拟草并印发《筠连县加快推进残疾人小康进程实施方案》，为残疾人加快走上小康之路提供政策保障和措施保障。

【残疾人维权援助】 一是维权建设，按县残联－县级部门（乡或镇）－县残联的工作运作模式（即县残联专人接件，及时处置残联可以处置的维权诉求；对部分不能处置的，及时与相关部门或乡镇联系，共同商讨处置方式；县残联将处置意见转告诉求残疾人，并协助相关部门落实），缩短残疾人的诉求解决时间，提高维权服务效率，县残联落实维权工作机构和工作人员。二是来信来访，共接待来信来访 200 余人次、法律咨询服务 30 人次，对所有来访人员耐心解答问题，发放《残疾人学习读本》，让其了解相关政策、有关法律咨询，转介到法律援助中心，为来访人员解决实际问题。三是执行补贴政策，按照《筠连县残疾人优惠优待实施办法》，为符合享受政策条件的残疾人发放各种补贴，如“阳光家园”居家托养、重度残疾人护理费用补贴等，做到应发尽发，让残疾人优惠优待政策走上制度化轨道，优惠优待政策更加贴近残疾人。

【残疾人综合服务中心建设】 县残疾人综合服务中心集残疾人康复、教育、培训、就业、文体、信息交流和办公为一体，配备适合残疾人身体障碍的特殊设施和备，能为残疾人提供各种康复服务和无障碍服务等功能。项目 2015 年启动建设，工程建设正有序推进。

（蒋红英）

筠连县社会科学界联合会

【社科概况】 2016 年，筠连县社会科学界联合会（以下简称县社科联）围绕县委县政府中心工作，以“真求实、重创新、善谋划、求到位”的社科理念，发挥好县社科联“思想库”“智囊团”作用，主动服务、创新载体、扎实工作，主要开展哲学社会科学理论研究、政策理论学习研究、社科课题立项申报、社科知识宣传普及等工作。

【社科活动】 一是加强职能建设、作风建设、机构建设，把握社科联“桥梁纽带、组织协调、咨询服务、宣传普及”职能和“学者为本、学术为根、学会为基、繁荣社科、服务人民”宗旨，认真为学会和专家学者服务。二是注重人才培养、注重课题储备、注重成果评奖。与全省、全市同步开展“筠连县第五次社科评奖”，评出一等奖成果 2 项、二等奖成果 3 项、三等奖成果 5 项、优秀奖成果 10 项。

【社科研究】 2016 年，紧密联系实际，抓好一批重点课题的调查研究，为县委县政府提供具有价值的决策参考。整合县政研会（筠连县思想政治工作研究委员会）及县委政研室、县政府研究室，县人大、县政协课题调研组，县社科联及各党委（党组）中心组的力量进行深入调研和分析，科学解读筠连县经济、政治、文化、社会、生态建设中的重大问题，认真研究扶贫工作系列政策，推出更多有社会影响、有理论深度、有创新和应用价值的优秀理论和学术成果，为筠连经济社会又好又快发展提供智力支持和理论引导。全年，召开专题学习讨论会 4 次，向市社科刊物《三江新论》《哲学视野》《宜宾思想政治工作》等推荐社科成果。在市级及以上媒体发表或获奖的理论（调研）文章 30 余篇。县委书记王萍撰写的《领导干部要做学习贯彻十八届六中全会精神的楷模》《举全县之力 建设“三个”筠连》在“求是网”、《宜宾日报》上发表，县政府撰写的《关于筠连县发展电子商务的思考》在《三江新论》（2016 年第 4 期）上刊登。

【社科课题申报】 2016 年，围绕县委县政府中心工作，重点抓好一批社科规划立项课题的调查研究，确定县级社科规划立项课题 10 个。申报的《叠加农村金融创新举措 破解产业扶贫资金瓶颈》《党建与经济相融互动的机理与对策研究》《关于建设“三个筠连”的对策分析和研究》3 项课题获市社科规划立项。

【社科普及】 2016 年，充分利用科普宣传月、科普宣传周、科普宣传日等，组织社科界、学会、协会、研究会和社科工作者，积极开展“三下乡”活动，全年开展活动 6 次，发放科普宣传资料 6000 余份。利用广播电台、电视台、互联网、报纸等媒体宣传普及社科知识。以“党校讲堂”“大众讲堂”“社区讲坛”等为载体，开展各种形式的社科人文知识讲座。继续抓好“十百千万”社科普及活动，抓好示范，以点带面，深入推广，特别是在农村重点开展法律知识、经济知识、生活常识、生态知识等内容的宣传普及。

【社科管理】 加强县社科联机关建设，转变作风，深入基层、调查研究，建设“学习型、勤政型、廉政型、和谐型”机关，落实县社科联职级、人员、经费问题。加强对县级学会、协会、研究会的管理工作，鼓励支持并指导他们组织开展调研、科普、学术交流、讲坛等各种形式的活动；帮助解决具体困难，维护和保障社科工作者的政治法律权益，热心为学会及社科工作者服务，把社科联真正办成“社科工作者之家”。

（翁皖佳）

筠连县文学艺术界联合会

【文联一届九次全委会暨第三届“筠州文艺奖”座谈会】1月26日，筠连县文学艺术界联合会一届九次全委会暨第三届“筠州文艺奖”获奖作者座谈会召开。县委书记王萍，县委常委、宣传部部长贾圣君，县人大常委会副主任张彬出席会议；县文联第一届委员会全体委员，各文艺家协会主席、副主席、秘书长，第三届“筠州文艺奖”获奖作者和获奖单位负责人，2015年度优秀文艺家和文艺工作先进单位代表共60人参加会议。副县长王见华主持会议。

【文联活动】2016年，县文联组织各文艺团体和文艺工作者，围绕“深入生活、扎根人民”主题开展活动。1月14日，组织县作家协会、诗书画研究院、书法家协会、摄影家协会会员到团林苗族乡新阳村开展“2016年文化扶贫送春联”活动，让山区老百姓开了眼界，也让其增强脱贫致富的信心，把更多文化直接送到家门口。5月1日，组织30余名文艺家到双腾镇大兴村神羊洞风景区开展“‘中国西部洞群·神羊笔会’及文化进景区”活动，一幅幅恢宏长卷中字字浓缩了艺术家们对家乡美景的赞叹与激情，为游客们送上文化的盛餐和节日的祝福。6月9日，组织县摄影家协会参加“高坪苗族乡端午苗场艺术节”，感受到苗族悠久历史文化的底蕴，感受到苗族人们的热情，感受到文化影响力和艺术的魅力。7月30日，组织县作家协会会员到大雪山瞻仰红军烈士纪念园，会员们深受感动，纷纷表示用手中的笔书写先烈们的英雄事迹和丰功伟绩，为家乡的发展、祖国的强盛做出贡献。

【文艺创作】2016年，全县文艺创作成果丰硕，共有100余篇（幅、部、个）文艺作品在市级以上文艺书刊上刊发入选或获市级以上赛事奖励。一是作品入选刊登，县作家协会副主席、县委组织部副部长王玉的《自述》(外一首，诗歌）入选《安徽文学2016诗歌年选》，县作家协会主席刘荣魁的《略论诗歌形式要素的增减博弈》（文学评论）入选《第二届海峡两岸中华诗词论坛暨“聂奖”颁奖大会论文集》；县作家协会会员、职业技术学校教师袁秀丽的《梦里花开（外一篇）》（散文）刊登在《品文》。二是作品出版。协助编印的《筠连文化丛书》已编辑出版《文化筠连》《槐花飘香》《岁月窖藏》《山川溢彩》，正在编辑《影像流光》。县作家协会会员、县外侨办罗啸驰印刷出版《一路走来》（文集）。三是作品入展，县诗书画研究院院长、中城社区书记周玉杰篆刻作品入展由省书法家协会主办的四川省第六届篆刻艺术展。县诗书画研究院周玉杰、熊金平篆、韦代均、陈景春、刘泽奎5人的篆刻作品入展省硬笔书法家协会主办“两学一做”学习教育四川省第四届硬笔书法艺术展。四是作品获奖。县舞蹈家协会参加省广电网络广场舞大赛（筠连赛区）获决赛第一名。县作家协会会员、市作家协会会员李业聪的《淋湿的乡愁》（微型组诗）获《中国爱情诗刊》（主办）诗赛三等奖，县摄协理事王元丰摄影作品《梯子》在“法制宜宾”摄影比赛获二等奖。五是刊物更名。县文联办的文艺专刊《筠风》更名为《玉壶井》。

【文艺交流】一是、跨省市、跨县（区）文化交流活动。1月1日，组织县作协、书协艺术家参加云南省盐津县牛寨乡玫瑰之约大型艺术笔会活动。1月24日，县摄影家协会参加宜宾著名摄影人牛牛主办的“牛牛年会”。4月13日，由县诗词楹联学会承办的市第十届老年诗书画县（区）交流展在玉壶公园举办，引得众多诗、书、画爱好者前往观展。4月22–23日，县摄影家协会与新华社图片中心主任江宏景等16名摄影爱好者到高坎梯田采风，并进行艺术交流。5月25日，县作家协会与高县作家协会联合举办“朱佐芳诗集《时光的背影》作品朗诵暨交流会”。二是邀请中国作家协会会员、原《中国日报》杭州记者站站长、《浙江日报》记者、编辑，著名新闻记者、作家石在到筠连开展学术讲座，并进行诗学、旅游、书法等的学术交流。

【文联队伍】2016年，县文联管理作家协会、书法家协会、舞蹈家协会、摄影家协会、政协诗书画社、诗词楹联学会、诗书画研究院等县域文艺组织，有会员450多人。全年县诗书画研究院院长、中城社区书记周玉杰增补为省书学学会理事、省硬笔书法家协会理论部成员，县诗书画研究院会员袁秀丽、李叶聪加入市作家协会。

（钟建）

筠连县个体劳动、私营企业协会

【个体劳动者协会换届】7月26日，筠连县个体劳动者协会第四届换届大会暨第五届理事会召开，参加会议代表31人，代表22个行业；各分会推荐的会长、副会长、理事长候选人出席会，会议选举郝兆宇为个体劳动者协会会长，杨定琼、白友林、高启江、文韬、陈毅萍、田伟为副会长，肖仲彬、陈大金、张勇、黄光元、肖禄齐、郭正、张洪、谭玲、王世永、罗传利任常务理事，李小川、刘进军、毛凯、詹本君、张进、马天贵、伍永富、刘成云、郝中旭、郭志萍、梁吉东、文启强、周涛、任世固任理事，全面完成行业协会与行政机关脱钩工作。

【个体劳动者协会党支部成立】8月10日，经县委组织部批准，筠连县个体劳动者协会党支部委员会成立，有党员5

人。

【非公党建工作】 积极推进非公党建工作，首次成立筠连县个体私营协会党支部，得到县委组织部肯定，并多次到县个私协指导工作。县个体私营协会党支部在个体工商户、专业市场、小微企业等重点领域中抓好党建工作，将零散、流动党员组织起来，广泛开展“三亮”（亮身份、亮职责、亮承诺）活动，积极落实主题党日、专题讨论、讲党课、专题组织生活、民主评议党员、党员示范行动等工作要求，将“三为民”活动贯穿学习教育全过程。

【公益活动】 2016年，积极组织开展协会活动和公益活动，参与举办中国·筠连“筠州杯”钓鱼邀请赛，来自全国各地选手400人参赛；开展“光彩服务日”“精准扶贫、回馈社会”等爱心公益活动6次，参与企业10户，人数130人次，全年捐款捐物价值共68990元，其中捐款37700元、捐物价值31290元，帮助困难群众300多人。协调腾川物业有限公司、宜宾村通网络科技有限公司等社会力量，积极帮扶贫困户发展生态、环保、有机的种养殖业。

（陈梅）

筠连县红十字会

【红会宣传】 2016年，县红十字会利用“5·”8国际红十字日、“6·14”世界献血日，向群众发放《中华人民共和国红十字会法》《中国红十字会章程》《四川省红十字会条例》《红十字会运动基本知识》《红十字急救常识》等2400多册。

【无偿献血、造血干细胞】 2016年，县红十字会共组织无偿献血32次，献血量2737u。10月29日，组织造血干细胞捐献，有10人采集血样。

【遗体捐献】 4月18日，镇舟镇云岭村杨家珊因患再生障碍性贫血白血病医治无效死于家中，遗体被成都医学院接收站接收。

【博爱家园–精准扶贫】 省红十字会博爱家园–精准扶贫项目在团林苗族乡大梗村实施，投资35万元，用于贫困村硬件设施建设和生计发展。3月，派人到成都接受省红十字会培训。6月，完成筠连县申请书填报工作。11月，筠连完成项目计划书的申报，各项工作有序开展。

（蒙文波）

乡(镇)简况

筠连镇

【筠连镇概况】筠连镇位于县境西南部,属县辖镇,是县人民政府驻地。镇政府驻学士路150号,地处北纬28° 10′,东经104° 39′,平均海拔400米,辖区面积131.41平方千米,辖33个村224个村民小组、5个社区75个居民小组。东临腾达镇、巡司镇,南靠双腾镇、武德乡、塘坝乡,西连云南省盐津县牛寨乡、兴隆乡,北通高县羊田乡、罗场镇、焦村镇。2016年,耕地2543公顷;镇境公路通车里程115.9千米,其中县乡道38千米、村组道77.9千米;年末,全镇公安户籍总户数33186户105236人,其中男性53007人、女性52229人,城镇(居住在城区范围)人口58625人、乡村(居住在农村片区)人口46611人,全年出生1358人、死亡994人,迁入275人、迁出550人。镇政府统计,外来人口6615人。

2016年,全镇地区生产总值达265760万元,工业增加值总量109040万元。固定资产投资完成472960万元,财政总收入3058.62万元,财政总支出2656.03万元。农民人均可支配收入13237元,增加1143元。

【筠连镇工业商贸经济】2016年,坚持"奋勇争先"主题和"提速赶超、主动有为、跨越求进、圆满开局"基调,强势抓工业,以服务海瀛工业园区建设和服务企业为重点,推进工业经济发展。实现工业增加值109040万元,规模以上工业企业销售收入实现124970万元,利润总额实现11645万元;招商引资实现9000万元。以城市配套建设为依托,以经营城市为主题,第三产业发展呈现新风貌。重点发展商贸、金融、保险、邮电通信、房地产开发、交通运输、商品物流配送及仓储、科技开发、技术服务与咨询、休闲观光、餐饮、文体娱乐等服务产业,大力发展新兴服务业,加快建设现代物流平台,打造中心商业区,形成建材一条街。

【筠连镇农业和农村经济】一是突出产业引领。探索"政府投入撬动社会资金,项目建设带动群众投工投劳,政府引导带动群众主体作用发挥"的机制,推进省级新村建设项目、竞争式新村建设项目、石漠化治理工程、产业发展"4个1万"(以五丰、联络、五凤等村为核心的1万头肉牛养殖,以白荆坝为主的1万亩核桃等干果基地,以古楼为主的1万亩香桂基地,以古楼为主的1万亩漆树产业)建设。五丰村"山繁川育,藏牛于户"的适度规模养殖肉牛发展模式在中国南方肉牛发展现场会上交流推广,"五丰模式"正走向全国。加大笋材两用林、面粉、粉条加工、甘蔗种植等基地规模,继续壮大联络、莲花、旗隆、真武、红权等的红苕粉条、面条、糯米粉加工和"村夫""好而优"等品牌,拓展养鸡、养鸭、养牛、养猪专业大户,加强集约产业化模式。全年,全镇生猪出栏37292头、存栏25347头,其中能繁母猪2525头;肉牛出栏4189头、存栏13020头,其中能繁母牛5132头;羊出栏659头,存栏2151头,其中能繁母羊369头;家禽出栏210224只、存栏185508只;兔子出栏23742头、存栏6151头。

【筠连镇基础设施建设】一是幸福美丽新村建设,红江、五丰、五凤、五陵、垫泥、廉溪、白鹤、水塘、联络9个幸福美丽新村建设。全面推进海瀛片区"1+8"发展模式,完成"1+8"发展漆产业主题公园、休闲文化旅游、漆产业博物馆等设计;投资4000万元,完成海瀛迎宾广场及大车口车站公路两旁的迎宾大道绿化、亮化、美化湿地公园建设规划设计,即将建设。垫泥村休闲旅游发展方式被省市旅游发展行业主管部门和领导高度认可,进行推广。五凤村旅游发展规划通过省专家评审。五凤、五丰、红江村探索"政府投入撬动社会资金,项目建设带动群众投工投劳,政府引导带动群众主体作用发挥"新方式、新模式在全省推广。二是乌蒙山连片扶贫开发项目,在旗隆、荆花、白花、水源4村实施,投资1000万元,项目在建中。三是易地扶贫搬迁集居点建设,实施54户易地扶贫搬迁。至年末,有10户建成并入住、26户完成主体建设、18户在建中;"三建三改" 完成49户、在建中5户。对2014、2015年已脱贫户和2017年预脱贫户,已安排616.7万元,以改善其生产生活条件及产业发展项目。

【筠连镇非公有制经济】2016年,认真落实"加快非公有制经济发展"的政策措施,完善服务体系,引导民间资本投资基础设施、重点产业和公共事业领域,促进非公有制经济持续发展。发展壮大煤炭、建材、石粉加工等工业支柱产业,继续巩固食品加工企业,稳定农副产品的加工能力,加工企业能力稳步提高。

【筠连镇社会事业】 一是教育,对全镇50多所学校全面开展省级教育发展的均衡发展工作,进入收尾阶段。二是卫计,对40个村(社区)的环境卫生全方位治理,从公共卫生、家庭卫生、个人卫生3方面进行治理、改善,增加环卫设施设备投入,增投果皮箱250个,增建垃圾池74个,增加垃圾车4辆、洒水车1台。全面实施新农保,全镇城镇居民医疗保险80340人,其中农村板块参保60870人、城镇板块参保19470人。计生工作坚持正确导向,基层基础进一步落实,独生子女父母奖励金兑现率100%;免费孕前优生健康检查436例,优质服务率100%。三是社会保障。严格落实最低生活保障制度,扎实做好城乡低保、五保供养、救灾救济等工作,按时兑现274户542人农村低保金、1695户2711人城市低保金、136人"五保"金和困难群众救灾资金共100多万元。四是镇域文化体育,建成1+N农村公共服务中心、村卫生站、五凤、红江、五丰文化广场,石门文化广场在建中。

【筠连镇征地拆迁】 2016年,镇村两级干部继续发扬"5+2""白+黑"精神,实行"大征地"机制,有力保障各重点工程用地。一是征地,相继完成海瀛园区、筠巡快速通道、定水河(宋江河)流域治理、城南新区、农村义务教育基础建设以及燎原公墓、垃圾处理场等征地拆迁工作,完成征地总面积390公顷,拆迁房屋501幢,其中煤三期及定水河(宋江河)治理征地80公顷、海瀛工业园区建设征地86.67公顷、筠巡快速通道建设征地46.67公顷、宜彝高速建设征地133.33公顷。二是拆迁安置,完成恒博包装及物流建设的征地付款,拆迁工作除恒博包装还剩下1户未拆迁外,其余全部完成拆迁工作。宜彝高速建设用地协调,安置点建设已选定施工单位并动工。天子酒业安置点建设,开始划定被拆迁户的屋基。完成"1+8肉牛基地"安置点选址。

【筠连镇社会管理创新】 2016年,建立具有特色的网络化、发散式"1+5"社会管理新模式(以社会治安综合治理委员会为统揽,建立"大调解协商、信访维稳综治、便民利民服务、公共文化渲染、农业产业发展"五大中心,向外辐射到村组的管理服务网络),稳步推进社会网格化管理,全镇建立网格58个,已投入使用。探索建立"三会议事、三联办事、三票管事"的"三事"机制,走出一条"民定、民办、民管"的村级社会治理"新三民"机制,实现"谋划发展热情高、项目建设推进快、民主和谐氛围浓"的"高、快、浓"新气象。

【筠连镇基层党建创新】 2016年,筠连镇农村党建工作以利益联结为重点,落实党建"四好"(凝心聚力好、利益连结好、治理体系好、运行模式好),注重创新推广鲜活经验,总结推广燎原村"两集中,三收益"(即集中农村闲散土地、集中山地灾害户、拆迁后无房户,实现村组户均有收益),总结推广五丰村"支部+协会+金融+农户模式""党小组+经纪人+协会+企业"模式,五凤村"股权量化收益分配方式""分户饲养+保底分红+二次分红"模式。垫泥村、白鹤村"农庄+村庄"共建共荣模式,两个村大户共流转土地213.33公顷发展乡村旅游,发展现代农庄,实现产业共同升级、基础设施共同配套、村容村貌共同打造的模式。治理模式上,以白鹤村"三会、三联、三票"民主管村新模式,五凤村"四好农家"农村精神文明创建模式,水塘、保和、青龙等村"四位一体"和谐共建模式(组织共建、资源共享、困难互帮、治安联防)。

【筠连镇基层组织建设】 2016年,全力推进党建示范群建设,主动融入县委"一区三带"布局,坚持"党建引领,城乡共融"思路,全面推进"三个示范区"建设(城乡联动党建示范区,脱贫奔康党建示范片,快道新村党建示范区),推进活动场所升级改造。全年,投资900万余元(含广场),新建党群服务中心18个、改建5个、修缮15个。至年末,新建项目有15个开工,4个进入装修阶段、9个主体装修完工;改建项目5个全面启动,其中垫泥村完成;修缮项目15个,有10个全面完成。

【筠连镇村集体经济发展试点】 2016年,着力抓好四类村级集体收入发展模式。一是以燎原村为示范,发展土地流转型村集体收入,由村两委把农村闲散土地进行流转和经营,增加集体收入。二是以青龙村为试点,盘活资产发展村集体收入,把闲置的村小学校舍进行整治出租,实现村集体增收。三是以五丰村为试点,发展服务创收型集体收入,通过"支部+协会"为养殖户提供养殖和销售服务服务,实现集体经济收入。四是以五凤村为示范,发展政策扶持型集体收入,以政策扶持资金作为村集体投入专业合作社的入股资金,参与收益分红,实现集体收入。

【筠连镇依法治镇】 2016年,大力实施依法治镇,做到依法行政、阳光执法。组织开展法律"进机关、进学校、进乡村、进社区、进企业、进单位、进寺庙、进工地、进景区、进楼院、进网络、进公共场所"的"法律十二进"活动,把有利于化解矛盾纠纷,有利于维护社会和谐稳定的法律法规送到每个公民手中。完善"四级调解"网络体系,实行"十户、组、村、镇"逐级调解,共设镇调委会1个,村(社区)调委会38个,调解小组322个,10户调解员1566人。开展大调解工作"五进工程",完善"大调解"信息系统,推进"大调解"协调中心规范化建设,加强调解员队伍培训和管理。加强企事业单位、"两新组织"调解组织建设。对人民调解员支付案件补贴,调动人民调解员的积极性。加大信访工作力度,完善制度,共接待群众来访495件次,息访291件次,办结202件次,办结率99.5%;受理"12345"热线电话16件,反馈率、办结率、满意率均100%;无重大治安、刑事案件发生。

【筠连镇城乡环境综合整治】一是惩治"三违"建筑,全年共查处2213户,其中督促办理手续1521户、停工未动123户、规范有证修建512户、拆除少批多建超面积和无任何手续拆除57户面积5747.2平方米,有效遏制乱修乱建势头。二是突出优美环境,全方位清理镇辖村以及城区的环境卫生,拆除乱搭乱建车棚400多个、拆除违章搭建房屋30多间,改造旱厕30多个,出动宣传车300车次,消除影响身心健康和城市形象的视角污染,城乡环境形象得到提高。

【筠连镇扶贫工作】2016年,筠连镇脱贫415户1666人,五凤、五陵2个贫困村整村退出,完成易地搬迁54户207人,发放小额扶贫贷款839万元,"好牛贷"1914万元。一是贫困村退出。对照贫困村退出"一低五有"标准,对党群服务中心不完善、基础设施薄弱、集体经济缺少、产业发展不强等问题,全盘统筹、重点发展。安排红江村467.35万元的广场建设、易地扶贫搬迁附属设施工程建设和美丽新村建设项目,进一步巩固脱贫退出村的脱贫成果,年末,广场建设完工,美丽新村在建中,启动3.2千米公路硬化。安排五陵村、石门村共238.5万元的党群服务中心和新村建设,完工五陵村文化广场、便民路3千米建设,正实施安置点小区房屋风貌整治、环境亮化和绿化,启动5千米公路硬化;石门村办公楼主体建设完工,村卫生室投入使用,文化广场、文化室在建中。针对产业发展不强、贫困户增收困难问题,大力发展肉牛养殖,茶叶、漆树、马铃薯种植,玉米良种育种,农业技术指导上对贫困村做大幅度倾斜和充分安排,确保贫困村退出有保障。二是贫困户脱贫。对照贫困户脱贫"一超六有"标准,对每户贫困户做好扶贫措施,安排增收脱贫项目,算好收入经济账。利用易地扶贫搬迁、三建三改、C和D级危房改造帮助解决安全住房问题。54户易地扶贫搬迁,其中10户完成建设搬迁入住、26户完成主体建设、18户进行主体建设;五凤、五陵村"三建三改"共54户,已完成49户,剩下5户正建中。扶贫产业项目全面落实,帮助解决贫困户增收,做到"户户有脱贫项目、家家有致富之路"。三是产业扶持,对2014、2015年脱贫户,2016年、2017年预脱贫户858户3861人的扶贫产业项目全面落实,资金共616.7万元,项目改善人居环境59户2257平米、建圈17个792平米,养肉牛320头、猪1180头、家禽9725只,种植茶叶13.37公顷、粮油7.07公顷、中草药2.7公顷。四是其他扶持,发挥医疗、民政、劳动保障等帮扶政策作用,减轻贫困户经济压力,增加经济收入,助力脱贫奔康。全年,镇域贫困人口享受医疗救助457人次,减免医疗费123.59万元;16户29个贫困人口纳入低保;全镇贫困人口享受民政医疗救助76人次,减免医疗费26.67万元;新增纳入公益性岗位,解决11个贫困人口就业。发挥扶贫小额信贷资金,动员贫困户参与贷款工作,发放扶贫小额信贷274户835.4万元,有效解决贫困户发展产业资金困难问题,推动贫困户产业发展。

(母绪梅)

巡司镇

【巡司概况】巡司镇原名巡司场,是南丝绸路上的一个古驿站,因明代设"三岔巡检司"故名。清初属禄南乡(治巡司场)。民国二十四年(1935)属县二区,民国二十八年裁区,直属县改为巡司乡。新中国成立初复置二区,设巡司乡,1958年更名为巡司人民公社,1984年复称巡司乡,1992年10月撤区并乡建镇,由巡司、礼义合并为巡司镇。2007年,经宜宾市政府批准成立巡司工业集中区。地处北纬28°06′,东经104°33′,海拔418-707米,辖区面积88.17平方千米,东接维新镇,南靠武德乡、沐爱镇,西接筠连镇,东北连腾达镇,辖22个村151个村民小组,2个社区7个居民小组。镇政府驻地巡司场,距县城15千米,距宜宾104千米,地处筠连煤田中心区域,是规划的筠连县城"一城两中心"的"经济中心",金筠铁路的终点站。2016年年末,全镇公安户籍总户数15406户52697人,其中男性27263人、女性25434人,城镇(居住在城区范围)人口30652人、乡村(居住在农村片区)人口22045人,全年出生781人、死亡376人,迁入48人、迁出258人。

2016年,巡司镇地区生产总值205958万元,工业增加值总量142070万元;规模以上工业增加值实现96531万元,规模以上工业企业销售收入实现187605.32万元,利润总额实现19012万元;社会消费品零售总额实现66267万元;完成招商引资25600万元。农村居民人均可支配收入12988元,增加1121元。

【巡司工业经济】2016年,继续以"打造百亿工业集中区,突显县域经济中心定位"为目标,狠抓各项在建重大工程项目的有序推进。巡司大酒店整体完工,内部装修基本完成;天河二期工程、兴业新城房产开发在建中。

【巡司农业和农村经济】一是优化农业产业结构调整。坚持产品品牌化、生产标准化、基地景区化,加快转变农业发展方式,打造特色农业产业;加强茶叶、香桂、生猪、肉牛等基地建设,全面构建"一村一品"特色农业产业村,促进特色农业产业现代化发展;积极培育新型农业经营主体,大力发展农村专合组织,采取"合作社+基地+农户""公司+

基地＋农户”等形式，带动产业的发展，提高农业产业化水平。二是加大引进拉动性强的大型农业企业落户巡司镇，提升农产品附加值；健全土地承包经营权流转管理和服务机制，鼓励农民以流转、出租、股份合作等形式流转土地承包经营权，推动特色农业的规模化发展。加强与县农业农技推广部门的合作，提升农业科技服务水平；加快发展农产品加工业，引进农产品加工企业。完善农产品市场流通体系，规划建设家禽批发市场和水果、茶叶专业市场。实施农业基地景区化改造，把休闲度假、民俗体验、生态观光等融入农业产业中，加快黄荆、四方葡萄种植园、银星万亩生态茶叶观光旅游体验园、芦丰生态李园、特色农家乐等建设，让农区变景区、田园变公园、农房变客房。

【巡司基础设施建设】 一是重点项目建设，建成日供水能力6000吨净水厂1座；完成筠巡快速通道二期工程；完成巡司污水厂征地，及筠巡快速通道二期工程一期、二期拆迁户安置点的平场工程和二期工程铁索桥安置点安置；完成巡司小学迁建、筠三中征地拆迁和扩建，均有序建设中。有序开展生活垃圾填埋场、河滨道工程建设等项目前期工作。二是实施新农村建设和新农村风貌改造，继续抓好以银星、土房、芦丰等的新农村示范作用，建成四方、德面2个幸福美丽新村，修建便民路6千米、硬化组道3千米，治理河道0.7千米，修建1200平方米的文化广场2个、凉亭2座，发展果园20公顷，养殖生猪1000头，栽植香桂33.33公顷，改种茶园33.33公顷。

【巡司农建示范区建设】 巡司镇2016年度农建示范区建设项目分布在银星村、和平村、土房村、上游村和玉壶茶业，示范产业为茶叶，总面积1333.33公顷，其中核心区333.33公顷，示范区总人口5000人。至5月31日，示范区完成道路建设30千米、沟渠建设2千米，山坪塘整治2池，水源整治1处，灌溉用蓄水池150口；营造林13.33公顷，建成高标准农田200公顷，新增灌溉面积66.67公顷，水土流失治理覆盖95%，新增粮食生产能力20万公斤，实现人均纯收入1.5万元。

【巡司场镇设施建设】 加快乡道升级改造、自然村通水泥路建设步伐，着力实施农村安全饮水、农村清洁能源及沼气建设，完善城镇基础设施和公共服务设施。开展诗画乡村建设、场镇和农村环境整治，对重点路段、重要节点实施绿化、美化，实施农村生活垃圾专项治理，提升人居环境，努力建设“望得见青山、看得见碧水、记得住乡愁”诗画乡村。发动家家户户种树养花、打造美丽庭院，打造美丽乡村精品村、美丽乡村风景线、美丽民居景观带。

【巡司社会事业】 一是教体事业。继续争取项目资金教育的投入。完工7所学校的教师周转房、教师休息室及学校食堂建设，筠三中、巡司中心校迁建有序推进。筠三中被评为省级阳光体育示范校。大力发展体育事业，社区腰鼓队、群众坝坝舞成为全民健身的办法，全民健身观念深入人心。二是民生工程。1.大力抓好社会保障、医疗保障等民生工程，全年全镇城乡居民养老保险参保12766人，缴费6324人，城镇居民基本医疗保险3759人。新农合参合40157人，参合率95%，坚持对偏远村给予政策和项目资金倾斜，做到全镇均衡发展。2.全面落实好各项惠农政策和社会保障制度，加快推进村级卫生服务站的建设，认真做好居民医疗保险，努力提高城乡医疗服务水平和应对公共卫生事件的能力。2016年元旦起实行二胎政策。3.继续落实好最低生活保障制度，做到应保尽保，解决好弱势群众的衣、食、住、行。对全镇1031户1972人城乡低保进行全面清理调查，至年末有城乡低保511户927人，其中城市低保157户238人、农村低保354户689人，发放城乡低保金380万余元，其中城镇低保金120万元、农村低保金260万元。4.认真做好老龄工作，按相关政策规定及时为80岁以上健在高龄老人办理高龄补助申请，并发放补贴。全年向784名80岁以上高龄老人发放高龄补助金230028元。5.继续加强城乡环境综合治理工作，突出抓好场镇及主干道路沿线和村级环境治理，雇佣26名环卫工人轮班对场镇卫生进行清理，各村公路、聚居点周边有专人对环境卫生进行监管，不断改善场镇和村社的人居生活环境。6.积极筹措资金，在鲁班山煤矿采空区的沙林、黄坪等村兴修小水窖、建提灌站，改变原有“靠天吃水”局面，保障农户人畜饮水安全。三是社会治理。，全面启动“七五”普法，大力弘扬宪法精神，提高全县公民法律素养。推进“无非正常信访乡(镇)”创建，加强社会热点难点的研判和解决力度。完善人民调解、行政调解、司法调解衔接机制，加强人民调解组织建设，健全矛盾纠纷排查预警和多元化解机制。加强对特殊人群的管控帮扶，扩大法律援助和司法救助范围。

【巡司基层组织建设】 巡司镇党委管辖36个支部，其中农村支部22个、社区支部2个、机关支部4个、教育支部3个、卫生支部1个、非公有制经济支部2个、社会党组织1个、流动党支部1个，有党员798人。紧密结合实际，精心组织，周密安排，开展基层组织工作。一是打造“一核两区三产业”精准党建示范群。紧扣县委“一区三带”党建示范建设部署，按照打造“一核两区三产业”精准党建示范群的总体思路，进一步提升村(社区)级党组织为民服务的能力和水平。二是加强村(社区)服务阵地建设。全镇22个村、2个社区，建成13个村、2个社区的标准化党群服务中心，改扩建8个村党群服务中心，加固维修1个村党群服务中心。重点打造的银星村、土房村2个市级示范点，德面、道溪村2个县级示范点，全面完工。三是整顿软弱涣散党组织。成立镇领导小组，建立领导班子党建工作联系点制度，调研5个软弱涣散基层党组织，筛选出有价值的整改意见和建议23条，制订整改方案和整顿计划，重点对加强班子的队伍建设、理清发展思路、健全完善村级组织工作制度，提高农村基层党组织建设的整体水平，摘掉软弱涣散党组织的帽子。四是选好一批领头雁。以村支部换届为契机，把政治素质好、致富能力强、业务水平高的党员充实到村班子里，配优配齐村支委班子。多次集中培训全镇村组干部、机关干部及企事业单位负责人，组织干部参加省、市、县委组织部专题培训班，以提升抓党建的意识和能力。储备村级后备干部48名，为基层党建注入新的生机与活力。

“一核两区三产业”：“一核”：以城市和工业园区建设为主的党建核心示范区；“两区”：以种植为主的原巡司片区（含城建、工矿、旅游种植特色示范区）和以养殖为主的原礼义片（养殖为主的精准脱贫特色示范区）为区域的党建特色示范区；“三产业”：以巡司百亿工业园区的为主的工矿产业党建示范带、以银星万亩茶叶产叶为主体的茶文化观光体验生态乡村旅游产业党建示范带、以礼义黄坪村为主的肉牛养殖产业党建示范带。

【巡司扶贫工作】2016年，按照脱贫攻坚工作要求，巡司镇2014年经精准识别有建档立卡贫困户1074户4276人，其中5个贫困村的贫困户344户贫困人口1469人，占全镇贫困人口35%。整合对口帮扶单位力量，驻村帮扶和结对帮扶互帮互衬，项目扶贫与资金扶贫共进共盈，管“好”扶贫资金，确保精准扶贫滴灌精准，通过金融扶贫、“六个兜底”“五个一批”等政策覆盖。至年末，全镇实现建档立卡贫困人口852人脱贫，无2015年脱贫人口无返贫现象。

（王萍）

腾达镇

【腾达概况】腾达镇位于县城东北部，1992年10月撤区并乡时由原腾达乡和大地乡合并而成，镇政府驻地王合村7组，距县城23千米，距宜宾市110千米，辖区面积98.31平方千米，辖向阳村、水茨村、春风村、千秋村、海灯村、梨坪村、小溪村、新民村、官井村、建设村、王合村、泉水村、龙井村、新合村、丝栗村15个行政村107个村民小组，冒水社区1个农村社区12个村民小组，平寨社区1个城镇社区4个居民小组。东以南广河为界与珙县沐滩镇相邻，南与巡司镇、维新镇毗邻，西接筠连镇，北连高县蕉村镇。2016年年末，全镇公安户籍总户数7511户29161人，其中男性15647人、女性13514人，城镇（居住在城区范围）人口7006人、乡村（居住在农村片区）人口22155人，全年出生344人、死亡395人，迁入45人、迁出146人。

2016年，腾达镇地区生产总值32915万元，工业增加值总量7953万元。农村居民人均可支配收入12869元，增加1123元。

【腾达工业经济】2016年，全镇规模以上工业增加值实现1641万元，规模以上工业企业销售收入3595万元，规模以上工业企业利润总额330万元；社会消费品零售总额9148万元；完成固定资产投资4.9亿元；技改投资1.6亿元；粮食总产量11407吨；招商引资1.5亿元，新包装推出招商引资项目2个。

【腾达农业和农村经济】腾达镇是一个典型的农业镇，发展特色产业，全面完成农村土地承包经营权确权登记颁证工作。年末，累计建成优质水果基地1200公顷、无公害茶叶基地1533.3公顷、生态花卉基地666.7公顷、林竹中药材基地666.7公顷，特色肉牛（羊）基地1万头。川南肉牛交易市场开业运营，填补川南滇东北地区空白；川南茶叶交易市场正在筹备，成为筠连首个标准化茶叶交易市场；春风李子、海灯岩溪晚芦、梨坪天麻、水茨桃子等“一村一品”逐步壮大。以“五个一万”产业基地为支撑，大力培育新型农业经营主体，成功创建市级示范农民合作社1家、县级示范农民合作社4家，县级龙头企业4家。全年，耕地保有量2743.52公顷，基本农田保护2330.57公顷；肉牛存栏6861头、出栏3168头；生猪出栏36186头；建成村级电商服务站17个。

【腾达基础设施建设】2016年，全镇实现100%行政村通水泥路，全面完工新民、海灯、泉水、王合等公路硬化。实施农村安全饮水工程，仅剩新民村在建中。抓好城乡环境综合治理和环境保护，开展农村生活垃圾治理，建成春风村污水处理厂、冒水村污水处理厂、平寨社区场污水处理厂，通过验收。新建沼气池248口。

【腾达新农村建设】2016年，完成春风、冒水、官井等村幸福美丽新村建设，水茨、泉水新村建设在建中。成功创建春风综合体为国家农业综合标准化示范区，腾达镇被市政府列为市级特色小城镇。

【腾达社会事业】一是社会保险，全镇城乡居民养老保险实参保8665人，实缴费2958人，发放社保卡15098张；参加居民基本医疗保险26461人，无偿献血123人次，孕前优生检查86对。二是民政救助，全镇享受“五保”88人、低保750人、重度残疾339人、高龄补助482人，医疗救助补助共16.107万元，救灾救济补助共19.45万元。成立镇老龄工作委员会、镇村老年人协会，春风村日间照料中心在建中。三是就业服务，城镇新增就业245人，劳务输出和转移8273人，劳务收入11030万元，农村劳动力实名信息入库率80.2%；开展品牌培训52人、农村劳动力培训102人、创业培训15人。四是残疾人服务，及时落实上级助残、惠残政策，为符合条件的319名重度一级、二级残疾人申报护理补贴。关心贫困残疾人家庭，为符合低保条件的57名残疾人纳入保障，保障残疾人的基本生活。对84名生活困难的残疾人落实扶贫生活补贴，发放金额15.72万元；做好残疾人居家灵活就业和发展生产，发放灵芝乌鸡880只2.2万元和肉牛补贴0.98万元；落实好阳光家园计划，资助13人发放7800元补贴，发放辅具68件，方便残疾人的生产生活出行，保障残疾人各项待遇得到落实。加强残疾人技能培训，选送36名残疾人参加县残联的培训，促进残疾人就业和自主创业。

【腾达文旅产业】 2016年，加强基层文化建设，完成官井、冒水、小溪等10村的农村文化广场和新合村的公益电影放映点，腾达镇文艺宣传队参加全县广场舞比赛多次荣获一等奖。腾达镇具有丰厚的文化底蕴，群众自发组织和参与形式多样、内容丰富的文化活动，镇成立农民文化理事会，组织开展春风李花节、春风李子品果节等大型群众文艺表演活动。一是举办社区春节运动会。2月8–10日，平寨社区广场举办春节运动会，开展文艺演出，组织群众参加乒乓球、篮球、象棋、拔河比赛，营造春节的热闹氛围。二是举办春风村春晚及早茶节。2月10日，在春风村三块田举办春风春晚及早茶节，开展文艺演出、普及法律、采茶等知识，举行采茶技术比赛，评选采茶仙姑10人，提升群众的法律意识，宣传采茶技术，丰富群众的精神生活，推进春风茶叶产业的升级发展，弘扬“春风精神”、深化“春风经验”。三是举办春风李花节。3月7日，筠连县第八届李花节暨首届“筠连好茶”品鉴会在春风村春风组举办，推介“黄金白露”系列红茶和花茶、绿茶、苦丁茶等茶产品；大力宣传石头缝中种李树、开辟荒山建茶园、招商引资栽花卉、发展旅游办农家乐等创业经验；推荐春圣奇灵芝、春风红豆腐、春风粉条、罐子花生、苗家黄牛肉干等地方土特产。四是举办春风李子品果节。6月25日，以“扬楷模精神品春风美果”为主题，开展春风村第五届品果节暨依法治村宣传活动，邀请农业、畜牧、司法等部门参加，筠州艺术团、腾达镇文艺宣传队推出文艺表演节目，穿插法律知识抢答，提升群众法律意识、扩大春风村李子销售起到明显效果。

【腾达安全维稳】 坚持以“事要解决，人不出去”为核心，梳理出重点信访维稳问题19件，采取联系村领导包案负责制，积极协调解决、稳控在手。地质灾害防治，加强汛期监测和管理，认真排查全镇13个县级、8个镇级山体灾害点，新制作21个县(镇)级山体灾害点所涉村应急预案、警示标记牌、逃生通道示意图，从源头上治本，防范于未然；对4个重点监测企业进行全天候监测，对其他19个企业进行不定期全面检查，对查出的安全隐患进行限期整改。安全工作扎实推进，以零死亡为永久目标。安全宣传常态化，依托“腾达镇安全社区”，通过职工会、镇村干部大会和其他形式，开展安全教育活动，6月集中开展“安全生产月宣传活动”，所有领导班子成员及相关人员共20人参加活动，发放安全宣传资料1500余份，接受安全咨询500余次，形成安全知识宣传的氛围。

【腾达扶贫工作】 腾达镇有农村建卡贫困人口录入总数639户2297人。2016年，全镇有贫困户114户393人实现脱贫。一是基础信息工作。抓好“六有”大数据平台升级的信息逐户采集，根据县扶贫移民局要求，对“国扶办子系统的人口”“省六有系统人口”多次更新和核对，使两系统数据保持一致，各项工作在上级业务部门的规定时间内完成，特别是省新六有大数据平台人口核对工作率先完成。根据扶贫手册和脱贫要求，为进一步掌握贫困户的基本情况，设计腾达镇贫困户10+3政策落实表，进行动态管理。二是易地扶贫搬迁，全年实施易地扶贫搬迁76户251人全面完成。三是金融扶贫，插花贫困户30万元周转金，全部投放到107户贫困户中。贫困村周转金在泉水村投入29.8万元、丝栗村投放21.7万元、新民村投放24.7万元；发放扶贫小额信贷265万元。

（曹义）

双腾镇

【双腾概况】 双腾镇位于县域西南部，镇政府驻地双河场，距县城14千米，地处北纬28° 06′，东经104° 27′，辖区面积87.23平方千米，海拔455–1048米，辖15个村92个村民小组、1个社区3个居民小组。东连武德乡，西南抵龙镇乡，西邻塘坝乡。南接筠连镇。2016年，耕地面积1361公顷，森林覆盖率65%；年末，全镇公安户籍总户数5805户24024人，其中男性12646人、女性11378人，城镇(居住在城区范围）人口4700人、乡村（居住在农村片区）人口19324人，全年出生254人、死亡205人，迁入21人、迁出119人。

2016年，继续坚持“12345”(即“1”明确一个发展定位：建设能源新城后花园，打造生态农业示范镇；“2”努力实现两大目标：建成川滇结合部生态示范镇，先于全县实现小康社会；“3”突出三个重点：以特色产业为主、在精深品牌上下功夫，以民生为导向、统筹城乡一体化下功夫，创新社会管理、推进党建科学化管理水平上下功夫；“4”建设四个核心区：以茶叶为主的产业核心区，以黄牛养殖为主的畜收发展核心区，以苦竹为主的特色经济林竹核心区，以生态旅游为主的生活体验核心区；“5”打造五大产业基地：打造茶叶、苦笋、肉牛、乡村旅游、劳务输出产业基地）工作思路，全镇地区生产总值26634万元，增加1792万元，其中第一产业增加值14266万元，增加860万元；第二产业

5309万元，增加278万元；第三产业7059万元，增加654万元。社会消费品零售总额5776万元。全年财政收入1135.42万元，增加728.92万元；农村居民人均可支配收入12924元，增加1129元；城镇居民人均可支配收入28327元，增加2024元。

【双腾工业经济】 双腾镇共有工业企业14个。2016年，工业值增加总量3738万元，增加318万元，企业员工数161人。其中采矿场5个，年产石料、黄沙54万吨；木材加工厂3个，年产2300立方米；电厂4个，年发电量110万千瓦时；砖厂1个，年产100万匹；苦笋加工厂1个，年产25万瓶。

【双腾农业和农村经济】 一是苦丁茶，累计种植1240公顷，产量860吨，实现产值9012万元。二是绿茶，累计种植1066.7公顷，产量850吨，实现产值6300万元。三是苦竹，累计栽种700公顷，产量4386吨，实现产值1314万元。四是肉牛存出栏9810头。五是烤烟，实际移栽36.67公顷，产量68吨，产值198.20万元。六是水果，全镇产水果830吨，产值356万元；七是干果，主要是板栗、核桃产量60吨，实现产值168万元。

【双腾基础设施建设】 2016年，完成650万元的“五小水利”工程，改善全镇水利基础设施，完成新田、桐榜、大兴等15个村农村安全饮水工程；完成定水河走马村芭焦坨段防洪河堤工程；完成4个村农网升级改造，电网体系初步形成；投资百万元的污水处理厂项目，在建中；扎实开展“三网融合”，通信能力得以提升。全镇已建成通村水泥路110千米、修建便民路90千米，基本实现村村通水泥路。沙坝、走马、鱼井、大山、苔草5村被评为“省级幸福美丽新村”。

【双腾社会事业】 一是教育，全镇有教学点14个，教职工163人，在校生3058人，其中16个初中班759人、64个小学班1740人、15个幼儿学前班559人，适龄儿童入学率100%。二是文化，全镇有文化站1个，各类书刊3500余册，配有标准的阅览室、图书室和会议室，全年举办培训班6期；镇文化广场1个，占地300平方米，参加各类活动人员2万多人次。15个村均建设有图书阅览室，藏书1万余册，其中8个村还配备远程教育网点。三是卫计，全镇医疗机构15个，其中镇卫生院职业（助理）医师9人，床位20个；村级卫生室14个，乡村医25人；农村新型合作医疗参保21249人，参合率90%。全年征收社会抚养费30万元，奖励扶助对象93人，兑现奖励资金10.24万元，育龄妇女普查率95%。四是社会保障，全镇城乡居民基本养老保险参保7313人；农村居民最低生活保障693人，城镇居民最低生活保障14人；有城乡低保户303户653人，其中农村639人（含建卡贫困户334人）、城镇14人，兑现低保资金171.18万元；优抚对象66人，兑付优待金57.99万元；享受五保待遇88人，兑付五保养老金30.79万元；全年发放各种救灾救济金10.1万元。

【双腾劳务开发】 2016年，双腾镇外出务工人员5000余人，村支“两委”以村级活动室为依托，全年组织农民工培训30次，培训2000余人，签订合同率95%，收入9000多万元。

【双腾旅游产业】 神羊洞旅游核心区“中国西部岩溶洞群”，主体工程基本形成，进入试运营，洞内1.88千米旅游道大川洞－闸口洞旅游道、天生桥－情人谷旅游道全面贯通。全年共接待旅游3万多人次，收入200万元。

【双腾环境治理】 扎实推进城乡环境综合整治，确保场镇交通畅通，开展场镇车辆乱停乱放治理，新增交通劝导站13个、场镇区域交通劝导员2名，修建停车场2个。争创省级重点小城镇建设，有序推进新农村建设。场镇规划高起点，概规设计完毕，详规正在设计中。全镇建有管理队伍5人，保洁队伍20人，投入30万元，对双河场镇周边和各进出口通道环境进行常态化管理。

【双腾依法治镇】 2016年，双腾镇调解各种纠纷共360件，调解率96%，接洽来信来访75件，办结75件。全年开展“六五普法”宣传、“法律七进”活动、“6·26”全国禁毒日宣传、“12·4”全国法制宣传日等活动，共印发各种法律法规宣传资料2万余份。

【双腾扶贫工作】 全镇共有建卡贫困户621户2510人，有4个贫困村（德胜村、两河村、云丰村、曹岭村）。至年末，全镇共脱贫80户345人，共投入资金124万元，贫困村两河村实现整村脱贫。

（刘雅）

蒿坝镇

【蒿坝概况】 蒿坝，南丝绸路上的古驿站之一，是川南烟叶经济强镇。蒿坝镇位于筠连南大门，属两省（四川、云南）三县（筠连、彝良、盐津）结合部，地处北纬27° 54′，东经104° 32′，东邻团林、高坪苗族乡，西界彝良牛街镇楠木村、盐津县庙坝乡及龙镇乡，南与彝良牛街镇、柳溪苗族乡接壤，辖区面积97.91平方千米，平均海拔1100米。镇政府驻地蒿坝场，距县城50千米。境域探明矿产种类有9种，矿产地18处，有开采价值的为煤、石灰石、富钾矿，其中煤储量2.9亿吨，石灰石遍及8个村；富钾矿香台山麓，均层厚度在90厘米以上。辖蒿坝村、高坪村、高石村、齐心村、高桥村、高龙村、高兴村、水龙村、水坪村、中山村、合力村、平安村、金柯村、高原村、青花村15村111村民组和蒿坝居民社区2个居民组。2016年,全镇耕地1667公顷,森林覆盖率60%,武蒿公路、龙蒿公路、高蒿公路互联互通,出行非常方便。年末,全镇公安户籍总户数5117户20040人,其中男性10886人、女性9174人,城镇(居住在城区范围)人口2012人、乡村(居住在农村片区)人口18028人,全年出生372人、死亡311人,迁入77人、迁出79人。

2016年,全镇地区生产总值64926万元,社会消费品零售总额实现5900万元,工业增加值总量46473万元,规模以上工业销售收入实现32000万元,利润实现3010万元。招商引资完成3080万元,固定资产投资10900万元,农村居民人均可支配收入12860元,增加1100元。年末,通车村15个、通车组111个,通电话村15个、组111个,实现全域覆盖;农村用电700万千瓦时,增长34%。

【蒿坝工业经济】2016年,蒿坝镇进一步深化企业改革,充分发挥企业生产优势,着力拓宽延伸优势产业链,加快技改扩能,继续做强做大优势产业,加大力度推进民营经济发展,全镇工业生产实现快速增长。全年工业增加值总量46473万元,增长0.3%。金家河红砖厂等6个非煤矿山,年生产能力上升,镇境工业基础进一步夯实,企业不断发展壮大。

【蒿坝农业和农村经济】一是农业结构调整,积极发展烤烟、玉米、竹笋、马铃薯、魔芋等特色产业,以水龙、金柯、合力为主的竹笋基地不断壮大;烤烟移栽660公顷,种植玉米870公顷,马铃薯820公顷;大力发展养猪、养兔,建成小规模养殖场1个900平方米。全年农林牧副渔业现价总产值10350万元,其中农业产值4050万元、林业产值1600万元,畜牧业产值4700万元;粮食总产量10698吨,持平,人均占有粮食1080斤;烟叶收购量1100吨,猪牛羊含小家禽出栏81000头(只),增长0.5%,年末牛存栏7026头,增长17.57%。

【蒿坝基础设施建设】一是继续巩固烤烟基地,修建便民路4500米,铺设管网41千米,排洪沟1200米、排湿沟1320米;排洪沟整治2000米,新建村道、组道公路40千米,其中水泥路11.4千米。二是解决用电难题,农村用电700万千瓦时。三是村阵地建设,15个村均建成约200平方米活动室。四是推进新农村建设,完成高龙村新村建设居民聚居点和高桥村居民聚居点农户房屋改造;硬化高石、高原、平安、高桥村公路11.4千米。

【蒿坝文化体育】2016年,全镇进一步加大文化市场的整顿管理和规范力度,群众文化活动蓬勃发展。年末,全镇有艺术表演队及团队3个,镇、村图书馆室16个,农村党员远程教育站15个,电视综合覆盖率96%以上。1.具有地方特色的文化成果有竹笋文化、苗乡风风情等。在高龙五谷山苗寨,曾组织接待过美国籍苗族后裔李龙博士等的苗乡考察团,成功举办"高山之光"艺术节、"竹笋文化"艺术节、每年正月的苗族花山节等活动。2.蒿坝山川壮丽、风光秀美、文化底蕴浓郁,在科举制时代,烂泥坡(齐心村)的黄姓人家曾出15位秀才的典型,其中黄峰官至浙江省江山县正堂(相当于县长职务)。3.蒿坝场镇有灵山公园人工林为代表的园林文化;以佛教派2处活动地点及灵山寺、香台寺为代表的宗教文化的园林;以小鱼塘休闲娱乐场地和灵山广场碑刻、牌坊所组成的场镇文化园林。4.实施《全民健身计划纲要》《国家体育锻炼标准》,开展全民健身运动,发展竞技体育。全镇有12所学校,2553名学生参加体育达标活动,每天开展体育活动不少于1课时,实施面100%,达标率95%以上。

【蒿坝社会事业】一是教育,继续加大教育投入,努力改善办学条件,提升蒿坝教育的整体层次,加强推行素质教育,巩固"两基"成果。全镇基础教育不断取得明显成绩,教育质量不断提高。2016年全镇有在校学生2553人;在园幼儿人数471人。二是医疗卫生,进一步深化医疗卫生体制改革,加强农村医疗机构建设,积极推进农村基本医疗制度改革,使得农村医疗卫生事业进一步健康发展。年末,全镇拥有医疗卫生机构1个,病床位25张,农村合作医疗制度的建立不断完善,参合率达100%,切实解决农村居民重特大病就医难等问题,极大程度地保障人民群众的身体健康。三是科技,继续实施"科技兴蒿"战略,积极探索建立有利于社会科技投入、社会科技的运行机制。大力推广农业科技进步,加强先进的推广应用,建立健全以生产单位为主体的技术创新体系,不断提高产品的技术含量,增强市场竞争力,进一步加快科技成果的转化,利用信息技术改造和提升传统农业及产业,不断提高电子信息技术的应用水平。

【蒿坝环境保护】坚持可持续发展战略,重点抓好天然林保护、人工营造植被保护、镇域溪河治理,搞好场镇、乡村环保治理,不断改善生态环境。煤矿污水采取沉积排放,矿区生产范围植树绿化,煤矸石(渣)由红砖厂消化,工业固体、废物利用率达85%以上。非煤矿山生产规划远离人口密集区,避免粉尘和噪音污染,停业1处。

【蒿坝扶贫工作】2016年,经再次精准识别,完成678户2734人贫困户建档立卡识别。完成易地扶贫搬迁139户,发展养猪563头115户,养牛106头77户,开展职工帮扶困难户活动。

(唐明刚)

沐爱镇

【沐爱概况】沐爱镇位于县境中部，地处北纬 28° 02'03″-28° 05'00,东经 104° 37'30″-104° 41'15″,东接维新镇,南邻镇舟镇、团林苗族乡,西接武德乡,北靠巡司镇,沐爱镇政府驻地沐爱场,距县城 30 千米。幅员面积 79.36 平方千米，平均海拔 600 米，辖 18 个村 1 个社区 145 个村民组。2016 年年末，全镇公安户籍总户数 9459 户 37527 人,其中男性 19754 人、女性 17773 人,城镇(居住在城区范围)人口 7433 人、乡村(居住在农村片区)人口 30094 人,全年出生 394 人、死亡 480 人,迁入 39 人、迁出 151 人。

2016 年,全镇地区生产总值 88473 万元,工业增加值总量 3787 万元。农村居民人均可支配收入 12824 元,增加 1093 元。

【沐爱工业经济】2016 年,沐爱镇抓住工业强镇目标,推动全镇工业经济稳中发展,以煤炭、页岩气等行业为主导,稳步推进页岩气勘探开发,建成页岩气井场累计 58 个、钻井 260 口、产能达 2 亿立方米;投资 2.5 亿元的日处理 37 万立方米页岩气 LNG 液化项目建成投产；建成总装机容量 10×500 千瓦的页岩气发电及放空天然气回收项目，完成 LNG 项目工程装机运行生产，日产液化页岩气 16 万立方米。工业单一仍沐爱镇工业发展的主要制约因素。为推动经济持续发展,激发新增长点,加大综合市场竞争力,在稳定煤矿、非煤矿山、水电生产的基础上,以可持续发展为取向、以绿色生态资源为基础,突出能源综合开发和特色农产品精深加工。

【沐爱农业和农村经济】2016 年，沐爱镇耕地 1933.33 公顷，其中水田 700 公顷、旱地 1233.33 公顷，粮食产量 13008 吨,森林覆盖率 32%;农村居民人均可支配收入实现 12824 元,增加 1093 元。积极推进茶、桑、果、漆、牛“五个万亩(头)”建设。全年,在棬坪、金銮、兴隆等村发展茶叶 80 公顷,在金鱼、中坪、金塘等村累计蚕桑种植 566.67 公顷,在团结、骑龙、金坪、金銮等村累计种植果树 433.33 公顷,在峨坪、金銮、金坝等村发展漆树 74 公顷。烤烟种植 1500 公顷,收购烟叶 75 吨,烟农收入约 125 万元。全年肉牛出栏 3155 头。

【沐爱基础设施建设】一是基础设施建设，至年末,“五小水利”累计建成 309 处，整治后沟水库干渠及团结水库 3 次,确保场镇饮水和周边农业灌溉用水;在棬坪、团结、石林村实施饮用水源保护工程，修缮小水井共 30 口；在棬坪、团结、石林村新建沼气池共 122 口。二是页岩气入户,沐爱场镇及周边村实现页岩气入户,有燃气用户 2000 户。三是农村道路建设,硬化沐爱至沐义公路 6 千米,累计公路硬化 90.9 千米;新建、维护村组道 29.3 千米,其中骑龙村凉水坳至碾盘嘴 2000 米、金龙村 5500 米、沿河村 3100 米、石林村 6200 米、峨坪村 2200 米、金塘村 1500 米、金溪村 3100 米、金坪村 500 米、金龙村 5200 米,便民路基本实现全覆盖。完成养老院至下车站道路两边绿化,种植三角梅 2000 米。在社区、兴隆、棬坪、金銮村等安装太阳能节能路灯 100 余盏。四是生态环境建设,完成棬坪村污水处理厂 1 个;在 3 个村修建垃圾房 6 个,采购户用垃圾桶 1320 个、公用垃圾箱 160 个、大型垃圾收集箱 6 个、转运车 1 辆;在石林村实施养殖污染治理工程,修建沼气池 1 座、沼液贮存池 1 座、沼渣储存干化池 1 座。

【沐爱新农村建设】2016 年，积极创建省级环境优美示范乡(镇)和省市级生态文明村,继上年成功创建省级生态乡(镇)后,争创成省级环境优美示范镇,棬坪、团结争创省、市级生态文明村,尧坝村争取到省级财政补助资金项目支持 62 万元,得到革命老区建设补助 73.5 万元。完成 18 个村 1 个社区的村支“两委”换届选举,进一步夯实基层党群关系,增强基层凝聚力。立项修建棬坪法治文化广场、尧坝村感恩广场、金銮村奋进广场,为相对聚集村落村民提供休闲娱乐场所。完成 18 个村(社区)的卫生室、文化站的配套修建。全镇建立文艺队伍 6 个、协会 3 个,开展文艺汇演共 68 次,观看 15576 人次。

【沐爱社会事业】一是教育,镇内有中学 1 所、小学 2 所,至年末,在校学生 6700 余人。加大困难学生资助力度,落实“两免一补”政策和实施农村义务教育学生营养改善计划。二是卫计,全镇新型农村医疗保险参保 30774 人,有一级甲等标准医院 2 家,医护人员 95 名,床位 135 张;各村均配有卫生站和有专业医护人员。已婚育妇女 7198 人,符合政策生育率 94.76%,孕前优生健康检查 104 对。征收社会抚养费 33.67 万元；农村计划生育奖励扶助申报，年审 100%,奖励扶助 219 人、特扶 5 人、手术并发症 6 人,合计金额 22.46 万元,发放率 100%;独生子女父母奖励金发放率 100%。三是社会保障，新型农村社会养老保险参保 11832 人。四是文化体育,实施“文化活镇”策略,建成文化站 20 个,藏书 1.7 万余册;建成以烈士陵园为代表红色文化教育基地 1 处;感恩广场、法治广场、廉政广场、奋进广场正建中;完成石林村文化大院建设。五是民政,通过普查和精准识别,取消 190 户,新批低保 42 户,其中城市 7 户、农村 35 户，至年末共有城乡低保 716 户，其中城市低保 151 户发放低保金 96 万元，农村低保 565 户发放低保金 414 万元。医疗救助 131 人发放救助金 50 万余元;救灾救济 299 户 1130 人发放救济资金 13.55 万元,其中 85%以上为五保户、低保户、建卡贫困户和重点优抚对象;临时救助

110户448人发放临时救助金7万元，其中70%以上是低保、五保、建卡贫困户。年初农村“五保户”145人,年末农村有“五保户”137人,发放五保供养金62万余元。发放大学生入伍补助1.4万元,组织优抚对象免费体检145人次,报批60岁以上农村籍退伍士兵生活补助6人。六是残疾人工作,全年新办残疾证82人(录入系统),复审残疾证485人(调整系统),发放残疾人扶贫对象生活补贴496人次生活补助41万余元。残疾人量服服务平台信息录入1112人,手机录入率100%,入户率90%,需求、落实完成100%。

【沐爱信访维稳】2016年,共接待群众来信来访205件,接访群众362人次。其中上级转交办4件、“12345”市民热线81件,化解信访积案77件,办结率98%。全年受理群众信访办结率100%,其中群众息诉息访率90%以上;矛盾纠纷排查化解建档及领导包案率100%、化解率90%以上;上级交办、督办件在规定的时间内办结率100%，息诉息访率90%;实现“零进京”上访、“零到省、市”集体上访;镇主要领导或分管领导下访率100%。积案处理息诉息访85%;重信重访调处率100%,息诉息访率85%。

【沐爱省级安全社区建设】沐爱镇从2014年开始安全社区建设通过验收,获得“四川省安全社区”。始终坚持“以人为本”“人人都平等享有安全、健康、和谐的权利”理念,按照“资源整合、全员参与、持续改进”要求,开展安全社区建设持续改进工作。全年主要建设有:一是安全社区机构建设,充实建立以县级17个部门、驻镇单位、镇属各部门、辖区协会、专业合作社、党员代表、人大代表、各村(社区)支书、居民代表、志愿者代表、各企业代表等纳入委员会。二是加大资金投入，共整合655万余元实施养老院改善、幼儿园软化改造、村组道路等基础设施,完善场镇亮化等民生工程。三是提升志愿服务,建立村(社区)、医护、企业、民警一体的大格局服务体系,共吸纳志愿者550余人,督促其定期与不定期开展宣传及志愿服务。四是强化监测,在各村卫生室、医院、学校、企业等建立伤害监测点。全镇安全社区建设工作成效得到进一步巩固,全年实现零死亡目标。

【沐爱扶贫工作】全镇有建档立卡贫困户763户3214人;有峨坪村、尧坝村、金坝村、骑龙村、兴隆村5个贫困村,贫困村中有建卡贫困户411户1793人，其中峨坪村101户448人、尧坝村70户316人、金坝村56户309人、骑龙村82户356人、兴隆村102户364人;非贫困村13个,贫困户352户1421人。2016年年末,实现尧坝村“摘帽”,脱贫371户1554人。一是建档立卡贫困户再识别,2015年10月至2016年年底,对已建档立卡贫困户进行信息比对,再次复核识别,清退不符合贫困户217户827人,重新识别后新进贫困户105户536人。二是脱贫规划,根据贫困户致贫原因和贫困户自身意愿，将贫困户纳入“五个一批”中。1.实施“扶持生产和就业发展一批”,涉及1269人。2.实施“易地扶贫搬迁一批”,涉及291户1066人,其中集中搬迁安置474人,建成60套住房;分散安置128户,已搬迁入住,兑付预付搬迁资金1093.7万元。3.实施“低保政策兜底一批”,涉及433人。4.实施“医疗救助扶持一批”,涉及479人。健康医疗扶贫工作,扶贫户享受医疗费补助16人,其中孕产妇2人。三是整村推进项目建设，在2015、2016年实施,共争取到项目资金180万元,涉及峨坪、尧坝171户贫困户,重点发展肉牛、生猪、鸡等养殖业。利用银行资金,全镇贫困村周转金200万元全部借贷,非贫困村周转金30万元全部借贷；小额信贷已发放147户406.9万元,“好牛贷”共借贷110户505.4万元。

(张利超)

维新镇

【维新概况】维新镇位于筠连县城东南部，镇政府驻地小河社区,距县城32千米,地处北纬28° 08′ ,东经104° 41′ ,东邻乐义乡,南接高坎乡,西连沐爱镇、巡司镇,北靠腾达镇和珙县的沐滩乡。幅员面积73平方千米，海拔407–1156米,辖16个村(社区)115个村(居)民组。镇境地形狭长,系低中山地貌,镇舟河流经腹地,惠泽九村,流域两岸低山槽坝,为粮经作物主产区,农作物主要有水稻、玉米、小麦,经济作物主要有烤烟、茶叶、林业等,镇内公路交通发达,维腾、维乐、维镇公路贯通全境,镇内商贸活动活跃,煤炭资源和页岩气储量丰富。2016年,全镇耕地1238.6公顷,森林覆盖率72%;年末,全镇公安户籍总户数6589户26920人,其中男性14294人、女性12626人,城镇(居住在城区范围)人口4664人、乡村(居住在农村片区)人口22256人,全年出生293人、死亡203人,迁入31人、迁出113人。

2016年,维新镇地区生产总值实现150656万元,工业增加值总量127608万元；社会消费品零售收入7074万元;规模以上工业增加值32726万元,规模以上工业企业销售收入62195万元，规模以上工业企业利润总额5778万元;完成固定资产投资73082万元;完成技改投资16084万元;招商引资完成15000万元;农村居民人均可支配收入13339元,增加1163元。全镇通车村15个,通车组112个;有中学1所、中心校1所、村小学12所、基点校1所,教师216人(含村小教师),普通中学在校生665人]小学在校生1987人,学龄儿童入学率100%;有卫生机构1个,医务人员16人,床位5张,村卫生室15个,乡村医生15人。

【维新工业经济】2016年，维新镇主动应对煤炭经济下滑的不利形势,努力引导煤矿企业进行技能扩改,加快重点项目的推进、加大对非煤产业的扶持力度,尽最大可能消除煤炭行业不景气对镇域经济的冲击影响,完成琼兴煤矿、68煤矿关闭工作,支付煤矿工人工资、工伤以及青苗款2780万元;汪家沟煤矿、福利煤矿、平山煤矿实行"一停四不停",刘家祠煤矿通过隐患整改验收。全年,维新镇工业增加值总量实现127608万元,规模以上工业企业销售收入实现65512万元,利润总额实现6550万元;生产过关煤53.7万吨,其中新维煤矿41.6万吨。

【维新农业与农村经济】 2016年,继续加大调整产业结构力度,形成农牧循坏产业,突出扶持肉牛、烤烟、茶叶等特色产业,成立专业合作社,支持规模化种养殖,顺阳村"肉牛－绿壳蛋鸡－花卉"农牧循坏发展凸显优势,东云－西林生态绿茶实现"种－产－销"链条发展,规模种植户年收入达10万余元。全镇肉牛养殖有大型养殖场几十个。全镇粮食总产量1.27万吨,发放种粮直接补贴211.8万余元、退耕还林补贴45.4万元;种植烤烟80公顷、茶叶66.7公顷;牛出栏3006头、存栏6830头,生猪出栏29216头、存栏18313头,小家禽出栏88063只、存栏64871只。

【维新基础设施建设】 一是场镇建设,积极推进场镇街道美化、亮化工程,结合城乡环境综合治理,设立垃圾箱50余个,修建垃圾池20余座,配备运渣车1辆,清洁工18名,安装路灯80盏;维新老街棚户区改造,一期投资54万元,至年末基本完工,二期工程正在实施。二是道路交通,加大道路交通建设投入,投资40万元完成1.4千米绕场公路打底子工程,投资30万余元完成落箭、东云村9.8千米村道硬化;整合"一事一议"等项目40万元新建便民路20余千米。三是水利,投资420万元的水文站建成投入使用。四是公共服务,投资300万元新建2100平方米的公租房主体完工,进入装修;投资250万元修建1188平方米的便民中心建设,完成招投标进入施工;投入268万余元,建设平等、沐阴、西林等11个村村活动阵地,年末大部分完成主体建设。五是医疗卫生,镇卫生院门诊大楼主体完工;投入54.4万元,修建新华、田坝、周坪村等8个村卫生室。

【维新新农村建设】 一是加快建设新农村,实施田坝村整村扶贫项目,大力开展基础设施建设,完善公共服务功能。二是打造产业型新农村。产业集群效应不断凸显,突出扶持肉牛、茶叶、烤烟等特色产业。三是建设"一村一品牌"新农村。以西林村富硒富锌生态茶为代表的茶产业不断壮大,种植累计666.7公顷,实现产值600万余元;新华村肉兔养殖初具规模,发展养殖户8户,存栏种母兔1500余组,出栏商品兔10000只,实现产值50万余元;落箭村红豆杉育苗2公顷共100万余株,其中10000余株用于制作盆景销售;占地2.67公顷的蒲潭沟生态活水鱼为代表的水产业建成投产,以中华鲟等品种为代表的商品鱼约5万条,可实现年产值300万余元。

【维新社会事业】 一是计生工作有序开展,积极推进全面二孩政策,全镇新生婴儿293人,出生率11.88‰;其中男婴139人、女婴154人,符合政策生育率95.23%,自然增长率4.63‰,发放独生子女奖励扶助金11.52万元,兑现率100%。二是全面完成水稻、玉米、房屋保险等政策性农业保险任务。三是开展平安创建,群众安全感不断提升。四是低保户清理,严格落实精准识别要求,全镇登记城镇低保19户19人、农村低保219户473人、城市"三无"139人、帮扶特殊困难群体108人,发放低保金6万多元、医疗救助8人5万余元。五是完成116户C、D级危房改造,兑现改造资金约87万元;抓好9户山地灾害搬迁户的避险修建,落实搬迁补助金约50万元。

【维新重点项目建设】 2016年,维新镇重点建设项目25个,其中竣工投产项目13个、总投资439144万元,年度完成投资197371万元;其中省级重点项目新维矿井项目推进,累计投资19亿元,年末新场井完成安全专篇的验收,进入试生产,维新井因受"去产能"政策和融资影响,暂停建设。中石油页岩气项目稳步推进,投资8.5亿元,完成H7、H8、H9平台3口、井场17口建设,年产页岩气3亿立方米,完成井场专用电线约5500米架设,压裂井场3000米水管铺设和3800米输气管道安装。维新镇公共租赁房建设,提前2个月竣工。

【维新基层组织建设】 一是深入开展"两学一做"学习教育。镇党委始终把学习教育作为落实全面从严治党要求、夯实党的执政基础的重大政治任务,高度重视、精心组织、系统谋划、分类指导,确保学习教育向基层有效延伸。坚持以党支部为基本单位,以"三会一课"等党的组织生活为基本形式,以落实党员教育管理制度为基本依托,严格规定动作,抓实具体措施,教育引导广大党员在思想上、标准上和行动上始终向中央看齐,推进党员教育管理经常化。抓好党员组织关系集中排查等11项基层党建重点任务,按照目标和进度要求,抓指导、抓推动、抓督导,确保件件落地落实完成资料整理归档工作。二是继续加强"三级联动"转作风促发展。围绕县委"三级联动"总体部署,召开20次党委会,专题研究部署"三级联动"工作,完善《维新镇"三级联动"转作风促发展的实施意见》,严格按照班子队伍建设、党风廉政建设、安全生产、信访维稳、脱贫攻坚和重点建设项目六大版块工作和镇村级工作、问题收集、汇总、上报,对全镇重点工作细化、量化、具体化,落实到人头,实行项目化管理,实行牵头领导总负责、职能部门负责人具体抓、机关干部和村组干部联动抓的工作机制,把责任落到实处。

【维新综治维稳】 2016年，严格执行信访维稳下访接待、“一岗双责”“属地原则”等制度，将信访维稳工作重心下移；坚持滚动式排查工作，彻底排查各种不稳定因素，全年共排查化解矛盾纠纷23起，回复“12345”市民热线70条。严厉惩治各类违法犯罪活动，对诈骗、盗窃等侵财性案件和抢劫、杀人等暴力性犯罪案件保持高压态势，全年无重大刑事案件发生。

【维新换届工作】 按照中央、省委、市委和县委要求，多次召开专题会研究部署换届工作，发挥纪委的监督职能，圆满完成镇党代表、人大代表，选出100名镇党代表、57名镇人大代表。16个村（社区）的“两委”换届工作有序推进，完成前期准备、宣传工作。

【维新扶贫工作】 2016年，全面整合扶贫人力资源，选优配强扶贫工作队伍，创新叠加帮扶模式，全力构建联动协作机制，完成全镇贫困人口建档立卡信息录入和更新完善工作，落实一对一对口帮扶，严格按照“两不愁”“三保障”“四个好”标准，为每个贫困户制定脱贫方案，帮助贫困户脱贫致富。一是完成脱贫任务，全镇脱贫83户355人，人均收入3100元以上，其中脱贫摘帽村田坝村40户196人。二是易地扶贫搬迁，确认全镇易地扶贫搬迁贫困户299户973人，首批实施搬迁93户302人，其中田坝村实施33户108人，兑付建房到户资金3253650元，建成田坝村、沐阴村2个易地扶贫搬迁聚居点，年底，93户易地扶贫搬迁户已全面完成主体工程，大部分贫困户已装修完毕迁入新居。三是产业发展，大力扶持肉牛养殖和茶叶种植，打造一村一品，全镇政策补贴肉牛458头补助73.2万元；生态绿茶面积666.7公顷，产值600万余元。四是发挥扶贫贷款作用促进产业发展，贷出扶贫小额信贷477.86万元，解决产业发展资金不足问题。

（陈花）

镇舟镇

【镇舟概况】 镇舟镇位于县境东南部，镇政府驻地镇舟场，距县城42千米，位于北纬28° 01′，东经104° 39′，东与高坎乡连界，南与大雪山镇相邻，西倚团林苗族乡，北与沐爱、维新两镇接壤，辖区面积63.18平方千米，辖7个村30个村民小组、1个社区4个居民小组。镇舟河由南向北横穿而过注入南广河，筠民公路由北向南穿过境地，筠连－洛表公路在境内通过。主要农作物有水稻、玉米、洋芋、烤烟、花生、小麦等，养殖业以猪、牛、鸡、兔、鱼等为主，植被类型丰富，主要树种有香桂、杉木。煤炭资源丰富，量大质优；石灰岩地貌占全镇面积的2/3，素有“煤石之乡”的美誉。2016年，耕地面积1076.7公顷，林地面积5560.9公顷，森林覆盖率51.22%；年末，全镇公安户籍总户数6219户22482人，其中男性11739人、女性10743人，城镇（居住在城区范围）人口995人、乡村（居住在农村片区）人口21487人，全年出生304人、死亡196人，迁入25人、迁出107人。

2016年，镇舟镇地区生产总值实现91880万元，工业增加值总量68879万元；社会消费品零售总额完成8648.8万元；镇级财政收入967.14万元；农村居民人均可支配收入13235元，增加1142元。全镇通车里程247千米，其中县乡道21千米、村道76千米、组道150千米，通车行政村7个、通车组30个。

【镇舟工业经济】 2016年，镇舟镇工业经济以煤炭、建材、石粉加工为工业支柱产业，有工业企业8家，工业增加值总量68879万元，规模以上工业企业销售收入实现131019万元，利润总额实现12389万元。抓好煤矿、非煤矿山的矿业秩序整顿和技改扩模，5个煤矿投入技改16555万元，逐步实现机械化、半机械化开采，产煤53.5万吨。全镇安全生产死亡人数控制在指标内。

【镇舟农业和农村经济】 2016年，进一步巩固和调整产业结构，全面建设板栗、漆树、山油茶、林竹、烤烟、生猪、肉牛7大基地，促进农业和农村经济可持续发展。全年粮食总产量9500吨，人均占有粮食427公斤。以尖峰、马家为基地，发展板栗、漆树等经济作物，全年，尖峰村新发展板栗280公顷、马家村新发展漆树26.67公顷；以马家、云岭为基地，发展林竹果木经济，马家村新发展楠竹33.33公顷，云岭村新发展李子13.33公顷；以前进为基地，发展烤烟种植，种植80公顷；以云岭、政兴村为基地，发展山油茶种植，云岭发展53.33公顷，政兴发展66.67公顷；以金钟、前进为基地，发展桂花、银杏等苗圃，种植146.66公顷。全年，生猪出栏30882头、存栏33005头，黄牛出栏3162头、存栏6441头，羊出栏62头，存栏352头，家禽出栏28637只、存栏43933只；以前进村桃花源黄牛养殖场为基地，打造“万头肉牛村”。

【镇舟招商引资】 2016年，镇舟镇拓宽渠道，优化环境，完善措施。全年招商引进资金1亿元，引入宜宾市筠连县巨匠农业科技开发有限公司、宜宾市丽明科技工程有限责任公司生物有机肥分公司入驻。

【镇舟基础设施建设】 一是道路建设，投资100万元改造村组公路，其中云岭村新修产业路2千米、前进村维修村道公路5千米、前进村新修便民路10千米、马家村维修整治村道公路5千米、金钟村修建便民桥5座。二是村道硬化，投资381.5万元，硬化尖峰公路6.1千米、前进公路4.8千米。三是云岭饮水工程，由县水务局进行招标投资。

【镇舟新农村建设】实施云岭村省级幸福"美丽新村"建设项目,投资83万元在云岭村建设。

【镇舟社会事业】一是教育,全镇有在校生1725人,其中普通中学803人、小学920人,学前班3个123人,适龄儿童入学率100%,教职工154人。二是文化,有镇文化站1个,书刊1620册。三是卫计,人医疗机构8所,其中镇卫生院1所、村医疗卫生室7所,卫生技术人员18人。全年新参合农民18319人,参保金额2119480元,参合率83%;新农合报销310余人320万余元、大病医疗保险补助148人104万余元。医疗救助72人129643元。符合政策生育率97%;人均财政投入29.54元/人;征收社会抚养费4000元;独生子女父母奖励金兑现率100%。四是社会保障,新农保参保4788人,参保金额204万元。有农村低保273户、城镇低保47户。

【镇舟地质灾害防治】一是尖峰安置点建设,二期工程全面开工,26户搬迁户主体工程竣工。二是危草房改造,投资109.75万元,对83户分散供养五保户、低保户、贫困残疾人户、建卡贫困户、重灾户等危草房进行改造。三是地址灾害避险搬迁建设,投资273万元,对39户地质灾害户进行住房避险搬迁。四是地质灾害监测,加强地质灾害防治工作,完善监测制度,确保监测实施。

【镇舟扶贫工作】2016年,扶贫攻坚实行镇领导联系片,驻村干部、村组干部到村入户摸清贫困村、贫困户在基础设施、住房环境、生产发展、生活改善、能力提升、政策需求等的情况,对所有贫困人口按"五个一批"要求,把脱贫对象进行精准的分类。全镇贫困户686户2571人。通过分类,"产业就业脱贫一批"965人、"易地扶贫搬迁安置一批"848人、"医疗救助脱贫一批"562人、"低保兜底脱贫一批"378人。全年,实现脱贫127户461人,贫困村"摘帽"1个(云岭)。易地扶贫搬迁41户153人(修建住房3825平方米,投入354.65万元;基础设施建设投入520.23万元)。云岭整村推进投资100万元,发展能繁母牛66头、仔猪434头,修建便民路13千米,丰培例子28.6公顷,整治产业路1.89千米,贫困人口"小额信贷"217户261万元;前进村新建产业便民路5千米,尖峰村新建公路1.5千米。贫困村产业发展周转金共120万元(云岭村、马家村、尖峰村),非贫困村产业发展周转金共30万元。

(郝露萍)

大雪山镇

【大雪山概况】大雪山镇位于筠连县南部,地处川滇两省四县(筠连、珙县、威信、彝良)集合部,镇政府驻落木柔场,距县城50千米,属原解放乡、自由乡、民主乡建制调整合并而成,辖区面积90.28平方千米,所辖22个村1个社区90个农业组、6个居民小组。地处北纬27° 56'04〃-27° 59'09〃,东经104° 38'44〃-104° 46'56〃,东临珙县王家镇,南靠云南省彝良县、威信县、联合苗族乡,西邻团林苗族乡,北与镇舟镇接壤。2016年,全镇耕地2014.16公顷,森林覆盖率75%;年末,全镇公安户籍总户数6851户25923人,其中男性13754人、女性12169人,城镇(居住在城区范围)人口5008人、乡村(居住在农村片区)人口20915人,全年出生433人、死亡206人,迁入39人、迁出114人。

2016年,大雪山镇地区生产总值实现31952万元、工业增加值总量7452万元,完成固定资产投资24986万元;农村居民人均可支配收入12735元,增加1115元;城镇居民人均可支配收入28435元。

【大雪山工业经济】2016年,镇政府抓住经济下行中有所释放出的机遇,积极融入全县经济自救行动,在巩固忆有28家企业的基础上,引进外出务工人员返乡创业。全镇有水电企业16个,水制品加工企业2个,非煤矿山企业2个,木材加工企业7个。以枫林木业、蜀乐木业为代表的龙头企业,积极推进工业强镇的进程,生产营销,运转正常,产品畅销国内市场。落户大雪山镇的雪山源洞藏酒业公司洞藏酒1300吨,总值1亿元以上。枫林木业成为全县有名的木材加工龙头企业;自由木炭加工厂利用锯末烧制木炭,实现对木材资源的综合利用。

【大雪山农业和农村经济】2016年,大雪山镇政府依托地域、资源优势,坚持"资源兴镇、靠山富民"的工作思路,因地制宜,大力发展生态特色农业,以做大做强"林竹、茶叶、畜牧"为主攻目标,全力推进以解放片为代表的林竹产业带建设,以自由片为代表的优质茶叶基地建设,以民主片为代表的生态畜牧基地建设。全年,农业总产值11193万元,粮食突破1万吨大关,人均占有粮食342.5公斤。一是林业产业,加强天然林、用材林等管理,全年新造经济生态林562.4公顷,退耕还林管护778.9公顷、公益林保护3726.67公顷;发展以雪山村、五河村为代表的笋材两用林,全年出售各类竹笋800余吨,产值360万余元;种植核桃66.7公顷、红花大果油茶66.7公顷、漆树100公顷。引资兴办林产品加工企业,实现林产品效益的最大化。二是茶叶产业,以大雪山乌蒙茶种植生态园区为突破,在乐园、天堂、春井、秋鹰等茶叶生产重点村推广茶叶良繁改造。种植良繁茶266.7公顷,年产干茶405吨,实现产值440万余元;培育专业大户15户,新组建茶叶专业合作社1个,引进茶叶精深加工企业1个,新建茶厂2个。三是畜牧业,全年生猪出栏17800头、存栏6800头,黄牛存栏5362头、出栏3500头,家禽存栏12万只、出栏13万只,畜牧收入

3080万元；发展养殖户150户，新培育年出栏100头以上肉牛养殖场2个、年出栏500头生猪养殖场2个，涌现出以安乐村、顺景村为代表的一批懂经营、会管理的畜牧营销队伍。四是烤烟生产。全镇烤烟种植重点村2个、面积53.33公顷，收购烤烟62.5吨，实现产值210万余元，收购等级质量合格。

【大雪山基础设施建设】 2016年，硬化高峰、槐坪、石龙等贫困村公路8.5千米，东红村建设新村公路2.3千米，新建顺景、天堂、春井、高峰、槐坪、海湾、雪山等村产业路19.9千米，新建春井村红冲组公路3千米，实现全镇组组通公路，形成环形交通网。医疗卫生条件逐步改善，新建村级卫生室9个。加大城乡环境整治，新建垃圾转运池130个、文化健身活动场3个、路灯亮化20千米，道路绿化50千米，民房风貌改造87户、庭院绿化87户、改厨改厕300户，解决污水乱流、垃圾乱扔等现象。完成110千伏解放变电站建设，全面完成23个村(社区)农网升级改造，提高生产生活用电的质量。

【大雪山新农村建设】 2016年，实施高峰村、槐坪村、石龙村整村推进扶贫项目，成功打造安乐、冬燕、农会幸福美丽新村，创造省级“四好村”1个(雪山村)，县级“四好村”1个。全年共投资3370万元，重点推进雪山、安乐、东红、马蹄、五河、夏泉、高峰、槐坪、石龙等新村和贫困村建设。

【大雪山社会事业】 一是创新社会管理。强化“保一方平安”的政治责任，实现全镇无越级上访、无矛盾上交、无重大群体性事件和重大案件的发生；无社区矫正对象脱管，市级安全社区创建通过市级验收。二是社会保障。城乡低保实现精准识别、应保尽保，全年发放城乡低保金133万元，发放各类农村补贴264万元；农村医疗参保21919人，参保率98%，城乡居民养老保险参保率95%，优抚、救助养老金足额发放，五保供养、重度残疾救助等实现全覆盖，弱势群体基本生活得到保障。

【大雪山产业重点村】 2016年，大雪山镇确定新增“一村一品”专业村17个，其中茶叶专业村5个(秋鹰、春井、冬燕、乐园、天堂)、木本油料专业村3个(高峰、冬燕、春井)、漆树种植专业村2个(石龙、大榜)、烤烟生产专业村2个(石龙、槐坪)、林竹专业村5个(雪山、五河、马蹄、农会、大榜)；确立贫困村4个(高峰、夏泉、槐坪、石龙)，以生态观光旅游，传统村落保护和特色生态农产品生产为主导产业，改善五河村、春井村生态环境，保护传统村落，丰富旅游资源。

【大雪山专合组织建设】 一是新型农村经济组织建设。巩固原有专业协会和专合组织，培育农村新经济组织，新成立有两江村众源蜜蜂养殖专业合作社、自由茶叶种植专业合作社、兵哥生猪养殖专业合作社、合利家庭农场。二是落实领导联系制度，全镇有种养殖专业大户154户。三是建成主导产业超千万元的专业村1个、超500万元村6个，特色产业经济区域初步形成（即民主片的畜牧产业区、自由片的林业和茶叶产业区、解放片的林业产业区）。

【大雪山招商引资】 2016年，按照“责任到人、重点突破、整体推进”工作方法，制定各村和各单位招商引资奖惩制度，建立电子名录库，全镇全年未发生影响投资“软环境”事件，投资商投诉为零。一是提高项目招商吸引力，以大项目为抓手，推进新一轮的招商引资攻势，招商引资实现11000万元，把项目建设与产业升级开发结合，吸引各类生态项目入驻大雪山镇，营造招商引资的良好氛围，确保项目引得来、留得住、会发展、能成功。二是推进商业步行街建设，依法开展招标、建设工作，严格规划设计修建，确保建设有序进行。三是增强发展信心，帮助企业解决发展中遇到的难题和问题，鼓励、引导、支持致富能人回乡创业，促进全镇经济、社会持续健康发展。

【红色记忆小镇打造】 1935年，中国工农红军在威信扎西会议召开后，为牵制敌人，掩护红军主力北上，组建的中国工农红军川、滇、黔边去游击纵队先后在余泽鸿、刘复初的带领下在大雪山活动。2016年，大雪山镇依托大雪山生态园风景区，打造红色记忆小镇，争取中央资金430万元，完成占地1.67公顷的红军烈士纪念园一期建设，将建设红军纪念塔1座、烈士雕像8座、题词墙4面、烈士墓碑108块等，为游客观光提供新的景观，为爱国主义教育提供形象的教育平台。

【大雪山特色旅游资源】 大雪山生态园区森林覆盖率98%以上，原始森林内有珙桐等国家保护植物14种，豹、熊等国家保护动物18种，水利资源十分丰富。大雪山系云贵高原乌蒙山余脉，原始森林成片集中，分布面积11000余公顷，其中大雪山镇境内约3000公顷，大雪山主峰坐落在大雪山镇境内，主峰海拔1777.2米。大雪山景区集自然景观和人文景观于一体，被誉为“世界珙桐故乡”“世界蕨类植物王国”“四川省级生态园区”“中国青少年科学探险考察基地”等称号。

(张会银)

武德乡

【武德概况】 武德乡是全县腹心地带，位于县城东南面，乡政府驻地吴家坝，距县城28千米，辖区面积100.62平方千米，海拔550–900米，属丘陵山地地区，辖17个行政村128

个村民小组、1个社区2个居民组。地处北纬27° 97′ 22″ –28° 05′ 41″，东经104° 32′ 20″ –106° 36′ 76″，东邻沐爱镇，南连蒿坝镇，西靠双腾镇，北与巡司镇、筠连镇接壤。2016年年末，全乡公安户籍总户数6782户29545人，其中男性15734人、女性13811人，城镇(居住在城区范围)人口0人、乡村(居住在农村片区)人口29545人，全年出生357人、死亡482人，迁入32人、迁出143人。

2016年，武德乡地区生产总值实现71685万元，工业增加值总量49394万元，社会消费品零售总额4636万元，规模以上工业增加值2115万元，服务业生产总值5609万元；农村居民人均可支配收入12810元，增加1119元。

【武德工业经济】 2016年，坚持工业强乡战略不动摇，加大安全管理投入。全年，规模以上工业企业销售收入实现7384万元，规模以上工业企业销售利润总额实现570万元；完成固定资产投资10580万元；完成技改投资6500万元；招商引资完成5300万元，新包装推出招商引资项目2个。页岩气开采工程稳步推进，新增采气点1个，采气井4口；未出现煤矿生产安全事故，煤炭安全生产死亡数为零。

【武德农业和农村经济】 2016年，持续推进以发展“一万亩茶叶，一万亩花椒，一万头肉牛”为代表的特色主导产业。粮食生产稳步提升，总产1.15万吨。新发展茶叶200公顷，累计茶叶666.7公顷。建成600公顷花椒基地。烤烟种植53.67公顷，产量102.6吨。新建肉牛养殖小区1个、家庭农场3个、扩群增量大户7户，新增能繁母牛334头，全乡肉牛存栏5680头，其中能繁母牛3959头，出栏2240头，产值1302万元。新建存栏300头以上养猪场3个，生猪存栏18291头，出栏22120头。新建标准化蛋鸡养殖场2个。引进谷之风生态农业有限公司入驻发展种养殖业，流转土地46.67公顷，相应种养殖项目全面启动。年末，全乡有种植、养殖专合组织15个，带动农民人均年均增收760元。

【武德基础设施建设】 一是场镇建设，完工场镇老街硬化，场镇污水处理二期工程投入使用，政府通道硬化工程完成财政评审。二是村组道建设，完成村道公路硬化5千米，其中冒鼓1.5千米、小寨1.5千米、东升2千米，乡道公路硬化中华2千米，完成金门村至双腾乡大兴村连接路1.13千米前期工作。三是骨干工程，后沟水库武德干渠征地有序推进，龙碗溪大桥动工修建。四是金土地工程，在胜利、长征实施整治土地57.87公顷，修建田间道9039米、生产路2822米、沟渠3229米，配套沟渠2076米，石坎2900立方米，硬化村道9.86千米、便民路10.67千米。五是其他工程，在中华、新顺实施农网升级改造，新建人饮水池68口，新建沼气池60口，新建村卫生室6个，发展电商网点17个，配套金融网点18个。全乡实现17个村1个社区光纤网络全覆盖。

【武德社会事业】 一是教育，全乡农村义务教育完成率100%、义务教育阶段学生“三免一补”覆盖率100%；开展留守儿童暑期关爱活动，四川师范大学到胜利和小寨的支教活动圆满结束。二是民政，开展“阳光低保”行动，规范城乡低保管理，实现动态管理的“应保尽保”，全乡享受最低生活保障待遇427人，低保、五保入户核实正核实中。80周岁以上高龄老人生活补助556人，实现高龄老人生活补贴制度全覆盖。三是社会保障，新型农村和城镇居民社会养老保险覆盖9375人，社保卡发放20800张，新农合参合率86.2%。征收社会抚养费47500元；孕前优生检查70对；心理、生理咨询34人。四是残疾人扶助，全乡办证残疾人809人，其中重度309人、三级或四级500人，发放重度残疾人福利补贴20.38万元。专题开展农村贫困残疾人产业扶贫，其中发展肉牛养殖39人、阳光家园4人、居家灵活就业20人、温暖万家行30人，发放补助共25.62万元。

【武德安全管理】 2016年，以煤矿、非煤矿山安全生产为重点，乡政府与各村、各企业签订安全生产责任书，落实安全监管责任人员；制订责任目标考核细则，健全安全生产责任考核体系；建立健全应急救援体系，完善《武德乡应急救援预案》，组织应急救援演练，打造政府牵头、部门联动，企业协作的齐抓共管格局。配合县上抓好药尔山煤矿和小寨煤矿关闭工作。对煤矿、非煤矿山、山地灾害、道路交通、人员密集场所、建筑安装、特种设备、中小学校、危险化学品、民爆器材和烟花爆竹、医疗卫生、农机等重点行业和部门的安全生产进行专项整治。全年共检查100余次，排查安全隐患800多处，其中当场整改200余处，责令限期整改600余处。开展道路交通专项治理10次，清理报废车辆20辆。

【武德社会综合管理】 一是综治维稳工作纳入全乡经济和社会发展的总体目标，与中心工作同安排、同部署。二是强化法制宣传。共集中开展4次，悬挂横幅布标30条，发放资料1200余份，召开各种会议20次。三是完善矛盾纠纷排查调处制度。排查出疑难信访积案25件，接待各种咨询36起，接受法律咨询178人次，登记在册60件，接收社区矫正人员14名；人民调解工作乡村两级完成286件，调处率100%，成功率98.1%，全乡未发生群体性事件和到省市进京非正常上访事件。四是抓好综治维稳基层基础规范化建设。五是抓好网格化管理。落实乡、村、社区专职网格化管理员，加强业务培训。

【武德扶贫工作】 2016年，武德乡实现贫困364人的脱贫，贫困村“摘帽”1个(解放村)。精准识别易地扶贫搬迁对象145户486人,年度实施住房修建49户171人易地扶贫搬迁,政府补助399.55万元,贫困户自筹资金49万元,于12月10日完成建设;使用易地扶贫搬迁基础设施建设资金598.5万元用于村级公共服务实施和村组道硬化,其中483万元用于小寨村、长征村、新顺村、冒鼓村、关津村、童家村17.25千米村组道硬化,使用115.5万元用于11个的村级阵地建设。完成上年376人易地扶贫搬迁验收,金门村整村推进扶贫开发项目大部分通过县乡验收,发放“好牛贷”402万元,扶贫贷款223万元,贫困户“造血”能力显著增强;插花贫困户生产生活条件改善到户项目,全部验收并兑付补助。

(杨建)

塘坝乡

【塘坝概况】 塘坝乡位于县境西部边缘,地处北纬28°04',东经104° 23',西接云南省盐津县,南靠孔雀乡,东连双腾镇,北邻筠连镇,乡政府驻地塘坝场,距县城17千米。辖区面积31.67平方千米,海拔500–1400米,辖川丰、木映、幸福农村社区和柑子、新农、平阳、双田村,共45个村民组。2016年,全乡耕地650公顷,森林覆盖率61.5%;年末,全乡公安户籍总户数2488户10034人,其中男性5211人、女性4832人,城镇(居住在城区范围)人口0人、乡村(居住在农村片区)人口10034人,全年出生107人、死亡143人,迁入22人、迁出71人。

2016年,全乡地区生产总值29163万元,工业增加值总量17759万元,规模以上工业企业销售收入实现19000万元,规模工业利润总额实现1720万元,完成固定资产投资12960万元,其中技改投资6830万元;招商引资完成10000万元;社会消费品零售总额3430万元;农村居民人均可支配收入13165元,增加1137元。

【塘坝农业和农村经济】 一是按照塘坝乡产业发展规划,争取产业发展项目资金,在二半山以上继续发展绿化和经济林木,全年完成新造林66.67公顷;二半山以下继续发展优质绿茶和花果,新发展良繁茶66.67公顷,实现成片集中发展,对已栽植茶园加强田间管理,定期开展茶叶栽植、管理、采摘技术培训,全面提升茶叶种植水平和经济收益。二是引进古道筠红公司发展优质茶叶基地和修建茶叶加工厂,研发名优茶,提高茶叶经济效益,提升塘坝新茶叶的品质。三是成立松友茶果、农友苦丁茶、仙雾山种植专业合作社,带动全乡农业产业向集约型经营和规模化方向发展。

【塘坝基础设施建设】 一是整合项目资金,全面疏通治理川丰河道淤积泥沙,打通双田村至平阳村柏果树公路。二是争取项目资金,全面硬化双田村公路,实现组组通水泥路,新修便民路15千米。三是加强村级活动阵地建设,重新选址、设计修建木映、幸福两社区活动室,启动新农村、平阳村活动室的改扩建。

【塘坝新农村建设】 一是完善公路两旁、村民聚居点和旅游接点绿化带建设,绿化效果逐步提升。二是彻底整治聚居点及周边环境,修建花台、院坝、排水沟,美化、亮化,新安装太阳能路灯40盏。三是继续深化城乡环境综合治理,加强和巩固城乡环境综合治理,完善长效机制,提高群众的环境卫生意识,提升人居环境。四是推进幸福美丽乡村建设,按照“四好村”的标准,加快项目建设,全面改善群众的生产生活条件,让美丽乡村处处可见,群众生产生活更加方便,逐步把塘坝建成最美的新农村。

【塘坝乡村旅游建设】 一是加快旅游硬件设施建设,以创建AAA级景区为目标。协助清溪沟现代农业开发公司二期工程建设,完善景区内的景点建设,逐步实现景区提档升级。二是通过招商引资,新引进茶树油、灵芝生产基地项目,引导协助幸福禾苑、泉水鱼庄、筠红茶业等企业完善设施、改善环境,发展壮大。三是加快场镇新区第三期及附属工程建设,结合棚户区改造做好老街的复古修复,推进旅游产业发展。四是举办塘坝首届茶马古道乡村旅游摄影、美食展等推介活动,提升塘坝的美誉度和知名度。全乡在产业发展、基础设施、生态环境、旅游设施建设上取得成效,有力推进塘坝乡村休闲旅游产业发展。

【塘坝招商引资】 2016年,加大招商引资力度,幸福花卉苗木基地投入运营,并投资200万元修建阳光餐厅;清溪沟茶文化生态园二期工程完成,提高接待能力;木映梦圆农家乐营业,提升塘坝乡村旅游档次。引进古道筠红茶业公司建优质茶叶基地和茶叶加工厂,为塘坝茶叶产业发展奠定基础;引进企业在新农村、柑子村发展漆树100公顷。启动建设川丰村的灵芝基地,签约茶油树树项目,不断包装新的项目向外部推介,引进业主开发。

【塘坝社会事业】 一是民生政策落实。民政救助、劳动就业、惠民政策等民生项目政策全面落实,实施易地搬迁、危房改造等95户,按时兑现各种补贴政策,及时安排发放医疗救助、救济救灾资金。扎实推进医疗保险、社会养老保险工作。二是卫计统筹推进。不断加强乡卫生院和村卫生室建设,努力解决群众就医难的问题。认真开展独生子女父母奖励扶助申报和清理,按时兑现奖励金。三是文体蓬勃发展。组织开展庆“七一”“安全生产月”、重阳节登山、廉政文化进村社文艺表演等活动,不断满足群众文化体育活动需求。四是教育更加扎实。不断完善教育办学条件,建立完善教育激励机制。全乡小学入学率100%，初中入学率98.5%，教学质量稳步提升。

【塘坝综治维稳】一是加强网格化系统建设管理，完善综治维稳中心建设，深入开展矛盾纠纷排查，抓好平安细胞创建。二是开展依法治乡、法治政府建设。严格依法行政，严厉惩治和预防青少年犯罪，认真开展学法和普法工作，深化"无非正常上访乡"创建和便民服务，规范便民服务中心建设，加强代办点建设工作，依法高效、便民服务，全年办理685件，接待群众来访咨询2000多人次，强力推进法治政府的建设。三是强化安全监管，层层落实责任制，坚持每月15日召开安全例会，对煤矿、山地灾害、无证开采、烟花爆竹等重点领域、重点企业、重点部位加大监管力度，全年无安全事故发生。

【塘坝扶贫工作】2016年，塘坝乡不断争取扶贫项目和资金，实施完成扶贫易地搬迁和产业扶贫工程，加快完成贫困村双田村的整村推进扶贫项目，完成年度脱贫任务并通过检查验收，完成扶贫易地搬迁23户76人，贫困户基础设施建设也基本实施完成。

(黄勇)

孔雀乡

【孔雀概况】孔雀乡位于川滇交界地，县城西南部边缘，乡政府驻地孔雀场，距县城34千米，地处北纬28° 00′，东经104° 22′，辖区面积54.19平方千米，平均海拔1000米，辖11个村57个村民小组。东邻龙镇乡，南与云南盐津县庙坝乡接壤，西与盐津县盐井镇交接，北连塘坝乡。2016年年末，全乡公安户籍总户数2149户8423人，其中男性4564人、女性3859人，城镇(居住在城区范围)人口0人、乡村(居住在农村片区)人口8423人，全年出生57人、死亡37人，迁入22人、迁出40人。

2016年，孔雀乡围绕建设川南"绿色生态之乡、休闲康养圣地"发展定位，坚持"安全发展、绿色发展、和谐发展"主基调，深入推进"民生改善、文化发展、旅游兴乡"3个建设，稳步实施"产业发展'五个一万'、场镇形象改造升级、基础设施夯实提升"工作思路，加强和改进新形势、新常态下党的建设，深入转变干部思想作风，强化工作落实力度，努力营造和谐工作氛围。全乡地区生产总值实现21852万元，工业增加值总量12652万元，农村居民人均可支配收入12393元，增加1059元。

【孔雀工业经济】2016年，由于煤矿政策性停产，工业增加值总量12652万元，乡政府严格按照加强煤矿安全监管系列制度的规定，切实履行监管责任，并按照县委、县政府要求对平原煤矿开展关闭工作。

【孔雀农业和农村经济】2016年，全面落实农业各项惠农政策，大力发展茶叶、核桃、天麻、肉牛等特色产业，优化农业产业结构布局。全年种植核桃88.3公顷、安吉白茶25.8公顷、杉树或香樟220公顷、竹木21.3公顷、中药材33.33公顷。粮食总产量4400吨，烤烟种植21.33公顷。加强管护种植核桃、安吉白茶、杉树、香樟等经果林，探索引进林下种植项目，协助天麻种植企业，扩建天麻项目，引导群众增收致富。扎实做好重大动物疫病防控工作，全年新发展肉牛500余头，其中母牛236头，肉牛出栏1640头、存栏3864头，生猪存栏13573头、出栏14837头，家禽存出栏76710只。"好牛贷"支持贷款365万元，使187户群众受益。

【孔雀基础设施建设】一是公路建设。新建泥结碎石路21千米、便民路13.2千米。二是阵地建设。投入10万元对各村村级组织活动场所进行修缮。三是卫生整治。对罗坝口至坨田湾、老街子聚居点200余户居民房前屋后进行卫生整治。有序推进省级卫生乡(镇)创建，中心村、新沟村市级卫生村及城乡环境综合治理。规范市场秩序，禁止占道摆摊经营，统一车辆停放点。11月，被市城乡环境综合治理领导小组授予孔雀乡城乡环境综合治理"红旗"，全市仅3个乡(镇)。

【孔雀新农村建设】2016年，投入72万元，完成黄泥村省级财政新村建设。龙泉村幸福美丽新村和"四好"村建设接受县级验收组验收。争取到2016年新农村建设市级财政发展资金项目40万元用于龙泉村新农村建设。争取到"一事一议"财政奖补项目资金90万元，涉及组道公路、亮化工程等10个村级民生项目基础设施建设。

【孔雀社会事业】一是教育、医疗卫生。加强学校的管理指导，积极接受义务教育均衡发展省级验收。加快对孔雀乡卫生院的新建、装修、搬迁进度，完成黄泥、新沟、集中3村卫生室的主体工程，改建中心村村卫生室。城乡居民医疗保险全乡参保7364人。二是民政、残联等。全乡有农村低保78户196人、城镇低保26人。经再次摸排、评议、入户调查、审核，确保农村低保"应保尽保"。全乡持证残疾人370人，享受特困供养人员11人、困难生活补贴的39人、重残护理补贴的一级37人和二级的83人，居家灵活就业创业直补8人，阳光家园居家托养补贴5人，扶贫生活补贴73人，温暖万家行35人，肉牛养殖补贴44人，基础养老金免缴49人。三是落实惠民政策。兑付公益林补助资金39万余元，兑付粮食补贴112.6万元。抓好新型农村养老保险政策的宣传。加大就业培训力度，加强就业技能专题培训，拓宽就业渠道。

【孔雀扶贫工作】一是易地扶贫搬迁工作。2016年,全乡精准识别出易地扶贫搬迁对象152户505人,已完工21户80人,按每个搬迁人口享受2.05万元的建房补助,每户享受1万元的附属设施建设补助。二是改善贫困村基础设施现状。争取到危房改造资金71.25万元,对55户危房户实施改造。三是周转金和金融扶贫工作。充分发挥周转金,扶贫小额信贷、"好牛贷'等惠农政策。县财政投入150万元产业扶贫周转金,贫困村120万元,非贫困村30万元,全部发放完成。共发放扶贫小额信贷145万元、"好牛贷"贷款162万元。为3个贫困村争取党建脱贫示范项目3个,补助2.4万元。四是推进中心村脱贫摘帽。中心村退出贫困村达到"一低五有"标准,54户173名预脱贫人口达到"一超六有"标准,接受省、市、县各级的检查验收,全乡实现54户173人脱贫,贫困村"摘帽"1个(中心村)。

(马霞)

龙镇乡

【龙镇概况】龙镇乡位于县城西南边缘和川滇交界的老君山西北下沿,乡政府驻地龙塘沟,距县城33千米,辖8个村60个村民小组。地处东经104° 24',北纬27° 59',海拔800–1620米,辖区面积69.59平方千米。2016年,耕地677.9公顷,森林5494.8公顷,森林覆盖率78.96%;年末,全乡公安户籍总户数2480户9792人,其中男性5254人、女性4538人,城镇(居住在城区范围)人口0人、乡村(居住在农村片区)人口9792人,全年出生126人、死亡39人,迁入18人、迁出38人。

2016年,全乡地区生产总值9536万元,工业增加值总量1613万元;农村居民人均可支配收入12813元,增加1105元。

【龙镇工业经济】龙镇乡的工业经济主要以酿酒、烤烟、茶叶等为主,全年全乡工业增加值1613万元,烤烟产量150吨,茶叶产量321吨。龙镇乡招商引资到位800万元。

【龙镇农业和农村经济】2016年,贯彻落实中央文件精神,用好用活惠农、富农政策,抓好粮食生产和农业产业结构调整,全乡方竹、烤烟、肉牛等产业不断发展壮大。全年粮食总产量4294吨;种植烤烟80公顷,累计发展方竹1133.3公顷、漆树666.7公顷、干果333.3公顷、淡竹叶等林下中药材133.3公顷、肉牛5000多头。

【龙镇新农村建设】2016年,实施的金狮村竞争式新村基本完成,通过验收;金狮、龙塘两村"四好村"建设,已完成;兴胜村幸福美丽新村建设正在实施。

【龙镇基础设施建设】2016年,龙镇至蒿坝、龙镇至庙坝、龙镇至孔雀3条断头联网路全线贯通,完成金狮村9.3千米畅通工程。坚持建管养并重,加强农村公路管护。饮水安全工程,兴建水厂2个,各村水窖布局合理,管网到户。完成8个村农网升级改造,建成35千伏变电站1座。通信全乡覆盖,群众生产生活条件得到改善。

【龙镇社会事业】一是教育,巩固提高"两基"教育成果;加大扶贫助学力度,建立并用好中小学生"两免一补"基金,抓好保学控辍工作,建成乡中心幼儿园投入使用。二是城乡居民基本医疗保险,参保率95%,医疗保险兑现率100%。规范运行人口和计划生育新机制,加强对外来育龄妇女的登记和服务,符合政策生育率78%。三是低保提标扩面,建立农村老年人基本生活保障制度。四是推进"网格化"管理服务和"大调解活动",加强社会治安综合治理和民事调解工作,及时排查社会矛盾纠纷,妥善化解处理吴河沟煤矿关闭等矛盾纠纷问题;按照"党政同责、一岗双责"要求,加强安全生产监管,未发生重特大安全事故;加强信访维稳,健全乡、村、组三级信访网络体系,消除社会不稳定因素;成功创建省级环境优美示范乡(镇)、省级卫生乡(镇)。

【龙镇综治维稳】2016年,共排查矛盾纠纷30起,化解28起,化解率93.3%,治安问题14件(其中调解5件、罚款2件、治安拘留5件),处理14件,处理率100%。加强寄递物流代办点管理,实现3个代办点100%的安全监管。在维稳平台共录入维稳信息110条,坚持每月召开维稳研判会议,对重点项目建设风险评估,中央、省、市、县重点会议期间坚持每日零报告。全年无一重大事件发生、无一起群众进京赴省到市上访事件发生。

【龙镇扶贫工作】2016年,围绕"六个精准"总体要求,坚持"五个一批"和"富民与强乡并重,家庭经济与集体经济共进,产业带动与精准造血并进"具体路径,明确"算好账、筹好钱;找优势、补短板;选好项、定好制;细措施、强推进;真脱贫、奔小康"的务实措施推进精准脱贫工作落实落地。筹措各类扶贫资金近1000万元,对全乡上下民生改善助力显著。全乡共有建卡贫困户384户1343人。2016年实现56户180人脱贫。

【龙镇重点项目建设】全力推进王家沟水库建设,至年末,累计完成征地137.31公顷,拆迁房屋27918.89平方米,主体工程完工,完成库底清理。搬迁安置526人,生产安置人口391人。建成搬迁安置点1个,完成土地平场、边坡治理、集中供水、供电和宅基地划拨等,集中安置搬迁20户103人,建房19户,自选址安置人口423人,完成生产安置人口391人,基本完成移民安置任务。

【龙镇亮点工作】实施“基层党建＋专业合作社＋基地＋农民”利益联结模式，实现农户养牛零风险。在发展产业过程中，乡党委成员到联系村督导，村支部委员及其他村干部蹲点落实。农村党员带头发展，每个党员帮带3-5户一般农户。实施“基层党建＋专业合作社＋基地＋农民”的产业发展模式(由村干部、党员牵头成立养殖专业合作社，制订合作社章程，完善相关手续，使合作社按章运作，规范发展)，以专业合作社为依托建立养殖基地，养殖基地主要起辐射、带动效应。专合社采取农户零投资养牛模式(由合作社出资购牛，并集中饲养1个月，确保成活率后，农户现场挑选，自愿领养；农户在母牛产仔2头后，把母牛退还合作社，母牛所产牛仔为农户所有，农户可自行处理，也可依市场价格卖给专合社，实现农户零投资即可发展黄牛养殖产业，专合社节省养殖人工费用等成本的双赢局面)，也可采取专合社垫资，集中投保、免费为农民提供技术服务等方式，鼓励、引导农户发展肉牛产业。至年末，成立有“筠连龙镇富旺养牛专业合作社”“筠连县添鑫黄牛养殖专业合作社”等专合社5个，全年，全乡肉牛存栏4576头、出栏2019头。

(章彬彦)

乐义乡

【乐义概况】乐义乡位于筠连县城东南方向，地处北纬28° 2′ 55″ –28° 9′ 20″，东经104° 43′ 21″ –104° 46′ 48″，辖区面积44.4平方千米，海拔400–1156.6米，辖中坝、黄金、白云、花园、沙地、河坝、陶坪、保圣8个村62个村民小组，东邻珙县上罗镇，南邻高坎乡，北接维新镇，西与珙县中山乡接壤。乡政府驻地乐义场，经沐爱镇至县城47千米，经腾达镇至县城44千米，经珙县中山乡至县城40千米。2016年，耕地698.93公顷，森林覆盖率28%；年末，全乡公安户籍总户数3580户15078人，其中男性8042人、女性7036人，城镇(居住在城区范围)人口0人、乡村(居住在农村片区)人口15078人，全年出生174人、死亡127人，迁入20人、迁出75人。

2016年，乐义乡地区生产总值41595万元，工业增加值总量30241万元；完成社会消费品总额4539万元，招商引资1186万元，完成固定资产投资28500万元。农村居民人均可支配收入13238元，增加1136元。

【乐义工业经济】2016年，受煤炭经济下行的影响，坚持产业结构的优化调整，工业经济加速转型。加大对煤矿、非煤矿山等日常巡查力度。全年，工业增加值总量实现30241万元。

【乐义农业和农村经济】2016年，大力发展香桂、核桃、肉牛、漆树、黄精等产业，产业结构逐步优化；落实种粮补贴、农资综合直补、良种补贴、农机具补贴等惠农政策，有效促进粮食增产、农民增收，农业的基础性地为进一步巩固。全年，粮食总产量6341吨。

【乐义基础设施建设】2016年，抓好沙地村安置区配套基础设施建设，至年末，完成安置区的供排水系统。加大公路建设投入，硬化竣工河坝村公路、白云村一、二组公路、沙地村村道。通过“一事一议”资金补助，维修整治各村公路和塘、库、渠、堰。推进安全饮水，建成集中供水厂、山坪塘、分散水池、管道铺设；完成146口供水井的确权颁证；加强对乡集中供水站、供水点、水源点的监管，开展不定期抽测，让全乡90%以上的居民吃上自来水；确保群众的饮水安全。新建沼气池40口，新建村级电商服务站8个。

【乐义社会事业】一是教育，全面推行素质教育，巩固提高“两基”教育成果；组织全乡学生、家长开展“增强家校联系，强化安全意识，关爱孩子成长”主题讨论活动，关心关爱孩子学习、成长过程。全面铺开义务教育阶段“五大工程”建设，完成学校学生食堂、教师周转房建设。二是社会保险，城乡居民养老保险参保3713人，缴费601人；完成城乡居民基本医疗保险12082人。三是救助救济，有最低生活保障190户423人、月发补助75863元，取消最低生活保障37户92人；新批最低生活保障35户104人；对48名最低生活保障对象的残疾人发放困难补助34560元；对35名困难人员实施临时救助发放24100元；对3名孤儿实施孤儿生活补贴发放25200元；对33名困难人员实施特殊困难帮扶发放18400元。实施医疗救助28人次，发放救助金55874元；解决“五保”(含“三无”)供养56人五保金307440元。对59名农村籍退役士兵发放补助72480元，对19现役军人发放义务优待金225322元；对6名大学生入伍发放补助1400元。慰问重点优抚对象1名、现役军人家属2名，发放1500元。四是劳务输出和转移5970人，劳务收入16629万元；农村劳动力实名信息入库率100%。

【乐义扶贫工作】乐义乡有农村贫困人口877人。2016年，按照“减贫实施方案”分解落实到村到户，层层签订目标责任书。宝圣村贫困户5户17人落实人居环境改善及生猪养殖项目，中坝村贫困户11户39人落实茶叶种植、生猪养殖项目；沙地村贫困户48户193人落实整村推进项目。全年实现64户249人脱贫。

(刘波)

高坎乡

【高坎概况】高坎乡位于县城东部边缘，乡政府驻地高石坎，距离县城 57 千米，地处北纬 28° 00′，东经 104° 46′，辖区面积 32.36 平方千米，海拔 500–1196 米，辖 8 个村 42 个村民小组。2016 年，全乡耕地 476.8 公顷，森林覆盖率 56%；年末，全乡公安户籍总户数 1689 户 6912 人，其中男性 3765 人、女性 3147 人，城镇(居住在城区范围)人口 0 人、乡村(居住在农村片区)人口 6912 人，全年出生 98 人、死亡 52 人，迁入 10 人、迁出 33 人。

2016 年，全乡地区生产总值 21807 万元，工业增加值总量 12907 万元，完成固定资产投资 14800 万元，社会消费品零售总额实现 3900 万元，招商引资 3300 万元；农村居民人均可支配收入 12494 元，增加 1078 元。

【高坎工业经济】 2016 年，高坎乡完成固定资产投资 14800 万元，其中完成技改投资 9318.45 万元；工业增加值总量 12907 万元，规模以上工业销售收入 23201 万元，规模以上工业利润总额实现 2311 万元，完成规模以上工业技改投资 3569 万元。

【高坎农业和农村经济】 一是农业产业。水稻种植 166.67 公顷，产量 1155 吨。二是林业产业，加强天然林、用材林等管理，蓄积森林资源，确权林地 1294.41 公顷；以花山村为核心冰脆李套茶叶 100 公顷，年末全乡茶园 172.67 公顷；花山村、顺利种植冰脆李 233.33 公顷。三是畜牧业，生猪出栏 15309 头、存栏 7917 头(其中母猪 462 头)，黄牛存栏 5892 头、出栏 1878 头，家禽存栏 12388 只、出栏 14506 只，新培育年出栏 100 头以上肉牛养殖场 1 个。四是烤烟生产。全乡烤烟重点村 2 个、种植 133.33 公顷，收购烤烟 12.5 吨。

【高坎基础设施建设】 一是公路建设，完成大地村、红旗村 8 千米通村、通组道路和大地 – 乐义乡、顺河村 – 乐义乡联网公路打底工程；完成高坎乡场镇连接洛表镇街道硬化工程，实现组组通小车、户户通便民路目标。二是安全饮水，完成全乡 5 个村安全饮水工程，新建水池 24 口，安装饮水管道 8 万米，实现户户吃上自来水，解决饮水工程管理有责、利用有序的问题；确权颁证饮水工程 2 个，还有 176 个饮水工程正颁证中。三是村级阵地建设，1.完成五星村活动室新迁建。2015 年 6 月开工，投资金额 25 万元，建设内容有 272 平方米主体建筑(含便民服务中心、办公室、会议室、图书室、调解室)和 500 平方米的院坝，2016 年 7 月验收投入使用。2.启动凤凰村“1+N”公共服务中心和文化广场建设，完成红花、红旗、顺河 3 个村的“1+N”公共服务中心、机关周转房和食堂等项目申报。四是强化电力建设，完成 8 个村电网改造。五是环境整治，启动垃圾处理场和污水处理池修建项目。建成农村沼气池 18 口、村级电商服务站 5 个。

【高坎新农村建设】 一是红旗村整村推进扶贫新村建设，投入资金 100 万元，建设内容有基础设施、产业发展、“三建三改”、便民路。二是大地整村推进扶贫新村建设完成。投入资金 80 万元，建成肉牛养殖、“三建三改”、核桃种植、危房改造。三是凤凰村“幸福美丽新村”建设，建设内容有二、三组聚居点基础设施、公共服务设施、产业发展；概算投资 617.01 万元，其中省财政 90 万元，县财政 46 万元，农户投劳折资或自筹 477.01 万元，整合资金 4 万元，至年末，完成工程建设，待验收。四是花山村整村推进扶贫新村建设。1 月完成项目审批，投入资金 74 万元，建设内容有肉牛养殖、“三建三改”、便民路建设、冰脆李种植。6 月，启动省级财政幸福美丽新村建设资金项目，12 月完成，总投资 334.4 万元，其中省级财政 63.2 万元，农户投劳折资或自筹 197.2 万元，整合资金 74 万元。项目有基础设施建设、公共服务设施建设、新村建设、产业发展，至年末，完成工程建设，待验收。

【高坎社会事业】 一是教育。有中心校 1 所，村小 4 所，在校学生 645 人，落实“两免一补”政策和实施农村义务教育学生营养改善计划。乡中心校辖村小 4 个，正式教师 41 人、教学临时工 9 人，普通中学在校生 140 人、小学在校生 505 人，适龄儿童入学率 100%。乡文化站 1 个，农村书屋 8 个。二是卫计。新型农村医疗保险参保 5939 人。有卫生院 1 家，医护人员 6 人，床位 6 张；村卫生站 8 家，村医生 9 名。有已婚妇女 1818 人，符合政策生育率 98.26%，孕前优生健康检查 30 对，征收社会抚养费 28 万元；计划生育奖励扶助申报，年审率 100%，奖励扶助 53 人 5.08 万元，发放率 100%。独生子女父母奖励金发放率 100%。三是社会保障。全乡新型农村养老保险参保 430 人。四是民政。全乡有城乡低保 134 户 304 人，其中城镇 9 户 9 人、农村 125 户 295 人，每月发放低保金 68597 元。发放医疗救助金 113342 元；“五保”38 人，月发“五保金”14060 元。发放临时救助金 68 户 94000 元，救灾救济金 3 户 4000 元；重点优抚 14 人，月发放 12530 元。报批 60 岁以上退伍士兵生活补贴 41 人，月发放 5700 元。五是残疾人。办证残疾人 168 人，其重度残疾人 73 人，发放重残护理补贴 54860 元；发放扶贫对象生活补贴 50 人 133450 元；扶持农村残疾人发展生产 26 人 16400 元。量服平台录入 168 人，手机录入率 100%，入户率 98%，需求、落实准确率 98%。

【高坎招商引资】 2016 年，高坎乡招商引进项目 2 个，引进资金 3300 万元，上报招商引资信息 12 条。

【高坎扶贫工作】 2016 年，高坎乡的对口帮扶单位为武装部、司法局、环保局、农商行、盐业公司。全乡有精准识别贫困户 238 户 989 人，5 个对口扶贫单位共发放现金 10 万余元。一是产业帮扶。鼓励困难群众因地制宜发展冰脆李、核桃、猕猴桃等特色产业，逐步形成“一村一品一基地”产业发展模式。二是金融扶贫。筠连农商行把精准扶贫“1+N”金融扶持产业政策送到每户贫困户,全乡建档立卡贫困户小额信贷户平2万元以上，解决贫困户发展产业缺资金、难启动的问题。三是基础设施,统筹整合各项目和资金,重点倾斜、优先投向贫困村,推进水、电、路、环境整治“到家到户”。四是政策兜底。实行精准识别,应保尽保,实现贫困人口“两不愁、三保障”,完善贫困户子女就学助学帮扶政策体系,确保全乡所有贫困户子女不因贫失学、不因学返贫,落实贫困人口参加城乡居民医保财政补贴、提高就医费用报销比例等政策措施，防止因病返贫，投入资金329.5万元。全年实现60户251人脱贫,完成花山村36户贫困户易地搬迁的入住、拆旧复垦。

(胡万菊)

团林苗族乡

【团林概况】团林苗族乡位于筠连县境南部，地处北纬27° 54'00"-27° 59'25",东经104° 34'30"-104° 39'11",乡政府驻地庙坝,距县城55千米,辖8个村45个村民小组。东临大雪山镇,南接联合苗族乡、高坪苗族乡,西靠蒿坝镇、武德乡,北界沐爱镇、镇舟镇。乡域地形复杂,山高坡陡、群山环抱,形成三山两沟四坡的地形,海拔650-1560米,辖区面积46.22平方千米。2016年,森林覆盖率65%;年末，全乡公安户籍总户数2175户9647人，其中男性5299人、女性4348人,城镇(居住在城区范围)人口0人、乡村(居住在农村片区)人口9647人,全年出生161人、死亡76人,迁入14人、迁出42人。团林苗族乡政府统计,有苗族2165人、彝族829人,

2016年,团林苗族乡地区生产总值5477万元,工业增加值部量480万元，完成社会消费品零售总额305万元，完成社会固定资产投资9040万元，粮食总产量4200吨，农村居民人均可支配收入12385元,增1062元。

【团林农业和农村经济】2016年,全乡种植大竹800公顷,种植茶叶400公顷,种植烤烟40公顷,种植核桃66.67公顷、漆树123.87公顷、佛手柑48公顷。劳务输出和转移就业3200人,实现劳务收入4102万元。建成200头肉牛养殖规模的标准化牛场4个，建成年出栏15头以上肉牛的大户30户。

【团林基础设施建设】2016年，新建香樟村香樟组至水龙组组道路6.7千米、海湾至蒿坝镇龙盆公路5.8千米、大埂村茶林组至香樟水龙组组道7.5千米,共20千米;硬化华新村银湾组组道2千米、大埂村新田组组道1.5千米、大埂村小坪组至漆树组村道4.6千米、香樟组组道1.15千米。投入资金12万余元,新建综合农贸市场1个。投入资金80万元,建设污水处理厂1个。投入资金32万元,完成大埂村党群活动中心建设;投入资金4.8万元,修缮火花村、华新村等5个村级活动室;投入资金3.2万元,规范化改造8个村的活动室。

【后沟水库建设】2016年,配合做好征地补偿工作。配合林业、国土等部门开展后沟水库建设新增占地征收,及时兑付群众征地补偿款。及时妥善处理征地补偿引发的阻工等纠纷事宜。枢纽工程大坝建设达到设计高程,总干渠全长4.02千米,完成3.3千米。库周公路全长3.25千米,完成路基工2.7千米。

【团林社会事业】2016年，团林苗族乡医保参保率100%，城乡居民养老保险缴费2889人。领取养老金921人。一级重残16人发放资金15360元，二级重残20人发放资金12000元。有城镇居民最低生活保障5户5人,月发保障金1865元;农村最低生活保障人员89户124人,月发保障金32118元;有五保户46人,月发放资金16100元;为14人发放医疗救助金26500元。

【团林扶贫工作】全乡有建卡贫困户223户877人、贫困村3个(新阳村、大埂村、香樟村),非贫困村5个。2016年,全面完成“六有”系统录入,录入223户877人,其中未脱贫523人。围绕“精准扶贫”任务,整合项目、资金、技术、人才,制订贫困村扶贫脱困工作规划,加大对3个贫困村基础设施建设和特色产业扶持,突出对建卡贫困户的精准帮扶。“五个一批”中产业就业发展385人、易地扶贫搬迁安置346人、低保政策兜底219人、医疗救助扶持137人。大埂村整村推进项目80万元，省级财政幸福美丽新村建设项目82万元，至年末已全部完工。完成易地扶贫搬迁43户158人房屋建设,搬迁入住。

(陈华)

高坪苗族乡

【高坪概况】高坪苗族乡位于筠连县城最南端，乡政府驻地落木祥,距县城72千米,地处北纬27° 52',东经104° 34',辖区面积33.6平方千米,辖槐树社区、麻园、英雄、先锋、东风5个村34个村民小组。北界团林苗族乡,南临彝良县洛旺苗族乡,东接联合苗族乡,西毗彝良县柳溪苗族乡,地处5个苗族乡交通中枢,系川南滇东北结合苗族经济文化中心和农副产品重要集散地,有丰富的自然资源和人文资源。2016年年末，全乡公安户籍总户数2155户8081人,其中男性4338人、女性3743人,城镇(居住在城区范围)人口0人、乡村(居住在农村片区)人口8081人,全年出生112人、死亡26人,迁入31人、迁出33人。

2016年，围绕“1332”[即“1”：围绕一个中心（建成川南滇东北结合部苗族经济文化中心）；“3”：建设三大园区（宜昭高速沿线生态旅游园、川滇结合部苗族文化展示园、苗山彝岭生态产业示范园）；“3”：实施三个“3+1”工程（产业发展“3+1”烤烟、方竹、蔬菜加黄牛，基础设施“3+1”特色文化站、特色文化广场、特色村寨、加特色乡村风貌整治，文化传承“3+1”苗家手工艺、苗族乐器、苗语苗文加苗族传统文化节）；“2”助推两大目标实现（贫困户脱贫奔康、幸福美丽新村建设）]工作思路，用好用活支持民族地区的各项优惠政策，促进全乡社会经济各项事业加快发展，基础设施建设更加夯实，人民安居乐业，民族团结进步，社会和谐稳定。全年，全乡地区生产总值31224万元，工业增加值总量23973万元。农村居民人均可支配收入12310元，增加1048元。

【高坪工业经济】2016年，全乡工业增加值总量实现23973万元，规模以上工业企业销售收入实现60456万元，规模以上工业企业利润总额实现4510.8万元；完成固定资产投资10763万元，其中完成技改投资8600万元；社会消费品零售总额2698万元。

【高坪农业和农村经济】一是实施烤烟、肉牛、蔬菜和方竹产业“3+1”生态产业发展战略，优化农业产业布局。粮食总产量4100吨；种植烤烟293.87公顷，产量467吨，产值1401万元；新发展方竹80公顷；黄牛存栏4703头、出栏1807头，新增能繁母牛1851头，初步实现农产品资源的多元化发展、多层次。二是推动合作社建设，助推“企业+基地+合作社+农户”发展模式，形成订单式农业，带动群众进行高粱等产业种植和销售，利用苗山彝岭专业种植合作社、高坪苗族乡乐农种植专业合作社实现土地流转轮作，提高土地的利用效率，解决农民产业销售的后顾之忧，实现利益最大化。三是强化政策支持和重点引导。积极争取上级资金支持及联系单位解带帮扶，探索实施“大坡模式”造血式帮扶（小区域发发展、小户型饲养、小额度帮扶、阶梯式增效）发展养鸡1000只，折价销售获利10万余元。四是农技培训，积极开展农民工农业技术培训1420人次，实现劳务输出1980人，提升农民工劳动技能水平。

【高坪重点项目建设】一是冷链物流中心建设，全面完工投入使用。二是公租房建设，全面完工。三是新建4个村卫生室（站）已完成。四是整村推进项目完成。五是贫困村文化活动室建设及装修工程完成，设备安装基本完善，待验收。六是易地扶贫搬迁工程，全面完工。七是先锋村和麻园村新村建设项目稳步推进。

【高坪基础设施建设】新修村级公路12.5千米，硬化公路19.8千米，新修便民路36千米。建成110千伏变电站1个，全乡5个村电网实现升级改造。推进土地改良和排洪设施，实施田型整治70.7公顷、土地整治25.33公顷，新修排洪沟渠隧道4千米、消水洞4个。建成人饮工程茶沟水厂、尧山蓄水池，安装管道30千米，解决全乡饮水困难的问题。建成聚居点1处、幸福美丽新村3个。新建村级党群服务中心4个(其中1个为市级示范点)，改造完善1个，实现全乡5个村（社区）都有功能齐备的活动阵地。认真开展“三网融合”，通信能力得以提升。

【高坪社会事业】一是依法行政，积极转变工作理念，创新工作机制，强化计生、国土、环保等政策的落实。二是抓实民政救助。对因灾困难群众全面摸底登记造册，通过民主评议、张榜公布、公开发放的形式，自觉接受群众的监督；有序开展农村最低生活保障，按时发放农村低保、农村医疗救助、优抚等民政资金。三是教育。全乡教育教学环境不断优化，师德师风和教学质量明显提升。四是卫生，加强乡卫生院的管理，极大的方便群众看病就医。五是文化，成功举办苗族“花山节”“端午苗场节”等文化活动，打好高坪苗乡苗族文化牌；各村老年协会、学校等自发组织文化活动，不断丰富苗乡群众精神文化生活。

【高坪社会综合管理】一是普法宣传。通过制作普法宣传条幅、宣传栏、印发普法宣传资料等多种形式开展“六五”普法宣传，各村利用公告栏开办法制宣传专栏，大力宣传法律法规，群众对知法、学法、用法维权意识进一步提升。二是依法治访。针对排查出重点信访人员及事项，进行处理并落实包案责任人，信访工作总体基本趋于稳定。共排查受理各类矛盾纠纷85件，调解成功76件。三是反邪教工作，对排查出的重点人员，建立动态监管台账，落实乡、村、组、户“四帮一”监管责任人。四是社会治安，严查严打黄赌毒等影响社会治安的问题，采取会议宣传、发放宣传资料等形式大力宣传其带来的危害，对出现的情况及时跟进严肃查处。全乡共立刑事案件8件，破案5件，立治安案件25件，查处20件。

【高坪安全生产】一是全面提升安全生产保障能力，贯彻落实中央、省、市、县相关文件及会议精神，定期集中组织学习新《中华人民共和国安全生产法》，强化安全责任意识。二是扎实抓好安全生产日常管控，落实安全生产“党政同责、一岗双责”责任，抓好非煤矿山隐患排查治理和道路交通安全、易燃易爆、危险化学品、烟花爆竹，森林防火、地质灾害、建设等领域的安全监管工作。三是煤矿安全，完善“1142”安全生产监管体系，严格实行领导联系矿企制度，对煤矿企业实行“一对一”盯牢监管，坚决杜绝违规开采作业。强化企业安全主体责任，加大安全知识培训力度，发放安全培训教育资料，强化现场监管，杜绝煤矿安全事故发生，全年未发生一起安全责任事故。

【高坪扶贫工作】一是健全扶贫新机制。扶贫攻坚工作由乡党委书记负总责，成立扶贫攻坚工作领导小组，由书记、乡长担任双组长，层层压实责任。二是加大脱贫帮扶力度。探索创新扶贫模式，争取对口帮扶单位支持，加大对特色产业的扶持，如烤烟、方竹和牛、生猪等特色种养殖产业。三是推进先锋村“摘帽”工程。全年先锋村减贫55户227人任务全面完成。四是推进易地扶贫搬迁。共确认易地扶贫搬迁户155户547人，实施易地扶贫搬迁户42户140人，至年末42户140人全部搬入新居。五是落实好扶贫项目资金。全年先锋村80万元扶贫整村推进项目分别按“三建三改”、产业发展两个方面实施；先锋、麻园两个贫困村80万元产业扶贫周转金全部发放到位，插花村30万元产业扶贫周转金发放到位。

（何美霖）

联合苗族乡

【联合地理位置】联合苗族乡位于筠连县城东南边缘，地处北纬28° 03′ –28° 06′，东经104° 32′ –104° 36′，乡政府驻地滥坝，距县城58千米，辖区面积38.91平方千米，辖 8 个行政村35个村民组，海拔610–1400米。东邻大雪山镇，南接云南省彝良县，西邻高坪苗族乡，北与团林苗族乡接壤。2016年，耕地743.4公顷，森林覆盖率33%；年末，全乡公安户籍总户数1770户7281人，其中男性3936人、女性3345人，城镇（居住在城区范围）人口0人、乡村（居住在农村片区）人口7281人，全年出生122人、死亡58人，迁入11人、迁出31人。联合苗族乡政府统计，有苗族3524人，回族2人、土家族1人、壮族1人、彝族3人（因婚嫁由外省落户至此）。

2016年，全乡地区生产总值7090万元，工业增加值总量574万元。农村居民人均可支配收入12612元，增加1087元。

明洪武五年（1372）后，乡域属高州或高县治域。清雍正五年（1727），乡域属高县定边乡治地。民国18年（1929）废团，置乡，乡境属木祥乡（今高坪苗族乡）、民治乡（今大雪山镇）。34年6月撤区，乡域随吉祥乡（原木祥乡）、民治乡划归沐爱设治局。民国37年沐爱设县，随两乡划属沐爱县。1950年2月，高县政府接管沐爱解放委员会，两乡仍入高县。同年底，民主建政废除保甲制度，置时吉祥乡、民治乡一部分建立联合乡，取各族人民大联合之意，高县第五区（治落木柔场），辖6个村。1952年7月，隶高县第七区（治蒿坝场）。1953年10月，辖区体制调整，划入筠连县，隶筠连县第六区（原高县第七区）。1954年，改联合乡人民政府为联合乡人民委员会，由第六区划隶第五区（治落木柔）。1958年成立人民公社，更名联合人民公社，高级社改大队。1984年2月29日经省人民政府批准建立苗族乡，仍隶落木柔区，同时改大队为村，辖8个村。1992年11月，区乡建制调整，撤落木柔区，直隶筠连县至今。

【联合自然地理】乡境内地势为山地，地形交错，坝和山四六开，山中有坝，坝中有山。乡内山清水秀、气候温和、景色幽美，有“烟之海洋”之盛誉。粮食作物以玉米、水稻、小麦、马铃薯、红薯为主，经济作物以盛产烤烟、茶叶、蚕桑、中药材、竹笋、竹木著名，其中烤烟产量、产值居全市前列，素有烤烟生产“万担乡”之称。畜牧业有猪、牛、羊、白毛乌骨鸡等，系全县种草养畜、黄牛杂改科技示范乡。拓展格蔸坝养生猪、生态兔，已初具规模。矿产资源、水能资源十分丰富，开发前景广阔。乡政府驻地有珍稀树种桢楠和皂角，桢楠树龄500年以上，几百株桢楠交错生长在乡政府周围，树高达20多米，胸径1.5米左右。春夏两季有数百只白鹤在桢楠树上栖息、繁衍，增添风景。

【联合工业经济】2016年，乡境工业主要是发电工业，有5座电厂，分别是革新电厂，装机容量160千瓦，年发电量48万千瓦时；龙大坝电厂，装机容量100千瓦，年发电量32万千瓦时；山谷地电厂，装机容量250千瓦，年发电量90万千瓦时；阴山岩电厂，装机容量175千瓦，年发电量55万千瓦时；高润槽电厂，装机容量200千瓦，年发电量80万千瓦时。

【联合农业和农村经济】2016年，全乡粮食播种面积1199.3公顷，总产量5023吨。收购烟叶625吨，产值实现2200万元。人工造林166.67公顷（含方竹）。全年出栏生猪5221头、黄牛1550头、肉兔5万余只。

【联合基础设施建设】2016年，投资300万余元，硬化甜竹、花树村道6千米，维修整治革新、光明、红春、红竹、茶园村道30千米，花树、甜竹、联新村便民路15千米。

【联合新农村建设】2016年，投资200万余元，对花树村、甜竹村进行风貌改造，全年新建沼气池30口，完成改厕80户；新成立农民农合社2个，投资40万元；通过易地扶贫搬迁建房、少数民族危草房改造、C、D级危房改造等项目，全年改造新建房屋82户。

【联合招商引资】2016年，完成招商引资4300万元。协定项目2个，协议引进资金4000万余元，投资于兔儿场深加工、众兴养牛场。

【联合社会事业】一是教育，有学校5所，其中九年一贯制学校1所、村级小学4所。投入80万余元，新建幼儿园1栋完工投入使用。有初中班7个学生391人，小学29个班学生909人。初中教师22人，中级以上职称6人；小学正式教职工 32 人。二是卫计，乡医院 1 所、村卫生室（站）8 所，从业人员 14 人；0–7 岁儿童，预防接种 3000 针次；建立健康档案 7717 人，完成基本卫生服务均等化指标；继续实行药品零差价销售。加强农村新型合作医疗的实施，参合率超 95%，医疗保险兑现率 100%。三是社会保障，对全乡五保户 31 户、优抚对象 53 人、特困户 150 户予以救济扶助。四是惠民政策，开展粮食综合直补，直补款项及时足额兑现到农户手中，粮食综合直补率 100%。

【联合养殖业发展】2016 年，以格莌坝生态兔养殖基地为龙头，带动周边养殖业发展壮大，至年末建成养兔场 3 处，面积 7000 余平方米，年出栏肉兔 10 万只，成为宜宾最大的养兔基地；打造四川省残疾人养殖基地，成功申报为四川省无公害兔，是宜宾市内目前唯一有注册商标的肉兔。光明村众兴养牛专合作社为龙头的黄牛养殖业，全年肉牛养殖存栏 3000 余头，出栏 1500 余头。

【联合竹基地建设】2016 年，按照打造 2000 公顷竹基地的目标，稳固红竹、红春、光明 3 村罗汉竹，在甜竹、革新 2 个村种植方竹 333.33 公顷、苦竹 66.67 公顷，在红竹、红春、光明 3 个村移栽方竹 266.67 公顷，在花树村栽种雷竹 20 公顷。全乡竹林累计 1600 公顷。

【联合安全生产】2016 年，继续深化巩固"五道防线"（乡、村、组、巡山人员、土地承包责任人）综合治理私挖滥采，突出地质灾害、道路交通、非煤矿山等安全监管，以"三铁"（铁的手腕、铁的纪律、铁的决心）治理安全、落实"一岗双责"，督办各级干部履职尽责。全年，开展道路交通安全查纠行动 20 余次，批评教育 500 余人次，治理整改道路隐患 10 余外。组织全覆盖地质灾害应急逃生演练。完善全域安全隐患排查治理机制，确保辖区安全稳定。推进地质灾害、烟花爆竹及民爆物品安全、食品药品、建筑施工、人员密集场所、消防、非煤矿山等安全，全年安全生产死亡事故为零。

【联合扶贫工作】经精准识别，全乡有建档立卡贫困户 363 户 1518 人，其中贫困村 3 个 143 户 599 人（联新 34 户 133 人、花树 46 户 173 人、甜竹 63 户 293 人），非贫困村 5 个 220 户 919 人（茶园 52 户 227 人、红竹 45 户 179 人、红春 25 户 110 人、光明 61 户 242 人、革新 37 户 161 人）。通过贫困户依托合作社联动发展帮扶、特色产业发展帮扶、住房安居建设帮扶、民政低保政策兜底帮扶、行业部门帮扶等措施，2016 年，全乡有建档立卡贫困人口 260 人实现脱贫，贫困户生产、生活得到进一步改善，产业发展稳步推进。

（章圣贤）

先进单位和人物

2016年度国家部委、中共四川省委、四川省人民政府及省级部门表彰的先进单位

（单位提供，排名不分先后）

筠连县	商务部、财政部评为国家级电子商务进农村综合示范县
筠连县	中国茶叶流通协会表彰为2016年度中国茶业发展示范县
禁毒大队	国家禁毒委员会表彰为2015年度易制毒化学品管制工作成绩突出单位
县地震台	中国地震局、中国灾害防御协会授予2016年第五届平安中国防灾宣导系列公益活动优秀组织奖
筠连镇	中国科协、财政部授予为2016年“基层科普行动计划”科普示范社区（中城社区）
腾达镇	国家农业综合标准化委员会验收通过国家农业综合标准化示范区建设（春风综合体）
筠连县	省林业厅、省发改委、省财政厅认定为四川省现代林业重点县
筠连县	省委农工委表彰为2015年度全省农民增收工作先进县（市、区）
筠连县	省残疾人联合会表彰为“量服康复工作”成绩突出县
筠连县	省残疾人联合会表彰为“量服教就工作”成绩突出县
筠连县	省残疾人联合会表彰为“全省残疾人宣传、文化和体育成绩突出单位”
县政协	省政协表彰为2016年度全省政协新闻宣传工作先进单位
县残联	省人社厅、省残工委表彰为全省残疾人工作先进单位
县法院	省高级人民法院表彰为2015年度裁判文书上网工作先进法院
县法院	省高级人民法院表彰为2015年度信息化工作先进集体
县发改局	省发改委表彰为2015–2016年度全省价格监测工作先进集体
县安监局	省人社厅、省安监局表彰为四川省安全生产监管监察系统先进集体
县安监局	四川矿山救援总队表彰为川南区域矿山应急救援技术竞赛三等奖（矿山救护大队）
县安监局	四川矿山救援总队表彰为第十四届四川省矿山救援技术竞赛优胜奖（矿山救护大队）
县政法委	省委政法委、省人社厅表彰为四川省党委政法委先进集体
县财政局	省财政厅表彰为2015年度财政支农项目资金绩效管理良好县（区）
县财政局	省财政厅表彰为2015年度乡（镇）财政财政管理考核先进单位
县财政局	省财政厅表彰为四项扶贫基金组建先进单位
县财政局	省财政厅表彰为行政事业单位国有资产清查工作先进单位
县公安局	省公安厅表彰为2015年度全省公安政治工作综合成绩突出单位
县公安局	省公安厅表彰为全省公安机关“210工程”建设成绩突出集体（警务保障室）
食药监局	省食品药品监督管理局表彰为2015年度稽查执法工作先进单位
依法治县办	省委、省政府表彰为2011–2015年全省法制宣传教育先进普法依法治理办公室
教育文广局	省教育厅、四川教育报刊表彰为四川教育宣传先进单位
公积金管理部	省房协住房公积金分会表彰为2016年度住房公积金管理工作优秀管理部
筠连镇	省老龄委表彰为四川省第二届敬老文明号（白鹤村老年人协会）
筠连镇	省科协命名为2016–2017年四川省科普示范社区（玉壶社区）

沐爱镇	省科协、省财政厅评为2016年科普惠农先进单位(兴隆植物生态园协会)
巡司镇	省科协表彰为第31届四川省青少年科技创新大赛青少年科技实践活动项目一等奖(镇中心校科学实践活动小组)
腾达镇	省安委会命名为省级安全社区
维新镇	省卫计委表彰为2016年四川省民族地区“技术大练兵”技能竞赛省级决赛团体奖(卫生院)
维新镇	省卫计委表彰为2016年四川省民族地区“技术大练兵”技能竞赛宜宾市代表队团体三等奖(卫生院)
孔雀乡	省环境保护厅授予为省级生态乡(镇)
孔雀乡	省爱国卫生运动委员会授予为省级卫生乡(镇)
龙镇乡	省环境综合治理领导小组办公室授予为环境优美示范乡(镇)
电力公司	四川能投股份公司表彰为2016年度安全生产先进单位
电力公司	四川省水电集团表彰为农网规划建设先进单位
蓝伯特公司	省农业厅表彰为省级农业产业化重点龙头企业
蓝伯特公司	省林业厅表彰为省级林业产业化重点龙头企业

2016年度国家部委、中共四川省委、四川省人民政府及省级部门表彰的先进个人

(单位提供,排名不分先后)

王家元	中共中央宣传部评为全国时代楷模(腾达镇)
肖正才	国家老龄委评为全国敬老爱老助老模范人物(白鹤村老年人协会会长)
石靖川	省卫计委评为全科医学含心电组技能操作个人一等奖(维新镇卫生院)
刘　彩	省卫计委评为全省民族地区全员技术大练兵技能竞赛决赛个人二等奖(社区卫生服务中心)
母　莉	省人民检察院授予个人二等功(县检察院)
黄丽萍	省政协评为全省政协新闻宣传工作先进工作者(县政协)
李晓东	省政协评为《四川政协报》优秀通讯员(县政协)
李　秋	省文明委授予“四川省孝老爱亲模范”称号(筠连中学原高2011级2班学生)
赵云津	省委宣传部、省文明办评为2016年度“四川省优秀志愿者”(筠爱义工协会)
李心芬	省文明办评为“四川好人”(蒿坝镇合力民族小学)
杨文全	省文明办评为“四川好人”(腾达镇向阳村红旗组)
陈道乾	省文明办评为“四川好人”(双腾镇德胜村)
肖正才	省文明办评为“四川好人”(筠连镇白鹤村老协会)
聂　坤	省公安厅监所管理总队评为2015年度全省优秀公安监管民警(县公安局)
陈先友	省公安厅评为四川警察学院战训基地优秀队员(县公安局)
左　强	省房协住房公积金分会评为2016年度先进个人(公积金管理部)
刘　俊	省高级人民法院评为全省法院优秀庭审(县法院)
李增强	省高级人民法院评为全省法院优秀庭审(县法院)
蒲婉馨	省高级人民法院评为全省法院优秀庭审(县法院)
张建明	省高级人民法院评为全省法院优秀庭审(县法院)
郝中燕	省高级人民法院评为全省法院优秀调研人才(县法院)
张　琴	省地方税务局评为“金税三期工程”上线工作先进个人(县地税局)
汪元春	四川能投股份公司评为2016年安全生产先进个人
汪元春	四川能投集团党委评为2016年度优秀党务工作者

2016年度市级部门表彰的先进单位

（单位提供，排名不分先后）

筠连县　市政府命名为2015年度市级园林县城
筠连县　市委办、市政府办表彰为党政一把手环保目标考核及政府环保绩效考核先进单位
筠连县　市委办、市政府办表彰为排污减排工作绩效考核先进责任单位
筠连县　市委办、市政府办表彰为环境质量持续改善绩效考核空气环境质量突出单位
筠连县　市委办、市政府办表彰为生态市创建工作绩效考核先进单位
筠连县　市委办、市政府办表彰为2015年度投资促进工作暨重点督办项目绩效考核先进县（区）二等奖
筠连县　市委办、市政府办表彰为2015年民生工程目标绩效考核先进单位二等奖
筠连县　市农村工作领导小组表彰为完成农业农村工作综合目标任务县（区）
筠连县　市农村工作领导小组表彰为农业增收工作先进县（区）
筠连县　市农村工作领导小组表彰为农村改革工作先进县（区）
筠连县　市农村工作领导小组表彰为幸福美丽新村建设工作先进县（区）
筠连县　市农村工作领导小组表彰为脱贫攻坚工作先进县（区）
筠连县　市科技领导小组办公室表彰为2015年度县（区）科技工作目标考核结果优秀单位
筠连县　市人口和计划生育工作领导小组表彰为2015年度人口和计划生育目标管理考核结果三等奖
筠连县　市委办、市政府办表彰为2015年度全市信访工作成绩突出单位
筠连县　市委办、市政府办表彰为2015年度全市社会治安综合治理工作优秀县
筠连县　市委办、市政府办表彰为2015年度全市维护社会稳定工作优秀县
筠连县　市人才服务和就业促进局表彰为转移就业农村劳动力实名制动态管理先进县
筠连县　市综治委表彰为2015年度综治宣传先进县
筠连县　市综治委表彰为2015年网格化服务管理先进县
筠连县　市人社局表彰为2015年度人事人才工作综合考评突出县（区）
筠连县　市政府办表彰为2015年度就业和社会保障目标考核完成县
县委办　市委办、市政府办表彰为2015年民生工程目标绩效考核先进县（区）二等奖
县委办　市委办表彰为2015年度党委信息工作先进单位
县委办　市政府办表彰为2015年度全面推进依法行政工作考核先进工作单位
县委办　市委、市政府命名为2015-2017年度宜宾市文明单位
县委办　市委办、市政府办表彰为2015年度全市信访工作成绩突出单位
县委办　市委办表彰为2015年度党委信息工作优秀单位
县委办　市委办表彰为2015年度全市党委系统公文处理无差错活动和好公文评选公文处理无差错活动先进单位
县委办　市委办表彰为2015年度全市党委系统好公文三等奖
县委办　市委办表彰为2015年度县（区）委办公室先进单位
县委办　市委政研室表彰为2015年度县（区）委政研室先进单位（县委政研室）
县委办　市信访工作联席会议办表彰为2015年度“领导接访、下访工作先进单位”（县群众工作局）
县委办　市信访工作联席会议办表彰为2015年度“办信工作先进单位”（县群众工作局）
县委办　市信访工作联席会议办表彰为2015年度“进京非访治理工作先进单位”（县群众工作局）
县委办　市信访工作联席会议办表彰为2015年度全市信访工作“三无”乡（镇）（县群众工作局）
县委办　市信访工作联席会议办表彰为2015年度网上信访办理先进单位（县群众工作局）
县委办　市信访工作联席会议办表彰为2015年度信访信息化建设和应用先进单位（县群众工作局）
县委办　市信访工作联席会议办表彰为2015年度信访积案难案化解工作先进单位（县群众工作局）
县委办　市信访工作联席会议办表彰为2015年度办公室工作先进单位（县群众工作局）
县人大　市人大常委会表彰为2016年县乡人大换届选举工作基层代表比例先进单位

县政府办	市委办、市政府办表彰为2015年民生工程目标绩效考核先进县(区)二等奖单位
县政府办	市政府办表彰为2015年度全市应急管理绩效考核合格单位
县政府办	市政府办表彰为2015年度全面推进依法行政工作考核先进单位
县政府办	市政府办表彰为2015年度政务调研工作考核先进单位
县政府办	市政府办表彰为2015年全市政务信息工作先进单位
政务中心	市政务服务中心表彰为2016年度全市县(区)政务服务中心绩效考核一等奖
政务中心	市政务服务中心表彰为2016年全市12345市民服务平台运行管理工作绩效考核第六名
政务中心	市政务服务中心表彰为2016年度全市政务服务信息工作先进单位
政务中心	市政务服务中心表彰为2016年宜宾市政务服务和公共资源交易系统首届体育运动会"一圈到底趣味运动"一等奖
政务中心	市政务服务中心表彰为2016年宜宾市政务服务系统"创新引领发展能力建设先行"文艺表演比赛优秀奖
园区	市经信委表彰为2016年度各工业园区经济运行情况先进单位
县政协	市政协表彰为2016年度全市政协宣传工作成绩突出单位
县政协	市政协表彰为2015年度全市政协新闻通联工作成绩突出单位
县政协	市政府命名为2015-2017年度宜宾市文明单位
县政协	市委、市政府表彰为2016年度离退休干部党支部先进集体
纪委监察局	市纪委表彰为2016"卫士风采"运动会体育道德风尚奖
纪委监察局	市文广局表彰为"法治中国·四川宜宾微电影"二等奖
县委政法委	市综治委表彰为2012-2016年度宜宾市综治工作暨平安建设先进集体(综治办)
县委政法委	市委政法委表彰为全市政法队伍建设专项工作优秀组织单位
县委政法委	市委政法委表彰为全市政法队伍建设工作优秀单位
县委政法委	市委维稳办表彰为2015年度健全应急机制工作先进单位
县委政法委	市国安办表彰为2016年度宜宾市先进国安办(国安办)
县委政法委	市综治委表彰为2012-2016年度宜宾市综治工作暨平安建设先进集体
县委政法委	市委政法委表彰为全市政法队伍建设专项工作优秀组织单位
县委政法委	市委政法委表彰为2016年度全市政法队伍建设工作优秀单位
县委宣传部	市委、市政府命名为2015-2017年度宜宾市文明单位
县委宣传部	市科协表彰为2016年度科普工作先进单位
县委统战部	市委统战部表彰为2016年度统战工作先进单位一等奖
县台办	市台办表彰为台联工作先进单位
县妇联	市妇联表彰为2016年度县(区)妇联业务目标考核一等奖
团县委	市委、市政府命名为2015-2017年度宜宾市文明单位
团县委	团市委表彰为2015年度宜宾共青团工作综合奖
县科协	市科协、市教体局表彰为第32届宜宾市青少年科技创新大赛优秀组织单位
县科协	市科协、市教体局表彰为第31届青少年科技创新大赛优秀组织单位
县科协	市科协表彰为2016年度企事业科协工作先进单位
县科协	市科协表彰为2016年度企业"讲、比""建家"工作优秀组织单位
县科协	市科协表彰为2016年年度宜宾市金桥工程优秀项目一等奖项目搭桥单位
县科协	市科协表彰为2016年年度宜宾市金桥工程优秀组织单位
县科协	市科协表彰为2016年度办公室工作先进单位
县科协	市科协表彰为2016年度宣传信息工作先进单位
县科协	市科协表彰为2016年度财务工作先进单位
县科协	市科协表彰为2016年度综合统计工作先进单位
县科协	市科协表彰为2016年度科协工作先进单位
县科协	市科协表彰为2016年度科普工作先进单位
县科协	市科协表彰为2016年度青少年科技教育工作先进单位
县科协	市科协表彰为2016年度科普惠农兴村建设先进单位
县科协	市科协表彰为2016年度学会工作先进集体

机关工委	市直机关工委表彰为2015年度机关党建工作综合考核二等奖
机关工委	市直机关工委表彰为2015年机关党建调研课题优秀奖
机关工委	市直机关工委表彰为2015年度优秀创新工作项目创新奖
县委党校	市委党校表彰为2016年度党校工作先进单位
县委党校	市委党校表彰为2016年度教学管理工作先进单位
县委党校	市委党校表彰为2016年度科研咨政工作先进单位
县委党校	市委党校表彰为2016年度信息化建设工作先进单位
县委党校	市委党校表彰为2016年度信息宣传工作先进单位
县委党校	市科协表彰为2016年度科普工作先进单位
县总工会	市总工会表彰为2015年度县(区)工会工作目标考核二等奖
县总工会	市总工会表彰为2016年度县(区)工会工作目标考核优胜单位
县总工会	市总工会表彰为2016年度县(区)工会经审工作先进单位
县总工会	市总工会表彰为2016年度县(区)总工会财务工作考核先进单位
县财政局	市财政局表彰为2015年财政支农机制创新先进单位
县财政局	市财政局表彰为2015年全市会计信息质量检查工作考评三等奖
县财政局	市国资委表彰为2015年企业国有资产统计工作考核二等奖
县财政局	市科协表彰为2016年度科普惠农兴村建设先进单位
经信科技局	市经信委表彰为2015年度全市经信委系统工作绩效评价结果突出单位
教育文广局	市教体局表彰为2015年度县(区)教育体育部门目标考核全面完成单位
教育文广局	市教体局表彰为宜宾市第七届中职学生技能大赛团体三等奖
教育文广局	市教体局表彰为2015年度县(区)教育体育部门综合目标全面完成单位
教育文广局	市教体局表彰为"法律"进校园工作突出贡献奖
教育文广局	市科协表彰为青少年科技教育工作先进单位
教育文广局	市科协、市教体局表彰为宜宾市第31届青少年科技创新大赛优秀组织单位
教育文广局	市语委表彰为经典诵读优秀组织奖
教育文广局	市总工会表彰为科教文卫工会先进单位一等奖
教育文广局	市互联网信息办、市教体局表彰为宜宾市青少年网络安全知识竞赛优秀组织奖
教育文广局	市委宣传部、市文广新局表彰为2015年度宜宾广播电视节目提名奖
教育文广局	市委宣传部、市文明办、市文广新局表彰为宜宾市首届幸福美丽乡村农民文艺汇演优秀组织奖
教育文广局	市文广新局表彰为2015年文化广电新闻出版工作较好单位
教育文广局	市政府新闻办表彰为2015年度"宜宾新闻奖"三等奖
教育文广局	市科协、市教体局表彰为第32届宜宾市青少年科技创新大赛优秀组织单位
教育文广局	市科协、市教体局表彰为第31届青少年科技创新大赛优秀组织单位
教育文广局	市科协表彰为2016年度青少年科技教育工作先进单位
胜利街小学	市科协、市教体局表彰为第32届宜宾市青少年科技创新大赛优秀青少年科技实践活动三等奖(四年级四班科技实践小组)
胜利街小学	市科协表彰为2016年度青少年科技教育工作先进单位
扶贫移民局	市扶贫移民局表彰为2015年度扶贫移民工作优良单位
规建城管局	市住建局表彰为2015年度全市住房城乡建设工作绩效考核一等奖
规建城管局	市住建局表彰为2016年度全市住房城乡建设工作目标考核二等奖
规建城管局	市爱卫会表彰为2016年度爱国卫生工作考评一等奖
规建城管局	市城管局表彰为2016年度城市管理工作考评一等奖
规建城管局	市城管局表彰为2016年度城乡环境综合治理工作考评一等奖
规建城管局	市城管局表彰为2016年度数字城管工作考评二等奖
规建城管局	市城管局表彰为2016年度全市城管系统先进集体
规建城管局	市城管局表彰为市级无吸烟单位
国土资源局	市国土资源局表彰为2016年度国土资源系统目标考核完成单位

交通运输局	市政府办表彰为2015年度高速公路项目建设完成单位
交通运输局	市政府办表彰为2015年度干线公路项目建设先进单位
交通运输局	市政府办表彰为2015年度农村公路建设完成单位
交通运输局	市政府办表彰为2015年度公路安全保障工程建设先进单位
交通运输局	市政府办表彰为2015年度国省道管养协调保障先进单位
交通运输局	市政府办表彰为2015年度国省道病危桥改造协调保障完成单位
交通运输局	市交通运输局表彰为2015年度交通运输安全生产目标管理先进单位
交通运输局	市交通运输局表彰为2015年度全市交通运输行业新闻宣传工作优秀单位
畜牧水产局	市畜牧水产局表彰为2015年畜牧水产工作综合目标考核先进单位
扶贫移民局	市扶贫和移民工作局表彰为2015年度扶贫移民工作优良单位
卫生计生局	市委、市政府命名为2015-2017年度宜宾市文明单位
武警县中队	武警宜宾市支队授予集体三等功(四班)
县消防大队	市消防支队表彰为2016年度先进基层单位
妇幼保健中心	市总工会表彰为宜宾市工人先锋号(妇产科)
人行筠连支行	人行宜宾中心支行表彰为2016年度目标管理达标单位(B等行)
邮储筠连支行	市科协表彰为2016年度科普惠农兴村建设先进单位
县地税局	市地税局表彰为2015年度全市地税系统纳税服务工作先进单位
县地税局	市地税局表彰为2015年度绩效管理考评结果优秀单位
筠连中学	市委办、市政府办表彰为宜宾市教育工作先进集体
县地震台	市防震减灾局表彰为2016年度全市防震减灾系统政务信息工作三等奖
县地震台	市防震减灾局表彰为2016年度县(区)地震监测及震情跟踪工作先进单位
县地震台	市防震减灾局表彰为2016年度县(区)地震应急救援工作先进单位
县残联	市残疾人工作委员会表彰为2015年度县(区)残联绩效考核优秀单位
县人社局	市人社局表彰为2015年人事人才工作综合考评突出单位
县人社局	市人社局表彰为2015年党风廉政及自身建设工作突出单位
县环保局	市委办、市政府办表彰为2015年度党政“一把手”环保绩效考核一等奖
县环保局	市委办、市政府办表彰为2015年度污染减排工作绩效考核一等奖
县环保局	市委办、市政府办表彰为2015年度环境质量持续改善绩效考核一等奖
县环保局	市委办、市政府办表彰为2015年度生态市创建工作绩效考核一等奖
县环保局	市环保局表彰为2015年度环保目标管理综合考评一等奖
县法院	市政府办表彰为2015年度全市人民调解工作先进集体(落木柔人民法庭)
县法院	市中级人民法院表彰为2015年度政工工作二等奖
县法院	市中级人民法院表彰为2015年度档案工作先进单位
县法院	市中级人民法院表彰为2015年度信息工作先进集体
县法院	市中级人民法院表彰为2015年度调研工作先进单位
县法院	市中级人民法院表彰为2015年度司法统计工作先进单位
县法院	市中级人民法院表彰为2015年度审判管理工作先进单位
县法院	市中级人民法院表彰为2015年度裁判文书公开工作先进单位
县公安局	市公安局表彰为2015年度全市刑侦绩效考核第二名
县公安局	市委表彰为全市先进基层党组织(刑侦大队党支部)
县公安局	市公安局表彰为宜宾公安文化建设示范单位
县公安局	团市委表彰为宜宾市五四红旗团支部(团支部)
县公安局	市公安局表彰为全市公安机关“亮剑”专项行动成绩突出集体
县公安局	市政务服务中心表彰为2016年度政务服务优秀示范窗口(驻政务中心窗口)
禁毒大队	市公安局表彰为公安机关执法示范单位
县司法局	市司法局表彰为2014-2015年全市调解工作先进集体
县司法局	市司法局命名为四星级人民调解委员会

县检察院	市委、市政府命名为2015-2017年度宜宾市文明单位
县检察院	市检察院表彰为2015年度各县(区)院绩效管理工作三等奖
县农业局	市农业局表彰为2015年县(区)农业工作目标绩效考核完成单位
县林业局	市林业局表彰为2015年度县(区)林业目标绩效考核结果优秀单位
县林业局	市林业局表彰为森林防火“六有乡(镇)”规范化建设先进集体
县水务局	市水务局表彰为全市水务系统2015年目标绩效考核先进单位
县水务局	市纪委表彰为宜宾市廉政文化进机关示范点
县粮食局	市发改委、市粮食局表彰为2015年度全市粮食流通工作优秀单位
县审计局	市审计局表彰为2015年度审计业务绩效考核优良单位
县审计局	市审计局表彰为首届“审计风采”运动会体育道德风尚奖
县统计局	市委、市政府命名为2015-2017年度宜宾市文明单位
县统计局	市统计局表彰为2016年度统计工作目标绩效考核一等奖
县统计局	国家统计局宜宾调查队表彰为2016年度规模以下工作抽样调查工作考评结果良好单位
县统计局	国家统计局宜宾调查队表彰为2016年度工业生产者价格调查工作考评结果二等奖
县统计局	国家统计局宜宾调查队表彰为2016年度规模以下服务业抽样调查工作考核结果优秀单位
县安监局	市政府办表彰为2015年度安全生产工作绩效考核先进单位
县民政局	市政府命名为市级敬老文明号(筠连县老年大学)
县质监局	市质监局表彰为2016年县(区)质监工作考核优秀单位
县质监局	市质监局表彰为全市质监综合工作第三名
县工商局	市工商局表彰为2015年县(区)工商局、分局目标管理考评合格单位
县工商局	市工商局表彰为2016年消费维权工作先进单位。
县工商局	市工商局表彰为2016年服务民营经济发展先进单位
县工商局	市政务服务中心表彰为2016年度政务服务优秀示范窗口(驻政务中心窗口)
县体育局	市教体局表彰为2015年度县(区)教育体育部门目标考核完成出色单位
县档案局	市档案局表彰为2015年档案工作目标绩效考核先进
筠连镇	市委、市政府命名为市级“四好村”(五丰村)
筠连镇	市委、市政府命名为市级“四好村”(垫泥社区村)
筠连镇	市委、市政府命名为市级“四好村”(白鹤社区村)
筠连镇	市委、市政府命名为市级“四好村”(联络社区村)
筠连镇	市委、市政府命名为市级“四好村”(燎原村)
筠连镇	市公安局表彰为公安机关执法示范单位(派出所)
筠连镇	市政府命名为市级敬老文明号(白鹤村老年人协会)
筠连镇	市委办、市政府办表彰为离休老干部工作先进集体
筠连镇	市委办、市政府办表彰为老干部工作先进集体(镇党委)
筠连镇	市委办、市政府办表彰为2015年度平安建设先进乡(镇)
筠连镇	市科协、市教体局表彰为第32届宜宾市青少年科技创新大赛优秀组织单位(景阳小学)
筠连镇	市科协表彰为2016年度科普工作先进单位(玉壶社区)
筠连镇	市科协表彰为2016年度科普惠农兴村建设先进单位(县养牛协会)
筠连镇	市人才服务中心和就业促进局表彰为全市农村贫困家庭劳动力实名制登记入库工作先进单位
筠连镇	市总工会命名为2015年度“宜宾市示范社区工会(城南社区)
筠连镇	市总工会命名为2016年宜宾工会示范“职工书屋”(城南社区职工书屋)
筠连镇	市总工会命名为2016年宜宾工会示范“职工书屋”(五凤村职工书屋)
巡司镇	市委、市政府命名为市级“四好村”(银星村)
巡司镇	市委、市政府命名为市级“四好村”(土房村)
巡司镇	市科协、市教体局表彰为第31届青少年科技创新大赛优秀青少年科技实践活动一等奖(镇中心校科学实践活动小组)
巡司镇	市综治委表彰为宜宾市爱路护路宣传教育示范学校市级示范学校(镇中心小学校)

腾达镇	市委、市政府命名为2015-2017年度宜宾市文明单位
腾达镇	市委、市政府命名为市级“四好村”(春风村)
腾达镇	市委、市政府命名为市级“四好村”(冒水社区村)
腾达镇	市委、市政府命名为市级“四好村”(水茨村)
腾达镇	市委、市政府命名为市级“四好村”(官井村)
腾达镇	市委办、市政府办表彰为2015年度全市维护社会稳定工作先进乡(镇)
腾达镇	市委办、市政府办表彰为2015年度平安建设先进乡(镇)
腾达镇	市信访工作联席会议办表彰为2015年度全市信访工作“三无”乡(镇)
腾达镇	市政务服务中心表彰为2016年度全市政务服务最佳村(社区)便民服务代办点(冒水社区)
腾达镇	市政务服务中心表彰为2016年度全市政务服务信息工作先进单位
腾达镇	市妇联命名为创建市级妇女儿童之家(春风村)
腾达镇	市安办命名为宜宾市安全社区
腾达镇	市科协表彰为2015年度科普工作先进单位(春风村圣奇灵芝种植科普示范基地)
腾达镇	市总工会命名为宜宾市模范职工小家(腾达镇工会)
腾达镇	市总工会命名为2016年宜宾市职工(农民工)文化驿站示范点(冒水社区)
腾达镇	市总工会命名为2016年宜宾工会示范“职工书屋”(冒水社区职工书屋)
维新镇	市委、市政府命名为市级“四好村”(顺阳村)
维新镇	市委办、市政府办表彰为2015年度全市维护社会稳定工作先进乡(镇)
维新镇	市信访工作联席会议办表彰为2015年度全市信访工作“三无”乡(镇)
沐爱镇	市委、市政府命名为市级“四好村”(棬坪社区村)
沐爱镇	市委办、市政府办表彰为2015年度全市维护社会稳定工作先进乡(镇)
沐爱镇	市委办、市政府办表彰为2015年度平安建设先进乡(镇)
沐爱镇	市信访工作联席会议办表彰为2015年度全市信访工作“三无”乡(镇)
沐爱镇	市科协、市教体局表彰为第32届宜宾市青少年科技创新大赛优秀青少年科技实践活动三等奖(镇中心校五年级四班)
蒿坝镇	市委、市政府命名为2015-2017年度宜宾市文明单位
蒿坝镇	市委、市政府命名为市级“四好村”(高兴村)
蒿坝镇	市委、市政府命名为市级“四好村”(高龙村)
蒿坝镇	市委、市政府命名为市级“四好村”(高桥村)
蒿坝镇	市委办、市政府办表彰为2015年度平安建设先进乡(镇)
蒿坝镇	市信访工作联席会议办表彰为2015年度全市信访工作“三无”乡(镇)
双腾镇	市委、市政府命名为市级“四好村”(沙坝村)
双腾镇	市委、市政府命名为市级“四好村”(走马村)
双腾镇	市委表彰为先进基层党组织(德胜村党支部)
双腾镇	市科协表彰为2016年度青少年科技教育工作先进单位(双泉职中)
双腾镇	市科协表彰为2016年度科普工作先进单位(黄桷树社区)
镇舟镇	市委、市政府命名为市级“四好村”(前进村)
镇舟镇	市政务服务中心表彰为2016年度全市政务服务信息工作先进单位
镇舟镇	市政务服务中心表彰为2016年度全市政务服务最佳乡(镇、街道)便民服务中心
镇舟镇	市政务服务中心表彰为2016年度全市政务服务最佳村(社区)便民服务代办点(景阳村)
镇舟镇	市总工会命名为2015年度“宜宾市示范社区工会(兴徙社区)
大雪山镇	市委、市政府命名为市级“四好村”(雪山村)
大雪山镇	市委、市政府命名为市级“四好村”(安乐村)
大雪山镇	市科协、市教体局表彰为第32届宜宾市青少年科技创新大赛优秀青少年科技实践活动一等奖(自由小学科技实践活动小组)
大雪山镇	市科协、市教体局表彰为第31届青少年科技创新大赛优秀科技辅导员科技创新成果竞赛三等奖(解放小学)
大雪山镇	市政务服务中心表彰为2016年度全市政务服务信息工作先进单位

大雪山镇　市政务服务中心表彰为乡（镇、街道）便民服务中心标准化建设先进单位
武德乡　市委表彰为先进基层党组织（长征村党支部）
武德乡　市委、市政府命名为市级“四好村”（共和村）
武德乡　市委、市政府命名为市级“四好村”（鱼池社区村）
武德乡　市政务服务中心表彰为2016年度全市政务服务最佳乡（镇、街道）便民服务中心
武德乡　市科协表彰为2016年度科普惠农兴村建设先进单位（凉风洞生态种养殖协会）
塘坝乡　市委表彰为先进基层党组织（木映村党支部）
塘坝乡　市委、市政府命名为市级“四好村”（木映村）
塘坝乡　市委、市政府命名为市级“四好村”（川丰社区村）
塘坝乡　市委、市政府命名为市级“四好村”（幸福社区村）
塘坝乡　市委、市政府命名为市级“四好村”（柑子村）
塘坝乡　市委办、市政府办表彰为2015年度平安建设先进乡（镇）
塘坝乡　市综治委表彰为2016年度综治工作暨平安建设先进集体
孔雀乡　市委、市政府命名为2015–2017年度宜宾市文明单位
孔雀乡　市委办、市政府办表彰为2015年度平安建设先进乡（镇）
孔雀乡　市委办、市政府办表彰为2015年度全市维护社会稳定工作先进乡（镇）
孔雀乡　市综治委表彰为2012–2016年度宜宾市综治工作暨平安建设先进集体
孔雀乡　市城乡环境综合治理领导小组表彰为全市城乡环境综合治理红旗乡（镇）
龙镇乡　市信访工作联席会议办表彰为2015年度全市信访工作“三无”乡（镇）
龙镇乡　市人才服务和就业促进局表彰为农村贫困村家庭劳动力实名制登记入库先进单位
乐义乡　市信访工作联席会议办表彰为2015年度全市信访工作“三无”乡（镇）
高坪苗族乡　市委表彰为先进基层党组织先进单位（乡党委）
高坪苗族乡　市信访工作联席会议办表彰为2015年度全市信访工作“三无”乡（镇）
联合苗族乡　市委、市政府命名为市级“四好村”（红春村）
联合苗族乡　市信访工作联席会议办表彰为2015年度全市信访工作“三无”乡（镇）
联合苗族乡　市总工会命名为2015年度“宜宾市示范乡镇（街道）工会”（联合苗族乡工会）
团林苗族乡　市委、市政府命名为市级“四好村”（杉新村）
团林苗族乡　市信访工作联席会议办表彰为2015年度全市信访工作“三无”乡（镇）
百兴商贸　市委表彰为先进基层党组织（党支部）
森泰公司　国家统计局宜宾调查队评为2016年价格调查先进企业
蓝伯特公司　市农业局命名为市农业产业化重点龙头企业
蓝伯特公司　市林业厅命名为市十佳最具实力林业产业化龙头企业
蓝伯特公司　市质监局表彰为质量诚信典范企业

2016年度市级部门表彰的先进个人

（单位提供，排名不分先后）

刘朝平　市委办、市政府办评为2015年度全市信访工作成绩突出个人
黄　静　市政协评为优秀提案（《关于将废弃矿山纳入自然地质灾害治理的建议》）
詹　立　市委办、市政府办评为2015年度全市信访工作成绩突出个人
刘谢润　市委办、市政府办评为2015年度全市信访工作成绩突出个人（县委办）
唐　勇　市委办、市政府办评为2015年度全市信访工作成绩突出个人（县公安局）
郑　镭　市委办、市政府办评为优秀教师（希望小学）

张云波　市委办、市政府办评为优秀教师(职业中学)
彭　义　市委办、市政府办评为优秀教师(定水中学)
吴　霞　市委办、市政府办评为优秀教师(胜利街小学)
陈　章　市委办、市政府办评为优秀教师(筠连中学)
王成英　市委办、市政府办评为优秀乡村教师(筠连第三中学)
宋达荣　市委办、市政府办评为优秀乡村教师(大雪山镇自由小学)
刘　杰　市委办、市政府办评为优秀乡村教师(景阳中学)
贾廷发　市委办、市政府办评为优秀乡村教师(腾达镇新合小学)
刘丽林　市委办、市政府办评为优秀乡村教师(巡司镇和平小学)
杨云辉　市委办、市政府办评为优秀乡村教师(筠连第二中学)
周德洋　市委办、市政府办评为优秀教育工作者(县教育文广局)
后　乐　市委办、市政府办评为离退休干部先进个人(县老干部局)
李友钧　市委办、市政府办评为离退休干部先进个人(县老干部局)
王　玉　市委办、市政府办评为老干部工作先进个人(县老干部局)
周国彬　市委评为全市优秀共产党员(县纪委)
孙从英　市委评为全市优秀共产党员(县顺欣运业公司)
左　杰　市委评为全市优秀共产党员(大雪山镇)
邓　康　市委评为全市优秀共产党员(团林苗族乡)
谭　莉　市委评为全市优秀共产党员(县交通运输局)
冯　娜　市委评为全市优秀党务工作者(筠连镇玉壶社区)
刘　平　市委评为全市优秀党务工作者(维新镇)
徐元金　市委评为全市优秀党务工作者(县人才办)
卢光明　市委评为全市优秀党务工作者(大雪山镇)
何珊珊　市委评为全市优秀党务工作者(巡司镇)
郑　协　市委评为全市优秀党务工作者(沐爱镇)
江　敏　市委评为全市优秀党务工作者(县自来水公司)
胡旭刚　市委办评为2015年度党委信息工作优秀个人(县委办)
杨　洁　市委办评为2015年度党委信息工作优秀个人(县委办)
李自荣　市委办评为2015年度县(区)委办公室先进个人(县委办)
吴德强　市委办评为2015年度县(区)委办公室先进个人(县委办)
王泽阳　市委政研室评为2015年度县(区)委政研室先进个人(县委办)
张　琴　市地方税务局评为“金税三期工程”上线工作先进个人(县地税局)
李万良　市地方税务局评为“金税三期工程”上线工作先进个人(县地税局)
陈　倩　市地方税务局评为“金税三期工程”上线工作先进个人(县地税局)
刘　明　市政府评为2014–2015年度先进人民调解员(沐爱镇)
陈元明　人行宜宾市中心支行评为2016年度考核为优秀(人行筠连支行)
陈　践　市综治委评为2012–2016年度宜宾市综治工作暨平安建设先进个人(县政法委)
陈　践　市烟草整顿工作组、市综治委评为2016年“打防控”烟草专卖管理新体系建设先进个人
徐伟豪　市综治委评为宜宾市市级铁道小卫士(腾达镇大地小学四年级一班)
黄　洁　市综治委评为宜宾市市级铁道小卫士(腾达镇中心小学校五年级一班)
范　利　市综治委评为宜宾市市级铁道小卫士(巡司温泉小学校四年级一班)
陈梓瑄　市综治委评为宜宾市市级铁道小卫士(巡司温泉小学校六年级二班)
徐宾佑　市综治委评为宜宾市市级铁道小卫士(巡司镇中心小学校三年级一班)
苏　丹　团市委评为“全省产业园区党建工作现场推进会”优秀志愿者(团县委)
石　秋　市委评为岗位学雷锋敬业标兵(蒿坝镇民族卫生院)
李　江　市劳动局、市卫计局评为宜宾市基层练兵技能竞赛农村组二等奖(武德乡卫生院)
王　军　市司法局评为2015年度县(区)司法行政工作先进个人(县司法局)

高小力　市司法局评为2015年度司法行政宣传工作先进个人(县司法局)
王　春　市司法局评为开展"两学一做"演讲比赛三等奖(县司法局)
余宋敏　市依法治市领导小组评为宜宾市2016年法治示范人物(县司法局)
杨道秋　市科协、市教体局评为第31届宜宾市青少年科技创新大赛优秀学生科技创新成果竞赛二等奖(双泉职中)
罗艺权　市科协、市教体局评为第31届宜宾市青少年科技创新大赛优秀学生科技创新成果竞赛二等奖(双泉职中)
罗春兰　市科协、市教体局评为第31届宜宾市青少年科技创新大赛优秀青少年科学影像活动三等奖(双泉职中)
詹小蓉　市科协、市教体局评为第31届宜宾市青少年科技创新大赛优秀青少年科学影像活动三等奖(双泉职中)
辛玉林　市科协、市教体局评为第31届宜宾市青少年科技创新大赛优秀青少年科学影像活动三等奖(双泉职中)
陈川江　市科协、市教体局评为第31届宜宾市青少年科技创新大赛优秀学生科技创新成果竞赛二等奖(双泉职中)
张　敏　市科协、市教体局评为第31届宜宾市青少年科技创新大赛优秀科技辅导员科技创新成果竞赛三等奖(双泉职中)
王　刚　市科协、市教体局评为第31届宜宾市青少年科技创新大赛优秀科技教师(双泉职中)
钟　宇　市科协、市教体局评为第31届宜宾市青少年科技创新大赛优秀少年儿童科学幻想绘画二等奖(巡司镇中心小学)
罗长帅　市科协、市教体局评为第31届宜宾市青少年科技创新大赛优秀少年儿童科学幻想绘画三等奖(巡司镇中心小学)
黄正香　市科协、市教体局评为第31届宜宾市青少年科技创新大赛优秀青少年科技实践活动项目指导奖一等奖(巡司镇中心小学)
杨孟坤　市科协、市教体局评为第31届宜宾市青少年科技创新大赛优秀青少年科技实践活动项目指导奖一等奖(巡司镇中心小学)
肖　琦　市科协、市教体局评为第31届宜宾市青少年科技创新大赛优秀青少年科技实践活动项目指导奖一等奖(巡司镇中心小学)
肖　琦　市科协、市教体局评为第31届宜宾市青少年科技创新大赛优秀科技教师(巡司镇中心小学)
杨　媛　市科协、市教体局评为第31届宜宾市青少年科技创新大赛优秀学生科技创新成果竞赛三等奖(胜利街小学)
熊壮志　市科协、市教体局评为第31届宜宾市青少年科技创新大赛优秀科技教师(胜利街小学)
叶　莉　市科协、市教体局评为第32届宜宾市青少年科技创新大赛优秀青少年科技实践活动项目指导奖三等奖(胜利街小学)
苏　冉　市科协、市教体局评为第32届宜宾市青少年科技创新大赛优秀青少年科技实践活动项目指导奖三等奖(胜利街小学)
辛　武　市科协、市教体局评为第32届宜宾市青少年科技创新大赛优秀青少年科技实践活动项目指导奖三等奖(胜利街小学)
章　雪　市科协、市教体局评为第31届宜宾市青少年科技创新大赛优秀少年儿童科学幻想绘画三等奖(大雪山镇自由小学)
白友兴　市科协、市教体局评为第32届宜宾市青少年科技创新大赛优秀科技辅导员科技创新成果竞赛三等奖(大雪山镇自由小学)
王明银　市科协、市教体局评为第32届宜宾市青少年科技创新大赛优秀科技辅导员科技创新成果竞赛三等奖(大雪山镇解放小学)
余正才　市科协、市教体局评为第32届宜宾市青少年科技创新大赛优秀青少年科技实践活动项目指导一等奖(大雪山镇自由小学)
余　涛　市科协、市教体局评为第32届宜宾市青少年科技创新大赛优秀青少年科技实践活动项目指导一等奖(大雪山镇自由小学)
周云高　市科协、市教体局评为第32届宜宾市青少年科技创新大赛优秀青少年科技实践活动项目指导一等奖(大雪山镇自由小学)
开付连　市科协、市教体局评为第32届宜宾市青少年科技创新大赛优秀科技教师(大雪山镇自由小学)
喻　霜　市科协、市教体局评为第31届宜宾市青少年科技创新大赛优秀青少年科学影像活动二等奖(希望小学)
马梓畯　市科协、市教体局评为第31届宜宾市青少年科技创新大赛优秀青少年科学影像活动二等奖(希望小学)
李春晔　市科协、市教体局评为第31届宜宾市青少年科技创新大赛优秀科技教师(希望小学)
李春晔　市科协、市教体局评为第31届宜宾市青少年科技创新大赛优秀科技辅导员科技创新成果竞赛三等奖(希望小学)
李春晔　市科协、市教体局评为第32届宜宾市青少年科技创新大赛优秀科技教师(希望小学)
李春晔　市科协、市教体局评为第32届宜宾市青少年科技创新大赛优秀科技辅导员科技创新成果竞赛二等奖(希望小学)

杨璐语　市科协、市教体局评为第32届宜宾市青少年科技创新大赛优秀青少年科学影像活动一等奖(希望小学)
杜凌云　市科协、市教体局评为第32届宜宾市青少年科技创新大赛优秀青少年科学影像活动一等奖(希望小学)
周丹丹　市科协、市教体局评为第32届宜宾市青少年科技创新大赛优秀青少年科学影像活动一等奖(希望小学)
张力帆　市科协、市教体局评为第31届宜宾市青少年科技创新大赛优秀青少年科学影像活动三等奖(沐爱镇中心小学)
张力帆　市科协、市教体局评为第32届宜宾市青少年科技创新大赛优秀青少年科学影像活动三等奖(沐爱镇中心小学)
杜婷婷　市科协、市教体局评为第31届宜宾市青少年科技创新大赛优秀青少年科学影像活动三等奖(沐爱镇中心小学)
何庆瑶　市科协、市教体局评为第31届宜宾市青少年科技创新大赛优秀青少年科学影像活动三等奖(沐爱镇中心小学)
吴昊燃　市科协、市教体局评为第32届宜宾市青少年科技创新大赛优秀青少年科学影像活动三等奖(沐爱镇中心小学)
刘思兰　市科协、市教体局评为第32届宜宾市青少年科技创新大赛优秀青少年科学影像活动三等奖(沐爱镇中心小学)
范秋妍　市科协、市教体局评为第32届宜宾市青少年科技创新大赛优秀科技辅导员科技创新成果竞赛一等奖(沐爱镇中心小学)
谢元秋　市科协、市教体局评为第32届宜宾市青少年科技创新大赛优秀青少年科技实践活动项目指导三等奖(沐爱镇中心小学)
徐世刚　市科协、市教体局评为第32届宜宾市青少年科技创新大赛优秀青少年科技实践活动项目指导三等奖(沐爱镇中心小学)
周俊秀　市科协、市教体局评为第32届宜宾市青少年科技创新大赛优秀青少年科技实践活动项目指奖三等奖(沐爱镇中心小学)
周俊秀　市科协、市教体局评为第32届宜宾市青少年科技创新大赛优秀科技教师(沐爱镇中心小学)
陈丽群　市科协、市教体局评为第32届宜宾市青少年科技创新大赛优秀少年儿童科学幻想绘画三等奖(沐爱镇金銮小学)
罗鸿运　市科协、市教体局评为第31届宜宾市青少年科技创新大赛优秀科技辅导员科技创新成果竞赛三等奖(武德乡大乐小学)
罗鸿运　市科协、市教体局评为第31届宜宾市青少年科技创新大赛优秀科技教师(武德乡大乐小学)
黄　飞　市科协、市教体局评为第32届宜宾市青少年科技创新大赛优秀学生科技创新成果竞赛一等奖(筠连镇景阳小学)
卢国洪　市科协、市教体局评为第32届宜宾市青少年科技创新大赛优秀学生科技创新成果竞赛二等奖(筠连镇景阳小学)
胡　杨　市科协、市教体局评为第32届宜宾市青少年科技创新大赛优秀学生科技创新成果竞赛二等奖(筠连镇景阳小学)
李联琼　市科协、市教体局评为第32届宜宾市青少年科技创新大赛优秀科技教师(筠连镇景阳小学)
魏紫亮　市科协、市教体局评为第32届宜宾市青少年科技创新大赛优秀学生科技创新成果竞赛三等奖(筠连镇百花小学)
刘宇仁　市科协、市教体局评为第31届宜宾市青少年科技创新大赛优秀科技辅导员科技创新成果竞赛三等奖(筠连镇海银小学)
罗曦晨　市科协、市教体局评为第32届宜宾市青少年科技创新大赛优秀学生科技创新成果竞赛二等奖(定水中学)
雷晓鹤　市科协、市教体局评为第32届宜宾市青少年科技创新大赛优秀青少年科学影像活动三等奖(定水中学)
廖子高　市科协、市教体局评为第32届宜宾市青少年科技创新大赛优秀科技教师(定水中学)
官晓姗　市科协、市教体局评为第32届宜宾市青少年科技创新大赛优秀少年儿童科学幻想绘画三等奖(县职业技术学校)
何鑫磊　市科协、市教体局评为第32届宜宾市青少年科技创新大赛优秀青少年科学影像活动三等奖(维新镇中心小学)
余　艳　市科协、市教体局评为第32届宜宾市青少年科技创新大赛优秀青少年科学影像活动三等奖(维新镇中心小学)
林付强　市科协评为2016年度青少年科技教育工作先进个人(县教育文广局)
谢龙珊　市科协、市教体局评为第31届青少年科技创新大赛优秀组织者(县教育文广局)
谢龙珊　市科协、市教体局评为第32届宜宾市青少年科技创新大赛优秀组织者(县教育文广局)
谢龙珊　市科协评为2016年度青少年科技教育工作先进个人(县教育文广局)
刘开杰　市科协、市教体局评为第31届青少年科技创新大赛优秀组织者(县科协)
刘开杰　市科协评为2016年度青少年科技教育工作先进个人(县科协)
刘开杰　市科协、市教体局评为第32届宜宾市青少年科技创新大赛优秀组织者(县科协)
罗光友　市科协评为2016年度科普工作先进个人(县科协)
罗光友　市科协评为2016年度宣传信息工作先进个人(县科协)
颜厚敏　市科协评为2016年度科普工作先进个人(河西社区)
冯　娜　市科协评为2016年度科普工作先进个人(玉壶社区)
朱小芹　市科协评为2016年度科普工作先进个人(邮储筠连支行)

刘泽慧　市科协评为2016年度科普惠农兴村建设先进个人(县科协)
段　毅　市科协评为2016年度科普惠农兴村建设先进个人(县财政局)
费　丽　市科协评为2016年度科普惠农兴村建设先进个人(县科协)
尹丽鸿　市交通运输局评为2015年度全市交通运输行业新闻宣传工作先进个人(县交通运输局)
王劲松　市人民检察院评为2013-2015年全市检察机关先进集体和先进个人(县检察院)
吴成洪　市人民检察院授予个人三等功(县检察院)
邬　均　市人民检察院授予个人嘉奖(县检察院)
张洪彬　市政协评为摄影作品优秀奖(《峰丛秀色》)(县政协)
张洪彬　市政协评为市政协运动会男子羽毛球三等奖(县政协)
吴祥群　市城管局评为2016年度全市城管系统先进个人(县环卫所)
杨国良　市城管局评为2016年度全市城管系统先进个人(县环卫所)
徐东海　市城管局评为2016年度全市城管系统先进个人(县规建城管局)
刘长荣　市城管局评为2016年度全市城管系统先进个人(县规建城管局)
刘文江　市城管局评为2016年度全市城管系统先进个人(县规建城管局)
张航银　市文明委授予“宜宾市诚实守信模范”称号(向阳农业开发有限公司)
李　雪　市委评为全市优秀党务工作者(县公安局)
蒋　炜　市公安局评为2015年度全市命案侦查工作先进个人(县公安局)
张　宇　市公安局评为2015年第二期新警培训优秀学员(县公安局)
张　宇　市公安局评为宜宾市治安系统执法办案能手(县公安局)
王孝梅　市公安局评为2015年第二期新警培训优秀学员(县公安局)
邱　磊　市公安局评为全市公安机关执法示范标兵(县公安局)
邓　欢　市公安局评为全市公安机关执法示范标兵(县公安局)
叶　东　市公安局评为全市公安机关执法示范标兵(县公安局)
叶　东　市公安局评为宜宾市治安系统执法办案能手(县公安局)
黄　磊　市公安局授予个人三等功(县公安局)
彭从飞　市公安局评为宜宾市治安系统执法办案能手(县公安局)
郑　旺　市公安局评为宜宾市治安系统执法办案能手(县公安局)
周　彪　市公安局评为全市公安缉毒执法先进个人(县公安局)
王茂林　市公安局评为“戎城卫士杯”围棋邀请赛第一名(县公安局)
许　华　市公安局评为全市公安机关“亮剑”专项行动成绩突出个人(县公安局)
许　华　市公安局授予个人嘉奖(县公安局)
赖智华　市公安局授予个人嘉奖(县公安局)
赖智华　市公安局评为全市公安机关“亮剑”专项行动成绩突出个人(县公安局)
刘　威　市公安局评为全市公安机关“亮剑”专项行动成绩突出个人(县公安局)
刘　威　市公安局授予个人嘉奖(县公安局)
李　林　市公安局授予个人嘉奖(县公安局)
李　林　市公安局评为全市公安机关执法示范标兵(县公安局)
李　林　市公安局评为全市公安机关“亮剑”专项行动成绩突出个人(县公安局)
罗升甫　武警宜宾市支队授予个人三等功(县中队)
王光焰　武警宜宾市支队授予个人三等功(县中队)
王　燕　市政务服务中心评为2016年度全市政务服务信息工作先进个人(县政务中心)
杨俊颖　市政务服务中心评为2016年度政务服务标兵(县公安局)
吴桂秋　市政务服务中心评为2016年度政务服务标兵(县住建城管局)
饶　艳　市政务服务中心评为乡(镇、街道)便民服务标兵(镇舟镇)
郑强生　市政务服务中心评为乡(镇、街道)便民服务标兵(武德乡)
谢明发　市政务服务中心评为优秀便民服务代办员(腾达镇冒水社区)
李光先　市政务服务中心评为优秀便民服务代办员(镇舟镇景阳村)

袁　静　市中级人民法院评为信息工作先进个人(县法院)
平一惠　市中级人民法院评为 2015 年度宣传工作先进个人(县法院)
郝中燕　市中级人民法院评为 2015 年度调研工作先进个人(县法院)
曹　建　市中级人民法院评为 2015 年度调研工作先进个人(县法院)
黄圆圆　市中级人民法院评为 2015 年度司法统计工作先进个人(县法院)
李增强　市政府办评为 2015 年度指导人民调解工作先进个人(县法院)
张　俊　市消防支队评为 2016 年度消防先进个人(县消防大队)
陈　冲　市消防支队评为 2016 年度消防先进个人(县消防大队)
曾志钧　市总工会表彰为优秀工会工作者(县总工会)

2016 年度中共筠连县委　筠连县人民政府表彰的先进单位

(单位提供,排名不分先后)

一、2015 年度武装工作先进集体

筠连镇
巡司镇
腾达镇
维新镇
高坪苗族乡
乐义乡

二、全县先进基层党组织

筠连镇五凤村党支部
筠连镇犀果联合党支部
筠连镇真武村党支部
筠连镇党委
巡司镇德面村党支部
巡司镇黄荆村党支部
巡司镇庆高村党支部
腾达镇冒水社区党支部
腾达镇党委
维新镇平等村党支部
维新镇中心校党支部
维新镇周坪村党支部
沐爱镇荷花社区党支部
沐爱镇尧坝村党支部
沐爱镇峨坪村党支部
双腾镇两河村党支部
镇舟镇景阳村党支部
镇舟镇马家村党支部
大雪山镇自由小学党支部
大雪山镇槐坪村党支部
大雪山镇秋英村党支部
蒿坝镇平安村党支部
武德乡机关党支部
武德乡解放村党支部
乐义乡花园村党支部
塘坝乡双田村党支部
龙镇乡兴胜村党支部
孔雀乡帅家村党支部
团林苗族乡大埂村党支部
联合苗族乡中心校党支部
高坪苗族乡东风村党支部
高坎乡党委
筠连县公安局看守所党支部
筠连县职业技术学校党支部
筠连县经济商务信息化和科学技术局机关党支部
筠连县卫生和计划生育局机关党支部
筠连县交通运输局机关党支部
县委宣传部党支部
县纪检监察党支部
大雪山顺欣运业有限公司党支部
县非公有制经济组织党工委

三、筠连县2016年度尊师重教先进集体

县委办公室
县人大常委会办公室
县政府办公室
县政协办公室
县委组织部
县纪委
县委宣传部
县委政法委
县公安局
县发展改革局
县人力资源社会保障局
县财政局
县规划建设城管局
县国土资源局
县交通运输局
县教育文广局
筠连镇人民政府
巡司镇人民政府
双腾镇人民政府
蒿坝镇人民政府

四、2015年度征兵工作先进单位

筠连镇政府
巡司镇政府
腾达镇政府
大雪山镇政府
维新镇政府
镇舟镇政府
乐义乡政府
团林苗族乡政府
高坎乡政府
县委宣传部
县政府办公室
县公安局
县卫生计生局
县教育文广局
县民政局

五、2015年"人民调解规范化乡镇"创建活动

(一)经检查考核合格的乡(镇)

筠连镇
巡司镇
腾达镇
沐爱镇
维新镇
蒿坝镇
镇舟镇
大雪山镇
武德乡
乐义乡
龙镇乡
高坎乡
高坪苗族乡
联合苗族乡
团林苗族乡

(二)经检查考核基本合格的乡(镇)

双腾镇
塘坝乡
孔雀乡

六、筠连县森林防火"六有"乡镇规范化建设先进集体

(一)森林防火"六有"乡镇建设先进集体

筠连镇人民政府
腾达镇人民政府
塘坝乡人民政府
乐义乡人民政府
龙镇乡人民政府
孔雀乡人民政府
高坪苗族乡人民政府
联合苗族乡人民政府

(二)森林消防及宣传教育先进单位

县人民武装部
县林业局
县教育和文化广电局
县森林公安分局
县森林防火指挥部办公室
武警筠连县中队
县政府专职消防队
县政府矿山救护队

七、2015年全县信访工作成绩突出集体

(一)乡(镇)

筠连镇党委、政府
孔雀乡党委、政府
塘坝乡党委、政府
双腾镇党委、政府
巡司镇党委、政府
乐义乡党委、政府
维新镇党委、政府
高坪苗族乡党委、政府
武德乡党委、政府
镇舟镇党委、政府
腾达镇党委、政府
高坎乡党委、政府

(二)县级部门

县委政法委
县安全生产监管局
县委群众工作局(县信访局)
县国土资源局
县公安局
县妇女联合会
县住房城乡规划建设和城镇管理局
县水务局
县人力资源和社会保障局
县林业局
县交通运输局
县教育和文化广电局
县经济商务信息化和科学技术局
县卫生和计划生育局
县人民法院

八、2015年行业发展目标考核结果

(一)一等奖

巡司镇
腾达镇
高坪苗族乡
县交通运输局
县投资促进局
县统计局

(二)二等奖

维新镇
蒿坝镇
武德乡
县农业局
县畜牧水产局
县林业局
县经济商务信息化和科学技术局
县住房城乡规划建设和城镇管理局

(三)三等奖

镇舟镇
双腾镇
高坎乡
县工业园区管委会
县环境保护局
县工商局

(四)行业目标管理先进单位

县委县政府督查目标办公室
县监察局
县发展改革局

九、2015年度党政"一把手"环保责任目标考核结果

(一)乡(镇)

1.一等奖

筠连镇
蒿坝镇
塘坝乡
孔雀乡
龙镇乡
镇舟镇

2.二等奖

联合苗族乡
沐爱镇
腾达镇
武德乡
双腾镇
高坎乡

巡司镇
3.三等奖
高坪苗族乡
乐义乡
维新镇
(二)县级部门
1.一等奖
县委办公室
县发展改革局
县政府办公室
县环境保护局
县委县政府督查目标办公室
县纪委(县监察局)
2.二等奖
县水务局
县教育和文化广电局
县经济商务信息化和科学技术局
县财政局
县畜牧水产局
县工商局
县住房城乡规划建设和城镇管理局
3.三等奖
县卫生和计划生育局
县农业局
县统计局
县林业局
(三)企业及专合社
1.先进企业及专合社
川南煤业有限责任公司鲁班山南矿
筠连县乌蒙山畜牧养殖专业合作社
川南煤业有限责任公司鲁班山北矿
筠连县双腾旭松养殖专业合作社
2.合格企业
四川筠连西南水泥有限公司
筠连县城市投资有限责任公司城市生活垃圾处理厂
四川清河科技有限公司筠连县污水处理厂

十、2015年工业和服务业企业目标考核先进单位

(一)经济运行先进单位奖
1.年度工业经济先进单位
四川筠连西南水泥有限公司
四川能投筠连电力有限公司
四川省川南煤业有限公司鲁班山北矿
筠连森泰页岩气有限责任公司
筠连县九龙煤业有限责任公司
宜宾醒世茶业有限责任公司
四川蓝伯特生物科技有限责任公司
筠连县六五茶业有限责任公司
2.年度商贸流通业先进单位
筠连县巡司镇黄金加油站
筠连县青山绿水茶叶专业合作社
筠连县金塔加油站
筠连县浙商大酒店有限公司
筠连县博广商贸有限公司
筠连县众盛商贸有限公司
筠连县世纪华联商贸有限公司
筠连县信诚商贸有限公司
(二)纳税贡献奖
四川筠连西南水泥有限公司
筠连县九龙煤业有限公司
四川省川南煤业有限责任公司
筠连县维新镇刘家祠联办煤矿
四川能投筠连电力有限公司
筠连县柏香林煤业有限责任公司柏香林煤矿
筠连县汪家沟煤业有限责任公司
筠连县黄金岩煤矿
筠连县水洋煤业有限责任公司
筠连县巡司小河煤矿有限公司
筠连县凤凰煤业有限公司
筠连县金钟煤业有限公司
筠连县镇舟镇利兰煤业有限责任公司
筠连县蒿坝镇回龙煤业有限责任公司
筠连县小寨煤业有限公司
筠连县浙商大酒店有限公司
(三)煤矿安全质量标准化建设先进单位奖

筠连县水洋煤业有限责任公司(二级标准化)
筠连县夏泉煤矿(三级标准化)
筠连县镇舟镇利兰煤业有限责任公司(二级标准化)
筠连县义金煤业有限责任公司(中村煤矿,三级标准化)
筠连县汪家沟煤业有限责任公司(二级标准化)

(四)品牌培育奖

宜宾醒世茶业有限责任公司(四川名牌产品)
宜宾市双星茶业有限责任公司(四川名牌产品)

(五)优秀成长企业奖

筠连森泰页岩气有限公司
筠连县鸿鹄商贸有限责任公司
四川蓝伯特生物科技有限责任公司
筠连县三江药业有限责任公司
筠连县新世纪印刷厂
筠连县武柱伟业建材有限责任公司
筠连县德奥汽车服务有限公司

(六)服务业社会贡献奖

筠连县百兴商贸有限公司
筠连县铁龙运业有限责任公司
筠连县天河温泉酒店

(七)科技成果奖

四川蓝伯特生物科技有限责任公司
筠连县粮食购销公司

(八)科技进步奖

宜宾市筠连县腾达镇圣奇农业有限公司
筠连县林禾园艺种植专业合作社
筠连县田园黄牛养殖专业合作社

(九)专利申请奖

四川蓝伯特生物科技有限责任公司
筠连县乌蒙韵茶业有限责任公司
宜宾市双星茶业有限责任公司

(十)项目建设奖

筠连森泰页岩气有限公司
筠连县汪家沟煤业有限责任公司
筠连县兴旺煤业有限责任公司
筠连县黄金岩煤业有限公司
筠连县巡司镇二煤矿
筠连县高坪煤业有限责任公司槐树煤矿
筠连县金钟煤业有限公司
筠连县九龙煤业有限公司
筠连县镇舟镇利兰煤业有限责任公司
筠连县三鼎燃气有限责任公司
筠连县镇舟镇水洋煤矿
宜宾市双星茶业有限责任公司

十一、2015年度重点建设项目工作先进单位

(一)责任单位

县住房城乡规划建设和城镇管理局
县环境保护局
县经济商务信息化科学技术局
县交通运输局
县发展改革局
县国土资源局
县园区管委会
县林业局
县公安局
县投资促进局

(二)配合单位

县委办公室
县统计局
县人大常委办公室
县财政局
县政府办公室
筠连镇
县政协办公室
巡司镇
县委县政府督查目标办公室
塘坝乡

十二、2015年度招商引资目标考核先进集体

(一)先进乡(镇)

筠连镇
双腾镇
腾达镇
维新镇

塘坝乡
武德乡

(二)先进部门

县委办公室
县政府办公室
县委政法委
县工业园区管委会
县投资促进局
县国土资源局
县发展改革局
县粮食局
县财政局
县教育和文化广电局
县水务局
县电力公司
县经济商务信息化和科学技术局
县住房城乡规划建设和城镇管理局

(三)特殊贡献企业

筠连县筠红商贸有限责任公司
筠连县乌蒙韵茶业有限责任公司
筠连县易达生态旅游开发有限公司
筠连县喀斯特旅游开发有限公司
四川凌盾生态农业科技有限责任公司

十三、2015 年人大代表建议政协委员提案办理工作先进集体

筠连镇
蒿坝镇
县委农村工作办公室
县教育和文化广电局
县公安局
县经济商务信息化和科学技术局
县水务局
县住房城乡规划建设和城镇管理局
县交通运输局
县卫生和计划生育局

十四、2015 年度烤烟生产工作先进集体

(一)烤烟生产先进集体

蒿坝镇人民政府
镇舟镇人民政府
武德乡人民政府
龙镇乡人民政府
高坎乡人民政府
高坪苗族乡人民政府
联合苗族乡人民政府
县财政局
烟草筠连分公司
县民政局
县公安局
县国土资源局
县农业局
县水务局
县气象局
财险筠连支公司
县烟办

(二)1000 亩连片种植区

蒿坝镇中山合力片
蒿坝镇高兴片

(三)500 亩连片种植区

联合苗族乡光明村
联合苗族乡红春村
蒿坝镇高桥村二组
高坪苗族乡英雄村
高坪苗族乡麻园村
高坪苗族乡槐树村
龙镇乡龙塘村
武德乡长征村
高坎乡花山村

十五、2015 年烤烟产值百万元村

蒿坝镇高桥村,产值 852.65 万元
蒿坝镇高龙村,产值 542.91 万元
蒿坝镇高兴村,产值 516.25 万元
蒿坝镇高坪村,产值 348.29 万元
蒿坝镇中山村,产值 310.20 万元
蒿坝镇高石村,产值 168.04 万元
蒿坝镇合力村,产值 154.76 万元
蒿坝镇水龙村,产值 102.03 万元
联合苗族乡光明村,产值 806.27 万元
联合苗族乡红春村,产值 517.31 万元

联合苗族乡红竹村，产值 310.70 万元
高坪苗族乡麻园村，产值 413.09 万元
高坪苗族乡槐树村，产值 360.46 万元
高坪苗族乡英雄村，产值 341.12 万元
高坪苗族乡先锋村，产值 208.54 万元
镇舟镇尖峰村，产值 289.07 万元
高坎乡凤凰村，产值 216.87 万元
高坎乡花山村，产值 114.2 万元
龙镇乡龙塘村，产值 132.47 万元
团林苗族乡杉新村，产值 130.86 万元
维新镇金坪村，产值 130.24 万元
维新镇菜坪村，产值 126.76 万元
双腾镇新田村，产值 128.16 万元
沐爱镇金銮村，产值 110.42 万元
武德乡金门村，产值 110.08 万元

十六、2016 年度党风廉政建设和反腐败工作目标考核先进集体

筠连镇党委
巡司镇党委
大雪山镇党委
武德乡党委
塘坝乡党委
县公安局党委
县交通运输局党委
县水务局党委
县人民法院党组
县检察院党组
县人力资源社会保障局党组
县发展和改革局党组
县质量技术监督局党组
县国税局党组
县地税局党组

十七、2016 年人大代表建议政协委员提案办理工作先进集体

县财政局
县经济商务信息化和科学技术局
县公安局
县教育和文化广播电视局
县民政局
县交通运输局
县住房城乡规划建设和城镇管理局
县水务局
县扶贫移民局
县人力资源社会保障局
县林业局

2016 年度中共筠连县委 筠连县人民政府 表彰的先进个人

（单位提供，排名不分先后）

一、2015 年度武装工作先进个人

马期茂　沐爱镇党委书记
韩宗明　双腾镇党委书记
邹　涛　蒿坝镇党委书记
熊明泽　高坎乡党委书记
李立萍　武德乡党委书记
任世宽　龙镇乡武装干事
黄之虎　大雪山镇武装干事
杨　虹　县人民武装部职工
王元庆　县人民武装部职工
付　建　鲁班山南矿武装部部长
胡登杰　鲁班山北矿武装部部长
李　俊　筠连镇武装部部长兼副镇长
刘建军　镇舟镇武装部部长兼副镇长
李　兵　塘坝乡武装部部长兼副乡长
罗　勇　孔雀乡武装部部长兼副乡长
张　冰　团林乡武装部部长兼副乡长
吴顺海　联合乡武装部部长兼副乡长

二、全县优秀党务工作者和优秀共产党员

(一)优秀党务工作者

田　蜜　筠连镇党委组织干事
应元林　腾达镇党委副书记、人大主席
黄支松　维新镇新华村党支部书记
平　刚　沐爱镇团结村党支部书记
曾影梅　双腾镇党委组织干事
周仕林　镇舟镇中心校党支部书记
母前明　大雪山镇迎丰村党支部书记
李立萍　武德乡党委书记
熊茂森　乐义乡纪委副书记
杨礼红　塘坝乡机关党支部委员、财政所所长
袁　旷　龙镇乡党政办主任、组织人事干事
郑艳春　孔雀乡中心村第一书记
陈明高　团林苗族乡纪委委员、社事服务中心主任
郑丽君　高坎乡人民政府党政办主任、组织干事
聂茂林　县公安局机关党支部书记
曹昌平　县教育文广局机关党总支委员、督导室副主任
林　茂　县经信科技局办公室主任
李　洪　县中医院党支部书记、院长
胡　萍　县水务局机关党支部书记、行政办副主任
古　静　县人民法院政治处行政人员
周家兵　县委办党支部委员、县信访局接访股股长
刘　杰　县检察院党支部委员、反贪局副局长
汤　洁　县直机关工委办公室主任
余明聪　蒿坝镇鱼箭沟电厂党支部书记
邓　林　县工业园区管委会机关党支部书记、监察审计局局长
程全美　县教育和文化广电局纪委书记

(二)优秀共产党员

陈光全　筠连镇白鹤村党支部书记
陈晓松　筠连镇普高村党支部书记
王天开　筠连镇白花村党支部书记
严定萍　筠连镇河西社区党支部副书记
詹成荣　筠连镇垫泥村党支部书记
张龙生　筠连镇人民政府重点办工作员
赵阳均　筠连镇五丰村党支部书记
张成仲　巡司镇黄坪村党支部书记
龙　均　巡司镇西泉村党支部书记
熊翔文　巡司镇中心校校长
叶　强　巡司镇德面村党支部书记
邹贤忠　巡司镇荷花村党支部书记
付朝龙　腾达镇民政办主任、海灯村党支部书记
陶　波　腾达镇中心校党支部书记、校长
熊代华　腾达镇新民村党支部书记
张龙虎　腾达镇春风村党支部副书记
周　均　维新镇人民政府民政办主任
江宗涛　维新镇党委书记
李　均　沐爱镇兴隆村第一副书记
杨文仕　筠连县第二中学教务主任
周俊秀　沐爱镇中心校教师
李　果　沐爱镇金銮村党支部书记
曾　强　双腾镇德胜村第一书记
刘　江　双腾镇人民政府扶贫办工作员
袁　力　双腾镇人民政府副镇长、武装部长
陈廷才　镇舟镇社事中心主任、安办主任
李兴才　镇舟镇兴徙社区党支部书记
杨世松　镇舟镇尖峰村党员
黄天才　大雪山镇长远村党支部书记
李　艳　大雪山镇党委副书记、纪委书记
张大勇　大雪山镇高峰村村文书
王双飞　大雪山镇人民政府扶贫办工作员
龚正富　蒿坝镇高坪村党支部书记
王永忠　蒿坝镇人民政府烟办主任
郑荣康　蒿坝镇人民政府扶贫办主任
曾　圣　武德乡长征村党支部书记
龙远波　武德乡解放村第一书记
王兴斌　武德乡金门村党支部书记
赵廷和　乐义乡黄金村党支部书记
杨胜均　塘坝乡幸福村党员
王云华　塘坝乡双田村党支部书记
陈大中　龙镇乡车坪村村委会主任
严大培　孔雀乡新沟村第一书记
郑夕林　孔雀乡黄泥村党支部书记
胡柏川　团林苗族乡新阳村第一书记
郑跃莉　团林苗族乡大埂村第一书记
谭　毅　联合苗族乡党政办主任、组织人事干事
田永双　高坪苗族乡先锋村党支部书记
张　宏　高坪苗族乡先锋村第一书记
李丽萍　高坎乡红旗村第一书记
杨贵春　高坎乡人民政府党政办工作员
孙　琼　县公安局警务指挥中心副主任
刘　威　县公安局特巡警大队大队长
李　庆　县幼儿园保教主任
何益群　县教育和文广局营养办工作员
王顺华　县经信科技局总经济师
吴加芹　县经信科技局科技股股长
程立才　联合苗族乡花树村第一书记
郑琪琪　县人民医院护士
陈照贵　县公路路政管理大队副大队长
曾青松　县林业局科技推广站副站长
韦世坤　县水务局定水河流域下游站副站长

李　建	县政协办工作员	黄　伟	县体育局党组书记、局长
张忠伟	高坎乡花山村第一书记	余静秋	县人民政府办公室政工人事股股长
罗　玲	县扶贫移民局扶贫项目规划统计股股长	张　芹	县农业局农业技术推广站站长
龚文涛	县人才交流中心主任	朱万新	蓝伯特生物科技有限责任公司党支部书记
余元忠	县财政局机关党支部书记	秦　波	县委组织部干部监督室副主任

三、筠连县2016年度优秀教师、先进教育工作者、尊师重教先进个人

(一)筠连县2016年度优秀教师

李　容	筠连县中学	孙　强	大雪山镇两江小学
王　利	筠连县中学	廖锦红	蒿坝镇中心校
刘贵琴	筠连县中学	任永芹	蒿坝镇中心校
万作均	筠连县中学	李　林	沐爱镇金銮小学
余兴林	筠连县第二中学	杨少华	双泉职业中学
张　义	筠连县第二中学	黄　帅	双泉职业中学
郑良成	筠连县第二中学	陶　旭	筠连县古楼小学
谢小兰	筠连县第三中学	李　健	筠连县古楼小学
张留华	筠连县第三中学	尤清华	筠连县海银小学
詹蓉生	筠连县第三中学	周双凤	筠连县海银小学
毛小义	武德乡大乐小学	李国敏	筠连县景阳小学
徐祖琼	武德乡中心校	高　芹	镇舟镇石岗小学
阴　波	武德乡中心校	毛　琳	筠连县景阳小学
徐麦芳	镇舟镇初级中学	罗　丽	筠连县希望小学
龙元兵	镇舟镇初级中学	陈德斌	筠连县希望小学
郭山荣	高坪苗族乡中心校	陈立秋	筠连县希望小学
夏春梅	筠连县特殊教育学校	曹德秀	大雪山镇石龙小学
黄正永	塘坝乡木映小学	胡丽华	巡司镇礼义小学
江祖芳	筠连县胜利街小学	潘　敏	镇舟镇中心校
罗中元	筠连县胜利街小学	刘　羽	蒿坝镇平安小学
史学勇	筠连县胜利街小学	聂春容	乐义乡中心校
刘　敏	龙镇乡中心校	赵　刚	乐义乡中心校
曾小玉	定水中学	赵　川	团林苗族乡中心校
陈　静	定水中学	李朝敏	维新镇中心校
蒋　慕	民主中学	刘成秋	维新镇平等小学
熊维德	双腾镇云胜小学	罗家林	景阳中学
伍世元	高坎乡中心校	邓翠辉	维新镇沐义小学
陈燕平	维新中学	潘稳增	沐爱镇中坪小学
胡雪英	腾达镇初级中学	王小妮	沐爱镇中心校
周　燕	巡司镇中心校	李良松	筠连县廉溪小学
廖　华	巡司镇庆高小学	江祖延	筠连县廉溪小学
黎江蓉	巡司镇中心校	詹成华	双腾镇中心校
宋　鹏	巡司镇中心校	詹容生	双腾镇中心校
熊虹芸	联合苗族乡中心校	范钦菊	腾达镇龙井小学
沈海峰	筠连县职业技术学校	贺长秀	腾达镇千秋小学
王珊珊	筠连县幼儿园	付泽秋	孔雀乡中心校
詹思炜	腾达镇大地小学	胡晓玲	孔雀乡中心校
翁礼彩	大雪山镇中心校		

(二)筠连县2016年度先进教育工作者

蒋宣贵 武德乡大乐小学
黎远萍 武德乡中心校
黄祖秋 塘坝乡中心校
罗筠杰 胜利街小学
喻兴奎 筠连县中学
舒 通 筠连县中学
郑其刚 龙镇乡中心校
田联勇 腾达镇初级中学
邹 磊 筠连县职业技术学校
宋晓莉 筠连县幼儿园
练劲秋 维新镇中心校
陈永双 蒿坝镇中心校
罗 俊 筠连县第三中学
刘敬远 县委党校
胡光荣 希望小学
王 强 筠连镇水源小学
罗顺军 筠连县第二中学
杨兴伟 乐义乡中心校
刘永勤 县教师学习与资源中心
谢元秋 沐爱镇中心校
黄 英 双腾镇中心校
陶 波 腾达镇中心校
黄嗣东 县教育文广局
罗 旋 县教育文广局
黄万里 县教育文广局

(三)筠连县2016年度尊师重教先进个人

陈 涛 筠连镇
李章勇 大雪山镇
陈永刚 县安全监管局
罗 勇 腾达镇
张 皓 塘坝乡
颜亨尧 县发展改革局
陶世艳 镇舟镇
吴天志 县财政局
张 冰 团林苗族乡
周 季 沐爱镇
罗 勇 县委宣传部
赵 君 县规划建设城管局
聂昌河 县卫生计生局
黄 浩 县公安局
董 熠 乐义乡
杨 明 县人力资源社会保障局
张连昭 县关心下一代工作委员会
李思齐 宜宾市永竞房地产开发有限公司
李幼兰 四川华正房地产开发有限责任公司
钱 勇 绍兴多彩鑫纺织有限公司

四、2015年度征兵工作先进个人

邹林易 蒿坝镇政府镇长
袁 力 双腾镇武装部部长
罗 勇 孔雀乡武装部部长
郑 协 沐爱镇武装部干事
任世宽 龙镇乡武装部干事
胡天顺 县卫生和计划生育局局长
陈利华 县交通运输局副局长
沈恭平 县征兵办公室政治考核组成员
宋 宇 县征兵办公室政治考核组成员
廖明聪 县征兵办公室政治考核组成员
罗 旋 县征兵办公室政治考核组成员
林 岭 县征兵办公室体检组成员
李 节 县征兵办公室体检组成员
申 静 县征兵办公室体检组成员

五、筠连县第五次社会科学优秀成果

(一)一等奖

序号1:成果名称:《筠连县志(乾隆版)》。作者或单位:筠连县方志办。发表或获奖情况:2015年11月由方志出版社出版。成果形式:书籍

序号2:成果名称:筠连文化丛书《槐花飘香》《山川溢彩》《岁月窖藏》。作者或单位:筠连县教育和文化广电局。发表或获奖情况:由现代出版社出版。成果形式:书籍

(二)二等奖

序号3:成果名称:《农村培育和践行社会主义核心价值观初探》。作者或单位:田雨佳。发表或获奖情况:该成果获评中共宜宾市委宣传部、宜宾市思想政治工作研究会"2014年思想政治工作"优秀调研文章等。成果形式:论文

序号4:成果名称:《经济转型中涉煤纠纷"井喷"现象及化解对策》。作者或单位:筠连县法院课题组。发表或获奖情况:被四川省法学会表彰为一等奖、《四川"治蜀兴川"法治论坛获奖论文集》收录。成果形式:论文

序号5:成果名称:《充分发挥农村精神文明建设在美丽乡村建设中的作用》。作者或单位:霍娟、罗均伟、罗强、蒋蜀均、

姜斯尔火。发表或获奖情况:在2014年度宜宾市级社科规划立项课题被评为三等奖。成果形式:论文

(三)三等奖

序号6:成果名称:《筠连彝族历史文化强县的传承作用》。作者或单位:筠连县方志办课题组。发表或获奖情况:2015年度"宜宾市改革开发新时期党的执政经验"课题评审中荣获优秀课题。成果形式:论文

序号7:成果名称:《筠连县人口发展战略研究》。作者或单位:筠连县人口发展战略研究课题组。发表或获奖情况:2014年12月西南财经大学出版社出版。成果形式:书籍

序号8:成果名称:《反儿童性剥削研究》。作者或单位:郝中燕、曹建。发表或获奖情况:中央社会管理综合治理委员会等主办"未成年人健康成长法治保障"主题征文活动中荣获优秀奖。成果形式:论文

序号9:成果名称:《"四拓宽四提升"加强老干部工作队伍建设》。作者或单位:王玉、田雨佳。发表或获奖情况:该成果发表于中共四川省委组织部主办的《共产党人》杂志2014年第1期(总191期)。成果形式:论文

序号10:成果名称:《对筠连县农村土地流转试点情况的调查与思考》。作者或单位:刘敬远、林旭春。发表或获奖情况:在《哲学视野》2015年12月上发表。成果形式:论文

(四)优秀奖

序号11:成果名称:《发展创新型经济 促进产业转型升级》。作者或单位:筠连县政府课题组。发表或获奖情况:在《三江新论》2015年第6期(总第60期)上发表。成果形式:论文

序号12:成果名称:《中华王氏通书》。作者或单位:王成、王大良。发表或获奖情况:2015年3月由天地出版社出版。成果形式:书籍

序号13:成果名称:《中国共产党筠连县委员会重要会议决策历程(2002-2006)》。作者或单位:《中国共产党筠连县委员会重要会议决策历程》编委会。发表或获奖情况:由中共筠连县委党史研究室、筠连县档案局(馆)编辑。成果形式:书籍

序号14:成果名称:《交通事故巡回法庭运行现状及对策》。作者或单位:曹建;发表或获奖情况。在《审判研究》2014年第2期(总第99期)上发表。成果形式:论文

序号15:成果名称:《川滇黔三省结合部苗族早期教育初探》。作者或单位:筠连县方志办课题组。发表或获奖情况:2015年度"宜宾市改革开发新时期党的执政经验"课题评审中荣获合格课题奖。成果形式:论文

序号16:成果名称:《舆论监督下司法公正的实现》。作者或单位:郝中燕。发表或获奖情况:被四川省高级人民法院表彰为全省法院系统第十六届学术论文优秀奖。成果形式:论文

序号17:成果名称:《立案登记制下虚假诉讼的防治》。作者或单位:曹建。发表或获奖情况:在《审判研究》2015年第2期(总第103期)上发表。成果形式:论文

序号18:成果名称:《筠连县古楼小学校园小记者站的实践与思考》。作者或单位:蒋蜀均。发表或获奖情况:在2014年全省未成年人思想道德建设工作创新案例评选为优秀奖。成果形式:论文

序号19:成果名称:《筠连县巧抓思政工作促进群众致富奔小康》。作者或单位:罗强。发表或获奖情况:在《哲学视野》2014年12月上发表。成果形式:论文

序号20:成果名称:《从回归晋唐探二王今体古法命运》。作者或单位:周玉杰。发表或获奖情况:在《四川省第十四次书学讨论会论文集》2014年6月上发表。成果形式:论文

六、筠连县森林防火"六有"乡镇规范化建设先进个人

(一)县级部门

粟　强　县人民武装部
张　强　县林业局
詹华生　县教育和文化广电局
王泽高　县森林防火指挥部办公室
章华智　武警筠连县中队
陈　宏　县政府专职消防队
林　康　县政府矿山救护队

(二)乡(镇)

万云刚　筠连镇人民政府
王可银　巡司镇人民政府
唐亚军　腾达镇人民政府
袁　力　双腾镇人民政府
陈　颖　沐爱镇人民政府
李孝金　维新镇人民政府
罗安世　蒿坝镇人民政府
陶世艳　镇舟镇人民政府
母前明　大雪山镇人民政府
钟　勇　武德乡人民政府
董　熠　乐义乡人民政府
张　皓　塘坝乡人民政府

陈其英　孔雀乡人民政府
张义存　高坎乡人民政府
罗玉忠　高坪苗族乡人民政府
林　伟　联合苗族乡人民政府
李顺松　团林苗族乡人民政府
卜光俊　筠连县巡司片区林业站
王孝平　筠连县双腾片区林业站
李从敏　筠连县沐爱片区林业站
潘静波　筠连县大雪山片区林业站

七、2015年全县信访工作成绩突出个人

（一）乡（镇）

李　俊　筠连镇副镇长、武装部长
聂昌文　巡司镇群工办主任
应元林　腾达镇党委副书记、纪委书记
余　强　维新镇副镇长、武装部长
袁　力　双腾镇副镇长、武装部长
刘忠平　沐爱镇综治办主任
李　烈　镇舟镇党委书记
刘作元　蒿坝镇综治办主任
易　凤　大雪山镇司法所司法助理员
王在均　高坪苗族乡党委副书记、人大主席
王　稳　联合苗族乡综治办工作员
付　强　塘坝乡党委书记
刘　波　乐义乡信访工作员
卜光洪　高坎乡党委副书记、乡长
杨春林　孔雀乡党委副书记、纪委书记
陈广松　龙镇乡信访干事
肖昭俊　武德乡综治办主任
陈明高　团林苗族乡综治办主任

（二）县级部门

王明刚　县委县政府接待办主任
徐元永　县人大常委会法社工委主任
胡　兵　县政府办公室文秘股股长
黄丽萍　县政协办公室副主任
刘　辉　县委组织部组织二室主任
周国彬　县纪委信访室主任
霍　娟　县委宣传部副部长、互联网信息办主任
裴人强　县委政法委副书记、国安办主任
邹小蓉　县委群众工作局（县信访局）督查专员
杨文龙　县人民法院副院长
谢　华　县人民检察院副检察长
汤香蔺　县发展和改革局副局长
陈　恒　县公安局特巡警队民警
刘应云　县安全生产监管局监控中心主任
杨　明　县人力资源和社会保障局副局长
黄永华　县农业局办公室主任
张　强　县审计局办公室主任
邹远勇　县森林公安局政委
熊金平　县民政局社事股股长
李　洪　县国土资源局执法监察大队副队长
唐晓莉　县环境保护局副局长
唐友琼　县规建城管局副局长
田　勇　县交通运输局副局长
胡光鑫　县司法局法律援助中心负责人
江颖静　县食品药品监督管理局办公室工作员
胡　萍　县水务局办公室副主任、机关支部书记
詹华生　县教育和文化广电局安办副主任
喻　鸿　县财政局副局长
邓　忠　县经信科技局纪委书记
邓学军　县卫生和计划生育局信访室主任
秦　奋　县粮食局副局长
郑家林　县畜牧水产局副局长
曾志钧　县总工会常务副主席
陈姗姗　县妇女联合会工作员
李文忠　县残疾人联合会理事长

八、2015年行业目标考核先进个人

郝　猛　筠连镇人民政府
刘振华　巡司镇人民政府
宗德瑚　腾达镇人民政府
刘　均　双腾镇人民政府
张　丽　维新镇人民政府
郑　骏　蒿坝镇人民政府
韦燕林　镇舟镇人民政府
胡泽权　武德乡人民政府
杨清成　龙镇乡人民政府
应春梅　高坎乡人民政府
罗玉忠　高坪苗族乡人民政府
古泽刚　联合苗族乡人民政府
苏　敏　县监察局
许　奎　县发展改革局
曲　潇　县工业园区管委会
叶明方　县财政局
刘付皋　县交通运输局
朱　睿　县环境保护局

何　甫　县农业局
游光定　县林业局
周　娟　县统计局
唐　肃　县统计局
朱光才　县工商局
邓文松　县畜牧水产局
黄加燕　县投资促进局
何　斌　县委农村工作办公室
肖　阳　县委县政府督查目标办公室
冯　强　县委县政府督查目标办公室
唐友琼　县住房城乡规划建设和城镇管理局
林吉群　县经济商务信息化和科学技术局

九、2015 年度招商引资目标考核先进个人

刘振华　巡司镇人民政府
万光海　大雪山镇人民政府
陈正富　镇舟镇人民政府
邹林易　蒿坝镇人民政府
杨　鸿　高坎乡人民政府
田定国　龙镇乡人民政府
钟学兰　县人大常委会办公室
张洪彬　县政协办公室
徐元金　县委组织部
万家其　县纪委
谢国刚　县委宣传部
陈　旭　县委农村工作办公室
周玉春　县投资促进局
冯　强　县委县政府督查目标办公室
罗光华　县畜牧水产局
应爱武　县环境保护局
秦建军　县农业局
徐　远　县林业局
黄永军　县工商业联合会
杨佳林　县农商银行

十、2015 年人大代表建议政协委员提案办理工作先进个人

应元林　腾达镇
王小兰　县委农村工作办公室
马　霞　县人大常委会办公室
聂海松　县政府办公室
陈　薇　县政协办公室
杨　明　县人力资源和社会保障局
杨　勇　县畜牧水产局
徐小芹　县林业局
龚　正　县国土资源局
吴天志　县财政局
黄永华　县农业局
向丽蓉　县投资促进局
肖　阳　县委县政府督查目标办公室

十一、2015 年度烤烟生产工作先进个人

(一)烤烟生产突出烟农

张显堂　蒿坝镇中山村
刘昌远　蒿坝镇高桥村
刘让友　高坪苗族乡槐树村
申世云　高坪苗族乡槐树村
杜天仲　高坪苗族乡先锋村
周光贵　沐爱镇金銮村
何友权　龙镇乡龙塘村

(二)200 亩以上规模种植大户

詹龙生　蒿坝镇青花村二组
张　义　蒿坝镇中山村三组
黄　爱　高坪苗族乡英雄村李一组
周世贵　联合苗族乡红春村二组
杨中权　联合苗族乡光明村四组
王再会　联合苗族乡光明村四组
宋金秀　镇舟镇尖峰村五组
杨世松　镇舟镇尖峰村五组
陶世乾　高坎乡凤凰村一组
刘守能　维新镇菜坪村三组
罗尚琼　龙镇乡车坪村五组
张朝才　双腾镇新田村五组
段俊扑　大雪山镇五河村鱼井组
余　芹　大雪山镇槐坪村田湾组
刘术凤　孔雀乡平原村四组

(三)烤烟生产先进个人

1.县级部门、企事业单位人员

黄　兢　省烟草公司市公司安保科科长(筠连分公司原经理)
段　毅　县财政局局长、党组书记
李泽明　县发展改革局局长、党组书记(县水务局原局长)
何　甫　县农业局原局长、原党组副书记

杨占国　县教育文广局党委副书记、旅游和外事侨务局副局长
彭　略　县国土资源局副局长
黄祖伟　县气象局副局长
谢召明　烟草筠连分公司副经理
詹本华　县烟办副主任
母小宇　财险筠连支公司经理
毛美熹　县农业局土肥站站长
庄　亮　县财政局农财股股长
苏端义　县国土资源局耕保股股长
卿怀才　县国土资源局耕保股副股长

2.乡(镇)领导

邹　涛　蒿坝镇党委书记
邹林易　蒿坝镇党委副书记、镇长
何忠云　县林业局党委副书记、纪委书记(蒿坝镇原党委副书记、原纪委书记、原人大主席)
任　杰　巡司镇党委副书记、提名镇长人选(高坪苗族乡原党委书记)
罗玉忠　县委群工局(县信访局)副局长(高坪苗族乡原党委副书记、原纪委书记)
彭绍华　县老龄办主任(联合苗族乡原党委书记)
林　伟　联合苗族乡副乡长
李立萍　武德乡党委书记
胡启文　武德乡副乡长
熊明泽　高坎乡党委书记
张义存　高坎乡党委委员
李　烈　镇舟镇党委书记
陈正富　县安全监管局局长、党组书记(镇舟镇原党委副书记、原镇长)
郭仕勇　团林苗族乡人大主席
严维烨　龙镇乡党委副书记、乡长
田定国　龙镇乡副乡长
江祖琦　沐爱镇副镇长
李孝金　维新镇人大副主席
朱永宽　县总工会副主席(塘坝乡原党委副书记)
胡春义　双腾镇副镇长
罗　勇　孔雀乡武装部部长、副乡长

3.乡(镇)烟办主任、村组干部及烟农

王永忠　蒿坝镇烟办主任
田德奎　蒿坝镇高兴村党支部书记
刘让渠　蒿坝镇高桥村党支部书记
龚正富　蒿坝镇高坪村党支部书记
黄德其　蒿坝镇合力村主任
李　坤　蒿坝镇合力村四组烟农
陈仕海　高坪苗族乡麻园村党支部书记
郭仕乾　高坪苗族乡英雄村党支部书记
田永双　高坪苗族乡先锋村支部书记
何宝燕　高坪苗族乡槐树村主任
陈　云　高坪苗族乡烟办主任
宗大勇　联合苗族乡光明村党支部书记
郭仕山　联合苗族乡光明村主任
郭召元　联合苗族乡光明三组烟农
王孝付　联合苗族乡光明五组烟农
郭术羽　联合苗族乡茶园五组烟农
田顺均　联合苗族乡红春村党支部书记
周世华　联合苗族乡红春村技术员
潘庭泽　联合苗族乡红春三组烟农
达元春　龙镇乡龙塘村支书
陶　勇　龙镇乡龙塘村主任
廖孝宽　龙镇乡新胜村主任
陈达中　龙镇乡车坪村党支部副书记
邓朝权　高坎乡花山村主任
罗苍海　镇舟镇尖峰村主任
曾　圣　武德乡长征村党支部书记
杨代全　武德乡金门村主任
邓　超　沐爱镇金銮村主任
李　林　维新镇自由村六组烟农
何天永　团林苗族乡杉新村尖峰组烟农
何思龙　团林苗族乡新阳村林园组烟农

4.防雹点、烟站点、技术人员

钟学清　蒿坝烟站站长
张　鹏　蒿坝镇合力点生产技术员
王德勇　蒿坝镇高坪点生产技术员
刘　华　蒿坝镇防雹点炮长
邓学松　高坪烟站副站长
朱　洪　高坪苗族乡烟点点长
陈家友　镇舟镇烟点生产技术员
毛录贵　龙镇乡防雹点炮手
赵晓卫　筠连县烟草专卖局现代办副主任
陈佛源　筠连县烟草专卖局烟叶科信息管理员

十二、2016年度党风廉政建设和反腐败工作目标考核先进个人

(一)2016年度党风廉政建设和反腐败工作目标考核先进个人

陈　刚　腾达镇党委书记
邹林易　蒿坝镇党委副书记、镇长

李文华　沐爱镇纪委书记
陈　萍　龙镇乡纪委书记
胡殿华　县环境保护局局长、党组书记
雷　霆　县工商局局长、党组书记
何忠云　县林业局党委副书记、纪委书记
汪富永　县水务局纪委书记
周　松　县民政局纪检组长
刘　辉　县国土资源局纪检组长
余宋敏　县司法局纪检组长
唐情述　县畜牧水产局纪检组长
陈　波　县纪委第二纪检监察室副主任
张　生　县党员干部廉政教育培训中心主任
黄　耀　县党员干部廉政教育培训中心副主任

(二)2016 年度纪律审查先进个人

苏　炜　筠连镇纪委书记
付艳平　巡司镇党委副书记、纪委书记
李　艳　大雪山镇党委副书记、纪委书记
吴顺海　武德乡纪委书记
王智航　高坪乡党委副书记、纪委书记
杨春林　塘坝乡党委副书记、纪委书记
游　彬　县纪委第三纪检监察室工作员
周玉文　县纪委第二纪检监察室工作员
李　恒　县纪委第一纪检监察室工作员

(三)2016 年度优秀特邀监察员

徐元永　县人大常委会法社工委主任
李　化　县政府信息中心副主任

十三、2016 年人大代表建议政协委员提案办理工作先进个人

安　君　县委办公室
何　凯　县人大常委会办公室
谢宁彪　县政府办公室
陈　薇　县政协办公室
张伯筠　县委组织部
应永权　县委宣传部
李贵聪　县国土资源局
刘　毅　县环境保护局
余孝存　县农业局
蒙文波　县卫生计生局
李国梁　县委县政府督查目标办公室
王　成　县畜牧水产局
张光亮　巡司镇

十四、筠连县第四届道德模范

(一)助人为乐模范

李　平(满族) 双腾镇派出所副所长
刘会有　高坪苗族乡英雄村村民

(二)见义勇为模范(缺)

(三)诚实守信模范

张航银　县商会副会长、向阳农业开发公司董事长
陈道乾　双腾镇德胜村村主任

(四)敬业奉献模范

李心芬　蒿坝镇合力民族小学教师
刘　江　县环境卫生管理所垃圾车驾驶员
宾学军　县市政园林管理所工作员

(五)孝老爱亲模范

刘文操　县经信科技局知识产权服务中心副主任
喻兴奎　筠连中学教师

2016年筠连县获高级职称人员

（单位提供，排名不分先后）

表9

姓名	工作单位	职称名称(任教学科)	评审机关	审定时间
陈 明	筠连县人民医院	主任医师	四川省职称改革领导小组办公室	2016.05
彭 军	筠连县人民医院	副主任医师	四川省职称改革领导小组办公室	2016.05
黄永刚	筠连县人民医院	副主任技师	四川省职称改革领导小组办公室	2016.05
梁春妹	筠连县人民医院	副主任护师	四川省职称改革领导小组办公室	2016.05
刘春华	筠连县人民医院	副主任护师	四川省职称改革领导小组办公室	2016.05
饶 萍	筠连县人民医院	副主任护师	四川省职称改革领导小组办公室	2016.05
李章会	筠连县人民医院	副主任护师	四川省职称改革领导小组办公室	2016.05
杨明容	筠连县人民医院	副主任护师	四川省职称改革领导小组办公室	2016.05
袁树琴	筠连县人民医院	副主任护师	四川省职称改革领导小组办公室	2016.05
余义平	筠连县筠连镇海银小学	高级教师(历史)	四川省中小学高级教师职务评审委员会	2016.3
曹衍葵	筠连县大雪山镇自由小学	高级教师(小学数学)	四川省中小学高级教师职务评审委员会	2016.3
邓 敬	四川省筠连县中学	高级教师(数学)	四川省中小学高级教师职务评审委员会	2016.3
鲁友明	四川省筠连县中学	高级教师(数学)	四川省中小学高级教师职务评审委员会	2016.3
许景强	四川省筠连县中学	高级教师(数学)	四川省中小学高级教师职务评审委员会	2016.3
陈 霞	四川省筠连县中学	高级教师(外语)	四川省中小学高级教师职务评审委员会	2016.3
顾仕明	筠连县沐爱镇中心小学校	高级教师(政治)	四川省中小学高级教师职务评审委员会	2016.3
郭 琼	筠连县定水初级中学	高级教师(政治)	四川省中小学高级教师职务评审委员会	2016.3
韦代均	四川省筠连县职业技术学校	高级教师(职业道德)	四川省中小学高级教师职务评审委员会	2016.3
聂际苍	筠连县乐义乡中心校	高级教师(语文)	四川省中小学高级教师职务评审委员会	2016.3
杨 海	四川省筠连县职业技术学校	高级教师(语文)	四川省中小学高级教师职务评审委员会	2016.3

2016年筠连县普通高校录取名单

（县招生办提供，排名不分先后）

表10

序号	姓名	录取学校	录取专业	录取批次	报名点
1	吴佳会	四川希望汽车职业学院	电子商务	专科二批	县招办
2	李　英	华北理工大学轻工学院	会计	专科二批	县招办
3	詹成宏	西华师范大学	商务英语	本科二批	县招办
4	周峻弘	华中师范大学	法学类(含法学、法学经济学交叉培养班)	本科提前批	县招办
5	赵　勤	四川文化传媒职业学院	学前教育	专科二批	县招办
6	钟婷婷	四川农业大学	文化产业管理	本科一批	县招办
7	余心雨	西南石油大学	财务管理	本科二批	县招办
8	陈荔妍	西南科技大学	公共事业管理	本科一批	县招办
9	谢赛林	四川城市职业学院	人力资源管理	专科二批	县招办
10	陶芸芳	四川文化产业职业学院	汉语	专科二批	县招办
11	王仲义	民办四川天一学院	工商企业管理	专科二批	县招办
12	罗丽珊	成都工贸职业技术学院	电子商务	专科二批	县招办
13	杜孟婷	西华师范大学	英语	本科一批	县招办
14	余　敏	四川城市职业学院	学前教育	专科二批	县招办
15	张馨匀	乐山职业技术学院	会计	专科二批	县招办
16	王秀月	宜宾学院	公共事业管理	本科二批	县招办
17	钟家均	成都中医药大学	针灸推拿学	地方专项	县招办
18	杜雨航	四川文化艺术学院	公共事业管理	本科二批	县招办
19	张驰翼	四川城市职业学院	旅游管理	专科二批	县招办
20	钟林恬	成都中医药大学	中医学	本科一批	县招办
21	周　馨	西昌学院	土地资源管理	本科二批	县招办
22	李思宇	绵阳师范学院	历史学	本科二批	县招办
23	吴姗姗	成都理工大学	社会学	本科一批	县招办
24	宋梦林	西南大学	工商管理类	本科一批	县招办
25	刘　燕	成都学院	广播电视学	本科二批	县招办
26	卢婉玲	四川理工学院	英语	本科二批	县招办
27	罗　岚	成都文理学院(原四川师范大学文理学院)	汉语	专科二批	县招办
28	王露瑶	绵阳师范学院	学前教育	本科二批	县招办
29	邱雨虹	成都师范学院	人文地理与城乡规划	本科二批	县招办
30	刘佳耶	西华师范大学	学前教育	本科二批	县招办
31	曾　卉	四川师范大学	广播电视学	本科二批	县招办
32	谢鸿雁	四川旅游学院	商务英语	本科二批	县招办
33	周小鹏	四川司法警官职业学院	刑事侦查技术	专科二批	筠中
34	杜雨芯	宜宾学院	法学	本科二批	筠中
35	肖雯心	西华师范大学	思想政治教育	本科一批	筠中

（续上表）

序号	姓名	录取学校	录取专业	录取批次	报名点
36	杨　杰	西南石油大学	社会工作	本科一批	筠中
37	卜鑫兴	天津商业大学	旅游管理类(中外合作办学)(酒店管理(中美合作)	本科二批	筠中
38	苏加强	西南政法大学	法学	高校专项	筠中
39	吴　浩	四川师范大学	公共事业管理	本科二批	筠中
40	肖　渊	西南政法大学	法学	本科一批	筠中
41	陶树宇	西华大学	社会工作	本科二批	筠中
42	翁刚吉	成都信息工程大学	人力资源管理	本科一批	筠中
43	詹小均	西南政法大学	英语	高校专项	筠中
44	周　军	西南政法大学	工商管理类	高校专项	筠中
45	曾晨曦	重庆大学	英语	本科一批	筠中
46	张兴珊	西华师范大学	翻译	本科二批	筠中
47	周　静	内江师范学院	地理科学	本科二批	筠中
48	孙小淇	南京信息工程大学	英语	本科一批	筠中
49	许忠俊	成都学院	汉语国际教育	本科一批	筠中
50	毛阿玲	大理大学	汉语言文学	本科二批	筠中
51	李睿涵	北京师范大学珠海分校	文化产业管理	本科二批	筠中
52	邓缌其	西华师范大学	历史学(宜宾)	免费师范本科	筠中
53	杜华西	华东政法大学	新闻学(法制新闻)	本科一批	筠中
54	胡晚霞	成都学院	法学	本科二批	筠中
55	黄　丹	云南师范大学	工商管理类	本科二批	筠中
56	张南溪	西南大学	历史学	本科提前批	筠中
57	陈永香	内江师范学院	历史学	本科二批	筠中
58	胡芮涵	西安财经学院	法学	本科二批	筠中
59	刘　菲	成都信息工程大学	汉语言文学	本科二批	筠中
60	潘旭梅	西华师范大学	行政管理	本科一批	筠中
61	王　洁	黑龙江大学	商务英语	本科一批	筠中
62	魏　红	西华师范大学	会计学	本科二批	筠中
63	肖正雨	西南财经大学	行政管理	本科一批	筠中
64	蒋水秀	苏州工业园区职业技术学院	会计	专科一批	筠中
65	张铖铸	四川工业科技学院	物流管理	专科一批	筠中
66	杨应鹏	上海杉达学院	法学	本科二批	筠中
67	陶德琼	西华师范大学	思想政治教育	本科一批	筠中
68	罗　洪	西南科技大学城市学院	工程造价	专科二批	筠中
69	杨心雨	成都学院	旅游管理	本科二批	筠中
70	李　澜	成都学院	审计学	本科二批	筠中
71	徐秋霞	四川职业技术学院	小学教育	专科二批	筠中
72	朱云翔	重庆电子工程职业学院	信息安全与管理	专科一批	筠中
73	余　寒	四川警察学院	治安学	本科提前批	筠中
74	杜　飞	成都农业科技职业学院	机电一体化技术	专科二批	筠中
75	李　建	湖南财政经济学院	会计学	本科二批	筠中
76	万云彪	成都师范学院	汉语言文学	本科二批	筠中
77	杨　平	常州大学	汉语言文学	本科二批	筠中
78	王　超	川北医学院	社会工作	本科二批	筠中
79	张新毅	贵州工业职业技术学院	工商管理类(工商企业管理、市场营销、电子商务)	专科一批	筠中
80	李　梦	成都师范学院	贸易经济	本科二批	筠中

（续上表）

序号	姓名	录取学校	录取专业	录取批次	报名点
81	杨　艳	四川民族学院	汉语言文学	本科二批	筠中
82	詹丹丹	成都师范学院	汉语言文学	本科二批	筠中
83	李杨雪	川北幼儿师范高等专科学校	语文教育	专科一批	筠中
84	万仲秋	四川民族学院	英语	本科二批	筠中
85	江佳芮	南充职业技术学院	学前教育	专科二批	筠中
86	陈　莉	四川大学锦江学院	审计学	本科二批	筠中
87	万　芳	四川幼儿师范高等专科学校	英语教育	专科一批	筠中
88	文运芹	四川理工学院	学前教育	本科二批	筠中
89	陈言秋	成都学院	工商管理	本科二批	筠中
90	郭　芳	成都师范学院	汉语言文学	本科二批	筠中
91	李苻玉	四川工业科技学院	物流管理	本科二批	筠中
92	李　萍	成都信息工程大学	会计学	本科一批	筠中
93	李小月	成都东软学院	信息管理与信息系统	本科二批	筠中
94	林小莉	宜宾学院	英语	本科二批	筠中
95	龙心雨	四川卫生康复职业学院	医学影像技术	专科二批	筠中
96	罗　睿	西南民族大学	少数民族预科	本科二批	筠中
97	宋青玲	南充职业技术学院	英语教育	专科二批	筠中
98	苏莉萍	兰州财经大学	会计学	本科二批	筠中
99	谭洋洋	成都理工大学	翻译	本科二批	筠中
100	吴思钰	西南石油大学	法学	本科一批	筠中
101	熊　烨	成都学院	财务管理	本科一批	筠中
102	许雪红	成都学院	审计学	本科二批	筠中
103	叶　凡	上海电子信息职业技术学院	软件技术	专科一批	筠中
104	余健秋	四川外国语大学成都学院	新闻学	本科二批	筠中
105	詹生琼	成都师范学院	英语(宜宾)	免费师范本科	筠中
106	张　静	四川幼儿师范高等专科学校	语文教育	专科一批	筠中
107	张　婷	常州大学怀德学院	财务管理	本科二批	筠中
108	周艳霞	成都信息工程大学	会计学	本科一批	筠中
109	周雨蝶	成都中医药大学	工商管理	本科二批	筠中
110	曹练秋	乐山师范学院	英语	本科二批	筠中
111	胡旭林	成都师范学院	贸易经济	本科二批	筠中
112	罗玉婷	四川卫生康复职业学院	康复治疗技术	专科二批	筠中
113	毛世芹	西华大学	物流管理	本科一批	筠中
114	闵杰燃	成都师范学院	英语(宜宾)	免费师范本科	筠中
115	宋少敏	成都师范学院	贸易经济	本科二批	筠中
116	王　睿	西昌学院	法律事务	专科一批	筠中
117	肖　蕊	宜宾学院	英语	本科二批	筠中
118	杨　珊	成都中医药大学	中医学	本科提前批	筠中
119	余正鲜	四川工商学院	经济与金融	本科二批	筠中
120	詹焰春	阿坝师范学院	工商企业管理	专科一批	筠中
121	张梦琼	西华大学	法学	本科一批	筠中
122	赵小英	四川工业科技学院	物流管理	本科二批	筠中
123	赵晓燕	四川师范大学	汉语言文学(宜宾)	免费师范本科	筠中
124	肖传龙	西华师范大学	政治学与行政学	本科一批	筠中
125	周　沁	川南幼儿师范高等专科学校	学前教育	专科一批	筠中

（续上表）

序号	姓名	录取学校	录取专业	录取批次	报名点
126	周　鑫	云南国防工业职业技术学院	旅游管理	专科二批	筠中
127	徐孝熠	成都信息工程大学	汉语言文学	本科二批	筠中
128	罗雪绮	四川文化传媒职业学院	学前教育	专科二批	筠中
129	冯玉容	川南幼儿师范高等专科学校	学前教育	专科一批	筠中
130	孙　超	成都学院	审计学	本科二批	筠中
131	曾　义	乐山师范学院	特殊教育(乐山)	免费师范本科	筠中
132	李映波	西南交通大学希望学院	审计学	本科二批	筠中
133	徐　义	江西财经职业学院	会计	专科二批	筠中
134	闫本洋	西昌学院	工商管理	本科二批	筠中
135	黄　钦	唐山幼儿师范高等专科学校	语文教育	专科一批	筠中
136	张　强	西华师范大学	历史学	本科一批	筠中
137	冯志华	四川文理学院	广播电视学	本科二批	筠中
138	刘　超	成都文理学院(原四川师范大学文理学院)	旅游管理	本科二批	筠中
139	牟栋梁	四川长江职业学院	会计	专科二批	筠中
140	文玉超	宜宾职业技术学院	新能源汽车技术	专科二批	筠中
141	林　英	四川民族学院	思想政治教育	本科二批	筠中
142	王　容	四川幼儿师范高等专科学校	语文教育	专科一批	筠中
143	刘云彩	内江师范学院	经济学	本科二批	筠中
144	汤　敏	四川文化产业职业学院	摄影摄像技术	专科二批	筠中
145	何彩虹	浙江商业职业技术学院	餐饮类(含餐饮管理、西餐工艺专业，一学期后分专业学习)	专科二批	筠中
146	郑燕苏	南充职业技术学院	语文教育	专科二批	筠中
147	龙　晔	西华师范大学	汉语言文学(宜宾)	免费师范本科	筠中
148	聂宁宁	宜宾学院	公共关系学	本科二批	筠中
149	孙德聪	四川幼儿师范高等专科学校	语文教育	专科一批	筠中
150	张正秀	成都职业技术学院	景区开发与管理	专科二批	筠中
151	邱　燕	内江师范学院	法学	本科二批	筠中
152	黄　燕	攀枝花学院	秘书学	本科二批	筠中
153	王　苹	乐山师范学院	社区管理与服务	专科一批	筠中
154	杨艳秋	四川财经职业学院	会计	专科一批	筠中
155	柳　锐	成都信息工程大学银杏酒店管理学院	电子商务	本科二批	筠中
156	龚中芳	阿坝师范学院	商务日语	专科一批	筠中
157	苏　婉	成都职业技术学院	工商企业管理	专科二批	筠中
158	李田润	川南幼儿师范高等专科学校	学前教育	专科一批	筠中
159	王美心	川南幼儿师范高等专科学校	学前教育	专科一批	筠中
160	黄玲静	达州职业技术学院	医学影像技术	专科二批	筠中
161	詹　佑	南充职业技术学院	园林技术	专科二批	筠中
162	胡　蕊	广安职业技术学院	汽车营销与服务	专科二批	筠中
163	苏杨鸿	四川文化传媒职业学院	学前教育	专科二批	筠中
164	万　萍	成都师范学院	新闻采编与制作	专科一批	筠中
165	罗玉琳	西华大学	英语	本科二批	筠中
166	罗　霞	四川文理学院	文化产业管理	本科二批	筠中
167	李　恬	四川民族学院	语文教育	专科一批	筠中
168	吴康婷	泸州职业技术学院	语文教育	专科二批	筠中
169	马忠芹	内江师范学院	汉语言文学	本科二批	筠中
170	赵小琼	西华大学	汉语国际教育	本科二批	筠中

（续上表）

序号	姓名	录取学校	录取专业	录取批次	报名点
171	陈晓雯	四川文化传媒职业学院	学前教育	专科二批	筠中
172	吴　滢	眉山职业技术学院	小学教育	专科二批	筠中
173	高　乐	成都文理学院(原四川师范大学文理学院）	英语	本科二批	筠中
174	张　艳	四川外国语大学成都学院	英语	本科二批	筠中
175	陈慧贤	电子科技大学成都学院	翻译	本科二批	筠中
176	王晓川	四川水利职业技术学院	工程造价	专科二批	筠中
177	唐国强	绵阳职业技术学院	汽车电子技术	专科二批	筠中
178	罗诗雯	四川工业科技学院	酒店管理	专科二批	筠中
179	李　钶	川北幼儿师范高等专科学校	语文教育	专科一批	筠中
180	何　欣	川北幼儿师范高等专科学校	老年服务与管理	专科二批	筠中
181	周晓霞	泸州职业技术学院	汽车营销与服务	专科二批	筠中
182	刘梦兰	眉山职业技术学院	健身指导与管理	专科二批	筠中
183	周　玲	川南幼儿师范高等专科学校	学前教育	专科一批	筠中
184	袁浩铭	阿坝师范学院	文秘	专科一批	筠中
185	陶　圆	四川民族学院	秘书学	本科二批	筠中
186	陈义平	南京交通职业技术学院	汽车营销与服务	专科二批	筠中
187	徐兴德	四川电力职业技术学院	工程造价	专科一批	筠中
188	黄　强	白城师范学院	法学	本科二批	筠中
189	何泽东	绵阳师范学院	旅游管理	专科一批	筠中
190	陈　磊	西华大学	法学	本科一批	筠中
191	钟富均	南充职业技术学院	小学教育	专科二批	筠中
192	熊青青	菏泽家政职业学院	医学影像技术	专科二批	筠中
193	王承丽	四川职业技术学院	小学教育	专科二批	筠中
194	蔡　非	广安职业技术学院	语文教育	专科二批	筠中
195	常国玉	成都农业科技职业学院	畜牧兽医	专科二批	筠中
196	廖方怡	成都文理学院(原四川师范大学文理学院）	工商管理	本科二批	筠中
197	罗　丽	四川幼儿师范高等专科学校	小学教育	专科一批	筠中
198	余自敏	泸州职业技术学院	语文教育	专科二批	筠中
199	邓梦琳	绵阳师范学院	历史学	本科二批	筠中
200	曾玉兰	四川民族学院	人力资源管理	本科二批	筠中
201	田　青	成都师范学院	小学教育(宜宾）	专科提前批	筠中
202	郑雪梅	四川职业技术学院	会计	专科二批	筠中
203	张　艳	四川幼儿师范高等专科学校	小学教育	专科一批	筠中
204	母小莉	广安职业技术学院	城乡规划	专科二批	筠中
205	黄梦玲	四川职业技术学院	小学教育	专科二批	筠中
206	刘　平	四川职业技术学院	物联网应用技术	专科二批	筠中
207	王小红	乐山师范学院	英语教育	专科一批	筠中
208	邹天玉	四川司法警官职业学院	法律事务	专科二批	筠中
209	杨小容	开封大学	旅游管理	专科一批	筠中
210	唐　梦	四川幼儿师范高等专科学校	小学教育	专科一批	筠中
211	郑　洁	泸州职业技术学院	语文教育	专科二批	筠中
212	赵　英	四川幼儿师范高等专科学校	小学教育	专科一批	筠中
213	黎紫薇	贵州工业职业技术学院	房地产类（房地产经营与管理、物业管理）	专科一批	筠中
214	杨玉琳	川南幼儿师范高等专科学校	学前教育	专科一批	筠中
215	何庆芬	四川文化产业职业学院	社区管理与服务	专科二批	筠中

（续上表）

序号	姓名	录取学校	录取专业	录取批次	报名点
216	唐　明	四川文轩职业学院	学前教育	专科二批	筠中
217	陈　敏	成都师范学院	汉语言文学	本科二批	筠中
218	罗　莉	四川工程职业技术学院	工程造价	专科一批	筠中
219	罗　宏	达州职业技术学院	计算机网络技术	专科二批	筠中
220	黄启东	成都职业技术学院	经济信息管理	专科二批	筠中
221	郭　梦	四川机电职业技术学院	建筑智能化工程技术	专科二批	筠中
222	杨　义	四川机电职业技术学院	机电一体化技术	专科二批	筠中
223	黄利兴	四川托普信息技术职业学院	汽车营销与服务	专科二批	筠中
224	李　进	成都文理学院(原四川师范大学文理学院)	法学	本科二批	筠中
225	余自富	四川文化传媒职业学院	市场营销	专科二批	筠中
226	陆永操	眉山职业技术学院	会计	专科二批	筠中
227	秦超楚	四川托普信息技术职业学院	移动应用开发	专科二批	筠中
228	李川川	四川三河职业学院	工程造价	专科二批	筠中
229	陈宇豪	四川文轩职业学院	汽车营销与服务	专科二批	筠中
230	张　燕	宜宾学院	法律事务	专科一批	筠中
231	郭兴蕊	四川化工职业技术学院	市场营销	专科二批	筠中
232	詹茂林	四川幼儿师范高等专科学校	语文教育	专科一批	筠中
233	严　梦	四川中医药高等专科学校	护理	专科一批	筠中
234	詹小丹	四川幼儿师范高等专科学校	语文教育	专科一批	筠中
235	杨露音	四川幼儿师范高等专科学校	小学教育	专科一批	筠中
236	贾　琳	眉山职业技术学院	小学教育	专科二批	筠中
237	赵正川	成都师范学院	物流管理	本科二批	筠中
238	林　旭	四川文轩职业学院	学前教育	专科二批	筠中
239	陆香存	四川文轩职业学院	学前教育	专科二批	筠中
240	张叶华	四川城市职业学院	市场营销	专科二批	筠中
241	魏新媛	四川三河职业学院	会计	专科二批	筠中
242	李成妃	泸州职业技术学院	旅游管理	专科二批	筠中
243	张恩菊	川南幼儿师范高等专科学校	学前教育	专科一批	筠中
244	王　雪	四川工商职业技术学院	数字图文信息技术	专科二批	筠中
245	郑成秋	宜宾学院	行政管理	本科二批	筠中
246	曾冰玉	宜宾职业技术学院	建筑设计	专科一批	筠中
247	刘明琴	雅安职业技术学院	药学	专科二批	筠中
248	聂　敏	四川文轩职业学院	学前教育	专科二批	筠中
249	程　利	四川现代职业学院	建筑室内设计	专科二批	筠中
250	舒　敏	泸州职业技术学院	学前教育	专科二批	筠中
251	杜真珠	温州职业技术学院	会计	专科二批	筠中
252	胡　艳	达州职业技术学院	护理	专科二批	筠中
253	方永洁	成都文理学院(原四川师范大学文理学院)	汉语言文学	本科二批	筠中
254	詹　多	四川三河职业学院	会计	专科二批	筠中
255	张璐璐	四川文轩职业学院	学前教育	专科二批	筠中
256	周晓英	四川化工职业技术学院	市场营销	专科二批	筠中
257	王　莉	绵阳师范学院	城乡规划	本科二批	筠中
258	母茂丽	四川交通职业技术学院	汽车检测与维修技术	专科二批	筠中
259	胡雨红	泸州职业技术学院	学前教育	专科二批	筠中
260	范银霜	四川信息职业技术学院	市场营销	专科二批	筠中

（续上表）

序号	姓名	录取学校	录取专业	录取批次	报名点
261	赵　恒	四川城市职业学院	工程造价	专科二批	筠中
262	罗　兴	四川托普信息技术职业学院	市场营销	专科二批	筠中
263	杨　润	绵阳职业技术学院	计算机应用技术	专科二批	筠中
264	李　智	四川机电职业技术学院	铁道交通运营管理	专科二批	筠中
265	王　杭	四川托普信息技术职业学院	市场营销	专科二批	筠中
266	何　林	四川文轩职业学院	数字媒体应用技术	专科二批	筠中
267	吴　操	四川工业科技学院	电子信息工程	本科二批	筠中
268	李帮伟	四川文轩职业学院	学前教育	专科二批	筠中
269	陈　伟	四川信息职业技术学院	电子信息工程技术	专科二批	筠中
270	刘　涛	四川托普信息技术职业学院	财务管理	专科二批	筠中
271	李成松	四川航天职业技术学院	电子商务	专科二批	筠中
272	罗忠鸿	四川汽车职业技术学院	汽车改装技术	专科二批	筠中
273	徐星宇	恩施职业技术学院	学前教育	专科二批	筠中
274	赵丽丽	眉山职业技术学院	小学教育	专科二批	筠中
275	李　萌	重庆三峡职业学院	会计	专科二批	筠中
276	舒作洪	四川文理学院	汉语言文学	本科二批	筠中
277	罗　粒	泸州职业技术学院	英语教育	专科二批	筠中
278	罗仲敏	南充职业技术学院	学前教育	专科二批	筠中
279	刘陆芹	泸州职业技术学院	小学教育	专科二批	筠中
280	张　艳	乐山职业技术学院	会计	专科二批	筠中
281	李茂芝	内江师范学院	电子商务	专科一批	筠中
282	罗　仪	四川职业技术学院	语文教育	专科二批	筠中
283	陈　琼	眉山职业技术学院	小学教育	专科二批	筠中
284	汤雯静	南充职业技术学院	学前教育	专科二批	筠中
285	秦　琴	四川工商学院	互联网金融	专科二批	筠中
286	陈　丹	南充职业技术学院	语文教育	专科二批	筠中
287	黄　敏	南充职业技术学院	学前教育	专科二批	筠中
288	张雯文	石家庄人民医学高等专科学校	口腔医学	专科二批	筠中
289	何顺宇	巴中职业技术学院	学前教育	专科二批	筠中
290	胡春艳	四川民族学院	汉语言文学	本科二批	筠中
291	周　静	绵阳师范学院	英语	本科二批	筠中
292	钟雪梅	川北幼儿师范高等专科学校	语文教育	专科一批	筠中
293	彭元敏	四川幼儿师范高等专科学校	学前教育	专科一批	筠中
294	宋员庆	宜春职业技术学院	学前教育	专科二批	筠中
295	陈大容	华北理工大学轻工学院	空中乘务	专科二批	筠中
296	陈雨桐	四川信息职业技术学院	通信技术	专科二批	筠中
297	黄　婴	眉山职业技术学院	汉语	专科二批	筠中
298	李　异	四川现代职业学院	会计	专科二批	筠中
299	汤　羽	南充职业技术学院	食品加工技术	专科二批	筠中
300	冯　烨	四川职业技术学院	语文教育	专科二批	筠中
301	罗林钦	川南幼儿师范高等专科学校	学前教育	专科一批	筠中
302	李佐梅	成都职业技术学院	会计	专科二批	筠中
303	赵　庆	广西职业技术学院	会计	专科一批	筠中
304	李冰旭	四川大学锦江学院	金融管理	专科一批	筠中
305	郝员敏	眉山职业技术学院	现代农业技术	专科二批	筠中

（续上表）

序号	姓名	录取学校	录取专业	录取批次	报名点
306	肖永川	共青科技职业学院	工商企业管理	专科二批	筠中
307	胡　彦	四川长江职业学院	计算机网络技术(网站设计)	专科二批	筠中
308	胡　楠	四川机电职业技术学院	铁道交通运营管理	专科二批	筠中
309	罗　巧	广安职业技术学院	学前教育	专科二批	筠中
310	陈　瑞	四川化工职业技术学院	汽车检测与维修技术	专科二批	筠中
311	廖富森	宜宾职业技术学院	新能源汽车技术	专科二批	筠中
312	罗春生	绵阳职业技术学院	高分子材料工程技术	专科二批	筠中
313	罗中伟	景德镇陶瓷大学	法学	本科二批	筠中
314	范　萍	绵阳职业技术学院	高分子材料工程技术	专科二批	筠中
315	赖应刚	南充职业技术学院	财务管理	专科二批	筠中
316	田雨浓	西华大学	电子商务	专科一批	筠中
317	罗　亮	泸州职业技术学院	汽车检测与维修技术	专科二批	筠中
318	黄　林	四川托普信息技术职业学院	移动应用开发	专科二批	筠中
319	杨　明	潇湘职业学院	数控技术	专科二批	筠中
320	黄培华	共青科技职业学院	工商企业管理	专科二批	筠中
321	谭鑫然	四川托普信息技术职业学院	软件技术	专科二批	筠中
322	詹　俊	四川托普信息技术职业学院	软件技术	专科二批	筠中
323	李　超	四川外国语大学成都学院	应用英语	专科二批	筠中
324	蔡　梦	四川城市职业学院	学前教育	专科二批	筠中
325	罗兰秋	四川文轩职业学院	学前教育	专科二批	筠中
326	黄宇靓	阿坝师范学院	汉语言文学	本科二批	筠中
327	聂珊珊	四川文轩职业学院	学前教育	专科二批	筠中
328	汪晓莉	四川幼儿师范高等专科学校	小学教育	专科一批	筠中
329	詹成凤	川南幼儿师范高等专科学校	学前教育	专科一批	筠中
330	罗　静	成都职业技术学院	市场营销	专科二批	筠中
331	张祥芹	眉山职业技术学院	现代农业技术	专科二批	筠中
332	吴朝芹	川南幼儿师范高等专科学校	学前教育	专科一批	筠中
333	倪小琴	内江师范学院	历史学	本科二批	筠中
334	郑万荣	成都农业科技职业学院	会计	专科二批	筠中
335	唐梦韩	四川幼儿师范高等专科学校	语文教育	专科一批	筠中
336	赵德芳	四川幼儿师范高等专科学校	英语教育	专科一批	筠中
337	潘云慧	川北幼儿师范高等专科学校	早期教育	专科一批	筠中
338	邓慧玲	四川幼儿师范高等专科学校	语文教育	专科一批	筠中
339	罗春燕	成都职业技术学院	市场营销	专科二批	筠中
340	罗德芹	四川民族学院	汉语言文学	本科二批	筠中
341	张文青	广安职业技术学院	园林技术	专科二批	筠中
342	罗毅菲	眉山职业技术学院	财务管理	专科二批	筠中
343	黄莎莎	四川信息职业技术学院	旅游管理	专科二批	筠中
344	杜乐乐	广安职业技术学院	农村金融	专科二批	筠中
345	吴朝容	泸州职业技术学院	英语教育	专科二批	筠中
346	胡小清	成都农业科技职业学院	畜牧兽医	专科二批	筠中
347	杜　梅	西华大学	电子商务	专科一批	筠中
348	周　敏	四川幼儿师范高等专科学校	语文教育	专科一批	筠中
349	蒋梦秋	泸州职业技术学院	英语教育	专科二批	筠中
350	胡　敏	泰州职业技术学院	药学	专科二批	筠中

（续上表）

序号	姓名	录取学校	录取专业	录取批次	报名点
351	王雪菲	四川城市职业学院	电子商务	专科二批	筠中
352	吴思凤	成都职业技术学院	审计	专科一批	筠中
353	胡　丽	四川职业技术学院	语文教育	专科二批	筠中
354	张　钰	四川文轩职业学院	学前教育	专科二批	筠中
355	吴丽芳	泸州职业技术学院	语文教育	专科二批	筠中
356	邓小琴	泸州职业技术学院	语文教育	专科二批	筠中
357	赵庭婷	四川文轩职业学院	学前教育	专科二批	筠中
358	黄　萍	四川幼儿师范高等专科学校	语文教育	专科一批	筠中
359	邓枭雄	四川文轩职业学院	汽车运用与维修技术	专科二批	筠中
360	赵思柄	眉山职业技术学院	机电一体化技术	专科二批	筠中
361	黄小勇	南充职业技术学院	道路桥梁工程技术	专科二批	筠中
362	邹小红	成都工贸职业技术学院	电子商务	专科二批	筠中
363	刘天祥	四川水利职业技术学院	水产养殖技术	专科二批	筠中
364	何　俊	成都农业科技职业学院	汽车检测与维修技术	专科二批	筠中
365	罗　松	乐山职业技术学院	工商企业管理	专科二批	筠中
366	胡　齐	南充职业技术学院	工程造价	专科二批	筠中
367	黄佑刚	菏泽家政职业学院	医学检验技术	专科二批	筠中
368	夏贵冬	海南政法职业学院	社会工作(司法社会工作方向)	专科二批	筠中
369	师　宇	成都农业科技职业学院	畜牧兽医	专科二批	筠中
370	尤　伟	四川城市职业学院	会计	专科二批	筠中
371	王伯虎	四川城市职业学院	会计	专科二批	筠中
372	翁沪鑫	苏州工业园区服务外包职业学院	金融管理	专科二批	筠中
373	刘　峰	四川城市职业学院	工程造价	专科二批	筠中
374	杨树培	四川托普信息技术职业学院	财务管理	专科二批	筠中
375	余春容	石家庄人民医学高等专科学校	医学检验技术	专科二批	筠中
376	吴国英	重庆旅游职业学院	旅游管理	专科二批	筠中
377	郝中利	四川职业技术学院	小学教育	专科二批	筠中
378	艾　虹	四川文轩职业学院	学前教育	专科二批	筠中
379	韦丽苹	西华师范大学	商务英语	专科一批	筠中
380	蒋宣苹	泸州职业技术学院	会计	专科二批	筠中
381	郭兰英	巴中职业技术学院	风景园林设计	专科二批	筠中
382	范玉姣	达州职业技术学院	小学教育	专科二批	筠中
383	曹　满	泸州职业技术学院	语文教育	专科二批	筠中
384	王　芳	四川卫生康复职业学院	护理	专科二批	筠中
385	黄泽飞	四川现代职业学院	工业设计(旅游品造型设计)	专科二批	筠中
386	黄双阳	四川文轩职业学院	学前教育	专科二批	筠中
387	熊　宇	四川工商职业技术学院	食品营养与检测	专科二批	筠中
388	刘殿秋	阿坝师范学院	思想政治教育	专科一批	筠中
389	詹　莉	海南政法职业学院	行政执行	专科二批	筠中
390	李　梦	成都职业技术学院	电子商务	专科一批	筠中
391	刘　力	内江职业技术学院	通信技术	专科二批	筠中
392	任永松	四川水利职业技术学院	财务管理	专科二批	筠中
393	邓　婷	成都农业科技职业学院	物流管理	专科二批	筠中
394	刘孝秋	泸州职业技术学院	语文教育	专科二批	筠中
395	贾春旺	四川司法警官职业学院	刑事侦查技术	专科二批	筠中

（续上表）

序号	姓名	录取学校	录取专业	录取批次	报名点
396	胡桥妹	四川幼儿师范高等专科学校	早期教育	专科一批	筠中
397	张永香	天津滨海职业学院	商务英语	专科二批	筠中
398	张　旭	巴中职业技术学院	风景园林设计	专科二批	筠中
399	李燕秋	眉山职业技术学院	会计	专科二批	筠中
400	谢子珊	四川职业技术学院	小学教育	专科二批	筠中
401	孙　蓉	广安职业技术学院	学前教育	专科二批	筠中
402	周润敏	成都文理学院(原四川师范大学文理学院)	汉语言文学	本科二批	筠中
403	宋小亭	四川幼儿师范高等专科学校	小学教育	专科一批	筠中
404	吴维燕	内江师范学院	思想政治教育	本科二批	筠中
405	吴　丹	成都艺术职业学院	建筑室内设计	专科二批	筠中
406	韩朝美	四川卫生康复职业学院	护理	专科二批	筠中
407	方　先	达州职业技术学院	护理	专科二批	筠中
408	郝兴月	四川文轩职业学院	学前教育	专科二批	筠中
409	黄桥丽	海南政法职业学院	司法鉴定技术(司法会计方向)	专科二批	筠中
410	文莉梅	四川民族学院	秘书学	本科二批	筠中
411	罗义钦	四川财经职业学院	审计	专科二批	筠中
412	罗　英	西南财经大学天府学院	会计	专科二批	筠中
413	肖传林	四川民族学院	法学	本科二批	筠中
414	黄　洪	成都文理学院(原四川师范大学文理学院)	建筑装饰工程技术	专科二批	筠中
415	罗大明	四川希望汽车职业学院	会计	专科二批	筠中
416	王超溢	宜宾职业技术学院	工程造价	专科二批	筠中
417	胡十涌	成都工贸职业技术学院	航空物流	专科二批	筠中
418	章杰勇	四川城市职业学院	软件技术	专科二批	筠中
419	郑　勇	四川城市职业学院	汉语	专科二批	筠中
420	黄东杨	四川理工学院	市场营销	本科二批	筠中
421	王娟娟	成都职业技术学院	动漫制作技术	专科二批	筠中
422	卢　熵	川南幼儿师范高等专科学校	学前教育	专科一批	筠中
423	倪　敏	西昌学院	英语	本科二批	筠中
424	李　珊	四川希望汽车职业学院	汽车营销与服务	专科二批	筠中
425	黄　星	四川民族学院	法学	本科二批	筠中
426	张　倩	南充职业技术学院	语文教育	专科二批	筠中
427	李　艳	乐山职业技术学院	护理	专科二批	筠中
428	周　静	四川管理职业学院	会计	专科二批	筠中
429	王良伟	长白山职业技术学院	药品生产技术	专科二批	筠中
430	吴国香	眉山职业技术学院	小学教育	专科二批	筠中
431	徐　杰	盘锦职业技术学院	小学教育	专科二批	筠中
432	游小迪	四川化工职业技术学院	会计	专科二批	筠中
433	蒋宣润	达州职业技术学院	医学影像技术	专科二批	筠中
434	张　筠	广安职业技术学院	学前教育	专科二批	筠中
435	杨　伟	内江师范学院	外国语言文学类(含英语、翻译、商务英语专业)	本科二批	筠中
436	任永翠	绵阳师范学院	英语	本科二批	筠中
437	闫春花	川南幼儿师范高等专科学校	小学教育	专科一批	筠中
438	张丽萍	宜宾学院	语文教育	专科一批	筠中
439	文雪冰	川北幼儿师范高等专科学校	学前教育	专科一批	筠中
440	罗会敏	四川幼儿师范高等专科学校	语文教育	专科一批	筠中

（续上表）

序号	姓名	录取学校	录取专业	录取批次	报名点
441	张　义	成都学院	审计学	本科二批	筠中
442	陈宇静	南充职业技术学院	工程造价	专科二批	筠中
443	黄　秘	成都工业职业技术学院	铁道信号自动控制	专科二批	筠中
444	范彩芸	乐山职业技术学院	护理	专科二批	筠中
445	王　娟	南充职业技术学院	语文教育	专科二批	筠中
446	陈　敏	川南幼儿师范高等专科学校	学前教育	专科一批	筠中
447	张　敏	广安职业技术学院	语文教育	专科二批	筠中
448	邓杰莉	西南石油大学	英语	本科一批	筠中
449	李　齐	桂林旅游学院	应用西班牙语	专科一批	筠中
450	罗友莉	南充职业技术学院	语文教育	专科二批	筠中
451	张　驰	云南大学滇池学院	汉语国际教育	本科二批	筠中
452	胡劲松	四川师范大学	财务管理	本科一批	筠中
453	高海钦	绵阳师范学院	信息管理与信息系统	本科二批	筠中
454	胡富强	西华师范大学	经济学	本科二批	筠中
455	魏　潇	西华大学	经济学	本科一批	筠中
456	詹德祥	中国计量大学	汉语国际教育	本科一批	筠中
457	孙德雄	西昌学院	行政管理	本科二批	筠中
458	李从俊	成都学院	汉语言文学	本科二批	筠中
459	何　江	成都东软学院	物流管理	本科二批	筠中
460	曾　健	天津工业大学	英语	本科二批	筠中
461	张　筲	电子科技大学成都学院	翻译	本科二批	筠中
462	熊欢欢	成都文理学院（原四川师范大学文理学院）	汉语言文学	本科二批	筠中
463	张梅洁	绵阳师范学院	英语	本科二批	筠中
464	詹莉华	川北医学院	护理学	本科二批	筠中
465	罗金英	四川大学锦江学院	会计学	本科二批	筠中
466	黄　红	日照职业技术学院	广告设计与制作	专科一批	筠中
467	刘晓月	四川民族学院	汉语言文学	本科二批	筠中
468	唐　英	宜宾学院	国际经济与贸易	本科二批	筠中
469	何　林	四川师范大学	英语（宜宾市）	免费师范本科	筠中
470	刘　莉	川北幼儿师范高等专科学校	学前教育	专科一批	筠中
471	刘　林	川北幼儿师范高等专科学校	小学教育	专科一批	筠中
472	吴国兰	绵阳师范学院	汉语言文学	本科二批	筠中
473	郭　婧	西华师范大学	市场营销	本科二批	筠中
474	胡海秀	西华师范大学	历史学（宜宾）	免费师范本科	筠中
475	罗　敏	西华师范大学	学前教育	专科一批	筠中
476	张婷婷	川南幼儿师范高等专科学校	学前教育	专科一批	筠中
477	邬国明	川南幼儿师范高等专科学校	学前教育	专科一批	筠中
478	徐　誉	西南交通大学希望学院	审计学	本科二批	筠中
479	吴　梅	泸州职业技术学院	语文教育	专科二批	筠中
480	赖小红	宜宾学院	学前教育	本科二批	筠中
481	贾　容	乐山师范学院	思想政治教育	本科二批	筠中
482	欧　雪	内江师范学院	广播电视学	本科二批	筠中
483	邱润梅	宜宾学院	学前教育	本科二批	筠中
484	张茂林	西南交通大学希望学院	财务管理	本科二批	筠中
485	李仕聪	成都文理学院（原四川师范大学文理学院）	会计学	本科二批	筠中

（续上表）

序号	姓名	录取学校	录取专业	录取批次	报名点
486	潘晓林	成都师范学院	英语	本科二批	筠中
487	王宝粒	西南交通大学希望学院	英语	本科二批	筠中
488	平媛媛	四川职业技术学院	语文教育	专科二批	筠中
489	陈韫朱	泸州职业技术学院	语文教育	专科二批	筠中
490	李梦丽	阿坝师范学院	思想政治教育	专科一批	筠中
491	刘梦蓝	成都师范学院	汉语言文学	本科二批	筠中
492	聂茂会	四川外国语大学重庆南方翻译学院	英语	本科二批	筠中
493	张联玉	广安职业技术学院	语文教育	专科二批	筠中
494	刘玉萍	四川师范大学	地理科学(宜宾市)	免费师范本科	筠中
495	邬小云	四川民族学院	语文教育	专科一批	筠中
496	黄义梅	江西师范大学科学技术学院	英语	本科二批	筠中
497	叶阳玲	重庆医科大学	护理学	本科二批	筠中
498	陈香凝	西北政法大学	法学(民商法)	本科一批	筠中
499	张熙梅	西华师范大学	思想政治教育	本科一批	筠中
500	罗　艳	重庆师范大学	社会工作	本科二批	筠中
501	万　冰	西华师范大学	汉语言文学(宜宾)	免费师范本科	筠中
502	田艳芳	西华师范大学	地理科学(宜宾)	免费师范本科	筠中
503	曾同兰	成都理工大学	思想政治教育	地方专项	筠中
504	梁小英	成都文理学院(原四川师范大学文理学院)	经济学	本科二批	筠中
505	周　宇	湖北三峡职业技术学院	临床医学	专科二批	筠中
506	张　雪	成都理工大学	法学	本科一批	县二中
507	向云昌	宜宾学院	思想政治教育	本科二批	县二中
508	王大会	宜宾学院	语文教育	专科一批	县二中
509	潘　伟	常州大学怀德学院	国际经济与贸易	本科二批	县二中
510	邓绍斌	宜宾学院	思想政治教育	本科二批	县二中
511	严昌平	西南科技大学城市学院	翻译	本科二批	县二中
512	侯祖洪	四川幼儿师范高等专科学校	小学教育	专科一批	县二中
513	周相芬	黑龙江建筑职业技术学院	旅游管理	专科一批	县二中
514	赵高宁	四川幼儿师范高等专科学校	语文教育	专科一批	县二中
515	袁吉芬	成都师范学院	汉语言文学	本科二批	县二中
516	应萍芳	四川司法警官职业学院	司法警务	专科二批	县二中
517	牟　伟	四川三河职业学院	工商企业管理	专科二批	县二中
518	詹成菊	南充职业技术学院	园艺技术	专科二批	县二中
519	蒋珊珊	绵阳师范学院	汉语言文学	本科二批	县二中
520	饶承慧	阿坝师范学院	英语	本科二批	县二中
521	饶　莉	川南幼儿师范高等专科学校	学前教育	专科一批	县二中
522	徐　敏	四川文化艺术学院	公共事业管理	本科二批	县二中
523	吴月琳	阿坝师范学院	汉语言文学	本科二批	县二中
524	陈　旭	达州职业技术学院	护理	专科二批	县二中
525	王　莉	阿坝师范学院	工商企业管理	专科一批	县二中
526	杨成江	宜宾学院	汉语言文学	本科二批	县二中
527	石丽霞	川南幼儿师范高等专科学校	学前教育	专科一批	县二中
528	谢珊珊	四川科技职业学院	应用英语	专科二批	县二中
529	刘　璐	眉山职业技术学院	畜牧兽医	专科二批	县二中
530	罗韦芳	四川中医药高等专科学校	老年服务与管理	专科一批	县二中

（续上表）

序号	姓名	录取学校	录取专业	录取批次	报名点
531	聂　华	湖北国土资源职业学院	软件技术	专科二批	县二中
532	刘传林	四川机电职业技术学院	电子信息工程技术	专科二批	县二中
533	孙龙远	四川商务职业学院	报关与国际货运	专科二批	县二中
534	朱　强	四川科技职业学院	城市轨道交通运营管理	专科二批	县二中
535	黄登明	四川希望汽车职业学院	新能源汽车技术	专科二批	县二中
536	毛　润	四川电子机械职业技术学院	电子信息工程技术	专科二批	县二中
537	文　义	四川科技职业学院	汽车运用与维修技术	专科二批	县二中
538	杨云华	四川信息职业技术学院	数控技术	专科二批	县二中
539	叶　林	巴中职业技术学院	学前教育	专科二批	县二中
540	梁迎春	四川机电职业技术学院	工程造价	专科二批	县二中
541	罗凯林	广安职业技术学院	语文教育	专科二批	县二中
542	陈秋逸	四川水利职业技术学院	水利水电工程管理	专科二批	县二中
543	谢　容	四川艺术职业学院	文物修复与保护	专科二批	县二中
544	林　萍	四川应用技术职业学院	学前教育	专科二批	县二中
545	周春花	四川科技职业学院	应用英语	专科二批	县二中
546	杨文琼	四川现代职业学院	法律事务	专科二批	县二中
547	王　英	四川机电职业技术学院	汽车营销与服务	专科二批	县二中
548	张燕艳	民办四川天一学院	工商企业管理	专科二批	县二中
549	李明欢	泸州职业技术学院	数字媒体应用技术	专科二批	县二中
550	刘荣会	四川文轩职业学院	学前教育	专科二批	县二中
551	罗　云	四川科技职业学院	应用英语	专科二批	县二中
552	陈永豹	成都工贸职业技术学院	汽车运用与维修技术	专科二批	县二中
553	张　杰	四川化工职业技术学院	工业过程自动化技术	专科二批	县二中
554	聂道江	宜宾职业技术学院	工业机器人技术	专科二批	县二中
555	张　磊	四川幼儿师范高等专科学校	软件与信息服务	专科二批	县二中
556	何　勇	四川传媒学院	广告策划与营销	专科二批	县二中
557	熊乙帆	四川托普信息技术职业学院	数控技术	专科二批	县二中
558	李秋红	南充职业技术学院	英语教育	专科二批	县二中
559	徐可欣	宜宾职业技术学院	发电厂及电力系统	专科二批	县二中
560	刘自琼	内江职业技术学院	会计	专科二批	县二中
561	郑　燕	广安职业技术学院	语文教育	专科二批	县二中
562	何建秋	四川机电职业技术学院	数字媒体应用技术	专科二批	县二中
563	杨展书	四川文轩职业学院	学前教育	专科二批	县二中
564	杜玉琴	四川机电职业技术学院	健康管理	专科二批	县二中
565	黄　敏	四川信息职业技术学院	智能控制技术	专科二批	县二中
566	张　丽	云南城市建设职业学院	会计	专科二批	县二中
567	周德俊	内江职业技术学院	食品营养与检测	专科二批	县二中
568	刘　刚	四川文轩职业学院	学前教育	专科二批	县二中
569	刘　历	眉山职业技术学院	汉语	专科二批	县二中
570	聂　燕	巴中职业技术学院	工程造价	专科二批	县二中
571	董凤红	四川科技职业学院	会计	专科二批	县二中
572	杨　涛	民办四川天一学院	财务管理	专科二批	县二中
573	李小双	四川工业科技学院	会计	专科二批	县二中
574	李艳萍	电子科技大学成都学院	会计	专科二批	县二中
575	宋娇娇	成都工贸职业技术学院	城市轨道交通运营管理	专科二批	县二中

（续上表）

序号	姓名	录取学校	录取专业	录取批次	报名点
576	叶春靓	雅安职业技术学院	学前教育	专科二批	县二中
577	叶美旭	广安职业技术学院	语文教育	专科二批	县二中
578	龚定芬	内江职业技术学院	软件技术	专科二批	县二中
579	屈胡敏	广安职业技术学院	城市燃气工程技术	专科二批	县二中
580	严文君	四川信息职业技术学院	物流管理	专科二批	县二中
581	罗　志	四川应用技术职业学院	学前教育	专科二批	县二中
582	游爱萍	西安外事学院	应用英语(少儿英语)	专科二批	县二中
583	李　玲	广安职业技术学院	语文教育	专科二批	县二中
584	李　纳	重庆三峡职业学院	畜牧兽医	专科二批	县二中
585	辛梦花	达州职业技术学院	医学检验技术	专科二批	县二中
586	聂晓秋	巴中职业技术学院	旅游管理	专科二批	县二中
587	游碧涵	四川文化传媒职业学院	学前教育	专科二批	县二中
588	郭德会	四川文化传媒职业学院	动漫制作技术	专科二批	县二中
589	周　容	重庆服装工程职业学院	电子商务	专科二批	县二中
590	聂　治	四川工业科技学院	农业经济管理	专科二批	宜宾一中
591	钟胜强	四川工程职业技术学院	焊接技术与自动化	专科一批	宜宾一中
592	李　科	四川工商学院	电子商务	本科二批	宜宾一中
593	谢　鑫	沈阳理工大学	经济学	本科二批	宜宾一中
594	毛　雪	民办四川天一学院	工商企业管理	专科二批	宜宾一中
595	聂俊豪	黔南民族职业技术学院	畜牧兽医	专科二批	宜宾一中
596	肖茂春	西南财经大学天府学院	国际经济与贸易	本科二批	宜宾一中
597	吴兴月	西华师范大学	思想政治教育(乐山)	免费师范本科	宜宾一中
598	赵　珉	四川幼儿师范高等专科学校	学前教育	专科一批	宜宾一中
599	胡钰茜	西华师范大学	汉语国际教育	本科一批	宜宾一中
600	肖　凯	四川传媒学院	财务管理	专科二批	宜宾一中
601	张耀丹	成都纺织高等专科学校	酒店管理	专科一批	宜宾一中
602	黄　静	四川大学锦江学院	会计	专科一批	宜宾一中
603	郝娅菲	四川文化艺术学院	公共事业管理	本科二批	宜宾一中
604	陈延铃	重庆工商大学派斯学院	金融学	本科二批	宜宾一中
605	李　茂	成都学院	汉语言文学	本科二批	宜宾一中
606	程婧雯	西南大学	汉语言文学	本科一批	宜宾一中
607	郝小艺	四川师范大学	经济学	本科一批	宜宾一中
608	程莉涵	中国人民大学	中国共产党历史	本科提前批	宜宾一中
609	王　永	宜宾学院	行政管理	本科二批	宜宾一中
610	刘　祁	成都师范学院	汉语言文学	本科二批	宜宾一中
611	张东宁	宁波大学	教育学类	本科一批	宜宾一中
612	苏智勇	武昌首义学院	英语	本科二批	宜宾一中
613	卢达全	西华大学	经济学	本科一批	宜宾一中
614	王　娜	四川理工学院	汉语言文学	本科二批	宜宾一中
615	孙　婷	四川农业大学	广告学	本科一批	宜宾一中
616	徐子谦	成都中医药大学	公共事业管理	本科二批	宜宾三中
617	钟雨欣	西南医科大学	护理学	本科二批	宜宾三中
618	王　青	成都师范学院	学前教育	本科二批	宜宾三中
619	周思宇	乐山职业技术学院	护理	专科二批	宜宾三中
620	詹　静	内蒙古财经大学	法学	本科二批	宜宾三中

（续上表）

序号	姓名	录取学校	录取专业	录取批次	报名点
621	李　敏	西南财经大学天府学院	会计	专科二批	宜宾三中
622	杜林莉	四川大学锦江学院	会计	专科一批	宜宾三中
623	章碧松	成都学院	法学	本科二批	宜宾三中
624	刘云涛	西华大学	电子商务	地方专项	宜宾三中
625	沈大为	四川旅游学院	风景园林	本科二批	宜宾三中
626	饶李萍	成都理工大学	翻译	本科二批	宜宾三中
627	周显冬	成都中医药大学	护理学	本科二批	宜宾三中
628	杨惠萍	成都信息工程大学	国际经济与贸易	本科一批	宜宾三中
629	罗蔚颖	西南石油大学	财务管理	本科二批	宜宾三中
630	王小虎	四川农业大学	广告学	本科一批	宜宾三中
631	张虹麟	西南财经大学天府学院	金融学	本科二批	宜宾三中
632	王　廷	四川师范大学	汉语言文学	地方专项	宜宾三中
633	刘晓静	攀枝花学院	翻译	本科二批	宜宾三中
634	李　锐	长江工程职业技术学院	水利水电建筑工程	专科二批	宜宾三中
635	廖茂桦	四川机电职业技术学院	市场营销	专科二批	宜宾三中
636	杜茂林	四川工商学院	电子商务	专科二批	宜宾三中
637	卜　素	四川大学锦江学院	会计学	本科二批	宜宾三中
638	周世杰	成都师范学院	历史学	本科二批	宜宾三中
639	刘　芳	宜宾学院	法学	本科二批	宜宾三中
640	徐一林	天津财经大学珠江学院	会计学(注册会计师)	本科二批	宜宾三中
641	李　丹	连云港师范高等专科学校	学前教育	专科一批	宜宾三中
642	陈小刚	成都学院	法学	本科二批	宜宾三中
643	罗有川	宜宾学院	广播电视学	本科二批	宜宾三中
644	张远梅	内江师范学院	外国语言文学类(含英语、翻译、商务英语专业)	本科二批	宜宾三中
645	饶一贤	西华大学	英语	本科二批	宜宾三中
646	先茂鑫	西南科技大学城市学院	财务管理	本科二批	宜宾三中
647	卜鹏志	成都中医药大学	中医学	本科一批	宜宾三中
648	谭　旭	中国人民大学	农业经济管理类	高校专项	南溪一中
649	罗晶晶	成都理工大学工程技术学院	物流管理	本科二批	南溪一中
650	陈　荣	四川化工职业技术学院	机电一体化技术	专科二批	南溪一中
651	李树枝	成都文理学院(原四川师范大学文理学院)	工商管理	本科二批	南溪一中
652	杨永会	四川文理学院	思想政治教育	本科二批	南溪一中
653	黄　兰	眉山职业技术学院	学前教育	专科二批	南溪一中
654	黄　鑫	四川建筑职业技术学院	房地产经营与管理	专科一批	南溪一中
655	方莹婷	宜宾学院	工商管理	本科二批	南溪一中
656	罗湑双	川北幼儿师范高等专科学校	小学教育	专科一批	南溪一中
657	何　义	四川城市职业学院	汽车营销与服务	专科二批	南溪一中
658	程依敬	内江师范学院	汉语言文学	本科二批	南溪一中
659	孙利昌	武汉科技大学	市场营销	本科一批	南溪一中
660	饶小莉	西华师范大学	思想政治教育	本科一批	南溪一中
661	罗松涛	西南交通大学希望学院	财务管理	本科二批	南溪一中
662	陈致旭	四川职业技术学院	汽车营销与服务	专科二批	南溪一中
663	林立澍	四川城市职业学院	会计	专科二批	南溪一中
664	张　瑶	辽宁师范大学	汉语言文学	本科二批	南溪一中
665	陈至丽	宜宾学院	行政管理	本科二批	南溪一中

（续上表）

序号	姓名	录取学校	录取专业	录取批次	报名点
666	赖玉琴	四川师范大学	历史学(宜宾市)	免费师范本科	南溪一中
667	黄　梅	重庆医科大学	英语	本科二批	南溪一中
668	罗　慧	成都信息工程大学	汉语言文学	本科二批	南溪一中
669	邹　榆	四川职业技术学院	英语教育	专科二批	南溪一中
670	徐学良	四川传媒学院	环境设计	艺体本科	县招办
671	陈志豪	成都文理学院(原四川师范大学文理学院)	环境设计	艺体本科	县招办
672	詹　雪	北海艺术设计学院	视觉传达设计	艺体本科	县招办
673	胡　艳	四川师范大学	戏剧影视美术设计	艺体本科	县招办
674	何珈霖	成都文理学院(原四川师范大学文理学院)	绘画	艺体本科	县招办
675	田志羽	四川电影电视学院	环境艺术设计	艺体专科	县招办
676	刘丽萍	华南理工大学	舞蹈学	艺体本科	县招办
677	董灿婷	内江师范学院	美术学	艺体本科	县招办
678	李玲杰	川南幼儿师范高等专科学校	美术教育	艺体专科	县招办
679	聂　明	四川传媒学院	舞蹈表演	艺体本科	县招办
680	李林忆	山东师范大学	美术学	艺体本科	县招办
681	沈钰虹	上海工艺美术职业学院	广告设计与制作	艺体专科	县招办
682	周雨婷	四川传媒学院	舞蹈表演	艺体专科	县招办
683	陈曦雨	四川美术学院	产品设计	艺术提前批	县招办
684	陈　枭	四川电影电视学院	舞蹈表演	艺体专科	县招办
685	詹鸿凌	四川理工学院	音乐教育	艺体专科	县招办
686	刘紫欣	四川幼儿师范高等专科学校	音乐教育	艺体专科	县招办
687	付　越	四川文理学院	音乐学(宜宾)	免费师范艺体本科	县招办
688	钟健瑜	四川师范大学	视觉传达设计	艺体本科	县招办
689	张怡玥	西华师范大学	公共事业管理	本科一批	县招办
690	廖尚燕	中南大学	视觉传达设计	艺体本科	筠中
691	詹毓生	四川大学锦江学院	汉语国际教育	本科二批	筠中
692	陈常键	四川师范大学	音乐表演	艺体本科	筠中
693	陈思宇	宜宾学院	音乐表演	艺体本科	筠中
694	王　宁	电子科技大学成都学院	动画	艺体本科	筠中
695	龙飞雨	四川师范大学	音乐学	艺体本科	筠中
696	李　娟	四川幼儿师范高等专科学校	美术教育	艺体专科	筠中
697	黄兴义	绵阳师范学院	美术教育(宜宾)	免费师范艺体专科	筠中
698	方　静	四川民族学院	美术学	艺体本科	筠中
699	李莎莎	成都东软学院	动画	艺体本科	筠中
700	陈自强	民办四川天一学院	财务管理	专科二批	筠中
701	李家法	成都职业技术学院	艺术设计	艺体专科	筠中
702	周松茂	阿坝师范学院	音乐学	艺体本科	筠中
703	朱泓昊	成都文理学院(原四川师范大学文理学院)	电子商务	专科二批	筠中
704	武国华	内江职业技术学院	电子商务	专科二批	筠中
705	宋丞芮	四川传媒学院	戏剧影视美术设计	艺体本科	筠中
706	赵雅澜	绵阳师范学院	音乐学	艺体本科	筠中
707	王　伟	四川音乐学院	艺术史论	艺体本科	筠中
708	曹　健	川北幼儿师范高等专科学校	美术教育	艺体专科	筠中
709	陶　霞	四川工商职业技术学院	财务管理	专科二批	筠中
710	杨舒婷	成都师范学院	音乐学	艺体本科	筠中

（续上表）

序号	姓名	录取学校	录取专业	录取批次	报名点
711	钟雨梦	四川文化艺术学院	音乐表演	艺体本科	筠中
712	黄琦琦	泉州纺织服装职业学院	服装与服饰设计	艺体专科	筠中
713	陶星宇	成都东软学院	动画	艺体本科	筠中
714	骆　瑛	四川传媒学院	影视编导	艺体专科	筠中
715	李　飞	成都师范学院	美术学	艺体本科	筠中
716	黄　磊	四川电影电视学院	广播电视编导	艺体本科	筠中
717	林园园	成都纺织高等专科学校	服装与服饰设计	艺体专科	筠中
718	胡　婷	常州纺织服装职业技术学院	室内艺术设计	艺体专科	筠中
719	詹艳秋	嘉应学院	美术学(师范)	艺体本科	筠中
720	吴晶晶	西南科技大学	视觉传达设计	艺体本科	筠中
721	陈旭梅	西华大学	产品设计	艺体本科	筠中
722	徐腊梅	达州职业技术学院	艺术设计	艺体专科	筠中
723	康　芹	成都纺织高等专科学校	服装与服饰设计	艺体专科	筠中
724	李梦婷	北海艺术设计学院	视觉传达设计	艺体本科	筠中
725	罗宇婕	川北幼儿师范高等专科学校	美术教育	艺体专科	筠中
726	金　铭	四川文化传媒职业学院	音乐表演	艺体专科	筠中
727	王付远	四川电影电视学院	音像技术	专科二批	筠中
728	孙　羽	成都文理学院(原四川师范大学文理学院)	汉语	专科二批	筠中
729	邓楚仪	四川文化艺术学院	音乐表演(流行演唱)	艺体专科	筠中
730	何　迁	四川音乐学院	录音艺术	艺体本科	筠中
731	魏联玉	四川文理学院	音乐学	艺体本科	筠中
732	李邦琼	湖北工程学院	音乐学(中西协作计划)	艺体本科	筠中
733	周　林	西昌学院	音乐学	艺体本科	筠中
734	周　兰	成都职业技术学院	导游	专科二批	筠中
735	李　湘	黄淮学院	艺术设计	艺体专科	筠中
736	刘锦森	四川工商学院	环境艺术设计(景观设计)	艺体专科	筠中
737	徐小飞	川北幼儿师范高等专科学校	美术教育	艺体专科	筠中
738	袁　欣	江西陶瓷工艺美术职业技术学院	陶瓷设计与工艺	艺体专科	筠中
739	黄　义	四川民族学院	美术教育	艺体专科	筠中
740	赵文倩	四川电影电视学院	环境艺术设计	艺体专科	筠中
741	章海英	广安职业技术学院	美术教育	艺体专科	筠中
742	潘　越	四川传媒学院	动画	艺体本科	筠中
743	张晓其	绵阳师范学院	美术教育(宜宾)	免费师范艺体专科	筠中
744	刘梦雨	川南幼儿师范高等专科学校	音乐教育	艺体专科	筠中
745	代　玲	宜宾学院	产品设计	艺体本科	筠中
746	黄馨锐	中华女子学院	环境设计(室内陈设设计)	艺体本科	筠中
747	杨　松	西华大学	影视动画	艺体专科	筠中
748	李朝鹏	四川农业大学	产品设计	艺体本科	筠中
749	雷　杰	四川师范大学	戏剧影视美术设计	艺体本科	筠中
750	苏　琦	四川电影电视学院	影视摄影与制作	艺体本科	筠中
751	杨瑶瑶	天津城建大学	艺术与科技	艺体本科	筠中
752	周玉林	重庆工商大学	设计学类(中外合作办学)(服装与服饰设计)	艺体本科	县二中
753	顾　杰	成都师范学院	美术学	艺体本科	县二中
754	罗　敏	四川音乐学院	音乐表演	艺体本科	县二中
755	周　静	西昌学院	音乐学	艺体本科	县二中

（续上表）

序号	姓名	录取学校	录取专业	录取批次	报名点
756	陈相琴	宜宾学院	视觉传达设计	艺体本科	县二中
757	周小雪	西华大学	动画	艺体本科	县二中
758	李　英	宜宾学院	音乐表演	艺体本科	县二中
759	韦　庭	西华大学	动画	艺体本科	县二中
760	饶　婷	西昌学院	视觉传达设计	艺体本科	县二中
761	罗　俊	四川文化艺术学院	音乐表演(流行演唱)	艺体专科	县二中
762	文　巡	成都师范学院	美术学	艺体本科	县二中
763	向梦莉	四川幼儿师范高等专科学校	美术教育	艺体专科	县二中
764	李成英	内江师范学院	音乐学	艺体本科	县二中
765	蔡　敏	阿坝师范学院	音乐学	艺体本科	县二中
766	向小妹	云南大学旅游文化学院	视觉传达设计	艺体本科	县二中
767	刘胜男	成都纺织高等专科学校	视觉传播设计与制作	艺体专科	县二中
768	王晓鸿	宜春幼儿师范高等专科学校	音乐教育	艺体专科	县二中
769	屈园园	四川大学锦江学院	环境设计	艺体本科	县二中
770	邓朝绘	四川民族学院	音乐学	艺体本科	县二中
771	段林巧	四川民族学院	音乐学	艺体本科	县二中
772	赵小迪	四川电影电视学院	影视摄影与制作	艺体本科	县二中
773	胡晓彤	阿坝师范学院	环境设计	艺体本科	县二中
774	陶益宽	成都农业科技职业学院	环境艺术设计	艺体专科	县二中
775	田良铜	成都信息工程大学银杏酒店管理学院	环境设计	艺体本科	县二中
776	张贵财	乐山职业技术学院	环境艺术设计	艺体专科	县二中
777	陶晓孟	成都职业技术学院	人物形象设计	艺体专科	县二中
778	卜非凡	四川传媒学院	视觉传达设计	艺体本科	县二中
779	万晓燕	宜宾学院	产品设计	艺体本科	县二中
780	彭小玲	四川幼儿师范高等专科学校	美术教育	艺体专科	县二中
781	聂胜蓝	宜宾学院	音乐学	艺体本科	县二中
782	陈婷婷	成都师范学院	美术学	艺体本科	县二中
783	刘一德	西南财经大学天府学院	环境设计	艺体本科	县二中
784	何正旭	四川文化艺术学院	录音艺术	艺体本科	县二中
785	梁建华	四川文化艺术学院	音乐表演	艺体本科	县二中
786	灰华刚	成都艺术职业学院	音乐表演(声乐)	艺体专科	县二中
787	何　彬	四川文理学院	环境设计	艺体本科	县二中
788	梁长林	成都职业技术学院	人物形象设计	艺体专科	县二中
789	刘　鑫	四川传媒学院	视觉传达设计	艺体本科	县二中
790	李其康	景德镇陶瓷职业技术学院	文物修复与保护	专科二批	县二中
791	雷　丽	成都纺织高等专科学校	艺术设计	艺体专科	县二中
792	罗　毅	四川交通职业技术学院	环境艺术设计	艺体专科	县二中
793	肖　英	四川民族学院	美术教育	艺体专科	县二中
794	彭源聪	阿坝师范学院	音乐学	艺体本科	县二中
795	姚兴凤	眉山职业技术学院	广告设计与制作	艺体专科	县二中
796	万荣孟	阿坝师范学院	美术学	艺体本科	县二中
797	赵　鑫	四川传媒学院	视觉传达设计	艺体本科	县二中
798	周　菊	成都师范学院	音乐学	艺体本科	县二中
799	李家芹	四川民族学院	音乐教育	艺体专科	县二中
800	熊洪敏	四川师范大学	音乐表演	艺体本科	县二中

（续上表）

序号	姓名	录取学校	录取专业	录取批次	报名点
801	闫艳飞	四川工商学院	国际标准舞	艺体专科	县二中
802	杜珊珊	四川幼儿师范高等专科学校	美术教育	艺体专科	县二中
803	黄萍萍	四川工商职业技术学院	影视动画	艺体专科	县二中
804	金兴荣	江西应用科技学院	音乐表演	艺体专科	县二中
805	肖　林	宜宾学院	音乐表演	艺体本科	县二中
806	龚星宇	宜宾学院	音乐表演	艺体本科	县二中
807	潘洪粮	四川艺术职业学院	环境艺术设计	艺体专科	县二中
808	刘　智	川北幼儿师范高等专科学校	美术教育	艺体专科	县二中
809	梁　刚	宜宾学院	产品设计	艺体本科	县二中
810	胡　静	四川文理学院	视觉传达设计	艺体本科	县二中
811	刘小芹	四川传媒学院	数字媒体艺术设计	艺体专科	县二中
812	陈珊珊	成都师范学院	美术学	艺体本科	县二中
813	雷　雨	西南财经大学天府学院	数字媒体艺术设计	艺体专科	县二中
814	陈　燕	西南财经大学天府学院	数字媒体艺术设计	艺体专科	县二中
815	吴　旭	四川文化艺术学院	音乐表演（民族、美声唱法）	艺体专科	县二中
816	陈　瑞	四川幼儿师范高等专科学校	美术教育	艺体专科	县二中
817	杨文聪	阿坝师范学院	音乐学	艺体本科	县二中
818	廖晓桐	四川工商学院	环境设计	艺体本科	宜宾一中
819	罗　怡	重庆文化艺术职业学院	音乐表演	艺体专科	宜宾一中
820	刘珊珊	民办四川天一学院	艺术设计	艺体专科	宜宾一中
821	陈依雯	四川传媒学院	服装与服饰设计	艺体专科	宜宾一中
822	樊　蕾	四川传媒学院	录音艺术	艺体本科	宜宾一中
823	舒宇恒	西华大学	产品设计	艺体本科	宜宾三中
824	陈佳雨	四川城市职业学院	会计	专科二批	宜宾三中
825	陶泓伶	四川师范大学	音乐学	艺体本科	宜宾三中
826	庄明玥	西华大学	视觉传播设计与制作	艺体专科	宜宾三中
827	王　净	四川幼儿师范高等专科学校	学前教育	专科一批	宜宾三中
828	彭　琦	四川幼儿师范高等专科学校	音乐表演	艺体专科	宜宾三中
829	张从义	成都学院	动画	艺体本科	宜宾三中
830	张　芹	沈阳建筑大学	设计学类	艺体本科	宜宾三中
831	李若菡	西南石油大学	播音与主持艺术	艺体本科	宜宾三中
832	杨骏豪	四川托普信息技术职业学院	环境艺术设计	艺体专科	宜宾三中
833	黄　榕	阿坝师范学院	音乐学	艺体本科	宜宾三中
834	谢子艳	四川师范大学	服装与服饰设计	艺体本科	宜宾三中
835	魏　林	四川文化艺术学院	音乐表演	艺体本科	宜宾三中
836	王付生	黑龙江大学	广播电视编导	艺体本科	宜宾三中
837	何庆霞	四川幼儿师范高等专科学校	美术教育	艺体专科	南溪一中
838	王术兰	赣州师范高等专科学校	音乐教育	艺体专科	南溪一中
839	陈文杰	成都学院	社会体育指导与管理	艺体本科	县招办
840	杨鑫雨	成都体育学院	运动训练	艺体本科	县招办
841	苏光杰	宜宾学院	社会体育指导与管理	艺体本科	县招办
842	潘阳阳	成都体育学院	运动训练	艺体本科	县招办
843	刘　召	达州职业技术学院	英语教育	专科二批	筠中
844	卿付涛	岳阳职业技术学院	临床医学	专科二批	筠中
845	雷天碧	西南医科大学	社会体育指导与管理	艺体本科	筠中

（续上表）

序号	姓名	录取学校	录取专业	录取批次	报名点
846	陈硕果	宜宾学院	体育教育	艺体本科	筠中
847	张　诚	四川外国语大学成都学院	体育运营与管理(国际足球方向)	艺体专科	筠中
848	杜雨科	川北幼儿师范高等专科学校	体育教育	艺体专科	筠中
849	赵　波	四川城市职业学院	市场营销	专科二批	筠中
850	倪　凯	四川文理学院	体育教育	艺体本科	筠中
851	卢思桐	四川司法警官职业学院	司法警务	专科二批	筠中
852	贾亭森	成都艺术职业学院	建筑室内设计	专科二批	筠中
853	张晟彬	黑龙江农垦职业学院	医学检验技术	专科二批	筠中
854	王开彬	成都信息工程大学银杏酒店管理学院	休闲体育	艺体本科	筠中
855	韩润丰	内江师范学院	体育教育	艺体本科	筠中
856	钟文鹏	四川机电职业技术学院	物流管理	专科二批	筠中
857	杨　高	四川化工职业技术学院	市场营销	专科二批	筠中
858	董　彬	四川托普信息技术职业学院	新能源汽车技术	专科二批	筠中
859	何　胤	四川国际标榜职业学院	社会体育	艺体专科	筠中
860	邓昊天	四川希望汽车职业学院	汽车检测与维修技术	专科二批	筠中
861	余莉佳	阿坝师范学院	体育教育	艺体专科	筠中
862	郑清云	四川城市职业学院	电子商务	专科二批	筠中
863	吴国容	川北幼儿师范高等专科学校	体育教育	艺体专科	筠中
864	杜东洋	四川国际标榜职业学院	社会体育	艺体专科	筠中
865	王　荣	西昌学院	体育教育	艺体本科	筠中
866	钟朝翔	巴中职业技术学院	建筑工程技术	专科二批	筠中
867	何　棋	四川幼儿师范高等专科学校	体育教育	艺体专科	筠中
868	高　伟	绵阳师范学院	社会体育	艺体专科	筠中
869	李　建	成都文理学院(原四川师范大学文理学院)	文化创意与策划	专科二批	筠中
870	张淋江	西华大学	体育教育	艺体本科	筠中
871	蒋万英	四川国际标榜职业学院	体育艺术表演	艺体专科	筠中
872	黄　霞	四川民族学院	体育教育	艺体本科	筠中
873	陶丁源	川北幼儿师范高等专科学校	体育教育	艺体专科	筠中
874	张其棋	四川长江职业学院	社会体育	专科二批	筠中
875	吴华亮	阿坝师范学院	体育保健与康复	艺体专科	筠中
876	周　雪	成都艺术职业学院	体育艺术表演	艺体专科	筠中
877	王小丁	阿坝师范学院	体育教育	艺体本科	筠中
878	王玉凌	四川民族学院	体育教育	艺体本科	筠中
879	贾鸿皓	西南医科大学	社会体育指导与管理	艺体本科	筠中
880	刘　菲	四川外国语大学成都学院	体育运营与管理(国际足球方向)	艺体专科	筠中
881	罗文华	西昌学院	体育教育	艺体本科	筠中
882	黄健飞	西华师范大学	体育教育(宜宾)	免费师范艺体本科	筠中
883	陆艳均	黔东南民族职业技术学院	临床医学	专科二批	筠中
884	魏鸿毅	四川长江职业学院	健身指导与管理	艺体专科	筠中
885	张　超	内江职业技术学院	汽车检测与维修技术	专科二批	筠中
886	胡建平	宜宾学院	语文教育	专科一批	筠中
887	肖文鑫	四川科技职业学院	体育运营与管理	艺体专科	筠中
888	徐　茂	成都学院	体育教育	艺体本科	筠中
889	胡家齐	四川工业科技学院	金融管理	专科二批	筠中
890	何建东	成都艺术职业学院	社会体育	艺体专科	筠中

（续上表）

序号	姓名	录取学校	录取专业	录取批次	报名点
891	李沁茹	内江师范学院	体育教育	艺体本科	筠中
892	郑智文	内江师范学院	体育教育	艺体本科	筠中
893	张　涛	四川长江职业学院	软件技术	专科二批	筠中
894	聂茂飞	四川长江职业学院	社会体育	专科二批	筠中
895	杨　勇	西华师范大学	体育教育	艺体本科	筠中
896	胡　强	四川工业科技学院	社会体育	艺体专科	筠中
897	罗小青	西昌学院	体育教育	艺体本科	筠中
898	王定银	成都体育学院	体育教育	艺体本科	筠中
899	王怀俊	四川幼儿师范高等专科学校	电子商务技术	专科二批	筠中
900	史　朗	阿坝师范学院	体育教育	艺体本科	筠中
901	何美琼	四川文理学院	体育教育	艺体本科	筠中
902	欧阳功琳	阿坝师范学院	体育教育	艺体本科	筠中
903	杨启梅	汉江师范学院	社会体育	艺体专科	筠中
904	王少波	四川司法警官职业学院	罪犯心理测量与矫正技术	专科二批	筠中
905	廖粒成	四川工业科技学院	物流管理	专科一批	筠中
906	万明阳	四川长江职业学院	汽车电子技术	专科二批	筠中
907	杨　帅	四川外国语大学成都学院	体育运营与管理(国际足球方向)	艺体专科	县二中
908	王元元	成都体育学院	体育教育	艺体本科	县二中
909	黄　驰	四川工业科技学院	社会体育指导与管理	艺体本科	县二中
910	周小芳	四川理工学院	体育教育	艺体本科	县二中
911	梁　吉	成都体育学院	体育教育	艺体本科	县二中
912	袁　叶	西昌学院	社会体育指导与管理	艺体本科	县二中
913	何中余	成都师范学院	体育教育	艺体本科	县二中
914	周云川	成都师范学院	体育教育	艺体本科	县二中
915	饶建华	成都体育学院	体育教育	艺体本科	县二中
916	郭家富	成都体育学院	体育教育	艺体本科	县二中
917	郝　叶	四川长江职业学院	社会体育	专科二批	县二中
918	向长春	成都信息工程大学银杏酒店管理学院	社会体育	艺体专科	县二中
919	聂　磊	四川航天职业技术学院	计算机应用技术	专科二批	县二中
920	陈　远	四川民族学院	体育教育	艺体本科	县二中
921	黄　涛	民办四川天一学院	会计	专科二批	县二中
922	张洪连	宜宾学院	体育教育	艺体本科	县二中
923	万世聪	乐山师范学院	休闲体育	艺体本科	县二中
924	朱粒松	绵阳师范学院	社会体育	艺体专科	县二中
925	何美川	成都学院	社会体育指导与管理	艺体本科	县二中
926	潘晓洪	成都学院	休闲体育	艺体本科	县二中
927	徐　义	阿坝师范学院	体育教育	艺体本科	县二中
928	胡　强	乐山职业技术学院	休闲体育	艺体专科	县二中
929	刘兴望	四川信息职业技术学院	应用电子技术	专科二批	县二中
930	邓义平	四川长江职业学院	健身指导与管理	艺体专科	县二中
931	甯永生	宜宾学院	体育教育	艺体本科	县二中
932	章贤均	四川文理学院	体育教育	艺体本科	县二中
933	张忠义	川北幼儿师范高等专科学校	体育教育	艺体专科	县二中
934	汤力琼	西昌学院	体育教育	艺体本科	县二中
935	饶傲然	辽宁政法职业学院	公共安全管理	专科二批	宜宾三中

（续上表）

序号	姓名	录取学校	录取专业	录取批次	报名点
936	胡鸿天	宜宾学院	体育教育	艺体专科	宜宾三中
937	丁同德	西华师范大学	体育教育	艺体本科	南溪一中
938	刘宗林	重庆大学	体育教育	艺体本科	南溪一中
939	万宇浩	四川卫生康复职业学院	医学检验技术	专科二批	县招办
940	胡　煜	宜宾职业技术学院	建筑装饰工程技术	专科二批	县招办
941	刘　传	电子科技大学成邦学院	审计学	本科二批	县招办
942	严弘霖	成都工业学院	物联网工程	本科二批	县招办
943	胡明曦	四川理工学院	会计学	本科一批	县招办
944	胡雨涛	四川警察学院	侦查学	本科提前批	县招办
945	刘　泰	信阳职业技术学院	临床医学	专科二批	县招办
946	熊浩翔	南京工程学院	电气工程及其自动化（电力系统及其自动化）	本科二批	县招办
947	詹　旭	四川工商学院	证券与期货	专科二批	县招办
948	吴林强	绥化学院	自动化	本科二批	县招办
949	高林威	四川大学	土木类	本科一批	县招办
950	赵勇强	山东外国语职业学院	报关与国际货运	专科二批	县招办
951	聂　川	天津电子信息职业技术学院	汽车电子技术	专科一批	县招办
952	郭旭晴	四川大学锦城学院	旅游管理	本科二批	县招办
953	郝　涛	阿坝师范学院	现代教育技术	专科一批	县招办
954	陈显卓	四川大学锦城学院	行政管理	本科二批	县招办
955	罗维佳	成都信息工程大学	会计学	本科一批	县招办
956	张桂华	重庆科创职业学院	计算机应用技术	专科二批	县招办
957	詹钧碧	成都理工大学	工商管理类(中外合作办学)(商务管理)	专科一批	县招办
958	任　虹	四川文理学院	化学	本科二批	县招办
959	胡宗敏	西南科技大学	生物技术	本科一批	县招办
960	李莎莎	四川邮电职业技术学院	通信工程设计与监理	专科二批	县招办
961	胡小琴	成都医学院	药学	本科二批	县招办
962	龚正丽	宜春职业技术学院	小学教育	专科二批	县招办
963	吴贵强	重庆能源职业学院	电子工艺与管理	专科二批	县招办
964	程念杭	长春理工大学	会计学	本科一批	县招办
965	俞洪韬	宜宾学院	物理学	本科二批	县招办
966	黄　英	川南幼儿师范高等专科学校	学前教育	专科一批	县招办
967	文淮民	西昌学院	土木工程	本科二批	县招办
968	向渝川	成都中医药大学	临床医学	本科二批	县招办
969	余维洋	成都文理学院(原四川师范大学文理学院)	建筑学	本科二批	县招办
970	钟家豪	四川汽车职业技术学院	工程造价	专科二批	县招办
971	刘相雨	四川水利职业技术学院	水利工程	专科二批	县招办
972	刘　敏	成都中医药大学	中药资源与开发	本科二批	县招办
973	朱政杙	成都职业技术学院	应用电子技术	专科二批	县招办
974	黄孔进	四川农业大学	英语	本科一批	县招办
975	母绪江	西南交通大学希望学院	城市轨道交通运营管理	专科二批	县招办
976	母园园	四川文理学院	应用化学	本科二批	县招办
977	周艺璇	川北医学院	医学影像学	本科一批	县招办
978	唐　倩	桂林理工大学博文管理学院	宝石及材料工艺学	本科二批	县招办
979	徐长欢	川南幼儿师范高等专科学校	科学教育	专科一批	县招办
980	钟强生	西南石油大学	机械电子工程	本科二批	县招办

（续上表）

序号	姓名	录取学校	录取专业	录取批次	报名点
981	黄　涛	西昌学院	数学与应用数学	本科二批	县招办
982	李　旭	四川师范大学	小学教育(宜宾市)	免费师范本科	县招办
983	陈　柱	西南财经大学天府学院	会计学	本科二批	县招办
984	李　楷	重庆师范大学	软件工程	本科二批	县招办
985	周廷柱	四川商务职业学院	电子商务	专科二批	县招办
986	张琦琦	成都工业职业技术学院	物流管理	专科二批	县招办
987	郭德林	成都中医药大学	眼视光学	本科二批	县招办
988	聂宏伟	内江师范学院	土木工程	本科二批	县招办
989	郝中芹	西华大学	汽车服务工程	本科一批	县招办
990	郑　燕	成都中医药大学	护理学	本科二批	县招办
991	黄媛媛	宜宾职业技术学院	建筑工程技术	专科二批	县招办
992	蒋林虎	苏州科技大学	风景园林	本科二批	县招办
993	罗冰淞	四川大学	网络空间安全	本科一批	县招办
994	牟羽生	青岛滨海学院	电子科学与技术	本科二批	县招办
995	周　龙	西华大学	机械设计制造及其自动化	本科一批	县招办
996	徐洪英	四川职业技术学院	工程造价	专科二批	县招办
997	袁若兰	四川民族学院	数学与应用数学	本科二批	筠中
998	贾　曦	四川城市职业学院	软件技术	专科二批	筠中
999	袁　雨	成都航空职业技术学院	机电一体化技术	专科一批	筠中
1000	黄　杰	四川水利职业技术学院	水利工程	专科二批	筠中
1001	詹成中	四川水利职业技术学院	高压输配电线路施工运行与维护	专科二批	筠中
1002	谢仁杰	四川护理职业学院	康复治疗技术	专科二批	筠中
1003	熊　浪	成都航空职业技术学院	建筑装饰工程技术	专科一批	筠中
1004	余志航	安阳职业技术学院	医学影像技术	专科二批	筠中
1005	詹　桂	四川汽车职业技术学院	汽车检测与维修技术	专科二批	筠中
1006	赵　鑫	四川建筑职业技术学院	建筑材料检测技术	专科一批	筠中
1007	王健潮	宜宾职业技术学院	通信技术	专科二批	筠中
1008	徐林浩	四川电力职业技术学院	机电一体化技术	专科一批	筠中
1009	黄　杰	成都工业职业技术学院	汽车检测与维修技术	专科二批	筠中
1010	高　伟	四川信息职业技术学院	建筑工程技术	专科二批	筠中
1011	郑卫虎	成都航空职业技术学院	软件技术	专科一批	筠中
1012	罗付华	宜宾学院	数学与应用数学	本科二批	筠中
1013	母绪海	四川中医药高等专科学校	临床医学	专科一批	筠中
1014	刘　港	川北幼儿师范高等专科学校	老年服务与管理	专科二批	筠中
1015	徐远聪	广安职业技术学院	建筑工程技术	专科二批	筠中
1016	罗　海	泸州职业技术学院	汽车检测与维修技术	专科二批	筠中
1017	罗　桐	成都航空职业技术学院	飞行器制造技术	专科一批	筠中
1018	刘德治	四川长江职业学院	软件技术(软件测试技术)	专科二批	筠中
1019	袁金宝	内江职业技术学院	数控技术	专科二批	筠中
1020	李松林	四川中医药高等专科学校	中医学	专科一批	筠中
1021	詹永森	成都艺术职业学院	建筑工程技术	专科二批	筠中
1022	孙　刚	宜宾职业技术学院	汽车运用与维修技术	专科二批	筠中
1023	韩　义	四川职业技术学院	汽车制造与装配技术	专科二批	筠中
1024	曹兴福	四川城市职业学院	新能源汽车技术	专科二批	筠中
1025	赵紫豪	四川科技职业学院	电子商务	专科二批	筠中

（续上表）

序号	姓名	录取学校	录取专业	录取批次	报名点
1026	杨　港	川北幼儿师范高等专科学校	老年服务与管理	专科二批	筠中
1027	邹洪芹	四川三河职业学院	市场营销	专科二批	筠中
1028	邱　星	四川职业技术学院	物联网应用技术	专科二批	筠中
1029	吴明芹	雅安职业技术学院	数学教育	专科二批	筠中
1030	刘胜男	雅安职业技术学院	医学美容技术	专科二批	筠中
1031	张会玲	宜宾职业技术学院	园林工程技术	专科二批	筠中
1032	杨朝银	雅安职业技术学院	中医学	专科二批	筠中
1033	杨文钦	四川水利职业技术学院	环境监测与控制技术	专科二批	筠中
1034	杨小丽	四川机电职业技术学院	建筑智能化工程技术	专科二批	筠中
1035	李祥英	绵阳职业技术学院	通信技术	专科二批	筠中
1036	杨　虹	四川中医药高等专科学校	临床医学	专科一批	筠中
1037	谭　静	眉山职业技术学院	建筑装饰工程技术	专科二批	筠中
1038	杨小芹	川北幼儿师范高等专科学校	小学教育	专科一批	筠中
1039	陈延琼	阿坝师范学院	数学与应用数学	本科二批	筠中
1040	赵　飞	四川托普信息技术职业学院	建筑工程技术	专科二批	筠中
1041	潘洋会	四川托普信息技术职业学院	会计	专科二批	筠中
1042	平芳芳	四川信息职业技术学院	通信技术	专科二批	筠中
1043	陶永净	成都信息工程大学银杏酒店管理学院	会计学	本科二批	筠中
1044	陈　丽	四川国际标榜职业学院	市场营销	专科二批	筠中
1045	唐　飞	四川机电职业技术学院	会计信息管理	专科二批	筠中
1046	刘强永	四川警察学院	侦查学	本科提前批	筠中
1047	王栋梁	内江职业技术学院	机械设计与制造	专科二批	筠中
1048	宋明松	宜宾学院	采矿工程	本科二批	筠中
1049	王　建	民办四川天一学院	烹调工艺与营养	专科二批	筠中
1050	孙林炜	泸州职业技术学院	模具设计与制造	专科二批	筠中
1051	徐壬鑫	四川电力职业技术学院	工程造价	专科一批	筠中
1052	曾松林	四川理工学院	工程管理	本科二批	筠中
1053	罗　杰	常德职业技术学院	园林技术	专科二批	筠中
1054	郑　鸿	四川水利职业技术学院	建筑工程技术	专科二批	筠中
1055	宋　荣	成都东软学院	财务管理	本科二批	筠中
1056	张贵奎	四川信息职业技术学院	机械设计与制造	专科二批	筠中
1057	何　涛	绵阳职业技术学院	建筑材料工程技术	专科二批	筠中
1058	郝　鳌	四川机电职业技术学院	工程造价	专科二批	筠中
1059	汪　恒	四川职业技术学院	应用电子技术	专科二批	筠中
1060	陶　林	成都职业技术学院	应用电子技术	专科二批	筠中
1061	詹林钢	四川建筑职业技术学院	建筑工程技术	专科一批	筠中
1062	田富贵	成都理工大学工程技术学院	给排水科学与工程	本科二批	筠中
1063	张利锋	四川文轩职业学院	建筑设计	专科二批	筠中
1064	任玉行	沈阳职业技术学院	通信技术	专科一批	筠中
1065	曾小燕	川南幼儿师范高等专科学校	学前教育	专科一批	筠中
1066	冯吉凤	南充职业技术学院	水利水电建筑工程	专科二批	筠中
1067	侯春林	重庆护理职业学院	康复治疗技术	专科二批	筠中
1068	詹　旭	四川幼儿师范高等专科学校	数学教育	专科一批	筠中
1069	罗午戌	广安职业技术学院	数学教育	专科二批	筠中
1070	陈晓琴	眉山职业技术学院	食品加工技术	专科二批	筠中

（续上表）

序号	姓名	录取学校	录取专业	录取批次	报名点
1071	王雪梅	成都航空职业技术学院	软件技术	专科一批	筠中
1072	胡宗芹	南充职业技术学院	小学教育	专科二批	筠中
1073	杜天慧	广安职业技术学院	数学教育	专科二批	筠中
1074	胡　咏	南充职业技术学院	小学教育	专科二批	筠中
1075	赵　茗	绵阳职业技术学院	人力资源管理	专科二批	筠中
1076	任燕梅	成都工业学院	机电一体化技术	专科一批	筠中
1077	罗　义	四川现代职业学院	机械设计与制造	专科二批	筠中
1078	胡　瑞	乐山职业技术学院	会计	专科二批	筠中
1079	李贵林	成都纺织高等专科学校	工业机器人技术	专科一批	筠中
1080	彭林涛	成都师范学院	园林工程技术	专科二批	筠中
1081	苏　林	四川长江职业学院	数字媒体应用技术	专科二批	筠中
1082	吴江川	四川现代职业学院	建设工程管理	专科二批	筠中
1083	王健华	成都农业科技职业学院	种子生产与经营	专科二批	筠中
1084	荣　强	武汉生物工程学院	工程造价	专科二批	筠中
1085	黄小应	四川卫生康复职业学院	医学影像技术	专科二批	筠中
1086	蔡德鑫	四川卫生康复职业学院	医学影像技术	专科二批	筠中
1087	赵国木	四川机电职业技术学院	汽车检测与维修技术	专科二批	筠中
1088	黄　川	西南交通大学希望学院	机械设计制造及其自动化	本科二批	筠中
1089	杨陆林	成都工业职业技术学院	机械制造与自动化	专科二批	筠中
1090	黄雪强	四川航天职业技术学院	计算机网络技术	专科二批	筠中
1091	叶玉伟	四川现代职业学院	电子制造技术与设备	专科二批	筠中
1092	张　钞	四川现代职业学院	机械设计与制造	专科二批	筠中
1093	邓富贵	四川工业科技学院	汽车检测与维修技术	专科二批	筠中
1094	付红超	四川现代职业学院	机械设计与制造	专科二批	筠中
1095	黄显彬	四川现代职业学院	数控技术	专科二批	筠中
1096	李　剑	四川长江职业学院	建筑室内设计	专科二批	筠中
1097	熊志毅	四川现代职业学院	数控技术	专科二批	筠中
1098	应小平	四川电子机械职业技术学院	会计	专科二批	筠中
1099	杨　孟	安阳职业技术学院	医学影像技术	专科二批	筠中
1100	郭　佳	川北幼儿师范高等专科学校	现代教育技术	专科二批	筠中
1101	朱云琳	四川国际标榜职业学院	护理	专科二批	筠中
1102	郭玉岭	四川商务职业学院	金融管理	专科二批	筠中
1103	陈　玲	四川商务职业学院	商务英语	专科二批	筠中
1104	陈晓英	四川职业技术学院	数学教育	专科二批	筠中
1105	牟　芳	毕节职业技术学院	护理	专科二批	筠中
1106	梁强辉	四川信息职业技术学院	电气自动化技术	专科二批	筠中
1107	王　萍	四川国际标榜职业学院	医学美容技术	专科二批	筠中
1108	毛义琴	成都职业技术学院	市场营销	专科二批	筠中
1109	牟　莉	广安职业技术学院	电子商务	专科二批	筠中
1110	陈光旭	成都职业技术学院	物流管理	专科二批	筠中
1111	周　俊	成都东软学院	网络工程	本科二批	筠中
1112	杨　浩	达州职业技术学院	建筑工程技术	专科二批	筠中
1113	刘付强	山东力明科技职业学院	口腔医学	专科二批	筠中
1114	胡　波	四川交通职业技术学院	轮机工程技术	专科二批	筠中
1115	罗晓刚	四川文化传媒职业学院	新闻采编与制作	专科二批	筠中

（续上表）

序号	姓名	录取学校	录取专业	录取批次	报名点
1116	江宇锋	成都理工大学工程技术学院	园林工程技术	专科二批	�
1117	母忠俊	四川传媒学院	计算机网络技术	专科二批	筠中
1118	章碧星	成都师范学院	化学	本科二批	筠中
1119	贾均强	成都职业技术学院	应用电子技术	专科二批	筠中
1120	史鸿志	四川希望汽车职业学院	汽车检测与维修技术	专科二批	筠中
1121	邹林修	成都理工大学工程技术学院	计算机科学与技术	本科二批	筠中
1122	高　诺	四川工商职业技术学院	财务管理	专科二批	筠中
1123	毛鹏杰	民办四川天一学院	电子商务	专科二批	筠中
1124	罗　涛	四川水利职业技术学院	物业管理	专科二批	筠中
1125	廖　胜	四川国际标榜职业学院	市场营销	专科二批	筠中
1126	龙西妹	重庆艺术工程职业学院	服装与服饰设计	专科二批	筠中
1127	黄正会	乐山职业技术学院	会计	专科二批	筠中
1128	刘　倩	重庆艺术工程职业学院	室内艺术设计	专科二批	筠中
1129	郭　燕	民办四川天一学院	护理	专科二批	筠中
1130	唐　君	四川文化传媒职业学院	空中乘务	专科二批	筠中
1131	胡丽莉	四川汽车职业技术学院	财务管理	专科二批	筠中
1132	张　敏	眉山职业技术学院	小学教育	专科二批	筠中
1133	郭玉林	四川职业技术学院	道路桥梁工程技术	专科二批	筠中
1134	朱光英	四川卫生康复职业学院	临床医学	专科二批	筠中
1135	李琳敬	成都工贸职业技术学院	航空物流	专科二批	筠中
1136	黄晓梦	四川艺术职业学院	文物修复与保护	专科二批	筠中
1137	吴双琼	阿坝师范学院	化学教育	专科一批	筠中
1138	单　英	咸阳职业技术学院	学前教育	专科二批	筠中
1139	钟　丹	泸州职业技术学院	市场营销	专科二批	筠中
1140	叶元芹	广安职业技术学院	语文教育	专科二批	筠中
1141	李冰艳	成都工贸职业技术学院	应用电子技术	专科二批	筠中
1142	黄朝文	开封文化艺术职业学院	语文教育	专科二批	筠中
1143	张　莉	雅安职业技术学院	中医学	专科二批	筠中
1144	罗　艳	泸州职业技术学院	工程造价	专科二批	筠中
1145	刘　欢	四川职业技术学院	电子商务	专科二批	筠中
1146	樊钰英	四川文化传媒职业学院	建筑室内设计	专科二批	筠中
1147	张永仲	四川托普信息技术职业学院	电子商务	专科二批	筠中
1148	周　松	四川现代职业学院	电子制造技术与设备	专科二批	筠中
1149	王正贵	四川交通职业技术学院	汽车制造与装配技术	专科一批	筠中
1150	周　鑫	西昌学院	电子信息工程	本科二批	筠中
1151	毛　刚	四川希望汽车职业学院	新能源汽车技术	专科二批	筠中
1152	胡　芸	四川邮电职业技术学院	通信技术	专科一批	筠中
1153	温　刚	西昌学院	机械电子工程	本科二批	筠中
1154	苏世勇	民办四川天一学院	护理	专科二批	筠中
1155	邓　飞	四川电子机械职业技术学院	电子信息工程技术	专科二批	筠中
1156	郑万松	西昌学院	机械电子工程	本科二批	筠中
1157	李世均	四川航天职业技术学院	电气自动化技术	专科二批	筠中
1158	张久松	民办四川天一学院	建筑工程技术	专科二批	筠中
1159	郭益豪	四川航天职业技术学院	计算机应用技术	专科二批	筠中
1160	蒋　伟	四川希望汽车职业学院	新能源汽车技术	专科二批	筠中

（续上表）

序号	姓名	录取学校	录取专业	录取批次	报名点
1161	张万涛	四川航天职业技术学院	汽车检测与维修技术	专科二批	筠中
1162	汪　鑫	四川机电职业技术学院	旅游管理	专科二批	筠中
1163	郭新旺	四川希望汽车职业学院	新能源汽车技术	专科二批	筠中
1164	李祥伟	成都纺织高等专科学校	电气自动化技术	专科一批	筠中
1165	刘学锋	四川文轩职业学院	建筑设计	专科二批	筠中
1166	谭远财	四川商务职业学院	金融管理	专科二批	筠中
1167	陈光华	四川交通职业技术学院	汽车检测与维修技术	专科二批	筠中
1168	闫本忠	攀枝花学院	工业工程	本科二批	筠中
1169	杨　俊	四川工商职业技术学院	数字图文信息技术	专科二批	筠中
1170	王成超	四川希望汽车职业学院	汽车检测与维修技术	专科二批	筠中
1171	闫本四	民办四川天一学院	市场营销	专科二批	筠中
1172	黄朝娥	益阳医学高等专科学校	口腔医学	专科一批	筠中
1173	黄利萍	重庆化工职业学院	药品生产技术	专科二批	筠中
1174	李　宁	四川文轩职业学院	学前教育	专科二批	筠中
1175	母旭香	四川长江职业学院	会计	专科二批	筠中
1176	胡晓丽	四川文轩职业学院	学前教育	专科二批	筠中
1177	罗友静	四川文轩职业学院	学前教育	专科二批	筠中
1178	田　毅	四川文轩职业学院	学前教育	专科二批	筠中
1179	胡　娣	四川文化传媒职业学院	学前教育	专科二批	筠中
1180	罗　理	成都文理学院(原四川师范大学文理学院)	学前教育	专科二批	筠中
1181	陈小雨	四川卫生康复职业学院	助产	专科二批	筠中
1182	肖丽霞	攀枝花学院	材料科学与工程	本科二批	筠中
1183	杨　艳	四川民族学院	园艺	本科二批	筠中
1184	罗真洁	重庆化工职业学院	药品生产技术	专科二批	筠中
1185	熊雪萍	四川文轩职业学院	学前教育	专科二批	筠中
1186	叶同敏	四川文轩职业学院	学前教育	专科二批	筠中
1187	余晓煌	四川文轩职业学院	学前教育	专科二批	筠中
1188	郭　涛	四川华新现代职业学院	电子商务	专科二批	筠中
1189	张荣昌	四川卫生康复职业学院	临床医学	专科二批	筠中
1190	母洪志	四川工商学院	财务管理	本科二批	筠中
1191	黄　垒	泸州职业技术学院	机电一体化技术	专科二批	筠中
1192	李光辉	四川航天职业技术学院	汽车运用与维修技术	专科二批	筠中
1193	师国远	四川航天职业技术学院	数字媒体应用技术	专科二批	筠中
1194	杨林林	四川水利职业技术学院	计算机网络技术	专科二批	筠中
1195	杜天勇	乐山职业技术学院	临床医学	专科二批	筠中
1196	张　章	四川汽车职业技术学院	应用电子技术	专科二批	筠中
1197	郭　荣	四川化工职业技术学院	应用化工技术	专科二批	筠中
1198	李吉平	四川卫生康复职业学院	临床医学	专科二批	筠中
1199	龚茂林	四川城市职业学院	建筑室内设计	专科二批	筠中
1200	李心湖	四川科技职业学院	财务管理	专科二批	筠中
1201	陈闽孙	四川航天职业技术学院	汽车制造与装配技术	专科二批	筠中
1202	罗　发	四川化工职业技术学院	软件技术	专科二批	筠中
1203	曹东杰	成都文理学院(原四川师范大学文理学院)	物业管理	专科二批	筠中
1204	李　享	四川机电职业技术学院	机电一体化技术	专科二批	筠中
1205	钟　浩	四川文轩职业学院	计算机应用技术	专科二批	筠中

（续上表）

序号	姓名	录取学校	录取专业	录取批次	报名点
1206	罗　芮	四川文化产业职业学院	服装与服饰设计	专科二批	筠中
1207	刘朱勇	乐山职业技术学院	药品生产技术	专科二批	筠中
1208	黄　沁	达州职业技术学院	临床医学	专科二批	筠中
1209	王晓霞	广安职业技术学院	动漫制作技术	专科二批	筠中
1210	罗清平	眉山职业技术学院	旅游管理	专科二批	筠中
1211	李　婷	阿坝师范学院	物理教育	专科一批	筠中
1212	王元梦	四川卫生康复职业学院	康复治疗技术	专科二批	筠中
1213	陈永会	成都医学院	预防医学	本科二批	筠中
1214	张　平	成都学院	药学	本科一批	筠中
1215	吴宇虹	四川电子机械职业技术学院	智能产品开发	专科二批	筠中
1216	冯吉琼	乐山职业技术学院	酒店管理	专科二批	筠中
1217	刘　铭	浙江金融职业学院	会计	专科一批	筠中
1218	罗润静	四川城市职业学院	学前教育	专科二批	筠中
1219	严利萍	四川文轩职业学院	会计	专科二批	筠中
1220	邓　欣	四川大学锦城学院	财务管理	本科二批	筠中
1221	甘　露	四川农业大学	环境生态工程	本科一批	筠中
1222	周　平	四川大学锦江学院	审计学	本科二批	筠中
1223	王　义	西华大学	计算机科学与技术	本科一批	筠中
1224	曾　华	四川传媒学院	公共事业管理	本科二批	筠中
1225	朱　麒	成都工贸职业技术学院	应用电子技术	专科二批	筠中
1226	梁　欢	四川信息职业技术学院	汽车营销与服务	专科二批	筠中
1227	熊家乐	成都纺织高等专科学校	染整技术	专科一批	筠中
1228	尤远生	四川邮电职业技术学院	通信工程设计与监理	专科二批	筠中
1229	聂世杰	西昌学院	风景园林	本科二批	筠中
1230	王　正	四川财经职业学院	电子商务	专科二批	筠中
1231	陈　浪	宜宾学院	安全技术与管理	专科一批	筠中
1232	毛利康	宜宾职业技术学院	物流工程技术	专科二批	筠中
1233	周青华	成都医学院	医学检验技术	专科一批	筠中
1234	袁　通	成都信息工程大学	空间信息与数字技术	本科二批	筠中
1235	母俊华	四川工商职业技术学院	汽车营销与服务	专科二批	筠中
1236	郭　杙	四川财经职业学院	会计信息管理	专科二批	筠中
1237	郑　涛	四川中医药高等专科学校	中医学	专科一批	筠中
1238	周俊臣	重庆医药高等专科学校	护理	专科一批	筠中
1239	李春江	眉山职业技术学院	小学教育	专科二批	筠中
1240	向俊锋	达州职业技术学院	临床医学	专科二批	筠中
1241	聂道松	西南科技大学城市学院	机械设计制造及其自动化	本科二批	筠中
1242	何　鑫	四川旅游学院	信息管理与信息系统	本科二批	筠中
1243	龚柄忠	四川工程职业技术学院	机械设计与制造	专科一批	筠中
1244	李　�	四川希望汽车职业学院	新能源汽车技术	专科二批	筠中
1245	詹生鹏	四川旅游学院	建筑电气与智能化	本科二批	筠中
1246	张　攀	江西农业大学	教育技术学	本科二批	筠中
1247	何　琪	绵阳职业技术学院	水利水电工程技术	专科二批	筠中
1248	曾小丽	四川应用技术职业学院	旅游管理	专科二批	筠中
1249	石珈宁	四川水利职业技术学院	工程造价	专科二批	筠中
1250	赵雪莲	成都中医药大学	临床医学	本科二批	筠中

（续上表）

序号	姓名	录取学校	录取专业	录取批次	报名点
1251	郭楷璇	四川大学锦江学院	会计学	本科二批	筠中
1252	刘芸辉	川北幼儿师范高等专科学校	小学教育	专科一批	筠中
1253	吴顺艳	川北幼儿师范高等专科学校	心理健康教育	专科一批	筠中
1254	许棱棱	民办四川天一学院	护理	专科二批	筠中
1255	李玉飞	成都中医药大学	应用心理学	本科二批	筠中
1256	胡敏霞	四川幼儿师范高等专科学校	小学教育	专科一批	筠中
1257	刘　一	成都学院	泰语	本科二批	筠中
1258	徐宗琴	攀枝花学院	汉语言文学	本科二批	筠中
1259	詹小贤	宜宾学院	小学教育	本科二批	筠中
1260	张　敏	成都中医药大学	预防医学	本科二批	筠中
1261	张润智	成都中医药大学	临床医学	本科二批	筠中
1262	黄会英	四川财经职业学院	会计	专科一批	筠中
1263	卿莎莎	雅安职业技术学院	助产	专科二批	筠中
1264	詹　琴	金华职业技术学院	国际经济与贸易	专科一批	筠中
1265	徐梦琴	成都师范学院	数学与应用数学	本科二批	筠中
1266	谢正聪	川南幼儿师范高等专科学校	学前教育	专科一批	筠中
1267	何紫恒	达州职业技术学院	药学	专科二批	筠中
1268	吕旭梅	西南科技大学城市学院	英语	本科二批	筠中
1269	孙光鸿	成都纺织高等专科学校	国际经济与贸易	专科一批	筠中
1270	薛　芳	四川护理职业学院	助产	专科二批	筠中
1271	王　敏	四川中医药高等专科学校	药学	专科一批	筠中
1272	官小青	四川文化艺术学院	公共事业管理	本科二批	筠中
1273	熊刚英	四川幼儿师范高等专科学校	小学教育	专科一批	筠中
1274	李　芳	四川司法警官职业学院	法律事务	专科二批	筠中
1275	赵　删	黑龙江护理高等专科学校	医学检验技术	专科一批	筠中
1276	黄　艺	四川幼儿师范高等专科学校	小学教育	专科一批	筠中
1277	熊莉婷	成都东软学院	英语	本科二批	筠中
1278	彭茂婷	四川中医药高等专科学校	临床医学	专科一批	筠中
1279	胡小凤	四川水利职业技术学院	财务管理	专科二批	筠中
1280	万　鸿	民办四川天一学院	经济贸易类(中外合作办学)国际商务	专科二批	筠中
1281	段苏恒	华北科技学院	房地产开发与管理	本科二批	筠中
1282	辛　科	徐州医科大学	临床医学	本科二批	筠中
1283	王远正	成都中医药大学	药学	本科二批	筠中
1284	陈　旭	四川理工学院	高分子材料与工程	本科一批	筠中
1285	黄　燚	四川电力职业技术学院	水利水电建筑工程	专科一批	筠中
1286	李玉强	成都工业学院	电子信息工程	本科二批	筠中
1287	赵　鑫	四川工程职业技术学院	计算机网络技术	专科一批	筠中
1288	苏　鹏	成都信息工程大学	物联网工程	本科二批	筠中
1289	周显宏	成都职业技术学院	会计	专科二批	筠中
1290	刘星星	成都师范学院	电子科学与技术	本科二批	筠中
1291	张　洋	四川希望汽车职业学院	汽车检测与维修技术	专科二批	筠中
1292	王庭松	成都东软学院	物联网工程	本科二批	筠中
1293	杨　翱	中央司法警官学院	法学(戒毒工作方向)	本科提前批	筠中
1294	申宏宇	成都学院	临床医学	本科二批	筠中
1295	郭昭鑫	宜宾职业技术学院	机电一体化技术	专科一批	筠中

（续上表）

序号	姓名	录取学校	录取专业	录取批次	报名点
1296	林兴强	成都师范学院	计算机科学与技术	本科二批	筠中
1297	黄　河	成都职业技术学院	建设工程监理	专科二批	筠中
1298	李政良	西华大学	轨道交通信号与控制	本科一批	筠中
1299	刘川云	四川旅游学院	信息管理与信息系统	本科二批	筠中
1300	张　剑	成都工业学院	通信工程	本科二批	筠中
1301	袁加宝	西昌学院	土地资源管理	本科二批	筠中
1302	王文权	四川工程职业技术学院	机械制造与自动化	专科一批	筠中
1303	韦小勇	成都职业技术学院	计算机应用技术	专科二批	筠中
1304	罗　良	四川工商职业技术学院	汽车检测与维修技术	专科二批	筠中
1305	文　鹏	西南交通大学希望学院	工程造价	本科二批	筠中
1306	叶传江	辽宁何氏医学院	临床医学	本科二批	筠中
1307	钟启航	川北医学院	医学影像技术	本科二批	筠中
1308	朱仕成	西昌学院	数学与应用数学(宜宾)	免费师范本科	筠中
1309	詹玉山	成都师范学院	电子科学与技术	本科二批	筠中
1310	徐梦林	四川电力职业技术学院	机电一体化技术	专科一批	筠中
1311	苏玉华	四川邮电职业技术学院	软件技术	专科二批	筠中
1312	苏正松	西华师范大学	信息管理与信息系统	本科二批	筠中
1313	刘荣武	成都工业学院	建筑工程技术	专科一批	筠中
1314	胡　毅	乐山职业技术学院	临床医学	专科二批	筠中
1315	范新林	西华师范大学	地理科学	本科一批	筠中
1316	郭青洪	成都理工大学工程技术学院	土木工程	本科二批	筠中
1317	李　红	四川电力职业技术学院	机电一体化技术	专科一批	筠中
1318	黄　燚	四川城市职业学院	软件技术	专科二批	筠中
1319	胡玲莉	四川民族学院	数学与应用数学	本科二批	筠中
1320	唐雨晴	四川旅游学院	烹饪与营养教育	本科二批	筠中
1321	李爱君	西华大学	食品质量与安全	本科二批	筠中
1322	文　倩	乐山师范学院	数学教育	专科一批	筠中
1323	张云群	西南交通大学希望学院	城市轨道交通运营管理	专科二批	筠中
1324	张　丽	桂林旅游学院	旅游管理	专科一批	筠中
1325	龙　玲	成都工业学院	计算机类(中外合作办学)(软件技术)	专科一批	筠中
1326	罗秋月	成都中医药大学	药学	本科二批	筠中
1327	闫　群	四川工商学院	计算机科学与技术	本科二批	筠中
1328	韦秋云	西昌学院	电子商务	本科二批	筠中
1329	王　娟	攀枝花学院	财务管理	本科二批	筠中
1330	杨　兰	四川民族学院	数学与应用数学	本科二批	筠中
1331	曾丽丽	广安职业技术学院	语文教育	专科二批	筠中
1332	王金花	四川中医药高等专科学校	中医骨伤	专科一批	筠中
1333	陶维维	西南交通大学希望学院	工程造价	本科二批	筠中
1334	苏　珊	成都师范学院	学前教育	本科二批	筠中
1335	陈美霖	江门职业技术学院	机电一体化技术	专科二批	筠中
1336	张兴丽	成都医学院	信息管理与信息系统	本科二批	筠中
1337	李　港	重庆应用技术职业学院	数字媒体应用技术	专科二批	筠中
1338	向浩东	雅安职业技术学院	药学	专科二批	筠中
1339	周　静	四川幼儿师范高等专科学校	学前教育	专科一批	筠中
1340	刘长禹	四川理工学院	给排水科学与工程	本科二批	筠中

（续上表）

序号	姓名	录取学校	录取专业	录取批次	报名点
1341	张恩杰	西南财经大学天府学院	采购管理	本科二批	筠中
1342	李永权	四川中医药高等专科学校	中医骨伤	专科一批	筠中
1343	邱　荣	四川师范大学	地理科学（宜宾市）	免费师范本科	筠中
1344	刘成汉	西南科技大学	工业设计	本科一批	筠中
1345	陶明明	川北医学院	临床医学	本科提前批	筠中
1346	郑兴华	四川文化艺术学院	物流管理	本科二批	筠中
1347	黄　星	成都学院	环境工程	本科二批	筠中
1348	平　薏	辽宁农业职业技术学院	中药学	专科一批	筠中
1349	刘权漳	成都工业职业技术学院	汽车车身维修技术	专科二批	筠中
1350	陶雨洪	四川师范大学	土木工程	本科二批	筠中
1351	陈小翼	西南科技大学	土木工程	本科一批	筠中
1352	廖勇权	宜宾学院	数学与应用数学	本科二批	筠中
1353	刘本银	电子科技大学成都学院	计算机科学与技术	本科二批	筠中
1354	郭子晖	重庆科技学院	会计学	本科二批	筠中
1355	葛　超	西南财经大学天府学院	软件技术	专科二批	筠中
1356	黄雨生	成都文理学院（原四川师范大学文理学院）	经济学	本科二批	筠中
1357	陈　宇	四川理工学院	机械设计制造及其自动化	本科二批	筠中
1358	魏　宇	电子科技大学成都学院	通信技术	专科二批	筠中
1359	李重学	四川师范大学	工业设计	本科二批	筠中
1360	谭　杰	四川农业大学	农业水利工程	本科一批	筠中
1361	郑　一	成都文理学院（原四川师范大学文理学院）	工商管理	本科二批	筠中
1362	刘　俊	攀枝花学院	矿物加工工程	本科二批	筠中
1363	严　明	四川工程职业技术学院	物联网应用技术	专科一批	筠中
1364	王　兰	乐山师范学院	数字媒体技术	本科二批	筠中
1365	刘小凤	乐山师范学院	动植物检疫	本科二批	筠中
1366	李　婷	四川护理职业学院	护理	专科二批	筠中
1367	郑其玲	乐山师范学院	物理学	本科二批	筠中
1368	冯　群	成都艺术职业学院	建筑室内设计	专科二批	筠中
1369	胡　英	安徽中医药高等专科学校	中医学	专科一批	筠中
1370	邓　欣	西昌学院	城乡规划	本科二批	筠中
1371	付艺维	重庆医药高等专科学校	卫生检验与检疫技术	专科一批	筠中
1372	李柯丽	四川幼儿师范高等专科学校	学前教育	专科一批	筠中
1373	康　蕾	西华师范大学	信息与计算科学	本科一批	筠中
1374	詹生芳	成都体育学院	体育经济与管理	本科二批	筠中
1375	邓　琴	四川师范大学	安全工程	本科一批	筠中
1376	杨　欢	泸州职业技术学院	文秘	专科二批	筠中
1377	邹　翼	成都信息工程大学银杏酒店管理学院	金融管理	专科二批	筠中
1378	周　玲	四川师范大学	工业设计	本科二批	筠中
1379	魏　玲	成都信息工程大学银杏酒店管理学院	会展策划与管理	专科二批	筠中
1380	李　洪	重庆电子工程职业学院	微电子技术	专科一批	筠中
1381	廖雪茹	上海大学	电气工程及其自动化（代表理学工学类）	高校专项	筠中
1382	伍　琳	西南科技大学城市学院	财务管理	本科二批	筠中
1383	陆睿玲	成都理工大学	应用化学	本科一批	筠中
1384	潘　璐	西昌学院	翻译	本科二批	筠中
1385	叶宇姿	四川理工学院	服装设计与工程	本科二批	筠中

（续上表）

序号	姓名	录取学校	录取专业	录取批次	报名点
1386	韩　旭	川北幼儿师范高等专科学校	建筑经济管理	专科二批	筠中
1387	龙泓静	成都文理学院(原四川师范大学文理学院)	学前教育	本科二批	筠中
1388	陶　琼	阿坝师范学院	化学教育	专科一批	筠中
1389	杨　敏	成都中医药大学	卫生检验与检疫	本科二批	筠中
1390	罗　洋	柳州职业技术学院	财务管理	专科一批	筠中
1391	赖　鑫	成都学院	材料成型及控制工程	本科一批	筠中
1392	毛健成	西华师范大学	通信工程	本科二批	筠中
1393	肖永秋	四川商务职业学院	信息安全与管理	专科二批	筠中
1394	曾啸林	四川城市职业学院	新能源汽车技术	专科二批	筠中
1395	郑其杰	西南科技大学	工程力学	本科一批	筠中
1396	戴　强	四川机电职业技术学院	汽车检测与维修技术	专科二批	筠中
1397	胡　兵	西南科技大学	电子信息工程	本科一批	筠中
1398	胡春林	电子科技大学成都学院	计算机科学与技术	本科二批	筠中
1399	李恭贺	四川建筑职业技术学院	建筑装饰工程技术	专科一批	筠中
1400	李万金	辽宁石油化工大学	土木工程	本科二批	筠中
1401	母先波	成都文理学院(原四川师范大学文理学院)	工商管理	本科二批	筠中
1402	万　明	内江师范学院	数学与应用数学(宜宾)	免费师范本科	筠中
1403	王进勇	乐山职业技术学院	会计	专科二批	筠中
1404	吴义纯	北京中医药大学东方学院	中西医临床医学	本科二批	筠中
1405	谢春宏	雅安职业技术学院	数学教育	专科二批	筠中
1406	叶　鑫	广安职业技术学院	动漫制作技术	专科二批	筠中
1407	余江林	西华大学	化学	本科二批	筠中
1408	郑泽檥	雅安职业技术学院	中医骨伤	专科二批	筠中
1409	周　伟	西华大学	土木工程	本科一批	筠中
1410	周　雄	西华大学	数学与应用数学	本科二批	筠中
1411	杨　磊	成都工业职业技术学院	铁道信号自动控制	专科二批	筠中
1412	龚占乐	川南幼儿师范高等专科学校	学前教育	专科一批	筠中
1413	郭婷婷	乐山师范学院	特殊教育(宜宾)	免费师范本科	筠中
1414	李金艳	西昌学院	数学与应用数学	本科二批	筠中
1415	邱　洁	成都职业技术学院	眼视光技术	专科二批	筠中
1416	杨婷婷	江苏经贸职业技术学院	食品营养与检测	专科一批	筠中
1417	余　玲	四川中医药高等专科学校	中医学	专科一批	筠中
1418	詹茂婷	攀枝花学院	环境工程	本科二批	筠中
1419	张立霞	西华师范大学	信息管理与信息系统	本科二批	筠中
1420	冯　莉	川南幼儿师范高等专科学校	科学教育	专科一批	筠中
1421	胡晓月	雅安职业技术学院	学前教育	专科二批	筠中
1422	林立萍	成都文理学院(原四川师范大学文理学院)	会计	专科二批	筠中
1423	龙学仪	绵阳师范学院	化学类	本科二批	筠中
1424	潘蕊欣	雅安职业技术学院	特殊教育	专科二批	筠中
1425	秦　娟	四川警察学院	法学	本科二批	筠中
1426	田针祥	四川幼儿师范高等专科学校	数学教育	专科一批	筠中
1427	王　芹	绵阳师范学院	英语	本科二批	筠中
1428	王　婷	四川卫生康复职业学院	护理	专科二批	筠中
1429	王小飞	西南石油大学	高分子材料与工程	地方专项	筠中
1430	魏朝芹	四川文理学院	应用化学	本科二批	筠中

（续上表）

序号	姓名	录取学校	录取专业	录取批次	报名点
1431	肖　容	西华大学	市场营销	专科一批	筠中
1432	徐茂林	四川职业技术学院	动漫制作技术	专科二批	筠中
1433	闫冬梅	西昌学院	食品科学与工程	本科二批	筠中
1434	张晓清	四川护理职业学院	护理	专科二批	筠中
1435	邹丽雄	四川理工学院	工商管理	本科二批	筠中
1436	陈　润	成都职业技术学院	市场营销	专科二批	筠中
1437	鞠朝会	成都医学院	临床医学	本科二批	筠中
1438	鞠朝婷	四川中医药高等专科学校	临床医学	专科一批	筠中
1439	周润华	四川大学	数学类	自主招生	筠中
1440	田　原	成都中医药大学	医学信息工程	本科二批	筠中
1441	方星淇	兰州交通大学	车辆工程	本科二批	筠中
1442	胡晓飞	四川师范大学	法学	本科一批	筠中
1443	陈崇海	重庆大学	材料化学	本科一批	筠中
1444	陈远谋	成都理工大学	地质学类	本科一批	筠中
1445	黄　云	广西大学	自动化	高校专项	筠中
1446	刘　波	沈阳药科大学	市场营销	本科一批	筠中
1447	舒浚航	重庆大学	测控技术与仪器	本科一批	筠中
1448	王云刚	攀枝花学院	冶金工程	本科二批	筠中
1449	徐友江	四川农业大学	环境生态工程	本科一批	筠中
1450	杨耀智	四川理工学院	软件工程	本科二批	筠中
1451	詹洪生	四川农业大学	给排水科学与工程	本科一批	筠中
1452	周　鑫	西华大学	信息安全	本科二批	筠中
1453	宗吉鑫	武汉大学	机械类(机械与材料类)	本科一批	筠中
1454	陶雪梅	西南医科大学	临床医学	本科一批	筠中
1455	周怡岑	南昌大学	行政管理	本科一批	筠中
1456	李　娜	成都学院	通信工程	本科二批	筠中
1457	詹传香	江苏大学	环境工程	本科一批	筠中
1458	苏美丹	西华师范大学	通信工程	本科二批	筠中
1459	黄锐函	宜宾学院	食品质量与安全	本科二批	筠中
1460	李　锌	西南民族大学	会计学	本科一批	筠中
1461	陈晓芹	四川大学	化学类	高校专项	筠中
1462	冯吉鑫	四川大学	公共管理类	本科一批	筠中
1463	何　兴	西华师范大学	经济学	本科二批	筠中
1464	李燕齐	四川师范大学	电气工程及其自动化	本科一批	筠中
1465	刘　虹	成都中医药大学	医学检验技术	本科二批	筠中
1466	刘师竹	四川师范大学	生物科学(宜宾市)	免费师范本科	筠中
1467	刘晓萍	北京工商大学	经济学类(财经类)	本科一批	筠中
1468	秦慧琳	川北医学院	医学影像学	本科一批	筠中
1469	谭小飞	川北医学院	医学影像学	本科一批	筠中
1470	田淑慧	太原理工大学	工程管理	本科一批	筠中
1471	张世芹	上海理工大学	环境工程	本科一批	筠中
1472	钟　润	西华大学	房地产开发与管理	本科二批	筠中
1473	周　敏	复旦大学	哲学类	高校专项	筠中
1474	周玉连	成都东软学院	软件工程	本科一批	筠中
1475	汤金锐	东北大学秦皇岛分校	自动化类(含测控技术与仪器、自动化、电气工程及其自动化)	本科一批	筠中

（续上表）

序号	姓名	录取学校	录取专业	录取批次	报名点
1476	吴宾兰	四川大学	数学类	自主招生	筠中
1477	毛泳霖	天津大学	能源与动力工程	本科一批	筠中
1478	万拾鳍	成都中医药大学	临床医学	本科提前批	筠中
1479	罗　磊	电子科技大学	电波传播与天线	本科提前批	筠中
1480	赵　松	四川理工学院	过程装备与控制工程	本科一批	筠中
1481	徐行鹏	成都理工大学	机械工程	本科一批	筠中
1482	吴建松	西南石油大学	应用化学	本科一批	筠中
1483	周　义	成都信息工程大学	微电子科学与工程	本科一批	筠中
1484	吴禹璠	西南石油大学	机械电子工程	本科二批	筠中
1485	曹志伟	四川旅游学院	建筑电气与智能化	本科二批	筠中
1486	范泽焕	南京理工大学	能源与动力工程	高校专项	筠中
1487	郭　海	成都中医药大学	生物技术	本科二批	筠中
1488	黄胜兴	浙江理工大学	电子商务类(信息管理与信息系统、电子商务)	本科一批	筠中
1489	贾春森	西南医科大学	临床医学	地方专项	筠中
1490	倪申童	西南石油大学	机械设计制造及其自动化	地方专项	筠中
1491	秦超荣	成都理工大学工程技术学院	能源与动力工程	本科二批	筠中
1492	吴　梦	江苏科技大学	船舶与海洋工程	本科一批	筠中
1493	詹伍生	四川师范大学	电子信息工程	本科一批	筠中
1494	詹月柔	西南交通大学	机械类	本科一批	筠中
1495	洪　菱	四川大学锦城学院	英语	本科二批	筠中
1496	刘中琳	四川师范大学	电气工程及其自动化	本科一批	筠中
1497	李　欢	西华师范大学	学前教育	本科二批	筠中
1498	李思燕	四川文理学院	制药工程	本科二批	筠中
1499	樊冰冰	武汉理工大学	工程力学	本科一批	筠中
1500	张丽兰	川北医学院	麻醉学	地方专项	筠中
1501	杜小林	复旦大学(国家示范性软件学院)	软件工程	高校专项	筠中
1502	高梦华	西南石油大学	油气储运工程	本科一批	筠中
1503	郝忠艳	西华师范大学	生物科学(宜宾)	免费师范本科	筠中
1504	何　芮	北京理工大学	生物医学工程	本科一批	筠中
1505	刘耀璘	内江师范学院	外国语言文学类(含英语、翻译、商务英语专业)	本科二批	筠中
1506	徐中会	西华大学	汽车服务工程	本科一批	筠中
1507	詹　玲	西南医科大学	临床医学	本科提前批	筠中
1508	郑欣宇	贵州医科大学	临床医学	本科二批	筠中
1509	张　亮	西藏民族大学	统计学	本科二批	筠中
1510	罗　莎	四川大学锦城学院	会计学	本科二批	筠中
1511	胡从春	成都中医药大学	食品卫生与营养学	本科二批	筠中
1512	徐兴港	南京大学金陵学院	环境科学与工程类	本科二批	筠中
1513	罗　义	西南医科大学	医学影像技术	地方专项	筠中
1514	李金松	武汉理工大学	机械类(车辆)	本科一批	筠中
1515	郭　平	西华大学	车辆工程	本科一批	筠中
1516	郭芯茹	西南交通大学希望学院	会计学	本科二批	筠中
1517	万　松	西南石油大学	机械电子工程	本科二批	筠中
1518	刘　柯	成都学院	建筑学	本科二批	筠中
1519	向　伟	川北幼儿师范高等专科学校	数学教育	专科一批	筠中
1520	蒋洪权	成都学院	计算机科学与技术	本科二批	筠中

（续上表）

序号	姓名	录取学校	录取专业	录取批次	报名点
1521	李　枰	西南科技大学	机械设计制造及其自动化	本科一批	筠中
1522	叶　刚	四川文理学院	应用化学	本科二批	筠中
1523	李　肖	西南医科大学	市场营销	本科二批	筠中
1524	彭强松	攀枝花学院	生物工程	本科二批	筠中
1525	宋　涛	云南师范大学文理学院	计算机科学与技术	本科二批	筠中
1526	吴墙铵	成都航空职业技术学院	飞行器制造技术	专科一批	筠中
1527	李桂松	成都理工大学	市场营销	本科二批	筠中
1528	黄　勇	四川大学锦江学院	机械设计制造及其自动化	本科二批	筠中
1529	郭小江	西华大学	车辆工程	本科一批	筠中
1530	王成江	四川理工学院	软件工程	本科二批	筠中
1531	左　腾	四川工商学院	资产评估	本科二批	筠中
1532	张启洪	四川文理学院	物理学	本科二批	筠中
1533	黄泽钊	西华大学	能源与动力工程	本科一批	筠中
1534	潘高贵	云南大学滇池学院	工程造价	本科二批	筠中
1535	宗吉伟	西昌学院	计算机科学与技术	本科二批	筠中
1536	万家华	宜宾学院	采矿工程	本科二批	筠中
1537	李　杏	四川师范大学	教育技术学(宜宾市)	免费师范本科	筠中
1538	邬　燕	宜宾学院	工商管理	本科二批	筠中
1539	刘永玥	四川卫生康复职业学院	临床医学	专科二批	筠中
1540	郭　芹	绵阳师范学院	自然地理与资源环境	本科二批	筠中
1541	袁腾玲	四川外国语大学重庆南方翻译学院	德语	本科二批	筠中
1542	蒲小文	四川工程职业技术学院	商务英语	专科一批	筠中
1543	张　静	成都中医药大学	医学检验技术	本科二批	筠中
1544	杨　兰	宜宾学院	食品质量与安全	本科二批	筠中
1545	王茂芹	成都中医药大学	卫生检验与检疫	本科二批	筠中
1546	郑芳芳	宜宾学院	英语	本科二批	筠中
1547	黄　玉	西华大学	汽车运用与维修技术	专科一批	筠中
1548	任　珊	成都中医药大学	药学	本科二批	筠中
1549	雷双凤	宜宾学院	软件工程	本科二批	筠中
1550	詹生芬	成都理工大学	应用统计学	本科二批	筠中
1551	余　燕	成都中医药大学	医学检验技术	本科二批	筠中
1552	李　萍	西南科技大学	制药工程	本科一批	筠中
1553	詹成燕	成都理工大学工程技术学院	给排水科学与工程	本科二批	筠中
1554	詹雪梅	乐山师范学院	环境工程	本科二批	筠中
1555	钟雨卉	四川大学锦江学院	财务管理	本科二批	筠中
1556	廖　敏	成都学院	学前教育	专科一批	筠中
1557	李保红	攀枝花学院	机械设计制造及其自动化	本科二批	筠中
1558	吴　捷	成都工业学院	通信工程	本科二批	筠中
1559	谢佳杭	安徽中医药高等专科学校	中医骨伤	专科一批	筠中
1560	李联勇	四川中医药高等专科学校	临床医学	专科一批	筠中
1561	朱烁宇	四川大学锦城学院	金融管理	专科一批	筠中
1562	张玉红	川北幼儿师范高等专科学校	语文教育	专科一批	筠中
1563	黄　菊	天津商务职业学院	商务英语	专科二批	筠中
1564	倪俊丰	西南科技大学	工程管理	本科一批	筠中
1565	侯　丽	阿坝师范学院	建筑智能化工程技术	专科一批	筠中

（续上表）

序号	姓名	录取学校	录取专业	录取批次	报名点
1566	李晓松	西南科技大学	物流管理	本科一批	筠中
1567	徐　萍	四川工程职业技术学院	汽车检测与维修技术	专科一批	筠中
1568	肖　昆	成都理工大学工程技术学院	机械工程	本科二批	筠中
1569	罗德林	四川工程职业技术学院	理化测试与质检技术	专科一批	筠中
1570	何志强	宜宾学院	机械电子工程	本科二批	筠中
1571	熊镇锋	成都东软学院	计算机科学与技术	本科二批	筠中
1572	熊刚强	电子科技大学成都学院	应用统计学	本科二批	筠中
1573	郭远东	西南科技大学城市学院	机械设计制造及其自动化	本科二批	筠中
1574	罗海波	河北环境工程学院	环境工程	本科二批	筠中
1575	潘国兵	成都理工大学工程技术学院	安全工程	本科二批	筠中
1576	胡九军	四川工商学院	计算机科学与技术	本科二批	筠中
1577	胡小军	四川工程职业技术学院	计算机网络技术	专科一批	筠中
1578	曹新奎	四川交通职业技术学院	土木工程检测技术	专科二批	筠中
1579	彭榆淞	成都学院	食品质量与安全	本科二批	筠中
1580	刘兴旺	四川大学锦江学院	财务管理	本科二批	筠中
1581	周朝桂	西华大学	数学与应用数学	本科二批	筠中
1582	李科友	四川理工学院	安全工程	本科二批	筠中
1583	刘　波	四川工商学院	会计学	本科二批	筠中
1584	黄　海	辽宁交通高等专科学校	城市轨道交通机电技术	专科一批	筠中
1585	李　洪	四川中医药高等专科学校	临床医学	专科一批	筠中
1586	舒　文	四川建筑职业技术学院	数控技术	专科一批	筠中
1587	任　鹏	四川托普信息技术职业学院	汽车检测与维修技术	专科二批	筠中
1588	刘万松	南京铁道职业技术学院	高速铁道工程技术	专科一批	筠中
1589	陈少豪	阿坝师范学院	计算机科学与技术	本科二批	筠中
1590	谢　平	西华师范大学	应用电子技术教育	本科二批	筠中
1591	杨坤武	阿坝师范学院	物理教育	专科一批	筠中
1592	熊　黎	四川交通职业技术学院	土木工程检测技术	专科二批	筠中
1593	刘正辉	四川文理学院	数学与应用数学	本科二批	筠中
1594	刘乾玉	四川工商学院	金融工程	本科二批	筠中
1595	罗　洁	四川幼儿师范高等专科学校	英语教育	专科一批	筠中
1596	李　霞	川北幼儿师范高等专科学校	英语教育	专科一批	筠中
1597	刘安妮	四川托普信息技术职业学院	财务管理	专科二批	筠中
1598	李晓梅	四川幼儿师范高等专科学校	数学教育	专科一批	筠中
1599	余春虹	成都医学院	药学	本科二批	筠中
1600	李　晴	内江职业技术学院	会计	专科二批	筠中
1601	曹　容	四川中医药高等专科学校	临床医学	专科一批	筠中
1602	王冬梅	阿坝师范学院	建筑智能化工程技术	专科一批	筠中
1603	高　艳	宜宾学院	学前教育	专科一批	筠中
1604	罗金梅	四川中医药高等专科学校	中医学	专科一批	筠中
1605	刘　莉	成都医学院	药物制剂	本科二批	筠中
1606	王　静	四川卫生康复职业学院	护理	专科二批	筠中
1607	张廷廷	成都理工大学	国际经济与贸易	本科二批	筠中
1608	潘芳芳	四川工程职业技术学院	工程造价	专科一批	筠中
1609	熊　润	西南交通大学希望学院	土木工程	本科二批	筠中
1610	刘小玉	成都职业技术学院	商务英语	专科二批	筠中

（续上表）

序号	姓名	录取学校	录取专业	录取批次	报名点
1611	方鹏飞	四川大学锦江学院	经济学	本科二批	筠中
1612	毛婷婷	西南财经大学天府学院	会计	专科二批	县二中
1613	杜天会	成都师范学院	商务英语	专科一批	县二中
1614	李　达	西南财经大学天府学院	审计学	本科二批	县二中
1615	杜永强	四川航天职业技术学院	汽车制造与装配技术	专科二批	县二中
1616	杨　茂	成都学院	材料成型及控制工程	本科一批	县二中
1617	李　果	四川幼儿师范高等专科学校	数学教育	专科一批	县二中
1618	胡　林	四川大学锦城学院	建筑工程技术	专科一批	县二中
1619	杨林川	四川交通职业技术学院	建筑智能化工程技术	专科二批	县二中
1620	李　洋	成都工业学院	电气自动化技术	专科一批	县二中
1621	李兴武	宜宾学院	工业分析技术	专科一批	县二中
1622	饶津铭	绵阳职业技术学院	建设工程管理	专科一批	县二中
1623	方永森	郑州工程技术学院	软件技术	专科一批	县二中
1624	梁　磊	四川水利职业技术学院	水产养殖技术	专科二批	县二中
1625	邓召波	宜宾学院	煤矿开采技术	专科一批	县二中
1626	潘玉峰	雅安职业技术学院	数学教育	专科二批	县二中
1627	肖　洪	南充职业技术学院	道路桥梁工程技术	专科二批	县二中
1628	潘　清	南充职业技术学院	汽车制造与装配技术	专科二批	县二中
1629	赵友秋	乐山师范学院	商务英语	本科二批	县二中
1630	周小秋	四川职业技术学院	数学教育	专科二批	县二中
1631	刘玥璃	川北医学院	预防医学	本科二批	县二中
1632	刘成芹	成都职业技术学院	商务英语	专科二批	县二中
1633	魏雪梅	川北幼儿师范高等专科学校	老年服务与管理	专科二批	县二中
1634	熊小英	广安职业技术学院	旅游管理	专科二批	县二中
1635	李梦玲	内江职业技术学院	园艺技术	专科二批	县二中
1636	刘青林	泸州职业技术学院	应用电子技术	专科二批	县二中
1637	田元成	四川理工学院	通信工程	本科二批	县二中
1638	蒋正国	四川工业科技学院	计算机应用技术	专科二批	县二中
1639	邓　宇	雅安职业技术学院	临床医学	专科二批	县二中
1640	余孝飞	四川托普信息技术职业学院	软件技术	专科二批	县二中
1641	王　兰	眉山职业技术学院	文化创意与策划	专科二批	县二中
1642	刘小迁	四川应用技术职业学院	会计	专科二批	县二中
1643	饶义强	宜宾职业技术学院	汽车运用与维修技术	专科二批	县二中
1644	杨明冰	绵阳职业技术学院	电气自动化技术	专科二批	县二中
1645	张佳亮	贵州建设职业技术学院	电梯工程技术	专科二批	县二中
1646	叶力东	四川信息职业技术学院	汽车检测与维修技术	专科二批	县二中
1647	胡海涛	雅安职业技术学院	医学美容技术	专科二批	县二中
1648	余　磊	四川汽车职业技术学院	汽车检测与维修技术	专科二批	县二中
1649	刘光红	内江职业技术学院	汽车检测与维修技术	专科二批	县二中
1650	陈　薪	雅安职业技术学院	财务管理	专科二批	县二中
1651	刘　莉	内江职业技术学院	畜牧兽医	专科二批	县二中
1652	王　铃	广安职业技术学院	学前教育	专科二批	县二中
1653	师小艺	共青科技职业学院	市场营销	专科二批	县二中
1654	张云丹	四川工商学院	应用电子技术	专科二批	县二中
1655	马金花	乐山职业技术学院	药品经营与管理	专科二批	县二中

（续上表）

序号	姓名	录取学校	录取专业	录取批次	报名点
1656	梁兰英	南充职业技术学院	工程造价	专科二批	县二中
1657	陈　吉	南充职业技术学院	商务英语	专科二批	县二中
1658	张　芹	西华师范大学	商务英语	本科二批	县二中
1659	李　强	四川工业科技学院	汽车制造与装配技术	专科二批	县二中
1660	胡言奎	宜宾职业技术学院	建筑装饰工程技术	专科二批	县二中
1661	邹朝刚	内江职业技术学院	机电一体化技术	专科二批	县二中
1662	罗　帆	宜宾职业技术学院	汽车运用与维修技术	专科二批	县二中
1663	李朝森	四川文轩职业学院	会计	专科二批	县二中
1664	姜　洪	四川托普信息技术职业学院	会计	专科二批	县二中
1665	潘荣才	四川电子机械职业技术学院	机械设计与制造	专科二批	县二中
1666	周明华	四川应用技术职业学院	汽车检测与维修技术	专科二批	县二中
1667	何　余	共青科技职业学院	会计	专科二批	县二中
1668	向卿松	四川工商学院	工程造价	专科二批	县二中
1669	刘　林	内江职业技术学院	机电一体化技术	专科二批	县二中
1670	段强松	广安职业技术学院	旅游管理	专科二批	县二中
1671	王永秀	内江职业技术学院	建设工程管理	专科二批	县二中
1672	李秋霞	泸州职业技术学院	汽车电子技术	专科二批	县二中
1673	万　旭	广安职业技术学院	移动互联应用技术	专科二批	县二中
1674	饶　秋	内江职业技术学院	通信技术	专科二批	县二中
1675	闫孟君	内江职业技术学院	通信技术	专科二批	县二中
1676	刘　伟	四川文化传媒职业学院	会计信息管理	专科二批	县二中
1677	黄世润	泸州职业技术学院	学前教育	专科二批	县二中
1678	卜宗菊	四川机电职业技术学院	会计信息管理	专科二批	县二中
1679	詹成秋	民办四川天一学院	护理	专科二批	县二中
1680	牟永梅	成都工贸职业技术学院	航空物流	专科二批	县二中
1681	邹朝禹	四川财经职业学院	投资与理财	专科二批	县二中
1682	罗德勋	成都工贸职业技术学院	工业机器人技术	专科二批	县二中
1683	邓云志	四川航天职业技术学院	飞行器制造技术	专科二批	县二中
1684	罗义兴	绵阳职业技术学院	汽车制造与装配技术	专科二批	县二中
1685	郑其能	广安职业技术学院	数学教育	专科二批	县二中
1686	周晓青	四川长江职业学院	汽车检测与维修技术	专科二批	县二中
1687	郑　洪	巴中职业技术学院	建筑工程技术	专科二批	县二中
1688	周　伟	绵阳职业技术学院	机电一体化技术	专科二批	县二中
1689	史进均	四川三河职业学院	汽车运用与维修技术	专科二批	县二中
1690	廖　彬	四川应用技术职业学院	建筑工程技术	专科二批	县二中
1691	詹传林	四川应用技术职业学院	电子商务	专科二批	县二中
1692	徐世华	四川文轩职业学院	文化市场经营管理	专科二批	县二中
1693	刘小霞	四川文化传媒职业学院	学前教育	专科二批	县二中
1694	刘小妹	四川国际标榜职业学院	护理	专科二批	县二中
1695	徐　敏	四川文轩职业学院	文化市场经营管理	专科二批	县二中
1696	袁　莉	四川文化传媒职业学院	空中乘务	专科二批	县二中
1697	徐江南	成都信息工程大学	大气科学	本科一批	县二中
1698	潘永森	成都医学院	药学	本科二批	县二中
1699	周　杰	西南科技大学	自动化	本科一批	宜宾一中
1700	杨雨菡	西华大学	机械电子工程	本科一批	宜宾一中

（续上表）

序号	姓名	录取学校	录取专业	录取批次	报名点
1701	黄筱静	四川民族学院	人力资源管理	本科二批	宜宾一中
1702	高思维	四川大学锦城学院	城乡规划	本科二批	宜宾一中
1703	徐飞	宜宾学院	小学教育	本科二批	宜宾一中
1704	吴鸿廷	中南林业科技大学	林学	本科二批	宜宾一中
1705	万李瑞	北京邮电大学	工程管理	本科一批	宜宾一中
1706	任鑫	电子科技大学(沙河校区)	软件工程(信息工程)	本科一批	宜宾一中
1707	陈倩	西华师范大学	生物科学	本科一批	宜宾一中
1708	李雪涵	西华大学	审计学	本科一批	宜宾一中
1709	罗秋鑫	四川工商学院	自动化	本科二批	宜宾一中
1710	孙铁林	四川农业大学	建筑学	本科一批	宜宾一中
1711	黄明扬	成都东软学院	英语	本科二批	宜宾一中
1712	罗清	吉林大学	农学	高校专项	宜宾一中
1713	门灏	成都信息工程大学	电子信息工程	本科一批	宜宾一中
1714	张佳炷	河北轨道运输职业技术学院	城市轨道交通车辆技术	专科二批	宜宾一中
1715	陈丽	西华大学	软件工程	本科一批	宜宾一中
1716	郭云秋	成都文理学院(原四川师范大学文理学院)	法学	本科二批	宜宾一中
1717	廖浚宇	四川司法警官职业学院	安全防范技术	专科二批	宜宾一中
1718	周川杰	西南科技大学	食品科学与工程	本科一批	宜宾一中
1719	许为豪	中国人民公安大学	交通管理工程	本科提前批	宜宾一中
1720	郑志强	复旦大学(国家示范性软件学院)	软件工程	高校专项	宜宾一中
1721	周宏健	南昌大学	土木类(土木工程、建筑环境与能源应用工程、给排水科学与工程)	本科一批	宜宾一中
1722	付随雨	天津财经大学珠江学院	会计学(注册会计师)	本科二批	宜宾一中
1723	汤朝兰	西南大学	数学与应用数学	本科提前批	宜宾一中
1724	胡海峰	电子科技大学成都学院	计算机科学与技术	本科二批	宜宾一中
1725	郝家骏	成都理工大学工程技术学院	电气工程及其自动化	本科二批	宜宾一中
1726	先荣豪	西华大学	计算机科学与技术	本科一批	宜宾一中
1727	严星	西华大学	材料成型及控制工程	本科二批	宜宾一中
1728	闫小芳	西南医科大学	预防医学	地方专项	宜宾一中
1729	李泠泠	福建中医药大学	中西医临床医学	本科二批	宜宾一中
1730	陈翔翔	四川文理学院	化学工程与工艺	本科二批	宜宾一中
1731	吴信芹	西华大学	化学	本科二批	宜宾一中
1732	杨航	成都文理学院(原四川师范大学文理学院)	电子商务	本科二批	宜宾一中
1733	何娟	重庆文理学院	英语	本科二批	宜宾一中
1734	黄一鸿	四川师范大学	电气工程及其自动化	本科一批	宜宾一中
1735	徐长林	四川理工学院	软件工程	本科二批	宜宾一中
1736	徐子毅	西南民族大学	物流管理	本科一批	宜宾一中
1737	章俊	四川警察学院	治安学	本科提前批	宜宾一中
1738	唐雨馨	四川理工学院	安全工程	本科二批	宜宾一中
1739	胡鑫	成都文理学院(原四川师范大学文理学院)	会计	专科二批	宜宾一中
1740	刘应强	眉山职业技术学院	现代农业技术	专科二批	宜宾一中
1741	李书豪	四川科技职业学院	工程造价	专科二批	宜宾一中
1742	郭宇精	成都理工大学	投资学	本科二批	宜宾一中
1743	邓巡	武汉大学	环境科学与工程类	高校专项	宜宾一中
1744	李想	空军招收飞行学员工作局	航空飞行与指挥	本科提前批	宜宾一中
1745	赵朋飞	江苏大学	复合材料与工程	本科一批	宜宾一中

（续上表）

序号	姓名	录取学校	录取专业	录取批次	报名点
1746	赵欣然	西南交通大学	电气工程及其自动化	本科一批	宜宾一中
1747	李思晗	西南大学	地理科学	本科提前批	宜宾一中
1748	梁　荻	中国计量大学	功能材料	本科一批	宜宾一中
1749	任　敏	西华大学	物流工程	本科二批	宜宾一中
1750	蒋宣国	成都工业学院	电气自动化技术	专科一批	宜宾一中
1751	李婷婷	宜宾学院	食品质量与安全	本科二批	宜宾一中
1752	余朋骅	西华大学	材料成型及控制工程	本科二批	宜宾一中
1753	周　浪	宜宾学院	制药工程	本科二批	宜宾一中
1754	李春存	乐山师范学院	数学与应用数学(宜宾)	免费师范本科	宜宾一中
1755	舒作洪	成都工业学院	网络工程	本科二批	宜宾一中
1756	邓　燕	四川文理学院	化学工程与工艺	本科二批	宜宾一中
1757	向　允	内江师范学院	应用心理学	本科二批	宜宾一中
1758	周兵高	北京师范大学	学前教育(免费师范生)	高校专项	宜宾一中
1759	刘　森	成都理工大学	国际经济与贸易	本科二批	宜宾一中
1760	万雨虹	四川农业大学	工程造价	本科一批	宜宾一中
1761	周　浩	成都师范学院	计算机科学与技术	本科二批	宜宾一中
1762	何　磊	成都纺织高等专科学校	软件技术	专科一批	宜宾一中
1763	吴　燕	川北幼儿师范高等专科学校	小学教育	专科一批	宜宾三中
1764	张琦琳	绵阳师范学院	化学类	本科二批	宜宾三中
1765	陈星宇	成都工业学院	电子信息工程	本科二批	宜宾三中
1766	聂远生	成都学院	制药工程	本科二批	宜宾三中
1767	宋源鹏	成都中医药大学	市场营销	本科二批	宜宾三中
1768	郭　琴	四川大学锦城学院	会计	专科一批	宜宾三中
1769	肖咏仁	南京医科大学康达学院	医学影像技术	本科二批	宜宾三中
1770	曾玉林	西南交通大学希望学院	物流工程	本科二批	宜宾三中
1771	张成凡	四川师范大学	工程造价	本科一批	宜宾三中
1772	陆　俊	成都理工大学	机械工程	本科一批	宜宾三中
1773	文　雅	达州职业技术学院	临床医学	专科二批	宜宾三中
1774	张净源	沈阳城市建设学院	测绘工程	本科二批	宜宾三中
1775	杨明杰	宜宾学院	电子信息科学与技术	本科二批	宜宾三中
1776	赵宇洋	川北医学院	临床医学	本科二批	宜宾三中
1777	黄丹丹	四川旅游学院	信息管理与信息系统	本科二批	宜宾三中
1778	郭德宝	绵阳师范学院	自然地理与资源环境	本科二批	宜宾三中
1779	游　润	阿坝师范学院	建筑智能化工程技术	专科一批	宜宾三中
1780	杨铭铭	西南民族大学	投资学	本科一批	宜宾三中
1781	宗建宇	西南科技大学	机械设计制造及其自动化	本科一批	宜宾三中
1782	李欣芮	重庆师范大学	化学	本科一批	宜宾三中
1783	罗雅靖	中国石油大学(华东)	环保设备工程	本科一批	宜宾三中
1784	杨蕊溶	四川大学	医学技术类	本科一批	宜宾三中
1785	黄　杰	西昌学院	城乡规划	本科二批	宜宾三中
1786	张　芹	川北医学院	临床医学	本科二批	宜宾三中
1787	刘恬恬	四川大学锦城学院	英语	本科二批	宜宾三中
1788	王　政	成都医学院	护理学	本科二批	宜宾三中
1789	万川纳	宜宾学院	环境工程	本科二批	宜宾三中
1790	谭飞鹏	四川理工学院	材料科学与工程	本科二批	宜宾三中

（续上表）

序号	姓名	录取学校	录取专业	录取批次	报名点
1791	谭　柯	四川师范大学	土木工程	本科二批	宜宾三中
1792	李松侠	攀枝花学院	化学工程与工艺	本科二批	宜宾三中
1793	陈　旭	九江职业技术学院	经济信息管理	专科一批	宜宾三中
1794	邓晶晶	四川财经职业学院	财务管理	专科二批	宜宾三中
1795	李林桃	兰州理工大学	工业设计	本科二批	宜宾三中
1796	余　航	成都理工大学	应用统计学	本科二批	宜宾三中
1797	刘峻有	四川工业科技学院	电子信息工程	本科二批	宜宾三中
1798	朱　莉	西南医科大学	中西医临床医学	本科一批	宜宾三中
1799	吴剑涛	吉林医药学院	医学影像学	本科二批	宜宾三中
1800	王元林	四川工业科技学院	物流管理	本科二批	宜宾三中
1801	李肇兴	西华大学	软件工程	本科一批	宜宾三中
1802	郝　峻	四川师范大学	自然地理与资源环境	本科二批	宜宾三中
1803	章　伟	山东中医药大学	制药工程	本科二批	宜宾三中
1804	朱　均	电子科技大学成都学院	计算机科学与技术	本科二批	宜宾三中
1805	周　静	四川理工学院	国际经济与贸易	本科二批	宜宾三中
1806	林贤絮	山西大学	经济学类	本科一批	宜宾三中
1807	范林森	成都理工大学工程技术学院	道路桥梁工程技术	专科二批	宜宾三中
1808	向仁杰	浙江工业大学之江学院	工商管理	本科二批	宜宾三中
1809	张　萌	西华师范大学	旅游管理	本科二批	宜宾三中
1810	黄国森	四川城市职业学院	电子商务	专科二批	宜宾三中
1811	何杜江	四川城市职业学院	软件技术	专科二批	宜宾三中
1812	张恩钰	成都农业科技职业学院	园林工程技术	专科二批	宜宾三中
1813	张凤美	陕西国际商贸学院	市场营销	本科二批	宜宾三中
1814	詹　琳	重庆青年职业技术学院	统计与会计核算	专科二批	宜宾三中
1815	赵星宇	四川华新现代职业学院	计算机应用技术	专科二批	宜宾三中
1816	向俊诚	四川外国语大学成都学院	翻译	本科二批	宜宾三中
1817	张　亮	四川现代职业学院	会计	专科二批	宜宾三中
1818	张　阳	成都理工大学	石油工程	本科一批	宜宾三中
1819	唐应虹	西华师范大学	信息与计算科学	本科一批	宜宾三中
1820	郝　玲	四川大学锦城学院	会计学	本科二批	宜宾三中
1821	钟小雪	四川理工学院	测控技术与仪器	本科二批	宜宾三中
1822	郭冬梅	成都理工大学	日语	地方专项	宜宾三中
1823	程　涛	西南石油大学	电子信息工程	本科一批	南溪一中
1824	李春财	成都中医药大学	中西医临床医学	地方专项	南溪一中
1825	邓绍均	西南财经大学天府学院	连锁经营管理	专科二批	南溪一中
1826	李佳益	西南石油大学	会计学	本科一批	南溪一中
1827	刘　涛	新乡学院	食品科学与工程	本科二批	南溪一中
1828	林　艳	成都师范学院	数学与应用数学	本科二批	南溪一中
1829	郭　旺	西南石油大学	电气工程及其自动化	本科一批	南溪一中
1830	胡雨欣	四川文理学院	小学教育(宜宾）	专科提前批	南溪一中
1831	余　梦	山西中医学院	生物工程	本科二批	南溪一中
1832	蒋鑫星	泸州职业技术学院	英语教育	专科二批	南溪一中
1833	严林昌	宜宾学院	英语	本科二批	南溪一中
1834	赵德浩	广安职业技术学院	数学教育	专科二批	南溪一中
1835	郭宇翔	宜宾学院	机械电子工程	本科二批	南溪一中

（续上表）

序号	姓名	录取学校	录取专业	录取批次	报名点
1836	燕志豪	西南科技大学城市学院	金融工程	本科二批	南溪一中
1837	李恭奇	成都理工大学工程技术学院	勘查技术与工程	本科二批	南溪一中
1838	聂道芬	成都师范学院	数学与应用数学	本科二批	南溪一中
1839	潘　霞	宁波职业技术学院	物流管理	专科一批	南溪一中
1840	文　玲	海南政法职业学院	法律事务(人民调解员方向)	专科二批	南溪一中
1841	聂桂芳	四川外国语大学成都学院	汉语国际教育	本科二批	南溪一中
1842	郭小琴	北海艺术设计学院	艺术教育	本科二批	南溪一中
1843	胡　源	四川科技职业学院	工程造价	专科二批	南溪一中
1844	杨国营	四川建筑职业技术学院	建筑室内设计	专科一批	南溪一中
1845	罗晓康	四川信息职业技术学院	市场营销	专科二批	南溪一中
1846	谭中伟	四川大学锦城学院	机械类	本科二批	南溪一中
1847	母光均	四川民族学院	畜牧兽医	专科一批	南溪一中
1848	聂道美	四川文化传媒职业学院	学前教育	专科二批	南溪一中
1849	潘　亮	上海电子信息职业技术学院	工业机器人技术	专科一批	南溪一中
1850	潘　悦	四川民族学院	财务管理	本科二批	南溪一中
1851	余祥仪	成都职业技术学院	商务英语	专科二批	南溪一中
1852	潘　洪	西华大学	会计	专科一批	南溪一中
1853	陈　洪	四川工业科技学院	工程造价	本科二批	南溪一中
1854	官友兵	攀枝花学院	土木工程	本科二批	南溪一中
1855	先良永	西南科技大学	自动化	本科一批	南溪一中
1856	何长洛	成都中医药大学	药学	本科二批	南溪一中
1857	田凤琼	四川民族学院	园艺	本科二批	南溪一中
1858	周光举	川北医学院	临床医学	本科二批	南溪一中
1859	罗　茂	成都中医药大学	护理学	本科二批	南溪一中
1860	徐　强	宁波工程学院	建筑环境与能源应用工程	本科二批	南溪一中
1861	王　松	四川文理学院	计算机科学与技术	本科二批	南溪一中
1862	胡　旭	四川工业科技学院	电子信息工程	本科二批	南溪一中
1863	刘　刚	绵阳师范学院	地理科学	本科二批	南溪一中
1864	李　毅	四川理工学院	机械设计制造及其自动化	本科二批	南溪一中
1865	郑世民	重庆医药高等专科学校	针灸推拿	专科一批	南溪一中
1866	向彩凤	四川农业大学	生物技术	地方专项	南溪一中
1867	黄钰鸿	成都工业学院	电子信息工程	本科二批	南溪一中
1868	刘小英	吉林工业职业技术学院	智能控制技术	专科一批	南溪一中
1869	郭怀检	攀枝花学院	网络工程	本科二批	南溪一中
1870	胡耀文	成都医学院	食品质量与安全	本科二批	南溪一中
1871	吴　熵	成都工业学院	机械电子工程	本科二批	南溪一中
1872	黄治银	川南幼儿师范高等专科学校	小学教育	专科一批	南溪一中
1873	李佳敏	四川大学锦江学院	食品质量与安全	本科二批	南溪一中
1874	毛骏龙	江苏理工学院	通信工程	本科二批	南溪一中
1875	毛　林	成都文理学院(原四川师范大学文理学院)	国际经济与贸易	本科二批	南溪一中
1876	王　祥	内蒙古科技大学包头医学院	临床医学	本科二批	南溪一中
1877	贾　伟	西南科技大学	材料科学与工程	本科一批	南溪一中
1878	方渐闽	四川工程职业技术学院	电气自动化技术	专科一批	南溪一中
1879	李　弢	四川电影电视学院	播音与主持	艺体专科	县招办
1880	周　倩	四川艺术职业学院	音乐表演(音乐舞蹈表演)	艺体专科	县招办

（续上表）

序号	姓名	录取学校	录取专业	录取批次	报名点
1881	刘应芹	成都职业技术学院	会计	专科二批	筠中
1882	周兰兰	四川文化传媒职业学院	会计信息管理	专科二批	筠中
1883	王小鸿	四川电影电视学院	影视编导	艺体专科	筠中
1884	闫小军	四川传媒学院	影视多媒体技术	艺体专科	筠中
1885	汤朝钦	石家庄人民医学高等专科学校	临床医学	专科二批	筠中
1886	张　影	四川电影电视学院	影视编导	艺体专科	筠中
1887	吴旭敏	四川工程职业技术学院	电子商务	专科一批	筠中
1888	徐红梅	陕西艺术职业学院	摄影摄像技术	艺体专科	筠中
1889	谢　洪	四川电影电视学院	影视编导	艺体专科	筠中
1890	李莹莹	成都艺术职业学院	广告设计与制作	艺体专科	筠中
1891	胡心灵	四川水利职业技术学院	工程测量技术	专科二批	筠中
1892	向　益	泸州职业技术学院	建筑工程技术	专科二批	筠中
1893	刘电勇	天津天狮学院	设计学类	艺体本科	筠中
1894	彭元启	成都艺术职业学院	环境艺术设计	艺体专科	筠中
1895	黄　庆	四川民族学院	音乐学	艺体本科	筠中
1896	宋　勇	四川科技职业学院	环境艺术设计	艺体专科	筠中
1897	邹　洋	四川工业科技学院	汽车运用与维修技术	专科一批	筠中
1898	倪义权	四川农业大学	农学	高校专项	筠中
1899	黄努丽	四川工商学院	视觉传播设计与制作（新媒体视觉传播设计）	艺体专科	筠中
1900	游大群	四川化工职业技术学院	物流管理	专科二批	筠中
1901	邹弘奇	绵阳职业技术学院	通信技术	专科二批	筠中
1902	尹学芹	四川中医药高等专科学校	药学	专科一批	筠中
1903	周继荣	南京航空航天大学金城学院	视觉传达设计	艺体本科	筠中
1904	赵涵超	西南交通大学希望学院	建筑工程技术	专科二批	筠中
1905	蔡玉秋	湖北民族学院	广播电视编导	艺体本科	筠中
1906	罗　鑫	西南交通大学希望学院	会计	专科二批	筠中
1907	杨清山	成都文理学院(原四川师范大学文理学院)	建设工程管理	专科二批	筠中
1908	母宝川	石家庄城市经济职业学院	医学影像技术	专科二批	筠中
1909	师　宇	川北幼儿师范高等专科学校	美术教育	艺体专科	筠中
1910	高邦耀	四川理工学院	工程管理	本科二批	筠中
1911	黄　舟	四川师范大学	美术学(宜宾)	免费师范艺体本科	县二中
1912	郭晓义	西华大学	美术学	艺体本科	县二中
1913	苏　炜	四川大学锦城学院	环境设计	艺体本科	县二中
1914	饶俊生	阿坝师范学院	美术学	艺体本科	县二中
1915	胡如广	四川民族学院	美术教育	艺体专科	县二中
1916	王　棋	阿坝师范学院	环境设计	艺体本科	县二中
1917	应少婷	阿坝师范学院	音乐表演	艺体专科	县二中
1918	毛裕沛	四川文化艺术学院	音乐表演(流行演唱)	艺体专科	县二中
1919	刘文清	四川艺术职业学院	环境艺术设计	艺体专科	县二中
1920	章　荣	四川艺术职业学院	室内艺术设计	艺体专科	县二中
1921	杨　毅	四川文化产业职业学院	数字媒体艺术设计	艺体专科	县二中
1922	田芸华	成都信息工程大学银杏酒店管理学院	环境设计	艺体本科	县二中
1923	陶寒梅	四川传媒学院	艺术设计	艺体专科	县二中
1924	平　衡	成都文理学院(原四川师范大学文理学院)	播音与主持	艺体专科	宜宾一中
1925	王　倩	鲁迅美术学院	产品设计	艺术提前批	宜宾一中

（续上表）

序号	姓名	录取学校	录取专业	录取批次	报名点
1926	肖　菡	四川音乐学院	音乐表演	艺体本科	宜宾三中
1927	江雪梅	四川理工学院	体育教育	艺体本科	县招办
1928	赵云洋	天津体育学院	体育教育	艺体本科	县招办
1929	朱发伟	四川外国语大学成都学院	体育运营与管理(国际足球方向)	艺体专科	筠中
1930	刘一梅	四川外国语大学成都学院	体育运营与管理	艺体专科	筠中
1931	秦　会	宜宾职业技术学院	物流工程技术	专科二批	筠中
1932	聂云生	四川工业科技学院	健身指导与管理	艺体专科	筠中
1933	廖德贵	四川国际标榜职业学院	社会体育	艺体专科	筠中
1934	李文勇	四川现代职业学院	机械设计与制造	专科二批	筠中
1935	王子涵	四川工商学院	电子商务	专科二批	筠中
1936	罗　淘	西南财经大学天府学院	软件技术	专科二批	筠中
1937	吴顺先	四川理工学院	体育教育	艺体专科	筠中
1938	曾文海	四川国际标榜职业学院	社会体育	艺体专科	筠中
1939	杨贵涛	四川国际标榜职业学院	社会体育	艺体专科	筠中
1940	张моб萍	四川国际标榜职业学院	社会体育	艺体专科	筠中
1941	张　尧	四川希望汽车职业学院	会计	专科二批	筠中
1942	陈茂盛	重庆信息技术职业学院	室内艺术设计	专科二批	筠中
1943	陈茂青	成都体育学院	体育教育	艺体本科	筠中
1944	王　羿	河北司法警官职业学院	刑事侦查技术	专科二批	筠中
1945	潘泠岍	成都理工大学工程技术学院	道路桥梁工程技术	专科二批	筠中
1946	王　剑	西昌学院	社会体育指导与管理	艺体本科	筠中
1947	赵　宇	四川幼儿师范高等专科学校	体育教育	艺体专科	县二中
1948	杜雪刚	川北幼儿师范高等专科学校	体育教育	艺体专科	县二中
1949	刘　江	绵阳师范学院	体育教育	艺体本科	县二中
1950	袁秋林	西昌学院	体育教育	艺体本科	县二中
1951	李　吉	成都艺术职业学院	软件技术(游戏软件技术)	专科二批	县二中
1952	邓强锋	成都体育学院	体育教育	艺体本科	县二中
1953	江俊陶	成都体育学院	体育教育	艺体本科	宜三中

说明：报名点栏中，“县招办”指筠连县招生办报名点、“筠中”指筠连中学报名点、“县二中”指筠连县二中报名点、“宜宾一中”指筠连县宜一中报名点、“宜宾三中”指筠连县宜三中报名点、“南溪一中”指筠连县南一中报名点

特　　载

干在实处　走在前列
为全面建设“四区”全力打造“三个筠连”而努力奋斗

——在中国共产党筠连县第十三次代表大会上的报告

（2016年9月26日）

中共筠连县委书记　王萍

各位代表，同志们：

现在，我代表中国共产党筠连县第十二届委员会向大会报告工作，请予审议。

中国共产党筠连县第十三次代表大会，是在我县纵深推进“十三五”新征程、全面建成小康社会的关键时期召开的一次十分重要的会议。这次大会的主要任务是：高举中国特色社会主义伟大旗帜，深入贯彻中央和省委、市委的决策部署，总结县第十二次党代会以来的工作，科学确定未来五年的奋斗目标和重要任务，选举产生新一届县委和县纪委，动员全县各级党组织和广大党员干部群众，干在实处、走在前列，坚定不移为全面建设“四区”、全力打造“三个筠连”而努力奋斗。

一、攻坚克难、砥砺奋进，转型发展成效明显

县第十二次党代会以来的五年，是筠连发展历程中极不平凡的五年。这五年，县委团结带领广大党员干部和各族人民，认真贯彻中央和省委、市委决策部署，立足县情实际，围绕“12456”发展思路，在困境中奋进、在挑战中发展、在开拓中提升，胜利完成了县第十二次党代会确定的主要目标任务，全县呈现出经济繁荣发展、社会和谐稳定的良好局面。

——五年来，综合实力持续增强。五年间GDP由66.6亿元增加到110.88亿元，年均增长10%；规模以上工业增加值年均增长16.2%；全社会固定资产投资年均增长26.9%，五年累计完成272亿元，是“十一五”时期的4倍；一般公共预算收入年均增长18.81%，达6亿元，五年实现翻番；社会消费品零售总额年均增长16.2%，达31.74亿元，五年实现翻番。2011年、2014年，先后获“全省县域经济发展先进县”称号。

——五年来，经济结构不断优化。持之以恒推进产业转型、创新发展，三次产业结构由2011年的13:73:14调整为17:63:20。工业上，新维、船景国有大矿加快建设，完成地方煤矿兼并重组，日产37万方页岩气LNG液化项目、蓝伯特生物科技项目竣工投产。农业上，以海瀛生态产业园为引擎，加快培育新型农业经营主体，分类建立相对完备的生产、加工、销售体系，获评“筠连红茶”“筠连苦丁茶”“筠连黄牛”“筠连粉条”四个国家地理标志保护产品，被列为农业部基础母牛扩群增量项目县、四川省首批肉牛标准化生产基础县和省级农业标准化示范区。三产上，依托幸福美丽新村建设，突破发展乡村旅游，成功创建乡村旅游示范县；借助“互联网+”平台，构建“1园18站243点”的电子商务网络，推动商贸业加速发展，被列为“国家级电子商务进农村综合示范县”。

——五年来，城乡面貌日新月异。统筹推进旧城改造和新区建设，主城区面积比2011年扩大46.4%；试点推进国家、省、市小城镇建设，打造了一批园区型、商贸物流型、旅游景区型特色镇；加快建设“山区美好家园”，五年累计建成特色新村（聚居点）238个。持续深化城乡环境综合治理，成功创建为省级环境优美示范县城、省级卫生县城，国家级卫生县城创建通过考核验收，省级生态县创建通过技术评估，全面启动第四届省级文明县城创建。

——五年来，民生福祉持续改善。强力推进“医疗卫生救助、住房建设保障、教育就业促进、富民产业培育、基础设施扶贫、文明新风塑造”脱贫攻坚六项行动，五年累计减少贫困人口39648人。统筹实施路网、水网、电网、气网建设，宜昭高速公路、筠巡快速通道、王家沟水库、后沟水库等一批重大工程项目加快推进，五年累计建成等级公路162千米、通村路724千米、产业便民路919千米，新增灌

溉面积 2200 公顷、安全饮水惠及 15.9 万人，新建 110 千伏变电站 4 座，完成农网升级改造 122 个村。大力发展城乡公共服务，完成农村义务教育学校基础设施项目和县城“两馆一中心”建设，社会救助福利中心、残疾人综合服务中心、县医院门诊大楼等惠民利民工程有序推进，成功创建省级科普示范县。全面提升民生保障水平，五年累计新增城镇就业 23012 人，完成农村危房改造 4783 户，建设保障性住房 2978 套、公租房 1950 套，城乡居民养老保险和医疗保险制度全面实施，城乡低保实现动态管理下的“应保尽保”。

——五年来，社会治理不断加强。严格落实安全生产企业主体责任，健全“四条线”督查和“四层级”监管体系，深入开展“六打六治”打非治违专项行动，顺利摘除“全国煤矿安全重点监控县”帽子。建立维稳工作风险评估和“三书督改”制度，推行“一网四联”和“一区四警”社会治理模式，探索形成了“1114”网格化管理新机制。深化“无非正常信访乡镇”和“人民调解规范化乡镇”创建活动，成功化解了一批信访积案。强化“法律十二进”活动和平安创建“八大行动”，探索“雪亮”工程省级试点县建设，稳步推进国安工作实体化建设，持续开展严打整治斗争，近年来没有发生个人极端事件、暴力恐怖事件、重大治安案件和大规模群体性事件。

——五年来，党的建设成效显著。突出思想政治和精神文明建设，先后开展“一心一意抓转型、凝心聚力谋跨越”解放思想大讨论活动、党的群众路线教育实践活动、“三严三实”专题教育、“两学一做”学习教育，选树培育了全国时代楷模王家元和一批敬业奉献、敬老爱亲先进典型，以“735 工程”为载体的农村精神文明建设，被中央文明办誉为“经济发展、村庄漂亮、农民快乐、人人有德”的“筠连模式”在全国推广。突出班子队伍和基层组织建设，探索推进干部平时考核“周记月考年评”制度，持续实施年轻干部人才递进培养计划，大力加强村级党组织带头人队伍建设，创造的“春风经验”被写进省党代会工作报告，探索建立困难老党员定期生活补助制度获省委组织部充分肯定。突出干部作风和党风廉政建设，全面推行电子视频点名、干部日志公示，严厉整治吃拿卡要和庸懒散浮拖行为，出台《从严管党治吏全面深化党风廉政建设 20 条措施》及配套制度，在全市率先建立“1 网 3 方阵 6 平台”惩防体系数字化监管中心，坚持零容忍、无禁区惩治腐败，五年累计立案 422 件、结案 405 件，给予党纪政纪处分 410 人，立案查处“四风”案件 112 件 121 人、公开曝光 64 件 71 人。

回顾五年来的工作，取得这些令人鼓舞的新成绩，得益于市委的坚强领导，得益于全县各级党组织、广大党员干部和各族人民的团结奋斗，得益于历届县委打下的良好基础。在此，我代表中共筠连县第十二届委员会，向县第十二次党代会的所有代表和全县广大党员干部、各族人民，向工商联、各人民团体和社会各界人士，向驻筠部队和武警部队官兵，向所有为筠连改革发展稳定作出贡献的同志们、朋友们，表示衷心的感谢！

五年来的实践告诉我们，推进转型跨越、实现富民强县：必须始终坚持党的领导，充分发挥县委统揽全局、协调各方的领导核心作用，集中精力定方向、谋全局、议大事，围绕发展出实招、办实事、求实效。必须始终坚持解放思想，着力破除观念禁锢和视野局限，始终用改革创新的思路办法来破解发展中的难题短板，使解放思想成为砥砺前行的精神动力和制胜法宝。必须始终坚持发展要务，无论外部环境如何纷繁复杂，都要坚定发展信心、保持发展定力，努力在推动产业转型、创新发展上探索新路子、迈出新步伐、开辟新境界。必须始终坚持民生为先，将有限的财力向民生工程和社会事业倾斜，尽心尽力办好打基础、利长远、增后劲、惠民生的要事难事，赢得群众的信任和支持。必须始终坚持和谐稳定，把群众路线与法治方式有机结合，做到任何情况下都首先保障人民安居乐业、社会安定有序，才能汇聚起促进经济又好又快发展的强大动能。

二、审时度势、高点起步，谱写“四区”和“三个筠连”建设的宏伟新篇

各位代表，未来五年是筠连加快转型发展的关键时期，也是全面建成小康社会的决胜阶段。纵观当前经济发展形势，我们在加快发展中面临着严峻挑战：面对宏观经济“L”型周期，经济持续低位运行，制约发展的因素增多；面对你追我赶的周边竞争态势，依靠资源相似的基础条件，走同质化发展、粗放式管理的路子越来越窄；面对供给侧改革重大历史任务，正在培育的新产业、新企业短期内无法填补传统产业退出的空间，亟需提高经济发展新旧动能的转换效率；尤其是当前我县仍处于新型工业的培育期、品质城市发展的雏形期、文旅产业的起步期，加快发展的责任之重大、任务之繁重、问题之复杂前所未有！但同时，我们又步入了机遇叠加的发展关键期，中央深入实施西部大开发和“一带一路”战略，把脱贫攻坚作为重中之重来抓，以及“互联网 +”、电子商务等新技术、新业态的蓬勃兴起，作为国家级电子商务进农村示范县、省定乌蒙山片区扶贫攻坚重点县和省级革命老区县，我们面临的现实性机遇更加优厚，筠连大有可为；经过多年来的持续奋斗，我县产业发展成效明显、统筹城乡步伐加快、生态文明稳步推进，特别是国家把宜宾列入全国 50 个铁路枢纽之一，随着宜昭高速、渝昆高铁等对外大通道的建成通车，我们具备的基础性优势更加扎实，筠连理应作为；通过环境兴县战略的不断深化，广大党员干部作风进一步转变，基层党组织战斗力进一步增强，全县人民科学实干、顽强苦干、创新巧干，思转型、谋发展、促跨越、奔小康的愿望强烈，我们蓄积的内源性动力更加充足，筠连必有作为。全县上下必须充分认识我县经济社会发展的阶段性特征，牢牢把握国际国内形势，不为传统模式所困、不为过去成绩所限、不为困难问题所惧，努力推动全县经济社会跨越发展。

着眼全局谋新篇，立足县情话发展。今后五年的指导思想是：高举中国特色社会主义伟大旗帜，深入贯彻落实党的十八大以来中央各项决策部署和习近平总书记系列重要讲话精神，紧紧围绕“四个全面”战略布局，牢固树立“五大发展理念”，突出脱贫攻坚、转型发展，统筹推进新型工业化、新型城镇化、农业现代化、文旅产业化、社会和谐化、党建科学化“六化联动”，全面建设综合能源深度开发核心区、美丽乡村特色旅游先行区、三产互动城乡统筹展示区、宜宾南向开发开放示范区，全力打造绿色筠连、生态筠连、宜居筠连，走出一条资源型地区可持续发展的新路子，确保如期全面建成小康社会。

全面建设“四区”与全力打造“三个筠连”是阶段过程与总体目标的有机结合，我们要在今后五年通过“六化联动”全面展现“四区”的崭新面貌，不断丰富和提升“四区”的内涵与质量，为打造“三个筠连”奠定具有决定性意义的坚实基础。

今后五年，全县经济社会发展的主要奋斗目标是：

——经济实力显著提升。县域经济综合竞争力明显增强，产业需求结构、要素投入结构调整取得重大突破。到2020年，全县地区生产总值突破170亿元以上，年均增长7.5%以上；全社会固定资产投资年均增长10%以上；社会消费品零售总额年均增长10%以上；一般公共预算收入稳步增长；三次产业结构优化到10:67:23左右。

——城乡发展协调美丽。品质主城区、特色中心镇、美丽新农村三级城镇体系和路网、水网、能源保障网、互联网等城乡基础设施一体化稳步推进，到2020年城镇化率达42.6%以上。以绿色发展为主要引领的经济体系和发展模式基本形成，大气、水、土壤污染得到有效防治，生态脆弱区治理富有成效，努力争创国家级生态县。

——人民生活更加幸福。全县人民收入水平和生活质量持续改善，现有贫困人口全部脱贫，到2020年城镇、农村居民人均可支配收入达39000元以上和18500元以上，年均分别增长8%和9%以上。经济社会发展的协调性显著增强，居民劳动就业更加充分、文化生活更加丰富，覆盖城乡的社会保障体系进一步完善，教育、医疗等基本公共服务均等化程度明显提高。

——社会环境和谐有序。民主不断扩大，民族团结进步，人民平等参与、平等发展的权利得到充分保障。法治观念深入人心，法治政府基本建成，司法公信力明显提高，依法维权、依法办事成为全社会的自觉行为。各领域基础性制度体系健全，治理能力现代化取得重大进展，尚法守制、公平正义、诚信文明、安定有序的依法治县新格局总体形成。

——党的建设全面加强。党建工作责任制严格落实，党的组织和工作全面覆盖，党组织的领导核心作用充分发挥，政治功能和服务功能明显增强。党的执政队伍素质全面提升、作风持续改进，反腐败斗争取得明显成效，为民务实清廉成为行动自觉，干部清正、政府清廉、政治清明的从政环境总体形成。

实现上述目标，必须干在实处、走在前列。干在实处，就是要“干”字当头，想干事、会干事、敢干事、干成事；“实”字为要，摸实情、说实话、做实功、办实事，干在推动发展、服务群众、凝聚人心、促进和谐的实处。走在前列，就是要敢与强的比、敢向高的攀、敢跟快的赛，提升发展标杆、提升工作标准、提升精神状态。干在实处是走在前列的前提，走在前列是干在实处的结果。各级干部尤其是领导干部要把关定向、带好队伍，中层干部要掌握实情、提升能力，一般干部要爱岗敬业、落实责任，村社干部要进门入户、全心为民。全县上下心往一处想、智往一处谋、劲往一处使，以“三级联动”“重心下移、块抓条保”的责任体系，以“功成不必在我，成功途中一定有我”的壮志豪情，以干在实处、走在前列的工作状态，汇聚起建设“四区”、打造“三个筠连”的强大动力。

三、精准施策、真抓实干，落实“四区”和“三个筠连”建设的战略举措

未来五年，要全面践行“五大发展理念”，突出脱贫攻坚、产业转型、美丽乡村、深化改革、投资引才五个重点，全力推进“四区”和“三个筠连”建设。

（一）以脱贫攻坚为统领，在共享发展上大突破，实现社会建设与经济建设同步发展。从解决人民群众最关心最直接最现实的利益问题入手，着力补齐短板，让全县各族人民共享改革发展成果。一是坚决打赢脱贫攻坚战役。脱贫攻坚是我们的头等大事、最大的民生。要把生态文明建设与脱贫攻坚结合起来，把产业发展、美丽乡村建设与脱贫攻坚结合起来，围绕“两不愁、三保障”和“五有”“四个好”的总体目标，深化“四准”扶贫机制，突出“六字”措施精准施策，着力实施“四个一批”“六大兜底”和“十七个扶贫专项”计划，强力推进脱贫攻坚工作，确保到2017年完成减贫目标任务80%以上，到2018年底建档立卡贫困村全部脱贫出列，实现整县脱贫摘帽，2020年全面建成小康社会。二是持续推进民生事业发展。要把社会事业进步和民生改善摆在突出位置，搞好“基本民生”，关注“热点民生”，保障“底线民生”，加强城乡居民就业服务引导，做好就业创业培训工作，促进高校毕业生、农村转移劳动力、城镇就业困难人员、退役军人等人群就近就地就业。统筹推进各级各类教育均衡发展，同步抓好医疗卫生、文化、体育等社会事业改革发展。完善社会保障和社会救助制度体系，建立健全农村留守儿童和妇女、老人关爱服务体系。坚持人口计生基本国策，促进人口长期均衡发展。三是着力构建安全和谐环境。切实落实社会治安综合治理领导责任制，深化平安筠连建设，稳步推进“雪亮”工程建设，建立立体化治安防控体系，全面落实网格化服务管理，扎实推进社会稳定风险评估，强化信访和群众工作，加强矛盾纠纷排查化解，全力维护社会稳定，坚决防止发生个人极端事件、暴力恐怖事件、重大治安案件和大规模群体性事件。全面落实安全生产“党政同责、一岗双责”，统筹抓好煤矿、非煤矿山、道路交通、建筑施工、危化品、食品药品、消防等重点行业和领域安全生产，严防重特大事故发生。

（二）以产业转型为重点，在绿色发展上大突破，实现发展速度与发展质量同步提升。以可持续发展为取向，以绿色生态资源为基础，坚定不移地走转型发展之路，推动三次产业融合发展，不断提高经济发展的质量和效益。一要加快发展新型工业。坚持拉长链条、提升层次、做大总量，突出打造能源综合开发、特色农产品精深加工两大产业集群。要围绕工业转型升级，不断提升煤炭生产的规模化、集约化和信息化水平，实现煤炭产业高效、绿色、安全发展；要积极培育新型能源，推进页岩气综合开发利用，延长页岩气产业链条，不断优化能源结构；要加快推进以茶叶、肉牛、生物质提取为主的特色农林产品加工业，突出打造绿色食品加工重点县。二要全面发展第三产业。要把全县作为一个大景区来建设，突出经营山水、经营村庄、经营美食，推进城景深度相融发展，做大生态休闲康养旅游产业。要借助渝昆高铁、宜昭高速公路建设，进一步完善物流发展规划，做活以专业市场集群发展为特征的现代物流业。要利用“互联网＋”思维，培育壮大农村电子商务市场，加快电子商务推广运用，做强以电子商务为重点的信息服务业。要围绕服务业布局优化、业态创新，高标准推进特色商业街区建设，改造提升房地产、住宿餐饮等传统服务业，发展金融信息、物管家政、养老服务等新兴服务业，做优生活服务业。三是提升发展现代农业。要大力发展休闲农业、创意农业、观光农业，实施农业标准化、品牌化、生态化战略，着力构建茶叶、肉牛、青蒿、漆树等产业延伸循环链条。要扶持培育农业龙头企业、专业合作社、家庭农场等新型经营主体，健全农业社会化服务体系和农村金融服务体系，着力通过“互联网＋”全力打造特色农产品品牌，不断提高农业现代化水平，增强农村经济发展活力。

（三）以美丽乡村为载体，在协调发展上大突破，实现城市发展与农村发展同步推进。按照“一轴、两核、四组团”的组合型城市结构，紧扣“宜居宜业宜游”取向，推动“品质城区”“特色小镇”与“美丽新村”共融发展。一是推进城镇一体化。要围绕优化生产、生活、生态三大空间布局，加快完善城南新区城市功能，加速打开城南新区拓展区发展空间，全面完成老城区棚户区改造。要建立行之有效的办法机制，让进城农民“愿意进、留得住、能发展”，力争到2020年，县城主城区面积增加2平方千米、人口增加2万人。要围绕产业“精而特”、环境“优而美”、体制“新而活”，规划建设巡司温泉度假小镇、塘坝茶马古驿小镇、腾达观光旅游小镇、大雪山红色记忆小镇、蒿坝避暑纳凉小镇等一批“产镇融合”特色小镇，打造拉动经济增长的新引擎。要按照“小规模、组团式、微田园、生态化”的建设模式，突出产业生态美、新村自然美、农民幸福美、社会和谐美，全力打造幸福美丽新村，走出一条农业人口就地向非农产业转移、农村产业向二三产业靠齐，但人口资源不向城市聚集的就地城镇化发展新模式。二是实施基础设施大会战。要加快推进宜昭高速、渝昆高铁、3条国省干线、筠盐铁路、金筠铁路改造升级和县乡公路、农村道路新建与改造，形成内联外畅的道路交通网。要加快建成王家沟水库、后沟水库，继续实施“五小”水利工程，实现农村安全饮水全覆盖。要新建和扩建升级一批35KV、110KV输变电工程，加快城乡电网升级改造和智能电网建设，合理布局各乡（镇）燃气管道、加气站。要加快推进广播电视网、电信网、互联网三网融合发展。三是提升生态文明度。要坚持保护优先、自然恢复为主方针，以退耕还林、森林保护、水土流失综合治理、流域治理、矿区综合治理、易灾区综合治理和生态示范创建为工作抓手，大力实施“青山、碧水、净土、蓝天”四大工程，实现绿水青山与金山银山有机统一。要深入推进城乡环境综合治理，积极创造舒适优美的发展环境和人居环境。

（四）以深化改革为牵引，在创新发展上大突破，实现内生动力与市场活力同步激发。充分发挥区位、资源、产业等组合优势，以更大的决心和勇气全面推进各领域改革，着力破解制约经济社会发展的体制机制问题，切实增强发展活力和动力。一是深化农村综合改革。要全面深化农村土地制度、农业经营制度和农村产权制度改革，创新农村集体“三资”管理监督和收益分配制度，建立统一规范的农村产权交易平台，进一步推进农村承包土地经营权和农民住房财产权抵押担保，保障农民公平分享土地增值和集体产权效益。二是深化经济体制改革。要推进供给侧结构性改革，鼓励和支持企业并购、重组，支持实体经济发展，依法淘汰落后产能。要深化财税体制改革，建立全面规范、公开透明的预算制度。要大力发展地方金融机构，推行“政府＋银行＋担保公司”新型合作机制，积极搭建金融保险资金与地方融资项目对接平台。要大力推广PPP模式，引导民间资本参与各类投资和公共服务。三是深化行政审批制度改革。要加快政府职能转变，清理规范行政权力，制定“权力清单”，再造权力运行流程。要完善政府职责体系，优化政府机构设置、职能配置和工作流程，最大限度地解决部门职责交叉分散问题。要以行政审批制度改革作为突破口，全面清理规范并逐步取消非行政许可审批，推行跨部门、跨层级、跨乡（镇）并联审批工作。要深化“放管服”改革，推进“一窗一章”政务服务改革，实现“简政放权、审管分离”减少行政审批事项，简化审批流程，提升服务质量和效率。要顺应大数据时代，运用“互联网＋政务”等新模式，加快项目在线审批监管平台建设。四是大力推进“双创”。要强化科技创新驱动，加强创新孵化器建设，积极引进和培育一批有自主知识产权和品牌的技术创新型示范企业、科技型小微企业,健全以企业为主体、市场为导向、产学研政相结合的技术创新联盟,让各种研发成果在筠连找到成长的沃土。要积极落实创业优惠政策,加强创业技能培训,激发创业激情,引导支持大学毕业生自主创业、致富能手返县创业,加快形成“大众创业、万众创新”的生动局面。

(五)以投资引才为关键,在开放发展上大突破,实现自强自立与借船出海同步发力。抢抓国家“一带一路”“长江经济带”等战略机遇,主动融入宜宾“长江上游绿色发展示范市”“川南区域中心大城市”等区域建设,着力打造宜宾南向云南开放的合作平台、交流窗口,努力提升我县对外开放水平。一是打造开放的园区平台。要加快推进园区基础设施建设,不断完善园区配套功能、提升园区承载能力,培育扶持一批技术雄厚、管理先进、实力强大的龙头企业,着力解决园区产业层次低、产品增值低、科技含量低、装备水平低的问题;要全面深化园区管理体制改革,加快信息化平台建设,不断提升园区政务管理、企业管理、社会服务水平,把园区建设成为具有孵化抚育、中介服务、网络平台、科技融资、人才支撑的对外开放的合作平台。二是构建开放的投资环境。要充分发挥我县资源优势和“筠商”品牌,突出精准招商、精准投资,深化区域合作,积极承接长三角、珠三角等发达地区产业转移,推动招商引资向以优化工业结构为重点的产业招商转变、向以文化旅游为重点的业态招商转变,切实提升招商投资实效。要坚持换位思考、主动靠前服务,及时掌握企业发展动态,做到精准施策、精准服务,切实为企业解决好资金、技术、信息、市场等难题,着力构建“亲”“清”新型政商关系,营造优质的服务环境。三是构建开放的人才体系。要制定更加开放、更为灵活、更富效率的人才政策,深化校县合作、校企合作,大力引进一批创业人才、领军人才、高层次管理人才、专业技术人才和高技能人才。要完善、落实好人才服务和激励机制,使各类人才招得来、留得住、用得好。要坚持专业急需人才引进、本土人才培养和高端人才柔性使用并重,通过大力实施青年创业促进等人才工程,鼓励科技人才到基层创业创新,把筠连打造成为人才向往之地、大有可为之城。

四、党要管党、从严治党,筑牢“四区”和“三个筠连”建设的保障基础

建设“四区”、打造“三个筠连”,关键在党、关键在干部。各级党组织要把抓好党建作为最大政绩,以严的精神、实的作风,深入推进全面从严治党,切实把党的政治优势和组织优势转化为加快发展的强大力量。

(一)突出“统揽全局”,加强民主政治建设。要充分发挥县委统揽全局、协调各方的领导核心作用,进一步加强和改进党对人大、政协工作的领导,支持人大、政协依法依章开展工作,更加有效地发挥各级人大代表和政协委员作用。要巩固发展新时期爱国统一战线,加强同工商联和无党派人士的合作共事,进一步做好对台、民族、宗教和侨务工作。要支持群团组织和社会组织加强自我管理、参与社会服务,不断提升社会协同管理水平。要坚持党管武装原则,搞好国防动员和民兵预备役建设,全面深化和推进“双拥”共建工作。

(二)突出“思想引领”,加强思想理论武装。要着眼于把握和适应新常态,充分发挥党委(党组)中心组学习的示范作用和党校干部教育培训的主阵地作用,深入开展主题实践教育活动,讲述筠连好故事、传播筠连好声音。要严格落实党委(党组)意识形态工作主体责任,完善预警机制,引导广大党员牢记为民宗旨,切实增强政治意识、大局意识、核心意识、看齐意识。要大力培育和践行社会主义核心价值观,开展常态化文明载体创建和道德模范评选,培育文明新风。要建立正向激励和容错纠错机制,旗帜鲜明地为实干者加油、为创新者鼓劲、为担当者担当,激励广大干部专心谋事、踏实干事、实干成事。

(三)突出“选贤任能”,加强干部队伍建设。要认真贯彻好干部标准,鲜明用人导向,注重从脱贫攻坚、招商引资、项目建设等一线锻炼干部、识别干部、选拔干部,做到为事业选人、靠实绩用人。要开展大规模、全覆盖、高质量的干部教育培训,切实盘活干部资源。要创新干部考核方式,推行日常式、跟进式、一线式考核,加大竞争上岗和轮岗交流力度,严厉整治“为官不为、懒政怠政”,全面落实领导干部能上能下制度,及时调整不适宜担任现职的干部。要严格落实个人事项报告制度,健全干部谈心谈话和函询诫勉制度,不断强化各级干部的规矩意识、规则意识,确保权力规范运行、干部健康成长。

(四)突出“强基固本”,加强基层组织建设。要坚持分类施策和整体推进相结合,统筹抓好农村、社区、机关、非公经济和社会组织等领域党建工作,实现党组织和党的工作从“有形覆盖”向“有效覆盖”转变。要围绕增强基层党组织的政治功能和服务功能,培育打造“一区三带”党建示范群,推动基层党组织全面进步、全面过硬,实现党建与经济深度融合发展。要建立稳定的基层党建经费保障制度,充分调动基层党员干部的积极性,确保基层党组织有人管事、有钱办事、有场所议事。要建立健全“三级联述联评联考”制度,认真落实“三会一课”、领导干部双重组织生活、民主评议党员、党员党性定期分析等制度,推动党内政治生活规范化、制度化、常态化。

(五)突出“从严从实”,持续改进工作作风。要认真贯彻中央和省委、市委决策部署，健全作风建设长效机制，持续推动中央八项规定和省市县有关规定贯彻落实。要聚焦重点领域、盯紧关键节点、扭住具体问题，密切关注“四风”新形式、新动向、新表现，深入开展明察暗访、监督检查和警示提醒，加大通报曝光和惩处问责力度。要自觉践行群众路线，坚持领导干部带头，创新工作方法，全面深化“三级联动”转作风促发展考核机制，扎实做好新形势下的群众工作。要深入持久开展效能建设，弘扬“马上就办”“办就办好”精神，促进服务理念再提升、发展环境再优化。

（六）突出“挺纪在前”，深入推进反腐倡廉。要坚持纪在法前、纪严于法、纪法分开，综合运用监督执纪“四种形态”，抓早抓小、动辄则咎，使咬耳扯袖、红脸出汗成为常态。要坚持教育在先、警示在前，深化廉政文化建设，加强廉政教育和风险防控，引导广大党员干部知敬畏、明底线、守规矩。要坚持用制度管权管事管人，围绕权力集中、资金密集、廉政风险易发多发的重点领域、重点部门、重要岗位，打“补丁”、堵“漏洞”，常态化开展巡察工作，将审计监督向基层延伸，让权力在阳光下运行。要坚持无禁区、全覆盖、零容忍，加大案件查办和执纪问责力度，以反腐倡廉的实际成效取信于民。

各位代表、同志们！百舸争流，破浪者领航；千帆共进，奋勇者当先。让我们紧密团结在以习近平同志为总书记的党中央周围，在省委、市委的坚强领导下，开拓进取、顽强拼搏，创造无愧于时代、无愧于人民、无愧于历史的新业绩，为全面建设“四区”、全力打造“三个筠连”而努力奋斗！

名词解释

1.“四条线”督查：第一条线是县安监局、矿监办对乡（镇）、部门安全监管人员监管工作情况进行检查。第二条线是由纪检监察对一线监督人员的履职情况和廉政建设实行经常性巡查。第三条线是县委县政府督查目标办经常性抽查乡（镇）、部门监管工作开展情况。第四条线是县委“三级联动”办公室对乡（镇）、部门安全生产工作进行督查。

2.“四层级”监管：即通过整合乡（镇）部门监管力量，形成驻矿安监员和乡（镇）安办盯矿人员实施盯守型监管，安全巡查中心和乡（镇）安办人员实施日常型检查（常规性）监管，部门专业技术人员重点型监管，县级相关部门开展联合执法检查（综合性）监管四级监管体系。

3.三书督改：县维稳办针对乡（镇）、县级部门对化解矛盾纠纷不及时、解决群众困难不主动等情况，向相关乡（镇）、部门发出维稳工作建议书、维稳责任追究预告书、维稳工作一票否决决定书，督促基层干部履职尽责。

4.一网四联：“一网”即在互联网上建立社区基层治理信息网，将走进社区、依法治村、民主管村、科技兴村、民生服务、治安防控等六大信息纳入其中；“四联”是指一体机、电视、电脑、手机四种信息手段都可以联接访问“一网”，查询“一网”中六大信息内容，群众既可以到村活动室点击一体机连接网络访问网页信息，也可以在自己家中或在外务工地通过电视、电脑、手机连接网络访问。

5.一区四警：即在每个社区成立由人民法官、人民检察官、公安民警、司法助理员组成的“四警”队伍，变“偶进社区”为“常驻社区”。

6.“1114”网格化管理：指采集、上报、交办、处置、反馈、回访、考核、结单归档的“一个闭环办事流程”；“1+2+X”和“三级双代”相结合的“一支综合服务队”；形成“基层服务一网向下延伸、基础信息一网采集录入、民生事件一网分流督办、日常工作一网考核评估、关联数据一网比对查询”的全县一网全覆盖工作格局，实现了防控零盲点、关爱零缺失、治理零空白、服务零距离的“四零目标”。

7.法律十二进：法律进机关、进乡村、进社区、进学校、进企业、进单位、进寺院、进楼院、进景区、进网吧、进工地、进公共场所。

8.平安创建“八大行动”：严打整治、重点场所整治、重点地区整治、治安防控、矛盾纠纷化解、特殊人群管理、政法形象提升、平安氛围营造八大行动。

9.“雪亮”工程：指建立集纵向贯通、横向集成、共享共用的“网格化服务管理信息平台”“美丽乡村信息平台”“6995”联防互助平台、“电商”平台四个平台为一体的“雪亮工程”综治工作平台。（“6995”联防互助平台：以就近居住的10-15户村民编制加入镇域网、村网、单位集团网（即短号），紧急情况下拨打“6995”实现“邻里互助、亲友互帮、警民互动、联防联治”“联防小组”平台。）

10.735工程：即精神文明建设“735”示范工程，“7”即春风文化长廊、农民图书馆、文化活动中心、村史陈列室、农民健身中心、舞台影院、农村信息服务站七个阵地，“3”即春风农民文艺演出、春风志愿服务、春风乡贤三支队伍，“5”即开展最美春风赛、最美春风行、最美春风村、最美春风赞、最美春风人五项活动。

11.1网3方阵6平台：以惩防体系信息网为载体，分机关、农村、企业3个方阵，打造行政审批监督、行政执法监督、市场化配置资源监督、落实两个责任信息公开、新农村建设信息公开、干群交流互动信息6个平台，做到惩防体系长效机制构建、行政权力公开透明运行、打造优良服务环境三个结合，实现公开、监督、查处三大功能。

12.三级联动：即突出班子队伍、党风廉政、安全生产、信访维稳、脱贫攻坚、重点项目六项重点，实行县、乡(镇)、村(社区)三级干部捆绑联动和责任连带管理考核，实现县级决策督导、部门服务管理、乡(镇)统筹规划、村级承接提升的叠加效应。

13.“重心下移、块抓条保”：“重心下移”是指各项工作必须深入基层、深入现场，工作重点在经济社会发展的最前沿，做到调查研究在一线、组织指挥在一线、解决问题在一线、责任落实在一线。“块抓条保”，“块”是指乡(镇)、村组，“条”指行业管理部门，总起来就是各乡(镇)、村组承担工作主体责任，县级各部门加强业务指导和考核管理，切实履行职责，发挥保障作用，做到条块结合，形成工作合力。

14.“四准”扶贫机制：指找准人，实现“真识别”与“真帮扶”有机结合；定准位，实现“要我富”与“我要富”有机结合；选准路，实现“改环境”与“兴产业”有机结合；用准力，实现“活资源”与“聚力量”有机结合。

15.“六字”精准施策：指加强医疗卫生救助体系建设，突出一个“底”字；加强贫困农户住房保障建设，突出一个“安”字；加强贫困地区教育事业建设，突出一个“能”字；加强贫困地区三次产业建设，突出一个“好”字；加强贫困地区基础设施建设，突出一个“畅”字；加强贫困地区精神文明建设，突出一个“志”字。

16.一轴、两核、四组团：一轴即筠巡快速通道展开的城市南北向发展轴，两核即古楼绿色生态核、城南新区城市综合服务核，四组团即筠连组团、古楼-林家湾组团、巡司组团、海瀛组团。

17.3条国省干线：国道246线遂宁至麻栗坡(筠连至蒿坝)、省道444线石海(兴文)—筠连(腾达至横山子)、省道312线古蔺水口—筠连蒿坝(高坎至大雪山镇)。

18.“五小”水利工程：小水窖、小水池、小泵站、小塘坝、小水渠的总称，是主要面向干旱山丘的小型水利工程。

19.三资：农村资金、资产、资源。

20.“放管服”：“放”即简政放权，降低准入门槛”；“管”即公正监管，促进公平竞争”；“服”即高效服务，营造便利环境。

21.一窗一章：县政务服务中心牵头，联合各审批部门构建审批平台，利用数据“内循环”，让服务对象在县政务中心“一门进出、一窗受理、一章办结”的服务新模式。

22.三级联述联评联考：指县委书记、乡镇(部门)党(工)委书记、村(社区)以及各行业系统党支部(总支)书记抓基层党建工作情况分别向上一级党委进行专项述职；组织基层党组织书记、党员和群众代表对乡(镇)、村(社区)以及各行业系统党组织(总支)抓基层党建工作情况进行评议，上一级党组织对下一级党组织开展党建工作情况进行考核。

筠连县人大常委会工作报告

——在筠连县第十六届人民代表大会第一次会议上

(2016年12月18日)

筠连县人大常委会主任　何　跃

各位代表：

我受筠连县第十五届人民代表大会常务委员会的委托，向大会报告工作，请予审查。

五年工作回顾

五年来，县人大常委会在县委的坚强领导下，坚持"四个全面"战略布局，深入学习贯彻习近平总书记系列重要讲话精神，围绕县委决策部署，认真履行宪法和法律赋予的职权。五年来，召开人民代表大会6次、人大常委会会议46次，听取审议"一府两院"专项工作报告71个，提出审议意见22个，审查批准议案33个，作出决议决定60项；依法任免国家机关工作人员181人次、人民陪审员59人次，接受辞去县十五届人大代表18名，依法补选市四届人大代表1名、县十五届人大代表14名。听取县人民政府"十二五"规划执行的中期评估报告；听取审议"十三五"规划编制工作情况报告，审查批准"十三五"规划。圆满完成县第十五届人民代表大会各次会议确定的目标任务。

一、贯彻县委决策部署，着力经济转型发展

一是致力产业转型。围绕县委产业转型、创新发展的决策部署，依法作出《关于推进环境兴县战略的决议》，号召全县机关、企事业单位、人民团体、社会组织和全县人民主动作为，形成推进筠连转型发展的合力。

着力推动新型工业发展。审议海瀛产城融合工业园区、巡司循环经济工业园区、镇舟现代煤化工工业园区规划；调研"两化互动"发展情况，形成专题调研报告；视察海瀛产城融合工业园区、巡司循环经济工业园区以及茶叶、筠连黄牛、青蒿、漆树、页岩气等建设项目；听取县人民政府关于筠连县产业转型发展情况、工业集中区建设情况等专项工作报告6个，建议县人民政府在做好招商引资项目落地工作的同时，千方百计加大对县域内现有企业的关心扶持力度；督促县人民政府积极应对上级政策性煤矿关停压产决定，大力调整产业结构，积极培育壮大页岩气开发利用、煤矸石发电、绿色食品加工业等新兴产业，实施工业强县战略。

着力推动现代农业发展。视察漆树基地、青蒿基地、川南肉牛交易市场、现代烟叶产业化基地，调研肉牛、林竹、烤烟等农林特色产业发展，听取县人民政府关于茶产业发展情况等专项工作报告7个，形成专题调研报告，建议县人民政府扶持培育龙头企业、专业合作社、家庭农场等新型经营主体，优化资源配置，实施品牌战略，促进一二三产业融合发展。

关注文化旅游产业发展。检查《四川省风景名胜区条例》实施情况；视察塘坝清溪沟茶文化主题公园、幸福综合体、春风生态度假旅游区、团林苗彝新村；调研文化强县工作，建议县人民政府注重挖掘地方传统特色文化，突出生态优美、产村相融、文旅互动的有机结合，着力打造旅游精品。

二是推动项目建设。围绕县委加快项目建设要求，听取县人大常委会批准的重点民生项目实施情况的报告，重点督促宜昭高速公路、王家沟水库、后沟水库等29个重点民生工程建设。加强对重点项目建设的事前、事中监督，视察重点民生工程项目，协调解决项目建设中的困难；批准《筠连至巡司一级公路新建工程BT招商方案》《城南新区市政道路建设工程实施BT模式公开招商建设》等26个议案；开展招标投标法执法检查，建议县人民政府加大招标投标法宣传力度，提高涉法部门的法律意识；不断完善制度，规范招投标工作管理方式方法；完善评审制度，确保评标活动公正；强化监督管理，加大对招投标活动中违法违规问题的查处力度。促进县人民政府进一步加快项目建设进度，提高资金使用绩效。

三是促进城乡发展。推进"十三五"规划关于城乡一体化布局的科学编制，听取审议城乡一体化专业规划编制工作情况报告；批准修编《筠连县城市总体规划(2005～2020)》。要求县人民政府严格执行规划，促进城乡一体化发展。

不断推进宜居城市建设。听取县人民政府关于开展"四城同创"工作情况报告，视察定水河治理、城南新区、定水四桥、筠巡快速通道等市政工程建设。督促县人民政府开展棚户区改造安置房建设，要求县人民政府加大县医院、妇幼保健院、消防站、筠连三中、幼儿园等公共服务基础设施建设投入力度，促进城市综合服务功能进一步完善，文明创建与城市发展同步协调。

促进幸福美丽新村建设。视察新农村建设、农网改造、电力基础设施建设和烟水配套工程建设，督促县人民政府对筠连镇、巡司镇片区土地进行整理；调研国土资源管理、农村集体土地使用权流转情况，督促县人民政府进一步加强农村基础设施建设，合理配置土地资源，促进农民增收，推动农业产业现代化发展。

二、关注民生事业发展，推进法治筠连建设

一是关注民生持续改善。检查老年人权益保障法和未成年人保护法实施情况，建议县人民政府加强宣传教育，更广泛动员社会各界参与敬老爱幼公益事业，进一步关注空巢老人和留守儿童状况，推动老年人和未成年人工作法制化；调研农村义务教育“五大工程”建设，建议县人民政府更加重视基础教育，不断改善教学条件，促进城乡教育事业健康、均衡、可持续发展；调研学前教育发展情况，建议县人民政府制定学前教育中长期规划，加大学前教育投入；视察全县职业教育工作，建议县人民政府拓展职业教育发展思路，为筠连实施工业强县战略培育高素质的产业人才队伍；调研农村医疗卫生工作，建议县人民政府进一步深化医疗卫生体制改革，加强乡(镇)卫生院和社区、村卫生室建设，不断提升社区和农村医疗卫生服务水平；听取县人民政府关于少数民族待遇县政策落实情况的报告，建议县人民政府结合脱贫攻坚，用好用足少数民族待遇县政策，促进边远少数民族乡经济社会和民生事业发展，为少数民族乡与全县同步小康打下良好基础。

二是推进法治筠连建设。贯彻落实县委《关于贯彻落实党的十八届四中全会、省委十届五次全会和市委四届九次全会精神全面深入推进依法治县的决定》，听取县人民政府关于“六五”普法工作推进情况报告，作出审议意见，推动“六五”普法各项目标任务圆满完成；跟踪调研《关于继续深入开展法制宣传教育的决议》落实情况，建议县人民政府利用各类宣传载体，抓好“法律十二进”与法制教育的结合。

检查国务院宗教事务条例、四川省物业管理条例等15部法律法规的贯彻实施；审查批准《县人民法院关于提请审议增加人民陪审员名额方案的议案》；视察县人民法院处理民间借贷工作情况，建议县人民法院准确区分经济纠纷和经济犯罪，重视民间借贷纠纷案件的调处工作；视察基层法庭规范化建设、民商事执行、刑事审判等工作，建议县人民法院切实抓好基层法庭规范化建设，进一步加大民商事案件审结后的执行力度，进一步规范刑事、刑事附带民事审判的程序和要求；视察县人民检察院反渎职侵权、侦查监督、监所检察、反贪污贿赂职务犯罪等工作，建议县人民检察院不断加大反渎职侵权、反贪污贿赂职务犯罪工作力度，进一步推进侦查监督、监所检察工作；视察县公安局基层派出所标准化建设，调研公安指挥“扁平化”、治安防控“现代化”建设，建议县公安局严格执行警纪条规，加强警用技术装备建设，提升惩治违法犯罪和维护公共安全能力，加强对派出所的业务指导，不断提高派出所业务水平和侦破能力；调研县司法局工作，建议县司法局加强对基层工作的领导，充分发挥社区作用，协调统筹各方力量参与社区矫正工作。

认真做好人大信访工作。落实县人大常委会领导定期接访和包案制度，调研涉法涉诉信访工作情况，促进“信”访向“信”法的转变，采用法定程序化解信访。五年来，共处理群众来信来访386件次。

三是助力脱贫攻坚工作。按照省市人大统一安排和县委脱贫攻坚决策部署，县人大常委会制定关于开展“脱贫攻坚——人大代表再行动”活动的实施意见，扎实推进脱贫攻坚工作。开展四川省农村扶贫工作条例执法检查，组织人大代表视察全县脱贫攻坚工作，听取县人民政府关于开展脱贫攻坚工作情况的报告，建议县人民政府采取有力措施，激发贫困户脱贫致富奔小康的主观能动性；加大非贫困村插花贫困户的脱贫工作力度；加强精准扶贫政策性资金的使用和监管。人大代表积极主动宣传县上惠民政策，指导农业科学技术，引入项目或产业，带头示范致富，调动贫困户勤劳致富的主动性。通过1名领导代表对口帮扶1个贫困村、1名脱产代表帮扶1户贫困户、不脱产代表搞好脱贫致富示范等方式，助力全县脱贫攻坚工作。

四是促进社会安全和谐。开展安全生产法、矿山安全生产法执法检查，要求县人民政府组成部门每年在县人代会上报告安全监督管理履职工作情况，督促县人民政府加强矿山、交通、燃气等行业安全隐患整治，夯实安全监管基础，落实企业主体责任，切实保障群众生命财产安全；配合省人大调研矿区地质灾害情况，加大矿区地质灾害治理；开展食品安全法执法检查，听取县人民政府实施食品安全法、农产品质量安全法的情况报告，建议县人民政府加大重点领域整治，加强食品源头管理，注重农产品安全质量，提升筠连绿色食品的品牌形象；调研农村安全饮水，建议县人民政府加大水源地保护力度；开展大气污染防治法、水污染防治法、固体废物污染环境防治法执法检查，建议县人民政府进一步加强对重点污染源的执法监督，提高综合治理环境污染水平，不断推进筠连环境友好型建设。

三、服务代表依法履职，提高代表履职能力

一是做好代表联络服务。建立代表联络服务站；完善县人大常委会组成人员联系代表制度；组织代表小组开展活动，为代表履职提供优质的服务；围绕精准扶贫、产业转型、重点项目建设等经济社会发展中的重大问题，组织县人大代表开展集中视察9次；邀请代表列席县人大常委会会议195人次；组织代表参与执法检查、专题调研等工作，不断拓展代表履职渠道；组织开展代表集中培训，举办组织法、代表法、选举法、预算法专题讲座，每年安排省、市、县人大代表参加全国、省、市人大举办的培训班学习；为代表订阅《中国人大》《人民权力报》《民主与法制》《宜宾人大》等学习资料，不断丰富代表学习内容；强化代表建议办理，通过重点督办、代表参与办理、座谈或实地协商办理、目标督查室协助督办、召开建议办理表彰会、听取专项工作报告，不断提升代表建议办理质量；召开代表议案建议征集会，服务省、市人大代表提出议案9件、建议188件；制定代表优秀议案建议评选表彰办法，评选表彰县人大代表优秀建议59件，进一步激发代表认真履职的积极性。

二是突出代表主体作用。组织各级人大代表，参与县人大常委会开展的执法检查、视察、调研；结合工作岗位和专业特长，主动在闭会期间突出代表自身主体，充分发挥代表作用；形成各级人大代表合力，对全县及所在乡(镇)的产业发展、重点民生项目建设等开展视察、调研、评议，提出意见和建议；代表履职热情高涨，建议数量逐年增加，质量逐年提高。五年来，县人大代表提出建议829件；在筠选举的市人大代表提出建议187件，被市人大常委会表彰为优秀代表建议24件；驻筠省人大代表提出议案、建议70件。其中省十一届人大一次会议上提交的《关于尽快出台〈四川省地质灾害防治条例〉的议案》，实现宜宾市代表团在省人代会上被列为议案零的突破；提交的《关于制定四川省〈中华人民共和国食品安全法〉实施条例的议案》被列为省十二届人大一次会议一号议案。

在筠连电视台、《绿色煤都》报开设《人大代表风采》专栏，宣传代表在履职特别是在脱贫攻坚中的典型事迹，营造人大代表积极履职的浓厚氛围。

四、代表换届程序规范，选举符合法律规定

(一)加强换届选举组织领导。在县委的领导下，县十五届人大常委会第43次会议作出《关于筠连县人民代表大会换届选举的决定》，成立筠连县选举委员会和选举委员会办公室；依法作出选举日决定；制定换届选举实施方案；设立84个县人大代表选区领导小组，指导乡(镇)设立417个乡(镇)人大代表选区领导小组，向乡(镇)派出县乡人大换届选举工作指导组。深刻汲取衡阳、南充、辽宁“三案”教训，精心组织换届选举各个阶段工作；主动接受市委换届工作指导组的业务指导；自觉接受市委换届工作督查组和县纪委的监督，加强县乡人大换届选举纪律风气督查和业务指导。经各方共同努力，圆满完成县乡人大代表换届选举工作。

(二)精心安排县乡两级人大换届选举工作。县人大常委会加强对县选举委员会的领导，按照选举法及相关法律规定，认真做好县乡人大换届选举各项准备工作。科学进行选区划分；合理分配代表名额；准确进行选民登记；依法提出县乡(镇)人大代表候选人；依法组织选民酝酿、协商县乡(镇)正式代表候选人。2016年11月11日，依法组织84个县人大代表选区和417个乡(镇)人大代表选区选出县十六届人大代表202名、新一届乡(镇)人大代表987名；选出的县十六届人大代表和新一届乡(镇)人大代表，拥护中国共产党的领导，拥护中国特色社会主义道路和人民代表大会制度，模范遵守宪法和法律，密切联系群众，具有履职意愿和履职能力，结构比例合理。

(三)精心指导乡(镇)召开新一届人大一次会议。县人大常委会高度重视乡(镇)新一届人大一次会议的召开，及时作出工作安排，调整充实乡(镇)人代会业务指导力量，组织开展人代会业务培训，提供乡(镇)人代会参考资料，保证了乡(镇)人代会的召开程序合法、规范，确保了乡(镇)人大、政府班子选举成功。

五、加强人大自身建设，提升整体工作水平

一是加强作风建设。深入学习党的十八届三中、四中、五中、六中全会和县委十二届九次、十次全会精神，推动人大工作和建设的思想自觉和行动自觉。扎实开展党的群众路线教育实践活动、“三严三实”专题教育、“两学一做”学习教育，进一步坚定理想信念、提升工作水平。认真落实县委“三级联动”要求，以定点帮扶和“干部走基层、真情五为民”等活动为载体，牵头组织定点帮扶单位，帮助贫困村解决道路、用水、供电等基础设施建设，帮扶贫困户谋划生产发展；开展“国家宪法日”宣传活动；健全执法检查、视察、调研、审查专项报告等工作前学法制度；认真参加全市人大建“四型”机关活动；完善干部任前法律知识考试制度；执行被任命人员宪法宣誓制度；公开出版《筠连县人大志》；深入持久宣传县人大常委会在推动基层民主法制、地方政权建设、保障宪法法律法规实施等方面的积极作用，全县人大系统作风建设成效明显。

二是注重制度规范。县十五届人大四次会议修订《筠连县人民代表大会议事规则》；县人大常委会修订《筠连县人大常委会议事规则》《筠连县人大常委会任免国家机关工作人员办法》等5个规范性文件，废止《筠连县人大常委会述职评议办法》《筠连县人大常委会司法案件监督办法》；制定《筠连县人大常委会关于规范性文件备案审查的暂行规定》《筠连县人大常委会关于县人大代表联系群众工作办法》，进一步增强工作的规范性。

三是夯实基层基础。认真落实县委关于加强县乡(镇)人大工作要求，进一步加强县人大常委会对乡(镇)人大主席团的指导；坚持每季度召开县乡(镇)人大工作联席会议，研究县乡(镇)人大工作；邀请乡(镇)人大主席列席县人大常委会会议215人次；编印《筠连县乡镇人大及主席团工作手册》，促进乡(镇)人大及主席团规范化建设。

各位代表，筠连县第十五届人大常委会任期届满。五年来，县人大常委会认真履行重大事项决定权、监督权、人事任免权，圆满完成本职工作。这些成绩的取得，是中共筠连县委坚强领导、常委会组成人员和全体代表共同努力的结果，是县人民政府、县人民法院、县人民检察院和各乡(镇)人大主席团积极配合的结果，是全县人民和社会各界对县人大常委会认真监督和大力支持的结果。在此，我代表县第十五届人大常委会向大家表示衷心感谢！

县第十五届人大常委会工作中存在的主要不足：一是运用质询、述职评议等刚性监督方式有待进一步完善；二是县乡(镇)人大规范化建设有待进一步推进；三是主动接受人大代表监督有待进一步加强；四是联系代表不够全面，代表活动不够经常。

今后五年工作思路的建议

各位代表，中共筠连县第十三次代表大会提出的今后五年全县工作的指导思想是："高举中国特色社会主义伟大旗帜，深入贯彻落实党的十八大以来中央各项决策部署和习近平总书记系列重要讲话精神，紧紧围绕'四个全面'战略布局，牢固树立'五大发展理念'，突出脱贫攻坚、转型发展，统筹推进新型工业化、新型城镇化、农业现代化、文旅产业化、社会和谐化、党建科学化'六化联动'，全面建设综合能源深度开发核心区、美丽乡村特色旅游先行区、三产互动城乡统筹展示区、宜宾南向开发开放示范区，全力打造绿色筠连、生态筠连、宜居筠连，走出一条资源型地区可持续发展的新路子，确保如期全面建成小康社会"。在此，对今后五年工作思路提出以下建议：一是进一步增强核心意识，更加把准政治方向。坚持党的领导、人民当家作主和依法治国的有机统一，自觉把人大工作置于县委的领导之下；更加牢固地树立政治观念、大局观念和群众观念，把人大工作富有成效地不断推向前进。二是进一步增强大局意识，更加坚持依法决策。积极行使重大事项决定权，通过履行法定程序，努力实现县委主张与全县人民意志的有机统一。三是进一步增强发展意识，更加提升监督实效。不断强化监督意识、创新监督手段、完善监督方式和方法，围绕经济社会发展大局和人民群众关心的热点难点问题，不断提高监督力度。四是进一步增强主体意识，更加发挥代表作用。尊重代表的法律地位和民主权利，为代表依法履职提供服务和保障；继续组织开展"脱贫攻坚——人大代表再行动"活动，充分发挥代表在脱贫攻坚中的积极作用。五是进一步增强服务意识，更加提升履职能力。进一步加强思想、组织、作风、制度和廉政建设，巩固和深化"四型"机关建设，不断提高服务质量和工作水平。

2017 年的工作建议

2017 年，县人大常委会工作的指导思想是：高举中国特色社会主义伟大旗帜，以马克思列宁主义、毛泽东思想、邓小平理论、"三个代表"重要思想、科学发展观为指导，紧密团结在以习近平同志为核心的党中央周围，深入贯彻党的十八大以来中央各项决策部署和习近平总书记系列重要讲话精神，坚持党的领导、人民当家作主和依法治国的有机统一，忠实履行宪法和法律赋予的职责，按照县委十三次党代会的要求，团结动员全县各族人民，干在实处，走在前列，为全面完成县委确定的 2017 年各项目标任务而努力奋斗。

一、服务改革发展大局，推动重大决策落实

围绕县委十三次党代会决策部署和"十三五"规划，科学决定重大事项，依法作出决议决定；适时开展询问或质询监督，努力推动县委决策部署贯彻落实。

坚持党管干部与依法任免相统一，依法行使人事任免权，继续完善任前法律知识考试和宪法宣誓制度；完善任后监督工作，开展被任命人员向常委会会议述职工作，不断增强被任命人员政治意识、法治意识、责任意识。

二、围绕全县工作重点，努力增强监督实效

围绕县委加快转型发展要求，加强对经济运行情况的监督，确保年度目标顺利完成。关注产业转型、工业园区建设、环境保护、农特产业发展、乡村旅游、农村电子商务等工作；有针对性地开展专题调研、视察和听取专项工作报告；跟踪督促全县重点项目或民生工程建设；扎实开展县人大常委会领导联系企业活动。

坚定推动脱贫攻坚。认真落实"三级联动""干部走基层、真情五为民"要求，促进贫困村脱贫规划、贫困户帮扶计划和年度脱贫任务落实；结合幸福美丽新村建设、富民产业培育、乡村道路畅通、饮水工程建设等，继续组织开展"脱贫攻坚——人大代表再行动"活动，充分发挥代表的积极作用；继续督促联系乡(镇)抓好脱贫攻坚，助力打赢脱贫攻坚战。

继续推进依法治县。与市人大常委会和各乡(镇)人大主席团联动开展执法检查；视察县人民法院、检察院、公安局和司法局工作；继续推进法制宣传教育，适时作出七五普法决定；认真贯彻《筠连县人大常委会规范性文件备案审查暂行规定》，进一步加强规范性文件备案审查工作；认真做好人大信访工作，及时化解矛盾纠纷，促进社会和谐稳定。

三、加强人大自身建设，提升服务保障水平

按照县委从严治党决策部署，继续巩固和扩大"两学一做"学习教育成果，深入开展"着眼全局谋发展，真抓实干增效能"解放思想大讨论活动，加强思想、作风、组织和制度建设，努力提高人大工作能力和水平；继续深化乡(镇)人大主席团规范化建设，进一步加强督促指导，推动县乡人大工作再上新台阶。

充分发挥代表主体作用，完善县人大常委会组成人员联系代表制度，指导代表小组开展活动；设立乡(镇)人大代表联络站，为辖区内各级人大代表服务；编印《筠连县乡(镇)人大代表联络站工作手册》，为代表履职创造条件；探索县人大代表向选区选民述职评议；进一步完善政情通报、邀请代表列席县人大常委会会议、组织代表参加执法检查和视察调研；进一步加大代表建议督办力度，着力提高代表建议办理实效；切实抓好县人大代表特别是新任代表的培训，不断提升代表的法律水平和履职能力。

各位代表，让我们更加紧密团结在以习近平同志为核心的党中央周围，在县委的坚强领导下，不断增强政治意识、大局意识、核心意识、看齐意识，干在实处，走在前列，为完成县委确定的各项目标任务而努力奋斗！

把握新形势 谋求新作为　实现转型发展新突破

——在筠连县第十六届人大一次会议上的政府工作报告

(2016 年 12 月 17 日)

筠连县人民政府县长　刘朝平

各位代表：

我代表县人民政府向大会报告工作，请予审查，并请县政协各位委员和列席同志提出意见。

过去五年工作回顾

过去五年，是筠连发展进程中极具挑战的五年。五年来，在县委的坚强领导下，在县人大、县政协的监督和支持下，我们紧紧依靠全县人民，围绕“建成强县、率先小康”目标和“12456”发展思路，克服经济下行、骨干税源锐减等困难，认真履职尽责，圆满完成了“十二五”各项目标任务，为“十三五”良好开局奠定了坚实基础。

预计，全县地区生产总值由 2011 年的 92.35 亿元增加到 2016 年的 120 亿元，年均增长 7.3%；财政一般公共预算收入由 3.95 亿元增加到 5.7 亿元，年均增长 7.62%；规模以上工业增加值年均增长 9.9%；全社会固定资产投资由 30.99 亿元增加到 96 亿元，年均增长 25.4%；社会消费品零售总额由 16.98 亿元增加到 35.71 亿元，增长 110.3%，年均增长 16%；城镇居民人均可支配收入由 17573 元增加到 28389 元，增长 61.6%，年均增长 10.1%；农村居民人均可支配收入增加到 12928 元，年均增长 11.8%；三次产业结构比由 13.2∶72.7∶14.1 调整为 16.9∶62.3∶20.8。五年来，我们主要做了以下工作。

一、聚焦转型发展，产业结构不断优化

五年来，全县上下主动适应新常态，在“止滑”稳增长的同时，全力创新转型发展。

工业转型稳步推进。开工建设了船景煤矿和新维煤矿，强化地方煤矿技改扩能，完成 2×35 万千瓦煤矸石发电项目核准前基础工作。加强工业结构调整，引导企业创新转型，蓝伯特等一批转型企业成为全市煤炭行业转型的典型代表。在全国率先建成 2 亿立方米页岩气产能和日液化页岩气 37 万立方米 LNG 项目，加快建设 5 亿立方米页岩气产能，实现页岩气就地转化利用。投资 3.15 亿元加快巡司、海瀛工业园区建设，新入驻企业 53 个。以青蒿素提取、漆树产品为代表的战略性新兴产业和以茶、肉牛为代表的农产品特色加工业不断发展壮大，建成标准化厂房 8 万平方米。

农业产业加快发展。县政府先后出台了肉牛、茶叶、林竹等农特产业发展政策，与科研院（所）广泛合作，高水平加快产业发展。建成茶园 21 万亩，生态经济林竹 43 万亩（其中生态经济竹林 20.5 万亩），肉牛（羊）存出栏 27.55 万头，烤烟种植基地 20 万亩，发展青蒿、黄精等中药材 5 万亩，漆树 5 万亩，“5·20”产业体系基本形成。培育龙头企业 33 个，其中省级 4 个、市级 11 个；农民专合组织增加到 302 个，建成家庭农场 90 个，家庭牧场 117 个。制定品牌打造政策，多次组织筠连企业到深圳、西安、杭州等地举办或参加农产品展销会，农产品品牌知名度显著提升。共注册农产品商标 212 件，其中省级著名商标 4 件，市级知名商标 10 件；新增 3 个省级名牌产品，新增筠连红茶、筠连粉条、筠连黄牛 3 个国家地理标志保护产品；“筠红”产品获得北京中国国际茶业博览会金奖，筠连红茶成为中国茶叶博物馆首批入馆品牌，我县被确定为宜宾市首个出口茶叶质量安全示范区、“2016 年度中国茶业发展示范县”。全省现代烟草农业建设暨烟叶收购现场会、中国南方肉牛产业发展研讨会、全市肉牛产业现场会、全市肉牛产业发展“1+N”联动机制推进现场会相继在我县召开，我县被列为全国无公害肉牛生产基地县、国家基础母牛扩群增量项目县。

第三产业活力增强。引入陕西翰阳集团、上海力道公司、昆明德道科技公司等省外企业开发旅游业，基本建成清溪沟茶文化主题公园、“中国云上石漠·春风花海”“中国·西部洞群”和天河温泉一期四个旅游项目，大雪山、天河温泉二期等旅游项目加快推进。星级特色农家乐蓬勃发展。成功举办了第四届四川国际文化旅游节（筠连分会场）、首届国际茶文化博览会、春风李花节、苗族花山节、彝族火把节等系列旅游活动，旅游产业综合收入由 2011 年的 2.7 亿元增加到 2016 年的 11.06 亿元。2014 年我县被评为省级乡村旅游示范县。积极组织企业参加“惠民购物全川行动”“川货全国行”“万企出国门”等市场拓展活动，助推内贸、外贸良好发展。电子商务快速发展，大力推进“互联网+”和“全企触网”，建成“1 园 18 站 216 点”电子商务服务网络，我县被列为国家级电子商务进农村综合示范县。增加建筑企业 5 个，引进金融机构 1 家，现代物流、康养、家政服务等产业得到快速健康发展，第三产业年均增长 13%。

二、强化要素保障，发展环境不断改善

基础设施显著改善。道路交通建设加快推进。实施投资 8.95 亿元的筠巡快速通道工程；配套投入 4.8 亿元开工建设宜昭高速公路（筠连段）；G246 绕城公路已挂网招标；通过艰苦努力，渝昆高铁可研方案选线经筠连设站已通过专家评审，积极争取符江至筠连一级公路项目。共投资 4.65 亿元，硬化乡道 186.7 千米、通村水泥路 630.5 千米，全县 243 个村全部通水泥路；投入 1500 余万元实施烟路工程 49 千米。水利设施不断完善。分别投入 4.1 亿元、2.08 亿元建设王家沟水库和后沟水库，后沟水库枢纽工程已完成下闸蓄水验收，王家沟水库枢纽工程力争年底完工。投入 992 万元实施烟水工程。投入 2.69 亿元实施防洪堤、农村饮水安全、“五小水利”等工程建设。实施防洪治理项目 6 个，除险加固水库 4 座，建成集中供水工程 27 处，分散工程 1199 处，解决了 15.9 万人的安全饮水问题。电力通讯建设不断升级。共投入 5.3 亿元，新建变电站 7 座，农网升级改造 82 个村；扎实开展“三网融合”，推进“宽带乡村”“智慧乡村”等惠民工程，新建、改造基站 511 个，无线网络覆盖率、宽带覆盖率均达 100%，无线数字电视覆盖 165 个村。

生态保护不断增强。积极争创“省级生态县”，建成 9 个省级生态乡（镇）、5 个省级生态村、180 个市级生态村等一批生态细胞工程。强化水、大气、噪声、重点流域环境综合治理，关闭了 14 个结构减排项目，县城污水处理厂一期、二期工程和 15 个乡（镇）23 个污水处理设施建成投入使用，主要污染物减排任务全面完成，我县生态环境质量指数全省排名由 96 位上升到 55 位。完成土地整理 6.58 万亩，新增耕地约 0.61 万亩，治理水土流失 16.4 万亩。加强植树造林，全县森林面积由 2011 年的 86.65 万亩增加到 102.21 万亩，森林覆盖率达 54.25%，比 2011 年提高 8.26%。单位 GDP 能耗累计下降 20%，2013—2015 年，我县连续三年获全市党政“一把手”环保目标考核及政府环保绩效考核一等奖。

服务要素保障有力。深入推进环境兴县，营造亲商、重商、富商的良好环境。强化国土、人才、科技、金融保障。共征地 18652 亩，建设用地供应 16750 亩，土地出让收入 89453 万元；完善人才引进、培养、使用、评价机制，共招录公务员 266 人、事业单位人员 1260 人，新增专业技术人才 882 人，公开选用紧缺急需人才 200 余人，为经济发展提供有力的人才保障；投入 565 万元加强科技工作，2013 年我县获评全国县市科技进步考核通过县；加大金融服务工作，通过 BT、PPP 等融资模式，撬动金融机构和民间资本投资，积极推动银企合作，搭建合作共赢的融资平台。五年来，金融机构共组织存款 83.47 亿元，发放贷款 42.76 亿元。

三、实施精准扶贫，脱贫步伐不断加快

围绕“两不愁、三保障、四个好”目标，认真落实“六个精准”“五个一批”工作部署，扎实推进扶贫工作。共投入扶贫资金 1.37 亿元、整合行业部门资金 10.7 亿元，募集社会扶贫资金 6320 万元，实施贫困户危房改造 2789 户、“三建三改”4475 户，实施易地扶贫搬迁 561 户，强化教育、医疗、社保兜底；共有 10659 户贫困户 36248 个贫困人口脱贫，贫困发生率由 2011 年的 16.48%下降到 2016 年底的 6.5%。我县“1+4”肉牛产业扶贫机制被国务院扶贫办印发全国推广，并得到省委王东明书记的肯定性批示。筠连县肉牛产业发展“1+N”联动机制在全省推广；金融扶贫经验在全省金融扶贫电视电话会上交流推广；我县被市委、市政府评为 2013 年度扶贫开发工作先进单位，2014 年获省扶贫开发领导小组通报表扬，被评为 2014 年度全省贫困县农村扶贫开发工作先进县。

四、加强统筹联动，城乡面貌持续改善

城市建设不断推进。完成城市总体规划、城市公共基础设施规划、城市道路交通规划、市政设施规划；主城区向南不断拓展，建成区面积增加 4.9 平方千米，比 2011 年扩大 46.4%；加快城南新区建设，完成定水广场、滨河路等项目建设。深入开展“四城同创”工作，国家级卫生县城创建工作已通过验收。扎实开展城乡环境综合治理，建成数字化城管系统，加强市容市貌整治，城市管理得到外界高度评价；整治违法违章建设 1071 户，拆除违法违章建筑 13.4 万平方米；在县内干道公路沿线修（改）建公厕 28 个；投入 966 万元，改造城区人行道 5 万平方米，对供排水系统和公厕等进行了升级改造，加大城区景观打造、绿化、亮化、美化力度，城市品位明显提升。县城被省委、省政府评为“全省城乡环境综合治理 2013 年度环境优美示范县城”。

特色村镇加快建设。大雪山、镇舟、巡司、沐爱、塘坝等工业、商贸、旅游特色镇功能不断完善，沐爱镇被列为国家级重点小城镇；建成综合体 3 个、新村聚居点 238 个，春风村、幸福村等 5 个村被命名为 2011 年度省环境优美示范乡村，春风村被评为四川省最美乡村，新村建设“塘坝模式”和“春风模式”在全省推广，五河村、马家村被列为国家传统村落；农村精神文明建设“735 工程”被中央文明办确定为“筠连模式”予以推广。

五、切实保障民生，社会和谐不断增进

社会事业全面发展。深入实施“九大民生工程”，全县累计新增城镇就业 2.3 万人。累计保障城市低保对象 47.83 万人次、保障农村低保对象 78.4 万人次，移民安置搬迁 130 户 523 人，建设残疾人综合服务中心，基本公共服务体系不断完善，2013—2014 年连续两年获评民生工程目标考核先进县。开通城市出租车和农村巴士。投入 5 亿元实施义务教育“五大工程”，完成校舍安全工程、两轮学前教育三年行动计划和县职教中心建设，教育基础条件显著改善；全面落实“三免一补”和营养餐改善计划，高中本科上线从 2011 年的 226 人提升到 2016 年的 871 人。建成县图书馆、文化馆、18个乡(镇)综合文化站,农家书屋、社区书屋覆盖所有村和社区。整体搬迁县医院,启动县妇幼保健计生服务中心新建工程,县卫生计生监督执法大队办公楼、14个乡(镇)卫生院、126个村卫生站建成投入使用;引进6家民营医院。体育事业全面发展,发展体育社团组织18个,全民健身运动蓬勃开展,打造了全国钓鱼、门球、乒乓球邀请赛三大精品赛事。国防和武装工作保障有力,国防后备力量持续加强,军民关系融洽,人民防空、消防、应急工作扎实推进,民族宗教、新闻出版、电子政务、地方志、档案、爱国卫生、红十字、工会、科协、青少年、妇女儿童、老龄、残疾人以及外事、外侨、台事等工作取得新成绩。2014年我县被省政府确定为享受少数民族地区待遇县,被评为全省科普示范县,残疾人"量服"工作排名全省前列。

安全维稳成效明显。"平安筠连"创建、网格化管理、大调解工作体系运行良好,信访工作不断加强,全县社会保持稳定。五年来,未发生影响较大的群体性事件。2013年、2014年,我县分别被评为全市信访工作先进单位、信访工作成绩突出县。公共安全不断提升。完成天网工程、情报中心、网监中心、"一库三中心"多功能用房和派出所规范化建设,成立特巡警大队,治安案件、刑事案件下降趋势明显。强化"打非治违",严格落实安全责任,加大煤矿、道路交通、森林防火、食品安全、私挖滥采、人员密集场所等重点领域的安全整治,五年来,未发生私挖滥采安全事故,顺利摘掉全国煤矿安全重点县和全省安全生产重点监控县"帽子"。

六、深化开放合作,发展动力不断增强

重点改革有力推进。强化供给侧改革,加强去产能、去库存和稳企减负工作,依法关闭煤矿26家,关闭非煤矿山10家。积极落实稳企减负政策,申报省、市中小企业发展专项资金和稳增长政府扶持资金4000万元,筹措支持企业过桥资金4800万元,减免企业税费2.4亿元,协调金融机构为企业融资3.5亿元,按每平方米100元标准对县内购买商品房进行补助,促进商品房去库存。深化推进行政审批制度改革,取消、调整行政审批和公共服务项目50项。率先在全市推行"一窗一章"服务改革和政府采购项目电子招投标。全面推进政府机构及事业单位改革,调整政府机构10个;推进财政体制改革,18个乡(镇)实施国库集中支付,推进"乡财县管";深化工商登记制度改革,实行注册资本认缴登记制度;推进农村体制改革,完成农村土地承包经营权确权登记工作,小型水利工程确权颁证率达96.1%,林权确权颁证率达95.47%,宅基地、集体建设用地使用权颁证基本完成;大力推进国家改革试点—县级公立医院改革,积极开展财政支农资金形成资产股权量化改革试点。

项目招商富有成效。强化项目包装、推介、落地服务。共编制、规划项目1039个,完成投资约318亿元。通过"西博会""茶博会""渝洽会""宜宾早茶节"等大型品牌节(会)招商、领导带头轮流外出招商、代理招商、派驻人员招商、以商招商、在全国大中城市组建商会多方加强县域品牌形象营销传播、制定投资优惠政策等方式,强化招商引资,同时,提升了"川红故里、筠商之邦"品牌形象。五年来,共签约项目88个,到位资金274.5亿元,县域经济活力进一步激发。

七、坚持固本强基,执政能力不断提升

抓学习强法治。始终坚持把学习作为增强政府履职能力的主要途径,不断加强政治、经济理论和法律法规学习,干部职工思想得到不断解放,创新意识和能力得到增强。全面贯彻落实《四川省依法治省纲要》,强化"普法"工作,严格依法行政。我县连续五年被评为全市依法行政工作先进县。

转作风建机制。深入开展党的群众路线教育实践活动、"三严三实""两学一做"学习教育,严格执行中央八项规定和省、市十项规定,"三公"经费支出下降35%。坚持重大决策向人大报告、向政协通报、向社会征求意见,自觉接受社会各界监督。五年来,共办理人大代表议案829件、政协委员提案498件。切实强化政务服务体系建设,积极深化便民服务中心"星级"评定,县政务服务中心共受理行政审批项目100184件,办结100157件,按时办结率和群众满意率大幅提升;创新制定了"强力推进执行力建设的实施意见""周记月考年评"等办法和制度,促进政府运行高效化。

讲政治守纪律。认真落实"一岗双责",严格遵守廉洁从政准则,加大监察、审计、财政监督力度,加强对政府采购、土地出让、工程招标、项目审批等重点领域监管,全面运行行政权力依法规范运行平台和监察平台,强化案件查处,创新建立了"一网三方阵六平台"惩防体系数字化监管中心,努力建设清正廉洁的干部队伍。

各位代表,五年的工作成绩得益于市委、市政府的关心关怀,得益于县委的正确领导和县人大、县政协的监督,得益于驻筠官兵的支持,得益于历届政府多年来奠定的基础,是全县各族人民齐心协力、攻坚克难的结果。在此,我代表县人民政府,向全县各族人民、驻筠解放军、武警官兵、政法干警、工商联、各人民团体和各界朋友表示衷心的感谢!

各位代表,过去五年的工作实践,让我们深刻体会到:必须始终坚持解放思想,创新发展,使思想解放成为转型发展的制胜法宝;必须始终坚持把加快发展作为第一要务,保持发展定力,全力促进经济社会持续健康发展;必须始终坚持把项目建设作为第一抓手,突出投资拉动作用,汇聚发展动能;必须始终坚持把改善民生作为第一追求,多办利民实事,让人民群众共享改革发展成果;必须始终坚持安全第一的方针,从严依法治安,确保安全生产;必须始终坚持把脱贫攻坚作为第一担当,凝聚各方智慧和力量,才能朝着全面小康目标阔步前进!

各位代表，在总结成绩的同时，我们也清醒地认识到，全县经济社会发展依然面临一些亟待解决的困难和问题：一是道路交通瓶颈还未根本破除。道路交通设施还不能满足发展的需要，特别是缺乏对外快速通道，长期制约我县经济社会加快发展。二是产业转型升级任重道远。承载产业转型的龙头企业规模较小，旅游、电商、生物提取等新兴产业还处于起步阶段，产业竞争力还不强。三是财政运行特别困难。我县骨干税收大量减收，财政支出刚性增长，县财政资金远不能满足经济社会发展的需要。四是安全维稳压力增大。因煤矿开采、煤矿政策性关闭、重点项目推进等造成的影响安全稳定的因素多，化解非常困难。五是政府自身建设还需加强。少数部门和工作人员还存在担当意识不强、政策业务水平不高、为民办事不务实等问题。对这些困难和问题，我们将切实采取措施，认真加以解决。

2016 年工作

2016 年，预计全县 GDP 完成 120 亿元，同比增长 8.5%，比全年目标任务高 0.5 个百分点；服务业增加值完成 24.9 亿元，超任务完成 1 亿元；全社会固定资产投资完成 96 亿元，同比增长 15.9%，比全年目标任务高 5.9 个百分点；财政一般公共预算收入完成 5.7 亿元，完成调整预算的 100%；规模以上工业增加值增速为 9.5%，比全年目标任务高 1 个百分点；社会消费品零售总额完成 35.71 亿元，同比增长 12.5%，比全年目标任务高 1 个百分点；城镇居民人均可支配收入完成 28389 元，同比增长 8.2%，比全年目标任务高 0.2 个百分点；农村居民人均可支配收入完成 12928 元，同比增长 10%，比全年目标任务高 1 个百分点。

经济发展稳定向好。坚持调结构、去产能，县域经济平稳健康发展。关闭地方煤矿 12 对、国有大矿 2 个，关闭产能 414 万吨；建成 2 亿立方米页岩气产能，日液化页岩气 37 万立方米 LNG 项目投入使用，青蒿素提取等农特产品深加工业发展迅速。特色农业质效提升，肉牛（羊）存出栏达 18.04 万头，茶叶产量达 8790 吨、烤烟产量达 6 万担。第三产业全面发展，旅游业、电商产业活力增强。项目建设有序推进。8 个县管省市重点项目完成投资 3.5 亿元。城乡建设投资完成 21.4 亿元，新增县城建成区面积 0.71 平方千米。协调加快宜昭高速公路、筠巡快速通道建设，王家沟、后沟水库有序推进。招商引资成效明显，共签约项目 24 个，签约金额 66.1 亿元，全面完成招商引资任务。

扶贫攻坚首胜在即。全县 11 个贫困村退出、6480 人脱贫已基本通过市级验收，脱贫攻坚首战获胜在即。“五个一”帮扶工作机制不断完善，蹲点督导和工作评估不断强化，扶贫工作机制不断完善。加大扶贫资金管控力度，资金使用精准高效。医疗卫生、教育助学等帮扶措施更加健全，兜底政策更加完善。紧紧围绕我县“5·20”产业工程，积极帮助贫困群众融入肉牛、茶叶、中药材等产业发展，投放扶贫再贷款 1.4 亿元，引导金融机构发放“好牛贷”“养牛贷”等涉牛贷款 2.63 亿元，发放扶贫小额信贷资金 6659 万元，产业造血功能有效发挥。强化贫困群众政策教育和技能培训，深入开展“四好村”创建，引导群众养成好习惯，形成好风气，贫困家庭内在动力不断激发，发展能力不断提升。

民生民本更加巩固。认真抓好九大民生工程和十八件民生大事，全面完成市上下达的 98 项民生任务，就业、教育、医疗、生态和文体等各项民生事业蓬勃发展，民生民本更加巩固。扎实推进安全生产，深入开展“打非治违”，全年未发生安全责任事故。加强信访工作，成功化解省级信访交办件 13 件、市级交办信访积案 2 件，法律援助案件 302 件，无群体性非法越级上访事件。平安创建不断深化，无重大治安、暴力恐怖事件和大规模群体性事件发生，社会和谐稳定。

发展要素不断完善。深入开展机构改革，按要求完成行政机构的撤并，推进医疗卫生试点改革和财政体制改革，农村确权改革和产权抵押改革深入实施，重点领域改革不断深化。生态建设不断推进，道路交通、安全饮水、通讯、电力等配套设施不断完善。创新政务服务“一窗一章”试点改革，受理并办结各类服务项目 13433 件，行政审批制度不断优化。

政府建设务实高效。拓展“精准扶贫”的精准理念，各级干部积极深入一线，更加务实勤奋，公共服务能力全面提升。深入开展“两学一做”学习教育，干部队伍的党员意识、看齐意识、服务意识、担当意识和业务素质得到提升；严格执行中央八项规定和省、市“十项规定”，自觉接受各界监督；认真落实“一岗双责”，严格执行廉洁从政准则，加大审计、监察监督，政治生态良好。

未来五年工作

各位代表，未来五年是筠连经济转型升级的加速期，也是全面脱贫，如期实现全面小康社会的决战决胜期。未来五年，我们将抢抓国家新一轮西部大开发、一带一路、长江经济带建设、乌蒙山片区扶贫开发和宜宾市建设区域交通枢纽城市等重大发展机遇，始终保持发展定力，务实创新，奋勇争先，努力开创全县发展新篇章。

未来五年的基本思路是：高举中国特色社会主义伟大旗帜，全面贯彻党中央各项决策部署和习近平总书记系列重要讲话精神和治国理政新思想新战略，紧紧围绕“五位一体”总体布局和“四个全面”战略布局，践行“五大发展理念”，全面落实县十三次党代会精神，以绿色、科学、加快发展为取向，以全面创新、开放合作为路径，全力推进“四区”“三个筠连”建设，确保如期全面建成小康社会。

未来五年主要预期目标是：到 2021 年，地区生产总值达到 182.5 亿元，年均增长 7.5%；全社会固定资产投资总量达到 153.1 亿元，年均增长 10%；规模以上工业增加值年均增长7.9%；社会消费品零售总额达到58.1亿元，年均增长10.2%；财政一般公共预算收入年均增长2%；城镇居民人均可支配收入达到42465元，年均增长8.4%；农村居民人均可支配收入达到20452元，年均增长9.6%。

为实现上述目标，我们将重点抓好以下工作。

一、突出产业转型，赢得经济发展新突破

力促工业转型。坚持工业强县方针，深化煤炭循环利用，围绕煤炭产业的开发和升级，形成煤炭多元化发展的新型产业格局。加强地方煤矿的兼并重组和技改；积极推进巡司煤矸石发电项目，大力发展新型建材产业项目。加大页岩气、煤层气开采和就地转化利用力度，建成年产页岩气7亿立方米产能，推进页岩气向CNG交通、LNG用气、页岩气发电领域发展，延伸产业链条，提高就地转化利用水平。推进瓦斯发电、生物能源发电等新能源项目建设。

提高农业效益。突出做强农产品加工业，积极发展动植物加工提取业，提升产业化水平，积极推行"互联网＋农业""筠商＋"等多种模式，拓宽市场销售渠道，让筠连商品更多更快走向全国。推动绿色食品、青蒿素、漆树等产业产品进入国内国际市场，用"旅游＋"模式，推进农产品加工业与一、二、三产业融合发展。壮大特色农业产业规模，巩固提升生猪、烤烟、笋竹产业，重点壮大肉牛、茶叶、中药材等特色效益农业，努力壮大龙头企业，注重培育多元新型经营主体和新型职业农民。实施科技创新驱动战略，建立"科研单位＋地方政府＋龙头企业""科研单位＋企业＋基地"等产学研合作联盟，科技成果得到快速转化利用。

壮大第三产业。大力发展特色旅游和康养产业，加快温泉休闲旅游度假区、春风村4A级景区、塘坝乡村旅游休闲景区、神羊洞、高坎梯田、古楼峰丛、大雪山、王家沟水库等一批特色旅游景区建设，打造集观光、度假、康养为一体的旅游胜地。大力实施"旅游＋"模式，全方位营销旅游产品。大力发展现代商贸业、金融服务业、电子商务和文体产业，培育新业态，推动生活性服务业向精细化和高品质转变，抓好城南综合商业街区、巡司商业街区、中和生产资料商贸市场、海瀛农副产品交易市场，中和商贸物流园区、巡司工业物流中心、海瀛特色农产品物流中心、联络城市配送中心等建设，推进电子商务平台建设和普及应用。

二、抓实精准脱贫，实现群众生活新愿景

严格按照脱贫、不返贫、奔小康的总目标，强化主体担当，集中力量攻坚，确保2018年实现贫困县"摘帽"，取得脱贫攻坚决战胜利。

狠抓产业脱贫。建立健全产业到户到人的精准扶贫机制，以市场为导向，发挥农民专合组织、龙头企业带动作用，因地制宜发展肉牛、茶叶、青蒿、中药材、生漆等种植养殖业，鼓励贫困群众参与旅游产业和电子商务，推动形成特色产业拳头产品，加强贫困群众技能培训，促进就业增收。

推进"四好"创建。按照"业兴、家富、人和、村美"的基本要求，以幸福美丽新村建设"五大行动"和文明村镇创建为抓手，加大贫困地区基础设施建设，推进路、水、电、通讯信息、农村危房改造、易地扶贫搬迁和人居环境整治、法制教育和农村精神文明建设，到2020年，243个村全面完成"四好村"创建。

健全扶贫机制。创新政府购买服务、企业和社会组织帮扶等机制；创新完善金融扶贫机制，整合财政、金融等资源，设立产业扶贫基金，完善"1+N"联动机制，积极创新扶贫金融产品；引导"筠商"回乡参与扶贫，探索集体经济收益途径，形成脱贫奔康的合力；完善扶贫责任机制，确保工作推进。

三、突破瓶颈制约，谋求发展环境新优势

破解交通制约。宜昭高速、筠巡快速通道、G246绕城段建成投入使用；提升改造G246巡司至蒿坝段、蒿坝至牛街段和S312蒿坝至高坎、S444筠连至腾达公路；实施筠连至维新、筠连至大雪山、筠连至双腾、筠连至塘坝四处干道公路黑化；力争渝昆高铁开工建设，加快巡司至盐津铁路连接线工作；加大村道公路建设，努力把筠连建成川滇结合部区域性交通枢纽中心。

健全水利体系。加强水利设施建设，加快完成王家沟、后沟水库扫尾工程；加快重点堤防工程建设，重视和解决采矿区饮水困难，提高抗旱供水保障和防洪减灾应急水平；推进农村饮水安全巩固提升工程。加强城镇管网建设，提升供水保障水平和污水处理能力。

完善基础配套。加强配网改造升级，优化供电结构，建设电网输配能力和资源配置能力显著提升的高效智能电网。推进燃气、沼气惠民建设，完善燃气运输物流网络，扩大新能源使用范围。强化网络建设，确保宽带接入能力在100M以上，5G通讯网络覆盖县城和重点乡（镇）。

强化生态保护。发展绿色低碳循环经济，推动绿色创新，倡导绿色生活，促进人与自然和谐发展。以退耕还林、森林保护、水土流失综合治理、生态示范创建等为工作抓手，筑牢生态屏障。深入推进大气、土壤、污水治理三大战役，严格实行环保准入，依法开展建设项目环评工作，严格执行重大环境事件和污染事故责任追究制度、环境保护目标责任制度，构建完善的环境治理体系。

优化投资环境。加大改革开放力度，完善投资优惠政策，抓好投资服务，加强用地保障、人才支撑、科技服务，探索建立互利共赢的投融资机制。

四、狠抓城乡统筹，展现城镇发展新活力

坚持"建管并重、治乱打违"原则，全面开展城乡环境综合治理，建设宜居宜业、富有特色、充满活力的现代特色城镇。

加快新型城镇化建设。优化城镇体系，加快城南新区及拓展区建设，实施县城"环城森林公园"建设，启动古楼新区规划建设，打造我县品位主城区和核心增长极；完善城镇功能，加快推进城南新区区域性服务中心、古楼新区建设，加大老城区棚户区改造力度，进一步完善“一轴、两核、四组团”城市空间结构。根据乡（镇）分布情况，建设集镇圈，促进连片发展。

加强城市建设与管理。全面完成“四城同创”工作，巩固“四城同创”工作成果，升级改造城市道路、人行道、供排水系统、绿化、亮化等基础设施，充分利用城管数字化监管平台，强化城市公共秩序和市容市貌整治，提升城市品位。

着力打造特色小镇。统筹地域、功能、特色三大重点和人口、产业、文化三大要素，建设巡司温泉度假小镇、塘坝茶马古驿小镇、腾达观光旅游小镇、大雪山红色记忆小镇、蒿坝避暑纳凉小镇等一批“产镇融合”特色小镇，打造拉动经济增长的新引擎。

推进幸福美丽新村建设。结合易地搬迁等项目，加快幸福美丽新村建设，促进城乡公共资源均衡配置，破除城乡二元结构，实现城乡良性互动、协调发展。

五、推进民生建设，取得社会和谐新成效

统筹推进民生事业，加强社会创新管理，不断提升社会和谐程度和人民幸福指数。

认真实施民生工程。不断加大民生投入，深入实施教育助学、就业促进、社会保障、医疗卫生、安居工程、文化体育等民生工程。全面完成乡（镇）便民服务中心建设，提高基本公共服务均等化水平，使发展成果惠及全县人民。完善教育基础设施，夯实教育基础，逐步缩小城乡、校际差距，确保 2017 年县域义务教育均衡发展达到国家标准；大力发展职业教育，扩建县职教中心，加强教师队伍的配置管理和学生助学工作。到 2021 年，基本普及学前三年教育，高中阶段入学率 90%以上。完成 12 个乡级卫生院周转房、117 个村卫生站建设；县医院第二住院部、医技大楼、县妇幼保健计生服务中心、县中医医院改扩建工程全面完成，新建县精神卫生康复医院和医养结合分中心，大力发展民营医院。

加快推进社会事业发展。建立更加公平、更可持续的社会保障制度，完善社会救助和福利制度体系，促进社会事业发展。加大对城市“三无”人员、农村“五保”等特困人员的扶持力度。全面做好人口工作，提高人口素质，优化人口结构，积极应对老龄化趋势，发展妇女儿童和残疾人等特殊群体事业，促进人口长期均衡发展。建成县文化体育中心、县博物馆、县非遗中心、县综合书屋；加强现代公共文化服务体系建设，传承苗彝等民族文化，扶持优秀文化作品的创作；大力开展全民健身活动，举办精品赛事。强化科普宣传教育，提高全民科学素质，促进科技事业全面发展。依法高质量开展第三次全国农业普查，并用好普查大数据成果。

加强社会治理。加强安全维稳工作，加大对煤矿、非煤矿山、交通、水上安全、食品药品安全等重点领域的安全监管和治理。加快企业安全质量标准化建设，加强安全社区建设，提升安全生产管理水平。加强公安工作，完善“互联网＋公安”服务体系，建成“网上公安”，加大案件查办力度，严厉惩治犯罪，提高群众安全指数。全面开展“雪亮工程”建设，加强综治、维稳、信访工作。强化国防动员和后备力量建设，支持国防和军队建设，巩固和促进军政军民团结，切实做好双拥、优抚安置等工作。

六、大力深化改革，打造开放合作新局面

深入推进行政管理、现代市场体系等重点领域和关键环节改革，加强开放合作，形成改革开放与区域发展相互促进的良好局面。

全力招商引资。不断优化产业发展环境，通过代理招商、以商招商等方式，引进一批真正能壮大筠连主导产业的企业、项目、人才和技术；引导“筠商”回乡创业，汇聚产业转型发展力量。加强园区建设，提升园区企业入驻承载力。建立基金、组建交投公司、文旅公司、筠红集团茶企联盟等发展平台，深化改革，招引人才，全面盘活现有县属国有企业，为县域经济发展注入新动力。

深化体制机制改革。深化供给侧改革，推动结构调整；稳妥推进国有企业、事业单位、商事制度、教育、医药卫生体制改革；深入推进简政放权，全面推行政务公开和财政体制改革，改进预算管理和控制，完善债务风险预警机制；加快市场经济体制改革，降低市场主体准入门槛，推进金融要素配置改革，运用 PPP 等多种方式吸收社会资本参与项目建设；加强金融业监管，加快推进信用体系建设，全面防范金融风险；深化户籍、农村产权、社会保障、用地、农村金融“五项改革”，构建城乡一体化发展的体制机制。

推进全域全面开放。实施全面对外开放战略，主动对接“一带一路”和长江经济带战略，突出发力重点，推进川南滇东北结合部区域协作发展，积极融入省、市发展大局，加快形成政府、高校、企业、民间多层次、多渠道的开放型区域合作经济格局。

七、强化自身建设，获得政府形象新提升

建设效能政府。以“两学一做”“解放思想大讨论”为载体，强化学习教育，切实解放思想，提升政府决策能力；深化作风建设，增强执行力和担当意识；强化服务意识、精准意识，提高行政服务效率；加强行政效能督查，优化目标管理考核，确保各项工作任务取得实效。

建设法治政府。认真贯彻全面依法治国战略和《四川省法治政府建设实施方案（2016—2020 年）》，严格按照我县法治建设实施方案的部署和要求，严格依法行政，自觉维护县委权威，主动接受人大法律监督、政协民主监督和社会监督，严格执行重大决策终身责任追究制度，基本建成职能科学、权责法定、执法严明、公开公正、廉洁高效、守法诚信的法治政府。

建设廉洁政府。狠抓正风肃纪，严格落实党风廉政建设"一岗双责"，切实执行中央八项规定和省、市十项规定；强化审计监督和行政监察，将审计监督向基层延伸，健全政府工作评议制度和建设工程招投标管理体系，自觉将政府工作置于社会监督之下，让权力在阳光下运行，始终保持清正廉洁的政府形象，巩固良好的政治生态。

2017年工作安排

2017年是我县深入推进"十三五"规划，全面落实县第十三次党代会确定的发展目标，推进脱贫攻坚决战决胜和产业转型的关键一年。我们将把认真贯彻中央、省、市的重要决策部署同引领经济发展和财政脱困结合起来，努力实现地区生产总值增长7%以上；全社会固定资产投资增长10%以上；社会消费品零售总额增长10%以上；规模以上工业增加值增长7.5%以上；财政一般公共预算收入增长2%以上；城镇居民人均可支配收入增长8.2%以上；农村居民人均可支配收入增长10%以上。

一、加快脱贫奔康步伐

按照"六个精准""五个一批"脱贫攻坚作战方略，对照贫困退出标准，对标补短，确保实现2017年31个贫困村摘帽、11129人脱贫的目标。

突出问题导向，激发内生动力。认真落实教育、医疗扶贫政策，阻断贫困代际传递；通过政策、科技、脱贫典型宣传培训和"和谐家庭""巾帼建功"等评比，提升贫困家庭主动脱贫的内生动力。

突出增收致富，拓宽脱贫途径。坚持以产业、就业扶贫为突破口，因地制宜发展肉牛、茶叶、中药材、漆树等特色产业，探索完善"企业＋基地＋农户"等产业模式，加大农户技能培训力度，加强技能型劳务输出，引导贫困群众参与旅游和"互联网＋"服务，使贫困群众获得更多收益，变"输血式"扶贫为"造血式"扶贫。

强化要素保障，建立长效机制。抓好道路、水利等基础设施建设，加快推进贫困户危房改造和易地扶贫搬迁，切实改善贫困地区生产生活条件。完善金融扶贫机制，积极整合利用财政专项扶贫资金，撬动金融资金扶贫。广泛动员社会各界参与脱贫攻坚，大力引导"筠商"回乡参与扶贫事业。完善脱贫攻坚工作"签字背书"责任制，强化督查指导，形成脱贫攻坚工作长效机制。

二、推动产业转型升级

加快推进新型工业化。继续壮大页岩气产业，加快建设5亿立方米页岩气产能，完成日液化页岩气100万立方米LNG项目，推进页岩气综合利用。加快推进青蒿素提取、生漆产品研发等新型医药化工产业，壮大醒世、双星、乌蒙韵、红军源等农特产品加工企业，培育新型工业业态。继续推进地方煤矿升级改造；力争开工建设巡司煤矸石发电项目。认真落实"双千"活动，全力做好企业发展要素服务保障，优化发展环境，提升企业发展信心。

大力发展现代农业。巩固"5·20"产业成果，立足发展生态、立体和休闲农业，加快有机食品基地建设，打造"3+3"特色效益农业产业。强化土地流转，巩固提升生猪、烤烟、笋竹产业，大力发展茶叶、肉牛、中药材等产业。完善、推广肉牛发展"1+N"联动机制；大力拓展茶叶市场，以"筠商＋电商＋游客＋筠品"模式，加大品牌打造和市场营销力度，推行基地、加工、物流、批发一条龙产业链。加强农产品质量监管，积极申报农产品QS、SC认证和筠连黄牛证明商标，提升农特产品知名度。加大农业企业招商力度，培育壮大新型农业经营主体，加速推动特色农业产业发展。

加快发展现代服务业。抓住国家乡村旅游扶贫等机遇，加快春风村4A级景区、清溪沟茶文化主题公园、神羊洞、天河温泉二期、高坎梯田等重点旅游项目建设，提升景区配套服务能力；推行"旅游业＋""互联网＋"模式，联动发展一二三产业，力争旅游综合收入增加10亿元。加快推进现代物流配送、电子商务、建筑安装、金融等生产性服务业，加快推进居家养老项目，积极发展社区服务、家政服务和文体健身等生活性服务业。

三、促进经济固本提速

深入贯彻落实省、市稳增长政策，深挖县域经济增长潜力，努力保持经济平稳较快发展。

加快推进项目建设。着力提升资源整合能力，运用多种投融资方式，积极推行PPP模式，全力保持投资持续快速增长；加强项目包装、推介、落地开工和服务工作，配合做好渝昆高铁前期工作，力争符江至筠连一级公路项目落地。加快推进宜昭高速公路、王家沟水库、后沟水库等重点项目建设。

促进消费增长。增加市场消费需求，加快推进城市商业综合体建设，大力开拓农村市场，激活农村消费；继续开展"惠民购物全川行动""川货全国行""万企出国门"活动，培育市场消费热点，通过开展迎春购物月、早茶节、李花节、全国钓鱼邀请赛、乒乓球邀请赛等活动，引导信息消费、健康养老消费和节会消费。

加大开放合作。深化供给侧改革，继续推进煤矿企业去产能、稳企减负、购房补贴和引导公积金贷款购房去房产库存等工作。深入推进农村确权颁证工作，推进农村产权交易平台建设和农村产权抵押融资。完善现代金融监管框架，推进农村信用体系建设，保障金融生态安全。推进财税体制改革和供销系统综合改革，深化公立医院、医药卫生体制改革；加大开放力度，继续实施"融入川南、联动乌蒙、对接沿海"合作战略，努力构建"借力发展、共同发展、加快发展"的新格局。

推进创新驱动。探索完善政府与科研机构、专业院校合作机制；引导企业与科研机构、专业院校建立产学研联合机制；鼓励企业设立研发机构，开展自主研发；柔性引进、培养和使用专业人才；扶持企业技改和科技创新，推动"大众创业、万众创新"。

强化招商引资。坚持引资与引智相结合，优势项目包装和引进优势项目相结合，大力推行主要领导带头招商、以"筠商"招商、代理招商、环境招商；加强园区建设，完善基础设施和服务平台，强化建设用地等政策保障，引进有实力的企业、优势项目和优秀人才，力争全年招商引资到位资金40亿元以上。

四、促进城乡联动发展

坚持城乡一体、产村相融发展，以巩固"国卫"成果为抓手，完善城乡建设和治理，不断改善城乡面貌。

提升城镇发展品质。加快推进城南新区建设，改造提升旧城区，启动环县城森林植被改造升级工程建设。加强省级文明城市、市级园林城市创建工作，完善城市管理体制机制，强化数字城管平台运用，加强城乡环境综合治理，大力整治乡（镇）场镇卫生秩序，依法惩治违建行为，完善场镇功能，提升市民幸福指数。

建设特色镇村。建设特色小镇，通过规划引领、市场运作的方式，启动特色小镇建设。建设美丽新村，全面实施幸福美丽新村建设"五大行动"，建成幸福美丽新村37个。推进省级财政新村基础设施建设。继续推进高品质乌蒙新村建设。深入推广"735"工程，引导培育良好的乡风、民风、家风，展示"业兴、家富、人和、村美"风貌。

完善基础设施。加快筠巡快速通道、G246县城绕城段和G246蒿坝至牛街公路升级改造工程建设，实施S444水茨至腾达、S312水茨至大雪山、筠连至双腾、筠连至塘坝黑化工程；完成乐义至高坎，乐义至冷水河乡道改善工程，完成185千米精准扶贫村道建设，加快符江至筠连一级公路改造工程前期工作。改造集中供水工程5个，巩固提升居民安全饮水水平。完成4个村的农村电网升级改造工程，继续加强通讯建设，村通光纤率达100%，宽带普及率达80%以上。

五、构建绿色宜居家园

加强生态保护和建设，促进资源节约与可持续发展，实现生态效益与经济效益双赢。

加强生态环境保护。建立科学的生态环境保护体系，拓宽页岩气、沼气等清洁能源使用面；完成《筠连县土地利用总体规划》修编；大力推进"绿化全川"工作，完成造林3万亩以上；落实生态环境损害责任终身追究制、林地用途管制和森林采伐限额管理制度；全面开展国家级生态乡（镇）、生态村和省市级生态乡（镇）、村、社区等生态细胞创建工作。

强化生态环境治理。深入推进大气、土壤、污水治理，完成污水处理厂二期工程及配套管网项目、县城污水管网完善项目，推进乡（镇）污水处理设施、乡（镇）垃圾处理场建设；继续实施矿山生态环境恢复治理，推进地质灾害、气象灾害、畜禽养殖污染和农村面源污染防治。

推进生态经济开发。加快构建绿色发展体系，培育壮大循环经济、绿色经济和低碳经济。以生态优势为推动力和创新点，发展肉牛、茶叶、中药材、富硒食品深加工等生态工业。加强生态资源可持续开发，培育林下生态种养业等立体经济。大力发展生态康养产业，强化生态项目支撑，提升生态经济发展水平。

六、增进人民群众福祉

坚持把保障和改善民生作为根本出发点和落脚点，提高基本公共服务均等化水平，维护社会公平正义，使发展成果惠及全县人民。

继续做好民生实事。协调推进教育、医疗、文化等社会事业发展。继续做好义务教育"五大工程"建设，全面推进薄弱学校改造，优化教育资源布局，提升教育教学质量，县域义务教育均衡发展达到国家标准，继续实施"三免一补"、义务教育学生营养改善计划和困难学生资助。县医院门诊大楼建成投入使用，完成县中医医院搬迁并开工建设住院部新建项目，建成残疾人综合服务中心，迁建妇幼保健计生服务中心，县疾控中心达标，启动乡（镇）医院周转房和村卫生站建设，组建筠连中心卫生院，推进区域卫生次中心建设和信息化建设。继续落实城乡居民基本医疗保险政策，解决群众看病贵、看病难问题。切实推进保障性安居工程、扩大就业等工作；加大"五保""低保"和城市"三无"人员等特殊困难群体救助帮扶力度。落实人口政策，加快现代公共文化服务体系建设，推进基层综合性文化服务中心建设，繁荣群众文化，继续加强文化遗产保护、传承和开发利用。贯彻落实《全民健身条例》，开工建设县文化体育中心。继续做好驻军建设保障、国防动员、人民防空、拥军优属、优抚安置、国家安全和保密工作；统筹推进第三次全国农业普查、气象预报、新闻、方志、档案、民族宗教、统计、地震、测绘、水文、对台、工会、共青团、妇联、科协等工作。

强化社会治理。围绕“平安筠连”建设目标，构筑立体防控治理体系。推进“七五普法”，深入开展“法律十二进”活动强化依法治理，建设“法治政府”。以人民调解规范化乡（镇）创建活动为载体，继续深化“五级调解网络”建设，加强信访工作，推进行业调委会及边际联防联调工作。巩固安全生产成果，进一步加强煤矿安全监管、加大安全投入，提升煤矿安全生产能力；强化食品药品安全监管；加强重点行业、重点领域专项整治。扎实开展公安系统“双清”工作，严厉惩治各类违法犯罪活动，维护公共安全；加强消防力量建设，完善防灾减灾和应急救援体系，不断提升综合救援水平。加强国家安全和保密工作。

各位代表，筠连正处在转型发展和脱贫奔康的关键时期，任务艰巨，责任重大，时不我待。让我们紧密团结在以习近平同志为核心的党中央周围，在县委的坚强领导下，在县人大、县政协的监督支持下，团结和依靠全县人民，进一步解放思想，坚定信心，勇于担当，迎难而上，力求奉献，为推动“六化”联动，全面建设“四区”、全力打造“三个筠连”，如期完成脱贫目标，建设幸福美丽新筠连而努力奋斗！

名词解释

12456：坚持一个取向：科学发展、转型发展、和谐发展、加快发展。实现两大目标：建成川南滇东北结合部经济强县、先于全市全面建成小康社会。突出打造四区：综合能源深度开发核心区、美丽乡村特色旅游先行区、三产互动城乡统筹展示区、宜宾南向开发开放示范区。实施五大战略：产业大转型战略、项目大会战战略、城乡大统筹战略、环境大优化战略、创新大驱动战略。推进六化联动：突出项目支撑，推进新型工业化；突出城市做大，推进新型城镇化；突出农民增收，推进农业现代化；突出生态优美，推进文旅产业化；突出民生改善，推进社会和谐化；突出开拓创新，推进党建科学化。

LNG：指液化天然气。

“5·20”产业：在全县发展20万亩茶叶、20万头（只）肉牛（羊）、20万担烤烟、20万亩经济林、20万亩生态观光区。

1+N联动机制：1指县委、县政府，“N”指职能部门及乡（镇）、科研院校、银行、保险公司、担保公司（政府担保基金组织）、肉牛养殖户（加工企业），“+”是指管理服务、技术交流、院校合作、资金结算、市场营销、加工增值、信息共享等互相密切合作的纽带。指在县委、县政府领导下，在各职能部门的政策指导、技术支撑、平台服务支持下，以诚信为基础，以养殖户（企业）为主体，以银行为依托、以财政和保险为保障、以利益为纽带的多方合作新机制，是集政策、资金、项目撬动、技术服务、金融支持、产业发展、政策保险、风险防范、信用意识培育等为一体的肉牛产业发展系统工程。

五小水利工程：是指主要面向干旱山丘的小型水利工程，是小水窖、小水池、小泵站、小塘坝、小水渠的总称。

三网融合：广播电视网、电信网与互联网融合。

BT：即“建设—移交”，是政府利用非政府资金来进行非经营性基础设施建设项目的一种融资模式，指一个项目的运作通过项目公司总承包，融资、建设验收合格后移交给业主，业主向投资方支付项目总投资加上合理回报的过程。

PPP：即政府和社会资本合作，指在公共服务领域，政府采取竞争性方式选择具有投资、运营管理能力的社会资本，双方按照平等协商原则订立合同，由社会资本提供公共服务，政府依据公共服务绩效评价结果向社会资本支付对价。

两不愁：指不愁吃、不愁穿。

三保障：指义务教育、基本医疗和住房安全有保障。

四个好：指住上好房子、过上好日子、养成好习惯、形成好风气。

六个精准：即扶持对象精准、项目安排精准、资金使用精准、措施到户精准、因村派人精准、脱贫成效精准。

五个一批：即扶持生产和就业发展一批、移民搬迁安置一批、低保政策兜底一批、医疗救助扶持一批、灾后重建帮扶一批，推动贫困群众限期脱贫、精准脱贫。

三建三改：指建房、建院、建坝、改厨、改厕、改圈。

四城同创：创建国家卫生县城、省级文明城市、省级生态县、市级园林城市四项工作的合称。

735示范工程：指农村精神文明“735示范工程”，“7”指建设文化长廊、农民图书馆、综合文化活动中心、村史陈列室、农民健身中心、舞台影院、农村信息服务站七个阵地；“3”指农民文艺演出队伍、志愿服务队伍、乡贤队伍三支队伍；“5”指开展最美春风赛、最美春风行、最美春风村、最美春风赞、最美春风人活动五项活动。

九大民生工程：是指就业促进、扶贫解困、教育助学、社会保障、医疗卫生、百姓安居、民生基础设施、生态环境、文化体育等九项重点民生工程。

义务教育“五大工程”：即农村义务教育寄宿制学校、教师周转房、教师休息室、薄弱学校食堂和学校道路通畅五大建设工程。

三免一补：即免课本费、杂费、文具费和对小学半寄宿制学生和初中困难学生生活给予补助。

一库三中心：即维稳应急处突暨警用装备库、公共办案中心、涉案财物保管中心、警察文化建设中心。

打非治违：打击非法、违法生产；治理违规、违章作业。

"量服"工作：即残疾人"量体裁衣"式个性化服务，是指为每个残疾人量身定做个性化的发展方案和服务方案。

一窗一章：指县政务服务中心牵头，联合各审批部门构建审批平台，利用数据"内循环"，让服务对象在县政务中心"一门进出、一窗受理、一章办结"的服务新模式。

三严三实：即严以修身、严以用权、严以律己，谋事要实、创业要实、做人要实。

两学一做：即学党章党规、学系列重要讲话、做合格党员。

一网三方阵六平台：是指运用"互联网+智能纪检"模式，实施科技防腐的现代网络信息平台。"一网"是指筠连县惩防体系信息网，"三方阵"是指机关、农村、企业方阵，"六平台"是指行政执法监督平台、行政审批监督平台、新农村建设信息公开平台、市场化配置资源监督平台、落实两个责任信息公开平台、干群交流互动信息平台。

五位一体：是党的十八大报告对推进中国特色社会主义事业作出的总体布局，包含经济建设、政治建设、文化建设、社会建设、生态文明建设五方面。

四区：综合能源深度开发核心区、美丽乡村特色旅游先行区、三产互动城乡统筹展示区、宜宾南向开发开放示范区。

三个筠连：是指绿色筠连、生态筠连、宜居筠连。

一带一路：即"丝绸之路经济带"和"21世纪海上丝绸之路"。

四个全面：即全面建成小康社会、全面深化改革、全面依法治国、全面从严治党。

五大发展理念：即创新发展、协调发展、绿色发展、开放发展、共享发展。

CNG：指压缩天然气。

新村建设"五大行动"：是指幸福美丽新村建设扶贫解困、产业提升、旧村改造、环境整治、文化传承等五大行动。

一轴、两核、四组团：是指筠连县城空间分布结构，"一轴"是指筠巡快速通道展开的城市南北向发展轴，"两核"是指古楼绿色生态核、城南新区城市综合服务核，"四组团"是指筠连组团、古楼-林家湾组团、巡司组团、海瀛组团。

雪亮工程：指建立集纵向贯通、横向集成、共享共用的"网格化服务管理信息平台""美丽乡村信息平台""6995"联防互助平台、"电商"平台四个平台为一体的"雪亮工程"综治工作平台。"6995"联防互助平台：以就近居住的10-15户村民编制加入镇域网、村网、单位集团网（即短号），紧急情况下拨打"6995"实现"邻里互助、亲友互帮、警民互动、联防联治""联防小组"平台。

3+3：即"肉牛、茶叶、烤烟+经济林竹、特色畜禽养殖、生态果蔬及食用菌"特色效益农业项目。

"法律十二进"活动：是指法律宣传教育进机关、乡村、社区、学校、企业、寺庙、单位、工地、景区、网络、楼院、公共场所。

双清：指公安机关户籍人口和实有人口登记清理工作。

五级调解网络：以县大调解中心、乡（镇）调解中心、村调委会、调解小组、10户调解员为主的五级调解体系。

政协筠连县第十四届委员会常务委员会工作报告

——在政协筠连县第十五届委员会第一次会议上

(2016年12月16日)

政协筠连县委员会主席　黄静

各位委员、同志们:

我受政协筠连县第十四届委员会常务委员会委托,就政协筠连县第十四届委员会五年来的工作向大会报告,请予审议。

十四届政协工作回顾

政协筠连县第十四届委员会任期的五年,是筠连在困境中奋进、在挑战中发展、在开拓中提升的极不平凡的五年,也是我县政协事业全面上台阶的五年。五年来,在中共筠连县委的坚强领导下,我们高举中国特色社会主义伟大旗帜,坚持以邓小平理论、"三个代表"重要思想和科学发展观为指导,深入贯彻中共十八大及十八届三中、四中、五中、六中全会精神,牢牢把握团结和民主两大主题,紧紧围绕全县发展大局,认真履行政治协商、民主监督、参政议政职能,团结和带领全县广大政协委员和全体政协工作者,尽心竭力谋发展、团结各界促和谐、创新举措添活力、内强素质树形象,为建设"三个筠连"作出了积极贡献。

一、把准方向,增进共识,筑牢思想政治基础

加强思想理论建设是人民政协坚定正确政治方向的根本保证。县政协坚持把筑牢思想根基摆在首要位置,采取个人自学与集中学习、专题学习与业务培训、走出去与请进来相结合的方式,积极组织政协常委、委员和政协工作者,认真学习中国特色社会主义理论、中共十八大和十八届历次全会精神,认真学习习近平同志在庆祝中国共产党成立95周年、人民政协成立65周年等会议上的讲话精神;学习省、市、县历次党代会精神;扎实开展党的群众路线教育实践活动、"三严三实"专题教育、"两学一做"学习教育;学习贯彻《中共中央关于加强社会主义协商民主建设的意见》《中共中央办公厅关于加强人民政协协商民主建设的实施意见》《中共四川省委关于新形势下进一步加强和改进人民政协工作的意见》和省、市政协工作会议精神;学习统战理论和政协业务知识等。通过学习和实践,坚持中国特色社会主义发展道路的思想政治基础更加牢固,坚持和完善中国共产党领导的多党合作和政治协商制度的信念更加坚定,坚持致力发展、关注民生、共建和谐的责任感和使命感进一步增强,服务发展的能力和水平进一步提升。

二、紧扣中心,履职作为,助推经济社会发展

五年来,县政协召开全会5次、常委会56次、主席会56次,圆满完成了县政协第十四届一次会议提出的各项目标任务。

(一)凝聚共识,协商议政大有作为

强化多层次协商议政,健全完善了全会整体协商、常委会重点协商、主席会专题协商、专委会对口协商的协商议政格局。

全会协商更加深入。五年来,在县政协全体会议上,听取和审议了县政协常委会年度工作报告和提案工作报告,协商"一府两院"、计划、财政年度工作报告和"十三五"规划纲要(草案);2014年,县政协制定实施了《政协全体会议民主测评办法》,委员在全会上对"一府两院"和县级政府职能部门进行民主测评,根据测评结果选择排名靠后的单位进行民主评议。先后组织杨代理等7位委员就少数民族脱贫攻坚、旅游产业发展等议题在全会上作了专题发言。邀请县级党政领导参加委员分组讨论,面对面开展协商,协商效果显著。坚持驻筠市政协委员列席县政协全会和公民旁听全会制度,五年来,80人(次)驻筠市政协委员和50人(次)公民代表分别列席和旁听了县政协全会。

常委会协商更加广泛。五年来,县政协精心组织对《筠连县城市总体规划(修编)》《筠连县城市市政设施规划》《筠连县旅游发展总体规划(修编)》等10个专题进行了重点协商,提出了许多中肯的、有价值的意见和建议;听取县政府和县纪委、县监察局、县公安局等部门的工作情况通报共16次。坚持对县委调整科级干部人事变动情况进行协商,对县委新提拔的科级干部候选人进行满意度测评,五年共测评11次231人。坚持政协委员列席和公民代表旁听政协常委会制度,先后有136人(次)市、县政协委员和98人(次)公民代表列席和旁听了县政协常委会专题协商会议。

主席会协商更加深化。县政协主席会先后对"省道S206绕城公路工程建设方案""筠山都市房地产开发项目案"等事项进行了专题协商,形成了协商意见报送县委、县政府。坚持将政协组织人事调整和人事任免在主席会上协商,五年来主席会协商11次161人。

专委会协商更加丰富。政协各专委会先后就"公立医

院并购方案”“筠连县物流园区发展规划”“科技助力脱贫攻坚”等课题，与职能部门开展对口协商共17次。通过对口协商，促进了部门工作的扎实推进。

（二）关注热点，民主监督扎实有效

积极探索民主监督新路子，监督渠道得到拓宽，监督力度持续加大，监督质量显著提高。

提案工作成绩斐然。五年来，提案质量明显提高，办理实效明显增强，提案作用得到了充分发挥。提案委员会共收到委员提案545件，确定为提案390件（同类提案合并41件），转为意见的111件，不予立案的3件，提案办结率100%，委员满意和基本满意率100%。表彰优秀提案37件、提案办理先进单位36个（次）。一是创新提案工作机制。率先创新开展了县委常委领衔督办重点提案。五年来共确定了41件重点提案，《关于大力推进精准扶贫工作的建议》等5件提案被确定为1号提案由县委王萍书记签批督办，《关于加快巡司场镇建设，提升场镇形象的建议》等5件提案被确定2号提案由县政府刘朝平县长签批督办，其余31件重点提案由其他县委常委领衔督办，办理实效明显提高。如2016年县政协2号提案《关于加快筠连县电子商务发展的建议》，县政府出台了《筠连县电子商务产业发展扶持政策（试行）》，建立“县、乡、村”三级电商服务体系，引进4家大型电商运营公司，电商产业发展取得显著成效，先后被评为省级电商扶贫先行先试试点县、国家电子商务进农村综合示范县。二是创新开展副县长领衔督办追踪问效提案。2013年以来县政协每年都将上一年度部分B类提案交由县政府副县长进行追踪问效督办。四年来共对30件B类提案开展追踪问效督办，专题召开了提案追踪问效督办会议4次，促使相关问题得到圆满解决。三是坚持提案办理工作民主测评。每年召开一次提案办理民主测评会议，对办理提案较多和承办重点提案的16个（44次）承办单位进行了民主测评，满意和基本满意率达100%。四是召开提案课题征集会11次，征集提案课题300余个，分别报送省、市、县政协全会。向省政协报送提案32件、向市政协提交提案79件。如2013年向省政协全会提交的《关于将筠连县纳入少数民族待遇县的建议》，助力了少数民族待遇县的批准，我县在高考加分、项目争取、财税分享等政策上得到诸多实惠；2015年向市政协全会提交的《关于大力发展肉牛产业助推山区农民增收》的提案，得到市委、市政府的高度重视，设立1000万元肉牛发展专项资金，促成了“全市肉牛产业发展现场会”“中国南方肉牛产业发展研讨会”先后在筠连县召开，筠连县“山繁川育、藏牛于户”的山区养牛模式得到全面推广。

民主评议扎实有力。五年来，按照“民主监督、正面评议、献计献策、共谋发展”的原则，县政协先后对县教育局、县农业局、县民政局等7个单位的工作和行风建设进行了民主评议并形成综合评议意见，共向被评单位提出31条意见建议，促进了被评单位的工作。如，县交通局针对县政协2012年评议意见认真整改，加大交通基础设施建设力度，积极推进筠巡快速通道、宜昭高速筠连段等重大交通建设项目，五年累计建成等级公路162千米，通村公路724千米，新开通农村巴士线路42条，新投放运营车辆108辆，极大方便了群众出行；县质监局针对评议中提出的“自由裁量权过大”问题，聘请法律顾问对执法人员进行法律法规培训，制定出台了《自由裁量规则》，用制度规范行政执法行为，这些成效得到上级相关部门和群众的充分肯定。

社情民意作用明显。五年来，县政协围绕群众关心的医疗、教育、社会保障等民生问题，召开社情民意征集会9次，广泛收集各类社情民意，编印91期145条社情民意，报送省政协11条采用6条，报送市政协56条，采用31条，其中6条得到市政协主席签批，17条得到县委书记签批。省、市、县相关部门认真研究办理，使社情民意反映的问题得到很好解决。如省政协采用的《关于完善煤炭资源开采赔付、补偿政策的建议》《关于保留参合农民家庭账户、保持新农合农民个人筹资额度稳定的建议》，得到了省级相关部门的重视采纳；《关于进一步完善城镇居民医疗保险政策的建议》得到了市政协主席的签批，并组织开展了宜宾市城镇居民基本医疗保险现状及发展趋势专题调研；《关于规范管理食品生产“三小”行业的建议》，县食药局积极采取措施，在全市率先推行制作统一规范的食品经营车和对“三小”行业核发就业指导意见书，加强了对“三小”行业的监管。

特邀监督力度加强。县政协认真落实《政协筠连县委员会特约监督员工作制度》，五年来，向县纪委、县法院、县公安局等单位推荐62人（次）政协委员担任特约监督员，推荐、组织850人（次）政协委员参加了各类评议、测评、听证、旁听审判活动，发挥了委员独特的监督作用，使政协民主监督活跃在各个领域。

（三）聚焦重点，参政议政成效显著

围绕全县发展大局，聚焦经济工作的重点、社会发展的难点、群众关注的热点，精心组织调研视察，积极为经济社会发展建言献策。

专题调研力建净言。县政协把专题调研作为政协建言献策、参政议政的一项重要工作来抓，五年来，县政协常委会组织委员围绕事关全局的重大问题，组织开展了“建立筠连矿区地质灾害防治长效机制”“食品安全监督管理”“加快全县旅游产业发展”等13项专题调研，形成的调研报告得到市政协领导和县委、县政府主要领导亲自签批，相关部门认真采纳建议、落实措施，使调研成果得到了有效转化。如：2013年的《优化发展环境促进企业健康发展专题调研报告》得到市政协主席葛燎原的批示。县政府将报告中提到的“切实推行服务事项办理时间的承诺和公示”“多渠道多方式开辟行政审批绿色通道”等九大建议任务分解落实到具体责任部门，并制定了工作措施，有效促进了全县企业发展环境的改善；县委、县政府针对县政协《关于培育和壮大红茶产业专题调查报告》中提出的建议，把茶产业作为我县产业转型升级和脱贫攻坚的主要产业来抓，出台了《关于加快推进现代茶产业发展的意见》，大力发展以红茶为主的现代茶产业，实现了产量、产值和种植面积的三大突破。

专题视察卓有成效。县政协充分发挥人才荟萃、智力密集的优势，对全县工业园区建设情况、后沟水库建设情况、无公害肉牛产业发展情况等17个课题进行了视察并形成视察报告，提出意见建议94条，为促进相关事业发展发挥了积极作用。如，县政协2012年开展了打造春风综合体情况视察后，县委、县政府高度重视委员们提出的意见建议，针对"强化产业支撑，夯实经济基础"的建议，在抓好春风综合体基础设施建设的同时，大力引导扶持村民发展茶叶、李子、花卉、肉牛等产业，并创办相关产业的龙头企业、专合组织等，春风4A景区打造有序推进，如今，春风综合体已成为全省闻名的幸福美丽新村建设的典范。

围绕中心力促发展。县政协班子从讲政治、顾大局的高度，坚决服从和服务于县委的工作大局，以强烈的责任感倾力投入全县重点项目工作。五年来，县政协领导分别担任中国西部洞群旅游开发、船井煤矿、后沟水库建设等重点项目指挥部指挥长、副指挥长和重点工作组副组长，为全县重点项目建设献计出力。协力开展招商引资工作，加强与柯桥四川商会、上海、重庆、北京筠连商会的联系沟通，积极宣传筠连资源、发展优势和招商引资优惠政策，大力推介筠连招商引资项目。2012年，牵头承办了由县委、县政府主办的"筠商"招商引资项目恳谈会，意向签约8个项目，其中政协委员意向签约5个项目，总投资19.65亿元。

三、关注民生，脱贫攻坚，推进全面小康建设

县政协主动聚焦贫困人口，把脱贫攻坚作为关注民生民本的重要内容，真抓实干，助推全面小康进程。

（一）深化"爱心行动"，助力扶贫解困

在深化委员"爱心行动"中，委员们积极捐款捐物，助力扶贫解困，涌现出不少先进典型。如：钱勇委员为双腾中心校迁建捐资500万元、李幼兰委员捐资100万元建立"筠连中学教育基金"。2013年，芦山地震发生后，县政协积极开展芦山地震"爱心救助"活动，委员捐款10余万元，政协柯桥联络组募捐款物价值125余万元。五年来，共募捐资金近1200万元，帮助双腾镇、高坪乡、大雪山镇等乡（镇）改善办学条件和基础设施建设；以"1+1""2+1"结对帮扶、一次性提供助学金等方式，帮助67名贫困家庭的孩子升入高一级学校或顺利完成了大学学业；协调帮助6名受助大学毕业生成功就业。

（二）牵线"筠商"搭台，助力脱贫攻坚

为落实省政协在全省政协委员中开展"我为扶贫攻坚做件事"活动，县政协充分发挥牵线搭桥的优势，巧借"筠商"之力，创新开展了以政协委员为骨干的"筠商"参与脱贫攻坚工作。许多"筠商"以个人、企业的名义，自愿与部分贫困村、贫困户开展结对帮扶，发展产业、改善基础设施、捐资助教助学、提供技术、就业岗位等，帮助贫困户实现增收脱贫。在、10月召开的四川省政协"我为扶贫攻坚做件事"工作推进现场会上，我县政协作为全省仅有的两个县之一，作了题为《政协齐心搭舞台"筠商"扶贫唱大戏》经验交流发言，得到了省、市政协领导高度赞扬。

（三）委员真情帮扶，助力致富奔康

充分发挥市、县政协委员的特长优势，积极主动帮助贫困群众增收致富。全县驻筠市政协委员、县政协委员联系帮扶贫困村41个，贫困户300多户，协调落实项目30多个、个人捐资捐物近1000万元，为群众办好事实事300余件，发展青蒿、茶叶、肉牛等产业，带动贫困村贫困户增收脱贫；在外经商办企业的政协委员每年吸纳近1000名有劳动力的贫困人员就业增收。如陈波委员致富不忘乡亲，主动承包10余家贫困户，带领全村发展肉牛养殖增收脱贫；秦垦委员心系乡亲疾苦，近2年带领医务人员深入47个贫困村，走访近300户贫困户，开展义诊，为贫困人员免费或优惠提供基本医疗药品近万元。

四、弘扬主题，各界助力，促进社会和谐稳定

（一）团结各界，汇聚发展力量

县政协紧紧围绕团结和民主两大主题，充分发挥人民政协联系广泛的优势，通过召开座谈会、走访慰问等形式，积极加强与工商联、各人民团体和各族各界人士的联系和合作。继续坚持和落实委员"三级联系"制度和公民旁听县政协全会、常委会等制度，发挥了政协联系党和群众的桥梁纽带作用。五年来，共组织召开各界人士中秋茶话会、"筠商"及各界人士新春联谊会等各类座谈会4次，共谋良策、共话发展，增进了思想共识，凝聚了发展力量。

（二）维护稳定，促进社会和谐

主动协助县委、县政府做好协调关系、理顺情绪工作，妥善处理各类矛盾纠纷，化解矛盾。政协班子成员坚持参加县上信访接待日工作，对突出信访问题包案。认真做好群众来信来访工作，五年来，县政协处理来信来访182件（次）。

五、强化宣传，加强联谊，扩大政协社会影响

加强宣传工作，扩大联谊交流，助力提升对外影响力和知名度。

（一）狠抓信息宣传，树立良好形象

主动将宣传信息工作融入县委宣传大格局，按照"拓展政协宣传格局、打造精品宣传品牌、凸显活力宣传效应"的工作思路，扎实推进信息宣传工作。五年来，县政协共撰写和报送宣传信息稿件518篇，被各级新闻媒体采用388篇（其中国家级105篇，省级121篇，市县级162篇），成功举办庆国庆书画摄影展3次，编辑出版了《光影筠连》摄影作品集和《好山好水好茶好筠连》邮册，组织作品参加了市政协首届艺术节、迎春书画摄影展和"春风李花节"等系列

活动；本着发挥文史资料“存史、资政、团结、育人”的作用，县政协编辑出版了《腾川吟》诗词集3期，《筠连政协》年刊5期，《知青岁月》等文史书籍。2013年，在全省政协宣传工作会上，县政协作为宜宾市唯一选送区县作了《架起沟通桥梁 助推筠连发展》书面经验交流。

（二）加强联络联谊，促进共同进步

五年来，县政协积极参加川滇黔二十五县（市、区）政协工作联席会2次，全市政协主席学习会5次。参加市政协理论与实践研究会理论研讨会4次，上报理论研讨文章17篇，先后作了《加强提案办理协商 推进协商民主建设》《基层政协建立委员继任机制的实践与思考》等交流发言。参加了省政协农业委主办的“全省新常态下山区县域经济发展对策研讨会”，并作了书面汇报。主动加强与川滇黔毗邻县政协的交流联谊，探讨工作规律，借鉴工作经验，增进了友谊和共识，提升了政协工作水平。

六、强基固本，开拓创新，增强履职保障能力

（一）加强委员队伍建设，履职基础更加牢固

认真贯彻落实中央、省委、市委、县委《关于加强人民政协工作的意见》，积极探索和完善增强委员履职实效的工作机制，不断夯实委员履职基础。通过“抓学习、强素质，抓作风、带队伍，抓团结、树形象”切实加强县政协常委会班子建设，县政协常委会组成人员始终做到重调研、善思考、勤履职，积极为促进全县经济社会发展建睿智之言、献务实之策、立发展之论；通过在委员中开展“三大行动”主题实践活动、强化委员履职考核等管理举措，切实加强委员队伍建设。充分发挥委员主体作用，举办了政协委员学习培训会，对委员进行“人民政协和统战工作理论”“委员权利义务”等方面的系统化培训，开展了“合同审查法律事务解析”等3次法律知识专题讲座；开展委员“健康行动”，举办了健康知识专题讲座。五年来，坚持每年为每位委员订阅《四川政协报》，累计组织1000余人（次）政协委员参加了各类学习培训，增补委员38人（次），免去委员22人（次），表彰优秀委员134人（次）。

（二）加强委组界别建设，纽带作用充分发挥

建立了委员联络委员会，建立完善了委组、界别工作制度和目标管理实施办法，切实加强对委组工作的检查、指导、督促和考核工作，规范了委组、界别工作。五年来，县政协任命专委会正、副主任，联络组正、副组长65人（次）；免去专委会正、副主任，联络组正、副组长19人（次）；任命界别召集人18人（次）；免去界别召集人3人（次）。各委组、界别开展视察、调研42项，反映社情民意76条，编印委组工作信息24期89条，表彰先进委组56个（次），委组基础作用和界别桥梁纽带作用得到了有效发挥。

（三）加强工作制度建设，履职水平明显提升

县政协坚持把制度建设作为政协工作的重要内容来抓，狠抓制度建设，创新建立了《界别召集人联席会议制度》《专委会、联络组负责人联席会议制度》等工作制度，健全完善了《全体会议工作规则》《常务委员会工作规则》《专门委员会组织通则》《联络组组织通则》等工作规则，编印了《筠连县政协制度汇编》，进一步提升了政协工作制度化、规范化、程序化水平。五年来，县政协共制定和完善制度22项，其中，《政协委员管理办法》《政协全体会议民主测评办法》《履职成果转化和反馈的办法》《专门委员会与有关职能部门和单位对口联系制度》《政协特邀常务委员制度》《党政领导和部门领导参加县政协会议的制度》6项制度得到县委批转，有效促进了工作落实。

（四）加强政协机关建设，服务效能显著增强

扎实开展四好班子、市级文明单位等创建活动，切实加强机关干部职工思想政治教育和机关效能建设；注重机关干部管理、培养和选拔，五年提拔、交流、重用共7人；狠抓机关制度建设和干部队伍建设，努力建设一支政治坚定、作风优良、业务熟练的机关干部队伍，为县政协履行三大职能提供优质服务。

五年来，县政协第十四届常委会团结和带领全县广大政协委员和政协工作者，围绕中心，主动作为，尽心履职，为推动我县政协事业大发展，促进全县经济社会繁荣发展作出了积极贡献，取得了突出成绩，2012年至2016年，县政协连续五年被省政协表彰为全省政协新闻宣传工作先进单位，县政协宣传、提案、社情民意、专题调研、信息等工作每年均获得市政协表彰，县政协在招商引资、重点项目建设工作、安全生产等单项工作上多次获得县委、县政府表彰。

各位委员，同志们，五年来取得的这些可喜成绩，得益于中共筠连县委的坚强领导，得益于县人大、县政府、社会各界的大力支持，得益于全县各级政协组织、各参加单位和全体政协委员及政协工作者的共同努力。在此，我代表县政协十四届常委会，表示衷心的感谢并致以崇高的敬意！

在回顾成绩的同时，我们也清醒地认识到，县政协工作还存在一些不足。一是委员和界别作用有待进一步发挥；二是调研成果转化有待进一步加强；三是民主监督的力度有待进一步提高等。这些问题还需在今后的工作实践中认真研究、逐步解决。

主要工作体会

回顾五年工作，我们主要有以下体会：

一是自觉维护党委核心，是政协履职的根本保证。坚持党的领导，自觉维护党委领导核心，是人民政协的首要政治原则，也是做好政协工作的根本保证。五年来，我们自觉将政协工作置于党委的领导之下，主动围绕县委、县政府决策部署工作，始终与党委政府思想同心、目标同向、工作同步。县委、县政府对政协工作的高度重视，履职上的大力支持，使我县政协事业保持了蓬勃发展的良好局面。

二是始终围绕发展中心，是政协履职的第一要务。政

协只有立足全县发展的大格局,才能有所作为。五年来,我们牢固树立大局意识、中心意识,紧扣党政工作大局,精心选择经济社会发展中具有综合性、全局性、前瞻性的课题开展专题调研和协商议政活动;同时,主动服务中心、助推发展,在项目建设、招商引资、改善民生和维护稳定等方面积极作为,得到了县委、县政府和社会各界的认可和赞同。

三是着力凝聚各界力量,是人民政协的重要使命。团结汇聚力量,民主促进和谐。五年来,我们始终把发扬民主、增进团结、凝聚人心、促进和谐作为履行职能的重要着力点,努力搞好与各人民团体和社会各界人士的团结协作,积极支持委员运用提案、大会发言、反映社情民意等方式建言献策;鼓励和引导委员加强同本界别群众的联系,积极参与捐资助学、扶贫帮困、送医送教等社会公益活动,为维护社会稳定、促进社会和谐作出了积极贡献。

四是勇于开拓创新,是推进政协事业的不竭动力。坚持开拓创新,不断提高政协工作水平,是推动政协事业发展的不竭动力与源泉。五年来,我们坚持以创新谋发展、以作为树形象,积极探索完善常委会专题协商新形式、民主监督新举措、提案协商督办新机制、社情民意反馈新办法,进一步完善政协履行职能的各项制度和委组目标管理考评体系,提升了政协工作科学化水平,促进了一批事关筠连发展的重点问题和群众反映较多的热点问题的解决,形成了一批高质量的参政议政成果。

十五届政协的工作建议

今后五年,是我县加快转型、决胜小康的关键期,也将是我县政协在新起点上创造新业绩、谱写新篇章的重要五年。建议新一届县政协紧紧围绕市第五次和县第十三次党代会决策部署,紧扣全县中心工作和工作重点,牢牢把握团结和民主两大主题,以“服务转型发展、助力脱贫攻坚、促进社会和谐”为工作主基调,认真履行政治协商、民主监督、参政议政职能,为全面建设“四区”,全力打造“三个筠连”的宏伟目标作出新的更大的贡献。

一、筑牢思想根基,在政治理论水平上有新提高

始终高举中国特色社会主义伟大旗帜,坚持和完善中国共产党领导的多党合作和政治协商制度,牢固树立政治意识、大局意识、核心意识、看齐意识,继续深入推进党的群众路线教育实践活动的延伸,对照“三严三实”要求,杜绝“不严不实”表现,主动适应经济发展新常态,巩固共同团结奋斗的思想政治基础,切实把思想和行动统一到中央、省委、市委、县委确定的目标任务上来。进一步完善政协党组会、主席会、常委会、中心组集中学习和委组专题学习制度,重点学习十八届五中、六中全会、中共十九大及习近平总书记系列重要讲话精神,学习人民政协、统战理论知识和省、市、县委重要会议精神,坚持理论联系实际,全面夯实思想政治基础,力促政治理论水平再上新台阶。

二、坚持协商民主,在提升履职质效上有新作为

(一)拓展政治协商渠道。坚持党对协商民主的领导,健全落实党委、政府、政协重点协商议题会商机制,积极拓展协商内容、丰富协商形式、规范协商程序、提高协商成效。组织政协全体会议整体协商“一府两院”工作报告和计划、财政预决算报告;按“三在前三在先”原则组织政协常委会、政协主席会重点协商关系国计民生和工作全局的重大事项、重要人事方案、重要规划;协商县委拟提拔科级领导干部并进行满意度测评;听取县人民政府经济和社会发展工作、重点项目、重大民生工程、社会治安管理、党风廉政建设、提案办理等情况通报;开展更多的提案办理协商、专委会对口协商和界别协商。

(二)增强民主监督实效。政协全体会议对“一府两院”工作报告、政府职能部门进行民主测评;加大对有关部门工作及行风建设民主评议力度;抓好提案、社情民意和特约监督员工作,对重要社情民意、重点提案、调研视察后相关单位和部门采纳落实情况进行追踪问效、民主测评;引导广大政协委员加强政治约束,发挥政协民主监督在推进全面从严治党中的作用。

(三)提升参政议政水平。始终坚持以“服务发展”为第一要务,紧扣全县脱贫攻坚、产业转型、美丽乡村、深化改革、投资引才等重点工作,精选课题,就重点工业项目、重要基础设施建设、特色农产品加工、特色旅游、农村电子商务等开展调研、视察,汇聚各方智力议政建言。

三、关注民生福祉,在助力脱贫攻坚上有新成果

(一)搭好平台发挥委员作用。在政协委员中继续深化“我为扶贫攻坚做件事”活动,围绕脱贫攻坚履职尽责;引导各界别委员发挥专长和优势,通过联村联户、结对帮扶、捐资助困、修建设施、培育产业、引资引智、回乡创业等方式参与脱贫攻坚。

(二)紧盯重点抓好协商议政。把脱贫攻坚纳入政协重点协商课题,围绕脱贫攻坚发展规划、政策体系、脱贫路径、重大项目安排、社会力量整合等重点内容,每年选择1–2个内容开展专题调研、视察或专题协商,全面掌握实情,为党委、政府提供决策参考。

(三)牵线搭桥发挥“筠商”作用。继续动员和引导“筠商”在回乡投资创业、招商引资、以商招商、爱心帮扶等方面发挥主力军作用,优选帮扶模式,让“筠商”广泛深度融入脱贫攻坚。

四、广泛凝心聚力,在促进社会和谐上有新贡献

坚持团结和民主两大主题,不断拓宽政协工作领域,进一步加强同各社会团体、无党派人士和各界别的联系,形成团结合作、融洽共事的良好氛围;探索与社会各阶层和社会各界更好合作共事的新机制和新方法,更好地体现政协的代表性和包容性,巩固和发展最广泛的爱国统一战线,营造更好的团结民主氛围,把全县各族各界人士的思想和行动统一到县委第十三次党代会确定的目标任务上来;创新群众工作方法,畅通和拓宽各界群众利益诉求表

达渠道，协力做好宣传政策、理顺情绪、化解矛盾、协调关系的工作，全力促进社会和谐稳定。

五、坚持固本强基，在加强自身建设上有新突破

（一）加强委员队伍建设。对新一届政协委员开展培训，提升委员业务知识和理论水平，引导委员围绕中心、服务大局，贴近民生、反映民意；完善落实委员管理办法和委员履职考评制度。

（二）加强委组界别建设。优化专委会、联络组和界别设置，配齐、配强委组和界别负责人。加强对委组、界别工作的组织领导和督查考核；探索建立界别与党政部门对口联系机制，界别与委组之间协调沟通和联动机制，为更好发挥委组、界别的基础作用创造条件、搭建平台。

（三）提升机关服务水平。深化"两学一做"学习教育，切实加强党建工作和党风廉政建设，加强机关思想、作风、制度建设，进一步锻造勇担当、讲奉献、能力强、作风正的政协干部队伍，努力提升政协机关的服务水平。

各位委员、同志们，伟大的事业鼓舞我们，宏伟的蓝图激励我们，崇高的使命召唤我们。让我们更加紧密地团结在以习近平同志为核心的中共中央周围，在中共筠连县委的坚强领导下，同心协力、和衷共济，发挥优势、切实履职，共同谱写筠连发展新篇章，为全面建设"四区"、全力打造"三个筠连"而努力奋斗！

名词解释

1."三个筠连"：绿色筠连、生态筠连、宜居筠连。

2."三严三实"：严以修身、严以用权、严以律己，谋事要实、创业要实、做人要实。

3."两学一做"：学党章党规、学系列重要讲话、做合格党员

4."一府两院"：县人民政府、县人民法院、县人民检察院。

5.B 类提案：所提问题正在解决或已列入计划解决 。

6."县、乡、村"三级电商服务体系：全县建立以"县电子商务孵化基地中心、乡（镇）电商配送站、村电商配送服务点"为主的三级电商服务体系。

7."三小"：小作坊、小摊贩、小餐饮。

8."筠商"：筠连商人及筠连商会。

9."1+1""2+1"结对帮扶：在开展爱心行动活动中，由 1 位委员捐资对口帮扶 1 个贫困学生，或者 2 位委员共同捐资帮扶 1 个贫困学生。

10."三级联系"制度：县政协主席、副主席、秘书长联系常委、委组负责人、界别召集人，常委、委组负责人、界别召集人联系委员，委员联系社会各界人士。

11.委员"三大行动"：委员履职行动、委员爱心行动、委员健康行动。

12."五大发展理念"：创新、协调、绿色、开放、共享的发展理念。

13."四区"：综合能源深度开发核心区、美丽乡村特色旅游先行区、三产互动城乡统筹展示区、宜宾南向开发开放示范区。

14."三在前三在先"：坚持重大决策主动协商在党委决策之前、人大通过之前、政府实施之前；制定经济社会发展规划先协商后决策、重要人事安排及人民生活中的重大问题先协商后决定、制定地方重大政策法规先协商后通过。

附　录

筠连县出席省市党代会、人代会、政协会人员

一、筠连县出席中国共产党四川省第十一次代表大会代表

（2 人，以姓氏笔画为序）：王萍（女）、张芹（女）

二、筠连县出席和列席四川省第十一届人民代表大会代表

出席：熊燕（女，苗族）

列席：何跃

三、筠连县列席政协四川省第十一届委员会

黄静（女）

四、筠连县出席中国共产党宜宾市第五次代表大会代表

（24 人，以姓氏笔画为序）：王萍（女）、王家元、宁坚、冯娜（女）、刘虹、刘小芹（女）、刘成华、刘朝平、江敏（女）、李刚、李小林、肖利、吴刚、何英明（女）、张芹（女）、陈涛、陈良云、郭美（女、苗）、唐勇、黄祖强、雷敏（女）、詹立、熊平(土家)、熊代华（苗）

五、筠连县出席宜宾市第五届人民代表大会代表

（32 人，按姓氏笔画为序）王成、王萍(女)、古有奎、付英(女)、宁坚、灰银武(苗族)、伍小兵、伍崇辉、刘江、刘虹、刘朝平、苏杭(女)、李刚、李小林、李仕华、杨俊(女，苗族)、杨玉泉、肖利、何跃、余清羽(女)、张科、张雅琳(女，回族)、陈叙、陈道乾、范容(女)、周小林、郑世筠、卿云(女)、黄强、黄志华(苗族)、彭良文、熊燕(女，苗族)

六、筠连县出席政协宜宾市第五届委员会委员和特邀委员

委员（14 人，以界别为序）：黄静（女）、贾圣君、韩世全、刘泽慧（女）、刘谢润（女）、陈云（土家族）、程俊、田伟、何许成（女）、胡宗慧（女）、张定曦、李文杰、周自筠、罗阳

特邀委员（3 人）：陈良云、罗吉义、张彬

筠连县2016年国民经济和社会发展统计公报

（筠统计发〔2017〕21号）

2016年是“十三五”开局之年，一年来，全县上下认真贯彻落实中央、省、市各项决策部署，强化创新、协调、绿色、开放、共享发展理念，全面建设“四区”，以打造绿色、生态、宜居“三个筠连”为总体取向，始终坚持“12456”发展战略不动摇，统筹推进稳增长、调结构、促改革、惠民生等各项工作，努力克服经济发展中面临的各项困难，县域经济持续稳定发展，实现了“十三五”良好开局。

一、综　合

全县地区生产总值实现119.85亿元，同比增长8.3%，(绝对值为现价，速度为可比价，下同)。其中：第一产业增加值20.48亿元，增长3.8%；第二产业增加值74.32亿元，增长9.3%；第三产业增加值25.05亿元，增长9.0%，三次产业占GDP的比重为17.1:62.0:20.9；对GDP的贡献率分别为7.7%、70.7%、21.6%，分别拉动GDP增长0.6、5.9、1.8个百分点。

筠连县2016年主要经济指标完成情况

表11

指标名称	绝对值	增长(±%)
GDP(亿元)	119.85	8.3
人均GDP（按平均常住人口计算，元）	36057	7.8
规模以上工业增加值(亿元)	——	9.9
服务业增加值（亿元）	25.05	9.0
全社会固定资产投资(亿元)	95.84	15.7
社会消费品零售总额(亿元)	35.8	12.8
地方公共财政预算收入(亿元)	6.02	2.2
招商引资到位资金(亿元)	63.02	6.54
城镇居民人均可支配收入(元)	28525	8.6
农村居民人均可支配收入(元)	12846	9.5

全年，实现民营经济增加值78.38亿元，增长9.0%，占GDP的比重为65.4%，比上年提高0.1个百分点。其中，第一产业增加值7.62亿元，增长8.3%；第二产业增加值56.78亿元，增长8.4%；第三产业增加值13.98亿元，增长12%。

全年工商登记个体工商户期末总户数18108户，同比增长20.24%；工商登记私营企业期末总户数1873户，同比增长18.24%。

二、农业和农村经济

农业发展稳定。全年，实现农林牧渔及服务业总产值35.5亿元，增长3.7%；实现增加值20.55亿元，增长3.8%，其中：农业增加值9.69亿元，增长3.7%；林业增加值1.09亿元，增长6.3%；畜牧业增加值9.53亿元，增长3.6%；渔业增加值0.17亿元，增长1.6%；农林牧渔服务业增加值0.07亿元，增长9.4%。

(一)农业。农业实现产值14.67亿元，增长3.6%；全年粮食作物总播种面积34354公顷，下降0.6%；大春粮食作物播种面积23560公顷，下降0.9%；小春粮食作物种植面积10794公顷，和去年持平；粮食产量155003吨，增长0.7%，其中：大春粮食产量130122吨，增长0.6%；小春粮食产量24881吨，增长1.1%。茶园面积达13173公顷，生产茶叶10602吨；烤烟移栽面积1733公顷，收购烤烟3358吨。

2016年主要农作物播种面积

表12

指标名称	单位	播种面积	增长±%
粮食作物	公顷	34354	–0.6
#小春粮食	公顷	10794	0.0
大春粮食	公顷	23560	–0.9
谷物	公顷	20725	–7.1
#稻谷	公顷	6136	–0.1
小麦	公顷	1391	–47.6
玉米	公顷	13198	–2.4
豆类	公顷	846	8.2
折粮薯类	公顷	12783	11.6
#洋芋	公顷	10880	12.3
油料作物	公顷	2143	4.4
茶园	公顷	13173	0
烤烟(未去梗烤烟叶)	公顷	1733	–6.3

2016年主要农产品产量

表13

指标名称	单位	2016年	增长±%
粮食	吨	155003	0.7
#稻谷	吨	42538	1.4
小麦	吨	2796	–47.5
玉米	吨	68387	–0.5
油料	吨	3033	3.5
#花生	吨	880	0.0
油菜籽	吨	2114	5.1
烤烟	吨	3358	–4.1
茶叶	吨	10602	4.4
#绿茶	吨	6291	7.4
红茶	吨	2293	0.6
苦丁茶	吨	2018	0.2

（二）林业。林业实现产值1.47亿元，增长6.27%；全年义务植树81.0万株，完成营造林面积5.9万亩，其中成片造林3.8万亩；完成岩溶地区石漠化综合治理人工造林3600亩，封山育林12000亩，全县新增森林面积1.25万亩，林地保有量87.2万亩，森林蓄积279万立方米，全县森林面积达98.34万亩，森林覆盖率52.18%。

（三）畜牧业。畜牧业实现产值19.0亿元，增长3.56%；出栏肉猪38.85万头，同比下降3.5%；出栏肉牛4.46万头，增长6.6%；羊出栏0.78万只，增长8.8%；家禽出栏232.3万只，增长1.7%。肉类总产量3.64万吨，下降1.7%，其中：猪肉产量2.73万吨，下降3.6%；牛肉产量0.53万吨，增长6.6%；禽蛋产量0.18万吨，增长1.6%。年末生猪存栏24.99万头，牛存栏9.02万头，羊存栏1.02万只，兔存栏13.25万只。

2016年主要畜产品产量和牲畜存栏情况

表14

指标名称	单位	2016年	增长±%
猪出栏	万头	38.85	-3.5
牛出栏	万头	4.46	6.6
家禽出栏	万只	232.2	1.7
猪存栏	万头	24.99	-3.0
牛存栏	万头	9.03	-1.9
肉类总产量	万吨	3.64	-1.7
#猪肉产量	万吨	2.73	-3.6
牛肉产量	万吨	0.53	6.6
禽蛋产量	万吨	0.18	1.6

（四）渔业。全年，实现渔业产值0.24亿元，比上年增长1.56%；水产品产量1625吨，同比增长1.6%。

（五）农业生产条件。年末有效灌溉面积达到12.58千公顷，本年综合治理水土流失面积2.13千公顷；累计治理水土流失面积90.3千公顷；本年解决农村安全饮水人口0.3万人，减少2.4万人，累计安全饮水人口38.69万人；年末农业机械总动力14.44万千瓦。全年农村用电量12233万千瓦时，农用化肥施用量（折纯）4246吨。年末实有耕地22335公顷，其中：水田6143公顷，旱地16192公顷。

三、工业和建筑业

全年，全部工业实现增加值71.16亿元，同比增长9.5%；全县规模以上工业企业39户，其中煤炭企业16户；规模以上工业增加值同比增长9.9%，实现主营业务收入67.74亿元，同比增长14.21%；实现利润总额6.59亿元，同比增长3.94%；实现利税总额12.2亿元，同比增长1.01%。全县过关煤炭74.11万吨。

年末，具有资质等级独立核算的建筑企业9个，其中：施工总承包和专业承包企业9个。施工总承包和专业承包企业全年完成建筑业现价总产值9.43亿元，比上年增长17.43%；房屋建筑施工面积132.6万平方米，同比1.32%；房屋建筑竣工面积36.0万平方米，下降1.61%；商品房销售面积14.34万平方米，下降23.3%。

四、固定资产投资

全年，全社会固定资产投资完成95.84亿元，同比增长15.7%；其中，固定资产投资87.94亿元，同比增长18%。

从产业投资结构看：第一产业完成投资1.38亿元，同比下降79.6%，占总投资的1.4%；第二产业完成投资37.09亿元，同比下降1.5%，占总投资的38.7%；第三产业完成投资57.37亿元，同比增长49.4%，占总投资的59.9%。

在全县投资中：房地产开发投资完成6.36亿元，同比增长2.2%；农户投资完成1.55亿元，同比下降26.2%；工业投资完成37亿元，同比下降1.5%，其中技改投资20.1亿元，同比下降0.3%。

五、国内贸易、旅游和招商引资

全年，实现全社会消费品零售总额35.8亿元，同比增长12.8%。其中，城镇市场实现零售额24.69亿元，增长13.6%；乡村市场实现零售额11.11亿元，增长11.0%。本年退出限上单位6个，新增1个，现有限额以上贸易单位（含个体户）43个，其中限上贸易个体户8户。

全年旅游接待163.52万人次，同比增长30.75%；实现旅游收入10.79亿元，增长34.21%。

全年招商引资到位资金63.02亿元，同比增长6.54%；其中，省外到位资金42.15亿元，同比下降4.81%；全年新签亿元以上项目13个，履约13个，履约率100%。

六、交通、邮电业

（一）交通运输业。年末，境内公路总里程1438千米，其中等级公路1150千米。公路旅客周转量33194万人/千米，货运周转量38683万吨/千米；城市客运公交车25辆，出租汽车30辆。

（二）邮电业。全年邮电主营业务收入22272万元，比上年增长21.02%。年末拥有固定电话用户18030户，移动电话用户265330户，互联网注册上网用户57507户。

七、财政、金融和保险

2016年末，全县财政总收入9.44亿元，比上年增长14.94%。地方财政收入（含基金收入）7.71亿元，同比增长1.72%，地方公共财政预算收入6.02亿元，增长0.33%。其中，非税收入完成3.27亿元，同比增长23.40%；基金收入完成1.69亿元，同比增长6.92%。财政总支出26.9亿元，同比增长8.29%。地方公共财政预算支出24.49亿元，增长7.13%；其中，一般公共服务支出1.95亿元，同比增长12.07%；农林水事务支出4.12亿元，增长16.71%；科学技术支出0.16亿元,增长14.29%;教育支出4.88亿元,增长3.17%;医疗卫生支出2.87亿元,增长10.38%。全年基金预算支出完成2.41亿元,同比增长33.89%。

年末,全县金融机构各项存款余额81.04亿元,比年初增长17.93%;其中,单位存款余额29.68亿元,比年初增长28.15%; 城乡居民储蓄存款余额51.32亿元, 比年初增长14.12%。金融机构各项贷款余额46.07亿元, 比年初增长3.06%;其中,短期贷款9.94亿元,比年初下降32.19%,中长期贷款35.14亿元,比年初增长19.51%。全年保费收入达12431万元,同比增长21.2%。

八、科学技术、教育

(一)科学技术事业。全年,共申报省、市、县科技项目99个,其中申报省级项目19个,市级项目26个;申请各类专利80件,其中发明专利18件,申报各类专利资助奖励项目19项。

(二)教育事业。年末,全县有小学10所,普通中学34所,职业学校1所,特殊教育1所,幼儿园65所(其中公办幼儿园2所)。在校学生60383人,其中:小学35050人(含特殊教育71人),初中16214人(含特殊教育12人),普通高中5982人,特教83人,职业高中在校学生3137人。小学招生6062人,普通中学招生5621人,初中阶段升学率85.45%,普通高中招生2088人,职业高中招生2112人。全年2426人参加高考,本科上线人数871人,本科上线率为35.90%,其中,重点本科上线人数231人;高考总上线人数2037人,上线率83.97%。拥有中小学专任教师3065人,全年引进教师24人,公招教师122人。

九、文体、广电和卫生事业

(一)公共文化。全年,县内共有22个幸福美丽乡村农家文化院坝、5个市级农村文化示范村,45个贫困村村级文化活动室;12个电子阅报屏;19个市级示范农家书屋。

年末,有图书馆1个,藏书量8.6万册,有农家书屋243个,其中市级示范农家书屋19个。

(二)体育事业。年末,全县有各级各类体育协会21个,各级社会体育指导员876人,各类健身活动站点268个;全年培训三级社会体育指导员472名,二级社会体育指导员10名。

(三)广电事业。年末,有线广播电视用户数23118户,其中数字电视用户23118户;广播综合覆盖率99%,电视综合覆盖率99%;有线广播电视传输干线网络总长720千米。

(四)卫生事业。年末,全县有医疗卫生机构376个,编制病床1496张,卫生技术人员1362人,其中,执业(助理)医师429人。全县参加"新农合"人数为37.41万人,参合率为98.6%。

十、人民生活和环境保护

(一)城镇居民。全年城镇居民人均可支配收入28525元,同比增长8.6%。其中:人均工资性收入11823元,同比增长11.7%;人均经营净收入10836元,同比增长4.3%;人均财产净收入2482元, 同比增长2.3%; 人均转移净收入3384元, 同比增长18.2%。全县城镇居民人均消费支出17682元,同比增长5.6%;其中,衣着、其他用品和服务类人均支出分别下降14.2%、7%;食品烟酒、居住、生活用品及服务、交通通信、教育文化娱乐和医疗保健类人均支出分别增长1.5%、6.4%、9.5%、30%、26.9%和6.4%。城镇居民恩格尔系数37.2%。

(二)农村居民。全年,农村居民人均可支配收入12846元,同比增长9.5%。其中,人均工资性收入3845元,同比增长3.4%;人均经营净收入6647元,同比增长9.9%;人均财产净收入359元,同比增长19.9%;人均转移净收入1995元,同比增长19.4%。全县农村居民人均消费支出9678元,同比增长12.4%。八大类消费中:食品烟酒、衣着、居住、生活用品及服务、交通通信、教育文化娱乐、医疗保健、其他用品和服务类消费人均支出分别为4162元、627元、1890元、555元、1087元、488元、717元、151元; 农村居民恩格尔系数43.0%。

(三)环境保护。年末,县辖区内的环境空气质量状况均达到国家《环境空气质量标准》(GB3095-1996) 二级标准。县境内出境断面水质均满足《地表水环境质量标准》(GB3838-2002)III类标准。区域环境噪声均符合《声环境质量标准》(GB3096-2008)。

全年, 二氧化硫削减1682.44吨; 化学需氧量削减1307.85吨; 氨氮削减15.168吨; 氮氧化物削减1410.73吨。饮用水源水质达标率100%,城镇生活垃圾无害化处理率95%,城镇污水集中处理率60.71%。

全县目前有省级生态村4个、市级生态村210个、县级生态村236个,命名生态家园48970户。

十一、人口、就业和社会保障

公安户籍统计资料显示,全县年末户籍总户数121411户,总人口448803人。其中,城镇人口121095人,乡村人口327708人;男性人口235113人,女性人口213690人,男女性别比为110.0:100。分年龄段人口:0-17岁以下110935人,18-34岁125028人, 35-59岁150203人,60岁及以上62637人。全县出生人数4860人, 人口出生率11.05‰;死亡人数2056人,死亡率4.66‰;人口自然增长率5.61‰,符合政策生育率97.2%。年末常住人口33.24万人,其中,城镇常住人口12.515万人,城镇化率达37.65%。

年末，全部单位从业人员3.98万人，其中，非私营单位从业人员1.6万人，私营单位从业人员2.38万人。

年末，城镇新增就业人员4961人，城镇登记失业人员1539人，登记失业率3.8％。

年末，全县有农村敬老院14所，社会救助福利中心和光荣院各1所，床位1500张；民办非营利性养老机构1所，床位72张；民办营利性养老机构2所，床位228张；养老机构床位合计1800张。全县五保供养1252人；城镇居民最低生活保障人数5716人，农村居民最低生活保障人数8181人。

年末，全县居民基本医疗保险参保人数39.61万人（含新农合参保人数），其中，城镇居民参保37.35万人，城镇职工参保2.26万人；城乡居民社会养老保险参保达11.83万人；工伤保险参保职工12240人；生育保险参保职工10690人；失业保险参保人数6894人。

年末，全县住房公积金缴存总额87355.90万元，同比增长24%，住房公积金缴存职工人数达15106人，其中：当年新增缴存单位6个（其中，民营企业5个），新增住房公积金缴存人数41人；当年住房贷款发放额4691.70万元，同比下降28%；当年住房公积金提取额8606.49万元，同比增长13.64%。

注：1、公报中农产品产量、畜产品产量和从业人员数据为快年报数据，正式数据以市统计局最终公布数据为准。2、公报中生产总值及增加值指标绝对值按当年价格计算，增长速度按可比价格计算。3、部分数据因四舍五入的原因，存在着分项与合计不等的情况。4、按照新的《国民经济行业分类》和《三次产业划分规定》，第一产业是指农、林、牧、渔业（不含农、林、牧、渔服务业）；第二产业是指工业（不含开采辅助活动，金属制品、机械和设备修理业）和建筑业；第三产业即服务业，是指除第一产业、第二产业以外的其他行业。5、公报中农业、林业、畜牧、交通运输、邮政、电信、旅游、招商引资、财政、金融、保险、教育、科技、文化和广电、卫生、体育、环境保护、社会保障、住房公积金等数据来源于各相关部门。

筠连县统计局

2017年5月18日

筠连县2016年行政区划统计

表15

	社区(个)	居民小组(个)	村委会(个)	村民小组(个)
筠连县	14	108	243	1578
筠连镇	5	75	33	224
腾达镇	1	4	16	119
巡司镇	2	8	22	151
双腾镇	1	3	15	92
沐爱镇	1	4	18	140
维新镇	–	–	15	112
大雪山镇	1	6	22	89
镇舟镇	1	4	7	30
蒿坝镇	1	2	15	111
武德乡	1	2	17	128
塘坝乡	–	–	7	45
龙镇乡	–	–	8	60
孔雀乡	–	–	11	58
乐义乡	–	–	8	62
高坎乡	–	–	8	43
团林苗族乡	–	–	8	45
联合苗族乡	–	–	8	35
高坪苗族乡	–	–	5	34

（周 娟）

筠连县2016年乡(镇)GDP总量、工业增加值、农民人均可支配收入统计

表16

乡(镇)名称	GDP总量(万元)	工业增加值总量(万元)	农村居民人均可支配收入(元)	
			2016年累计	同比增加
筠连镇	265760	109040	13237	1143
腾达镇	32915	7953	12869	1123
巡司镇	205958	142070	12988	1121
蒿坝镇	64926	46473	12860	1110
双腾镇	26634	3787	12924	1129
沐爱镇	88473	48708	12824	1093
维新镇	150656	127608	13339	1163
大雪山镇	31952	7452	12735	1115
镇舟镇	91880	68879	13235	1142
武德乡	71623	49394	12810	1119
塘坝乡	29163	17759	13165	1137
龙镇乡	9536	1613	12813	1105
孔雀乡	21852	12652	12392	1059
乐义乡	41595	30241	13238	1136
高坎乡	21807	12907	12494	1078
高坪苗族乡	31224	23973	12310	1048
团林苗族乡	5477	480	12385	1062
联合苗族乡	7090	574	12612	1087
合计	1198521	711563	12846	1109

（周　娟）

筠连县2016年国民经济和社会发展主要统计指标

表17

指　标　名　称	计量单位	代码	2016年	2015年
乙	丙	丁	1	2
一、自然资源	*			
行政区域面积	平方千米	1	1256	1256
年末实有耕地面积	公顷	2	22335	22335
二、人口和就业	*			
年末户籍人口	万人	4	44.88	43.77
#女	万人	5	21.37	20.78
#乡村人口	万人	6	32.77	32.08
城镇人口	万人	7	12.11	11.69
当年出生人口	人	8	4860	4854
当年死亡人口	人	9	2056	2723
常住人口	万人	10	33.24	33.24
#城镇人口	万人	11	12.51	12.06
乡村人口	万人	015	20.73	21.18
三、综合经济	*			
地区生产总值(当年价)	万元	16	1198521	1108809
#第一产业增加值	万元	17	204778	186155
第二产业增加值	万元	18	743197	700035
第三产业增加值	万元	22	250546	222619
工业增加值	万元	19	711563	669927
#规模以上工业增加值	万元	20		
建筑业增加值	万元	21	38181	36271
地区生产总值指数(可比价计算,上年=100)	%	28	108.3	108.8
#第一产业增加值	%	29	103.8	103.8
第二产业增加值	%	30	109.3	109.5
第三产业增加值	%	34	109	109.5
工业增加值	%	31	109.5	109.6
#规模以上工业增加值	%	32	109.9	110.8
建筑业增加值	%	33	105.2	107.5
人均地区生产总值(当年价)	元	35	36057	33448
人均地区生产总值指数(可比价计算,上年=100)	%	36	107.8	108.4

（续上表）

指　标　名　称	计量单位	代码	2016 年	2015 年
乙	丙	丁	1	2
四、农村经济				
有效灌溉面积	公顷	37	12580	12480
农林牧渔业总产值	万元	40	355049	323028
农业机械总动力	万千瓦	41	14.44	14.28
粮食总产量	百吨	42	1550	1539.74
五、规模以上工业	*			
规模以上工业企业单位数	个	46	39	40
规模以上工业总产值(当年价)	万元	47	705058	608456
规模以上工业企业从业人员年平均人数	人	48	12595	12735
规模以上工业企业主营业务收入	万元	49	677442	585251
#主营业务税金及附加	万元	50	12359	11578
规模以上工业企业利润总额	万元	51	65889	62135
规模以上工业企业利税总额	万元	52	122025	118909
六、交通、通讯	*			
公路客运周转量	万人千米	53	33195	31183
公路货运周转量	万吨千米	54	38683	33773
境内公路总里程	千米	55	1438	1424
#等级公路(含高级、一、二、三和四级公路)	千米	56	1150	1105
#高速公路	千米	57	0	0
邮电主营业务收入	万元	64	22270	18402
固定电话用户	户	65	18030	28829
移动电话用户	户	66	265330	244614
互联网宽带接入用户	户	67	57507	40444
七、固定资产投资和建筑业	*			
全社会固定资产投资	万元	70	958449	828209
全社会固定资产投资比上年增长	%	070	15.7	21.4
固定资产投资(不含农户)	万元	71	826480	807209
#房地产开发投资	万元	74	63589	62221
建筑企业单位数	个	77	9	5
建筑业总产值	万元	79	94340	80295
八、国内贸易、对外经济	*			
社会消费品零售总额	万元	81	358040	317411
社会消费品零售总额比上年增长	%	081	12.8	12.4
#城镇	万元	82	246919	217271
乡村	万元	83	111121	100140
#批发和零售业	万元	84	305797	271968
住宿和餐饮业	万元	85	52243	45443
进出口总额	万美元	86	110	85
#进口总额	万美元	87	–	–
出口总额	万美元	88	110	85
当年实际使用外资金额	万美元	89	–	–

（续上表）

指　标　名　称	计量单位	代码	2016 年	2015 年
乙	丙	丁	1	2
九、人民生活	*			
城镇居民人均可支配收入	元	94	28525	26265
城镇居民人均消费性支出	元	95	17682	16751
城镇居民恩格尔系数	%	96	37.2	38.73
农村居民人均可支配收入	元	97	12846	11737
农村居民人均生活消费支出	元	98	9678	8614
农村居民恩格尔系数	%	99	43	43.01
十、财政、金融				
一般公共预算总收入	万元	110	248563	233977
地方一般公共预算收入	万元	111	60216	62179
# 各项税收	万元	112	27534	44947
地方一般公共预算支出	万元	114	244940	192228
# 农林水事物支出	万元	115	41212	34742
科学技术支出	万元	116	1564	1893
医疗卫生支出	万元	117	28674	28434
教育支出	万元	118	48835	45764
年末金融机构人民币各项存款余额	万元	121	810367	687088
# 住户存款	万元	122	513186	449601
年末金融机构人民币各项贷款余额	万元	123	460676	436172
# 住户存款	万元	122	513186	449601
年末金融机构人民币各项贷款余额	万元	123	460676	436172
十一、教育、卫生	*			
小学数	所	124	10	10
普通中学数	所	125	34	34
中等职业教育学校数	所	126	1	2
小学在校学生总数	人	127	34979	34865
普通中学在校学生总数	人	128	22184	22397
中等职业教育学校在校学生数	人	129	3137	3193
小学专任教师数	人	130	1866	1844
普通中学专任教师数	人	131	1546	1525
医疗卫生机构数	个	135	376	374
医疗卫生机构床位数	张	136	1617	1475
医院、卫生院技术人员	人	137	1362	1062
# 执业（助理）医师	人	138	429	389
十二、能源				
单位 GDP 能耗（2015 年价格）	吨标准煤 / 万元	154	0.6	0.65
单位 GDP 能耗比上年降低率	%	155	4.3	–6.56
单位工业增加值能耗	吨标准煤 / 万元	156	1.2	1.25
单位工业增加值能耗比上年降低率	%	157	7.6	–10.10

（唐　肃）

中共筠连县委2016年主要文件目录

表18

文件名称	发文字号	发文机关	发布日期	施行日期	备注
关于落实发展新理念大力发展绿色农业确保率先全面建成小康社会的意见	筠委发〔2016〕1号	县委 县政府	5月9日	5月9日	
关于加快建设“绿色筠连、生态筠连、宜居筠连”的决定	筠委发〔2016〕2号	县委	1月26日	1月26日	
关于制定国民经济和社会发展第十三个五年规划的建议	筠委发〔2016〕3号	县委	1月26日	1月26日	
关于转批《政协筠连县委员会2016年工作意见》的通知	筠委发〔2016〕5号	县委	1月26日	3月18日	
关于实施精准党建行动全面提升基层党组织整体功能的意见	筠委发〔2016〕6号	县委	3月21日	3月21日	
关于印发《2016年工作要点》的通知	筠委发〔2016〕7号	县委	4月4日	4月4日	
关于转批《筠连县人大常委会2016年工作要点》的通知	筠委发〔2016〕8号	县委	4月6日	4月6日	
关于解决当前基层卫生服务能力若干问题的实施意见	筠委发〔2016〕9号	县委 县政府	5月12日	5月12日	
关于学习“时代楷模”争做“王家元式”优秀共产党员的决定	筠委发〔2016〕10号	县委	5月16日	5月16日	
2016年党建工作意见	筠委发〔2016〕11号	县委	5月23日	5月23日	
关于印发《2016年度绩效目标考核方案》的通知	筠委发〔2016〕13号	县委 县政府	6月17日	6月17日	
关于2016年党风廉政建设和反腐败工作意见	筠委发〔2016〕14号	县委 县政府	7月1日	7月1日	
关于批转《中共筠连县人大常委会党组关于近期召开各乡镇人民代表大会的意见》的通知	筠委发〔2016〕15号	县委	7月1日	7月1日	
关于进一步加强民兵队伍管理的通知	筠委发〔2016〕16号	县委 县政府 县人武部	7月25日	7月25日	
关于贯彻落实《在全市开展千名领导干部联系千户企业“进企业、结对子、解难题、促发展”活动的通知》	筠委发〔2016〕17号	县委 县政府	8月12日	8月12日	
关于认真做好中国中国共产党筠连县第十三次代表大会代表选举工作的通知	筠委发〔2016〕18号	县委	8月12日	8月12日	
转发《中共筠连县人大常委会党组关于做好筠连县乡（镇）两级人民代表大会换届选举工作的意见》的通知	筠委发〔2016〕21号	县委	9月5日	9月5日	
关于印发《全面加强改革落实工作若干措施》的通知	筠委发〔2016〕22号	县委	10月9日	10月9日	
关于印发《筠连县加快推进生态文明建设重点任务分工方案》的通知	筠委发〔2016〕23号	县委	10月18日	10月18日	
关于调整领导干部联系企业、进企业、结对子、解难题、保发展活动的通知	筠委发〔2016〕24号	县委	10月21日	10月21日	
关于在全县开展“着眼全局谋发展真抓实干增效能”为题的解放思想大讨论活动的实施意见	筠委发〔2016〕25号	县委 县政府	11月21日	11月21日	

（安君）

筠连县人民政府 2016 年主要文件目录

表 19

文件名称	发文字号	发文机关	发布日期	施行日期
关于进一步加强和改进非煤矿山安全生产工作的意见	筠府发〔2016〕5 号	县人民政府	2 月 13 日	2 月 13 日
关于做好第三次全国农业普查工作的通知	筠府发〔2016〕7 号	县人民政府	3 月 8 日	3 月 8 日
关于进一步完善肉牛产业发展 "1 + N" 联动机制的通知	筠府发〔2016〕13 号	县人民政府	5 月 3 日	5 月 3 日
关于开展节水型社会建设的实施意见	筠府发〔2016〕15 号	县人民政府	6 月 9 日	6 月 9 日
关于印发水污染防治行动计划四川省工作方案筠连县实施细则的通知	筠府发〔2016〕22 号	县人民政府	7 月 21 日	7 月 21 日
关于印发《筠连县政府投资建设项目审计办法》的通知	筠府发〔2016〕24 号	县人民政府	6 月 22 日	6 月 22 日
关于印发筠连县"十三五"易地扶贫搬迁实施方案的通知	筠府发〔2016〕26 号	县人民政府	8 月 18 日	8 月 18 日
关于加强卫生计生队伍建设的实施意见	筠府发〔2016〕28 号	县人民政府	10 月 11 日	10 月 11 日
关于全面改善筠连县义务教育薄弱学校基本办学条件的实施意见	筠府发〔2016〕29 号	县人民政府	10 月 14 日	10 月 14 日
关于对筠连县第五次社会科学优秀成果授奖的决定	筠府发〔2016〕31 号	县人民政府	11 月 11 日	11 月 11 日
关于筠连县定水河桥梁广场命名的通知	筠府发〔2016〕36 号	县人民政府	11 月 16 日	11 月 16 日
关于审定贫困人口退出的通知	筠府发〔2016〕37 号	县人民政府	11 月 23 日	11 月 23 日
关于印发《筠连县地质灾害防灾避险搬迁安置规划（2016–2020 年）》的通知	筠府发〔2016〕41 号	县人民政府	12 月 26 日	12 月 26 日
关于推进新一轮现代林业重点县建设的实施意见	筠府发〔2016〕42 号	县人民政府	12 月 26 日	12 月 26 日
关于印发《筠连县加快推进残疾人小康进程实施方案》的通知	筠府发〔2016〕43 号	县人民政府	12 月 23 日	12 月 23 日

（邱枫玲）

筠连县2016年党政群团机关及其工作部门领导人员名录

说明：一、本年鉴所载领导人名录，除县领导机关外，其余县级部门（含参公管理的事业单位）刊载正局级单位的正、副职，副局级单位的正职；二、2016年任职情况无变化的，不单独注明；三、排名不分先后。

（一）县级领导机关

中国共产党筠连县委员会

书　记　王　萍（女）
副书记　刘朝平
陈良云（12月前）
王　涛（3月起，挂职2年）
常　委　张宗才（9月前）
伍永富（9月前）
肖　利（9月起）
李小林
詹　立
邬文斌（9月前）
贾圣君
师世秋（9月前）
李　刚
雷　敏（女，9月起）
李培辉（侗族，9月起）
罗吉义（9月起）

筠连县人民代表大会常务委员会

主　任　何　跃
副主任　张　彬（12月前）
李家明（12月前）
古有奎
刘乐君（女，12月起）
郑世筠（12月起）
代　屏（12月起）

筠连县人民政府

县　长　刘朝平
副县长　李小林（分管常务工作）
伍永富（9月前）
王见华（9月前）
王永红（女，苗族）
郑　云
方　石（3月前，挂职1年）
罗吉义（12月前）
何俊锋（9月起）
钟声远（9月起）
徐劲松（12月起）
郭创锋（11月起，挂职1年）
邓　伟（11月起，挂职2年）

中国人民政治协商会议四川省筠连县委员会

主　席　黄　静（女）
副主席　韩世全（苗族）
张　彬（12月起）
刘乐君（女，12月前）
叶宗勇
郑世筠（12月前）

筠连县工业园区管理委员会

党工委书记　王　萍
党工委第一副书记　刘朝平
党工委副书记　韩　亮（11月起）
副主任　罗吉义
程先恒（11月起）
纪工委书记　郑世筠

（二）纪检、法院、检察、司法、公安

中共筠连县纪律检查委员会

书　记　张宗才（9月前）
肖　利（9月起）
副书记　兰　湘（9月前）
万家其
陈光贤（9月起）
常　委　雷　霆（5月前）
宋金培（9月前）
陈光贤（5–9月）
詹　洁（女，9月前）
邓正平（女）
黄　毅（9月起）
周国彬（9月起）
黄　枚（女，9月起）

筠连县监察局

局　长　兰　湘
副局长　宋金培

雷　霆(6月前)
陈光贤(6月起)

办公室

主　任　邓正平(女,6月前)
杨　涵(女,6月起)

案件审理室

主　任　詹　洁(女,11月前)

信访室

主　任　周国彬

党风政风监督室

主　任　黄　枚(女)

第一纪检监察室

主　任　黄　毅

第二纪检监察室

主　任

第三纪检监察室

主　任　蒋　伟(6月起)

筠连县人民法院

党组书记　伍崇辉
纪检组长　曹正楷
院　长　伍崇辉(1月起)
代理院长　伍崇辉(1月前)
副院长　杨文龙
陈志勇
李　华

政治处

主　任　练小玲(女)

筠连县人民检察院

党组书记　苏　平(11月前)
张　科(11月起)
纪检组长　杜　涛(5月起)
检察长　苏　平(9月前)
张　科(12月起)
代理检察长　张　科(9–12月)
副检察长　周勇军
周玉均
谢　华
专职委员　詹成刚(6月起)

政治处

主　任　曾仁英(女)
反贪局
局　长　吴成洪

反渎职侵权局

局　长　王劲松

筠连县司法局

党组书记　李章权(5月起)
纪检组长　余宋敏(女)
局　长　李章权
副局长　张　嵩
范仕均

筠连县公安局

党委书记　郑　云
副书记　唐　勇
曹立华(女)
纪委书记　曹立华(女)
政　委　唐　勇
局　长　郑　云
副局长　曹　旺
陈正明
兰　毅(6月前)

国保大队

大队长　许　华

指挥中心(办公室)

主　任　陈旭波
教导员　易元彬

政工监督室

主　任　张运梅(女)

警务保障室

主　任

法制大队

大队长　徐泽华

交警大队

大队长　唐　伟
教导员　袁　青

经侦大队

大队长　赵　锴
教导员　谭　杰

治安大队

大队长　李　辉(5月前)

刑侦大队

大队长　彭　杰
教导员　贾廷伟

禁毒大队

大队长　韩　科
教导员　徐　武

网安大队

大队长　张龙永
教导员　詹前生(11月前)

看守所

所　长　聂　坤

筠连镇派出所

所　长　钟学华

腾达镇派出所

所　长

巡司镇派出所
所 长 周平富
维新镇派出所
所 长 闵 涛
蒿坝镇派出所
所 长 叶 东
双腾镇派出所
所 长 詹 吉
大雪山镇派出所
所 长 刘 杰
沐爱镇派出所
所 长 吴 伟
镇舟镇派出所
所 长 赵志刚
乐义乡派出所
所 长 曾文峰
武德乡派出所
所 长 陶 涛(5月前)
塘坝乡派出所
所 长
龙镇乡派出所
所 长

(三)党政群团机关及其工作部门

中共筠连县委办公室
主 任 师世秋(11月前)
罗吉义(11月起)
副主任 刘谢润(女,5月前)
李 杰(5月前)
彭镜礼(5月起)
宗德瑚(5月起)
县委农工办
主 任 陈 旭
县委政策研究室
主 任 李华伟(5月前)
县委群众工作局(县信访局)
局 长 刘谢润(女,5月前)
彭镜礼(5月起)
副局长 周国强
罗玉忠(女,5月起)
县委防邪办
主 任 应元品(5–12月)
县委机要局
局 长 李 强
副局长 刘小强
县党史研究室
副主任 刘道强
县委保密办(县保密局)
主 任 刘谋清(女,5月起)
局 长 刘谋清(女,6月起)
县委县政府接待办
主 任 王明刚
中共筠连县委组织部
部 长 李 刚
副部长 王 玉(女)
何兴军
张 芳(女,11月前)
王贵才
段四海
县委党建办公室
主 任 段四海
副主任 李成付(5月前)
县委老干部局
局 长 王 玉(女)
县人才办
主 任 何兴军
副主任 徐元金
县委党员教育中心
主 任 张伯筠(5月起)
中共筠连县委统战部
部 长 韩世全(苗族,11月前)
贾圣君(11月起)
副部长 李国田
石永莉(女,5月起)
县委台湾工作办公室(县政府台湾事务办公室)
主 任 石永莉(女,5月起)
副主任 詹秋生(女,5月前)
县非公有制经济组织工作委员会
专职副书记 周金保
中共筠连县委政法委
书 记 詹 立
副书记 裴人强
陈 践(女)
县综治办公室
副主任 龚衷麟(6月前)
王贵均(11月起)
县大调解中心
副主任 王贵均(11月前)
纪工委
书 记 罗晓鸣
县国安办
主 任 裴人强
副主任 邱 明

中共筠连县直属机关工作委员会

书　记　师世秋（11月前）
　　　　罗吉义（11月起）
常务副书记　江剑波（5月前）
　　　　付　强（5月起）
副书记　李文勋

中共筠连县委党校

校　长　李　刚
常务副校长　刘敬远
副校长　陈世其（5月前）
　　　　熊学江（5月起）

中共筠连县委编办

主　任　王贵才
副主任　杨佳琪

县事业单位登记管理局

局　长　周德强（5月起）

共青团筠连县委员会

书　记　曹　莉（女，5月前）
副书记　苏　丹（女）

筠连县妇女联合会

主　席　刘谋清（女，5月前）
　　　　刘谢润（女，5月起）
副主席　余家琼（女）

中共筠连县委宣传部

部　长　贾圣君（11月前）
　　　　雷　敏（女，11月起）
副部长　霍　娟（女）
　　　　谢国刚

县委对外宣传办公室（县人民政府新闻办公室）

主　任　谢国刚
副主任　张择君

《绿色煤都》编辑部

主　编　余定和
副主编　胡柏川

县精神文明建设办公室

主　任　罗均伟（5月起）
副主任　罗均伟（5月前）

县互联网信息办公室

主　任　霍　娟（女）

县文学艺术界联合会

主　席　冯　勇

筠连县科学技术协会

主　席　刘泽慧（女）
副主席　邓义英（女，5月前）
　　　　罗光友（5月起）

筠连县总工会

主　席　陈良云（2-11月）
常务副主席　曾志钧
副主席　朱永宽（2月起）
　　　　许宗莹（女）

筠连县工商业联合会

党组书记　李国田
副书记　黄永军
主　席　叶宗勇
常务副主席　黄永军
专职副主席　蒋新荣
　　　　唐　洪
兼职副主席　陈　蓉（女）
　　　　龙　武
　　　　李文杰
　　　　李幼兰
秘书长　蒋新荣

（四）县人大常委会机关

筠连县人大常委会办公室

主　任　任永生

县人大常委会财经工委

主　任　徐　勇（5月起）
副主任　钟学兰（女，5月前）
　　　　余维刚（7月起）

县人大常委会法社工委

主　任　徐元永
　　　　姜　群（女）

县人大常委会人事代表工委

主　任　郑荣枢（5月前）
　　　　石　均（5月起）
副主任　马　霞（女，5月前）
　　　　汤庭兰（女，7月起）

县人大常委会农业工委

副主任　李清卫

（五）县人民政府系统

筠连县人民政府办公室

主　任　郭　刚
副主任　徐劲松（5月起）
　　　　刘振华（5月起）
　　　　李贵聪（6月前）
　　　　唐　敏（女）

县政府政务服务中心

主　任　石永莉（女，5月前）
　　　　申　宏（5月起）
副主任　张家渊（11月前）

县公共资源交易中心

主 任 石永莉(女,5月前)

申 宏(5月起)

副主任 黄丽梅(女)

胡凤金(1月起)

县政府法制办公室

主 任 许银锋

副主任 李利常

县地方志办公室

主 任 张会权

县人民防空办公室

主 任 苏孝清(7月前)

副主任 阳 军(11月前)

县民宗局

局 长 韩 亮(11月前)

郭 刚(11月起)

县人民政府应急管理办公室

主 任 黄 峰(6月前)

苏孝清(7月起)

县委、县政府目标督查室(目标办)

主 任 李贵聪(6月前)

唐 敏(女,6月起)

副主任 唐 敏(女,6月前)

阳 军(11月起)

筠连县发展和改革局

党组书记 李泽明(5月起)

党组副书记 徐劲松(5月前)

纪检组长 李加强(6月起)

局 长 徐劲松(5月前)

李泽明(5月起)

副局长 许 奎

汤香蔺

郑学彬

县以工代赈办公室

主 任 颜亨尧

县物价局

局 长 徐劲松(5月前)

李泽明(5月起)

筠连县扶贫和移民工作局(1月成立)

党组书记 徐劲松(5月起)

局 长 徐劲松(5月起)

副局长 陈世其(5月起)

郝 猛(5月起)

筠连县统计局

党组书记 段利勇(5月起)

党组副书记 段利勇(5月前)

局 长 段利勇

副局长 李 平(女)

魏云刚(1月起)

总统计师 曹世禾(女)

筠连县经济商务信息化和科学技术局

党委书记 周先虎

党委副书记 詹庚一

纪委书记 邓 忠

局 长 周先虎

副局长 廖 华

李 建

王维忠

总经济师 王顺华

县知识产权局

局 长 周先虎

副局长 廖 华(11月前)

筠连县投资促进局

局 长 安 平

副局长 陈 华(女)

胡 健(1月起)

筠连县人力资源和社会保障局

党组书记 张 芳(女,5–11月)

党组副书记 张 芳(女,5月前)

纪检组长 周和龙

局 长 张 芳(女,11月前)

副局长 涂传华

叶家琼(女)

杨 明

县公务员局

局 长 张 芳(女,11月前)

县就业促进局

局 长 詹团结

县社会保险局

局 长 何 敏

县医疗保险局

局 长 毛 芸(女)

县人才交流中心

主 任 龚文涛(11月前)

筠连县财政局

党组书记 段 毅(女,5月起)

党组副书记 段 毅(女,5月前)

纪检组长 陈白玉(女)

局 长 段 毅(女)

副局长 喻 鸿

章兆伟

黄祖蓉(女,11月起)

总会计师 叶明方

县财政投资评审中心

主　任　　黄祖蓉(女,11月前)

县国资公司

副经理　　欧阳煜(6月起)

筠连县卫生和计划生育局

党委书记　胡天顺
党委副书记　王　将
纪委书记　郑德勤
局　长　　胡天顺
副局长　　张　莉(女)
　　　　　聂昌河
　　　　　刘　平(女)

县红十字会

会　长　　王永红
常务副会长　胡天顺
秘书长　　杨小彬(女)

县卫生执法监督大队

大队长　　杨小彬(女,11月前)

县疾病预防控制中心

主　任　　魏　燃(1月起)

县人民医院

院　长　　张　杰

县中医医院

院　长　　李　洪

筠连县审计局

党组书记　熊　平(土家族,5月起)
党组副书记　肖志刚(5月前)
纪检组长　赵　敏(女)
局　长　　肖志刚(5月前)
　　　　　熊　平(土家族,5月起)
副局长　　熊　平(土家族,5月前)
　　　　　杨科伟
总审计师　张一非(11月前)

筠连县农业局

党组书记　秦建军(5月起)
党组副书记　何　甫(5月前)
纪检组长　汤朝秋(女,6月前)
　　　　　黄琦疆(6月起)
局　长　　何　甫(5月前)
　　　　　秦建军(5月起)
副局长　　黄琦疆(7月前)
　　　　　张远伦
　　　　　汤朝秋(女,7月起)

筠连县水务局

党委书记　陈　叙(5月起)
党委副书记　李泽明(5月前)
　　　　　汪富永
纪委书记　汪富永
局　长　　李泽明(5月前)
　　　　　陈　叙(5月起)
副局长　　袁　武
　　　　　高智飞
　　　　　黄祖华(11月起)
总工程师　徐德秋

筠连县林业局

党委书记　饶　永(5月起)
党委副书记　饶　永(5月前)
　　　　　高德华(5月前)
　　　　　何忠云(5月起)
纪委书记　高德华(5月前)
　　　　　何忠云(5月起)
局　长　　饶　永
副局长　　游光定
　　　　　张　强

县森林公安局

局　长　　周　华
政　委　　邹远勇

筠连县畜牧水产局

党组书记　刘后林(5月起)
党组副书记　刘后林(5月前)
纪检组长　胡定华(5月前)
　　　　　唐情述(女,5月起)
局　长　　刘后林
副局长　　郑家林(6月前)
　　　　　邓文松

筠连县粮食局

党组书记　卜薪智(5月起)
党组副书记　卜薪智(5月前)
纪检组长　杨　琪(女,5月前)
局　长　　卜薪智
副局长　　秦　奋
　　　　　黄佑科(5月前)
　　　　　詹秋生(女,5月起)

筠连县安全生产监督管理局

党组书记　陈正富(彝族,5月起)
党组副书记　邓立筠(5月前)
局　长　　邓立筠(5月前)
　　　　　陈正富(彝族,5月起)
副局长　　申　宏(5月前)
　　　　　徐德聪(5月前)
　　　　　常　礼
　　　　　胡定华(5月起)
纪检组长　王化府(5月起)
总工程师　张兴权

筠连县档案局

党组书记　周德琼(女,5月起)
党组副书记　周德琼(女,5月前)
局　长　周德琼(女)
副局长　程晓玲(女)

筠连县供销社

党组书记　刘　华(5月起)
党组副书记　胡建全(5月前)
主　任　胡建全(5月前)
　　刘　华(5月起)
副主任　胡　涛

筠连县教育和文化广电局

党委书记　熊　刚(11月前)
党委副书记　杨占国
纪委书记　程全美(女)
局　长　熊　刚(11月前)
副局长　黄祖华(11月前)
　　曹　章(女)
　　杨启全
　　林付强
　　周　毅(11月前)
总督学　周　毅(11月起)

县旅游和外事侨务局

局　长　熊　刚(11月前)
副局长　杨占国(11月前)

四川省筠连县大中专招生委员会办公室

主　任　熊　刚
常务副主任　蒋自林

筠连县体育局

党组书记　黄　伟(5月起)
党组副书记　黄　伟(5月前)
局　长　黄　伟
副局长　郑如均
　　刘文龙(5月前)

筠连县交通运输局

党委书记　邓世坤(5月起)
党委副书记　陈　宏(5月前)
　　江剑波(5月起)
　　邓世坤(5月前)
局　长　邓世坤
副局长　陈利华
　　田　勇(6月前)

县交通战备办公室(保护通信线路安全办公室)

主　任　陈利华

县公路运输管理所

所　长　陈晓东

县公路路政管理大队

大队长　陈光清

筠连县国土资源局

党组书记　曹良伟(5月前)
　　李贵聪(5月起)
党组副书记　周振宇(3月前)
纪检组长　刘　辉
局　长　周振宇(3月前)
　　李贵聪(5月起)
副局长　彭　略
　　曾　涛
　　李春奇

县不动产登记局

局　长　李贵聪(5月起)

筠连县住房城乡规划建设和城镇管理局

党组书记　应元品(5月前)
　　陶　刚(5–11月)
纪检组长　陈光贤(5月前)
　　李　兵(5月起)
局　长　应元品(5月前)
　　陶　刚(5–11月)
副局长　杨显林(5月前)
　　唐有琼(女)
　　许　虎
　　李加强(7月前)
总工程师　郭　军

县城市投资有限责任公司

经　理
副经理　邹小川(主持工作)

筠连县环境保护局

党组书记　胡殿华(5月起)
党组副书记　胡殿华(5月前)
局　长　胡殿华
副局长　唐晓莉(女)
　　应爱武(女,5月前)
　　陈　宏(5月起)
总工程师　应爱武(女,5月起)

筠连县民政局

党组书记　曹良伟(5月起)
党组副书记　刘　毅(5月前)
纪检组长　周　松
局　长　刘　毅(5月前)
　　曹良伟(5月起)
副局长　徐　华
　　李灵书(女)

县老龄办

主　任　雷　杰(5月前)
　　彭绍华(5月起)

筠连县残疾人联合会

理事长　　李文忠
副理事长　　严树君(7月前)

筠连县食品药品监督管理局

党组书记　　沈辅君(5月起)
党组副书记　　沈辅君(5月前)
纪检组长　　刘家兴
局　长　　沈辅君
副局长　　李　骖
温　涛
王元辉(苗族)
安全总监　　蔡忠泽(11月前)
杨小彬(女,11月起)

县食品安全委员会办公室

主　任　　沈辅君

筠连县工商行政管理局

党组书记　　雷　霆(5月起)
局　长　　雷　霆(5月起)
副局长　　陈　政(7月前)
严树君(7月起)
文建桥

经检大队

大队长　　向光富

城关工商所

所　长　　李　勇

景阳工商所

所　长　　周　忠

巡司工商所

所　长　　王　俊(6月前)

沐爱工商所

所　长　　路　辰(6月前)

双腾工商所

所　长　　郑艳春

筠连县质量技术监督局

党组书记　　李再强
纪检组长　　张　椿
局　长　　李再强
副局长　　周启飞
刘　聪(女)

(六)县政协委员会机关

筠连县政协办公室

主　任　　陈　敏(女)
副主任　　黄丽萍(女)
陈洪吉

县政协委员会

秘书长　　张洪彬(12月前)
陈　敏(女,12月起)

县政协调研室

主　任　　程先恒(11月前)

县政协提案工作办公室

主　任　　陈　薇(女)

县政协经济和社会办公室

主　任　　汤正平

(七)县园区管委会工作委员会

筠连县工业园区管理委员会工作委员会

党政办公室
主　任　　杨　浩(6月起)
副主任　　杨　浩(6月前)
企业服务中心
副主任　　肖　会(女)
李自荣(6月起)
监察审计局
局　长　　邓　林
经济发展策划局
局　长　　易定海
副局长　　龚文涛(11月起)
投资服务局
局　长　　陈琪英(女,5月起)
副局长　　陆　英(女,1月起)
规建环保局
局　长　　田　勇(6月起)

(八)军　事

筠连县人民武装部

政　委　　李培辉(侗族,9月起)
部　长　　邬文斌(8月前)
副部长　　干代武
军事科
科　长　　干代武
政工科
科　长　　查志敏
后勤科
科　长　　蔡大均

中国人民武装警察部队筠连县公安消防大队

教导员　　梁　涛(10月前)
邓修强(10月起)
大队长　　严　政
参　谋　　李　勇(8月前)
杜洪宇(8月起)

中国人民武装警察部队筠连县中队

指导员　　章华智
中队长　　罗升甫

(九)金融保险

中国人民银行筠连县支行
党组书记　陈元明
党组成员　应元海
　　　　　李玲龙
纪检组长　应元海
行　长　　陈元明
副行长　　应元海
　　　　　李玲龙

中国农业银行筠连县支行
党委书记　周光良(3月前)
　　　　　张家宇(3月起)
行　长　　周光良(3月前)
　　　　　张家宇(3月起)
副行长　　李泽君
　　　　　苏向平

中国农业发展银行筠连县支行
行　长　　伍　强
副行长　　何　浩

中国工商银行股份有限公司筠连支行
行　长　　刘庆丰(8月前)
　　　　　袁光荣(8月起)
副行长　　罗　亮

四川省筠连县农村商业银行
党委书记　杨佳林
纪委书记　丰维连(女)
董事长　　杨佳林
行　长　　刘　军
副行长　　陈小波
　　　　　朱　疆
监事长　　丰维连(女)

宜宾市商业银行股份有限公司筠连县支行
行　长　　龙树权
副行长　　张罗伟(10月前)
　　　　　徐英杰(10月起)

中国邮政储蓄银行筠连县支行
行　长　　朱　琴(女,11月前)
　　　　　王　莉(女,11月起)
副行长　　谢　茂(6月前)
　　　　　朱小芹(女)

筠连县中成村镇银行
行　长　　李启云
副行长　　罗　真(12月起)

中国人民财产保险股份有限公司筠连支公司
经　理　　母小宇

中国人寿保险股份有限公司筠连县支公司
经　理　　杨朝勇
副经理　　周　勋

中国太平洋财产保险股份有限公司筠连支公司
经　理　　李孝超

中华联合财产保险股份有限公司筠连支公司
经　理　　刘　筠

(十)直属和其他部门

筠连县国家税务局
党组书记　唐　智
纪检组长　刘宏宇
局　长　　唐　智
副局长　　徐秀云(女)
　　　　　张克非
　　　　　何　宏
稽查局
局　长　　王　林
巡司分局
局　长　　罗　磊
沐爱分局
局　长　　黄晓霞(女)

筠连县地方税务局
党组书记　曹卫东(3月前)
　　　　　郑　刚(3月起)
纪检组长　余世均
局　长　　曹卫东(3月前)
　　　　　郑　刚(3月起)
副局长　　黄文俊
　　　　　游　杰
机关党委书记　黄绍东

宜宾市住房公积金管理中心筠连县管理部
主　任　　左　强
副主任　　张　莉(女)

筠连县气象局
局　长　　韩家盛
副局长　　黄祖伟

筠连县烟草专卖局(分公司)
党组副书记　赵　伟(1月前)
　　　　　　钟邦乾(1-7月)
　　　　　　龚小平(7月起)
局长(经理)　黄　兢
副局长　　　赵　伟
副经理　　　杨　岳
　　　　　　谢召明

四川省盐业总公司筠连县支公司
经　理　　李　权

筠连县自来水有限责任公司

支部书记　陈百强
经　理　江　敏(女)
副经理　陈百强

筠连县邮政分公司

党支部书记　韩焱能
总经理　韩焱能
副总经理　王 芳(女)
分工会主席　王 芳(女)

四川能投筠连县电力有限公司

党委书记　汪元春
副书记　熊筠汉
纪委书记　熊筠汉
执行董事　汪元春
总经理　汪元春
副总经理　詹竹筠
　蒋道川
　郑万强
工会主席　熊筠汉

中国联合网络通信有限公司筠连县分公司

经　理　曾 宇

中国移动通信集团四川有限公司筠连县分公司

经　理　成 斌

中国电信股份有限公司筠连县分公司

经　理　罗　刚(6月前)
　张春熊(6月起)
副经理　谭 建
　黄　涛(6月起)

(十一)乡(镇)

筠连镇

党委书记　陈　叙(5月前)
　陈　涛(5月起)
副书记　陈　涛(5月前)
　李　辉(5月起)
　刘　沙(5月起)
　杨显林(5–12月)
　串　凯(市上下派)
纪委书记　苏　炜(6月起)
武装部长　李　辉(6月起)
　李　俊(6月前)
人大主席　杨显林(7月起)
镇　长　陈　涛(7月前)
　刘 沙(7月起)
副镇长　胡成洋
　刘成顺
　李　俊(5月前)
　郝　猛(5月前)
　汤庭兰(女,6月前)
　周晓芳(女,7月起)
组织委员　李加林(7月起)

巡司镇

党委书记　徐　勇(5月前)
　文　璋(5月起)
副书记　文　璋(5月前)
　任　杰(5月起)
　何　玲(女,12月前)
　付艳平(女,5月起)
　谢国刚(6月前,挂职)
纪委书记　何　玲(女,5月前)
　付艳平(女,5月起)
武装部长　刘　奎
人大主席　何　玲(女)
镇　长　文　璋(7月前)
　任　杰(7月起)
副镇长　王可银(6月前)
　蒋定银(6月前)
　刘　奎
　刘振华(5月前)
　周晓芳(女,6月前)
　黄 东(7月起)
　聂昌文(7月起)
　胡 健(7月起)
组织委员　肖 阳(6月起)

腾达镇

党委书记　石　均(5月前)
　陈　刚(5月起)
副书记　陈　刚(5月前)
　罗 勇(5月起)
　应元林(6月前)
　李志强(5月起)
纪委书记　应元林(5月前)
　李志强(5月起)
武装部长　宗德瑚(5月前)
　胡　平(6月起)
人大主席　石　均(5月前)
　应元林(7月起)
人大副主席　罗光友(5月前)
镇　长　陈　刚(5月前)
　罗　勇(7月起)
副镇长　宗德瑚(5月前)
　唐亚军
　胡　平(7月起)
　郭　宇(女,7月起)

组织委员　谢　军(6月起)

双腾镇

党委书记　韩宗明(苗族)
副书记　刘　均
胡青龙
李　俊(5–12月)
熊学江(5月前)
纪委书记　胡青龙
武装部长　袁　力
人大主席　熊学江(5月前)
李　俊(7月起)
镇　长　刘　均
副镇长　袁　力
胡春义(6月前)
方相如(6月前)
刘　燕(女,7月起)
陈实夫(7月起)
孙浩铭(7月起)
组织委员　张子龙(6月起)

沐爱镇

党委书记　马期茂(市上下派,5月前)
邓　朝(5月起)
副书记　罗　勇(5月前)
黄　峰(5月起)
李志强(5月前)
江祖琦(6月起)
黄通其(12月前)
纪委书记　李志强(5月前)
李文华(6月起)
武装部长　周　季(1月起)
人大主席　邓　朝(7月前)
黄通其(7月起)
人大副主席　黄通其(3–7月)
镇　长　罗　勇(5月前)
黄　峰(7月起)
副镇长　牟玉强(6月前)
路　辰(7月起)
江祖琦(7月前)
周　季
组织委员　万家华(6月起)

维新镇

党委书记　陶　刚(5月前)
江宗涛(5月起)
副书记　江宗涛(5月前)
邓国金
刘建军(5–12月)
刘凤忠(女,6月起)
唐情述(女,5月前)
纪委书记　唐情述(女,5月前)
张文军(6月起)
武装部长　余　强
人大主席　邓国金(8月前)
刘建军(8月起)
人大副主席　李孝金(8月前)
镇　长　江宗涛(8月前)
邓国金(8月起)
副镇长　余　强
应旭洪(5月前)
李孝金(8月起)
张来筠(8月起)
组织委员　宋书宽(6月起)

蒿坝镇

党委书记　邹　涛
副书记　邹林易
何忠云(5月前)
龚衷麟(6–12月)
徐　琴(女,6月起)
纪委书记　何忠云(5月前)
王殿均(6月起)
武装部长　黄　东(6月前)
王国松(6–8月)
人大主席　何忠云(5月前)
龚衷麟(8月起)
镇　长　邹林易
副镇长　黄　东(6月前)
罗安世(6月前)
徐　琴(女,3–8月)
王运林(8月起)
赵华强(8月起)
组织委员　程立才(6月起)

镇舟镇

党委书记　李　烈
副书记　陈正富(彝族,5月前)
刘汉勇(5月前)
张会银(5月前)
卜光洪(5月起)
应旭洪(5–12月)
潘星华(5–6月)
张　强(6月起)
纪委书记　张会银(5月前)
潘星华(5–6月)
张　强(6月起)
武装部长　王绍举(6月起)
人大主席　刘汉勇(5月前)

应旭洪(7月起)
镇　长　陈正富(彝族,5月前)
卜光洪(7月起)
副镇长　刘建军(5月前)
王绍举(7月起)
陶世艳(女)
陈廷才(7月起)
申　义(7月起)
组织委员　熊　林(6月起)

大雪山镇

党委书记　刘　伟
副书记　李章勇
卢光明(11月前,挂职)
李　艳(女)
张会银(5–12月)
纪委书记　李　艳(女)
武装部长　毛　俊
人大主席　张会银(7月起)
镇　长　李章勇(7月起)
副镇长　万光海(6月前)
毛　俊
韦云松(7月起)
李成毅(7月起)
陈　林(7月起)
组织委员　袁　静(女,6月起)

武德乡

党委书记　李立萍(女)
副书记　钟　勇
钟永龙(6月前)
黄仁聪(女,6月前)
应　露(女,6月起)
王云顺(5–12月)
纪委书记　黄仁聪(女,6月前)
吴顺海(6月起)
武装部长　邹修才(6月前)
吴　钊(6月起)
人大主席　钟永龙(6月前)
王云顺(7月起)
乡　长　钟　勇
副乡长　邹修才(6月前)
胡启文(6月前)
罗安世(7月起)
吴　钊
组织委员　龙远波(6月起)

乐义乡

党委书记　刘　华(5月前)
兰　毅(5月起)
副书记　江祖济
张来�(5月前)
罗　洁(女,6月起)
钟学兰(女,2–12月)
纪委书记　张来筠(5月前)
罗　洁(女,6月起)
武装部长　董　熠
人大主席　刘　华(3–5月)
钟学兰(女,7月起)
乡　长　江祖济
副乡长　李品华
应　露(女,6月前)
董　熠
王　俊(7月起)
组织委员　聂多森(6月起)

龙镇乡

党委书记　刘　沙(5月前)
王渊博(5月起)
副书记　严维烨
覃登攀(市下派,11月前)
张文君(市下派,11月前)
张家彬(市下派,11月起)
田定国(6–12月)
李　彬(6月起)
纪委书记　陈　萍(彝族,6月起)
武装部长　田定国(1–6月)
刘　松(6月起)
人大主席　王云顺(5月前)
田定国(7月起)
乡　长　严维烨
副乡长　余清羽(女,5月前)
刘　松(7月起)
刘文科(7月起)
李　彬(3–7月)
组织委员　周小丽(女,6月起)

塘坝乡

党委书记　付　强(5月前)
张　皓(5月起)
副书记　张　皓(5月前)
李华伟(5月起)
李成付(5–12月)
杨春林(5月起)
纪委书记　杨春林(5月起)
武装部长　李　兵(5月前)
邹修才(6月起)
人大主席　李成付(7月起)
乡　长　张　皓(7月前)
李华伟(7月起)
副乡长　韩贵超(苗族)

李　兵（5月前）
邹修才（11月起）
钟志琳（女）
组织委员　苏位鸿（6月起）

孔雀乡

党委书记　彭镜礼（5月前）
曹　莉（女，5月起）
副书记　陈琪英（女，5月前）
郑家林（5月起）
马　霞（女，5–12月）
罗　勇（6月起）
杨春林（5月前）
纪委书记　杨春林（5月前）
刘付相（5月起）
武装部长　罗　勇
人大主席　彭镜礼（5月前）
马　霞（女，8月起）
乡　长　陈琪英（女，5月前）
郑家林（8月起）
副乡长　罗　勇（8月前）
刘　波（8月起）
严　熠（女，3月起）
组织委员　李　建（6月起）

高坎乡

党委书记　熊明泽（苗族）
副书记　卜光洪（5月前）
付艳平（女，5月前）
张明华（苗族，6月起）
陈　兰（女，6月起）
万光君（5–12月）
纪委书记　陈　兰（女，6月起）
武装部长　万光君（6月前）
王　军（6月起）
人大主席　万光君（7月起）
人大副主席　万光君（7月前）
乡　长　卜光洪（5月前）
余清羽（女，7月起）
副乡长　杨　鸿（苗族，5月前）
胡　旭（7月起）
王　军（7月起）
王孝均（6月前）
组织委员　何长江（6月起）

高坪苗族乡

党委书记　任　杰（5月前）
王朝辉（苗族，5月起）
副书记　王朝辉（苗族，5月前）
王在均（苗族）
李田钟（5–12月）
王智航（6月起）
罗玉忠（女，5月前）
纪委书记　罗玉忠（女，5月前）
王智航（6月起）
武装部长　陶　峰（6月起）
人大主席　王在均（苗族，7月前）
李田钟（7月起）
乡　长　王朝辉（苗族，7月前）
王在均（苗族，7月起）
副乡长　苏　炜（6月前）
陶　峰（7月起）
郑　骏（7月起）
组织委员　陈虹全（6月起）

联合苗族乡

党委书记　彭绍华（5月前）
刘宗远（苗族，5月起）
副书记　刘宗远（苗族，5月前）
杨　鸿（苗族，5月起）
潘星华（5月前，6–12月）
李丽萍（女，6月起）
纪委书记　潘星华（5月前）
武装部长　吴顺海（6月前）
胡春华（6月起）
人大主席　彭绍华（5月前）
潘星华（7月起）
乡　长　刘宗远（苗族，7月前）
杨　鸿（苗族，7月起）
副乡长　吴顺海（5月前）
林　伟
胡春华（7月起）
何弟松（7月起）
组织委员　黄宜楷（6月起）

团林苗族乡

党委书记　刘小芹
副书记　王永才（苗族）
万光海（5–12月）
罗德才（6月止）
纪委书记　罗德才（6月起）
武装部长　张　冰
人大主席　郭仕勇（5月前）
万光海（8月起）
乡　长　王永才（苗族）
副乡长　郭　宇（女，5月前）
杨章贵（6月前）
张　冰
郑万江（8月起）
李　鹏（8月起）
组织委员　肖　遥（6月起）

索 引

说明：一、本索引采用内容分析索引法，按索引条目的汉语拼音字母顺序排列；对标点符号或年份开头的索引条目，以其后的第一个汉字拼音字母为顺序排列。二、索引目后的数字表示内容所在的页码。

A

B

C

D

E

F

G

H

J

K

L

M

N

P

Q

R

S

T

W

X

Y

Z